Wolfgang Schieder
Mythos Mussolini

Wolfgang Schieder
Mythos Mussolini

Deutsche in Audienz beim Duce

Oldenbourg Verlag München 2013

Bibliografische Information der Deutschen Nationalbibliothek

Die Deutsche Nationalbibliothek verzeichnet diese Publikation in der Deutschen Nationalbibliografie; detaillierte bibliografische Daten sind im Internet über <http://dnb.d-nb.de> abrufbar.

© 2013 Oldenbourg Wissenschaftsverlag GmbH, München
Rosenheimer Straße 143, D-81671 München
Telefon: 089/45051-0
Internet: www.oldenbourg-verlag.de

Das Werk einschließlich aller Abbildungen ist urheberrechtlich geschützt. Jede Verwertung außerhalb der Grenzen des Urheberrechtsgesetzes ist ohne Zustimmung des Verlages unzulässig und strafbar. Dies gilt insbesondere für Vervielfältigungen, Übersetzungen, Mikroverfilmungen und die Einspeicherung und Bearbeitung in elektronischen Systemen.

Titelbild: Das Umschlagfoto zeigt Emil Ludwig in Audienz bei Mussolini 1932, nachgewiesen in Mussolinis Gespräche mit Emil Ludwig, Berlin/Wien/Leipzig 1932, Frontespiz, Istituto Luce Roma.
Einbandgestaltung: hauser lacour
Satz: le-tex publishing services GmbH, Leipzig
Druck und Bindung: Memminger MedienCentrum, Memmingen

Dieses Papier ist alterungsbeständig nach DIN/ISO 9706.

ISBN 978-3-11-048470-0
e-ISBN 978-3-486-71906-2

Inhaltsverzeichnis

Vorwort 9

I Audienz beim Herrscher: Inszenierung und Faszination
   1 Benito Mussolinis Audienzen 11
      Die Audienz als Instrument faschistischer Diktaturherrschaft . 11
      Audienz bei Mussolini: Tradition und Innovation 21
      Inszenierung der Audienzen durch Mussolini 35
      Kategorien von Audienzbesuchern 54
      Deutsche in Audienz bei Mussolini 60

   2 Mussolinis deutsche Fürsprecher 71
      Mussolinis deutscher Gewährsmann:
      Die Audienzen Emil Ludwigs 1929–1932 71
      Mussolinis deutsche Vertraute:
      Die Audienzen Louise Diels 1934–1939 86

   3 Intellektuelle, Journalisten und Künstler bei Mussolini 106
      Deutsche Chronisten des Faschismus bei Mussolini 106
      Faszination des ‚Großen Mannes':
      Mussolinis Anziehung auf Wissenschaftler 115
      Gespräche, nicht Interviews: Journalisten bei Mussolini 127
      Protektor der Künste: Die Attraktivität Mussolinis
      für Komponisten, Maler, Bildhauer und Schriftsteller 135
      Modernistischer Appeal:
      Sportler und andere Bewunderer bei Mussolini 153

   4 Politiker bei Mussolini 160
      Faschistische Diktatur als Alternative:
      Weimarer Politiker bei Mussolini 160
      Mentor des Nationalsozialismus:
      Nationalsozialistische Führungskader bei Mussolini 164

   5 Die Faszination Mussolinis 196

II Deutsche Pilgerfahrten zum ‚Duce': Ausgewählte Audienzberichte
   Ernst Steinmann 207
   Bericht über eine Audienz am 11. November 1927.

   Adolf Stein 209
   Bericht über eine Audienz am 31. August 1928.

Inhaltsverzeichnis

Emil Ludwig 211
Bericht über zwei Audienzen am 20. Februar und 4. März 1929.

Gerhard Hauptmann 217
Bericht über eine Audienz am 17. April 1929.

Theodor Wolff 220
Bericht über eine Audienz am 28. April 1930.

Christa Niesel-Lessenthin 231
Bericht über eine Audienz am 7. Juni 1930.

Edgar Jung 234
Bericht über zwei Audienzen am 15. und 16. Juli 1930.

Felix H. Man 240
Bericht über eine Audienz am 24. Januar 1931.

Kurt Kornicker 244
Bericht über eine Audienz am 24. Januar 1931.

Heinrich Brüning 247
Bericht über eine Audienz am 7. August 1931.

Emil Ludwig 249
Bericht über sechs Audienzen zwischen dem 23. März und dem 4. April 1932.

Philipp Hiltebrandt 261
Bericht über eine Audienz am 30. September 1932.

Rudolf Borchardt 268
Bericht über eine Audienz am 3. April 1933.

Joseph Goebbels 274
Bericht über eine Audienz am 29. Mai 1933.

Elly Beinhorn 276
Bericht über eine Audienz am 26. Juli 1933.

Gert Buchheit 278
Bericht über eine Audienz am 31. März 1934.

Louise Diel 280
Bericht über eine Audienz am 5. April 1934.

Heinrich Sahm 285
Bericht über eine Audienz am 17. Juni 1934.

Fritz Behn 287
Auszug aus einem Bericht über Audienzen zwischen dem 23.6.und dem 2.7.1934.

Ernst Niekisch 292
Bericht über eine Audienz am 3. Juni 1935.

Sven von Müller 297
Bericht über eine Audienz am 9. Juli 1935.

Roland Strunk 301
Bericht über eine Audienz am 31. Januar 1936.

Leni Riefenstahl 308
Bericht über eine Audienz am 25. Februar 1936.

Friedrich Glum 312
Bericht über eine Audienz am 5. März 1936.

Carl Schmitt 315
Bericht über eine Audienz am 15. April 1936.

Hans Frank 317
Bericht über eine Audienz am 23. September 1936.

Louise Diel 320
Bericht über eine Audienz am 5. Mai 1937.

Louise Diel 324
Bericht über eine Audienz am 29. März 1938.

Louise Diel 326
Bericht über eine Audienz am 7. Oktober 1939.

Werner von der Schulenburg 330
Bericht über eine Audienz am 14. Mai 1940.

Hans Wimmer 335
Bericht über fünf Audienzen zwischen dem 31.10. und dem 6.11.1941.

Rolf Italiaander 339
Bericht über eine Audienz am 30. September 1942.

III Anhang
   Nachgewiesene Audienzberichte 1927–1942 345
   Deutsche Audienzbesucher 1923–1943 358
   Quellen- und Literaturverzeichnis 378

   Personenregister 399

Vorwort

Dieses Buch bedurfte aufgrund der disparaten Quellenlage umfangreicher biographischer Recherchen. Erfolgreich konnte diese historische Spurensuche nur sein, weil ich überall bereitwillig Auskünfte erhielt, Materialien zur Verfügung gestellt bekam oder auf neue Fährten gesetzt wurde. Allen, die mir auf diese Weise geholfen haben, habe ich außerordentlich zu danken.

Dieser Dank gilt zunächst den Direktoren und Mitarbeitern öffentlicher Archive, für die ich stellvertretend das Archivio Centrale dello Stato und das Archivio Storico Diplomatico del Ministero degli Affari Esteri in Rom nenne, die mir den Einstieg in das Thema ermöglicht haben. In Deutschland waren vor allem das Politische Archiv des Auswärtigen Amtes in Berlin sowie das Bundesarchiv in Berlin und in Koblenz unentbehrlich.

Ohne zusätzliche persönliche Informationen und kollegiale Hilfen hätten die öffentlich zur Verfügung stehenden Quellen jedoch nicht ausgereicht. Ich bedanke mich deshalb sehr bei Dr. Hans Christian Adam, Irene Bauer-Kempff, Dr. Patrick Bernhard, Dr. Christof Boehringer, Dr. Hans von Brescius, Dr. Sylvia Diebner, Dr. Birte Förster, Professor Ruprecht Geiger (†), Felicitas Niesel-Lessenthin, Harriet Buchheit Raftopoulo, Dr. Busso von der Dollen, Professor Dr. Martinus Emge, Dr. Karl-Martin Graß, Professor Dr. Fritz Klein (†), Dr. Lutz Klinkhammer, Walter Kornicker, Dr. Uta Kuhl, Professor Dr. Alexander Nützenadel, Reinhard Osteroth, Dr. Jens Petersen, Erich Riedel, Dr. Esther Sophia Sünderhauf und besonders Dr. Hans Woller für die hilfreiche Unterstützung meiner Forschungsarbeit.

Dankbar zu schätzen weiß ich auch das Entgegenkommen von Isa von der Schulenburg, die mir zahlreiche Dokumente aus dem von ihr verwalteten Nachlaß ihres Mannes Werner von der Schulenburg in Kopie zur Verfügung stellte.

Mein besonderer Dank gilt Dr. Helmuth und Christl Diel, die mir nicht nur den Nachlaß von Louise Diel rückhaltlos zugänglich gemacht, sondern mir durch freundschaftliche Gespräche zusätzlichen Einblick in den Lebenslauf dieser ungewöhnlichen Frau gegeben haben.

Kerstin Singer in Köln und Thyll Warmbold in Göttingen habe ich für ihre sorgfältige Mitarbeit bei Recherchen und technischer Gestaltung des Manuskriptes zu danken.

Petra Terhoeven hat durch ihr wie immer anhaltendes kritisches Interesse ganz erheblich zum Entstehen dieses Buches beigetragen. Ihr gilt mein größter Dank.

Göttingen, im Dezember 2012   Wolfgang Schieder

I Audienz beim Herrscher: Inszenierung und Faszination

1 Benito Mussolinis Audienzen

Die Audienz als Instrument faschistischer Diktaturherrschaft

Benito Mussolini empfing, sofern er sich in Rom aufhielt, von seiner Machtübernahme bis zu seinem Sturz fast täglich persönliche Besucher in Audienz. Wie die von 1923 bis 1943 nahezu vollständig erhaltenen Audienzlisten ausweisen, nahmen diese Gespräche einen großen Teil seiner Zeit in Anspruch und bestimmten somit in hohem Maße seinen Tagesablauf.[1] Dies war kein Zufall. Die Audienzen hatten vielmehr für Mussolini „fundamentale Bedeutung", sie gehörten zu seinem politischen Alltag wie Regierungs- und Parteiverpflichtungen oder öffentliche Massenversammlungen und repräsentative Auftritte.[2] Selbst in politischen Krisenzeiten verzichtete er nie ganz darauf, Besucher zu empfangen. Fast könnte man deshalb meinen, daß ihm Audienzen wichtiger waren als viele andere politische Aktivitäten. Schon 1929 rühmte er sich öffentlich, bisher „über 60.000 Audienzen" gegeben zu haben und auf diese Weise in Kontakt zu 1.887.112 Bürgern gekommen zu sein.[3] Auch wenn diese Zahlenangaben, selbst wenn man die anonymen Teilnehmer an Gruppenaudienzen mitzählte, bei weitem übertrieben waren, zeigt diese Äußerung doch, wie bedeutsam Audienzen Mussolinis subjektivem Empfinden nach waren. Sie waren für ihn alles andere als eine lästige Pflicht, kein leeres Ritual, sondern eine wichtige Form der politischen Kommunikation. Als er 1937 einmal gefragt wurde, was er davon halte, „daß so viele Deutsche jetzt hierher kämen zum Freund-

---

[1] Die Audienzlisten sind in zwei Archiven archivalisch überliefert: Die Listen von Februar 1923 bis Dezember 1929 befinden sich im Archivio Storico Diplomatico del Ministero degli Affari Esteri (ASMAE) in Rom im Bestand Gabinetto di S.E. il Ministro e della Segreteria Generale, Parte Prima 1923–1929, Pacco 41–43 (künftig: ASMAE, GM, Pacco). Die Audienzlisten von Januar 1930 bis Juni 1943 sind im Archivio Centrale dello Stato in Rom im Bestand der Segreteria Particolare del Duce, Carteggio Ordinario, Udienze, busta 3102–3156 erhalten (künftig: ACS, SPD, CO, Udienze, b.). Dieser einzigartige Quellenbestand, der bisher noch so gut wie nicht benutzt worden ist, bildet die Grundlage für die folgende Studie.

[2] So aus der Perspektive des Kammerdieners Quinto Navarra, Memorie del cameriere di Mussolini, Milano 1946, S. 133.

[3] Rede Mussolinis vor der Assemblea Quinquennale del Regime am 10.3.1929, in: Mussolini, Opera Omnia, Bd. 24, Florenz 1964, S. 14.

schaftsbesuch", antwortete er durchaus glaubhaft, daß er sich darüber freue und ihm jeder Besuch willkommen sei.[4]

Daß er sich bis zu seinem Sturz am 25.7.1943 so ausgiebig den Audienzen widmen konnte, hing mit Mussolinis besonderem Zeitbudget zusammen. Waren Regierungspolitiker seinerzeit ohnehin ungleich weniger in anderen Ländern unterwegs als heutzutage, so scheute sich Mussolini auch aus Angst vor einem Umsturz, die Grenzen Italiens zu überschreiten. Seine Deutschlandreise im Jahre 1937 war sein erster und einziger offizieller Staatsbesuch im Ausland. Noch wichtiger war die zunehmende Delegitimierung aller verfassungsmäßigen Institutionen in Italien durch den Ausbau seiner Diktaturherrschaft. Parlamentssitzungen, Kabinettstermine und Ministerbesprechungen fanden seit seinem Staatsstreich vom 3. Januar 1925 immer seltener statt. Und auch die faschistische Einheitspartei nahm seine Zeit nur noch relativ begrenzt in Anspruch, nachdem die Autonomie der Provinzhäuptlinge beseitigt und diese der zentralen Kontrolle des faschistischen Generalsekretariats unterworfen worden waren. Anders als im nationalsozialistischen Deutschland gab es auf nationaler Ebene seit der faschistischen Machtübernahme auch keine regelmäßigen Parteitage des Partito Nazionale Fascista (PNF) mehr, die Abhaltung von Sitzungen des Parteivorstandes (Consiglio Nazionale) oder sonstiger Führungsorgane lagen vielmehr im Belieben Mussolinis. Es ist keine Frage, daß diese Entwicklung den faschistischen Diktator zeitlich stark entlastete und ihm den Freiraum für andere politische Aktivitäten gab.

Je mehr er seine persönliche Diktatur ausbauen konnte, desto mehr entfernte er sich aber auch von der Bevölkerung. Die Serie der Attentate auf seine Person in den Jahren 1925 und 1926 machten ihm seine zunehmende persönliche Gefährdung auf drastische Weise bewußt.[5] Wie alle modernen Diktatoren lebte er schließlich in ständiger Angst vor einem Aufruhr der Unterdrückten und vor Putschversuchen seiner Unterführer. Um nicht völlig von seinen Untertanen abgeschnitten zu werden, mußte er Wege finden, die ihm zugleich politische Mobilisierung und Kontrolle ermöglichten, wollte er es nicht darauf ankommen lassen, nur noch auf reiner Terrorbasis zu regieren, ohne die er freilich nie auskam. Dazu dienten ihm einerseits die öffentliche Massenversammlung und andererseits die private Audienz. Massenversammlungen organisierte er, um den Konsens zwischen ‚Duce' und dem ‚Volk' zu simulieren. Sie fanden selbst in kleinen und kleinsten Städten, vor allem aber in Rom statt. In der historischen Forschung sind sie längst intensiv untersucht und als Kernelement charismati-

---

[4] Privatarchiv Dr. Helmuth und Christl Diel, Nachlaß Louise Diel, Meine Audienzen beim Duce 1934–1940, 12. Audienz, 5.5.1937.

[5] Vgl. dazu immer noch Renzo De Felice, Mussolini il fascista. L' organizzazione dello Stato fascista, Turin 1968, S. 200–208.

scher Führerherrschaft erkannt worden.⁶ Daß die öffentliche Inszenierung von Massenkonsens ein Pendant in der vertraulichen Einzelaudienz hatte, ist dagegen bisher nicht beachtet worden. Überhaupt muß man feststellen, daß die politische Bedeutung von Audienzen für das 20. Jahrhundert noch nicht in den Blick der Forschung gekommen ist.⁷

Für Mussolini waren jedoch der öffentliche Dialog mit der Masse und die interne Begegnung mit ausgewählten Besuchern zwei Seiten einer Medaille. In den Massenversammlungen suchte er sich der kollektiven Akklamation zu seiner Person als ‚Duce del fascismo' zu versichern. Die geschlossenen Audienzen hatten dagegen für Mussolini einerseits den Zweck, sich durch regelmäßigen persönlichen Kontakt der persönlichen Loyalität der wichtigsten Repräsentanten des faschistischen Regimes zu vergewissern. Andererseits dienten sie dazu, mit ausgewählten Besuchern ins Gespräch zu kommen, um sich als fürsorglicher Diktator zu präsentieren und zugleich die politische Stimmung innerhalb der Bevölkerung zu erkunden. Die Audienzen können deshalb nicht bloß als Inszenierungen seiner Person angesehen werden, Mussolini unterzog sich vielmehr der fast täglichen Anstrengung, in Serie Gäste zu Einzelgesprächen zu empfangen, weil er seine persönliche Stellung als Diktator erhalten und festigen wollte. Auch der Empfang ausländischer Besucher muß unter herrschaftspolitischen Gesichtspunkten gesehen werden. Mussolini erhoffte sich, diese von der Notwendigkeit seiner persönlichen Diktatur zu überzeugen und sie auf diese Weise außerhalb Italiens zu Fürsprechern des Faschismus zu machen. Es handelte sich insofern nicht einfach um eine Herrschaftstechnik, die sich als symbolische Politik beschreiben ließe. Das von Mussolini entwickelte Audienzsystem muß vielmehr als herrschaftspolitisch instrumentelles Handeln in ritualisierter Form verstanden werden.⁸

Angesichts der historischen Bedeutung von Mussolinis Audienzsystem muß es erstaunen, daß dieses bisher nicht in den Blick der Geschichtswissenschaft gekommen ist. Dies gilt umso mehr, als die besondere Formveränderung von

---

6 Vgl. Emilio Gentile, Il culto del littorio. La sacralizzazione della politica nell'Italia fascista, Roma/Bari 1996; Victoria De Grazia, Consenso e cultura di massa nell'Italia fascista. L' organizzazione del dopolavoro, Roma/Bari 1981; Patrizia Dogliani, Il fascismo degli Italiani. Una storia sociale, Milano 2008; Alexander Nützenadel, Staats- und Parteifeiern im faschistischen Italien, in: Sabine Behrenbeck, Alexander Nützenadel (Hg.), Inszenierungen des Nationalstaats. Politische Feiern in Italien und Deutschland seit 1860/71, Köln 2000, S. 127–147.
7 Zu vgl. ist allenfalls Andreas Hillgruber (Hg.), Staatsmänner und Diplomaten bei Hitler. Vertrauliche Aufzeichnungen über Unterredungen mit Vertretern des Auslandes, 2 Bde., Frankfurt/M. 1970. Unwissenschaftlich dagegen Peter Yorck, Zu Besuch bei Diktatoren. Aus dem Englischen von Georg Deggerich, München 2005.
8 Theoretisch grundlegend dazu Barbara Stollberg-Rilinger, Symbolische Kommunikation in der Vormoderne. Begriffe – Thesen – Forschungsperspektiven, in: Zeitschrift für Historische Forschung 31 (2004), S. 489–527.

Politik längst als ein Wesensmerkmal des Faschismus erkannt worden ist.[9] Der Fokus war jedoch bisher einseitig auf die öffentlichen Massenversammlungen gerichtet, in denen sich Mussolini als ‚Duce' entfalten und die Konstruktion einer mythischen Gemeinschaft mit dem ‚Volk' simulieren konnte. Man hat darin zu Recht einen Wesenszug charismatischer Herrschaft erkannt. Mussolini organisierte seine Diktaturherrschaft nicht bürokratisch über hierarchisch abgestufte Apparate, sondern als personal konstruierte Führerherrschaft. Es handelte sich bei seinem faschistischen Regime weder um eine durch den PNF garantierte Parteidiktatur noch um eine Königsdiktatur auf der Basis gleichgeschalteter staatlicher Institutionen. Da er die Autorität der Monarchie nicht beseitigen, sondern nur eindämmen konnte, war Mussolini auch gar nicht in der Lage, seine Diktatur anders als personal zu legitimieren. Der öffentlich zelebrierte, medial durch Presse, Rundfunk, Foto und Film raffiniert verstärkte Führerkult war darauf angelegt, den ‚Duce' als omnipräsent erscheinen zu lassen und die Untertanen auf diese Weise unmittelbar seinem politischen Willen zu unterwerfen. Man hat das neuerdings treffend als „veralltäglichte Form charismatischer Herrschaft" bezeichnet.[10] Daß sich sein faschistischer Appeal jedoch nicht im Bezug zu den Massen erschöpfte, sondern daß der personale Politikstil, der charismatische Führerherrschaft auszeichnet, sich gerade auch in der Begegnung mit Einzelnen ausdrückte, wurde dabei übersehen. Mussolini wandte seine charismatische Überwältigungstaktik nicht nur bei Massenversammlungen an, sondern auch in persönlichen Audienzen für ausgewählte Besucher aus dem In- und Ausland. Es ist deshalb überfällig, das Audienzsystem Mussolinis in einer eigenen Studie zu thematisieren.

Der Ausgangspunkt einer solchen Untersuchung muß selbstverständlich Mussolini selbst sein. Es ist danach zu fragen, wie er seine Audienzen organisiert hat, welche politischen Intentionen seiner Audienzstrategie zugrunde lagen und welche Ergebnisse diese hatte. Dabei ist davon auszugehen, daß es sich um eine Form von charismatischer Politik handelte, mit dem Mussolini sich gezielt sowohl in Italien als auch gegenüber dem Ausland als ‚Duce del fascismo' präsentierte. Diese Repräsentation erfolgte nicht willkürlich. Mussolini setzte sich vielmehr ganz bewußt in Szene. Seine Audienzen hatten ebenso den Charakter von politischen Inszenierungen wie seine Massenversammlungen.

---

[9] Vgl. dazu Mabel Berezin, Making the fascist self. The political culture of interware Italy, Cornell 1997; Mario Isnenghi, L'Italia del fascio, Florenz 1996; Gentile, Il culto del littorio; Simonetta Falasca-Zamponi, Fascist spectacle. The Aesthetics of Power in Mussolini's Italy, Berkeley/Los Angeles 1997; Luisa Passerini, Mussolini immaginario. Storia di una biografia 1915–1939, Rom/Bari 1991.

[10] Vgl. dazu den methodisch reflektierten Aufsatz von Charlotte Tacke, Charisma und *inquadramento*. Die Jäger vor dem ‚Duce', in: Petra Terhoeven (Hg.), Italien, Blicke. Neue Perspektiven der italienischen Geschichte des 19. und 20. Jahrhunderts, Göttingen 2010, S. 133–158, hier S. 135.

Mussolini hat nie genau definiert, was er unter ‚Audienzen' verstand. Das entsprach seinem aktionistischen Politikstil, bei dem er auf intentionale Vorgaben verzichtete. Der Nachweis, daß er gleichwohl ein informell geregeltes Audienzsystem entwickelt hat, nach dem die Begegnung mit seinen Gästen im Vollzug organisiert wurde, wird jedoch ein erster Schwerpunkt dieser Untersuchung sein. Der faschistische Diktator empfing seine Besucher aus den verschiedensten Gründen und in den unterschiedlichsten Konstellationen. Entscheidend war für ihn aber immer, daß die Besucher zu ihm kommen mußten und er somit den Ablauf der Begegnungen bestimmen konnte. In gewissem Sinn knüpfte er damit, wenn auch zweifellos unbewußt, an vormoderne Audienzpraktiken an, bei denen immer ein asymmetrisches Verhältnis zwischen dem Herrscher und seinen um eine Audienz nachsuchenden Untertanen bestanden hatte. Allerdings gehörte es zur politischen Strategie von Mussolini, seinen auswärtigen Besuchern das Gefühl zu geben, mit ihm scheinbar auf Augenhöhe zu sprechen.

In der Praxis unterschied Mussolini zwischen Einzel- und Gruppenaudienzen. Beide standen dadurch in Kontrast zu öffentlichen Massenversammlungen, daß sie nicht unter freiem Himmel veranstaltet wurden und damit im Prinzip für jeden zugänglich waren, sondern in geschlossenen Räumen stattfanden. In der politischen Sprache des Faschismus wurden sie *udienze* genannt, womit sie auch terminologisch von den als *adunate* bezeichneten Massenversammlungen unterschieden wurden. Gruppenaudienzen hatten wiederum einen anderen Charakter als Einzelaudienzen, weil ihre Teilnehmer großenteils anonym blieben. Überliefert sind meist nur die Namen der Parteiführer oder sonstigen Funktionsträger des faschistischen Regimes sowie der prominenten ausländischen Besucher, welche die Gruppenaudienzen beantragt hatten. Es ist daher sinnvoll, diese Untersuchung auf die Audienzen zu konzentrieren, die Mussolini einzelnen Besuchern gewährt hat.

Zum zweiten machte Mussolini, wie zu zeigen sein wird, einen Unterschied zwischen dem Empfang der faschistischen Führungskader und den Audienzen für die übrigen Besucher. Erstere wurden von ihm regelmäßig an den Vormittagen zum Rapport einbestellt, für letztere war die Audienz in der Regel ein einmaliger Ausnahmefall. Und drittens schließlich differenzierte Mussolini zwischen italienischen Audienzbesuchern und Ausländern. Es gab für ihren Empfang zwar keine getrennten Termine, vielmehr wurden sie in bunter Reihenfolge an den Nachmittagen empfangen. Wie zu zeigen sein wird, hatte der Empfang von ausländischen Besuchern jedoch eine anderen politischen Zweck als der der Italiener.

Jede Audienz stellt einen kommunikativen Zusammenhang her. Dem Herrscher, der sich besuchen läßt, stehen diejenigen gegenüber, die um Audienzen nachsuchen. Zwischen beiden besteht ein soziales Interaktionsverhältnis, bei dem unterschiedliche Erwartungen aufeinandertreffen und sich gegenseitig beeinflussen. Im vorliegenden Fall sind deshalb nicht nur die politischen Intentionen, die Mussolini mit seinem Audienzsystem verband, zu untersuchen, sondern gleichermaßen auch die Erwartungen und Einstellungen seiner Besucher. Diese sind selbstverständlich sehr viel schwerer zu erfassen als die Absichten Mussolinis. Wir haben es mit einem diffusen Besucherprofil zu tun, das sich nicht leicht beschreiben läßt. Es ist aber von unschätzbarem Wert, daß die Listen, in denen die Besucher Mussolinis täglich verzeichnet wurden, von 1923 bis 1943 nahezu vollständig erhalten sind.[11] Diese von der Forschung bisher nicht beachteten Audienzlisten enthalten, von Ausnahmen abgesehen, sämtliche Besucher, die von Mussolini in Audienz empfangen worden sind. Sie können deshalb als zentrale Quelle für die Ermittlung der Audienzbesucher angesehen werden. Ohne diese hervorragende dokumentarische Grundlage hätte dieses Buch nicht geschrieben werden können.[12]

Die Listen sind allerdings alles andere als sorgfältig geführt worden. Obwohl man seit 1930 überwiegend gedruckte Formulare verwendete, in welche die Besuchstermine eingetragen wurden, ist nicht immer eindeutig zu erkennen, ob und wann eine Audienz tatsächlich stattgefunden hat, da die Termine – häufig sogar mehrfach – durch handschriftliche Eintragungen nachträglich verändert worden sind. Besonders bei den ausländischen Besuchern hat man es fast durchweg mit ziemlich fragmentarischen Eintragungen zu tun: Schreibfehler, unvollständige oder falsch geschriebene Namen, fehlende Vornamen, ungenaue Nationalitätsangaben sowie unvollständige Titel und Berufsangaben zwingen bei der Identifizierung der Besucher zu umfangreichen Recherchen. Quellenbedingt ist es deshalb unmöglich, sämtliche in den Audienzlisten verzeichneten Besucher biographisch genau zu erfassen, geschweige denn zu ermitteln, weshalb sie sich jeweils zu Mussolini begeben haben. Ich beschränke mich daher in der folgenden Untersuchung auf die deutschen Audienzbesucher.

Diese Eingrenzung ist schon allein deswegen nicht allein pragmatisch bedingt, weil selbstverständlich sämtliche Audienzlisten von 1923 bis 1943 durchgesehen werden mußten, um die deutschen Besucher herauszuziehen. Sie läßt sich vielmehr inhaltlich begründen. Wie zu zeigen sein wird, waren die deutschen Audienzbesucher unter den ausländischen Besuchern nämlich eindeutig die zahlreichsten. Aus keinem anderen Land strömten seit den letzten Jahren der Weimarer Republik so viele Besucher zu Mussolini wie aus Deutschland. Das hatte spezifische Gründe, die für Besucher anderer Länder nur bedingt zutrafen.[13] Der Überzahl der deutschen Besucher entsprach an-

---

[11] Vgl. oben Anm. 1.
[12] Vgl. dazu unten Anhang I, Liste der Audienzteilnehmer, S. 360–377.
[13] Vgl. aber zu anderen Ländern Pierre Milza, L'Italie fasciste devant l'opinion francaise 1920–1940, Paris 1967; Jerzy W. Borejsza, Il fascismo e l'Europa Orientale. Dalla propaganda all'aggressione, Rom/Bari 1981; John P. Diggins, Mussolini and fascism. The view from

dererseits das überproportionale politische Interesse Mussolinis an deutschen Besuchern. Dies gilt schon für die Jahre vor, besonders aber für die Zeit nach 1933. Seit Hitlers Machtübernahme stand der Empfang nationalsozialistischer Führungskader zunehmend im Mittelpunkt von Mussolinis Audienzsystem. Man kann seit Ausrufung und Entfaltung der *Achse Berlin-Rom* geradezu von einer nationalsozialistischen Besucherinflation sprechen.

Mussolini ließ, um die von ihm gewünschte intime Gesprächsatmosphäre nicht zu beeinträchtigen, während der Audienzen kein Protokoll führen. Allein schon die Anwesenheit eines Protokollanten hätte sein Konzept, privatissime Gespräche zu führen, gestört. Erst während des Krieges legte er offenbar Wert darauf, daß die deutschen Besucher von italienischen Gastgebern begleitet wurden, wahrscheinlich um sich nicht von den nationalsozialistischen Führern in die Enge treiben zu lassen oder diese zumindest unter Zeugen zu empfangen.[14] Audienzen, bei denen deutsche Besucher von ihren italienischen Gastgebern begleitet wurden, liefen in der Regel aber förmlicher ab als reine Privatgespräche.

Der ‚Duce' machte sich auch keine Aufzeichnungen darüber, worüber er mit seinen Gästen gesprochen hatte, weder während der Audienzen noch im Anschluß daran. Da er seine Gäste geradezu im Nonstopverfahren empfing, wäre das auch gar nicht möglich gewesen. Jedoch fühlte sich eine große Zahl seiner deutschen Besucher dazu veranlaßt, nachträglich über ihre Audienzerfahrungen Rechenschaft abzulegen. Ganz offensichtlich war die Audienz bei Mussolini für viele Deutsche ein so prägendes Erlebnis, daß sie sich dazu gedrängt fühlten, dieses nachträglich schriftlich festzuhalten oder darüber sogar öffentlich zu berichten. In Tagebuchaufzeichnungen, zeitnahen Zeitungsartikeln oder größeren Publikationen sowie späteren Erinnerungen haben sie ihre Begegnungen mit dem ‚Duce' beschrieben. Daraus ergibt sich eine Quellengrundlage von nicht weniger als 86 in weiter Streuung überlieferten Berichten, die 52 verschiedene Autoren nach ihren Besuchen bei Mussolini abgefaßt, etwa ein Viertel der Deutschen, die den ‚Duce' nachweislich in Privataudienz aufgesucht haben. Das ist ein sehr hoher Anteil der deutschen Besucher, eine vielleicht noch mögliche Erweiterung des Samples würde deshalb kaum noch zusätzliche Erkenntnisse bringen. Im Anhang werden diese 86 Audienzberichte mit ihren jeweiligen Fundorten in einer Liste dokumentiert.[15] Von diesen werden 32 besonders signifikante Berichte außerdem im Anhang vollständig oder gekürzt publiziert.[16]

America, Princeton 1972; Michael Behnen, Die USA und Italien 1921-1933, 2 Teilbände, Münster 1998. Sehr anregend auch J.B.Borswoth, The Italian Dictatorship. Problems and perspectives in the interpretation of Mussolini and fascism, London 1998, S. 67-81.

[14] Das berichtet z. B. Rolf Italiaander, unten S. 339.
[15] Vgl. unten S. 347-357.
[16] Vgl. unten S. 205-346.

Sie sollen eine unmittelbare Anschauung dieses weitgehend unbekannten Textkorpus vermitteln und zugleich die Möglichkeit schaffen, die Thesen dieses Buches an den Quellen zu überprüfen.

Die Audienzberichte stellen selbstverständlich Quellen von unterschiedlicher Aussagekraft dar, im Verbund enthalten sie jedoch so viele Übereinstimmungen, daß an der historischen Authentizität ihres Inhaltes nicht zu zweifeln ist. Am wichtigsten sind sicherlich Tagebucheintragungen, wie sie, außer von Louise Diel, etwa von Gerhard Hauptmann, Ernst Steinmann, dem Direktor der römischen Bibliotheca Hertziana, dem Schriftsteller Meyer-Eckhardt, aber auch (mit spezifischer Zielsetzung) von Joseph Goebbels vorliegen.[17] Von ähnlicher Qualität sind zeitnahe Aufzeichnungen, wie sie von dem Papen nahestehenden Politiker Edgar Jung, den Journalisten Fritz Klein und Philipp Hiltebrandt, dem Generaldirektor der Kaiser-Wilhelm-Gesellschaft Friedrich Glum sowie dem SS-Reporter Strunk überliefert sind.[18]

Von vielen Audienzbesuchern liegen schließlich zeitgenössische Veröffentlichungen vor, in denen sie über den Verlauf ihrer Gespräche mit dem ‚Duce' berichten. Aufgrund seiner hohen Auflage und der Übersetzung in mehrere Sprachen hatte zweifellos das 1932 veröffentlichte Buch „Mussolinis Gespräche mit Emil Ludwig" die größte internationale Wirkung. Nicht nur, weil es den bei weitem umfangreichsten Bericht liefert, kann es als Prototyp für die gesamte Audienzliteratur angesehen werden.[19] Ein ganzes Buch über seine Begegnungen mit Mussolini veröffentlichte von den Deutschen außer Ludwig sonst nur noch der Bildhauer Fritz Behn, ein kritikloser Bewunderer des ‚Duce'.[20]

Nur relativ wenige Berichte sind aus größerem Zeitabstand abgefaßt worden, dürfen also als Memoirenliteratur nur mit entsprechender Vorsicht benutzt werden. Erstaunlich ist freilich, daß sie sich in der Darstellung des Audienzverlaufs kaum von den zeitnahen Niederschriften unterscheiden, in der Regel

---

[17] Staatsbibliothek Preußischer Kulturbesitz Berlin, Handschriftenabteilung, Nachlaß Gerhard Hauptmann, Tagebuch 1928–1931, GH HS 7; Archiv der Max-Planck-Gesellschaft, III. Abt., Rep. 63, Nachlaß Ernst Steinmann, Nr. 52, Handschriftliches Tagebuch; Archiv Heinrich-Heine-Institut Düsseldorf, Nachlaß Meyer-Eckhardt, Handschriftliches Reisetagebuch Sommer 1936, Blatt 68–100; Elke Fröhlich (Hg.), Die Tagebücher von Joseph Goebbels, Teil I, Bd. 2/III, München 2006, S. 195.
[18] Privatarchiv Dr. Karl Martin Graß, Nachlaß Edgar Jung, Niederschrift „Bei Mussolini"; Privatarchiv Professor Dr. Fritz Klein (†), Nachlaß Fritz Klein, Maschinenschriftliche Abschrift einer handschriftlichen Gesprächsniederschrift vom 5.5.1928; Max-Planck-Gesellschaft, Archiv, I. Abt., Rep.1a, Nr. 1123/3, Blatt 202f., Aktennotiz Friedrich Glums; Bundesarchiv Berlin, R 43II/1448, Bestandsergänzungsfilm des ehemaligen Zentralen Staatsarchivs der DDR, Nr. 13708, Abschrift einer Niederschrift von Roland Strunk vom 5.2.1936 („Wortlaut der am 31.1.36 stattgehabten Unterredung mit Ex. Benito Mussolini").
[19] Mussolinis Gespräche mit Emil Ludwig. Vgl. dazu ausführlich unten S. 71–86.
[20] Fritz Behn, Bei Mussolini, Stuttgart/Berlin 1934.

nur etwas weniger ausführlich ausgefallen sind als diese. Besonders aufschlußreich sind in dieser Hinsicht die Berichte des politischen Publizisten Hans Hartmann, der über seine Audienz vom 6. Mai 1930 zweimal 1932/33 und einmal 1954 berichtet hat. Im Wissen um den Untergang des Faschismus machte er Mussolini nach dem Krieg durchaus für die „häßlichen Seiten" seiner Diktatur wie „Demolierungen, Deportierungen auf eine abgelegene Insel, bis hin zum politischen Mord an Matteotti" verantwortlich, seine Bewunderung des ‚Duce' war jedoch ungebrochen. Er charakterisierte ihn noch 1954 als „stolzen lebensfrohen und sportbegeisterten Individualisten", bewunderte seine „Vitalität" und bezeichnete ihn als „philosophischen Kopf".[21] Vor allem aber hielt er vollkommen geschichtsblind an seiner positiven Einschätzung der „Idee des Korporationsstaates" fest, die in seinen Augen zu einer neuen Sozialordnung hätte führen können, wenn Mussolini nur seine „Glorifizierung des Krieges" unterlassen hätte.[22] Die Begegnung mit Mussolini hatte sich offenbar so tief in seiner Erinnerung eingeprägt, daß sie auch noch Jahrzehnte später nicht verblaßt war, sondern emotional weiterwirkte.

Die Audienzberichte stellen in ihrer Gesamtheit für die Faschismusforschung eine einzigartige Quelle dar, die in ihrer Bedeutung bisher nicht erkannt worden ist. Ihre kritische Auswertung ermöglicht es, unter Heranziehung anderer autobiographischer Quellen, dreierlei zu ermitteln:

Zum ersten läßt sich ihnen entnehmen, weshalb die deutschen Besucher um eine Audienz nachgesucht haben, mit welchen Erwartungen sie zu Mussolini gegangen sind und welche persönlichen Absichten sie damit verbanden. Über den Erwartungshorizont der Besucher hinaus lassen die Berichte zum zweiten erkennen, wie die Audienzen abgelaufen sind und wie ihr Verlauf von den Verfassern erlebt worden ist. Dieser erfahrungsgeschichtliche Inhalt der Berichte läßt eine idealtypische Beschreibung des gesamten Audienzverlaufs zu. Drittens schließlich ermöglicht die Auswertung der Audienzberichte auch Aussagen darüber, welchen Erfolg Mussolini mit der Audienzstrategie, seine Besucher von der politischen Notwendigkeit seiner persönlichen Diktatur zu überzeugen, bei seinen deutschen Besuchern gehabt hat.

Wertvoll ist in diesem Zusammenhang, daß einige der Deutschen, die mehrmals bei Mussolini waren, ihre Audienzen auch mehrfach beschrieben haben. Das ermöglicht es, diese Berichte im Hinblick auf die Selbstdarstellung Mussolinis und den Audienzverlauf kritisch zu überprüfen. Dies ist z. B. bei den Journalisten Sven von Müller, Fritz Klein, Hans Hartmann und Philipp Hiltebrandt, den Schriftstellern Werner von der Schulenburg und Emil Ludwig, sowie den Politikern Edgar Jung und Hans Frank möglich, von denen jeweils

---

[21] Hans Hartmann, Begegnung mit Gestaltern unserer Zeit, Thun 1954, S. 203, S. 205.
[22] Ebd., S. 204.

Berichte über mehrere Audienzen vorliegen.[23] Eine Sonderstellung nahm nicht nur in dieser Hinsicht die Journalistin Louise Diel ein. Sie hat über jeden ihrer 21 Besuche bei Mussolini ausführlich Tagebuch geführt.[24] Auf der Basis dieser Aufzeichnungen berichtete sie außerdem voller Enthusiasmus in zahlreichen Zeitungsartikeln über ihre Begegnungen mit dem ‚Duce'.[25] Ihre sich ergänzenden Audienzberichte haben deshalb einen besonders hohen Quellenwert. Wenn es häufig ein Problem erfahrungsgeschichtlicher Forschungsansätze ist, daß es an primären Quellen fehlt, welche die unmittelbaren Erlebnisse dokumentieren, so ist es im vorliegenden Fall jedoch aufgrund der zahlreichen Berichte möglich, die Audienzerfahrungen deutscher Besucher bei Mussolini geradezu mittels einer *dichten Beschreibung* zu erfassen.[26]

Was in den Audienzen inhaltlich verhandelt wurde, um welche Gesprächsgegenstände es jeweils ging und welche konkreten Ergebnisse die Audienzgespräche hatten, kann selbstverständlich nicht vollständig ausgeblendet werden. Politisch bedeutsame Audienzen werden deshalb auch als solche erörtert. Nicht die Inhalte der Audienzgespräche sollen jedoch im Sinn einer konventionellen Politikgeschichtsschreibung im Vordergrund stehen, sondern ihre Form. Es geht mir um die historische Analyse der besonderen Gesprächssituation, die Mussolini durch seine Audienzen hergestellt hat. Die Audienz wird als Erfahrungsraum sozialer Interaktion angesehen, in dem spezifische ‚Diskurse' stattgefunden haben. Diese sollen jedoch nicht inhaltlich nachvollzogen werden, vielmehr soll ihr spezifisches Verlaufsschema im Vordergrund des Interesses stehen. Worum es in den Audienzdiskursen inhaltlich ging,

---

[23] Vgl. ebd.
[24] Die maschinenschriftlichen Reinschriften der ursprünglich in einem nicht erhaltenen Tagebuch niedergeschriebenen Audienzberichte Luise Diels befinden sich in ihrem Nachlaß im Privatarchiv Dr. Helmut und Christl Diel. Die zusammen in einen harten Pappdeckel eingebundenen, mit der Schreibmaschine geschriebenen Berichte tragen die handschriftliche Aufschrift „Original. Meine Audienzen beim Duce. 1934–1940. Louise Diel". Daß es sich um Reinschriften handelt, geht aus dem kurzen, offensichtlich ganz aus dem Gedächtnis verfaßten Bericht für die 10. Audienz bei Mussolini am 30.9.1936 hervor. Diel vermerkt hier „Das Tagebuch ist leider im Augenblick unauffindbar." Und: „Möge ich die Original-Aufzeichnungen noch einmal wiederfinden!" Vgl. zu Diel ausführlicher unten S. 86–105.
[25] Für 1939 findet sich im Privatarchiv Diel, Nachlaß Louise Diel noch ein Bericht über ihre letzte Audienz am 7. Oktober in der Mappe 24 der „Zeitungsausschnitte Anfang Februar 1939 bis 1941". Es ist anzunehmen, daß Diel auch schon von 1934 bis 1937 in deutschen Zeitungen über ihre Audienzen bei Mussolini berichtet hat. Die Mappen mit den Zeitungsausschnitten für diese Zeit haben sich im Nachlaß jedoch nicht erhalten. Zu finden sind außerhalb der Mappen lediglich noch zwei lose überlieferte Berichte von 1937: Louise Diel, Mussolini empfängt eine Frau, in: Bitterfelder Allgemeiner Anzeiger, 28.9.1937 und dies., Gespräch mit Mussolini. Der Duce empfing Louise Diel nach ihrer Äthiopienreise, in: Berliner Lokal-Anzeiger, 25.12.1937.
[26] Vgl. dazu unten S. 35–54 das Kapitel über „Inszenierung der Audienzen durch Mussolini".

soll nur insoweit interessieren als damit die spezifische Wechselbeziehung der Gesprächspartner besser verstanden werden kann.

Es geht also besonders um den Stil von Politik, nicht so sehr um deren Inhalt. Insofern handelt es sich um einen Versuch, die neuerdings häufiger angemahnte kulturelle Dimension von Politik an einem konkreten Beispiel zu untersuchen.[27] Speziell geht es um das Problem des Transfers eines in die Praxis umgesetzten politischen Stils. Es soll gezeigt werden, daß der italienische Faschismus, der am Anfang des gesamten Faschismus in Europa stand und für diesen das historische Vorbild war, sich nicht so sehr über ideologische Rezeptionsprozesse, als vielmehr über personale Begegnungen verbreitete. Die persönliche Audienz bei Mussolini wird als ein Katalysator für die Perzeption des Faschismus verstanden, der die Aufnahmebereitschaft dafür nicht nur in Deutschland enorm beschleunigte. Damit soll nicht behauptet werden, daß der Transfer des italienischen Ursprungsfaschismus sich nur über Audienzen bei Mussolini vollzogen hätte, aber er war ohne diese nicht denkbar.

Audienz bei Mussolini: Tradition und Innovation

Es liegt auf der Hand, daß Mussolinis Audienzsystem in der Tradition der Frühen Neuzeit, im weitesten Sinne sogar in der Nachfolge mittelalterlicher oder gar antiker Herrschaftsrituale stand. Zwar ist auszuschließen, daß Mussolini diese Kontinuitäten in irgendeiner Weise bewußt waren, als er sich dazu entschlossen hat, selbst Audienzen zu geben. In Italien bestand jedoch die einzigartige Situation, daß er gleich zwei archaische Audienzsysteme vor Augen hatte, die ihre Verfahren aus vormoderner Zeit herleiteten: das monarchische Zeremoniell des italienischen Königshauses und das klerikale Zeremoniell des Papstes. So anachronistisch beide im 20. Jahrhundert auch sein mochten, stellten sie in ihrem regelmäßigen Vollzug für Mussolini doch ein konkretes politisches Problem dar. Sie repräsentierten nämlich symbolisch die hierarchische Höherstellung von König und Papst gegenüber Mussolini als Ministerpräsidenten. Durch den Aufbau eines eigenen Audienzsystems suchte er deshalb eine zeremonielle Gleichrangigkeit herzustellen, um auf diese Weise zu demonstrieren, daß er sich protokollarisch nicht zurücksetzen ließ. Selbstverständlich vermied er es, die Vorbilder von König und Papst einfach

---

27 Aus der Fülle der wissenschaftlichen Literatur vgl. vor allem Thomas Mergel, Überlegungen einer Kulturgeschichte der Politik, in: Geschichte und Gesellschaft 28 (2002), S. 574–606; Ute Frevert, Hans-Gerhard Haupt (Hg.), Neue Politikgeschichte. Perspektiven einer historischen Politikforschung, Frankfurt/M. 2005; Barbara Stolberg-Rilinger (Hg.), Was heißt Kulturgeschichte des Politischen?, Berlin 2005; Wolfgang Hardtwig (Hg.), Politische Kulturgeschichte des Zwischenkriegszeit, Göttingen 2005; Willibald Steinmetz (Hg.), „Politik". Situation eines Wortgebrauchs im Europa der Neuzeit, Frankfurt/M. 2007.

nachzuahmen, wohl um den Anschein historischer Kontinuität zu erwecken, benutzte er jedoch Versatzstücke älterer Traditionen. Auf diese Weise entwickelte er ein dynamisches Audienzsystem, das als Kontrastprogramm zu den erstarrten monarchischen und päpstlichen Ritualen angesehen werden kann. Es handelte sich insofern durchaus um eine „invention of tradition", wie sie für die Selbstrechtfertigung des faschistischen Regimes auch sonst charakteristisch war.[28]

Audienzen waren in der Frühen Neuzeit Teil des höfischen Zeremoniells. Das mag ein Grund dafür sein, daß sie als solche von der Forschung bisher kaum beachtet, sondern allenfalls im Zusammenhang des gesamten Zeremoniells behandelt worden sind.[29] Was für das höfische Zeremoniell im ganzen gilt, kann aber ohne weiteres auch für den Teilbereich der höfischen Audienz angenommen werden. Im wesentlichen schreibt die Forschung heute dem Zeremoniell in der Vormoderne fünf Merkmale zu:[30]

Erstens war das Zeremoniell „hochgradig stereotypisiert".[31] Das führte dazu, daß es seit dem 17. Jahrhundert in meist dickleibigen Zeremonialbüchern kodifiziert wurde.[32] Diese höfischen Kompendien mußten allerdings ständig ergänzt, umgeschrieben oder ganz neu verfaßt werden, da das Zeremoniell ein „Gegenstand permanenten Austarierens" zwischen Herrscher und Untertanen sowie zwischen verschiedenen Obrigkeiten war.[33] Das Zeremoniell legte

---

[28] Eric. J. Hobsbawm, The invention of tradition, Cambridge 1984.
[29] Einzelne Hinweise zur höfischen Audienz in der Vormoderne finden sich bei Andreas Pecar, Die Ökonomie der Ehre. Der höfische Adel am Kaiserhof Karls VI. (1711–1740), Darmstadt 2003, S. 161f.; Jürgen Hartmann, Staatszeremoniell, 2. Aufl. Köln/Berlin/Bonn/München 1990, S. 270–278; Paul Hoser, Die Bedeutung fürstlicher Audienzen für Künstler und Wissenschaftler vom 18. Jahrhundert bis zur Mitte des 19. Jahrhunderts – ein Ausblick aus Anlaß der Begegnung Goethes und Napoleons in Erfurt im Jahr 1808, in: Rudolf Benl (Hg.), Der Erfurter Fürstenkongreß 1808. Hintergründe, Ablauf, Wirkung, Erfurt 2008, S. 321–374. .
[30] Vgl. dazu vor allem Gerd Althoff, Zeremoniell, in: Handwörterbuch zur deutschen Rechtsgeschichte, Bd. 5, Berlin 1998, Sp. 1677–1680; ders., Die Macht der Rituale. Symbolik und Herrschaft im Mittelalter, Darmstadt 2003; Aloys Winterling, Der Hof der Kurfürsten von Köln, 1688–1794. Eine Fallstudie zu absolutistischer Hofhaltung, Bonn 1986; Milos Vec, Zeremonialwissenschaft im Fürstenstaat. Schriften zur juristischen und politischen Theorie absolutistischer Herrschaftsrepräsentation, Frankfurt/M. 1997; Mathias Schwengelbeck, Politik des Zeremoniells, Frankfurt/M. 2007; sowie vor allem Barbara Stollberg-Rilinger, Höfische Öffentlichkeit. Zur zeremoniellen Selbstdarstellung des brandenburgischen Hofes vor dem europäischen Publikum, in: Forschungen zur Brandenburg-Preußischen Geschichte N.F. 8 (1998), S. 145–176.
[31] Stollberg-Rilinger, Symbolische Kommunikation, S. 504.
[32] Vgl. z. B. für Preußen Rudolf von Stillfried-Alcantara, Ceremonial-Buch für den Königlich Preußischen Hof, Berlin 1877. Allgemein dazu Hubert Christian Ehalt, Ausdrucksformen absolutistischer Herrschaft: der Wiener Hof im 17. und 18. Jahrhundert, Oldenburg 1980.
[33] Stollberg-Rilinger, Symbolische Kommunikation, S. 568.

zweitens am Hofe eine Rangordnung fest. Kleiderordnungen, Anredeformen oder Vortrittsregelungen schufen eine Hierarchie der Hofämter, die auch den Zugang von Räumen und den Zeitpunkt des Zutritts zu diesen vorschrieb. Der „Zugang zum Machthaber" war auf diese Weise streng geregelt.[34] Drittens war das Zeremoniell bei Hofe als ein kommunikativer Prozeß anzusehen. Es regelte das Verhältnis von Obrigkeit und Untertanen nicht abstrakt bürokratisch wie in den Gesetzeskodifikationen der Moderne, sondern setzte die persönliche Interaktion der Beteiligten voraus. Ein viertes Element zeremonialer Praxis in der Frühen Neuzeit bestand darin, daß öffentlicher und nichtöffentlicher Vollzug noch nicht streng voneinander geschieden waren. Die Audienzen bei Hofe fanden *öffentlich* statt, jedoch handelte es sich um eine repräsentative Öffentlichkeit, die auf diejenigen beschränkt war, die allein das Privileg hatten, anwesend zu sein. Fünftens schließlich stellte das Zeremoniell eine Form der Repräsentation von Herrschaft dar. Es diente der Obrigkeit als Instrument der Herrschaftssicherung, soziologisch gesprochen als „Selbstinszenierung zum Zweck der Machterhaltung".[35] Abweichendes Verhalten konnte mit Hilfe der Zeremonialordnungen sanktioniert werden. Insofern handelte es sich bei der Durchsetzung des Zeremoniells auch um eine Form des instrumentellen, nicht nur des rein symbolischen Handelns, das seinen Zweck im bloßen Vollzug in sich trägt.

Die Audienz nahm in diesem komplexen System des Zeremoniells eine zentrale Stellung ein. Ursprünglich hatte sie als Gerichtssitzung sogar eine eigene Rechtsqualität. Audienzen lieferten auch den Rahmen für die Huldigung oder die Unterwerfung von Untertanen gegenüber dem Herrscher. Mit dem Übergang in die Moderne verblaßten diese Traditionen, der „Strukturwandel der Öffentlichkeit" sprengte die geschlossene Form des höfischen Zeremoniells und entkleidete dieses seiner politischen Wirksamkeit.[36] An die Stelle geregelter Verfahren, wie sie die Zeremonialbücher des Absolutismus überliefern, gab es seitdem nur noch das „politische Zeremoniell als performativen Akt".[37] Im Hinblick auf die Audienzen bedeutete das, daß es für diese seit dem 19. Jahrhun-

---

[34] Carl Schmitt, Das Gespräch über die Macht und den Zugang zum Machthaber, Pfullingen 1954.
[35] Burckhard Dücker, Rituale. Formen – Funktionen – Geschichte. Eine Einführung in die Ritualwissenschaft, Stuttgart/Weimar 2007, S. 226. Vgl. auch die, freilich etwas disparaten Sammelbände von Christoph Wolf, Jörg Zirfas (Hg.), Die Kultur des Rituals. Inszenierungen, Praktiken, Symbole, München 2004 sowie Jürgen Martschukat, Steffen Patzold (Hg.), Geschichtswissenschaft und „performative turn". Ritual, Inszenierung und Performanz vom Mittelalter bis zur Neuzeit, Köln 2003.
[36] Jürgen Habermas, Der Strukturwandel der Öffentlichkeit: Untersuchungen zu einer Kategorie der bürgerlichen Gesellschaft, Frankfurt/M.1962.
[37] Andreas Biefang, Michael Epkenhans, Klaus Tenfelde, Das politische Zeremoniell im Deutschen Kaiserreich 1871–1918, in: dies. (Hg.), Das politische Zeremoniell im Deutschen Kaiserreich 1871–1918, Düsseldorf 2008, S. 16. Hilfreich auch Johannes Paulmann, Pomp

dert keine kodifizierten Ordnungen mehr gab, sondern daß diese sich jeweils erst im Vollzug herausbildeten.[38]

Das gilt auch noch für das Audienzsystem Mussolinis, das sich im Gegensatz zu der komplexen Zeremonialpraxis in der Vormoderne auf relativ wenige Elemente reduzieren läßt. Kleidervorschriften, Anredeformen oder Konversationsregeln spielten ebenso wenig eine Rolle wie Devotionsgesten oder besondere Verhaltensvorschriften, wenn man davon absieht, daß beim Eintritt in den Saal und bei der Verabschiedung der ‚faschistische Gruß' erwartet wurde, den Mussolini jeweils erwiderte. Man brachte auch keine Geschenke mit, es sei denn eigene Publikationen, die häufig überhaupt den Anlaß für den Besuch bildeten.

Durch den gezielten Einsatz zeremonieller Versatzstücke, die für jeden Besucher unmittelbar sinnlich zu erfahren, nicht jedoch unbedingt kognitiv nachzuvollziehen waren, hob Mussolini die Audienz in eine Aura des Ungewöhnlichen. Sie sollte kein gewöhnlicher Besprechungstermin sein, sondern für die Besucher den Charakter eines herausgehobenen Erlebnisses haben. Je mehr sich die Gäste von der inszenierten Feststimmung tragen ließen, desto mehr konnte Mussolini darauf hoffen, sein eigentliches Ziel zu erreichen und sie in seinem Sinne politisch zu beeinflussen. Die symbolische Politikinszenierung war somit Voraussetzung für die zielorientierte Instrumentalisierung der Audienzen. Nicht jeder Audienzbesucher war Mussolini gleichermaßen willkommen, obwohl er den Kreis seiner Gäste bemerkenswert weit zog. Je wichtiger ihm ein Besucher zu sein schien, desto privilegierter wurde er von ihm behandelt. Durch sorgfältige Differenzierungen schuf er so unter seinen Besuchern eine subtile Hierarchie, die in einem System symbolischer Handlungen zum Ausdruck kam. Der Bildhauer Fritz Behn, der vom 23. Juni bis 2. Juli 1933 die Audienzen Mussolinis miterleben durfte, sprach davon, daß er nie „soviel Abstufungen" erlebt habe wie in Mussolinis Benehmen „gegen Besucher, vom höchsten Würdenträger bis zum Sekretär".[39]

Während die Vorsprache bei Hofe in der Vormoderne zugleich immer auch in einer, wenn auch nur repräsentativen Öffentlichkeit stattfand, liefen die Audienzen bei Mussolini unter vier Augen ab. Dennoch handelte es sich selbstverständlich nicht um private Gespräche. Es stand im Belieben des Diktators, eine Begegnung nachträglich öffentlich bekannt zu machen, wenn ihm dies politisch opportun zu sein schien. Sofern es sich um Italiener handelte, konnte er

---

und Politik. Monarchenbegegnungen in Europa zwischen Ancien Regime und Erstem Weltkrieg, Paderborn 2000.

[38] Vgl. dazu allgemein Erika Fischer-Lichte (Hg.), Ästhetik des Performativen, Frankfurt/M. 2004; Hans-Georg Soeffner, Dirk Taenzler (Hg.), Figurative Politik. Zur Performanz der Macht in der modernen Gesellschaft, Opladen 2002.

[39] Fritz Behn, Bei Mussolini. Eine Bildnisstudie, Stuttgart/Berlin 1934, S. 36.

seine Gäste darauf verpflichten, über den Ablauf des Besuches nichts schriftlich verlauten zu lassen. Allerdings konnten Audienzerlebnisse von ihnen in Italien mündlich kommuniziert werden. Je mehr Einzelheiten im Laufe der Jahre auf diese Weise über den Verlauf der Audienzen bekannt wurden, desto mehr ist davon auszugehen, daß die Italiener über Mussolinis Audienzstil in gewissem Umfang informiert waren. Das auf diese Weise bekannte Ritual der Begegnung mit dem Diktator bestimmte den Erwartungshorizont vieler Besucher.

Die ausländischen Besucher konnte Mussolini dagegen kaum daran hindern, sich über ihre Begegnungen mit ihm publizistisch zu äußern. Davon soll noch ausführlich die Rede sein. Wer sich dafür interessierte, konnte daher im Ausland über Mussolinis Audienzsystem potentiell besser informiert sein als unter den Bedingungen der faschistischen Diktatur in Italien. Die Berichterstattung über die Begegnungen mit Mussolini war wiederum, so meine These, eine der Ursachen für den bemerkenswerten Zustrom von ausländischen Audienzbesuchern in den Palazzo Venezia.

Anders als den im Hofzeremoniell geregelten Herrscheraudienzen in der Vormoderne lag den Besuchen bei Mussolini keine für beide Seiten verbindliche kommunikative Ordnung zugrunde. Gleichwohl handelte es sich bei den Audienzen des ‚Duce' nicht um gänzlich informelle Veranstaltungen. Die Audienzen liefen zwar nicht nach einem für jeden erkennbaren Schema ab, sie wurden jedoch auch nicht vollständig improvisiert. Mussolini verstand es vielmehr, bei den Besuchern den Eindruck einer ganz auf sie zugeschnittenen Gestaltung zu erwecken, obwohl er die Audienzen stets in ähnlicher Weise bis in alle Einzelheiten hinein inszenierte. „Seine Regie ist meisterhaft, alles scheint berechnet, aber alles wirkt spontan, instinktiv, wie immer er sie in Szene setzt," bemerkte wiederum Fritz Behn voller Bewunderung.[40] Die Besucher wurden auf diese Weise mehr oder weniger unbemerkt in ein System mit festen Regeln eingebunden, innerhalb dessen Mussolini gleichwohl genügend Spielraum hatte, den Gesprächsverlauf dem Besucher anzupassen und elastisch zu variieren. Immer war der ‚Duce' Herr des Verfahrens. Er entschied darüber, wer ihn besuchen durfte und wer nicht, er bestimmte den Verlauf der Audienzen und er gewährte am Ende Vergünstigungen wie die Überlassung signierter Fotos oder gegebenenfalls die Zusage von Widmungen oder Vorworten für Veröffentlichungen der Besucher. Die Besucher hatten sich während der Audienzen den Vorgaben Mussolinis zu fügen, ohne genau zu wissen, welchen Verlauf die Begegnung jeweils nehmen würde.

Wie wichtig die Audienzen für Mussolini von Anfang an waren, zeigte sich bereits daran, daß er bereits am 8. Februar 1923, mithin nur wenige Wochen nach seiner Machtübernahme, in einem Runderlaß das Verfahren festlegte,

---

[40] Ebd.

nach dem diese künftig beantragt werden sollten.[41] Ziel dieser Anweisung war es offensichtlich, die Audienzwünsche der potentiellen Besucher entsprechend deren politischen Anliegen zu sortieren, wobei Mussolinis verschiedene Regierungsämter maßgebend sein sollten, die er anfangs als Ministerpräsident in Personalunion ausübte. Die Audienzen sollten an zwei verschiedenen Orten stattfinden, im Palazzo Viminale, dem Sitz des Innenministeriums, und im Palazzo Chigi, dem Sitz des Außenministeriums. Wer zu ihm in seiner Funktion als Ministerpräsident wollte, mußte sich an den Generalsekretär der Presidenza del Consiglio im Palazzo Chigi wenden, wer Mussolini als Innenminister sprechen wollte, hatte sich beim Kabinettchef des Staatssekretärs im Innenministerium anzumelden. Besuchswünsche bei ihm als Außenminister mußten beim dortigen Kabinettchef des Staatssekretärs vorgebracht werden. Wer schließlich eine „Audienz ausschließlich privaten Charakters" begehrte, mußte diese bei Mussolinis Kanzleichef beantragen. Die auf diese Weise an vier Anlaufstellen gesammelten Anträge sollten Mussolini jeden Morgen von seiner persönlichen Kanzlei, der *Segreteria Particolare*, vorgelegt werden, damit er selbst über die Gewährung der Audienzen entscheiden konnte.

Vermutlich um das Verfahren zu vereinfachen, verfügte Mussolini zu einem etwas späteren Zeitpunkt, daß Audienzen, die er als Ministerpräsident oder als Innenminister gewährte, gleichermaßen über das Generalsekretariat des Ministerpräsidenten beantragt werden sollten.[42] Als er im Juni 1924 das Amt des Innenministers vorübergehend aufgab, erübrigte sich diese Regelung. Der Zugang über das Außenministerium blieb jedoch auch von 1929 bis 1932 in der Amtszeit Dino Grandis und von 1936 bis 1943 in der Amtszeit von Galeazzo Ciano erhalten. In der Praxis spielte sich das Audienzsystem schließlich so ein, daß Besuche überwiegend direkt über die persönliche Kanzlei Mussolinis, im Falle von Journalisten, über das *Ufficio Stampa*, das Pressebüro der Regierung, arrangiert wurden. Letzteres wird etwa durch den Historiker Philipp Hiltebrandt bestätigt, der am 23. Oktober 1932 in der „Kölnischen Zeitung" schrieb, daß „viele Wege nach Rom" führten, „aber nur einer zu Mussolini, und er geht über Polverelli". „Er, der Pressechef des Hauptes der Regierung (Capo del Governo), hält den Schlüssel in der Hand, der den gewöhnlichen Sterblichen die Tür zum Mappamondosaal des Palazzo Venezia öffnet, in dem der ‚Duce' arbeitet."[43] Überliefert ist jedoch auch, daß in späteren Jahren Minister oder Parteiführer, welche sich der besonderen Gunst Mussolinis erfreuten, durch-

---

[41] ASMAE, GM, Pacco 14, Il Presidente del Consiglio dei Ministri, 8.2.1923.
[42] Leider nicht datiertes „Comunicato" im ASMAE, GM, Pacco 89.
[43] Philipp Hiltebrandt, Bei Mussolini, in: Kölnische Zeitung, 23.10.1932. „Haupt der Regierung" ist eine wörtliche Übersetzung des von Mussolini angenommenen Titels „Capo del Governo", der seine autoritäre Sonderstellung als Ministerpräsident bezeichnete.

aus auch kurzfristig Audienzen beim ‚Duce' vereinbaren konnten.[44] Ausländer wurden dagegen fast ausschließlich nur noch über das Außenministerium vermittelt. Immer liefen jedoch am Ende alle Anträge in der *Segreteria Particolare* zusammen, von der sie Mussolini zur Entscheidung vorgelegt wurden.

Die *Segreteria Particolare del Duce* war die persönliche Kanzlei Mussolinis. Sie war weder in der Verfassung vorgesehen noch hatte sie in dieser Form schon vor seinem Regierungsantritt existiert. Weder war sie das Büro des Ministerpräsidenten noch hatte sie etwas mit dem *Partito Nazionale Fascista* zu tun. Im Diktatursystem Mussolinis spielte sie jedoch eine zentrale, wenn auch unauffällige Rolle. Sie diente Mussolini dazu, die Kontrolle sowohl über den Regierungsapparat als auch über das Führungspersonal der faschistischen Einheitspartei auszuüben. Mit Hilfe der *Segreteria Particolare* setzte er seinen diktatorischen Herrschaftsanspruch durch, als ‚Duce del fascismo' über beiden zu stehen.[45]

Bei einer Funktionsbeschreibung der *Segreteria Particolare* wurde ausdrücklich festgelegt, daß sie auch „die Audienzen des Duce organisiere".[46] In seinem Audienzsystem spielte sie daher von Anfang an eine Schlüsselrolle, da sie den „Zugang zum Machthaber" fast vollständig kontrollieren konnte.[47] Ohne sie kam niemand an den ‚Duce' heran. Sie beherrschte den Vorhof der Macht, die sich in der faschistischen Diktatur auf Mussolini konzentrierte. Nur wenn man ihrer Vermittlung, häufig genug sogar ihrer Fürsprache sicher war, konnte man damit rechnen, beim Diktator vorgelassen zu werden. Der Kanzleichef konnte zwar nicht aus eigener Machtvollkommenheit über den Zugang zu Mussolini entscheiden. Der ‚Duce' war jedoch davon abhängig, welche Namen oder Namenslisten ihm überhaupt vorgelegt wurden, welche Audienzwünsche akzeptiert, welche zurückgestellt oder sofort aussortiert worden waren.

Über die Einflußmöglichkeiten eines normalen Vorzimmers gingen die Befugnisse der Kanzlei somit weit hinaus. Das galt um so mehr, seit es in Italien keine freie Presse mehr gab, alle Parteien außer der faschistischen verboten waren und das Parlament zu einem Akklamationsorgan herabgewürdigt worden war. Weit davon entfernt nur der höflichen Aufwartung oder der unverbindlichen Konversation zu dienen, stellten die Audienzen beim ‚Duce' im faschistischen Italien politische Veranstaltungen dar. Wer nicht zu Mussolini vorgelassen wurde, dessen politische Karriere war beendet oder

---

44 Philipp Hiltebrandt wurde am 27.4.1938 bei seiner zweiten Audienz vom Minister für Volkskultur, Dino Alfieri, zu Mussolini geleitet. Vgl. Archiv des Deutschen Historischen Instituts Rom, Nr. 90, Nachlaß Hiltebrandt, Undatierter handschriftlicher Bericht Hiltebrandts.
45 Zum System der persönlichen Diktatur Mussolinis vgl. Wolfgang Schieder, Der italienische Faschismus 1919–1945, München 2010.
46 Teresa Maria Mazzatosta, Claudio Volpi, L'Italietta Fascista (lettere al potere 1936–1943), Bologna 1980, S. 18: „Le udienze del Duce."
47 Schmitt, Gespräch über die Macht und den Zugang zum Machthaber.

zumindest gefährdet, wer dagegen gelegentlich oder regelmäßig vorsprechen durfte, dessen politische Reputation und dessen Einflußmöglichkeiten waren besonders hoch.

Über die Kanzleichefs ist relativ wenig bekannt, ein Zeichen dafür, daß sie stets im Hintergrund blieben, hier freilich mit der von Mussolini abgeleiteten Autorität um so ungehinderter wirken konnten. Wie unentbehrlich sie dem ‚Duce' waren, zeigt sich daran, daß er sie, ganz im Gegensatz zu seiner sonstigen Personalpolitik, insgesamt nur zwei Mal auswechselte. Alessandro Chiavolini diente ihm von 1922 bis 1934 als Kanzleichef, der ihm folgende Osvaldo Sebastiani war von 1934 bis 1941 im Amt. Die Karriere von Nicolò De Cesare, dem dritten Kanzleichef, wurde nur durch den Sturz Mussolinis am 25. Juli 1943 vorzeitig beendet.[48] Alle drei waren keine prominenten Faschisten, die irgendwelche Verbindungen zur Führungsspitze des PNF gehabt haben. Lediglich Chiavolini ragte etwas heraus, weil er sich als Teilnehmer an der Gründungsversammlung des PNF schon seit 1919 im Umkreis Mussolinis befunden und ihm schon vor dem ‚Marsch auf Rom' als Sekretär gedient hatte.[49] Er wurde jedoch von Mussolini entlassen, weil er sich, wahrscheinlich wegen seiner homosexuellen Orientierung, dem durch die faschistische Bevölkerungspolitik verordneten Heiratszwang nicht fügen wollte.[50] Als Stellvertreter Chiavolinis gehörte auch Sebastiani schon seit 1922 zum engsten Verwaltungsstab Mussolinis, ohne jedoch zuvor in der faschistischen Bewegung aktiv gewesen zu sein.[51]

In der Praxis scheint die von Mussolini verfügte Lenkung der Audienzströme anfangs eher Verwirrung gestiftet zu haben, wie ein Bericht des deutschen Journalisten Adolf Stein erkennen läßt, der noch im August 1928 zunächst vergeblich im Palazzo Chigi vorsprach, um dann an einem späteren Termin plötzlich in den Palazzo Viminale gerufen zu werden.[52] Erst nachdem Mussolini sich im Palazzo Venezia 1929 eine Residenz geschaffen hatte, kam dauerhaft Ordnung in sein Audienzsystem.

Als Ministerpräsident verfügte Mussolini nach seiner Machtübernahme in Rom mit dem Palazzo Viminale als Innenminister über einen offiziellen Amts-

---

[48] Mazzatosta/Volpi, L'Italietta Fascista, S. 16f.
[49] Vgl. Mario Missori, Gerarchie e statuti del P.N.F. Gran Consiglio, Direttorio nazionale, Federazioni provinciali: quadri e biografie, Rom 1986, S. 187.
[50] Chiavolini lebte danach als Plantagenbesitzer in Tripolis. Vgl. Privatarchiv Diel, Nachlaß Louise Diel, Tagebuch der 3. Italienreise Mai-Juli 1934, Extraseite.
[51] Vgl. die freilich dürftigen Angaben in dem faschistischen Propagandawerk von Edoardo Savino, La Nazione Operante. Albo d'oro del fascismo. Profili e figure, 3. Aufl. Novara 1937, S. 469.
[52] Rumpelstilzchen [d.i. Adolf Stein], Der Schmied Roms, Berlin 1929, S. 12f.. Hier der Text der Einladung: „Capo del Governo la riceva mercoledi 31 corrente Palazzo Viminale ore undici."

sitz. Da er jedoch zunächst auch noch das Außenministerium, das seinen Sitz im Palazzo Chigi an der Piazza Colonna hatte, in Personalunion mitverwaltete, verfügte er de facto über zwei Amtssitze, ohne jedoch auch eine repräsentative Residenz zu haben. Je mehr er seine persönliche Diktatur ausbauen konnte,[53] desto mehr scheint ihn das Fehlen einer eigenständigen Repräsentanz gestört zu haben. Er fand diese schließlich in dem leerstehenden Palazzo Venezia, auf den er schon kurz nach seinem Regierungsantritt ein Auge geworfen hatte.[54] Nach der endgültigen Festigung seiner Diktatur zog er hier am 16. September 1929 ein. Er wählte damit nicht etwa einen neuen Amtssitz in seiner Funktion als Ministerpräsident, sondern machte den Palazzo zum zentralen Ort seiner persönlichen Herrschaft. Weder wurden die Verwaltung des Ministerpräsidenten noch etwa Abteilungen aus dem Innen- oder Außenministerium in den Palazzo Venezia verlegt. Der Palast sollte nicht der Amtssitz des Ministerpräsidenten sein, er war vielmehr die Residenz des faschistischen Diktators. Hier repräsentierte Mussolini als ‚Duce del fascismo', nicht als ‚Capo del Governo'. Es kann kein Zweifel daran bestehen, daß er auch auf diese Weise in repräsentativer Hinsicht mit dem König, aber auch mit dem Papst gleichziehen wollte, mit denen er als Ministerpräsident protokollarisch nicht denselben Rang einnahm.

Rein topographisch gesehen war die Wahl des Palazzo Venezia eher erstaunlich. Der riesige Palast lag an der gleichnamigen Piazza Venezia, die 1929 noch von drei Seiten nur durch enge Gassen zugänglich war. Vor allem aber wurde der Platz durch das übermächtige Nationaldenkmal für König Viktor Emanuel II., das Vittoriano, schier erdrückt. Nur nach Nordwesten war er zur Via del Corso hin von alters her offen. Seit dem ausgehenden 19. Jahrhundert führte zwar eine Verbindung zur Via Nazionale nach Osten und eine ebensolche nach Westen zum Corso Vittorio Emanuele II. Da diese beiden Straßen jedoch ganz am Rand des Platzes einmündeten, hatte sich an dessen geschlossenem Charakter nicht viel geändert.

---

[53] Vgl. dazu immer noch Alberto Aquarone, L' organizzazione dello Stato totalitario, Turin 1965; Adrian Lyttelton,The seizure of power. Fascism in Italy 1919–1929, London 1973 und Paolo Pombeni, Demagogia e tirannide. Uno studio sulla forma-partito del fascismo, Bologna 1984. Von neueren Darstellungen ist zu nennen: Angelo Del Boca, Massimo Legnani, Mario G. Rossi (Hg.), Il regime fascista. Storia e storiografia, Rom 1995; Bosworth, The italian dictatorship; ders., L'Italia di Mussolini 1915–1945, Mailand 2007; Loreto Di Nucci, Lo Stato-partito del fascismo. Genesi, evoluzione e crisi 1919–1943, Bologna 2009.

[54] Nach dem durchaus glaubwürdigen, im „Völkischen Beobachter" vom 8.5.1938 unter dem Titel „Wie Mussolini sein Imperium regiert" erschienenen Bericht des Historikers und Journalisten Philipp Hiltebrandt beauftragte Mussolini schon kurz nach seiner Regierungsübernahme den Architekten Federico Hermanin de Reichenfeld mit der Restaurierung des heruntergekommenen Palazzo Venezia. Belegt ist, daß er den Palast schon am 23.12.1922 zum ersten Mal besichtigte. Vgl. Italo Insolera, Francesco Perego, Archeologia e città. Storia moderna dei Fori Romani, Roma/Bari 1999, S. 71.

Seitdem Mussolini am 28. Oktober 1925 in einer programmatischen Rede verkündet hatte, daß die großen Monumente der römischen Antike vom „Schutt späterer Jahrhunderte" befreit werden sollten,[55] zeichnete sich jedoch eine topographische Formveränderung der Piazza ab, die dann in den dreißiger Jahren Wirklichkeit werden sollte.[56] Ohne Rücksicht auf die historisch gewachsene Stadtlandschaft ließ Mussolini die römische Altstadt mit einem Netz von magistralen Straßen durchziehen. In die Piazza Venezia mündeten danach die vom Kolosseum ausgehende Via dei Fori Imperiali, die zwischen Kapitol und Marcellustheater durchführende Via del Mare und die durch einen Durchbruch herangeführte Via delle Botteghe Oscure ein. Die Piazza Venezia verwandelte sich dadurch in einen zentralen Platz, auf welchen die großen städtischen Magistralen netzförmig zuliefen. Der gleichnamige Palazzo stand damit in topographischer Hinsicht mit einem Mal im Mittelpunkt der Stadt, als Residenz des Diktators in deutlicher Distanz zum König im Quirinal, zum Papst im Vatikan und auch zum Parlament im Palazzo Montecitorio. Als neue faschistische Mitte Roms wurde er nun nur noch durch das gigantische Denkmal für König Viktor Emanuel II. beeinträchtigt, das die nationalmonarchische Tradition Italiens repräsentierte. Mussolini verstand es jedoch, diese raffiniert zu vereinnahmen. Statt vom die monarchische Tradition assoziierenden „Vittoriano" war nur noch vom „Altare della Patria" die Rede, zu dem das Denkmal 1919 durch die Bestattung des *Unbekannten Soldaten* erhoben worden war. Es erinnerte damit nicht mehr an die monarchische Staatsgründung, sondern an den Ersten Weltkrieg, auf den der Faschismus seine Entstehung zurückführte.[57] Man kann deshalb von einer „Faschisierung des Denkmals" sprechen.[58] Diese wurde noch dadurch verstärkt, daß mit der rituellen Ehrung des *Unbekannten Soldaten* die Erinnerung an die beim *Marsch auf Rom* gefallenen Faschisten verbunden wurde, für die Mussolini im Garten des Kapitols einen faschistischen Gedenkort in Form eines Granitblocks einrichten ließ. Auch ausländische Staatsgäste mußten seitdem die Kranzniederlegung am Grab des *Unbekannten Soldaten* mit der Verneigung vor dem faschistischen Ehrenmal verbinden. Schließlich entdeckte Mussolini, daß er sich des ‚Vittoriano' auch für symbolische Akte nationaler Mobilisierung bemächtigen konnte, wie sie z. B. die massenhafte Eheringspende am Tag der *Giornata della Fede* vom 18. Dezember 1935 darstellte.[59] Das riesige monarchische Denkmal wurde auf diese Weise, und das auch noch in

---

[55] Benito Mussolini, Opera Omnia, Bd. XXII, Florenz 1957, S. 48.
[56] Vgl. dazu und zum folgenden Wolfgang Schieder, Rom – die Repräsentation der Antike im Faschismus, in: ders. Faschistische Diktaturen. Studien zu Deutschland und Italien, Göttingen 2008, S. 125–146.
[57] Vgl. dazu die vorzügliche Studie von Bruno Tobia, L'Altare della Patria, Bologna 1998.
[58] Petra Terhoeven, Liebespfand fürs Vaterland. Krieg, Geschlecht und faschistische Nation in der italienischen Gold- und Eheringssammlung 1935/36, Tübingen 2003, S. 194.
[59] Vgl. dazu eindringlich Terhoeven, Liebespfand fürs Vaterland, passim.

Anwesenheit der Königin Elena, virtuell zu einem faschistischen Gedenkort umgewandelt.

Als Residenz war der Palazzo Venezia auch deshalb geschickt gewählt, weil hier nur im späten Mittelalter für kurze Zeit einige Päpste residiert hatten, Mussolini konnte dem Gebäude also erstmals eine moderne Herrschaftsfunktion geben. Als weltlicher Renaissancebau in Rom verdankte der Palast seine Entstehung verschiedenen Kurienkardinälen, im 16. Jahrhundert kam er in den Besitz der Republik Venedig, deren Botschafter dort bis zum Untergang des Stadtstaates residierten. 1814 übernahm das Kaiserreich Österreich-Ungarn den herrenlosen Palast als Residenz des Botschafters, bis er 1916 in das Eigentum des italienischen Staates überging. Mussolinis Inbesitznahme des Palastes symbolisierte somit in gewisser Weise auch noch den historischen Sieg der Italiener über Österreich-Ungarn, für welchen die Schlacht bei Vittorio Veneto stand.

Daß Mussolini die erinnerungspolitische Dimension seines Einzugs in den Palazzo Venezia bewußt war, läßt sich an seinem persönlichen Engagement bei der Festlegung eines Nutzungskonzeptes ablesen. Er sorgte dafür, daß die Spuren der Vergangenheit innerhalb des Palastes nach Möglichkeit beseitigt wurden. Als repräsentativer Ort seiner Diktaturherrschaft sollte er einen unverwechselbaren faschistischen Charakter haben. Als erstes ließ Mussolini aus dem Erdgeschoß die große Bibliothek zur Geschichte des Risorgimento entfernen und in das Vittoriano überführen.[60] Die Privatkapelle im Erdgeschoß wagte er aus politischen Rücksichten gegenüber dem Vatikan, mit dem er in den Lateranverträgen kurz zuvor einen umfassenden Ausgleich gefunden hatte, nicht zu beseitigen, besuchte sie jedoch kein einziges Mal. Auch das Istituto Archeologico di Antichità, das sich in einem Zwischengeschoß des Palastes zwischen Erdgeschoß und im ersten Stock befand, mußte nach einiger Zeit weichen. Stattdessen wurden hier Büros von Mussolinis sich ausdehnender Privatkanzlei untergebracht.

Bei den Räumen des Palazzo Venezia, deren Bezeichnungen klerikaler Herkunft waren, sorgte Mussolini für Umbenennungen. Die *Sala del Consistorio* (Saal des Konsistoriums) wurde so z. B. zur *Sala delle Battaglie* (Saal der Schlachten). Zu allem Überfluß ließ Mussolini auch noch die Namen der wichtigsten Schlachten, die das italienische Heer im Ersten Weltkrieg ausgefochten hatte, in die Wandfresken hineinschreiben.[61] Von der ursprünglichen *Sala del Consistorio* gelangte man in die *Sala Regia* (Königssaal), den mit einer Länge von 36 Metern mit Abstand größten Saal des Palastes. Er diente für große Empfänge, hier fanden auch größere Gruppenaudienzen statt. Von den vier kleineren Räumen im ersten Stock dienten drei als *Anticamere* (Warteräume)

---

[60] Navarra, Memorie del cameriere, S. 105–115.
[61] Ebd.

für die Audienzbesucher, ein vierter, die *Sala del Pappagallo* (Papageiensaal), wurde zum Sitzungsraum des *Gran Consiglio del Fascismo* (Großrat des Faschismus) erhoben. Zum zentralen Ort seiner Residenz machte Mussolini jedoch sein Arbeitszimmer. Er wählte dafür die *Sala del Mappomondo* (Saal der Weltkarte) im ersten Stock des Palastes, von der sich ein kleiner Balkon zur Piazza Venezia hin öffnete.

Mussolini schuf sich auf diese Weise ein ganz auf ihn und nur auf ihn bezogenes Machtzentrum, von dem aus er seine als charismatisch anzusehende Führerherrschaft voll entfalten konnte: In die *Sala del Pappagallo* berief er die Führungskader des faschistischen Regimes zu den Sitzungen des Faschistischen Großrats ein, in der *Sala Mappamondo* empfing er Besucher in Audienz, und von dem von dieser sich zur Piazza Venezia hin öffnenden Balkon führte er den Dialog mit der Menge. Auf allen drei eng miteinander verbundenen Handlungsfeldern drehte sich alles um seine Person. Er allein konnte hier den Ton angeben und sich als ‚Duce' in Szene setzen.

Den *Gran Consiglio* hatte Mussolini unmittelbar nach seiner Machtübernahme geschaffen und erstmals schon am 12.1.1923 zusammengerufen. Ursprünglich als oberstes Parteiorgan eingerichtet, erhielt dieses Gremium 1928 staatlichen Verfassungsrang und wurde theoretisch zum obersten Beratungs- und Entscheidungsorgan des faschistischen Regimes erhoben.[62] In Wahrheit war der Großrat, der zeitweise über fünfzig Mitglieder sowohl aus dem Regierungsapparat als auch aus den Parteigliederungen umfaßte, ganz der Willkür Mussolinis ausgeliefert. Allein der ‚Duce' konnte ihn einberufen und die Tagesordnung festlegen. Er leitete die Sitzungen und bestimmte die Zusammensetzung der Mitglieder, die er ständig variierte. Auch als Staatsorgan war der *Gran Consiglio* das zentrale Organ von Mussolinis persönlicher Diktaturherrschaft.

Im Kern war er freilich ein Instrument symbolischer Politik. Das faschistische Zentralorgan trat meistens erst abends um 22.00 Uhr im Palazzo Venezia bei Kerzenlicht zusammen, um in bis zum frühen Morgen gehenden Nachtsitzungen zu tagen. Das sollte dem *Gran Consiglio* die Aura des Außergewöhnlichen, ja Geheimnisvollen geben, welche ihn von der gewöhnlichen Tagespolitik abhob. Umgeben von seinen engsten Gefolgsleuten, schien der ‚Duce' die Nacht zum Tage zu machen und sich um Italien zu sorgen, während alle anderen schon schliefen. Nach jeder Sitzung des Großrats wurde diese Botschaft sorgfältig in den gleichgeschalteten Medien verbreitet und stilisierte Sitzungsprotokolle in aufwendig gedruckten Bänden in großer Auflage publiziert, um auch noch im

---

[62] Vgl. die knappe Darstellung von Mario Di Napoli, Gran Consiglio del Fascismo, in: Victoria De Grazia, Sergio Luzzatto (Hg.), Dizionario del fascismo, Vol. 1, Turin 2002, S. 621–623. Eine ausführliche Darstellung des Gran Consiglio im politischen System des Faschismus fehlt erstaunlicherweise.

letzten Winkel Italiens Rechenschaft über die Aktivität des obersten politischen Organs des Faschismus abzulegen.[63] In Wahrheit wurde im *Gran Consiglio*, jedenfalls seit Mussolinis Staatsstreich vom 3. Januar 1925, weder wirklich beraten noch gar mehrheitlich abgestimmt. Alle Beschlüsse oder Resolutionen wurden einstimmig gefaßt, wobei Mussolini stets die Vorlagen lieferte.

Der Balkon des Palazzo Venezia war der zentrale Ort für Mussolinis öffentliche Selbstinszenierung gegenüber seinen Untertanen. Einerseits war er so hoch an dem Palast angebracht, daß alle Zuhörer auf dem Platz zu ihm aufsehen mußten. Mussolini nahm damit eine überhöhte Position ein, die ihn von seinen Zuhörern entrückte. Das entsprach seinem Selbstverständnis als politischer Übermensch, den er als ‚Duce' zu repräsentieren glaubte. Andererseits war die Piazza Venezia zwar ein großer Platz, aber doch in ihren Dimensionen durch die Randbebauung auf drei Seiten so begrenzt, daß sie durchaus den Charakter einer geschlossenen Piazza hatte. Die Menschenmenge, die sich dort bei den Auftritten Mussolinis versammelte, war von Mussolini zumindest mit Hilfe von Mikrofonen akustisch vollkommen erreichbar. Er konnte daher mit ihr kommunizieren, auf Zwischenrufe reagieren und je nach Bedarf seine Stimme heben oder senken.

Insgesamt hat Mussolini 64 Mal vom Balkon des Palazzo Venezia geredet, davon drei Mal schon vor seinem Einzug in die Residenz und letztmals am 5. Mai 1943.[64] Die meisten dieser Reden wurden an den faschistischen Feiertagen, also am 23. März (Gründung des ersten Fascio in Mailand 1919), am 21. April (mythisches Gründungsdatum der Stadt Rom 753 v. Ch.) oder am 28. Oktober (Marsch auf Rom 1922) gehalten. Sehr häufig sprach er jedoch auch zu aufmarschierenden Delegationen der faschistischen Partei, der Jugendorganisationen, der Frauenorganisationen, der Veteranen oder auch zu Einheiten der Armee oder der Miliz. Besonders bedeutsam ist, daß er den Balkon auch zur Ankündigung wichtiger politischer Entscheidungen benutzte, so am 9. Mai 1936 bei der Ausrufung des *Impero Fascista*, am 11. Dezember 1937 zur Verkündung des Austritts Italiens aus dem Völkerbund, am 30. September 1938 nach der Rückkehr von der Münchner Konferenz und am 10. Juni 1940 zur Verkündung der Kriegserklärung an Großbritannien und Frankreich. Große Massenversammlungen fanden auf der Piazza Venezia auch am 2. Oktober 1935 bei der Verkündung des Überfalls auf Abessinien und am 11. Dezember 1941 aus Anlaß

---

63 Vgl. Partito Nazionale Fascista, Il Gran Consiglio nei primi cinque anni dell'èra Fascista, Rom/Mailand 1927; Partito Nazionale Fascista, Il Gran Consiglio nei primi dieci anni dell'èra fascista, Rom 1933; Partito Nazionale Fascista, Il Gran Consiglio del Fascismo nei primi quindici anni dell'èra Fascista, Bologna 1938; Raccolta delle deliberazioni del Gran Consiglio, Rom 1925.

64 Vgl. dazu die genaue Aufstellung bei Insolera, Perego, Storia moderna, S. 66–76. Vgl. auch Mario Isnenghi, L'Italia in piazza. I luoghi della vita pubblica dal 1848 ai giorni nostri, Mailand 1994.

der Kriegserklärung an die USA statt. Es waren dies die sogenannten *adunate oceaniche* (ozeanischen Versammlungen), bei denen eine meistens nicht in Formation aufmarschierende Menschenmenge den Platz dicht gedrängt füllte und sich von der Inszenierung des Auftritts von Mussolini berauschen ließ.

So gut wie alle Audienzen, die Mussolini seit seinem Einzug in den Palazzo Venezia im Herbst 1929 gegeben hat, fanden in der *Sala del Mappomondo* statt. Für persönliche Gespräche war das eigentlich ein höchst sonderbarer Ort. Es handelte es sich um einen 18 m langen, 15 m breiten und 12 m hohen Raum, der üppig mit Renaissancefresken und Stuck, sowie einem spiegelglatten Marmorboden ausgestattet war und ein unverkennbar höfisches Ambiente evozierte. Der für ein Arbeitszimmer ohnehin völlig überdimensionierte Raum erschien den Besuchern noch größer, da Mussolini ihn fast hatte leerräumen lassen. Nur in der äußersten Ecke stand, diagonal dem Besuchereingang gegenüber, ein riesiger Schreibtisch mit einem Stuhl, von dem aus Mussolini den Raum überblickte. Vor diesem waren zwei kleine Sessel plaziert, in die sich die Besucher mit dem Rücken zum Eingang niederzulassen hatten. Abgesehen von einigen kleineren Utensilien standen auf dem Schreibtisch lediglich eine Leselampe sowie zwei Telefone, über die sich Mussolini jederzeit mit dem für die Polizei zuständigen Innenministerium sowie mit der Redaktion der von ihm herausgegebenen Parteizeitung, dem „Popolo d'Italia", verbinden lassen konnte.[65] In der Nähe des Schreibtisches standen sonst nur noch ein großer Kandelaber und ein Lesepult, sonst war der riesige Raum nicht möbliert. Bemerkenswert ist allerdings, daß Mussolini die ursprüngliche Wandgestaltung dadurch verfremdete, daß er in der Renaissancedekoration eines Wandkamins einen großen Fascio anbringen ließ. Der rücksichtslose Stilbruch symbolisierte auf drastische Weise die faschistische Inbesitznahme des Palastes.[66]

Für ein vertrautes Gespräch war der Raum eigentlich viel zu groß und wirkte allein schon dadurch auf die Besucher einschüchternd. Die spärliche Möblierung verstärkte noch das Gefühl der Unbehaglichkeit, die man beim Eintritt empfinden mußte. Einer der deutschen Besucher sprach treffend davon, daß es sich „so ziemlich um das Ungemütlichste" handelte, „was man sich unter einem Arbeitszimmer vorstellen kann".[67] Man kann jedoch davon ausgehen, daß es Mussolini genau auf diesen Effekt ankam, weil er die Besucher beim Eintritt gezielt verunsichern wollte.

---

[65] Navarra, Memorie del cameriere, S. 106f.
[66] Der Fascio ist auf einem Foto sichtbar, das der deutsche Fotoreporter Felix H. Man am 26.1.1931 in der Sala del mappomondo aufnehmen durfte. Vgl. die Abbildung bei Wolfgang Schieder, Audienz bei Mussolini. Zur symbolischen Politik faschistischer Diktaturherrschaft 1923–1943, in: Petra Terhoeven (Hg.), Italien, Blicke. Neue Perspektiven der italienischen Geschichte des 19. und 20. Jahrhunderts, Göttingen 2010, S. 116.
[67] Kurt Kornicker, Mussolini aus der Nähe, Lübeck 1932, S. 30.

Inszenierung der Audienzen durch Mussolini[68]

Jede Audienz wurde dadurch in die Wege geleitet, daß dafür nach einer positiven Entscheidung Mussolinis in der *Segreteria Particolare* ein Termin festgesetzt wurde, der anfangs in eine handschriftliche, später in eine für jeden Tag vorgedruckte Audienzliste eingetragen wurde. Die *Segreteria Particolare* hatte bei der Festlegung der Audienztermine freie Hand, sie konnte diese daher hin und herschieben, manchen Petenten absichtlich tagelang warten lassen, um ihn am Ende doch noch abschlägig zu bescheiden.[69] Die Einladung zu einer Audienz erfolgte häufig von einem Tag auf den anderen. Der dadurch erzielte Überraschungseffekt versetzte die Besucher, vor allem, wenn sie schon länger auf einen Termin gewartet hatten, plötzlich in eine eigenartige Hochstimmung. „Werde heute 6 ¼ Uhr Mussolini sehen. Veni creator spiritus", notierte Gerhard Hauptmann am 17.4.1929 pathetisch in seinem Tagebuch.[70] Der Schriftsteller Viktor Meyer-Eckhardt geriet gar „in einen Zustand vollkommenen Entzückens", als er die Nachricht erhielt, daß er von Mussolini empfangen würde.[71] Diese Praxis eines gezielten Spannungsaufbaus trug somit dazu bei, daß der Besuch bei Mussolini für viele zu einem besonderen Erlebnis, für Auswärtige häufig genug zum Höhepunkt einer Italienreise wurde. Mancher sah die Begegnung mit Mussolini geradezu als Realisierung eines Traumes an.[72] Selbst für einen Politiker wie Heinrich Brüning, der als deutscher Reichskanzler selbstverständlich nicht bei der *Segreteria Particolare* hatte antichambrieren müssen, gehörte die Audienz bei Mussolini am 7. August 1931 „zu den wenigen angenehmen Erinnerungen dieser schweren Zeit".[73]

Die schriftliche Einladung diente den Besuchern beim Eintritt in den Palazzo Venezia als Legitimation.[74] Da sie mehrfach vorgewiesen werden mußte, wurde

---

68 In einer ersten Fassung vgl. dazu Schieder, Audienz bei Mussolini, S. 107–132.
69 Die Journalisten Felix H. Man und Kurt Kornicker erhielten z. B. für den 14.1.1931 einen Audienztermin, der jedoch gestrichen wurde. Sie gaben jedoch nicht auf, sondern blieben in Rom, um auf einen neuen Termin zu warten, den sie dann auch nach nochmaliger Verschiebung am 26. 1.1931 erhielten. Vgl. den handschriftlichen Vermerk in den Audienzlisten vom Januar 1931: „I signori Hans Baumbann [sic!] und Kurt Kornicker sono tutt'ora a Roma in attesa di essere ricevuti dal Duce.", ACS, SPD, CO, Udienze, b. 3105.
70 Staatsbibliothek Preußischer Kulturbesitz Berlin, Nachlaß Hauptmann, Tagebuch 1928–1931.
71 Archiv Heinrich-Heine-Institut Düsseldorf, Nachlaß Meyer-Eckhardt, Reisetagebuch.
72 Vgl. Passerini, Mussolini immaginario, S. 139.
73 Heinrich Brüning, Memoiren 1918–1934, Stuttgart 1970, S. 355.
74 Im Nachlaß von Louise Diel sind die Einladungen zu den meisten ihrer 21 Audienzen bei Mussolini erhalten. Vgl. Privatarchiv Diel, Nachlaß Louise Diel, Meine Audienzen beim Duce 1934–1940. Die Einladung zu der ersten Audienz am 5.4.1934 hatte folgenden Wortlaut: „Gentile Signora, Mi prego comunicarLe che S.E. il Capo del Governo, aderendo al Suo desiderio, La riceverà a Palazzo Venezia giovedì 5 aprile alle ore 18.30. Nel pregarLa

der emotionale Ausnahmezustand der Besucher weiter gesteigert. Besonderen Eindruck machten dabei die uniformierten *Moschettieri del Duce*, welche die persönliche Leibwache Mussolinis bildeten. Ihre vielfach der römischen Aristokratie entstammenden Mitglieder trugen schwarze Phantasieuniformen, die angeblich von Mussolini persönlich entworfen worden waren.[75] Nur wenige der Besucher identifizierten sie allerdings tatsächlich als seine persönlichen Leibwächter,[76] die meisten hielten sie wegen ihrer ebenfalls schwarzen Uniformen für Angehörige der faschistischen Miliz.[77] Mussolinis Ehrgeiz, mit dem Aufbau einer eigenen Leibwache nach außen hin sichtbar mit der königlichen Leibgarde im Quirinal und der Schweizer Garde des Papstes auch in dieser Hinsicht gleichzuziehen, hatte insofern keinen Erfolg. Jedoch wurde der Einschüchterungseffekt, der mit dem Auftritt der uniformierten Leibwächter intendiert war, gegenüber den deutschen Audienzbesuchern, wie mehrere Berichte ausweisen, in vollem Umfang erreicht.

Von den vier Haupteingängen des Palazzo Venezia wurde das Tor zur Via del Plebiscito nur aus Anlaß großer Feste geöffnet, bei denen die Sala Regia benutzt wurde. Der Eingang von der Via degli Astelli aus diente als Personaleingang.[78] Von den beiden übrigen Eingängen war die Tür in den Nebenpalast von San Marco Regierungsmitgliedern und Diplomaten vorbehalten, die auf diese Weise bevorzugt behandelt wurden. Alle übrigen Besucher mußten durch den Haupteingang eintreten, der sich zur Piazza Venezia hin öffnete.[79] Wer über den Eingang bei San Marco eintreten durfte, hatte das zusätzliche Privileg, dort einen Fahrstuhl in die oberen Stockwerke benutzen zu können.[80] Die faschistischen Führungskader, die ständig zur Audienz antreten mußten, waren sich dieser Vorzugsbehandlung mit Sicherheit bewußt, ausländischen Besuchern mußte sie dagegen verschlossen bleiben. Der Dolmetscher Schmidt, der Göring am 25. April 1937 zur Audienz begleitete, glaubte, den Fahrstuhl nur deshalb nicht benutzen zu dürfen, weil außer Göring und dem italienischen Protokollchef niemand mehr hineinpaßte. Er sprang deshalb die Treppen hinauf, um seinen „(sprachlichen) Schützling an der Fahrstuhltür wieder

---

di voler portar seco la presente comunicazione allorchè si recherà a Palazzo Venezia onde poterla esibire qualora le venisse richiesta, Le porgo gentile Signora, i più distinti ossequi."
[75] Vgl. dazu Navarra, Memorie, S. 126–28, sowie auch S. 112.
[76] Vgl. aber Kornicker, Mussolini aus der Nähe, S. 27.
[77] Vgl. Sven von Müller, Besuch bei Mussolini, offene Aussprache, kein Interview, in: Vossische Zeitung, 11.1.1931; Theodor Wolff, Bei Mussolini; Mussolinis Gespräche mit Emil Ludwig, S. 19.
[78] Navarra, Memorie, S. 99f.
[79] Ebd. sowie ferner die Berichte von Kornicker, Mussolini aus der Nähe, S. 27 und Müller, Besuch bei Mussolini.
[80] Navarra, Memorie, S. 136.

in Empfang zu nehmen".[81] In Wahrheit gehörte er nur nicht zu den privilegierten Besuchern, denen das Audienzprotokoll die Benutzung des Fahrstuhls gestattete. Hier zeigte sich, daß das Besuchszeremoniell von den Gästen nicht durchschaut werden mußte, um gleichwohl korrekt erfüllt zu werden: von der Benutzung des Fahrstuhls ausgeschlossen, eilte Schmidt zu Fuß die Treppen hinauf.

Bevor die Besucher zu Mussolini vorgelassen wurden, mußten sie stets in einem der Vorzimmer warten. Als weniger wichtig angesehene Besucher wurden, was ihnen nicht entgehen konnte, in zwei Hinterzimmern plaziert.[82] Fast in keinem der überlieferten Audienzberichte fehlt eine Schilderung der Atmosphäre in den Vorzimmern zu Mussolinis Arbeitszimmer. Die prachtvolle künstlerische Ausstattung mit alten Bildern, Fresken, gekachelten Wänden und Bodenmosaiken, die den „Eindruck eines kleinen Museums machten",[83] vermittelten eine unerwartet stilvolle, geradezu höfische Atmosphäre.[84] In der Regel war jede Anticamera mit mehreren Wartenden gefüllt. Es herrschte eine aufgeregte, erwartungsvolle Stimmung, die noch gesteigert wurde, wenn sich der Zugang zum ‚Duce' verzögerte. Rudolf Borchardt hat diese eigenartige Atmosphäre, die ihren Höhepunkt jeweils erreichte, wenn die Ankunft Mussolinis im Haus angezeigt wurde, am farbigsten geschildert: „Auf einmal fuhr es in den Saal wie ein Schlag. In einen meinen Blicken entzogenen Durchgang war Bewegung gekommen. Mussolini war im Hause. Alle Bewegungen wurden straff und kurz ... Aus allen Gesichtern war die Farbe gewichen, nur die gelangweilten bäurischen Köpfe der Lakaien, denen dieses tägliche Schauspiel keinen Zug mehr entlockt, blieben, als Ausstattung des Raumes, unverändert wie die Majoliken und die Madonnen."[85]

Alle Berichterstatter waren sich darin einig, daß die Spannung stets ihren Höhepunkt erreichte, wenn man in Mussolinis Arbeitszimmer eintreten durfte. Auch als sich herumgesprochen hatte, daß der riesige Raum, in den man eingelassen wurde, fast leer war und Mussolini in der äußersten Ecke diagonal gegenüber dem Eingang hinter seinem Schreibtisch saß, wurden die meisten Besucher nach dem Betreten des Saals von der Situation überwältigt. „Andere Besucher", so Theodor Wolff, „haben die ungemein wirksame Szene schon

---

[81] Paul Schmidt, Statist auf diplomatischer Bühne 1923–1945. Erlebnisse des Chefdolmetschers im Auswärtigen Amt mit den Staatsmännern Europas. Von Stresemann und Briand bis Hitler, Chamberlain und Molotow, Bonn 1954, S. 351.
[82] Navarra, Memorie, S. 111.
[83] Kornicker, Mussolini aus der Nähe, S. 27.
[84] Vgl. z. B. von Müller, Besuch bei Mussolini, S.1; Mussolinis Gespräche mit Emil Ludwig, S. 18–21; Jung, Bei Mussolini, S. 1; Philipp Hiltebrandt, Bei Mussolini, in: Kölnische Zeitung, 23.10.1932; Rudolf Borchardt, Besuch bei Mussolini, in: Kölnische Zeitung, 16.4.1933.
[85] Borchardt, Besuch bei Mussolini.

geschildert, aber die Kenntnis, die man aus ihren Darstellungen geschöpft hat, schwächt die Überraschung, die man unwillkürlich empfindet, nicht".[86] Auch die deutsche Schriftstellerin Christa Niesel-Lessenthin beschrieb den Augenblick des Eintritts in die Sala del Mappomondo nachträglich mit bemerkenswerter Emotionalität: „Weiter noch ein paar kühle strenge Säle, dann die letzte Pforte. Ein Riesensaal, der Fußboden schöne Mosaiken. An den Wänden nichts. Im Raume ebenfalls nichts. In der äußersten Ecke links ein gewaltiger Schreibtisch, zwei Sessel und in stilvoller Umschlossenheit und Abgeschlossenheit – Mussolini!"[87] Ein anderer Besucher meinte, allerdings viel später, daß der ‚Duce' an seinem wuchtigen Schreibtisch „einer Spinne nicht unähnlich, die auf ihr Opfer lauerte", gesessen habe.[88] So einschüchternd wirkte der riesige Saal, daß mancher Besucher ihn auf 25 m schätzte, obwohl er in Wahrheit nur 18 m lang war.[89] Nur wenige durchschauten, daß der Zwang, den langen Saal zu durchschreiten, ein „Regieeinfall" Mussolinis war.[90] Meistens finden sich völlig unkritische Beschreibungen von der Art wie „Der Weg ist weit. Er lohnt sich".[91] Für Mussolini war der Marsch der Besucher durch den Saal eine Art Reaktionstest. Der ‚Duce' hatte „während der langen Reise bis zum hinteren linken Eck" die Möglichkeit, „seinen Besucher zu studieren".[92] Je mehr dieser mit dem absichtlich glatt polierten Marmorboden zu kämpfen hatte, desto mehr konnte Mussolini mit seiner Verunsicherung rechnen. Er konnte daraufhin abwägen, inwieweit er beeinflußbar sein mochte.[93] Unabhängig von den Audienzbesuchern wußte auch Mussolinis Ehefrau Rachele, daß der ‚Duce' sich „psychologisch sehr geschickt" verhalten habe. Beim Eintritt seiner Besucher sei sein Blick „nicht vom Gesicht seines Gegenübers" gewichen, der dadurch „sofort unsicher" geworden sei: „Dann sagte Benito einige Worte der Begrüßung, und ohne weitere Zeit zu verlieren, ließ er seinen Besucher sprechen."[94]

Die einschüchternde Wirkung des Audienzraums wurde zweifellos durch gezielte Lichteffekte verstärkt. Der Kammerdiener war gehalten, nur bei vom

---

[86] Theodor Wolff, Bei Mussolini.
[87] Christel Niesel-Lessenthin, Mussolini unterhält sich mit einer Dame, in: Ernte 11 (1930), S. 30.
[88] Hartmann, Begegnung mit Europäern, S. 200.
[89] Vgl. z. B. Mussolinis Gespräche mit Emil Ludwig, S. 21; Man, Photographien aus 70 Jahren, S. 64f.
[90] Sven von Müller, Besuch bei Mussolini, S. 1.
[91] So Walter Kiehl, Dr. Ley beim Duce, in: Freude und Arbeit 2 (1937), S. 72. Mit ironischer Distanzierung Hiltebrandt, Bei Mussolini, S. 1.
[92] Jung, Bei Mussolini, S. 2.
[93] Vgl. dazu Man, Photographien, S. 64: „Fünfundzwanzig Meter sind eine gute Entfernung, die im Audienzschritt zurückzulegen man beinahe eine halbe Minute braucht, genug Zeit für den Duce, die Qualitäten seines Besuchers abzuwägen".
[94] Rachele Mussolini, Mussolini ohne Maske. Die Frau des Duce berichtet, Stuttgart 1974, S. 91.

'Duce' als besonders wichtig angesehenen Besuchern das volle Licht eines riesigen Kandelabers anzuschalten, der in der Mitte des Saales von der Decke herabhing.[95] Sonst blieb der Saal mehr oder weniger abgedunkelt, so daß sich die Besucher auf dem glatten Boden zu dem nur von einer Stehlampe erleuchteten Schreibtisch vortasten mußten. Daß Mussolini diese Lampe ständig bis in die tiefe Nacht hinein brennen ließ, um außen den Eindruck zu erwecken, daß er noch arbeitete, während alle anderen schon schliefen, ist allerdings eine Legende.

Von besonderer Bedeutung war weiterhin, in welcher Weise Mussolini seine Besucher begrüßte und verabschiedete. In diplomatischen Kreisen Roms war das Begrüßungsritual durchaus bekannt. Als der deutsche Außenminister Julius Curtius am 7. August 1931 zusammen mit Reichskanzler Heinrich Brüning den 'Duce' aufsuchte, erinnerte er sich an eine Bemerkung des amerikanischen Außenministers Stimson, man könne die Wertschätzung des Besuchers daran erkennen, wie weit „Mussolini seinen Gästen entgegenkomme".[96] Botschafter Ulrich von Hassell instruierte den Berliner Oberbürgermeister Heinrich Sahm, der am 17. April 1934 von Mussolini empfangen wurde,[97] sogar darüber, daß es vier Varianten des Empfangs bei Mussolini gäbe:

„1) Mussolini steht mit dem Rücken vor seinem Bibliotheksschrank, also ohne den Besucher ansehen zu können, der dann den weiten Weg zum Schreibtisch machen muß. 2) M. sitzt am Schreibtisch und blättert in den Akten. 3) M. steht am Schreibtisch auf, wenn der Besucher eintritt. 4) M. kommt dem Besucher auf halbem Wege entgegen."[98]

Berichte anderer deutschen Besucher haben dieses Begrüßungsritual weitgehend bestätigt, wobei noch über eine weitere Variante berichtet wurde: Heinrich Brüning, der vom englischen Botschafter Henderson von der „merkwürdigen Art des Empfangs" erfahren hatte, „die ganze Länge des Saals" bis zu Mussolini durchschreiten zu müssen, wurde davon überrascht, daß dieser plötzlich

---

[95] Vgl. Navarra, Memorie, S. 108.
[96] Julius Curtius, Sechs Jahre Minister der deutschen Republik, Heidelberg 1948, S. 222f.
[97] Der deutschnationale Berliner Oberbürgermeister Heinrich Sahm erwiderte mit seinem Besuch in Rom einen Besuch des Governatore di Roma, Fürst Ludovisi-Boncompagni, in Berlin. Er fädelte seinen Besuch über den italienischen Botschafter in Berlin, Cerrutti, ein, wodurch er die Unterstützung des Auswärtigen Amtes erhielt. Vgl. dazu die Korrespondenzen im PAAA, R 72765, zwischen dem 7.10.1933 und dem 18.4.1934. In Rom erhielt er einen italienischen Orden, vgl. PAAA, R 29456. Offensichtlich hatte Sahm die Hoffnung, durch die Audienz bei Mussolini seine politische Stellung in Berlin zu stärken. Diese erfüllte sich jedoch nicht, da die Ermordung des österreichischen Bundeskanzlers Dollfuß wenig später das politische Klima zwischen den beiden faschistischen Diktaturen vorübergehend stark eintrübte. Sahm mußte am 18.12.1935 als Oberbürgermeister zurücktreten.
[98] Bundesarchiv Koblenz, N 1474/3, Nachlaß Heinrich Sahm, Tagebücher 1921–1939, 1934: Reise nach Rom.

hinter ihm stand und ihn aus dem Vorzimmer abholte.[99] Freilich bestätigt das nur, daß Mussolini die Begrüßung seiner Besucher streng hierarchisierte: ein Reichskanzler wurde von ihm eben anders empfangen als ein Botschafter.

Auch bei der Verabschiedung der Besucher dosierte Mussolini gezielt seine Wertschätzung. Die meisten Besucher verabschiedete er an seinem Schreibtisch. Der römische Journalist Philipp Hiltebrandt mußte sich nicht nur beim Empfang im Halbdunkel über den glatten Marmorboden bis zum Schreibtisch des ‚Duce' vorarbeiten, er wurde auch dort wieder verabschiedet und durch Zuruf von hinten an die richtige Ausgangstür verwiesen.[100] Andere Besucher, die er zunächst auf sich hatte zukommen lassen, verblüffte Mussolini beim Abschied durch unerwartete Gunstbezeugungen. Edgar Jung, der bei der Audienz am 15. Juli 1930 von Mussolini in der Mitte des Saales begrüßt worden war, wurde so bei der Verabschiedung demonstrativ bis zur Tür begleitet.[101] Auch der Rechtsphilosoph Carl August Emge wurde „am Ende jenes Riesensaals" von Mussolini begrüßt, nach dem Ende der Audienz begleitete dieser jedoch „den deutschen Professor durch den ganzen Saal bis zur Tür".[102]

Im Gespräch erwies sich Mussolini gegenüber seinen Besuchern als ein Meister der Verstellung. Jedem Audienzteilnehmer vermittelte er das Gefühl, nur auf ihn und gerade auf ihn gewartet zu haben. In Wahrheit waren ihm die deutschen Besucher, von einigen wenigen Ausnahmen abgesehen, als Personen im Grunde ziemlich gleichgültig, was ihn interessierte, war allein die Wirkung, die er auf sie ausübte. Je besser es ihm gelungen war, einen Besucher für sich zu gewinnen und zu einem Botschafter des Faschismus zu machen, desto befriedigter konnte er über den Verlauf einer Audienz sein.

Bei dieser Gesprächsinszenierung kamen ihm seine bemerkenswerten Sprachkenntnisse zugute. Für die französische Sprache hatte er schon im Schulunterricht die Grundlage gelegt, in der Zeit seiner vorübergehenden Emigration hatte er diese zu Anfang des 20. Jahrhunderts in der französischen Schweiz vervollkommnet. Französisch war seitdem die Fremdsprache, die er wohl am besten beherrschte. In seiner Emigrationszeit hatte er sich im österreichischen Trient und in der Schweiz aber auch ziemlich gute Deutschkenntnisse zugelegt, jedenfalls so gute, daß er sogar in der Lage war, Texte über schwierige deutsche Autoren wie Klopstock oder August von Platen zu verfassen.[103]

---

[99] Brüning, Memoiren, S. 355.
[100] Hiltebrandt, Bei Mussolini, Kölnische Zeitung, 23.10.1932.
[101] Jung, Bei Mussolini, S. 1 und S. 7.
[102] August Carl Emge, Erinnerungen eines Rechtsphilosophen, in: Studium Berlinense. Gedenkschrift der Westdeutschen Rektorenkonferenz und der Freien Universität Berlin zur 150. Wiederkehr des Gründungsjahres der Friedrich-Wilhelm-Universität zu Berlin, Berlin 1960, S. 74.
[103] Vgl. Benito Mussolini, Die Dichtung Klopstocks von 1789–1795. Übersetzt aus dem Italienischen von Heinrich Lüteke, Weimar 1944; Benito Mussolini, Platen e l'Italia, in: Siracusa

Baldur von Schirach versetzte er dadurch in Verlegenheit, daß er gestehen mußte, Klopstock kaum gelesen zu haben.[104] Mit der Schriftstellerin Christa Niesel-Lessenthin scherzte er am 7.6.1930 sogar darüber, daß er „wohl zur Zeit der einzige Italiener" sei, der „Klopstocks Messias gelesen" habe.[105]

Seine Besucher aus Deutschland konnte Mussolini auch damit verblüffen, daß er sie nicht nur auf deutsch begrüßte, sondern das Gespräch mit ihnen auch weiterhin in ihrer Muttersprache führte. Manche der deutschen Besucher waren davon so beeindruckt, daß sie Mussolini nachträglich bescheinigten, er spräche „erstaunlich gutes Deutsch" (Riefenstahl), „fließend und mit guter Betonung deutsch" (Glum), „mühelos deutsch" (Sven von Müller), beherrsche die deutsche Sprache „ausgezeichnet" (Richard Jügler), so „als ob es seine Muttersprache wäre" (Heinrich Köhler) oder „fließend wie Französisch und Englisch" (Rolf Italiaander).[106] Sehr viel realistischer war wohl die zurückhaltendere Angabe Adolf Steins, Mussolini könne sich „auf deutsch verständlich machen".[107] Wie es um seine Deutschkenntnisse tatsächlich bestellt war, geht wohl am besten aus der Niederschrift Fritz Kleins hervor, der den ‚Duce' auf Französisch begrüßte, dann jedoch darum bat, auf deutsch weiterfahren zu dürfen. Die Antwort Mussolinis war: „Ja, bitte, nur langsam."[108] Daß etliche der Gesprächspartner Mussolinis ihm übertrieben gute Deutschkenntnisse bescheinigten, war offensichtlich allein der euphorischen Stimmung geschuldet, in die sie die ersehnte Audienz versetzt hatte. Mussolinis Kalkül, seine Gesprächspartner durch die Anrede in ihrer Muttersprache emotional zu beeindrucken, ist daher in diesen Fällen voll aufgegangen. Mit deutschen

---

ed Augusto von Platen nel primo centenario della morte 1935, Syrakus 1935, S. 3–15 (erstmals 1910 veröffentlicht); ders., Platen und Italien. Aus dem Italienischen von Hans von Hülsen, in: Das Platen-Archiv 3 (1928), S. 65–72. Der Übersetzer Hans von Hülsen wurde am 2.12.1935 von Mussolini als Präsident der Platen-Gesellschaft in Audienz empfangen. Vgl. unten Liste der deutschen Audienzbesucher, S. 367. Wenige Tage später sprach er in Syrakus auf einer Feier zum 100. Todestag von Platen. Vgl. PAAA, R 72766, Bericht Botschafter von Hassels vom 13.12.1935.

[104] Baldur von Schirach, Ich glaubte an Hitler, Hamburg 1967, S. 225.
[105] Niesel-Lessenthin, Mussolini, S. 31f. Vgl. auch Rolf Brandt, Das Gesicht Europas. Ein fast politisches Reisebuch, 2. Aufl. Hamburg 1928, S. 207: „Wissen Sie, daß ich in meiner Jugend viele deutsche Bücher gelesen habe? Sehr viele. Auch Klopstock, den man ja nicht einmal mehr in Deutschland liest, wie ich weiß. Ich habe für die Dramen von Kleist geschwärmt. Ich habe Platen übersetzt."
[106] Leni Riefenstahl, Memoiren 1902–1945, Frankfurt/M./Berlin 1996, S. 254; Glum, Aktennotiz, Blatt 203; Sven von Müller, Besuch bei Mussolini, in: Vossische Zeitung, 11.1.1931; Richard Jügler, Gespräch mit Mussolini, in: Berliner Börsenzeitung, 29.4.1931; Heinrich Köhler, Lebenserinnerungen des Politikers und Staatsmannes 1878–1949, hg. von Josef Becker, Stuttgart 1964, S. 290; Rolf Italiaander, Beim Duce, Deutsche Allgemeine Zeitung. Tägliche Rundschau, 16.12.1942.
[107] Rumpelstilzchen, Schmied Roms, S. 5.
[108] Klein, Niederschrift, S. 1.

Besuchern, die ihm besonders wichtig waren, sprach Mussolini, wenn sie das Italienische nicht beherrschten, dagegen französisch.[109] Wenn die Besucher Italienisch konnten, und das war bei vielen der Fall, dachte Mussolini im übrigen nicht daran, das Gespräch in einer ihm fremden Sprache zu führen. Um die Audienz in seinem Sinne zu steuern, war es ihm selbstverständlich am liebsten, in seiner Muttersprache zu sprechen.

Wichtiger als die Verhandlungssprache dürfte freilich die Art und Weise, in der Mussolini sich als Gesprächspartner inszenierte, gewesen sein. Die deutschen Audienzbesucher hatten alle mehr oder weniger die öffentliche Selbstdarstellung Mussolinis vor Augen, wenn sie ihm persönlich begegneten. Das war das Bild eines „brutalen Menschen" aus „Beton und Stahl",[110] eines martialisch auftretenden ‚Duce' mit gewalttätigem Gehabe, das einen neuen paramilitärischen Politikstil repräsentieren sollte. Fast alle Besucher verglichen Mussolini deshalb mit Caesar oder mit Napoleon, manchmal auch mit Bismarck oder auch mit Macchiavelli.[111] Fast alle kamen nach der persönlichen Begegnung mit dem ‚Duce' jedoch von ihrer vorgefaßten Meinung ab und bescheinigten Mussolini einen ganz anderen Charakter. „Ein völlig anderer" sei er im „vertrauten Gespräch unter vier Augen" als „vor der Öffentlichkeit", so der allgemeine Tenor.[112] Fast alle erlagen mehr oder weniger dem „Zauber der Persönlichkeit" Mussolinis.[113] Sie wurden durch seinen persönlichen Charme überwältigt, „der schon manchen politischen Gegner entwaffnet und zu einem begeisterten Verehrer der Persönlichkeit Mussolinis gemacht" habe.[114] Alle Berichte, die sie gelesen habe, bestätigte auch Rachele Mussolini nachträglich, gäben „den gleichen Eindruck wieder: Benitos Gesprächspartner waren seinem Charme erlegen".[115] Mit Erfolg gelang es dem Italiener, sich vor seinen deutschen Besuchern je nach Bedarf als weltläufiger Intellektueller, als Freund der Künste und der Architektur oder als philosophisch-politischer Denker zu präsentieren, der den brutalen Diktator vergessen machte.

Durchweg glaubten die Besucher, während der Audienz erst den „wahren Mussolini" kennengelernt zu haben, demgegenüber seine öffentlichen Auftritte

---

[109] Vgl. etwa Wolff, Bei Mussolini, S. 1; Rumpelstilzchen, Schmied Roms, S. 5. Nach mündlicher Auskunft von Dr. Helmut Diel fanden auch die Audienzen Louise Diels bei Mussolini in französischer Sprache statt.

[110] Italiaander, Beim Duce, 16.12.1942.

[111] Vgl. z. B. Behn, Mussolini, S. 27; Gert Buchheit, Mussolini und das neue Italien, Berlin 1941, S. 489f.; Goebbels, Tagebücher, S. 196; Emil Ludwig, Die drei Männer in Rom: Der Papst, der König, der Diktator, Vossische Zeitung, 19.5.1929; Niekisch, Gewagtes Leben, S. 263.

[112] Kornicker, Mussolini aus der Nähe, S. 31.

[113] Rumpelstilzchen, Schmied Roms, S. 104.

[114] Kornicker, Mussolini aus der Nähe, S. 30.

[115] Rachele Mussolini, Mussolini ohne Maske, S. 92.

als Diktator nur „Maske" gewesen seien.[116] In Wahrheit war es jedoch gerade der „Trick" Mussolinis, sich in der Massenversammlung und in der Audienz gänzlich anders zu präsentieren.[117] Seine Performanz in der Audienz war ebenso berechnende Pose wie die des Massenagitators bei den Reden vom Balkon des Palazzo Venezia.

Zwar meinte mancher Besucher, daß Mussolinis „Minenspiel" den „Südländer" verrate oder daß er „ganz Italiener" sei; denn diesem liege „nun einmal das Opernhafte, Farbige und Grandiose".[118] Doch war das nie mißbilligend, sondern eher bewundernd gemeint.[119] Wenn schon einmal einer der Audienzbesucher kritisch von einer für Nichtitaliener „etwas auffälligen Pose" sprach, so hinderte ihn auch das nicht zu betonen, daß Mussolini gleichwohl „einen großen Eindruck" gemacht habe.[120] Durchweg unkritisch wurden die „liebenswürdigen Manieren" (v. Papen), die „Höflichkeit" (Borchardt, von Müller, Ludwig), die Ritterlichkeit (Louise Diel), die „Natürlichkeit" (Ludwig, Mann), die „Bescheidenheit" (v. Rohr), die „geradezu spartanische Schlichtheit" (Gerdeisen), das „liebenswürdige und gütige Wesen" (Rolf Italiaander) und die „schöne menschliche Wärme" (Niesel-Lessenthin) Mussolinis gepriesen.[121] In der Zusammenstellung ergibt das einen Tugendkatalog, der wenig mit der realen Person Mussolinis zu tun hatte, dessen einzelne Elemente aber schon darauf hinweisen, daß die Audienzbesucher in starkem Maße einer Autosuggestion erlegen waren: sie erlebten Mussolini jeweils so, wie sie ihn im Hochgefühl ihres privilegierten Zugangs gerne haben wollten. Mehrfach notierten sie, sie seien mit dem Bewußtsein vom ‚Duce' geschieden, „einem großen Staats-

---

[116] Buchheit, Mussolini, S. 489. Bezeichnenderweise scheint Hitler anderer Meinung gewesen zu sein. Er soll einmal folgendes geäußert haben: „Wie schade, daß der Duce die ganze Kraft, die er bei seinen öffentlichen Reden ausströmt, im Zwiegespräch verliert. Dann wird er ein charmanter Mann...". Vgl. Rachele Mussolini, Mussolini, S. 92.
[117] Vgl. dazu die scharfsinnige Analyse des antifaschistischen Historikers Gaetano Salvemini, Mussolini diplomatico, Bari 1952, S. 399f., der von einem „trucco" Mussolinis spricht.
[118] Vgl. Jung, Bei Mussolini, S. 3; fast wörtlich übereinstimmend auch Borchardt, Bei Mussolini.
[119] Kornicker, Mussolini aus der Nähe, S. 31.
[120] Vgl. Archiv der Max-Planck-Gesellschaft, III. Abt., Rep. 94, Eugen Fischer, Lebenserinnerungen, S. 222.
[121] Franz von Papen, Der Wahrheit eine Gasse, München 1957, S. 314; Borchardt, Besuch bei Mussolini; Müller, Besuch bei Mussolini; Mussolinis Gespräche mit Emil Ludwig, S. 35, S. 37; Louise Diel, Der Duce über den Ausbau Roms, in: Berliner Lokal-Anzeiger, 29.3.1938; Wilhelm Mann, Mussolini – und der Faschismus als geistige Bewegung, in: Italien 1 (1927/28), S. 490; [Hans Joachim von Rohr], Aus Italien zurück, in: Der Pommersche Landbund, 17.11.1928; A. Gerdeissen, Auslandstourenfahrt. Die Teilnehmer beim Papst und Mussolini, in: ADAC-Motorenwelt, 29.5.1931; Italiaander, Beim Duce, 16.12.1942; Niesel-Lessenthin, Mussolini, S. 32.

mann begegnet zu sein".[122] Erfolgreicher hätte Mussolinis Performanz in den Audienzen kaum sein können.

Daß er als Person auf viele der deutschen Besucher so faszinierend wirkte, hing zweifellos auch mit Mussolinis ungewöhnlich körperbetonter Redeweise zusammen. „Er kommunizierte über die physischen Charakteristika seiner Person", beschrieb das der italienische Schriftsteller Italo Calvino.[123] Geradezu schwärmerisch wurde diese von Louise Diel nach einem ihrer zahlreichen Besuche bei Mussolini folgendermaßen beschrieben: „Jedes Wort wird von einer entsprechend raschen Gebärde begleitet. Die Stimme ist leise und dennoch lebhaft, und die Betonung wechselt oft und schnell ... Doch die Hände und Armbewegungen und die Biegsamkeit des Körpers, der immer federt und die Hohe Schule der Fechtkunst erkennen läßt, die raschen Kopfbewegungen, die kurzen ruckartigen Luftschläge der fast klein zu nennenden Hände, ihre präzise Sprache und Ausdrucksweise, die jedem Satz erst die richtige Ausdeutung geben – das alles sehe und erlebe ich heute wieder wie schon so manches Mal."[124]

Am intensivsten hat sich der Bildhauer Fritz Behn mit der Körperlichkeit des ‚Duce' befaßt. In seinem Buch „Bei Mussolini" widmet er ein ganzes Kapitel der „Erscheinung Mussolinis".[125] Er bezeichnet ihn als „ein großes, edles Tier, geladen mit Energie und Kraft".[126] Augen, Mund, Nase, Stirn und Hände Mussolinis seien von geradezu animalischer Sinnlichkeit, sie seien „immer in Bewegung und immer ausdrucksvoll".[127] Mit dieser außergewöhnlichen körperlichen Präsenz, nicht seinem politischen Talent erklärte Behn die persönliche Überzeugungskraft des ‚Duce'. Für einen Bildhauer, der hauptsächlich Tierplastiken geschaffen hat,[128] war das zweifellos der Ausdruck höchstmöglicher Bewunderung. Seine Apotheose der Körperlichkeit Mussolinis kann man natürlich nicht einfach für bare Münze nehmen, da Behn in seiner Wahrnehmung als Bildhauer spezifisch prädisponiert war. Das gilt auch für Hans Wimmer, der Mussolini ebenfalls als Bildhauer in den Blick nahm. Für ihn hatte der ‚Duce' „eine eher kleine, aber kräftige Figur, mit einem mächtigen Kopf, einem muskulösen Gesicht, die großen Augen auf mich gerichtet, ge-

---

[122] So Köhler, Lebenserinnerungen, S. 290. Vgl. auch Buchheit, Mussolini, S. 482; Archiv der Max-Planck-Gesellschaft Berlin, III. Abt., Rep. 63, Nachlaß Steinmann, Tagebuch 11.11.1927.
[123] Italo Calvino, Die Portraits des Duce, in: La Repubblica, 10./11.7.1983, wiederabgedruckt in: ders., Saggi 1945–1985, Bd.2, Mailand 1995, S. 2878–2891.
[124] Louise Diel, Zweimal Benito Mussolini, in: Kasseler Neueste Nachrichten, 25.3.1938.
[125] Behn, Bei Mussolini, S. 22–31.
[126] Ebd., S. 22.
[127] Ebd., S. 23.
[128] Vgl. Hugo Schmidt (Hg.), Fritz Behn als Tierplastiker, München 1992; Auktionskatalog Neumeisters Moderne, Sonderauktion Fritz Behn (1878–1970), 14. November 2007.

fährlich und gutmütig".[129] Beide Künstler akzentuierten jedoch zweifellos eine Grunderfahrung, die alle Audienzbesucher mit der körperlichen Präsenz des ‚Duce' gemacht haben.

Bei vielen Besuchern wurde die Euphorie noch dadurch gesteigert, daß Mussolini vorgab, ihre Veröffentlichungen zu kennen. Er täuschte eine vorherige Beschäftigung mit ihm inhaltlich meist ganz fernliegenden, außerdem noch in deutscher Sprache veröffentlichten Büchern offenbar so perfekt vor, daß ihm ohne weiteres geglaubt wurde. Gert Buchheit etwa war sprachlos, daß sich Mussolini „gerade mit dem abseitigsten seiner Bücher, der Geschichte des Totentanzmotivs", befaßt habe. Er schloß daraus ohne weiteres, daß Mussolini seine gesamten, sehr zahlreichen Veröffentlichungen „seit längerem bekannt waren".[130] Auch der Reichsarchivar Schäfer glaubte feststellen zu können, daß Mussolini seine abseitigen Forschungen über die Ritter Muselin in Limburg, von denen er den Namen „Mussolini" ableitete, bereits kenne.[131] Daß Mussolini sich, wenn nur irgend möglich, auf solche Treffen wohl auch mit Hilfe seines Sekretariats vorbereitete und notfalls noch rasch das Konversationslexikon der Encyclopedia Treccani zu Rate zog, blieb den geschmeichelten Autoren selbstverständlich verborgen. Notorische Autoreneitelkeit erklärt jedoch nicht allein ihre Leichtgläubigkeit. Daß ihnen bei der Niederschrift ihrer Audienzerlebnisse auch noch nachträglich nicht zu denken gab, weshalb ausgerechnet der vielbeschäftigte faschistische Diktator genaue Kenntnisse von sehr speziellen, zudem noch für ihn in einer Fremdsprache veröffentlichten wissenschaftlichen Publikationen haben sollte, zeigt vielmehr, wie perfekt sich Mussolini gegenüber seinen Besuchern zu inszenieren verstand.

Nicht weniger geschickt ging er mit denjenigen Besuchern um, die sich um eine Audienz bemüht hatten, um ihm meist umfangreiche eigene Werke zu dedizieren. Rudolf Borchardt legte dem Diktator seine dubiose Danteübersetzung in einem von ihm erfundenen ‚historischen' Deutsch vor und war vollkommen verblüfft, daß Mussolini „von den Sorgen seines Arbeitstags bedrängt, einer zwischen die Geschäfte eingeschobenen Unterhaltung mit einem Fremden die Form einer wirklichen Erörterung geben" konnte.[132] In Wahrheit hatte Musso-

---

[129] Wimmer, Im Palazzo Venezia, S. 27.
[130] Buchheit, Mussolini, S. 481.
[131] Vgl. Archiv der Katholischen Kirchengemeinde St. Peter und Paul Potsdam, Nachlaß Karl Heinrich Schäfer, Mappe 07, Nr. 92, Bericht über eine Audienz bei Mussolini 1932. Botschafter Schubert hielt Schäfers genealogische Phantasien schlichtweg für „fürchterlichen Unsinn", mußte jedoch eingestehen, daß der Archivrat ohne Mitwirkung der Botschaft zu seiner Audienz bei Mussolini gekommen war. Vgl. PAAA, R 72923, Botschafter Schubert an Köpke AA, 27.7.1932. Schon 1926 hatten sich italienische Zeitungen über die abstrusen Forschungen Schäfers lustig gemacht, was Mussolini immerhin bekannt gewesen sein könnte. Vgl. Popolo d'Italia, 24.11.1926, Quando si dice il „genio" tedesco.; Il Tevere, 23./24.11.1926, Mussolini di sangue tedesco? Vgl. auch PAAA, Abt. II, R 72922.
[132] Borchardt, Besuch bei Mussolini.

lini, wie ebenfalls aus der Darstellung Borchardts hervorgeht, nur einige höchst allgemeine und oberflächliche Bemerkungen über Dante gemacht, mit denen er allerdings geschickt an einige Seiten des Buches anknüpfte, die er zufällig aufgeschlagen hatte. Auf ganz ähnliche Weise beeindruckte er Ernst Steinmann, den Direktor der Bibliotheca Hertziana in Rom, der ihm seine umfangreiche Michelangelo-Bibliographie, eine Zusammenstellung sämtlicher bis dahin erschienenen Veröffentlichungen über den Künstler, überreichte.[133] Mussolini blätterte wahllos darin herum und stellte dann solch banale Fragen wie die, ob Michelangelo wirklich der größte italienische Künstler gewesen sei und nicht vielmehr Leonardo. Steinmann verließ gleichwohl die Audienz in dem Hochgefühl, das Glück gehabt zu haben, „dem merkwürdigsten Manne unserer Zeit die Hand drücken zu dürfen".[134]

Der Journalist und Historiker Hiltebrandt schließlich überreichte dem ‚Duce' bei seiner Audienz am 27. April 1938 sein umfangreiches Geschichtswerk über „Ideen und Mächte. Der Aufstieg des Abendlandes seit dem Untergang der antiken Welt", das er mit der Widmung „S.E. Benito Mussolini. Dem Wiedererneuerer des Romanentums" versehen hatte.[135] Mussolini reagierte auf diese reichlich durchsichtige Anbiederung zunächst mit der anerkennenden Bemerkung, das sei ja „die Geschichte Europas", um den Deutschen dann jedoch mit der dezidiert vorgetragenen Behauptung, die Geschichtswissenschaft sei die „Lehrerin für die Politik", in Verlegenheit zu setzen. Als Hiltebrandt vorsichtig zu widersprechen versuchte, wurde er von Mussolini am Ende geradezu zurechtgewiesen. Apodiktisch soll Mussolini verkündet haben, daß in dem „gewaltigen Drama" der Geschichte „die Situationen und Personen zwar verschieden, aber die treibenden Kräfte immer dieselben" seien, weshalb man „aus diesem Drama lernen und zugleich Fehler vermeiden" könne.[136] Gleichwohl behielt auch Hiltebrandt die Audienz in positiver Erinnerung.

Auf „sichtliches Interesse" Mussolinis stieß offenbar der nationalsozialistische Bevölkerungswissenschaftler Friedrich Burgdörfer, der ihm 1937 sein demographisches Katastrophenbuch „Völker am Abgrund" überreichte.[137] Es

---

[133] Ernst Steinmann, Rudolf Wittkower, Michelangelo Bibliographie 1510–1926, Leipzig 1927. Zum Schicksal der Michelangelo-Bibliothek Steinmanns vgl. Christine Maria Grafinger, Die Auseinandersetzung um die „Michelangelo-Bibliographie" Ernst Steinmanns in den Jahren 1935–1938, in: Quellen und Forschungen aus römischen Archiven und Bibliotheken 72 (1992), S. 438–467.

[134] Steinmann, Tagebuch 1927/28.

[135] Philipp Hiltebrandt, Ideen und Mächte. Der Aufstieg des Abendlandes seit dem Untergang der antiken Welt, Leipzig 1938.

[136] Archiv des Deutschen Historischen Instituts Rom, Nachlaß Hiltebrandt, Undatierte handschriftliche Aufzeichnung über die Audienz am 27.4.1938.

[137] Friedrich Burgdörfer, Bevölkerungspolitisches Gespräch mit Mussolini, in: Archiv für Bevölkerungswissenschaft und Bevölkerungspolitik 8 (1938), S. 117. Vgl. auch ders.,

entsprach genau der politischen Stimmungslage des ‚Duce' und schien seine aktionistische Expansionspolitik wissenschaftlich zu rechtfertigen, die zum Überfall auf Abessinien geführt hatte.

Zur Inszenierung der Audienzen gehörte es auch, daß Mussolini diese nicht als ‚Interviews' (interviste) ansah, sondern als ‚Gespräche' (conversazioni).[138] Mit Botschaftern oder Angehörigen der Botschaft, bei denen es um konkrete politische Probleme ging, führte er wiederum ‚Unterhaltungen' (colloqui). Daß diese begrifflichen Unterscheidungen, auch wenn sie nicht immer konsequent durchgehalten wurden, nicht bloß rhetorische Floskeln waren, sondern Mussolini durch die sprachliche Differenzierung vielmehr den Stil und den Ablauf seiner Audienzen bestimmen wollte, zeigte sein Verhalten gegenüber journalistischen Besuchern. Ausdrücklich lehnte er es bei Besuchen von Journalisten ab, sich interviewen zu lassen. Von Edgar Jung forderte Mussolini beispielsweise, „von jedem Interview abzusehen", und Fritz Klein gab er zu verstehen, daß er sich mit ihm unterhalten, „aber kein Interview" geben wolle.[139] „Offene Aussprache – kein Interview" überschrieb ein anderer deutscher Journalist deshalb auch seinen Audienzbericht.[140] Mussolini ging es dabei nicht darum, die Berichterstattung über die Audienzen zu verhindern. Gerade bei Ausländern lag ihm vielmehr ganz im Gegenteil daran, daß sie in ihren Heimatländern über ihre Audienzerlebnisse berichteten. Aber er wollte während der Audienz die Gesprächsführung in der Hand behalten. Während er im Fall von Interviews möglicherweise unliebsamen Fragen seiner Besucher ausgesetzt gewesen wäre, konnte er den Gang von ‚Gesprächen' seinerseits bestimmen. Die scheinbare Gleichrangigkeit mit seinem Gesprächspartner wurde damit aufgehoben, Mussolini blieb stets Herr des Verfahrens.

Das bedeutet nicht, daß er sich journalistischen Interviews völlig verschlossen hätte, er gewährte sie durchaus „zu besonderen Zwecken".[141] Auch unter den von Deutschen überlieferten Audienzberichten finden sich einige, die durchaus als Interviewtexte bezeichnet werden können, obwohl sie auf Mussolinis Wunsch hin nicht als solche veröffentlicht worden sind. Daß Mussolini

---

Gespräch mit Mussolini über Fragen der Bevölkerungspolitik, Völkischer Beobachter, 6.3.1938.

138 Müller, Besuch bei Mussolini; Jung, Bei Mussolini, S. 4; Rumpelstilzchen, Schmied Roms, S. 5.

139 Privatarchiv Dr. Karl-Martin Graß, Nachlaß Edgar Jung, Gespräche mit Mussolini 1930 (Masch. Manuskript), S. 1; Privatarchiv Professor Dr. Fritz Klein (†), Nachlaß Fritz Klein, Abschrift eines Protokolls, datiert Rom, 4. Mai 1928, S. 7.

140 Sven von Müller, Besuch bei Mussolini. Offene Aussprache – kein Interview, in: Vossische Zeitung, 11.1.1931. Ähnlich berichtet auch Rolf Italiaander, daß das Gespräch von Mussolini als „ganz privater Natur" bezeichnet worden sei und ausdrücklich „kein Interview" sein sollte. Vgl. Rolf Italiaander, Beim Duce, in: Deutsche Allgemeine Zeitung, 16.12.1942.

141 Vgl. die aufschlußreiche Bemerkung von Edgar Jung, Bei Mussolini, S. 4: „Interviews liegen Mussolini nicht, es sei denn zu besonderen Zwecken."

seine Audienzen nicht als Interviews anlegte, lag im übrigen schon deshalb nahe, weil er diese ja keineswegs nur Journalisten gewährte. Indem er aber auch bei letzteren auf ‚Gesprächen' beharrte, trug er der besonderen Kommunikationsstruktur seiner Audienzen Rechnung. Als das prominenteste Beispiel für diese Strategie kann das 1932 unter dem Titel „Mussolinis Gespräche mit Emil Ludwig" erschienene Buch angesehen werden.[142] Schon der Titel sollte deutlich machen, daß Mussolini dem deutschen Besucher keine Interviews gegeben, sondern ‚Gespräche' mit ihm geführt hatte. Er sollte auch erkennen lassen, daß Mussolini die Gespräche mit Ludwig geführt hatte und nicht umgekehrt, die asymmetrische Kommunikationsstruktur der Audienzen trat somit in dem von Ludwig mit dem ‚Duce' ausgehandelten Titel deutlich hervor.

Mussolini entwickelte für seine Audienzen eine ganz bestimmte Gesprächstechnik, bei der er seinen Besuchern das Gefühl zu vermitteln verstand, unter seiner diskreten Leitung über große Themen zu konferieren und doch ganz persönlich angesprochen zu werden. Manche der Audienzberichte geben dies geradezu euphorisch wieder. „So kreiste unsere Unterhaltung", berichtet etwa Gert Buchheit, „beschwingt und zwanglos zugleich, um Bücher, Menschen, Denkmäler, Künstler, aber immer war es Mussolini, der das Thema bestimmte."[143] Edgar Jung beschreibt das „lebhafte Gespräch" mit dem ‚Duce' ähnlich: „Das geht sprungartig, ein Anfangen oder ein Vortasten ist überhaupt nicht zu spüren. Von einem Gegenstande zum andern, mühelos und immer mit Aussicht auf große Hintergründe wandert das Gespräch, mit Lebhaftigkeit und Natürlichkeit geführt."[144] Der Journalist und Schriftsteller Hartmann erinnerte sich an ein „ununterbrochenes, oft nur in halben Sätzen dahinfließendes Zwiegespräch über politisch-philosophische Fragen".[145] Und noch etwas enthusiastischer heißt es schließlich bei Louise Diel: „Er läßt es fließen und leitet es dennoch, alles ist so, als ob es gar nicht anders sein könnte."[146] Alle diese Aussagen lassen erkennen, daß Mussolini es verstand, seinen Gesprächspartnern das Gefühl zu geben, mit ihnen eine anspruchvolle intellektuelle Unterhaltung zu führen, obwohl er sich ganz offensichtlich auf keinen vertieften Diskurs einließ, sondern oberflächlich von Thema zu Thema sprang. Ausgerechnet Carl Schmitt behauptete, diese Art von Unterhaltung sei für ihn ein „großes intellektuelles Vergnügen" gewesen und werde ihm „in allen Details unvergeßlich" bleiben. In Wahrheit hatte er mit Mussolini nur ein höchst banales Gespräch geführt.[147]

---

[142] Mussolinis Gespräche mit Emil Ludwig. Vgl. dazu ausführlich unten S. 71–86.
[143] Buchheit, Mussolini, S. 482.
[144] Jung, Bei Mussolini, S. 2f.
[145] Hartmann, Begegnungen mit Europäern, S. 200.
[146] Louise Diel, Mussolinis neues Geschlecht. Die junge Generation. Unter Mitarbeit von Benito Mussolini, Dresden 1934, S. 97.
[147] Carl Schmitt an Jean Pierre Faye, 5.9.1960, in: Mohler (Hg.), Carl Schmitt, S. 418. Vgl. auch

Am Ende der Audienzen stand schließlich in manchen Fällen ein besonderer Akt symbolischer Praxis: Mussolini überreichte dem scheidenden Audienzbesucher ein signiertes und mit einer Widmung versehenes Foto. Dieses im 20. Jahrhundert eher im Showgeschäft entwickelte Ritual hatte sich seit dem Ende des Ersten Weltkrieges auch in der Politik ausgebreitet und war von den Faschisten frühzeitig aufgegriffen worden. Das neue Medium der Fotografie trat dabei offensichtlich an die Stelle der sehr viel älteren Tradition des Austauschs von sogenannten Freundschaftsbändern, wie er im 19. Jahrhundert vor allem in studentischen Verbindungen üblich gewesen war. Das Foto sollte die durch die Audienz gewährte politische Vergünstigung visuell evozieren und dadurch gewissermaßen auf Dauer stellen. Wie wichtig Mussolini die fotografischen Gunsterweise waren, läßt sich daran ablesen, daß schließlich sogar Listen über die Audienzbesucher geführt wurden, die Fotos erhalten hatten.[148]

Von den deutschen Besuchern scheint am 8. November 1924 als erster der Journalist Adolf Stein ein signiertes Foto von Mussolini erhalten zu haben.[149] Später bekam von den deutschen Audienzbesuchern z. B. auch Werner von der Schulenburg eines, womit Mussolini honorierte, daß der Schriftsteller das nominell vom ‚Duce' verfaßte Theaterstück „Cavour" unter dem Titel „Villafranca" überarbeitet und ins Deutsche übersetzt hatte.[150]

Besonderen Erfolg hatte Mussolini bei einigen weiblichen Besuchern, deren visuelle Empfänglichkeit er dazu ausnutzen konnte, sie durch die Dedizierung eines Portraitfotos emotional so zu beeindrucken, daß sie dauerhaft auf ihn fixiert blieben. Die Journalistin Niesel-Lessenthin machte er dadurch glücklich, daß er ihr ein, wie sie eingestand, aufgrund „weiblicher Schwäche" mitgebrachtes Foto von sich signierte.[151] Von besonderer Bedeutung waren die Portraitfo-

---

schon Wolfgang Schieder, Carl Schmitt und Italien, in: ders. Faschistische Diktaturen, S. 185–202, hier S. 197.
[148] Vgl. ACS, SPD, CO, Carte degli Uffici, Fasc. 6, Ins. 4: Registro con elenchi di persone a cui sono inviate foto di Mussolini, 1.1.1940–24.6.1943.
[149] Rumpelstilzchen, Schmied Roms, S. 10. Danach schrieb Mussolini „in seiner monumentalen Handschrift" auf das Foto: „Männer machen die Geschichte."
[150] Benito Mussolini, Giovacchino Forzano, Cavour (Villafranca). Für die deutsche Bühne bearbeitet von Werner von der Schulenburg, München [1940]. Die deutsche Fassung des Stücks wurde am 9. Mai 1940 im Schauspielhaus in Berlin aufgeführt. Gustav Gründgens führte Regie, als Schauspieler wirkten u. a. Antje Weisgerber, Pamela Wedekind, Lola Müthel, und Wolfgang Liebeneiner sowie Werner Krauß in der Rolle des „Cavour" mit. Bei der Premiere waren u. a. Göring, Goebbels, Lammers, Meißner, Bouhler, Milch und Körner, sowie aus Italien der Ministro di Cultura Popolare e Propaganda, Alessandro Pavolini, anwesend. Vgl. die Theaterkritik in der Deutsche Allgemeinen Zeitung vom 10.5.1940. Hitler konnte makabererweise nicht teilnehmen, da es sich um den Vorabend des deutschen Einmarsches in Holland handelte.
[151] Niesel-Lessenthin, Mussolini, S. 32.

tos, die Mussolini der deutschen Journalistin Louise Diel verehrte. Diel erhielt von Mussolini eine ganze Reihe von Fotos, die sie in ihren Büchern über den italienischen Faschismus reproduzieren durfte.[152] Sie konnte es sogar wagen, ein martialisches Foto, das Mussolini in militärischer Uniform mit einem Stahlhelm zeigte, mit der Begründung zurückzuweisen, daß sie darauf vor ihm Angst habe.[153]

Bei den Begegnungen mit nationalsozialistischen Audienzbesuchern spielte die Überreichung von Portraitfotos eine besondere Rolle. Das wichtigste Beispiel dafür lieferte das Foto, das Mussolini Hermann Göring bei dessen erstem Besuch in Rom am 24. April 1931 für Hitler mitgab. Es stellte die erste politische Sympathiebekundung des ‚Duce' für den zukünftigen ‚Führer' dar, auf die dieser schon lange ungeduldig gewartet hatte.[154] Mussolini machte von diesem Mittel symbolischer Praxis auch gegenüber politischen Vertrauten Hitlers Gebrauch, die unmittelbar nach der Machtergreifung des Nationalsozialismus bei ihm in Rom in Audienz vorsprachen. Darüber berichtet haben Joseph Goebbels (für den 29. Mai 1933) und Ernst Hanfstaengl (für den 15. Februar 1934).[155] Es waren dies Signale politischer Verbundenheit mit den erfolgreichen faschistischen Gesinnungsgenossen in Deutschland, die weit über persönliche Sympathieerklärungen gegenüber einzelnen Nationalsozialisten hinausgingen. Mussolini nutzte die Überreichung von signierten Fotos dazu, um gegenüber den nationalsozialistischen Abgesandten seine politische Solidarität mit dem deutschen Faschismus zu demonstrieren, ohne sich deshalb gleich bündnispolitisch festzulegen.

Nach der Festigung der Achsenfreundschaft zwischen den beiden faschistischen Diktaturen gehörte es dann schon zur Routine, daß hochrangige nationalsozialistische Audienzbesucher beim Abschied ein signiertes Foto des ‚Duce' mit auf den Weg bekamen. Wenn dieser rituelle Akt, aus welchen Gründen auch immer, einmal vergessen wurde, meldeten sich die Naziführer deswegen regelmäßig nachträglich bei Mussolinis Sekretariat. Die nationalsozialistische Frauenführerin Gertrud Scholtz-Klink etwa scheute nicht davor zurück, nach ihrer Audienz vom 28. Februar 1939 ihre „Gefühle der Ergebenheit und Bewunderung" gegenüber dem ‚Duce' zum Ausdruck zu bringen,

---

[152] Vgl. unten S. 90f.
[153] Vgl. Privatarchiv Diel, Nachlaß Louise Diel, Meine Audienzen beim Duce, 3.6.1934. In dem auf französisch geführten Gespräch reagierte Diel auf die Präsentation dieses Fotos mit dem Satz: „J'en ai peur!", worauf Mussolini es zurückzog.
[154] Vgl. Schieder, Faschismus im politischen Transfer, in: ders., Faschistische Diktaturen, S. 243.
[155] Goebbels, Tagebücher, 197; Ernst Hanfstaengl, Hitler. The missing years, New York 1994, S. 236. Hanfstaengl bat Mussolini um ein zweites Foto, das er Hitler überbringen wollte. Mussolini gab ihm dies mit der Widmung „A Adolfo Hitler – Benito Mussolini, Roma, Febbraio 1934" mit.

um von ihm nachträglich eine signierte Fotografie zu erlangen.[156] Auch der Bayerische Ministerpräsident Ludwig Siebert, der am 29. November 1940 und 19. Mai 1941 in seiner Eigenschaft als Präsident der von der NS-Regierung geschaffenen Deutschen Akademie von Mussolini empfangen wurde, erhielt auf Anforderung nachträglich ein Foto Mussolinis.[157] Selbst Heinrich Himmler war sich nicht zu schade, nach seiner zweiten Audienz am 18. Oktober 1937 ein von Mussolini signiertes Foto zu erbitten, das ihm selbstverständlich unverzüglich mit „kameradschaftlicher Herzlichkeit" (cameratesca cordialità) zugestellt wurde.[158]

Schließlich konnte sich Mussolini gegenüber seinen Audienzbesuchern noch eines weiteren Gunsterweises bedienen, nämlich der einmaligen oder sogar mehrmaligen Wiederholung einer Audienz. Bei jedem weiteren Treffen, das er einem Besucher gewährte, handelte es sich um einen besonderen Vertrauensbeweis, wobei sich Mussolini freilich immer auch einen verstärkten Werbeerfolg für seine Person und den Faschismus ausrechnete. Ein weiteres Gespräch schlug er offensichtlich immer dann vor, wenn er das Gefühl hatte, es könnten sich aus einer neuerlichen Audienz über das Atmosphärische hinaus besondere propagandistische oder politische Perspektiven ergeben. Fritz Klein, dem Chefredakteur der „Deutschen Allgemeinen Zeitung", eröffnete er etwa nach einem intensiven, auf französisch geführten politischen Gespräch plötzlich auf deutsch, nochmals mit ihm sprechen zu wollen. Sie müßten „einige Dinge noch formulieren".[159] Edgar Jung bat er sogar gleich bei der Begrüßung, sich den nächsten Abend für eine Fortsetzung des Gesprächs freizuhalten. Man habe ihm nämlich, wie Jung berichtete, gesagt, „gerade mit mir müsse er sich gründlich aussprechen".[160]

Wie deutlich zu erkennen ist, gab Mussolini Bitten um eine weitere Audienz eher statt, wenn der Petent schon einmal bei ihm gewesen war und er sich noch an diesen erinnern konnte. So wurde Emil Ludwig der Zugang zu Mussolini 1932 dadurch erleichtert, daß ihm 1929 schon zwei Mal eine Audienz gewährt worden war.[161] Georg Escherich, Philipp Hiltebrandt, Sven von

---

[156] Vgl. ACS, Min. Interno, P.S., Fascicoli Personali, b. 499, Appunto per il Segretario del Partito, 28.2.39: „L'ospite ha rinnovato all'ispettrice Medici del Vascello i suoi sentimenti di devozione e di ammirazione per il Duce e l'ha pregata di rendersi interprete del suo vivo desiderio di ottenere una fotografia del DUCE con autografo." Von Scholtz-Klink liegt kein Bericht über ihre Audienz bei Mussolini vor.
[157] Vgl. den Schriftwechsel im ACS, Min.Int., Dir. Gen P.S., Fasc. Pers., Nr. 546.696, Ludwig Siebert.
[158] Vgl. ebd., Nr. 178.620, Heinrich Himmler: „Al Reichs-Führer Heinrich Himmler con cameratesca cordialità. Mussolini."
[159] Klein, Niederschrift Rom 4. Mai 1928, S. 7.
[160] Jung, Bei Mussolini, S. 2.
[161] Vgl. ASMAE,GM, b. 43. Das Zitat nach Mussolinis Gespräche mit Emil Ludwig, S. 13.

Müller, Theodor Wolff und letzten Endes auch Hans Frank, der beim zweiten Mal freilich in Hitlers direktem Auftrag anreiste, hatten ebenfalls keine Mühe, bei Mussolini erneut vorgelassen zu werden, nachdem sie schon einmal bei ihm gewesen waren. Besonders bemerkenswert war dies bei Sven von Müller, der trotz der Ablehnung Mussolinis, in dieser Zeit deutsche Journalisten zu empfangen, nach 1932 am 9. Juli 1935 eine weitere Audienz erhielt, weil ihm „Mussolini bei Gelegenheit früherer Besuche zugesichert hatte, jederzeit für mich zu sprechen zu sein".[162] Fast alle dieser Besucher berichten, daß sie beim zweiten Mal sehr viel formloser begrüßt und in ein intensiveres Gespräch verwickelt worden seien als beim ersten Mal.[163] Das läßt deutlich erkennen, daß Mussolini ihnen entspannter entgegentrat, weil er sie schon kennengelernt und in ihnen zuverlässige Multiplikatoren für die Verbreitung seiner faschistischen Diktaturidee gewonnen zu haben glaubte. Umgekehrt hatte die Verweigerung einer zweiten Audienz zweifellos zu bedeuten, daß Mussolini mit dem ersten Auftritt eines Besuchers oder dessen späterer Darstellung der Audienz unzufrieden war. Nachweislich war dies ausgerechnet bei dem Photographen Felix H. Man der Fall, der durch seine Photostrecke „Ein Tag im Leben Mussolinis" so viel zu Mussolinis internationaler Ausstrahlung beigetragen hatte.[164]

Der hier nachgezeichnete Weg von der erstmaligen Bitte um Audienz bis zur Vereinbarung weiterer Treffen stellt selbstverständlich nur eine idealtypische Beschreibung von Mussolinis Audienzsystem dar. Auf allen Stufen des Audienzverlaufs gab es im Einzelfall Abweichungen und Besonderheiten. Jedoch tauchen in jedem der nachträglichen Berichte von Audienzteilnehmern, welche die zentrale Quelle der hier vorgetragenen Interpretation darstellen, zumindest einige Elemente des Verlaufsschemas auf, das den Audienzen zugrunde gelegen hat. Der Ablauf der Audienzen wird auf diese Weise in allen Phasen mehrfach belegt. Am wichtigsten ist, daß sich durchweg ein persönliches Eingreifen

---

[162] Bundesarchiv Berlin, Bestand Reichskanzlei, R 43 II/1448, Sven von Müller, Vertraulicher Bericht, 15.7.1935, S. 1.
[163] Vgl. z. B. Bayerisches Hauptstaatsarchiv, NL Escherich, Niederschrift über meine Unterredung in Rom im April 1930; Archiv des DHI Rom, Nachlaß Philipp Hiltebrandt, Aufzeichnung von 1938 („Wie verschieden ist die zweite Audienz im Vergleich zu der ersten verlaufen, die ich am 30. September 1932 bei Mussolini hatte."); Privatarchiv Isa von der Schulenburg, Nachlaß Werner von der Schulenburg, Um Mussolini, S. 34 („Lieber, ich freue mich, Sie hier zu sehen. Sie haben mir eine wirklich große Freude gemacht."); Theodor Wolff, Bei Mussolini („Im Sommer 1922, kurz vor seinem Marsch nach Rom, war Mussolini, was nur wenige wissen, in Berlin. Er besuchte mich damals, und ich informierte ihn, so gut ich konnte, über die Verhältnisse in Deutschland. [...] Jetzt habe ich ihn, nach acht Jahren, in Rom wiedergesehen.").
[164] Vgl. Man, Photographien aus 70 Jahren, S. 65. Mans Behauptung, er sei nicht zum zweiten Mal empfangen worden, weil Mussolini sein „wahres Gesicht, wie ich es der Welt gezeigt hatte" nicht gefallen habe, ist freilich abwegig.

Mussolinis nachweisen läßt. Der ‚Duce' überließ die Gestaltung der Audienzen nicht seinem Apparat, sondern engagierte sich vom Anfang bis zum Ende höchst persönlich, auch wenn seine *Segreteria Particolare* bei der Organisation der Audienzen eine wichtige Rolle spielte und weitgehend den Zugang zum ‚Duce' kontrollierte. Die Begrüßung und die Verabschiedung seiner Gäste, einschließlich des Begrüßungsrituals und der jeweils eingesetzten Lichteffekte, war allein Mussolinis Metier, ebenso wie die Festlegung der Sprache, in der die Audienz geführt wurde, sowie auch die Entscheidung über die Überlassung von signierten Fotos seiner Person oder die Gewährung weiterer Gespräche. Bei der vorherigen Beschäftigung mit Publikationen der Gäste konnten ihm seine Untergebenen zuarbeiten, den von ihm gewünschten Gesprächscharakter der Audienzen bestimmte er aber ganz allein. Die Audienz erweist sich somit als ein zentrales Element seiner Herrschaft, sie repräsentierte im faschistischen Italien Mussolinis persönliche Diktatur.

Die erhaltenen Berichte deutscher Besucher belegen unzweifelhaft, daß Mussolini mit seiner Audienzstrategie fast durchweg Erfolg hatte. Aufgrund vorausgehender Lektüre von Zeitungen oder einschlägigen Veröffentlichungen über das faschistische Italien, mündlicher Informationen von deutschen Italienreisenden oder gezielter Ansprache durch faschistische Sendboten hatten sich alle potentiellen Besucher Mussolinis vor ihrer ersten Audienz ein Bild vom ‚Duce' gemacht, das im Großen und Ganzen wenig voneinander abwich. Dieses Bild war von der martialischen Außendarstellung als politischer Gewaltmensch geprägt, welche von Mussolini aufgrund seiner öffentlichen Auftritte verbreitet wurde. Dieser Erwartungshorizont wurde durch die konkrete Audienzerfahrung fast durchweg grundlegend verändert. Mussolinis Intention, seine deutschen Besucher während der Audienzen zu Propagandisten oder zumindest Sympathisanten seines faschistischen Diktatursystems zu machen, ist daher in hohem Maße aufgegangen. Selbst deutsche Besucher, die Mussolini zuvor distanziert gegenüber gestanden hatten, begeisterten sich nach der persönlichen Begegnung mit dem ‚Duce' für den Faschismus. Ohne in der Regel zu durchschauen, daß sie Objekte einer raffinierten und bis zum letzten ausgefeilten Inszenierung geworden waren, erlagen sie Mussolinis persönlichem Charme. Selbst wenn sie sich des in hohem Maße manipulativen Charakters von Mussolinis Performanz zumindest teilweise bewußt waren, spielten sie ihre Rolle mit und ließen sich von der durch seinen körperlichen Auftritt noch verstärkte Eloquenz des ‚Duce' rhetorisch überwältigen. Kaum einer machte sich nachträglich bewußt, daß er mit der Meinung, einem ganz unprätentiösen, geradezu menschlichen Diktator begegnet zu sein, einer Fiktion aufgesessen war. Wenn auch vielleicht manchmal unfreiwillig trugen viele deutschen Audienzbesucher so zur Mär vom ‚guten Diktator' und damit zur Steigerung des politischen Ansehens bei, an dem Mussolini so gelegen war.

Je erfolgreicher Mussolini mit seiner Audienzstrategie war, desto mehr muß man allerdings auch davon ausgehen, daß er selbst ein Opfer seiner Performanz geworden ist. Nicht anders als bei seinen öffentlichen Auftritten, bei denen er von den Massen umjubelt wurde, kam ihm auch bei den privaten Audienzen der Blick für die Realität mehr und mehr abhanden. Selten genug wagte es überhaupt noch einer der deutschen Besucher, ihm kritische Fragen zu stellen, und wenn dies einmal geschah, ließ Mussolini sich grundsätzlich auf keine Diskussion ein, sondern wischte die Kritik unwirsch bei Seite. Da er auch in den Audienzberichten ausnahmslos nur gefeiert, jedenfalls nie direkt kritisiert wurde, sah er sich in seiner Selbststilisierung auch durch diese nachträglichen Darstellungen, sofern er sie überhaupt zur Kenntnis genommen hat, nicht in Frage gestellt. Erst recht konnte er sich bestätigt fühlen, als sich die nationalsozialistische Prominenz bei ihm seit 1933 trotz seines zunehmenden politischen und militärischen Versagens im Krieg unverändert um Audienzen bemühte und ihm in Formen geradezu hagiographischer Verehrung als Wegbereiter des Faschismus huldigte. Sein Audienzsystem, so erfolgreich er damit lange Zeit war, lief damit am Ende auf eine große Selbsttäuschung hinaus. Mussolini wurde ohne Frage zu einem Gefangenen des Mythos, den er selbst geschaffen hatte.

Kategorien von Audienzbesuchern

Wie bereits angedeutet, wurden von der *Segreteria Particolare* von Anfang an zwei Gruppen von Besuchern unterschieden. Auf der einen Seite finden sich die obersten Führungskader des faschistischen Regimes, die bei Mussolini spätestens seit Ende der zwanziger Jahre an den Vormittagen zum Rapport antreten mußten. Die Nachmittage waren für die Besucher reserviert, die sich um Audienztermine bemüht hatten.

Für die Auftritte der faschistischen Funktionsträger war eine bestimmte Reihenfolge festgelegt, die sich allerdings schon während des Abessinienkrieges und erst recht während des Zweiten Weltkrieges nicht mehr aufrechterhalten ließ, da nunmehr jeweils die Militärs absoluten Vorrang hatten. Ein typischer Audienzvormittag sah am 10. Januar 1930 beispielsweise so aus:

10.00 [E. Asinari] di S[an] Marzano, Kommandeur der Carabinieri;
10.15 [Francesco] Giunta, Staatssekretär des Ministerpräsidenten;
10.30 [Arturo] Bocchini, Chef der politischen Geheimpolizei;
10.45 [Osvaldo] Sebastiani, Kanzleichef der Segreteria Particolare;
11.00 [Conte Lando] Ferretti, Chef des Ufficio Stampa;
11.15 –
11.30 [Dino] Grandi, Außenminister;
11.45 [Italo] Balbo, Luftfahrtminister;

12.00 [Augusto] Turati, Generalsekretär des PNF;
12.15 [Attilio] Teruzzi, Generalstabschef der faschistischen Miliz [MVSN];
12.30 [Leandro] Arpinati, Staatssekretär im Innenministerium.[165]
Die Besuchszeiten für die faschistischen Führungskader waren offensichtlich nicht willkürlich festgelegt worden, hinter der Reihenfolge der Auftritte steckte vielmehr allem Anschein nach ein gewisses System. Das ist daran zu erkennen, daß auf der hier exemplarisch ausgewerteten Audienzliste die Personen, welche die ersten fünf (Carabinieri, Staatssekretariat des Ministerpräsidenten, Geheimpolizei, Segreteria Particolare, Pressechef) und die letzten drei Institutionen (PNF, MVSN, Staatssekretariat des Innenministeriums) repräsentierten, auf dem Formular ausgedruckt waren. Ihre Vertreter mußten also in der festgelegten Reihenfolge zum Rapport erscheinen, während für die anderen faschistischen Kader wechselnde Termine möglich waren. Bemerkenswert ist auch, in welcher Reihenfolge die Geladenen antreten mußten. Daß zunächst der Kommandeur der Carabinieri vorsprechen durfte, war zweifellos eine Konzession an den König, auf den die kasernierten Polizisten vereidigt waren. Auch der Empfang des Staatssekretärs, der Mussolini als Ministerpräsident unterstand, entsprach protokollarisch der verfassungsmäßigen Rangordnung. Diese wurde jedoch in der Folge dadurch durchbrochen, daß der Chef der Geheimpolizei, der Chef der persönlichen Kanzlei Mussolinis und der Pressechef als nächste zum Rapport erscheinen konnten. Mussolini demonstrierte damit, wo bei der Sicherung seiner persönlichen Herrschaft seine Prioritäten lagen: bei der polizeistaatlichen Repression, der persönlichen Kontrolle seiner engeren Gefolgschaft und der Lenkung der Propaganda nach außen.
Auch die Besuche des Generalsekretärs der faschistischen Einheitspartei und des Chefs der Miliz waren auf der Audienzliste ausgedruckt, sie waren jedoch interessanterweise erst am Ende der Vormittagsaudienzen vorgesehen. Damit durften sie zwar noch vor dem Staatssekretär des Innenministeriums, das zu diesem Zeitpunkt von Mussolini selbst geführt wurde, auftreten, jedoch erst nach drei anderen Führern des Regimes. Am 10. Januar 1930 waren das mit dem Außenminister Dino Grandi und dem Luftfahrtminister Italo Balbo zwar zwei der einflußreichsten faschistischen Unterführer, die zudem zwei der zu diesem Zeitpunkt wichtigsten Ministerien leiteten. Die offensichtlich gezielte Abstufung der Audienztermine zeigt jedoch deutlich, daß die Reputation der reinen, nicht mit einem staatlichen Amt betrauten Parteiführer des Faschismus bei Mussolini geringer war als die derjenigen, die zugleich solche Ämter innehatten.
Wie die Liste belegt, wurde jedem der faschistischen Kader nur eine Viertelstunde Besuchszeit zugebilligt. Da jeweils schon der nächste Besu-

---

[165] ACS, SPD, CO, Udienze, b.3102, 10.1.1930. Die in eckige Klammern gesetzten Angaben finden sich nicht in den Audienzlisten.

cher im Vorzimmer wartete, konnte diese knappe Zeit kaum verlängert werden. Die vormittäglichen Besucher mußten ihre Audienz beim ‚Duce' stehend absolvieren, während dieser hinter seinem Schreibtisch saß und sich nur bei der Begrüßung und Verabschiedung zum ‚faschistischen Gruß' erhob.[166] Aus der Kriegszeit wird sogar berichtet, daß Ciano „im Laufschritt" die Strecke vom Eingang bis zu Mussolinis Schreibtisch zurücklegen mußte.[167] Das läßt erkennen, welchen Charakter diese Audienzen nach dem Willen des ‚Duce' besaßen: Sie dienten nicht dem Gespräch, sondern dem Befehlsempfang. Die Parteiführer, Minister und Staatssekretäre der Regierung wurden zum Rapport einbestellt und von oben herab abgefertigt. Auch wenn es um dieselben Angelegenheiten ging, wurden sie stets nur einzeln, nicht in Gruppen vorgelassen. Sie konnten sich so zwar zuvor absprechen, ihre Anliegen jedoch nicht gemeinsam gegenüber dem Regierungschef vertreten. Mussolinis Audienzsystem kann deshalb geradezu als politisches Gegenmodell zum kollegialen Konsenssystem demokratisch verfaßter Staaten angesehen werden. Der faschistische Führerstaat zeigte hier sein wahres Gesicht.

Auch die Nachmittage waren „im wesentlichen den Audienzen reserviert".[168] Mussolini führte nochmals bis zu vier Stunden lang intensive Gespräche mit ihm häufig zuvor unbekannten Personen, eine schon allein physisch erstaunliche Leistung. Wurden am Vormittag die engeren Gefolgsleute zu Mussolini zitiert, so wurden von ihm nachmittags ausgewählte Besucher empfangen. Ihnen wurde nicht nur jeweils eine halbe Stunde Besuchszeit zugestanden, der ‚Duce' verzichtete ihnen gegenüber auch weitgehend auf seine diktatorische Herrscherattitüde und suchte ihnen das Gefühl zu vermitteln, ihm auf Augenhöhe gegenüberzutreten.

Schon ein erster Einblick in die Audienzlisten zeigt, mit welchen seiner Untertanen Mussolini auf diese Weise ins Gespräch gekommen ist. Zunächst einmal waren dies die ursprünglich mächtigen, aber mittlerweile domestizierten Provinzführer der faschistischen Einheitspartei, die *Segretari Federali*, aber auch die Führer der verschiedenen faschistischen Unterorganisationen. Sie mußten in unregelmäßigen Abständen vorsprechen, um ihre Unterwerfung unter den Willen des ‚Duce' zu demonstrieren. Da es im PNF keine regelmäßigen regionalen oder gar nationalen Parteiversammlungen gab, war das für Mussolini gleichzeitig die einzige Möglichkeit, politische Kontrollen durchzuführen, gewisse Informationen über die Partei zu erhalten oder

---

[166] Vgl. die Fotos bei Sergio Luzzatto, L'immagine del duce. Mussolini nelle fotografie dell'Istituto Luce, Rom 2001, S. 81; Mussolinis Gespräche mit Emil Ludwig; Felix H. Man, Photographien aus 70 Jahren, S. 66–70.
[167] Vgl. Privatarchiv Dr. Uta Kuhl, Hans Wimmer, Palazzo Venezia, S. 28 (Kopie).
[168] Louise Diel, Der Duce, Frankfurter Generalanzeiger, 3.5.1938.

neues Führungspersonal zu entdecken. Die Audienzen mit diesen Provinzkadern dienten daher in besonderem Maße der unmittelbaren persönlichen Herrschaftssicherung des Diktators.

Außerdem tauchen in den Audienzlisten über die Jahre hinweg Repräsentanten der gesellschaftlichen, wirtschaftlichen und kulturellen Eliten des faschistischen Regimes auf, also Industrielle, Banker, Wissenschaftler, Künstler, Architekten und erfolgreiche Sportler, aber auch zahlreiche Vertreter des Adels und vor allem auch viele Frauen der besseren Gesellschaft. Arbeiter oder einfache Bauern, überhaupt Angehörige der Unterschichten, finden sich nicht unter den Audienzbesuchern, die Zielgruppe seiner Audienzen war für Mussolini ausschließlich die Oberschicht des faschistischen Regimes.

Das bedeutet nicht, daß nur Angehörige der Eliten mit Mussolini in persönlichen Kontakt kommen wollten. Der ‚Duce' wurde im Gegenteil von einfachen Untertanen täglich mit Briefen, Telegrammen, Hilfegesuchen, Beschwerden und Bitten um Vorsprache bombardiert. In den Jahren seiner gesicherten Diktaturherrschaft dürften ihn auf diese Weise Hunderttausende von Briefen erreicht haben. Obwohl 1940 aus Platzgründen ein großer Teil dieser Schreiben vernichtet worden ist, ist im Bestand des Archivio Centrale dello Stato in Rom immer noch eine kaum überschaubare Menge erhalten,[169] die bisher leider nur teilweise durch Register erschlossen worden ist.[170] Ein großer Teil der Mitarbeiter der *Segreteria Particolare* war damit beschäftigt, die täglich eingehenden Briefe von Bewunderern, Bittstellern oder auch bloßen Opportunisten zu beantworten sowie vor allem darüber zu entscheiden, ob und in welcher Weise erbetene finanzielle oder sonstige Unterstützungen gewährt werden sollten. Das geschah selbstverständlich alles im Namen des ‚Duce', der sich der Bevölkerung damit als scheinbar persönlicher Vertrauter und großzügiger Padrone präsentierte. Erlebten die Besucher einer Massenveranstaltung den ‚Duce' vor allem als charismatischen Führer der ‚Volksgemeinschaft', nahmen sie mithin an einem Kollektiverlebnis teil, so wurde den individuellen Bittstellern jeweils das Gefühl vermittelt, es mit einem ihnen ganz persönlich zugewandten ‚Duce' zu tun zu haben. Jeder konnte sich an ihn wenden, jeder erhielt auch, wenn auch nur von seinen Sekretären, eine Antwort oder häufig sogar eine materielle Unterstützung, wenn er in Not war. Hunderttausenden von Italienern wurde so der Eindruck vermittelt, einen persönlichen Bezug zum ‚Duce' zu haben. Die *Segreteria Particolare* war in Italien auch deshalb eine außerordentlich

---

[169] Vgl. dazu Camilla Cederna, Caro Duce. Lettere di donne italiane a Mussolini 1922–1943, Mailand 1989, S. 13. Vgl. Auch die freilich nur punktuell zuverlässigen Berechnungen von Mazzatosta, Volpi, L'Italietta Fascista, S. 15–36. Ferner auch Enrico Sturani, Otto millioni di cartoline per il duce, Turin 1995.
[170] Vgl. z. B. ACS, SPD, CO, Udienze, b.3159.

wichtige Agentur für die Konstruktion des Mussolinimythos.[171] Die „fabbrica del duce" hatte hier geradezu ihr verborgenes Zentrum, auch wenn das von der Forschung bisher nur in Ansätzen wahrgenommen worden ist.[172]

Nach Ausweis der Audienzlisten handelte es sich bei einem großen Teil der nachmittäglichen Besucher Mussolinis um Ausländer. Für ihren Empfang war kein besonderes, von den italienischen Gästen abweichendes Verfahren vorgesehen. Es gab auch keine besonderen Termine für ausländische Besucher, sie wurden vielmehr an den Nachmittagen in bunter Mischung mit Italienern eingeladen. Da sie meist über die italienischen Botschaften in ihren Heimatländern um Audienzen nachsuchten, wurden sie allerdings in der Regel über das Außenministerium vermittelt, das damit bei ausländischen Besuchsanträgen eine gewisse Steuerungsfunktion hatte.

Der Empfang ausländischer Besucher hatte für Mussolini selbstverständlich eine andere Funktion als die Audienzen, die er für Italiener gab. Er muß im Zusammenhang mit seinem Bestreben gesehen werden, für den Faschismus als ‚Modell' internationale Anerkennung zu finden und damit auch seine eigene Rolle als diktatorischer Führer des faschistischen Regimes nach außen zu rechtfertigen. Die Audienzen hatten für Mussolini also nicht nur eine Herrschaftsfunktion innerhalb des faschistischen Regimes, sie waren vielmehr auch ein wichtiges Element faschistischer Repräsentation im Ausland. Mussolini wurde zwar bis Ende der zwanziger Jahre nicht müde, öffentlich zu betonen, daß der Faschismus kein „Exportartikel" für andere Länder sei, seit etwa 1927 hatte er jedoch den politischen Aktivitäten verschiedener faschistischer Gruppierungen, die einen „fascismo universale" propagierten, freien Raum gelassen.[173] Und seit Anfang der dreißiger Jahre betrieb er eine Art von faschistischer Paralleldiplomatie, bei der er in verschiedenen Ländern an den ungeliebten Karrierediplomaten vorbei persönliche Vertrauensleute einsetzte. Der Prototyp dieser faschistischen Mittelsmänner war Giuseppe Renzetti, der bis zu Hitlers Machtergreifung in Deutschland fast alle faschistischen Kontakte zur nationalkonservativen und nationalsozialistischen Rechten herstellte.[174]

---

[171] Zum Mussolinimythos vgl. Jens Petersen, Mussolini – der Mythos des allgegenwärtigen Diktators, in: Wilfried Nippel (Hg.), Virtuosen der Macht. Herrschaft und Charisma von Perikles bis Mao, München 2000, S. 155–171; Passerini, Mussolini immaginario, passim.

[172] Dino Biondi, La fabbrica del Duce, Florenz 1967; Philip V. Cannistraro, La fabbrica del consenso. Fascismo e mass media, Rom/Bari 1975.

[173] Vgl. dazu Beate Scholz, Italienischer Faschismus als ‚Exportartikel'. Ideologie und organisatorische Ansätze zur Verbreitung des Faschismus im Ausland, Trier 2001 (Microfiche); Jerzy W. Borejsza, Il fascismo e l'Europa orientale. Dalla propaganda all'aggressione, Bari 1981.

[174] Vgl. dazu Wolfgang Schieder, Faschismus im politischen Transfer. Giuseppe Renzetti als faschistischer Propagandist und Geheimagent in Berlin 1922–1941, in: ders., Faschistische Diktaturen, S. 223–252.

Durch die Audienzen wurde diese Paralleldiplomatie besonders aufgewertet, da viele der ausländischen Besucher von Mittelsmännern wie Renzetti an Mussolini vermittelt wurden.

Mit dem Empfang von ausländischen Besuchern ging Mussolini aus seiner Sicht ein gewisses Risiko ein, da er ihnen keine nachträglichen Verhaltensmaßregeln auferlegen oder gar politische Anweisungen geben konnte. Auch wenn er sie zum Stillschweigen verpflichtete, hatte er es nicht in der Hand, daß sie sich an diese Vereinbarung gebunden fühlten. Um sich vor unliebsamen Überraschungen zu schützen, ließ er ausländische Antragsteller deshalb, nach Möglichkeit vor der Genehmigung eines Besuches, politisch überwachen. So liegen etwa über den Schriftsteller Werner von der Schulenburg zahlreiche Spitzelberichte vor.[175] Auch Emil Ludwig, dessen „Gespräche mit Mussolini" das größte Echo von allen Audienzen gefunden haben, ist im Vorfeld der Begegnungen diskret beobachtet worden.[176]

Politiker oder Journalisten, die im weitesten Sinne der politischen Linken zuzurechnen waren, wurden von Mussolini gar nicht erst empfangen.[177] Autoren wie der der SPD nahestehende Journalist Adolf Saager oder der kommunistische Reporter Alfred Kurella, welche in der Weimarer Republik die schärfsten Abrechnungen mit dem italienischen Faschismus veröffentlichten, dürften sich allerdings auch gar nicht erst um eine Audienz bei dem verhaßten Diktator bemüht haben.[178] In anderen Fällen hat Mussolini nachweislich jedoch auch Repräsentanten der Rechten eine Audienz verweigert, wenn er sie als politische Gegner ansah. So wurde ein Ersuchen des von Hugenberg eingesetzten Generaldirektors der UFA, Ludwig Klitzsch, im April 1929 abschlägig

---

[175] Vgl. die, freilich reichlich phantasievollen Berichte im ACS, Ministero Interno, Pubblica Sicurezza, Polizia Politica, Fascicoli Personali, Pacco 1237: Werner von der Schulenburg.
[176] Vgl. ebd., Pacco 739: Emil Ludwig.
[177] Die einzige Ausnahme stellt das Interview dar, das Mussolini dem sozialistischen Journalisten Hanns-Erich Kaminski gegeben hat. Dies fand jedoch schon im März 1922 bei Mussolinis privatem Berlinbesuch statt und kann insofern nicht als Audienz angesehen werden. Kaminski gewann von Mussolini ein außerordentlich negatives Bild, das in dem folgenden Urteil gipfelte: „Ein eitler Komödiant! Einer, bei dem jede Bewegung auf ihre Wirkung berechnet ist, der immer auf Beifall lauert und sich für jede Schmeichelei prostituiert. Aber er ist auch intelligent: Klugheit und Eitelkeit, das ergibt Ehrgeiz. Er ist energisch: das nimmt seinem Ehrgeiz alle Hemmungen. Ein Erfolgsucher um jeden Preis. Da habt ihr den ganzen Mussolini." Vgl. Hanns-Erich Kaminski, Fascismus in Italien. Grundlagen, Aufstieg, Niedergang, Berlin 1925, S. 85.
[178] Vgl. Adolf Saager, Mussolini ohne Mythus. Vom Rebellen zum Despoten, Leipzig 1931; Alfred Kurella, Mussolini ohne Maske. Der erste rote Reporter bereist Italien, Berlin 1931. Vgl. auch Ernst Hamburger, Aus Mussolinis Reich. Die fascistische Episode in Italien, Breslau 1924 sowie Karl Unglaub, Aus dem Reiche Mussolinis. Eindrücke von meiner Italienreise, Triebers 1932.

beschieden.[179] Auch der deutschnationale Reichstagsabgeordnete Reinhold Quaatz beklagte sich im Oktober 1931 darüber, daß er nach Gesprächen mit hohen faschistischen Funktionären keine Audienz bei Mussolini erhalten habe, obwohl er in Absprache mit Hugenberg als erster offizieller Repräsentant der DNVP nach Rom gekommen sei.[180] Man kann in beiden Fällen mit Sicherheit annehmen, daß Mussolini Hugenbergs Abgesandte deshalb nicht empfangen wollte, weil ihm dessen nationalistische Haltung in der Südtirolfrage mißfiel. Erst recht wollte er nichts mit dem ehemaligen Deutschen Kaiser im holländischen Exil zu tun haben. Als dieser im Oktober 1931 über einen Abgesandten Kontakt mit dem ‚Duce' aufnehmen wollte, wurde dieser in Rom nicht empfangen: Der ehemalige Kaiser hat sich mithin „beim italienischen Diktator einen Korb geholt."[181]

Deutsche in Audienz bei Mussolini

Die genaue Erfassung der deutschen Audienzbesucher Mussolinis ist mit einigen Schwierigkeiten verbunden. Die häufig nur rudimentären Angaben in den Audienzlisten erschweren die genaue Identifizierung, machen diese sogar manchmal unmöglich. Im Zweifelsfall wird deshalb immer darauf verzichtet, Personen in das Sample der deutschen Besucher aufzunehmen, wenn die Angaben in den Audienzlisten nicht ausreichen und sich keine zusätzlichen Informationen finden, um sie zweifelsfrei zu identifizieren. Dagegen werden solche Besucher berücksichtigt, die trotz in den Audienzlisten falsch geschriebener oder verballhornter Namen aufgrund anderer Informationen eindeutig bestimmt werden können. Als ein Beispiel dafür kann der schon erwähnte Pressefotograf Hans Sigismund Baumann genannt werden, der als Felix H. Man nach seiner Emigration aus Deutschland weltbekannt wurde.[182] In den Audienzlisten vom 14., 19. und 26. Januar 1931 taucht er als „Hans Baumbann" auf, nur die Angabe, daß es sich um einen Journalisten handelte, machte seine Identifizierung möglich.[183]

---

[179] Auf den ihm am 25.4.1929 schriftlich vorgelegten Audienzantrag von Klitzsch vermerkte Mussolini ohne weitere Begründung „No/M." Vgl. ASMAE, GM, pacco 35, Richieste di udienze.
[180] Vgl. dazu Wolfgang Schieder, Das italienische Experiment. Der Faschismus als Vorbild in der Krise der Weimarer Republik, in: ders, Faschistische Diktaturen, S. 168. Auch einem Repräsentanten der UFA verweigerte Mussolini am 29.4.1929 eine Audienz. Vgl. ASMAE, GM, pacco 35, Richieste di udienze, 25.4.1929.
[181] Sigurd von Ilsemann, Monarchie und Nationalsozialismus 1924–1941, München 1968, S. 174.
[182] Vgl. zu Man unten S. 132f.
[183] Vgl. ACS, SPD, CO, Udienze, b.3105.

Eindeutig als Angehörige anderer Staaten, bis 1938 vor allem als Österreicher erkennbare Besucher werden selbstverständlich nicht berücksichtigt. So wird der österreichische Publizist und Diplomat Maximilian Claar, der am 18. Mai 1927, 3. Juni 1927 und am 12. Dezember 1932 bei Mussolini war, nicht zu den deutschen Audienzbesuchern gerechnet.[184] Nicht als Deutsche können auch Audienzbesucher angesehen werden, die zum Zeitpunkt ihres Besuches bei Mussolini längst die deutsche Staatsbürgerschaft aufgegeben hatten und in einem anderen Land eingebürgert worden waren. So wird der Historiker Hermann Loevinson nicht zu den deutschen Besuchern gerechnet, obwohl er ursprünglich aus Deutschland stammte. 1863 in Berlin geboren und seit 1891 als Archivar am römischen Staatsarchiv beschäftigt, nahm er jedoch schon vor dem Ersten Weltkrieg die italienische Staatsangehörigkeit an und war nach dem Krieg als Archivdirektor in Parma und Bologna tätig.[185] Seine wissenschaftlichen Werke veröffentlichte er fast ausschließlich in italienischer Sprache.[186] Schon früh scheint ihn allerdings aufgrund seiner jüdischen Herkunft das Aufkommen des Nationalsozialismus beunruhigt zu haben. Er bemühte sich deshalb um eine Audienz bei Mussolini, um von diesem versichert zu bekommen, daß der Faschismus keinerlei Interesse daran habe, mit der Hitler-Bewegung zusammenzuarbeiten.[187] Seine düsteren Vorahnungen sollten sich jedoch auf fürchterliche Weise bestätigen. Loevinson gehörte am 16. Oktober 1943 zu den über tausend jüdischen Opfern, die in Rom von der SS aufgespürt, nach Auschwitz deportiert und dort ermordet wurden.[188]

Nicht ganz leicht zu entscheiden ist die Frage, ob Robert Michels, der zwischen 1924 und 1936 mindestens sieben Mal mit Mussolini zusammengetroffen ist, als deutscher Audienzbesucher angesehen werden kann.[189] Auch wenn man

---

[184] Vgl. von ihm Maximilian Claar, Zwanzig Jahre habsburgischer Diplomatie in Rom (1895–1915). Persönliche Erinnerungen, in: Berliner Monatshefte. Zeitschrift für neueste Geschichte 15 (1937), S. 539–567. Daß auch Otmar Spann, der am 12.6.1933 Audienz bei Mussolini erhielt, nicht in die Liste der deutschen Besucher aufgenommen wird, versteht sich von selbst. Ebenfalls nicht berücksichtigt wurde der in Mailand wohnende Geiger Maxim Jacobsen, der von der italienischen Polizei als Lette identifiziert wurde. Vgl. ACS, Ministero del Interno, Polizia Politica, Questura di Milano an Ministero del Interno, 26.6.1938.
[185] Vgl. Ludwig Pollak, Römische Memoiren. Künstler, Kunstliebhaber und Gelehrte, Rom 1994, S. 116.
[186] Vgl. Ermanno Loevinson, Giuseppe Garibaldi e la sua legione nello Stato romano, 3 Bde., Rom/Mailand 1902–07; ders. Christoforo Colombo nella letteratura tedesca, Rom 1893.
[187] Vgl. Romanus [d.i. Hermann Loevinson], Ein Gespräch mit Mussolini über den Faschismus im Auslande, in: Das Neue Europa 13 (1927), S. 18–22.
[188] Vgl. Liliano Picciotto Fargion, Il libro della memoria. Gli ebrei deportati dall' Italia 1943–1945, Mailand 1991, S. 194; Frauke Wildfang, Der Feind von nebenan. Judenverfolgung im faschistischen Italien 1936–1944, Köln 2008, S. 252–276.
[189] Zum Verhältnis von Michels und Mussolini vgl. die beiden Studien von Aldo G. Ricci, Mi-

nicht pedantisch die Staatsangehörigkeit ins Feld führen will, muß man ihn als Exilanten verstehen, der bewußt mit Deutschland gebrochen und sich bis 1921, als er, noch vor der Machtübernahme des Faschismus, die italienische Staatsbürgerschaft erhielt, heimatlos gefühlt hat. Nach seiner 1900 in Halle erfolgten Promotion hatte er in Deutschland trotz der Fürsprache Max Webers bekanntlich keine akademische Karriere machen können, weil er seit 1903 Mitglied der SPD war.[190] Er hatte sich deshalb 1907 in Turin habilitiert und war 1914 zum Ordentlichen Professor für Nationalökonomie und Statistik nach Basel berufen worden. Als „Lösung des Problems meines Lebens" sah er jedoch eine Professur in Italien an, die er 1928 auf persönliche Fürsprache Mussolinis an der faschistischen Musterfakultät in Perugia schließlich auch erhalten hat.[191] Auch wenn der dafür erforderliche Eintritt in den Partito Nazionale Fascista nicht unbedingt politischer Überzeugung entsprang, identifizierte er sich damit jedoch endgültig mit dem faschistischen Italien, für das er seitdem unermüdlich als intellektueller Propagandist tätig war. Karl Löwith berichtet aus seiner römischen Emigrantenzeit über ihn: „Er war Italiener und Faschist geworden und liebte es, in der Öffentlichkeit so zu tun, als verstünde er kaum noch seine Muttersprache."[192] Zu den deutschen Audienzbesuchern kann Michels damit jedenfalls nicht gerechnet werden.

Auch den als Sohn eines deutschen Vaters und einer schweizerischen Mutter in Basel geborenen Friedrich Vöchting, der seit seiner Geburt das schweizerische Bürgerrecht hatte, kann man nicht zu den deutschen Audienzbesuchern zählen. Er fühlte sich lebenslang als Schweizer und hatte nur wenige Verbindungen nach Deutschland. Als er Mussolini am 23. Mai 1927 sein später berühmt gewordenes Buch über die Halbpacht in Italien überreichte,[193] das auf eine bei Michels in Basel betreute Dissertation zurückging,[194] wurde er in der Audienzliste auch nicht als Deutscher aufgeführt.

Anders als in diesen Fällen kann dagegen ein nachträglicher Wechsel der Staatsbürgerschaft kein Ausschlußkriterium sein. Als entscheidend muß vielmehr der Zeitpunkt angesehen werden, zu dem die Audienzen bei Mus-

---

chels e Mussolini, in: Storia Contemporanea 15 (1984), S. 287- 294 und Loreto Di Nucci, Roberto Michels „ambasciatore" fascista, in: Storia Contemporanea 22 (1992), S. 91–103.

[190] Zum Wandel der politischen Anschauungen von Michels vgl. jetzt umfassend Timm Genett, Der Fremde im Kriege. Zur politischen Theorie und Biographie von Robert Michels 1876–1936, Berlin 2008.

[191] Brief von Robert Michels an Luigi Einaudi vom 4.2.1923, zit. nach Genett, Der Fremde im Kriege, S. 796.

[192] Karl Löwith, Mein Leben in Deutschland vor und nach 1933, Ein Bericht, Stuttgart 1986, S. 93.

[193] Vgl. Friedrich Vöchting, Die Romagna. Eine Studie über Halbpacht und Landarbeiterwesen in Italien, Karlsruhe 1927.

[194] Robert Michels beantragte am 19.5.1927 über das Ministero degli Affari Esteri auch die Audienz für Vöchting. Vgl. ASMAE, GM, Pacco 36.

solini stattfanden bzw. wann darüber berichtet wurde. Daß Emil Ludwig 1932 kurz nach dem Erscheinen von „Mussolinis Gesprächen mit Emil Ludwig" an seinem Tessiner Wohnort das Schweizer Bürgerrecht erhielt, hat in unserem Zusammenhang deshalb keine Bedeutung, weil er von Mussolini selbstverständlich noch als deutscher Schriftsteller empfangen worden war. Die „Gespräche" erschienen überdies in einem deutschen Verlag und wurden von Ludwig selbst als Beitrag zur deutschen Faschismusdebatte angesehen. Erst recht darf selbstverständlich die von den Nationalsozialisten rassenideologisch motivierte ‚Ausbürgerung' des in Rom lebenden Zeitungskorrespondenten Kurt Kornicker, der am 24. Januar 1931 bei Mussolini war, kein Ausschlußkriterium sein[195]

Eine besondere Schwierigkeit bei der Identifizierung von deutschen Besuchern besteht darin, daß es zur Audienzstrategie Mussolinis gehörte, nicht nur Staatsmänner und Diplomaten oder bekannte Künstler, Sportler, Wissenschaftler und Journalisten einzuladen, sondern auch einfache Verehrer und Enthusiasten, deren genaue Identität häufig überhaupt nicht mehr zu bestimmen ist. Zweifelsohne rechnete sich Mussolini auch von der Begegnung mit Unbekannten eine gewisse Multiplikatorenwirkung bei der Popularisierung des Faschismus in Deutschland aus. Je mehr Audienzen er gab, desto mehr erhoffte er sich offenbar eine propagandistische Breitenwirkung, die durch faschistische Eigenpropaganda allein nicht zu erzielen war. Den Reichskanzler Heinrich Brüning (7. August 1931 bei Mussolini), den Komponisten Richard Strauss (am 6. Februar 1924 bei Mussolini) oder den Schriftsteller Rudolf Borchardt (am 3. April 1933 bei Mussolini) zu identifizieren, fällt nicht schwer, die Biographien weniger prominenter Zeitgenossen lassen sich jedoch häufig nicht ermitteln.[196]

Nicht leicht zu identifizieren ist schließlich die Mehrzahl der in den Audienzlisten aufgeführten Frauen. Es gab unter diesen zwar auch prominente Besucherinnen wie Elly Beinhorn (am 26. Juli 1933) oder Leni Riefenstahl (am 25. Februar 1936), jedoch überwiegen die unbekannten. Sie erhielten von den beflissenen Sekretären des ‚Duce' in der Regel den letzten der nachmittäglichen Audienztermine, was dem notorischen Womanizer Mussolini offensichtlich jeweils einen angenehmen Ausklang des täglichen Audienzstresses ermöglichen sollte. Jedoch fehlen außer den Nachnamen der Frauen meist alle weiteren An-

---

[195] Die Ausbürgerung Kurt Kornickers wird durch eine briefliche Mitteilung von Walter Kornicker an den Verfasser vom 14.6.2009 belegt.
[196] Das gilt für die folgenden Audienzbesucher: Lindemann (Audienz am 5.10.1923), Dr. H. Friedmann (5.2.1932), Musiklehrer Wolf (29.3.1937), Professor Hermann Steiner (9.4.1941), Professor Neuschüller (20.1.1943).

gaben, so daß sie oft nicht einmal eindeutig als Deutsche identifiziert werden können.[197]

Die zahlreichen Deutschen, die in Gruppen von Mussolini empfangen worden sind, werden in den Audienzlisten in der Regel nicht namentlich aufgeführt. Sie können daher nicht zu den von Mussolini persönlich in Audienz empfangenen Besuchern gezählt werden. Allerdings wurden die Leiter einiger Besuchergruppen, bei denen es sich überwiegend um Politiker handelte, zusätzlich in Privataudienz empfangen. Sie können deshalb wie die übrigen individuellen Audienzbesucher behandelt werden. Das gleiche gilt auch in den Fällen, in denen neben dem Leiter einer Besuchergruppe auch ein oder mehrere Begleiter in den Audienzlisten namentlich als Besucher aufgeführt werden. Das kam einer persönlichen Einladung gleich, auch wenn es sich um Untergebene des Hauptbesuchers handelte.

So wurde Charlotte Freifrau von Hadeln am 3. Juni 1930 persönlich vom ‚Duce' empfangen, nachdem sie zuvor zusammen mit 30 weiteren Frauen des deutsch-nationalen Königin-Louise-Bundes bei Mussolini eine Gruppenaudienz erhalten hatte.[198] Auch Ewald Kroth wurde am 21. Mai 1931 als Vizepräsident des ADAC in einer Sonderaudienz empfangen, nachdem er zuvor mit einer Gruppe von hundert anonym gebliebenen deutschen „Automobilisten" bei Mussolini gewesen war.[199] Die mit Abstand größte Gruppenaudienz von Besuchern aus dem Deutschen Reich fand am 22. September 1936 in der Sala Regia des Palazzo Venezia statt. Mussolini empfing bei dieser Gelegenheit etwa 500 Hitlerjungen unter der Führung von Baldur von Schirach, der am 24. September auch in Privataudienz bei Mussolini war.[200]

Für die nationalsozialistischen Führungskader war es charakteristisch, daß sie meistens mit mehr oder weniger großem Gefolge anreisten und ihre Begleiter zu ihrer Audienz bei Mussolini mitbrachten. Ganz offensichtlich wollten sie ihre politische Reputation gegenüber dem ‚Duce' dadurch erhöhen, daß sie

---

[197] Es handelt sich um Lisa (Louisa) Nickel (5.11.1924 und 24.9.1927), Signora Engelhardt (23.2.1926), Signora Seydell (24.9.1926), Eva Froberg (11.10.1930), Elisabetta Frauke Hollenbach (15.5.1934, 4.8.1934, 11.1.1935).

[198] Vgl. den auf der Basis der „von vielen der Mitreisenden gemachten Aufzeichnungen" von Charlotte Freifrau von Hadeln zusammengestellten Bericht: Deutsche Frauen studieren den Faschismus und werden von Mussolini empfangen, Halle 1933, S. 13. Ihre Privataudienz wird durch ihren Brief an Baron von Medem vom 19.6.1930 belegt, der von Eva Schöck-Quinteros, Der Bund Königin Luise, in: dies., Christine Streubel (Hg.), Ihrem Volk verantwortlich. Frauen der politischen Rechten (1890–1933), Bremen 2007, S. 326–329, hier S. 328, abgedruckt wird. Vgl. auch die sehr gute Studie von Birte Förster, Der Königin Louise Mythos. Mediengeschichte des „Idealbilds deutscher Weiblichkeit" 1860–1960, Göttingen 2011, S. 333.

[199] Vgl. dazu A. Gerdeissen, Auslandsfahrt 1931. Die Teilnehmer beim Papst und Mussolini, in: ADAC-Motorwelt, 29.5.1931.

[200] ACS, SPD, CO,Udienze, b.3126; ebd., Fascicoli Personali, Nr. 525.199.

sich mit einer Schar von Untergebenen umgaben, auch wenn diese nur eine rein dekorative Rolle zu spielen hatten. Joseph Goebbels trat so am 29. Mai 1933 mit zehn nicht namentlich in den Audienzlisten genannten Mitarbeitern bei Mussolini auf.[201] Auch Robert Ley brachte am 14. Juli 1937 zu einer Audienz elf Mitreisende mit, von denen sich die meisten nicht namentlich identifizieren lassen.[202] Als Rudolf Hess zum fünfzehnjährigen Jubiläum des *Marschs auf Rom* am 27. Oktober 1937 von Mussolini persönlich empfangen wurde, war er mit einer zehnköpfigen Delegation der NSDAP angereist, deren Mitglieder von Mussolini zuvor als Gruppe empfangen worden waren. Da sie zwar teilweise namentlich bekannt sind, aber nicht in der Audienzlisten auftauchen, werden sie nicht zu den individuellen Audienzbesuchern gerechnet.[203] Zu der NS-Delegation gehörte jedoch der oberste SA-Führer Lutze, der am 25. Juni 1938 mit 13 nicht bekannten Begleitern zur Feier des fünfzehnten Jahrestages der Gründung der faschistischen Miliz (MVSN) nach Rom kam und bei dieser Gelegenheit auch persönlich bei Mussolini vorsprechen durfte.[204] Für diesen Termin kann er daher als Audienzbesucher berücksichtigt werden.

Etwas anders verhielt es sich bei Heinrich Himmler, der nie mit einem größeren Troß nach Rom kam, dafür aber in der Regel einen seiner beiden Stellvertreter, Kurt Daluege und Reinhard Heydrich, mit anmeldete. Diese wurden daher regelmäßig namentlich und mit ihrem Rang als Polizeiführer des NS-Regimes in den Audienzlisten aufgeführt.

---

[201] Vgl. Otto Schabbel, Benito Mussolini. Zu seinem 50. Geburtstag, in: Daheim. Ein deutsches Familienblatt 70 (1933), S. 9f.; Friedrich Christian Prinz zu Schaumburg-Lippe, Dr. G. Ein Portrait des Propagandaministers, Wiesbaden 1964, S. 66f.; Giacomo Della Chiesa d'Isasca, Propaganda e diplomazia tra Italia e Germania (1933–1939), in: Clio. Rivista trimestrale di studi storici 38 (2002), S. 653–702, hier S. 657f., hat einige Begleiter identifiziert. Dazu gehörten Prinz Schaumburg-Lippe als persönlicher Adjutant, Karl Hanke als persönlicher Referent, sowie der Journalist Adolf Dresler.

[202] Vgl. ACS, SPD, CO, Udienze, b.3129. Vgl. auch den Audienzbericht von Walter Kiehl, Dr. Ley beim Duce, in: Freude und Arbeit 2 (1937), S. 72 sowie in: Der Angriff, 7.4. und 16.4.1937, Ley bei Mussolini.

[203] Vgl. ACS, MCP, Gabinetto, b.66, sowie das Foto bei Carlo Gentile, Lutz Klinkhammer, Steffen Prauser (Hg.), I nazisti. I rapporti tra Italia e Germania nelle fotografie dell'Istituto Luce, Roma 2003, S. 50f. Eine vorläufige Liste der von Hess geführten deutschen Delegation findet sich im PAAA, Deutsche Botschaft Rom, L 501321. Neben Lutze stehen auf dieser Liste auch Hans Frank sowie die Gauleiter Wagner, Terboven und Görlitzer, die sonst nie in Rom waren. Mussolini sprach in seiner Rede zum 28.10.1937 von den „camerati Hess, Frank, Lutze, Wagner ed i camerati che li accompagnano". Vgl. Mussolini, Opera Omnia, Bd. XXIX, S. 17. Da die Genannten in der einschlägigen Audienzliste jedoch nicht auftauchen, werden die Begleiter von Hess nicht als Einzelbesucher Mussolinis gewertet.

[204] Vgl. das gedruckte Programm des Besuches im ACS, SPD, CO, Fascicoli Personali, Nr. 185.763. Das Foto bei Ullstein Bild, Nr. 00183210, ist falsch datiert.

Nicht zu den Audienzbesuchern werden schließlich die Deutschen Botschafter in Rom und andere Botschaftsangehörige gerechnet, die Mussolini ex officio aufgesucht haben. Ulrich von Hassell legte ausdrücklich Wert darauf, daß es sich bei seinen Gesprächen mit Mussolini um „dienstliche Unterhaltungen", nicht um ihm persönlich gewährte Audienzen handelte.[205] Auch Mackensen sprach am 18. April 1938 vom „offiziellen Charakter" seines Antrittsbesuchs bei Mussolini, um diesen von einer privaten Audienz abzuheben.[206] Die Berichte der Botschafter an das Auswärtige Amt lassen auch erkennen, daß Mussolini bei ihrem Empfang interessanterweise vollständig auf die ritualisierte Strategie verzichtete, mit der er seine Privataudienzen sonst inszenierte. Sie enthalten lediglich Angaben über Verhandlungsgegenstände, nicht aber über das Ambiente und performative Aspekte der Unterhaltungen. Allenfalls berichteten sie über den Gesundheitszustand des ‚Duce', über den ständig neue Gerüchte verbreitet wurden. Die Botschafter werden auch dann nicht zu den Audienzbesuchern gerechnet, wenn sie einzelne deutsche Gäste zu einer Audienz bei Mussolini begleiteten, wie das zumindest in der Zeit der Weimarer Republik gelegentlich der Fall war.

Berücksichtigt man diese Einschränkungen, so ergibt sich nach Ausweis der Audienzlisten, daß zwischen 1923 und 1943 197 Deutsche in Privataudienz von Mussolini empfangen worden sind.[207] Im jährlichen Durchschnitt waren das etwa 20 deutsche Besucher. Die Fälle von Einzelaudienzen, die Mussolini Deutschen gab, erhöhen sich jedoch auf 316, wenn man die mehrfachen Besuche berücksichtigt. Wie darzustellen sein wird, waren nämlich zahlreiche Deutsche mehr als einmal bei Mussolini.

Daß die deutschen unter den ausländischen Audienzbesuchern Mussolinis zahlenmäßig an der Spitze standen, hatte spezifische Gründe, die für Besucher anderer Länder nicht bestanden. Auch bei anderen Ausländern waren es zwar meist nicht bloße Neugier, Sensationslust oder Begeisterung für den *großen Mann*, welche sie zu Mussolini führten. Fast immer spielten auch politische Gründe eine Rolle, nirgendwo waren diese jedoch so dominant wie in Deutschland. Das heißt nicht, daß es einen einheitlichen Diskurs über den Faschismus gegeben hätte, in seiner realen Existenz wurde dieser vielmehr vor 1933, aber in gewissem Umfang auch noch nach Hitlers Machtübernahme, sehr unterschiedlich beurteilt. Sympathisanten und Gegner des Faschismus standen sich dabei nicht in einer klaren Schlachtordnung gegenüber. Das faschistische Diktatursystem Mussolinis schien in der Endphase der Weimarer Republik für deutsche Beobachter aus durchaus unterschiedlichen Gründen eine politische Verheißung zu sein, sei es, weil sie Mussolini als starker Politiker faszinierte, sei es, weil

---

[205] ADAP, Serie C, Bd. III,2, Göttingen 1974, S. 765.
[206] ADAP, Serie D, Bd. I, Baden-Baden 1950, S. 875.
[207] Vgl. dazu die Liste der Audienzbesucher, unten S. 358–377.

sie seinen Friedensschluß mit der katholischen Kirche bewunderten oder sei es, weil sie sich von dem korporativistischen Wirtschaftsprogramm einen Ausweg aus der deutschen Wirtschaftsmisere versprachen. In über 200 Büchern, einer ganze Flut von Zeitungsberichten und Zeitschriftenaufsätzen wurde der italienische Faschismus auf der politischen Rechten, aber auch innerhalb des liberalen Bürgertums und des politischen Katholizismus gegen Ende der Weimarer Republik zunehmend als eine reale politische Alternative zum demokratischen Parteienstaat angesehen.[208] Schon Anfang der Weimarer Republik hatte der nationalkonservative Schriftsteller Moeller van den Bruck den für Deutschland paradigmatischen Charakter des Faschismus auf die griffige Formel „Italia docet" gebracht.[209] Zwischen der Intensivierung der Weimarer Faschismusdebatte und der Häufung von deutschen Audienzbesuchern bei Mussolini gab es insofern einen direkten Zusammenhang. Es war ihre wachsende philofaschistische Einstellung, die etwa Publizisten wie Hans Reupke, Fritz Klein oder Edgar Jung, die intensiv an der deutschen Debatte über den Faschismus teilnahmen, nach Rom geführt hat.

Sympathie für den Faschismus bedeutete jedoch nicht, daß damit eo ipso Präferenzen für den Nationalsozialismus verbunden waren. Bei vielen der deutschen Sympathisanten war eher das Gegenteil der Fall. Zumal Audienzbesucher jüdischer Herkunft wie Theodor Wolff, Emil Ludwig oder Rudolf Borchardt eilten zu Mussolini, weil sie sich von ihm persönlich bestätigen lassen wollten, daß er den Antisemitismus ablehne und die Nationalsozialisten nicht unterstütze.[210] Sie hatten die Illusion, Hitler den Wind aus den Segeln nehmen zu können, wenn sie ihn auf diese Weise seines politischen Idols beraubten. Daß der ‚Duce' ihnen gezielt die Unwahrheit sagte, ist kaum einem von ihnen aufgefallen. Ausdrücklich zu betonen ist auch, daß es vor 1933 selbst für die Nationalsozialisten keineswegs von Anfang an selbstverständlich war, sich mit dem italienischen Faschismus zu identifizieren.[211] Es gab innerhalb der NSDAP geradezu einen Machtkampf um die Haltung der Partei gegenüber dem faschistischen Führerstaat in Italien. Hitler hatte große Mühe, die außergewöhnlich profaschistische Linie, die er schon früh eingenommen hatte, innerhalb der NSDAP durchzusetzen. Die nationalsozialistischen Linken um die Brüder Strasser, auch Röhm und ursprünglich selbst Goebbels hatten keine Sympathien für den Faschismus, rückhaltlose Unterstützung fand Hitler von Anfang an lediglich bei Hermann Göring. Seine politische Strategie wurde noch dadurch erschwert, daß Mussolini ihm trotz seiner außenpolitischen Vorleistungen in der Südtirolfrage bis zu seinem Erfolg bei den Septemberwahlen

---

[208] Vgl. dazu Schieder, Das italienische Experiment, in: ders., Faschistische Diktaturen, S. 151.
[209] Ebd., S. 152.
[210] Vgl. ebd., S. 156–158.
[211] Vgl. zum folgenden ebd., S. 172–179.

von 1930 kaum entgegenkam und alle persönlichen Kontaktbemühungen abwehrte. Erst seit dem 30. Januar 1933 schien für Hitler der Weg zu Mussolini frei zu sein, es dauerte jedoch noch über ein Jahr, ehe sich die beiden Diktatoren im Juni 1934 in Venedig erstmals treffen sollten.

Gleichwohl verstärkte sich nach Hitlers Machtübernahme zunächst der Zustrom deutscher Besucher: Bis Ende 1933 wurden 21 Deutsche von Mussolini empfangen, nachdem es 1932 nur insgesamt acht gewesen waren.[212] Diese Entwicklung wurde jedoch unterbrochen, als sich die entstehenden faschistischen Sonderbeziehungen zwischen Deutschland und Italien nach der Ermordung des österreichischen Bundeskanzlers Dollfuß durch nationalsozialistische Attentäter am 25. Juli 1934 vorübergehend abkühlten und sich erst seit Ende 1935 allmählich wieder erwärmten. Seit August des Jahres 1934 waren überhaupt nur noch vier Deutsche bei Mussolini, 1935 waren es ganze sechs. Erst 1936 konnten wieder 17 Deutsche bei ihm vorsprechen, 1937 wurden sogar 20 deutsche Besucher von ihm empfangen. Bemerkenswert ist vor allem, daß unter diesen 1936 fünf und 1937 sogar neun hohe NS-Führer bzw. Minister waren, darunter Göring, Ley, Himmler, Heydrich, Heß und Streicher. Das war der Beginn einer beispiellosen Besuchsdiplomatie, als deren Höhepunkte Mussolinis Staatsbesuch in Deutschland 1937 und Hitlers Gegenbesuch in Italien 1938 zu gelten haben, durch welche sich die beiden faschistischen Führer gewissermaßen gegenseitig öffentlich Audienz gewährten.

Privat arrangierte Besuche bei Mussolini fanden im Zeichen der *Achse* immer seltener statt; sie waren den nationalsozialistischen Machthabern politisch nicht mehr erwünscht. Wenn aus Deutschland noch einmal ein Audienzwunsch direkt an die *Segreteria Particolare* Mussolinis oder das italienische Außenministerium herangetragen wurde, so vergewisserten sich die Italiener nunmehr in der Regel zunächst in Berlin, ob der Besuch genehm sei.[213] Spätestens seit dem italienischen Eintritt in den Zweiten Weltkrieg im Mai 1940 bestand die ganz große Überzahl von Mussolinis Audienzbesuchern deshalb fast nur noch aus hohen NS-Funktionären sowie schließlich aus Generälen der Wehrmacht. Man kann nur noch von einer nationalsozialistischen Monokultur deutscher Besucher sprechen.

Die Zahl der Audienzbesucher anderer Nationen ging seit Kriegsbeginn begreiflicherweise drastisch zurück. Aus naheliegenden Gründen konnten nur noch Repräsentanten von Ländern wie Ungarn, Rumänien und Japan bei Mus-

---

[212] Vgl. dazu und zum folgenden die Liste der deutschen Audienzbesucher unten, S. 358–377.
[213] Mit der Verweigerung eines Passes stoppten die Nationalsozialisten 1942 die Besuchsserie von Louise Diel bei Mussolini, obwohl die Italienische Botschaft in Berlin ihr am 13.3.1942 mitgeteilt hatte, daß der ‚Duce' sie am 25.3. erneut empfangen wolle. Vgl. den Briefwechsel zwischen der Italienischen Botschaft in Berlin und der Segreteria Particolare vom März 1942, ACS, SPD, CO, Fasc.Personali, Nr.509.574.

solini vorsprechen, die den Achsenmächten verbunden oder aber neutral waren wie die USA bis 1941. Die Audienzen Mussolinis wurden daher bis zu seinem Sturz am 25. Juli 1943 von Repräsentanten des NS-Regimes beherrscht, wodurch sich nochmals die Dominanz der deutschen Audienzbesucher erklärt.

Die Erwartungshaltungen der deutschen Audienzbesucher waren selbstverständlich jeweils individuell bedingt, fast jeder Besucher aus Deutschland hatte für eine Begegnung mit Mussolini seine besonderen Gründe. Welche dies waren, wie die Deutschen die Audienzen erlebt und wie sie ihre Audienzerfahrungen nachträglich verarbeitet haben, läßt sich daher nicht pauschal beantworten. Schon allein quellenbedingt ist es aber auch nicht möglich, für die fast 200 deutschen Besucher individuelle Audienzprofile zu erstellen. Es wird dies nur bei solchen Besuchern möglich sein, die Audienzberichte hinterlassen haben oder von denen andere schriftliche Zeugnisse erhalten sind, aus denen auf ihre Intentionen und Erfahrungen mit Mussolini geschlossen werden kann. Jedoch können einige allgemeine Wahrnehmungselemente, die für die meisten deutschen Audienzbesucher signifikant waren, vorab genannt werden. Sie sind im Auge zu behalten, wenn die Audienzerfahrungen der deutschen Besucher bei Mussolini im einzelnen analysiert werden.

Zunächst einmal spielte der Bezug zu Italien eine besondere Rolle. Die Mehrzahl der deutschen Audienzbesucher hatte sich in der Regel schon mit Italien beschäftigt, als sie zu Mussolini kam, sei es in journalistischer, künstlerischer oder wissenschaftlicher Hinsicht, von politischen Bezügen ganz abgesehen. Viele von ihnen hatten schon längere Zeit dort gelebt oder lebten sogar noch vorübergehend in Italien. Die Entfaltung des faschistischen Regimes veränderte ihre vertrauten Einstellungen zu dem Land. Das regte sie dazu an, sich durch eine persönliche Begegnung mit Mussolini ein konkretes Bild von dem neuen Regime zu machen.

Selbst wenn das politische Interesse, von Mussolini eine Audienz gewährt zu bekommen, auch bei solchen deutschen Rompilgern dominant war, welche die Politik nicht zum Beruf gemacht hatten, lassen sich, wie zu zeigen sein wird, sodann häufig auch spezifisch professionelle Erwartungen nachweisen. Das gilt vor allem für die bemerkenswert zahlreichen Künstler, die den ‚Duce' aufgesucht haben, in gleicher Weise aber auch für viele Wissenschaftler. Mussolini wurde aufgesucht, weil man ihn als Künstler, Wissenschaftler oder Intellektuellen ansah, mit dem man kommunizieren konnte wie mit seinesgleichen.

Schließlich spielte es selbstverständlich eine große Rolle, ob Mussolini vor oder nach der Machtübernahme des Nationalsozialismus aufgesucht wurde. Allen deutschen Besuchern war jedoch gemeinsam, daß sie sich, von Ausnahmen abgesehen, mit Mussolini nicht über Details des faschistischen Diktatursystems, aktuelle politische Ereignisse oder sonstige politische Alltagsfragen unterhalten wollten. Es ging in erster Linie immer um die persönliche Begegnung mit dem ‚Duce'. Die Audienzen wurden als performativer Akt erlebt, sie wurden in erster Linie emotional, nicht rational erfahren. Wie aus den Audienzberichten der deutschen Besucher übereinstimmend hervorgeht, identifizierten sie Mussolini vollständig mit dem Faschismus, über eine Begegnung mit ihm glaubten sie personal erfahren zu können, was diesen als politisches System auszeichnete. Bei manchem Besucher schwang dabei der Glaube an *Große Männer* mit, anderen schmeichelte es, überhaupt schon von einem der bekanntesten Politiker Europas persönlich empfangen zu werden, wieder andere ließen sich von der perfekten körperlichen Performanz des Auftretens von Mussolini blenden. Alle aber hatten offensichtlich das Gefühl, aus erster Hand bestätigt zu bekommen, was sie bis dahin nur sekundär über den italienischen Faschismus erfahren hatten. Kaum einer machte sich klar, daß er bei der Audienz einer Inszenierung aufgesessen ist, durch welche der ‚Duce' sich zum ‚Mythos Mussolini' stilisierte.

2 Mussolinis deutsche Fürsprecher

Mussolinis deutscher Gewährsmann:
Die Audienzen Emil Ludwigs 1929–1932

Unter den deutschen Audienzbesuchern Mussolinis nahmen zwei eine Sonderstellung ein: Emil Ludwig und Louise Diel. Die beiden Journalisten und Schriftsteller hatten den intensivsten Kontakt mit dem ‚Duce', sie haben darüber am ausführlichsten berichtet und mit ihrer Publikationstätigkeit von allen deutschen Audienzbesuchern auch die größte öffentliche Resonanz gefunden. Es ist daher historisch angemessen, ihre Begegnungen mit Mussolini jeweils gesondert zu behandeln.

Ihre Sonderbeziehungen zum ‚Duce' lassen sich schon an der Zahl der ihnen gewährten Audienzen ablesen. Keiner der deutschen Audienzbesucher war so oft bei Mussolini wie Louise Diel. In nur fünf Jahren wurde sie zwischen 1934 und 1939 nicht weniger als 21 Mal von Mussolini empfangen,[1] sehr viel häufiger als Hermann Göring, der von allen Naziführern am häufigsten zum ‚Duce' reiste, häufiger auch als Außenminister von Ribbentrop und sogar Hitlers Feldmarschall Kesselring, die in den letzten Jahren vor seinem Sturz zu Mussolinis regelmäßigen, von ihm freilich nicht mehr gern gesehenen Besuchern gehörten.[2] Sieht man einmal von bildenden Künstlern wie Behn und Geiger oder dem Pressefotografen Man ab, denen Mussolini jeweils zugestand, ihn jeweils mehrere Tage lang während der Audienzen zu beobachten, ohne sich mit ihnen selbst ausführlich zu unterhalten, traf nur noch Emil Ludwig häufiger mit dem ‚Duce' zu Gesprächen zusammen. Er war innerhalb von zwei Wochen sechsmal bei Mussolini, nachdem er ihn 1929 schon zweimal getroffen hatte.[3] Das war in dieser dichten Sequenz einmalig, weshalb Ludwigs Audienzserie neben den auf fünf Jahre verteilten Audienzen von Louise Diel als exzeptionell angesehen werden muß.

Obwohl sie nacheinander das besondere Vertrauen Mussolinis gewinnen konnten, Ludwig in der Zeit der ausgehenden Weimarer Republik, Diel während der Zeit der entstehenden Achse, hatten sie als Audienzbesucher,

---

[1] Vgl. die von Louise Diel nach 1945 selbst angefertigte Aufstellung im Privatarchiv Diel, Nachlaß Louise Diel, „Meine Audienzen beim Duce 1934–1940." Archivalisch lassen sich von ihr im ACS, SPD, CO, Udienze, zwischen dem 5.4.1934 und dem 21.5.1938 nur 19 Audienzen nachweisen.

[2] In den Audienzlisten im römischen ACS, SPD, CO, Udienze, sind zwischen dem 30.1.1933 und dem 25.7.1943 für Ribbentrop 7, für Göring 12 und für Kesselring 18 Audienzen nachgewiesen, Göring war allerdings schon am 24.4.1931 und 16.11.1932 zweimal bei Mussolini. Vgl. die Liste der deutschen Audienzbesucher unten S. 358–377.

[3] Vgl. ACS, SPD, CO, Udienze, b.3108.

abgesehen von ihrer journalistischen Neugier, nichts gemeinsam. Beide haben einander auch nicht gekannt. Als die Jüngere scheint Diel jedoch von Ludwig dazu angeregt worden zu sein, sich publizistisch mit Mussolini auseinanderzusetzen.[4] Ganz unterschiedlicher sozialer Herkunft, hatten beide in der deutschen Öffentlichkeit vor ihren Besuchen bei Mussolini auch einen ganz verschiedenen Bekanntheitsgrad. Während Ludwig als einer der erfolgreichsten Schriftsteller der Weimarer Republik zu gelten hatte, stieg Louise Diel erst durch die Begegnung mit Mussolini wie aus dem Nichts als politisch engagierte Autorin auf. Gleichwohl nahmen beide im Audienzsystem Mussolinis zu unterschiedlichen Zeitpunkten eine Schlüsselfunktion ein. Beide waren für den ‚Duce' Sympathieträger der besonderen Art, keinem seiner Besucher hat er soviel Zeit gewidmet, niemandem hat er sich so geöffnet und in keinen hat er soviele Hoffnungen gesetzt wie in diese beiden Autoren. Keiner der deutschen Audienzbesucher hat sich andererseits auch so intensiv um Mussolini bemüht und in Deutschland so nachhaltig für ihn eingesetzt wie diese beiden Enthusiasten des Faschismus. Es ist daher notwendig, ihre Rolle im Audienzsystem Mussolinis ausführlicher darzustellen als die aller anderen Besucher.

Emil Ludwig stammte aus einer Familie säkularer Breslauer Juden.[5] Sein Vater, Hermann Ludwig Cohn, hatte bei der Preußischen Regierung eine Kabinettsorder Wilhelms II. erwirkt, durch welche der Nachname seiner Kinder offiziell in „Ludwig" geändert wurde. Emil Ludwigs Name war daher kein Künstlername, sondern sein regulärer Name nach bürgerlichem Recht, was ihn freilich nicht davor schützte, später von Antisemiten in verleumderischer Absicht mit „Cohn" tituliert zu werden. Dazu trug bei, daß er, nachdem er 1902 zum Protestantismus übergetreten war, 1922 aus Protest gegen die Ermordung des mit ihm befreundeten Emil Rathenau wieder zum jüdischen Bekenntnis zurückkehrte. Den Haß der politischen Rechten zog er sich aber auch dadurch zu, daß er sich als ‚Vernunftrepublikaner' offensiv zur Weimarer Republik bekannte.

Nach einem Jurastudium war Ludwig 1906 als freier Schriftsteller nach Moscia im Tessin gezogen. Seit Beginn des Ersten Weltkriegs war er als Korrespondent des „Berliner Tageblattes" in Österreich, Südosteuropa und in der Türkei als Reporter unterwegs. Zunächst vollkommen von den *Ideen von 1914* beseelt, entwickelte er im Laufe des Krieges eine zunehmend antimilitaristische und pazifistische Gesinnung. Sein internationales Ansehen erwarb sich Ludwig in den

---

[4] Vgl. Staatsarchiv Freiburg, Bestand D 180/2, Entnazifizierungsakte von Louise Diel, Anlage zum Meldebogen vom 25.7.1948.

[5] Vgl. dazu und zum folgenden Wolfgang Schieder, Von Stalin zu Mussolini. Emil Ludwig bei Diktatoren des 20. Jahrhunderts, in Dan Diner, Gideon Reuveni, Yfat Weiss (Hg.), Deutsche Zeiten. Geschichte und Lebenswelt. Festschrift zur Emeritierung von Moshe Zimmermann, Göttingen 2012, S. 111–131.

zwanziger Jahren als historisch-politischer Schriftsteller. In einer Bibliographie seiner Werke wurden 1945 115 selbständige Buchtitel aufgeführt, von denen die meisten in bis zu 26 verschiedene Sprachen übersetzt worden waren.[6] Ludwig war ein Großschriftsteller, der in Deutschland in der Zeit der Weimarer Republik nur von Thomas Mann oder in anderer Weise von Karl May übertroffen wurde.

Seinen schriftstellerischen Durchbruch schaffte Ludwig 1920 mit dem dreibändigen Werk „Goethe. Geschichte eines Menschen", dem u. a. ähnliche Darstellungen von Napoleon, Jesus, Lincoln und Michelangelo folgten.[7] Ludwig entwickelte in diesen Biographien einen eigenen, zwischen Belletristik und Wissenschaft angesiedelten Stil. Häufig zitiert wird seine Selbstbeschreibung, in der er apodiktisch erklärte: „Der Forscher findet, der Romancier erfindet und der Biograph empfindet."[8] Wie die zeitgenössischen Historiker war er der Auffassung, daß große Männer die Geschichte ‚machen', anders als diese suchte er die *historische Größe* seiner Helden jedoch auf vermeintlich rein psychologischem Wege, ohne Rücksicht auf die Quellen, nachzuweisen.

Den Weg zu Mussolini fand er, weil er mit seiner Bewunderung *großer Männer* nicht bei der Geschichte haltmachte, sondern sich zeitgenössischen Staatsmännern zuwandte. Für ihn war das ein gleitender Übergang, „zwischen Lebenden und Toten" sah er als Biograph bezeichnenderweise keinen Unterschied.[9] Seit 1930 reiste er durch Europa, um mit den „Führern Europas" Gespräche zu führen, deren Inhalt er anschließend in seinem Sinne zu Charakterportraits verarbeitete.[10] Er schuf geradezu ein neues Genre von Politikerportraits, die weder aus reinen Interviewtexten bestanden, noch auf wissenschaftlichen Recherchen beruhten. Auf der Basis von persönlichen Gesprächen kaprizierte sich Ludwig vielmehr darauf, Berichte zu publizieren, die scheinbar dem tatsächlichen Verlauf der Unterhaltungen entsprachen.

Es störte Ludwig nicht, daß unter den Zeitgenossen, die er zu „Führern Europas" erhob, eine Reihe von Diktatoren waren. Er gab vor, sich als Biograph jeweils nur für den „Charakter" der Portraitierten zu interessieren, nicht für ihre politischen Anschauungen oder Taten. Tatsächlich stellte er zwar in den Gesprächen mit Diktatoren durchaus auch kritische Fragen, ließ aber Antworten

---

6 Vgl. die als Privatdruck veröffentlichte Bibliographie der Werke Ludwigs: Books by Emil Ludwig, Moscia 1945.
7 Emil Ludwig, Goethe. Geschichte eines Menschen, 3 Bde., Stuttgart/Berlin 1920; ders., Napoleon, Berlin 1924; ders., Der Menschensohn, Berlin 1928; ders., Lincoln, Berlin 1930; ders., Michelangelo, Berlin 1930.
8 Zit. z. B. von Michael Kienzle, Biographie als Ritual am Fall Emil Ludwig, in: Annamaria Rucktäschel/Hans Dieter Zimmermann (Hg.), Trivialliteratur, München 1976, S. 232.
9 Mussolinis Gespräche mit Emil Ludwig, S. 24.
10 Vgl. die Darstellung seiner Gespräche mit „Königen und Diktatoren", in: Emil Ludwig, Geschenke des Lebens. Ein Rückblick, Berlin 1931, S. 577–657.

seiner Gesprächspartner meist stehen, ohne nachzufragen oder gar zu widersprechen. Seine zeitgenössischen Politikerportraits erhielten dadurch einen eigentümlich affirmativen Charakter. Ludwig konnte sich damit verteidigen, daß er anderenfalls gar keinen Zugang zu vielen Politikern erhalten hätte. Die von ihm angestrebte Vermenschlichung trug jedoch gerade im Fall von Diktatoren zu ihrer politischen Verharmlosung bei. Das gilt auch für Mussolini.

Früh interessierte sich Ludwig für Italien, das er beinahe als seine zweite Heimat ansah. Schon 1923 schrieb er einen ersten Artikel über Mussolini.[11] 1929 bemühte er sich erstmals um eine Audienz beim ‚Duce' und wurde am 20. Februar und 4. März 1929 zu „zwei ausführlichen Unterredungen" empfangen.[12] Aus seinem Bericht über diese Begegnungen geht zunächst hervor, daß auch Ludwig Mussolini als einen Mann erlebt haben will, der sich unter vier Augen ganz anders gegeben habe als bei seinen öffentlichen Auftritten. Ohne im entferntesten die berechnende Attitüde Mussolinis zu durchschauen, meinte er, daß Mussolini ihm „natürlich, ohne Pose, begabt mit einem großen Sinn für Nuancen" entgegengetreten sei.[13] Noch problematischer war, daß sich Ludwig von seiner „moralpolitischen" Begründung der Diktatur überzeugen ließ.[14] Offensichtlich konnte der ‚Duce' ihm vormachen, daß er seine persönliche Diktatur nicht zur Unterdrückung seines Volkes nutze. Damit steht eine weitere Fehleinschätzung in Zusammenhang: Ludwig kam zu der Überzeugung, daß „dieser Mann den Krieg vermeiden" wolle.[15] Zwar war ihm nicht entgangen, daß Mussolini häufig aggressive imperialistische Reden hielt, er hielt diese „Fascistenreden" jedoch für reine Propaganda.[16] Daß Mussolinis Diktatur von Anfang an auf Krieg eingestellt war, wollte er nicht wahrhaben.[17] Schließlich ließ er sich auch davon überzeugen, daß Mussolini keine „Ausbreitung des Faschismus in Europa" anstrebe.[18] Insgesamt reproduzierte Ludwig damit ziemlich genau die Selbstdarstellung, die Mussolini zu dieser Zeit von sich verbreitet wissen wollte. Seinem Anspruch, im persönlichen Gespräch die „wahre Natur" des Diktators zu erkennen, ist er damit nicht gerecht geworden.

---

[11] Emil Ludwig, Entwurf eines Manifestes, in: Die Weltbühne 19 (1923), S. 133f.
[12] Vgl. die Audienzliste im ASMAE, GM, b. 43.
[13] Emil Ludwig, Die drei Männer in Rom. Der Papst – der König – der Diktator, in: Vossische Zeitung, 19.5.1929, hier zit. nach Franklin C. West (Hg.), Emil Ludwig. Für die Weimarer Republik und Europa. Ausgewählte Zeitungs- und Zeitschriftenartikel 1919–1932, Frankfurt/M. 1991, S. 157.
[14] Ebd., S. 160.
[15] Ebd., S. 158.
[16] Ebd., S. 159.
[17] Vgl. dazu Wolfgang Schieder, Kriegsorientierung im faschistischen Italien, in: ders., Faschistische Diktaturen. Studien zu Italien und Deutschland, Göttingen 2008, S. 99–110., sowie grundlegend Giorgio Rochat, Le guerre italiane 1935–1943. Dall'impero d'Etopia alla disfatta, Turin 2005.
[18] Ludwig, Die drei Männer in Rom, S. 158f.

Im Mai 1931 suchte Ludwig mit Hilfe seines Mailänder Verlegers Arnoldo Mondadori wieder um eine Audienz bei Mussolini nach, die ihm für den 21. Mai auch ohne weiteres gewährt wurde.[19] Ganz offensichtlich hatte Mussolini 1929 in den beiden ersten Gesprächen mit Ludwig erkannt, daß der deutsche Schriftsteller ihm als unfreiwilliger Gewährsmann des Faschismus besonders nützlich sein könnte. Um sicher zu gehen, daß er im Tessin keine Verbindungen zum antifaschistischen Exil aus Italien hatte, ließ er ihn allerdings diskret überwachen, ehe er ihn erneut zu sich einlud.[20]

Der Verlauf der neuerlichen Audienz bewog Ludwig dazu, die Abfassung einer Biographie Mussolinis ins Auge zu fassen. Der Diktator verweigerte ihm hierzu jedoch überraschenderweise seine Zustimmung. Die Biographie von Margherita G. Sarfatti sollte zu seinen Lebzeiten die einzige bleiben, die auf persönlichen Mitteilungen beruhte.[21] Mit Unterstützung von Mondadori gelang es Ludwig jedoch, von Mussolini die Zusage für eine ganze Serie von Audienzen zu erreichen, über deren Verlauf er an Stelle einer Biographie berichten durfte. Mussolini glaubte, auf diese Weise die Kontrolle über das entstehende Buch behalten zu können.

Nach eigenen Angaben war Ludwig aufgrund dieser Vereinbarung zwischen dem 23. März und 4. April 1932 „fast täglich etwa eine Stunde lang" im Palazzo Venezia bei Mussolini.[22] Auch Mondadori behauptet, daß Ludwig „ungefähr zwei Wochen" lang „jeden Nachmittag für etwa eine Stunde" bei Mussolini gewesen sei.[23] Nach Ausweis der im römischen Staatsarchiv erhaltenen Audienzlisten war er allerdings nur am 23., 24., 26., 29., 31. März und 2. April 1932, also insgesamt sechs Mal, beim ‚Duce'.[24] Auch dies war freilich eine bis dahin einmalige Serie, die Emil Ludwig zum bis dahin wichtigsten ausländischen Gesprächspartner Mussolinis machte. Mussolini hatte ohne Frage erkannt, daß niemand seiner Eigenpropaganda so nützlich sein konnte wie ein seiner Herkunft nach liberaler Journalist, der als Repräsentant der Weimarer Republik galt.

Die Gespräche zwischen Mussolini und Ludwig wurden in italienischer Sprache geführt. Ludwig fertigte nach jeder Audienz eine deutsche Nieder-

---

19 ACS, SPD, CO, b.3106; Arnoldo Mondadori, Breve cronistoria della genesi della prima e della seconda edizione dei „colloqui con Mussolini", in: Emil Ludwig, Colloqui con Mussolini. Riproduzione delle bozze della prima edizione con le correzioni autografe del duce, Mailand 1950, S. XI verlegt die Audienz irrigerweise „ai primi del 1932", ist sich aber, wie seine Bemerkung „se ben ricordo" zeigt, nicht ganz sicher bei der Datierung.
20 Vgl. die Spitzelberichte aus Lugano im ACS, MI, PS, Cat. A 16, 1932/33, b. 114 (Emil Ludwig).
21 Margherita G. Sarfatti, Mussolini. Lebensgeschichte nach autobiographischen Unterlagen, Leipzig 1927.
22 Vgl. Mussolinis Gespräche mit Emil Ludwig, S. 13.
23 Mondadori, Cronistoria, S. XIV.
24 ACS, SPD, CO, Udienze, b.3108.

schrift über den Gesprächsverlauf an. Diese Niederschriften bildeten die Grundlage der späteren Veröffentlichung von „Mussolinis Gesprächen mit Emil Ludwig", deren Manuskript Ludwig in nur einem Monat an seinem Tessiner Wohnsitz niederschrieb. Das Manuskript wurde Mussolini vorgelegt, dessen Änderungswünsche jedoch nur in „18 Worten und in der Streichung einiger Sätze" bestanden haben sollen.[25] Mussolini gab damit das Manuskript zur Veröffentlichung frei und erteilte gleichzeitig auch die Genehmigung, es ins Italienische sowie in andere Sprachen zu übersetzen.[26] Außerdem autorisierte er das Manuskript auch noch dadurch, daß er seinem Gesprächspartner ein Foto überließ, das ihn an seinem Schreibtisch gegenüber Ludwig sitzend zeigte und mit der Widmung „B. Mussolini a Emil Ludwig in ricordo dei colloqui di Palazzo Venezia nel marzo-aprile 1932–Anno X" versehen war.[27] Das Manuskript ging danach an den Paul Zsolnay Verlag, der es unter dem ebenfalls von Mussolini gebilligten Titel noch im Sommer 1932 als Buch herausbrachte.

Man kann deshalb wohl tatsächlich davon ausgehen, daß das deutsche Original des Buches die zentralen Aussagen enthält, die Mussolini gegenüber Ludwig gemacht hat. Insoweit ist das Buch authentisch, was jedoch nicht bedeutet, daß es Ludwig gelungen war, von Mussolini durchweg wahrheitsgemäß Auskünfte zu erhalten. Mussolini nutzte vielmehr die Chance, sich gegenüber Ludwig so darzustellen, wie er zu diesem Zeitpunkt gerne gesehen werden wollte. Das Buch ist deshalb vor allem eine hervorragende Quelle zu Mussolinis Selbstdarstellung gegenüber Ausländern.

Wie problematisch Ludwigs Blick auf Mussolini war, zeigt sich schon daran, daß er ihn uneingeschränkt als „großen Staatsmann" sehen wollte.[28] Er beschrieb ihn weiterhin als „Mann von der feinsten Höflichkeit wie alle Diktatoren", und er war davon angetan, daß Mussolini „im Gespräch der natürlichste Mensch von der Welt" sei.[29] Besonders beeindruckt war er von der körperlichen Präsenz des Diktators. Ihm fielen seine „schönen Hände" und „seine ruhige, dunkle Stimme" auf,[30] die markante Nase und das vorgeschobene Kinn interpretierte er als Ausdruck männlicher Energie.[31] Fasziniert war er auch von der angeblich gesundheitsbewußten Lebensweise Mussolinis, der wenig Alko-

---

[25] Mussolinis Gespräche mit Emil Ludwig, S. 13. Vgl. auch Mondadori, Breve cronistoria, S. XV.
[26] Mondadori, Cronistoria, S. XV.
[27] „B. Mussolini für Emil Ludwig in Erinnerung an die Gespräche im Palazzo Venezia im März-April 1932-Jahr X"; Abdruck des Fotos und der Widmung, in: Mussolinis Gespräche mit Emil Ludwig, Vorsatzblatt.
[28] Mussolinis Gespräche mit Emil Ludwig, S. 38.
[29] Ebd., S. 35, 37.
[30] Ebd., S. 50, 145.
[31] So schon Ludwig, Drei Männer in Rom, S. 161.

hol trinke, Vegetarier sei und die „Zerstreuungen der Gesellschaft" meide.[32] Selbst Mussolinis abstruse Behauptung, den „römischen Gruß" mit der rechten erhobenen Hand eingeführt zu haben, weil er „hygienischer, ästhetischer und kürzer" sei als das Händeschütteln, hielt er ohne weiteres für glaubhaft.[33]

Dieser geradezu enthusiastischen Charakterisierung der Persönlichkeit Mussolinis entsprach Ludwigs außerordentlich positive Einschätzung von dessen politischen Ansichten und seiner praktischen Politik. Nicht daß er gegenüber dem ‚Duce' keine politisch heiklen Themen angesprochen hätte. Ludwig glaubte sogar, daß er „in den Gesprächen mit Mussolini beständig als sein Opponent" aufgetreten sei.[34] Es kam jedoch in den Gesprächen nur in wenigen Situationen zu einer politischen Konfrontation. So nahm Ludwig wohl tatsächlich „als einziger Ausländer, der im Palazzo Venezia empfangen wurde, den Namen von Matteotti" in den Mund.[35] Mussolini ließ sich jedoch auf keinerlei Diskussion über den von ihm zumindest politisch zu verantwortenden Mord an dem sozialistischen Parteiführer im Jahre 1924 ein, sondern konterte Ludwigs Frage mit dem Hinweis auf politische Verbrechen in der Weimarer Republik.[36] Auch auf das die deutsche Öffentlichkeit besonders beschäftigende Südtirolproblem kam Ludwig zu sprechen, wenn auch nicht mit besonderem Nachdruck.[37] Eher schon setzte er Mussolini mit seiner Frage in Verlegenheit, wie er ohne Pressefreiheit regieren könne. Aber auch diese „verfängliche Frage" wehrte dieser, ohne daß ihm Ludwig widersprochen hätte, mit der Gegenfrage ab, ob es Pressefreiheit überhaupt geben könne.[38] Nur ein einziges Mal wurde Mussolini nach Ludwigs Darstellung „plötzlich böse" und verlor beinahe die Beherrschung, als Ludwig zu Recht auf den Widerspruch hinwies, daß der Faschismus in dem übervölkerten Italien auch noch eine pronatalistische Politik betreibe.[39] Offensichtlich hatte er hier einen Nerv von Mussolinis imperialistischer Ideologie getroffen. Bei allen anderen Gesprächsthemen ließ dieser sich jedoch nicht aus der Ruhe bringen.

Das galt zum ersten für die Art und Weise, in der er seine Diktatur rechtfertigte. Ludwig ist ihm in dieser zentralen Frage allerdings von vorneherein erstaunlich weit entgegengekommen. Wie er in der Einleitung zu den „Gesprächen" eingestand, sei seine strikte Ablehnung von Diktaturen geschwunden, seitdem die Begriffe von Demokratie und Parlamentarismus in seinen Augen immer mehr ausgehöhlt worden und „in Moskau und in Rom großartige Dinge

---

[32] Mussolinis Gespräche mit Emil Ludwig, S. 107.
[33] Ebd., S. 112.
[34] Emil Ludwig, Gespräche mit Masaryk. Denker und Staatsmann, Amsterdam 1935, S. 8.
[35] Ludwig, Colloqui con Mussolini, S. XXXIX.
[36] Mussolinis Gespräche mit Emil Ludwig, S. 139.
[37] Ebd., S. 79f.
[38] Ebd., S. 113.
[39] Ebd., S. 170f.

materieller Art" entstanden seien. Er habe dadurch „die konstruktive Seite dieser beiden Diktaturen" entdeckt.[40] Die Krise der Demokratie hatte für Ludwig, was seinem Politikverständnis entsprach, den Grund, daß ihr zunehmend die „großen Männer" fehlten. Im Gespräch mit Mussolini verstieg er sich sogar zu der Behauptung, daß die Deutschen den „500 Mittelmäßigkeiten im Reichstage einen überragenden Führer vorziehen" würden.[41] Solch leichtfertige Äußerungen machten es Mussolini leicht, seine diktatorische Herrschaft zu rechtfertigen und zu behaupten, daß er die „Masse" regieren müsse, weil diese sich nicht selbst regieren könne.[42]

Auch bei einem zweiten Thema machte Ludwig seinem Gesprächspartner vorab so große Zugeständnisse, daß dieser sich kaum weiter zu erklären brauchte. Entgegen der nur allzu offensichtlichen militaristischen Ausrichtung des faschistischen Regimes war Ludwig davon überzeugt, daß Mussolini keine Kriege anstrebe und sich nur noch dem „konstruktiven Aufbau Italiens" widme.[43] Mussolini präsentierte sich in diesem Zusammenhang zwar geschickt als Bewunderer Bismarcks, während er Napoleon, mit dem man ihn so oft verglich, als Vorbild ablehnte. Das hinderte ihn allerdings nicht, den „Imperialismus" als eine der „elementarsten Kräfte der menschlichen Natur" zu bezeichnen, womit er sich indirekt zu einer Politik der Gewalt bekannte.[44] Auch auf eine paramilitärische Erziehung der Jugend wollte er nicht verzichten, weil sie diese für den „Kampf des Lebens" vorbereite.[45] Immer wieder schimmerte auch an anderen Stellen der „Gespräche" durch, daß Mussolinis faschistische Diktatur auf Krieg und gewaltsame Expansion angelegt war. Ludwig wollte das jedoch nicht wahrhaben, offenkundig um sich nicht eingestehen zu müssen, daß seine Behauptung, mit einem friedensorientierten Diktator geredet zu haben, auf einer Illusion beruhte. Noch 1940 war er der Meinung, daß Mussolini nur einen „milden Krieg" gegen „afrikanische Neger" geführt habe.[46]

Besondere Bedeutung hatte für Ludwig die Beteuerung Mussolinis, daß es in Italien keinen Antisemitismus gebe. Tatsächlich gab es 1932 in Italien noch keine antisemitische Politik, obwohl es innerhalb des Faschismus offen judenfeindliche Gruppierungen gab, die sich vor allem um die von Giovanni Preziosi herausgegebene Zeitschrift „La Vita Italiana" scharten. Emil Ludwig war das wahrscheinlich nicht bekannt, wohl aber hätte ihm zu denken geben können, daß Hitler die NSDAP ungeachtet des fehlenden antisemitischen

---

[40] Ebd., S. 58, 62.
[41] Ebd., S. 163.
[42] Ebd., S. 123.
[43] Ebd., S. 38.
[44] Ebd., S. 63.
[45] Ebd., S. 146.
[46] Emil Ludwig, Three Portraits. Hitler, Mussolini, Stalin, New York 1940, Reprint 1982, S. 87.

Engagements der Faschisten auf einen faschismusfreundlichen Kurs festgelegt hatte.[47] Schon 1926 hatte Hermann Göring auch in einem langen Artikel im „Völkischen Beobachter" den Nationalsozialisten den Weg gewiesen, wie sie sich mit den Faschisten in dieser Frage verständigen könnten. Er erklärte die Freimaurerei kurzerhand zum „jüdischen Generalstab" und sah die Faschisten, weil sie diese bekämpften, deshalb in einer Front mit den Nationalsozialisten.[48] Es war deshalb illusorisch, einen Keil zwischen italienische und deutsche Faschisten treiben zu wollen, indem man auf rassenideologische Unterschiede verwies. Wie andere faschismusfreundliche Beobachter jüdischer Herkunft verkannte auch Ludwig, daß der moderne Antisemitismus jederzeit politisch aktiviert werden konnte, wenn die historischen Begleitumstände dies zuließen. Dies war fatalerweise auch in Italien nur wenige Jahre später der Fall.[49]

Schließlich war Ludwig von der Aussage Mussolinis begeistert, daß der Faschismus nicht ins Ausland exportiert werden könne. Obwohl er längst von einem faschistischen Europa unter italienischer Führung träumte, hatte Mussolini seine ideologisch motivierten Expansionspläne lange Zeit geleugnet, zum Zeitpunkt der Gespräche mit Ludwig hatte er jedoch längst schon mehreren panfaschistischen Organisationen in Italien grünes Licht für eine verstärkte Auslandspropaganda gegeben.[50] Es bestanden vor allem schon Kontakte zur faschistischen Schwesterpartei der Nationalsozialisten, worüber es, was Ludwig kaum entgangen sein kann, in Deutschland auch schon eine öffentliche Debatte gab.[51] Mussolini nutzte also die Chance, den leichtgläubigen Ludwig zur Verschleierung seiner Ambitionen zu benutzen.

Bei Lichte besehen entsprachen die vermeintlichen politischen Bekenntnisse Mussolinis somit großenteils nicht seiner tatsächlichen Einstellung. Den seine diktatorische Macht nur konstruktiv gebrauchenden, grundsätzlich friedliebenden und weder expansionistisch noch antisemitisch orientierten Diktator gab es in dieser Form nicht. Mussolini konnte deshalb mehr als zufrieden sein, daß es ihm gelungen war, Ludwig für seine politischen Zwecke zu instrumentalisieren. Gegenüber Mondadori bestätigte er ausdrücklich, daß das „Buch interessant" sei und „zu 99 % seinem Denken und dem, was er gesagt habe",

---

[47] Vgl. dazu Schieder, Das italienische Experiment. in: ders., Faschistische Diktaturen, S. 172–180.
[48] Vgl. ebd., S. 176f.
[49] Vgl. ebd., S. 156f.
[50] Vgl. dazu Scholz, Italienischer Faschismus als ‚Export'-Artikel; Marco Cuzzi, L'Internazionale delle camicie nere. I CAUR, Comitati d'azione per l'universalità di Roma, 1933–1939, Mailand 2005.
[51] Vgl. dazu Schieder, Faschismus im politischen Transfer, in: ders., Faschistische Diktaturen, S. 223–252.

entspreche; den deutschen Schriftsteller apostrophierte er bezeichnenderweise in einem Atemzug als „Dummkopf" (somaro).[52]

So erfolgreich sich Mussolini mit den „Gesprächen" im deutschsprachigen Ausland präsentieren konnte, so problematisch erwies es sich allerdings, das Buch in italienischer Übersetzung herauszubringen.[53] Arnoldo Mondadori ließ das deutsche Manuskript schon während der Drucklegung ins Italienische übersetzen. Die Druckfahnen wurden Mussolini über seinen Privatsekretär Alessandro Chiavolini vorgelegt. Bei einer Privataudienz erfuhr Mondadori nur wenige Tage später zu seiner Erleichterung, daß Mussolini zwar eine Reihe von Korrekturen handschriftlich in die Fahnen eingetragen, aber nichts dagegen einzuwenden hatte, die bevorstehende Auslieferung des Buches durch die staatliche Presseagentur Stefani anzeigen zu lassen. In den italienischen Zeitungen wurde daraufhin das baldige Erscheinen des Buches von „Emilio Ludwig, Colloqui con Mussolini" angekündigt.[54]

Umso überraschter war Mondadori, als sich nach der Übersendung der ersten beiden gedruckten Exemplare der italienischen Ausgabe Mussolinis Pressechef Gaetano Polverelli telefonisch bei ihm meldete und den Verkauf des Buches untersagte. Im Mailänder Verlagshaus Mondadori erschien ein Carabiniere, um die Druckfahnen mit den Korrekturen Mussolinis zu beschlagnahmen. Mondadori händigte diese dem Polizisten mit der Bemerkung aus, sich davon eine Fotokopie gemacht zu haben, worauf dieser grinsend verschwand – eine Lösung *all'italiana*.[55] Schließlich schaltete sich auch noch Mussolinis stellvertretender Privatsekretär Osvaldo Sebastiani ein, um Mondadori am Ende zuzugestehen, daß er die erste Auflage der italienischen Ausgabe der „Gespräche" von 20.000 Exemplaren verkaufen könne, daß eine zweite jedoch nur nach zahlreichen weiteren Änderungen und Streichungen erscheinen dürfe.[56]

Wie ist dieses eigenartige hin und her zu verstehen? Zunächst einmal kann man mit Sicherheit davon ausgehen, daß das deutsche Originalmanuskript nur von Mussolini persönlich gelesen worden ist. In Überschätzung seiner deutschen Sprachkenntnisse, aber wohl auch in der seiner persönlichen Eitelkeit geschuldeten Annahme, sich im Gespräch mit Ludwig hervorragend geschlagen zu haben, gab er den Text mit nur wenigen Korrekturen frei. Auch die Fahnenkorrektur der italienischen Ausgabe scheint er ganz allein vorgenommen zu haben. In seiner Entourage scheint man deshalb erst den gedruckten Voraus-

---

[52] Mondadori, Cronistoria, in: Ludwig, Colloqui con Mussolini, S. XVII.
[53] Vgl. dazu schon die knappe Darstellung bei De Felice, Mussolini il duce, I. Gli anni del consenso, S. 45–47.
[54] Vgl. ebd., S. XVIIIf. Sie erschien unter dem Titel Emilio Ludwig, Colloqui con Mussolini. Traduzione di Tomaso Gnoli, Mailand 1932.
[55] Mondadori, Cronistoria, in: Ludwig, Colloqui con Mussolini, S. XXIIf.
[56] Ebd., S. XXIIIf.

exemplaren des Buches entnommen zu haben, zu welch brisanten Äußerungen sich Mussolini gegenüber Ludwig in mancher Hinsicht hatte hinreißen lassen. Die Beunruhigung muß so groß gewesen sein, daß man noch in letzter Minute versuchte, die für das faschistische Regime im Innern wichtige italienische Ausgabe zu verhindern. Dies scheiterte jedoch daran, daß die deutsche Ausgabe inzwischen erschienen war und die französische kurz vor der Veröffentlichung stand.[57] Da Mussolini die italienische Ausgabe nicht nur schon autorisiert hatte, sondern ihr bevorstehendes Erscheinen ausdrücklich bekannt gegeben worden war, wäre der ‚Duce' im Falle ihres Ausbleibens öffentlich desavouiert worden. Aufgrund solcher Überlegungen scheint die Umgebung Mussolinis resigniert und den Verkauf der ersten Auflage freigegeben zu haben. Belegt ist, daß Mussolini den Präfekten von Mailand am 30.6.1932 höchstpersönlich anwies, dem Verleger Mondadori zu verbieten, nach dem Absatz der ersten Auflage der „Colloqui" ein einziges Exemplar einer zweiten zu verkaufen, „ohne daß ich sie in ein verständliches Italienisch zurückübersetzt" habe.[58] Mondadori wurde zum Präfekten zitiert und über das Telegramm informiert. Wie unsinnig es war, erst für die zweite italienische Ausgabe Auflagen zu machen, zeigte sich freilich daran, daß die 20.000 Exemplare der ersten Auflage schon nach wenigen Tagen verkauft waren, sich die gesäuberte Neuauflage in Italien jedoch kaum noch verkaufen ließ.[59] Ludwig bezeichnete diese später als „gefälschte Ausgabe", betonte jedoch, daß er „nichts von dem, was ich aus diesen Unterhaltungen publizierte", bedaure.[60] Und er fügte sogar hinzu, daß er sich „selten mit einem Gesinnungsfreunde, einem Pazifisten und Demokraten, so gut unterhalten habe, wie mit diesem geistvollen Gewaltmenschen".[61] Auch wenn sich das nur auf die deutsche Originalausgabe der „Gespräche" beziehen konnte, zeigte das, wie geblendet Ludwig auch noch nach dem Untergang des Faschismus von seiner Begegnung mit dem ‚großen Mann' geblieben war.

Wer die Zensoren waren, welche die „Colloqui" in letzter Minute von unliebsamen Äußerungen Mussolinis zu säubern versucht hatten, ist nicht genau bekannt. Daß die neuerlichen Korrekturen von Mussolini selbst vorgenommen worden sind, ist deshalb auszuschließen, weil sich in dem zensierten Manuskript, das Mondadori „nach einigen Monaten" zugesandt wurde, keinerlei zusätzliche Marginalien von seiner Hand befanden.[62] Ludwig vermutete

---

[57] Vgl. Deutsches Literaturarchiv Marbach, Nachlaß Emil Ludwig, Brief des Pressechefs G. Polverelli an Emil Ludwig, 12.9.1932.
[58] Mondadori, Cronistoria, in: Ludwig, Colloqui con Mussolini, S. XXIVf.
[59] Erst 1935 erschien eine nochmals leicht gekürzte dritte Auflage. Vgl. Emil Ludwig, Colloqui con Mussolini. Traduzione dal tedesco di Tomaso Gnoli, Terza edizione, Mailand [1935].
[60] Deutsches Literaturarchiv Marbach, Nachlaß Ludwig, Masch. Manuskript „Geschenke des Alters", S. 110.
[61] Ebd., S. 116.
[62] Mondadori, Cronistoria, in: Ludwig, Colloqui con Mussolini, S. XXV.

später, daß hohe faschistische Führer dahinter steckten, dies ist jedoch wenig wahrscheinlich, da sich Mussolini von diesen nie in seine Veröffentlichungen hineinreden ließ.[63] Aufgrund ihres selbstherrlichen Auftretens gegenüber Mondadori dürften dafür eher seine engsten Mitarbeiter in Frage kommen. In einem glaubwürdigen Bericht ist bezeichnenderweise davon die Rede, daß Polverelli völlig außer sich geraten sei, als er im „Corriere della Sera" erstmals Auszüge aus den „Colloqui" gelesen habe.[64]

In welche Richtung die Besorgnisse von Mussolinis Mitarbeitern gingen, läßt ein Vergleich ihrer Korrekturen mit denen des ‚Duce' gut erkennen. Mussolinis ursprüngliche Korrekturen beschränkten sich, abgesehen von der Berichtigung einiger Irrtümer (z. B. „Danton" statt „Dante") und geringfügigen stilistischen Verbesserungen im Grunde darauf, Ludwigs Darstellung seiner revolutionären Vergangenheit nach Möglichkeit abzumildern. So wurde seine Kennzeichnung als „anarchico rivoluzionario" von Mussolini ebenso gestrichen wie seine vorgebliche Selbstbezeichnung als „Kommunist", die er in „Sozialist" abänderte.[65]

Die Zensoren tilgten für die zweite Auflage der „Colloqui" verständlicherweise erst einmal den Hinweis, daß Mussolini sowohl die deutsche als auch die italienische Ausgabe autorisiert habe. Bei einem Vergleich der beiden Auflagen hätte das sonst den Anschein erweckt, der ‚Duce' habe sich selbst korrigiert. Vor allem aber entfernten sie eine ganze Reihe von in ihren Augen offenbar heiklen Äußerungen zu religiösen Fragen. So wurde eine Stelle gestrichen, bei der Mussolini sich undeutlich dazu geäußert hatte, wie die Todesstrafe aus religiöser Sicht zu beurteilen sei.[66] Auch seine abenteuerlichen Ausführungen über Petrus, den Mussolini als „eine Art Propagandist" bezeichnet hatte, fielen dem Rotstift zum Opfer, ebenso der Vergleich von Caesar mit Jesus.[67] Am Schluß der „Colloqui" wurden von den Zensoren gleich mehrere Seiten gestrichen, weil Mussolini hier in ihren Augen zu freimütig bekannt hatte, in seiner Jugend an nichts und erst allmählich an eine „göttliche Kraft" geglaubt zu haben, die aber nicht unbedingt eine christliche gewesen zu sein scheint.[68] Noch auffälliger ist, daß die Zensoren sich um die Eliminierung solcher Stellen bemühten, an denen der ‚Duce' sich direkt mit der katholischen Kirche auseinandersetzte. Ganz offensichtlich sollte vermieden werden, neuerdings mit dem Vatikan in Konflikt zu geraten, nachdem der Streit um die „Azione Cattolica" gerade halbwegs beigelegt worden war.[69] So wurde eine Stelle getilgt,

---

[63] Ludwig, Introduzione, in: ders., Colloqui con Mussolini, S. XXXVIIf.
[64] Vgl. ACS, Ministero del Interno, P.S., Divisione Polizia Politica, Pacco 739, Emil Ludwig, Roma 1.7.1932.
[65] Vgl. Ludwig, Colloqui con Mussolini, S. 13, 67.
[66] Ebd., S. 56f.
[67] Ebd., S. 173; 176.
[68] Ebd., S. 222–224.
[69] Tatsächlich scheint die Aufregung im Vatikan beträchtlich gewesen zu sein. Ob dort tat-

an der Mussolini, ganz auf der Linie pronatalistischer Politik, darin von der katholischen Kirche abzuweichen erklärte, daß der Faschismus für alle Mütter etwas tue, gleichgültig „ob die Mutter Frau oder bloß die Freundin des Erzeugers" sei.[70] Auch Mussolinis freimütiges Eingeständnis, daß er sich vor dem Besuch beim Papst „von der Pflicht zu knien und vom Handkuß" ausdrücklich habe befreien lassen, mochten die Zensoren nicht stehen lassen.[71] Keine Gnade fand bei ihnen schließlich auch Mussolinis Behauptung, daß zu der Zeit, in der er seinen antiklerikalen Fortsetzungsroman „Die Mätresse des Kardinals" geschrieben habe, „der Klerus wirklich von korrupten Elementen durchsetzt" gewesen sei.[72]

Daß sich Mussolini hier tatsächlich nur habe „hinreißen lassen, Dinge zu sagen, die er besser für sich behalten hätte", kann man nur behaupten, wenn man nur die inneritalienische Wirkung berücksichtigt.[73] Zu der Selbstdarstellung, die Mussolini nach außen von sich vermitteln wollte, gehörte nämlich zweifellos auch eine antiklerikale Attitüde. Diese fand, wie den „Gesprächen" zu entnehmen ist, bei Ludwig auch Anklang; Mussolini scheint sich nur nicht klargemacht zu haben, welche Wirkung seine Bekenntnisse im eigenen Land haben könnten.

Die verworrene Geschichte der Drucklegung der italienischen Fassung läßt somit erkennen, wie schwierig es für Mussolini war, mit den „Gesprächen" faschistische Auslandspropaganda zu betreiben und sich als aufgeklärter Diktator zu profilieren, ohne damit innerhalb des faschistischen Regimes die Wirkung des ‚Duce'-Mythos zu gefährden. Ihm kam es offensichtlich – wie bei allen Audienzen, die er Ausländern gewährte – allein auf die Außenwirkung an, sonst hätte er schon bei der Korrektur der deutschen „Gespräche" mehr darauf geachtet, sich nicht mit seinen offenherzigen Antworten zuhause zu schaden. Allerdings war es das erste Mal, daß ein deutscher Audienzbericht auch in italienischer Sprache erschien. Als später ein Buch von Louise Diel ins Italienische übersetzt wurde, in dem auch ein Audienzbericht enthalten war, behielt er bezeichnenderweise den gesamten Prozeß der Drucklegung in

---

sächlich die Meinung vertreten worden ist, daß Mussolini von einem „schlauen Juden" hereingelegt worden sei (vgl. dazu den Spitzelbericht vom 4.7.1932 im ACS, Ministero del Interno, P.S., Divisione Polizia Politica, Pacco 739, Emil Ludwig), muß ebenso offen bleiben wie Ludwigs spätere Behauptung, daß Papst Pius XI. der Meinung gewesen sei, er habe „Mussolini besser durchschaut als die meisten Italiener" (vgl. Ludwig, Geschenke des Alters, S. 115).
[70] Ludwig, Colloqui con Mussolini, S. 166.
[71] Ebd., S. 171.
[72] Ebd., S. 186f. Mussolini nahm dabei Bezug auf seinen Jugendroman, der unter dem Titel Claudia Particella, L'Amante del Cardinale Madruzzo, Mailand 1910 erschienen ist. Eine deutsche Übersetzung erschien unter dem Titel Benito Mussolini, Die Mätresse des Kardinals, Bern 1930.
[73] De Felice, Mussolini il duce. I. Gli anni del consenso, S. 46.

der Hand. Ganz offensichtlich war er 1932 so davon angetan gewesen, Ludwig in den für seine Außenwirkung zentralen Fragen überzeugt zu haben, daß er das lästige Korrekturlesen nicht so ernst nahm, zumal er zweimal, wenn auch in verschiedenen Sprachen, denselben Text lesen mußte. So waren es seine Sekretäre, welche die Notbremse ziehen mußten, ein Eingriff, der sonst in keinem anderen Fall überliefert ist.

Für Ludwig waren die „Gespräche" in der deutschen Originalausgabe weder ein publizistischer noch ein politischer Erfolg. Selbstverständlich konnte er Hitlers politischen Durchbruch nicht damit verhindern, daß er Mussolini mit ihm kontrastierte; ein halbes Jahr vor Hitlers Machtübernahme war die braune Flut in Deutschland ohnehin nicht mehr allein mit publizistischen Mitteln aufzuhalten. Es ist unbekannt, inwieweit die deutsche Erstauflage überhaupt noch abgesetzt werden konnte. Spätestens seit der Bücherverbrennung vom Mai 1933, von der auch Ludwig betroffen war, konnte das Buch jedoch in Deutschland nicht mehr weiter verkauft werden. Nur im Ausland, wo es 1932 auch in englischer, französischer, spanischer, portugiesischer, ungarischer, holländischer, rumänischer, serbokroatischer, tschechischer und türkischer Sprache erschien, erzielte Ludwig noch die gewohnten publizistischen Erfolge.[74]

Deutsche Faschisten reagierten auf das Erscheinen des Buches mit wütender Ablehnung. Der römische Korrespondent verschiedener rechtsorientierter Zeitungen, Fred C. Willis, verunglimpfte Ludwig in der „Nationalsozialistischen Korrespondenz" mit einer „Das Mussolini-Geschäft des Emil Ludwig Cohn" überschriebenen Rezension, die in dem emphatischen Ausruf gipfelte: „Dies ist nicht unser Mussolini."[75] Ein anderer römischer Korrespondent warf Ludwig „hoffnungslos verintellektualisiertes Zivilisationsliteratentum" vor und verwahrte sich dagegen, den ‚Duce' zu vereinnahmen.[76] Anders als von Ludwig erwartet, schadete die Mussoliniverherrlichung Hitler jedoch letzten Endes weniger als sie ihm nützte. Als ein von Konservativen und Nationalisten eingebundener sowie von König, Armee und hoher Bürokratie abhängiger Ministerpräsident konnte Mussolini vielen „deutschen Mussolini-

---

[74] Vgl. die Liste der Übersetzungen in der Bibliographie Books by Emil Ludwig, S. 31f. Danach erschienen zwei englische Übersetzungen, eine in England und eine in den USA. Anders als in den anderen Sprachen kamen beide interessanterweise erst 1933 heraus (vgl. ebd., S. 32), was deutlich auf das geringere Interesse am Faschismus in den angelsächsischen Demokratien verweist. Schon 1932 erschienen dagegen zwei spanische Übersetzungen in Buenos Aires und in Barcelona, ebd. S. 31.

[75] Zit. nach dem Bericht des italienischen Generalkonsuls in München vom 18.7.1932, in: De Felice, Mussolini e Hitler, S. 203f. Vgl. auch den Bericht des Stuttgarter Generalkonsuls vom 16.7.1932, ebd. S. 201f. Zum politischen Standort von Willis vgl. sein „Adolf Hitler gewidmetes" und im nationalsozialistischen Eher-Verlag erschienenes Buch Männer um Mussolini, München 1932.

[76] H[orst Lehmann], Ein Genie und sein Widerpart. Mussolinis Gespräche mit Emil Ludwig, in: Berliner Börsenzeitung, Literaturbeilage, 16.8.1932.

Schwärmern" als Vorbild für eine Diktatur erscheinen, in die Hitler in ähnlicher Weise „eingerahmt" würde.[77] Daß der auf Zeit gewählte und überdies sehr alte Reichspräsident Hindenburg nicht mit der institutionell verankerten Monarchie in Italien gleichgesetzt werden konnte, wurde dabei übersehen.

Manche seiner Freunde und Gesinnungsgenossen unter der linken Intelligenz waren darüber befremdet, daß Ludwig offenkundig einen politischen Gesinnungswechsel vollzogen hatte. Carl von Ossietzky verurteilte das Buch unter der ironischen Überschrift „Benito Ludovico" in der „Weltbühne" und warf Ludwig vor, einen „humanisierten Diktator" vorzustellen.[78] Heinrich Mann schrieb Ludwig einen etwas verquälten Brief, in dem er zwar betonte, daß ihn seine „Sympathien für den Gegenstand" nicht störten, um dann aber doch das Gegenteil zum Ausdruck zu bringen.[79] Andere bescheinigten Ludwig zwar, daß er ein „ausgezeichneter Interviewer" sei, warfen ihm jedoch vor, Mussolinis Taktik nicht erkannt zu haben, das Interview als „außenpolitischen Akt" anzusehen und sich entsprechend zu verhalten.[80] Auch wenn sie meinten, daß Ludwig sich nicht „von dem Zauber Mussolinis" habe einfangen lassen, hielten sie ihm doch vor, ihm sein „Friedensbekenntnis" abgenommen und die „primitive und brutale Demagogie eines vom Machtwahn Besessenen" nicht durchschaut zu haben.[81]

Von einigen bürgerlichen Zeitungen wurde Ludwig jedoch bezeichnenderweise nachdrücklich unterstützt. Das gilt vor allem für das „Berliner Tageblatt", dessen Chefredakteur Theodor Wolff Ludwig schon lange politisch verbunden war. Als erster liberaldemokratischer Journalist der Weimarer Republik hatte Wolff den faschistischen Diktator in einer aufsehenerregenden Wende schon 1930 als Realpolitiker ohne „nationalistische Eitelkeit" vorgestellt.[82] Auch er hatte es Mussolini bereits abgenommen, daß dieser nur eine „autoritäre Demokratie" aufbauen wolle und daß ihm der Antisemitismus ebenso fremd sei wie jede Art von Imperialismus.[83] Wolff hatte sich am 28. April 1930 bei einer Audienz in Rom von Mussolini ebenso betören lassen wie zwei Jahre später Ludwig.[84] Die politische Kursänderung Ludwigs konnte er daher nur als Entlas-

---

77 Deutsche Mussolini-Schwärmer, in: Abwehr-Blätter. Mitteilungen aus dem Verein zur Abwehr des Antisemitismus 38 (1928), S. 107.
78 Thomas Murner [d.i. Carl von Ossietzky], Benito Ludovico, in: Die Weltbühne, 6.9.1932. Vgl. auch H.L., Rom, Ein Genie und sein Widerpart. Mussolinis Gespräche mit Emil Ludwig, in: Berliner Börsenzeitung, 16.8.1932.
79 Deutsches Literaturarchiv Marbach, Nachlaß Emil Ludwig, Heinrich Mann an Emil Ludwig, 29.11.1932.
80 W(illy) H(aas), Mussolini debattiert, in: Literarische Welt, 8.7.1932.
81 Ludwig Bauer, Diktatur im Dialog, in: Das Tagebuch, 13.8.1932.
82 T[heodor] W[olff], Bei Mussolini, in: Berliner Tageblatt, 11.5.1930. Vgl. dazu unten S. 129f.
83 Ebd.: „Ja, dem italienischen Faschismus ist selbst der Begriff des Antisemitismus fremd."
84 ACS, SPD, CO, Udienze, b.3104.

tung empfinden, nachdem er selbst heftig als „Nachbeter Mussolinis" kritisiert worden war.[85] Noch vor dem Erscheinen des Buches wurden Auszüge aus den „Gesprächen" im „Berliner Tageblatt" abgedruckt,[86] es folgte eine ausführliche Rezension.[87]

Wenn Mussolini im internationalen Vergleich vor allem mit Hitler und Stalin fälschlich als ‚menschlicher Diktator' gelten konnte, so hat Ludwig, nicht nur in Deutschland, zweifellos zur Verfestigung dieses Mythos beigetragen. Die von Ludwig behauptete Authentizität seiner Äußerungen machte Mussolini nicht nur als Mensch sympathisch, sondern ließ ihn auch als Diktator gemäßigt erscheinen. Ludwig hat diesen Mythos nicht erfunden; seine „Gespräche" bestätigten jedoch die in Deutschland weit verbreiteten, von der politischen Rechten bis weit in die bürgerliche Mitte hineinreichenden Sympathien für den ‚Duce'.[88] Mit seiner in der Krisenzeit der Weimarer Republik entstandenen Skepsis gegenüber der parlamentarischen Demokratie und seiner Hinwendung zu autoritären Diktatoren repräsentierte Ludwig deshalb die bürgerliche Hilflosigkeit gegenüber dem Faschismus, der in seiner deutschen Gestalt wenig später auch in Deutschland triumphieren sollte.

Mussolinis deutsche Vertraute: Die Audienzen Louise Diels 1934–1939

Wenn Emil Ludwig in der Zeit der ausgehenden Weimarer Republik in Deutschland als wichtigster deutscher Gewährsmann Mussolinis zu gelten hatte, spielte Louise Diel in der Anfangszeit des ‚Dritten Reiches' bis zur Entfesselung des Zweiten Weltkriegs eine ähnliche Rolle. War Ludwig freilich nur ein eher unfreiwilliger Propagandist des Faschismus, so muß Diel als eine Enthusiastin Mussolinis angesehen werden, die sich bewußt in den Dienst der faschistischen Propaganda stellte. Keiner der deutschen Audienzbesucher Mussolinis hat sich mit solchem persönlichen Engagement und mit solcher Überzeugung für den ‚Duce' ins Zeug gelegt wie Louise Diel.

Ursprünglich hatte Diel mit Italien gar nichts zu tun, weder beruflich noch privat. Jung verheiratet, bekam sie 1914 mit 21 Jahren in Lübeck eine Tochter, an eine Berufsausbildung war danach, auch wegen des Ersten Weltkriegs, nicht mehr zu denken. Nach der Scheidung ihrer Ehe versuchte sie sich seit 1919 in Berlin nahezu autodidaktisch als Malerin, veröffentlichte aber auch schon kleinere journalistische Arbeiten. Seit 1923 mit Dr. Joseph Diel, einem

---

[85] Nachbeter Mussolinis, in: Frankfurter Zeitung, 12.5.1930.
[86] Emil Ludwig, Gespräche mit Mussolini. Handeln und denken, in: Berliner Tageblatt, Morgenausgabe, 28.6.1932.
[87] W.R., Gespräche mit Mussolini, in: Berliner Tageblatt, Abendausgabe, 12.8.1932.
[88] Vgl. Schieder, Das italienische Experiment, in: ders. Faschistische Diktaturen, S. 182–184.

Regierungsrat im Reichsernährungsministerium, wiederverheiratet, begann sie leidenschaftlich zu reisen. Bis in den Zweiten Weltkrieg hinein war sie mehrmals im Jahr unterwegs, zunächst in Europa, dann auch in den USA und in Südamerika, schließlich in Italienisch Ostafrika sowie kurz vor Kriegsausbruch in den ehemaligen deutschen Kolonien in Afrika. Im Januar 1940 war sie sogar noch in Moskau. Im April 1936 nahm sie an der Jungfernfahrt des Luftschiffs „Hindenburg" nach Rio de Janeiro teil.[89] Diese rastlose, zeitweise ausgesprochen hektische Reisetätigkeit hatte anfangs nur einen Studiencharakter, mehr und mehr wurde sie jedoch zur Grundlage journalistischer Arbeit. Louise Diel kann als politische Reiseschriftstellerin angesehen werden, die aber in erster Linie immer eine Reporterin geblieben ist.

Das hatte zur Folge, daß sie nie eine feste Stellung in einer Zeitungsredaktion angenommen, sondern immer als freie Journalistin gearbeitet hat.[90] Die großen deutschen Zeitungen mit ihrem festen Korrespondentenstab blieben ihr dadurch weitgehend verschlossen, sie mußte für Zeitungen der Provinz, vor allem lokale Generalanzeiger schreiben, für die sie allerdings als Faschismusexpertin ein Monopol hatte. Das verschaffte ihr einen ungewöhnlich breiten Wirkungsradius, so daß sie schon deswegen als wichtigste deutsche Propagandistin des italienischen Faschismus angesehen werden kann.

Ihr politisches Erweckungserlebnis scheint sie Mitte der zwanziger Jahre in Berlin im „Politischen Frauenkreis Berlin" gehabt zu haben, wo sie Käthe Kollwitz kennenlernte, mit der sie bald eine enge Freundschaft verbinden sollte.[91] Sie engagierte sich für die damals noch wenig bekannte, aber schon umstrittene Künstlerin, hielt über sie sogar in den USA Vorträge und organisierte für sie Ausstellungen. Ihre ersten selbständigen Veröffentlichungen waren drei Broschüren über Bilderzyklen von Käthe Kollwitz.[92] Der Umgang mit der Künstlerin bewirkte, daß sie bald auch deren pazifistische und feministische Anschauungen teilte und durchaus linksdemokratische Ansichten vertrat. Diese politische Ausrichtung wird vor allem durch das sonderbare Buch belegt, das sie 1932 unter dem Titel „Ich werde Mutter" über ihre zweite Schwangerschaft veröffentlichte.[93] Das Buch enthält ein Plädoyer für eine bewußte Mutterschaft, zugleich trat Diel darin jedoch energisch für die rechtliche Gleichstellung von Frauen, die Vereinbarkeit von Mutterschaft und Beruf und eine Liberalisierung der Scheidungs- und Abtreibungsgesetze ein. Das war in dieser Mischung in

---

[89] Vgl. Privatarchiv Diel, Nachlaß Louise Diel, Meine Reisen, soweit erinnerlich, 2 S.
[90] Schriftliche Mitteilung von Dr. Helmuth Diel.
[91] Ebd.
[92] Louise Diel, Käthe Kollwitz. Ein Ruf ertönt, Berlin 1927; dies., Käthe Kollwitz. Mutter und Kind. Gestalten und Gesichte der Künstlerin, Berlin 1928; dies., Käthe Kollwitz, Ein Weberaufstand. Bauernkrieg/Krieg, Berlin [1929].
[93] Louise Diel, Ich werde Mutter. Mit Bildbeigaben von Käthe Kollwitz, 2. Aufl. Dresden 1932.

der Zeit der sich auflösenden Weimarer Republik fast schon eine Provokation, jedenfalls eine höchst eigenwillige Meinungsäußerung, die nicht einmal von Kurt Tucholsky verstanden wurde, der das Buch irritiert rezensierte.[94]

Wie konnte Louise Diel aufgrund dieses politischen Hintergrundes auf den italienischen Faschismus verfallen und von Mussolini angezogen werden? Ist sie vielleicht unter den Einfluß von ‚rechten Leuten von links' geraten, für die der ‚Duce' ein Vorbild sein konnte? Nach allem, was über sie bekannt ist, kann davon wohl keine Rede sein. So eigenartig es klingen mag, waren es vielmehr ihre feministischen Anschauungen, die sie auf Mussolini aufmerksam werden ließen. In ihrem Mutterbuch vermerkt sie unter dem Datum des 28. Januar 1931 ohne nähere Erklärung folgendes: „Mussolini hat jetzt in einem Presse-Interview die Erklärung abgegeben: ‚Ich habe fünf Kinder, ich will keinen Krieg, mit niemand.' Ist dies Wort nur seines guten Klanges wegen zum Fenster hinausgesprochen worden, oder baut Mussolini wirklich seine Politik unter anderem auf so menschlichen Gefühlen auf? Sein kinderreiches italienisches Volk wird sich seiner Väterlichkeit freuen, nicht zuletzt der Vatikan. Wir Frauen fühlen ein menschliches Rühren und möchten, ach so schrecklich gern, nach dem furchtbaren Weltbrand noch solch weichen Bekenntnissen aus Diktatormund Glauben schenken dürfen? Dürfen wir wirklich? Ist die Welt, ist ein Mussolini schon so weit, Eroberungs- und Machtpolitik zurückzustellen um der Jugend, der Familie, des Volkes Ruhe willen? Unterschreiben sie alle den durchdringenden Kollwitz-Mahnruf ‚Nie wieder Krieg' im Gedanken an ihre Kinder? Die Botschaft hör ich wohl – alleine die Rüstungen und sonstigen Taten widerrufen sie."[95]

In einem Atemzug nennt Diel also Mussolini mit Käthe Kollwitz. Sie ist zwar skeptisch, daß Mussolini seine Äußerung tatsächlich ernst gemeint haben könnte, aber sie hatte offenbar Feuer gefangen. Auf jeden Fall scheint ihre journalistische Neugier geweckt worden zu sein, Mussolini an seinen Taten zu messen. Wie wohl fast jeder, der sich in den letzten Jahren der Weimarer Republik in Berlin für das faschistische Italien interessierte, ist Diel daraufhin mit Giuseppe Renzetti in Verbindung getreten, dessen Deutsch-Italienische Handelskammer in Berlin als Vermittlungsbüro für politische Italienreisende

---

[94] Peter Panter [d.i. Kurt Tucholsky], Auf dem Nachttisch, in: Die Weltbühne 27,2 (1931), S. 857f. In der ziemlich bösartigen Besprechung heißt es u. a.: „Das Buch ist durchaus anständig gemeint. Und es ist von einer so erschütternden Durchschnittlichkeit, daß das Wort Strindbergs als Motto davorstehen sollte: ‚Wahres Muttergefühl kann nur ein Mann empfinden.'" Und: „Was sagt eigentlich Herr Diel dazu? Findet er es schön, daß seine Frau dergleichen drucken läßt?" Schließlich: „Ich kann gar nicht verstehen, daß sie [Käthe Kollwitz!] da mitgetan hat."

[95] Diel, Ich werde Mutter, S. 197f.

fungierte.⁹⁶ Sein Empfehlungsschreiben öffnete ihr „von Mailand bis nach Sizilien gastlich alle Türen".⁹⁷

Von Juni bis Juli 1933 dauerte ihre erste politische Studienreise nach Italien.⁹⁸ Bezeichnenderweise interessierte sie sich auf der Reise besonders für die Rolle, welche die Frauen im faschistischen Italien spielten. Wollte sie Mussolini glauben, mußten sich seine Behauptungen in erster Linie an der gesellschaftlichen Situation der italienischen Frauen verifizieren lassen. Es war dieser weibliche Blick, mit dem sie 1933 erstmals durch das faschistische Italien reiste.

Erst einmal war die Journalistin schockiert über den „Männerstaat Italien".⁹⁹ In der „Mostra della Rivoluzione Fascista", welche in Rom zum zehnjährigen Jubiläum des *Marschs auf Rom* veranstaltet wurde, bekam sie es angesichts der „Wucht der Männlichkeit" geradezu mit der Angst zu tun.¹⁰⁰ Sie war sprachlos über die rigide faschistische Ehegesetzgebung, die Unmöglichkeit der Ehescheidung, sowie die Verbannung der Frauen ins häusliche Ambiente. Und doch hielt sie die Versprechen des Faschismus für glaubhaft, ein „gestähltes Frauengeschlecht" heranzuziehen.¹⁰¹ Es ist schwer zu sagen, was sie zu dieser Ansicht kommen ließ, jedoch kann man dem Buch entnehmen, daß ihre Reiseroute von den faschistischen Gastgebern geschickt so angelegt worden war, daß sie vor allem die vermeintlichen Errungenschaften des Regimes zu sehen bekam. In einer späteren Veröffentlichung behauptete sie zwar, „mit vollkommen freier Marschroute" gereist zu sein, niemand habe ihr „diesen Weg oder jenen Besuch" vorgeschrieben.¹⁰² Dagegen spricht aber schon, daß sie ihre Reiserouten mit Mussolini besprach und seine Besichtigungsvorschläge in ihr Reiseprogramm aufnahm. Vor Antritt ihrer Reisen mußte sie sich dieses außerdem jeweils von den italienischen Behörden genehmigen lassen.¹⁰³ Da sie der Polizeichef Bocchini schließlich auf ihren Reisen diskret überwachen ließ, konnte von freier Fortbewegung somit keine Rede sein.¹⁰⁴ Die Frauen in den Elendsvierteln süditalienischer Städte bekam sie auf ihren Reisen deshalb mit Sicherheit eben-

---

[96] Vgl. Schieder, Faschismus im politischen Transfer, in: ders., Faschistische Diktaturen, S. 230–234.
[97] Louise Diel, Das faschistische Italien und die Aufgaben der Frau im neuen Staat, Berlin 1934, S. 11. Hier auch ein Faksimileabdruck der „Raccomandazione" Renzettis vom 7.6.1933.
[98] Privatarchiv Diel, Nachlaß Louise Diel, Meine Reisen soweit erinnerlich.
[99] Diel, Das faschistische Italien, S. 13.
[100] Ebd., S. 125.
[101] Ebd., S. 19.
[102] Louise Diel, Mussolinis neues Geschlecht, S. 12.
[103] Vgl. ACS, MCP, Reports, b.23, Diel an Sottosegretario per la stampa e la propaganda, Grazzi, 12.3.1935, 4.4.1935.
[104] Das wird belegt durch ein Schreiben eines Ispettore Generale in Nuoro an Bocchini vom 3.4.1935, in dem die Ankunft Diels auf Sardinien gemeldet wird. Vgl. ACS, SPD, CO, Fascicoli Personali, Nr. 539.641.

sowenig zu Gesicht wie die unterbezahlten und überarbeiteten Frauen in den oberitalienischen Fabriken oder gar das Heer der Landarbeiterinnen, die z. T. immer noch Analphabetinnen waren. Diels spontane Begeisterungsfähigkeit verband sich mit ihrer Leichtgläubigkeit zu einer eigentümlichen Wahrnehmungsform der Wirklichkeit, die ihren Enthusiasmus für den Faschismus auch künftig bestimmen sollte.

Wenn sie vorher Zweifel an der politischen Aufrichtigkeit Mussolinis gehabt hatte, so war sie nach dieser ersten Italienreise ganz von ihm überzeugt. Sie glorifizierte seine „alles beherrschende Kraft" und lobte seine sozialpolitische Fürsorglichkeit als „Landesvater".[105] Das trug sicherlich dazu bei, daß Diel am 5. April 1934 erstmals von Mussolini in Audienz empfangen wurde.[106] Mussolini scheint schon bei dieser ersten Begegnung mit Diel eine besondere Sympathie für seine deutsche Besucherin entwickelt zu haben. Er überließ ihr, was durchaus ungewöhnlich war, schon bei diesem Besuch ein Foto mit der bemerkenswert herzlichen Widmung „A Louisa Diel cordialiter. Mussolini. Roma 5 aprile 1934-XII".[107] Möglicherweise erkannte er schon, daß Diels Enthusiasmus für den Faschismus sich von ihm besonders gut für propagandistische Zwecke nutzen ließ. Nachdem die Deutsche ihm ihren Plan vorgetragen hatte, ein weiteres Buch über den Faschismus zu schreiben, sagte er nicht nur spontan seine Unterstützung zu, sondern machte ihr das erstaunliche Angebot, öfter zu ihm zu kommen, um Aufbau und Inhalt dieses Buches zu besprechen.[108] Es war dies der Anfang der bis zum 7. Oktober 1939 reichenden Reihe von insgesamt 21 Audienzen Diels bei Mussolini – einer einzigartigen Sequenz von persönlichen Begegnungen.[109] Kein anderer deutscher Besucher, aber auch keiner eines anderen Landes, ist so häufig bei Mussolini gewesen, und dies anfangs zu einer Zeit, in der Mussolini den Deutschen vorübergehend die kalte Schulter zeigte und in der er im Anschluß daran überwiegend nur noch nationalsozialistische Führungskader empfing. Als zwischen 1934 und 1936 nur noch ganz wenige Deutsche von Mussolini empfangen wurden, war sie sieben Mal beim ‚Duce', und von 1937 bis 1939 erhielt sie weitere elf Mal eine Audienz, wobei sich ihr Name in Mussolinis Audienzlisten fast nur noch zwischen denen von Göring, Himmler oder Heß fand.

Louise Diel nutzte ihre einzigartige Sonderstellung, um in Abstimmung mit dem ‚Duce' nicht weniger als fünf weitere Bücher über das faschistische Italien zu schreiben.[110] Außerdem veröffentlichte sie in Deutschland zahllose kleinere

---

[105] Ebd., S. 12, S. 109 ff.
[106] Vgl. Privatarchiv Diel, Nachlaß Louise Diel, Einladungen Palazzo Venezia; Min.Affari Esteri, Gabinetto an Louisa Diel, 4.4.1934.
[107] Ebd., Original der Widmung auf losem Titelblatt des Buches.
[108] Ebd.
[109] Vgl. Privatarchiv Diel, Nachlaß Louise Diel, Meine Audienzen bei Mussolini.
[110] Louise Diel, Mussolinis neues Geschlecht. Die junge Generation in Italien. Unter Mit-

und größere Zeitungsartikel, hielt Vorträge oder gab Interviews über den italienischen Faschismus.[111] Jährlich reiste sie zwischen 1933 und 1940 nach Italien, meist nach Rom, aber auch kreuz und quer durch das Land und in die italienischen Kolonien, um die ‚faschistischen Errungenschaften' zu studieren.[112] Im Frühjahr 1934 war sie in Tripolis, im Sommer 1937 in Tunis und im Herbst desselben Jahres in Eritrea, Somalia und im gerade erst eroberten Abessinien.

Beflügelt von Mussolinis Gunsterweisen bei ihrem ersten Besuch, bat die Journalistin den ‚Duce' bei ihrer zweiten Audienz am 3. Juni 1934 um Hilfe bei der Abfassung ihres geplanten Buches über die „Generation Mussolini", indem sie ihm eine Reihe von konkreten Fragen schriftlich vorlegte.[113] Mussolini beantwortete diese schon einen Tag später und gab darüber hinaus die Zusage, zu dem Buch eine Einleitung zu schreiben.[114] Schon am 29. August legte Diel dem ‚Duce' daraufhin das Manuskript vor.[115] Es beruhte fast ausschließlich auf „Gesprächen und Eindrücken von Besichtigungen", die offensichtlich auch dieses Mal von ihr nicht frei vereinbart, sondern ihr mehr oder weniger vorgeschrieben worden waren. Anders als noch gelegentlich in ihrem ersten Buch findet sich keine auch nur andeutungsweise kritische Bemerkung mehr darin, es handelt sich vielmehr um eine reine Apologie der faschistischen Jugendpolitik, auch wenn sie selbst beteuerte, „ganz objektiv und sachlich" zu berichten.[116] Kein Wunder, daß Mussolini von dem Manuskript, das er mit ihr im Einzelnen durchsprach, „begeistert" war.[117]

arbeit von Mussolini, Dresden 1934; dies., Ich zeige Dir Italien, Berlin 1935 [ein Jugendbuch!]; dies., Mussolini. Kampf, Sieg und Sendung des Faschismus. Nach Dokumenten und Gesprächen, Leipzig 1937; dies., Sieh unser neues Land mit offenen Augen. Italienisch-Ostafrika, Leipzig 1938; dies., Mussolini mit offenem Visier, Essen 1943.

[111] Vgl. Privatarchiv Diel, Nachlaß Louise Diel, Zeitungsausschnitte, Mappe 21-24 (30.9.1937-1941); ebd., Aufstellung alles Erschienenen von November 1938 bis Juni 1939 (3 S.); ACS, MCP, Gabinetto, b.123, Aufsätze über Italien und A.O.I., erschienen zwischen März und Mai 1938.

[112] Privatarchiv Diel, Nachlaß Louise Diel, Meine Italien-Reisen, sowie Meine Reisen, soweit erinnerlich. Danach unternahm Diel zwischen 1933 und 1939 die folgenden Italienreisen: Juni/Juli 1933 Italien bis Palermo; 3.-21.4.1934 Rom, Mailand; 15.5.-20.7.1934 ganz Italien, Rom, Tripolis; August-September 1934 Rom; November 1934 Rom; 26.12.1934-1.5.1935 Rom-Lido (mit Familie), Capri, Neapel, Sardinien, Genua, Arcona, Mailand, San Remo, Nizza; 24.6.-10.7.1936 Rom; 14.9.-13.10.1936 Rom, Capri, Florenz, Bozen, Meran; 19.1.-4.2.1937 Rom; 2.5.-14.5.1937 Rom; 8.6.-21.6. 1937 Rom, Tunis; 12.10.-23.10.1937 Rom; 28.10.-23.12. 1937 Rom, Abessinien, Eritrea, Somalia; 10.1.-18.1.1938 Rom; 14.3.-31.3. 1938 Rom; 20.5.-24.5.1938 Rom; 2.-19.6. 1938 Rom, Neapel, Amalfi, Ravello; 15.9.-22.10.1938 Rom, Bari; 23.11.1938 Juni 1939 Genua , (ehemalige deutsche Kolonien in Afrika); 29.9.-8.10.1939 Rom; 25.4.- 8.5. 1940 Mailand, Rom.

[113] Ebd., Audienz vom 3.6.1934.
[114] Ebd., Audienz vom 4.6.1934.
[115] Ebd., Audienz vom 29.8.1934.
[116] Diel, Generation Mussolini, S. 12.
[117] Privatarchiv Diel, Nachlaß Louise Diel, Audienz vom 29.8.1934.

Diel nutzte die Gelegenheit, um Mussolini einen höchst erstaunlichen Vorschlag zu machen, sie bat den Diktator um seine „Mitautorschaft" an dem geplanten Buch. Er sei der „geistige Vater des Buches" und müsse deshalb neben sie als Autor treten. Mussolini war von dem Vorschlag zunächst so verblüfft, daß er nicht widersprach, allerdings auch nicht ausdrücklich seine Zustimmung gab, sondern erneut nur zusagte, zu dem Buch eine Einleitung zu schreiben.[118] Diel ließ jedoch nicht locker, sondern präsentierte ihm bei der nächsten Audienz „eine Seite betr. Mitarbeit", die er nach einigem hin und her tatsächlich unterschrieb.[119] Als sie ihm am 15. November 1934 ein erstes Exemplar des Buches „Mussolinis neues Geschlecht" vorlegte, trug dies den sensationellen Untertitel „Unter Mitarbeit von Benito Mussolini".[120] Mussolini war damit nicht nur zufrieden, sondern erklärte sogar, das von ihm zu dem Buch verfaßte Vorwort im „Popolo d'Italia" veröffentlichen zu wollen, was dann freilich nicht geschah. Anders als im Fall von Ludwigs „Gesprächen" ließ sich seine Beteiligung allerdings bei der Publikation der italienischen Übersetzung des Buches ohne weiteres dadurch vertuschen, daß der Untertitel einfach weggelassen wurde.[121]

Auch bei den Audienzen im Jahre 1935 (2. und 6. Februar) ging es wieder um Buchpläne. Diese konkretisierten sich jedoch erst am 30. September 1936, als die Deutsche den Plan für ein Buch mit dem martialischen Titel „Kampf, Sieg und Sendung des Faschismus" vorlegte, bei dem es sich faktisch um eine Biographie des ‚Duce' handeln sollte.[122] Wiederum schrieb Diel danach den deutschen Text des Buches in rasender Eile nieder, so daß sie Mussolini schon am 23. Januar 1937 das fertige Manuskript vorlegen konnte.[123] Mussolini steuerte erneut ein Foto von sich bei mit der Widmung „A Louisa Diel che colla sua opera fa conoscere la nuova Italia alla nuova Germania, dedico con cordiale simpatia. Roma 24 gennaio XV. Mussolini".[124] Für Diel sollte es ihr erfolgreichstes Buch überhaupt werden. In einer einmaligen Sonderausgabe eines Buchclubs, der Deutschen Hausbücherei Hamburg, wurde es 1940 in der 48.-57. tausendsten Auflage gedruckt.[125]

---

[118] Ebd.
[119] Privatarchiv Diel, Nachlaß Louise Diel, Audienz vom 10.9.1934.
[120] Ebd., Audienz vom 15.11.1934.
[121] Louisa Diel, La generazione di Mussolini. Prefazione di Benito Mussolini, Mailand 1934, 2. Aufl. 1936.
[122] Privatarchiv Diel, Nachlaß Louise Diel, Audienz vom 30.9.36.
[123] Ebd., Audienz vom 23.1.1937.
[124] „Für Louisa Diel, die mit ihrem Werk das neue Italien dem neuen Deutschland bekannt macht, gewidmet mit herzlicher Sympathie. Rom, 24. Januar XV. Mussolini."
[125] Louise Diel, Mussolini. Duce des Faschismus. Nach Dokumenten und Gesprächen, Hamburg 1937.

2 Mussolinis deutsche Fürsprecher 93

Daß Louise Diel über mehrere Jahre hinweg eine ungewöhnliche Vertrauensstellung beim ‚Duce' erringen konnte, hatte verschiedene Gründe. Wie ihre Audienzberichte ausweisen, wußte sie gegenüber dem ‚Duce', der dafür nur zu empfänglich war, zunächst einmal sehr gezielt die ‚Waffen einer Frau' einzusetzen. Es gab zwischen den beiden, wie ihre Audienzberichte erkennen lassen, eine Menge von durchaus erotisch geprägtem Geplänkel. Das wird schon daran deutlich, daß Diel nach jeder Audienz genau vermerkte, welche Kleidung Mussolini trug, welcher Stimmung er war und wie herzlich er sie begrüßte. Sie selbst machte sich für jede Sitzung nach ihren eigenen Berichten sorgfältig zurecht und suchte durch auffällige Accessoires seine Aufmerksamkeit zu erregen. Daß es zu mehr als etwas lange dauernden Handküssen gekommen wäre, geht aus ihren Audienzberichten nicht hervor. Es ist jedoch kaum denkbar, daß Mussolini bei einer auffallend schönen Frau, mit der er 21 Mal zusammentraf, keine Annäherungsversuche gemacht hat.

Sodann war es aber vor allem die Gunst der Stunde, daß sie bei Mussolini gerade in dem Moment auftauchte, als er die Zahl der Besuche aus Deutschland deutlich einschränkte. Es konnte nämlich nicht im Interesse Mussolinis liegen, überhaupt keine Kontakte mehr zu Hitlerdeutschland zu haben. Eine politisch durchaus unauffällige Person wie Louise Diel kam ihm in dieser Situation wie gerufen. Umgekehrt verstand diese es außerordentlich gut, sich in Ausnutzung des Audienzsystems für Mussolini interessant zu machen. Geschickt verabredete sie mit ihm persönlich, wenn das nur irgend möglich war, von Mal zu Mal jeweils den nächsten Audienztermin, indem sie die Überreichung erschienener Bücher, die Vorlage fertiger Manuskripte oder die Entwicklung neuer Buchpläne ankündigte. Auch die Verständigung über Vorworte, Widmungen oder signierte Fotos Mussolinis nahm sie zum Anlaß für neue Verabredungen.

Hatte sie Mussolinis Zusage für die nächste Audienz in der Tasche, benötigte sie nicht nur keine neuen Anträge, sie konnte nunmehr auch gegenüber Mussolinis Privatsekretariat sowie Beamten und Ministern mit einem ungewöhnlichen Selbstbewußtsein auftreten. Alle Eingeweihten bemühten sich daraufhin, der Vertrauten des ‚Duce' in gewünschter Weise behilflich zu sein. Diel konnte zeitweise fast nach Belieben Eisenbahnfahrkarten, Flugscheine oder Hotelbuchungen anfordern, gerade so, als ob sie zum faschistischen Führungskader gehörte. Den Höhepunkt ihrer Reputation im faschistischen Italien erreichte sie, als sie im Herbst 1937 allein durch das noch kaum befriedete Abessinien reiste. Schon bei der Hinfahrt erhielt sie als „persona di grande riguardo" im Zug von Rom nach Brindisi ohne weiteres einen Schlafwagenplatz, der eigentlich für Regierungsmitglieder reserviert war.[126] Bei der Rückkehr

---

[126] Vgl. ACS, MCP, Reports, b.23, Gabinetto Minculpop an Min. Comunicazioni, Gabinetto, 29.10.1937.

verlangte sie am 8. Dezember 1937 von Addis Abeba aus ein Militärflugzeug, das sie am 20. Dezember von Brindisi nach Rom bringen sollte, weil Mussolini, wie sie behauptete, sie unbedingt noch am Tag ihrer Rückkehr sehen wolle.[127] Ein solches Flugzeug stand dann zwar nicht zur Verfügung, sie erhielt jedoch einen Tag später einen Platz in einem von Bari abfliegenden Zivilflugzeug. Beamte verschiedener Ministerien rotierten geradezu, um ihren Wünschen nachzukommen.[128]

In ihren zahlreichen Veröffentlichungen verlor Diel, seitdem sie das erste Mal bei Mussolini gewesen war, kein kritisches Wort über den Faschismus. Ihre öffentliche Bewunderung für den ‚Duce' kannte keine Grenzen, sie schien ihm geradezu blind ergeben zu sein. Das heißt nicht, daß sie nicht, wenn auch selten genug, Mussolini im vertrauten Gespräch gelegentlich auch ihre Meinung gesagt oder gar widersprochen hätte. Wenn man ihren Aufzeichnungen glauben darf, brachte sie einmal ihr Mißtrauen gegenüber Marschall De Bono und Parteisekretär Achille Starace zum Ausdruck und glaubte sogar, Mussolini vor ihnen warnen zu müssen. Als dieser das abwehrte, war sie immerhin stolz darauf, ihm „das doch einmal gesagt" zu haben.[129] Nach der Rückkehr aus Abessinien widersprach sie dem ‚Duce' dezidiert, als dieser behauptete, daß es dort nur noch „Räuber", aber keine „Rebellen" mehr gebe: „Ich sagte, dem wäre nicht so, man dürfe die Dinge nicht unterschätzen."[130] Später einmal wagte sie es sogar, Mussolini, womit sie einen wunden Punkt traf, danach zu fragen, „ob der Krieg in AOI überhaupt schon vorbei sei", was dieser „brüsk mit ‚Ja'" beantwortete.[131]

Aus ihren Audienzberichten geht schließlich auch hervor, daß sie Mussolinis Mißfallensäußerungen gegenüber dem ‚Dritten Reich' offenbar dezidiert widersprochen hat. Als sich dieser etwa in der Audienz vom 10. September 1934 über einen antiitalienischen Zeitungsartikel des römischen Zeitungskorrespondenten Gustav Eberlein aufregte, verteidigte Diel diesen als „Antwort auf die ewigen Angriffe der italienischen Zeitungen" auf Deutschland.[132] Als Mussolini auf Ernst Röhm zu sprechen kam und es als „unerhört" bezeichnete, „einen Mann, der dreizehnmal verwundet war, so zu töten", hielt Diel ihm unbeeindruckt die nationalsozialistische Version, er habe ein Komplott vorbereitet, entgegen.[133] Schließlich widersprach sie ihm nochmals, als Mussolini Alfred Rosenberg wegen der von ihm als „Wahnsinn" angesehenen „Rassenfrage" als

---

[127] Vgl. ebd.
[128] Vgl. den Schriftwechsel vom 5.-20.12.1937 im ACS, MCP, Reports, b.23, sowie ebd. SPD, CO, Fasc. Personali, Nr. 509.574.
[129] Ebd., Audienz vom 5.5.1937.
[130] Ebd., Audienz vom 21.12.1937.
[131] Ebd., Audienz vom 17.1.1938.
[132] Nachlaß Diel, Audienz vom 10.9.1934.
[133] Ebd.

eine „große Gefahr für Deutschland" bezeichnete, indem sie ihrerseits Mussolinis Gleichsetzung der Deutschen mit „Barbaren" kritisierte.[134]
Diel stimmte sich vor ihren Besuchen bei Mussolini nie mit der deutschen Botschaft in Rom oder mit der nationalsozialistischen Führung in Berlin ab, ihr privilegierter Zugang zum ‚Duce' beruhte allein auf dessen persönlichen Gunsterweisen. Daß man von deutscher Seite lange Zeit nicht in diese besondere Beziehung einzugreifen wagte, ist gleichwohl erstaunlich und nur damit zu erklären, daß man offenbar nicht die entstehende Achsenfreundschaft mit Mussolini aufs Spiel setzen wollte. Diel war allerdings klug genug, sich bei Göring und auch bei Hitler zu dem Zeitpunkt als Vermittlerin ins Spiel zu bringen, an dem die Beziehungen zu Mussolini gestört waren. Ausdrücklich erklärte sie bei einer ihrer ersten Audienzen bei Mussolini, sich für die Wiederherstellung der „freundschaftlichen Beziehungen zwischen den beiden Ländern" einsetzen zu wollen.[135] Als sie Mussolini bei der Audienz vom 15. November 1934 ihr schon erwähntes Buch „Mussolinis neues Geschlecht. Die junge Generation in Italien" vorlegte, überraschte sie ihn mit der Bitte einer persönlichen Widmung für Hitler.[136] Das Exemplar mit der Widmung wollte sie persönlich dem ‚Führer' überbringen. Mussolini war sichtlich perplex über diesen Vorstoß, schrieb dann aber nach einigem Zögern in das Widmungsexemplar auf Deutsch „Dem Reichskanzler Hitler. Mussolini. Roma 15 nov. 1934–XIII" hinein.[137] Am 20. Dezember 1934 konnte Diel das signierte Buch, wie sie Mussolini am 2. Februar 1935 berichtete, tatsächlich dem ‚Führer' persönlich überreichen.[138] Hitler hatte sich bei ihr am 1. Februar 1935 mit einem Telegramm, das Diel bei ihrem Besuch Mussolini vorlegte, bedankt: „Das mir im Auftrage des Herrn italienischen Regierungschefs überreichte Buch ‚Die Generation Mussolini' [sic!] habe ich mit großem Interesse gelesen. Ich bitte Sie Exzellenz Mussolini für die handschriftliche Widmung meinen herzlichsten Dank zum Ausdruck zu bringen. Führer und Reichskanzler Adolf Hitler."[139]
1937 schaffte sie es mit der Empfehlung Mussolinis, von Hermann Göring ein „Geleitwort" für ihre Mussolini-Biographie „Kampf, Sieg und Sendung des Faschismus" zu erhalten.[140] Görings Behauptung, daß die faschistische Bewe-

---

[134] Ebd.
[135] Privatarchiv Diel, Nachlaß Louise Diel, Audienz vom 15.11.1934.
[136] Ebd.
[137] Ebd. In ihrem Buch Mussolini. Kampf, Sieg und Sendung des Faschismus, S. 5 druckte sie später die Widmung im Faksimile als „interessante, bisher noch unveröffentlichte deutsche Schriftprobe des Duce" ab.
[138] Vgl. Privatarchiv Diel, Nachlaß Louise Diel, Meine Audienzen beim Duce, Audienz vom 2.2.1935.
[139] Vgl. die Kopie dieses Briefes im Privatarchiv Diel, Nachlaß Louise Diel, Lebensbuch, S. 78f.
[140] Vgl. den Text in italienischer und deutscher Sprache bei Diel, Mussolini. Kampf, Sieg und Sendung des Faschismus, S. 7f.

gung der nationalsozialistischen „wesensverwandt" sei,[141] wurde zwar durch das Buch nicht gedeckt. Es enthielt vielmehr nur eine unkritische Verherrlichung Mussolinis, während die Nationalsozialisten mit keinem Wort erwähnt wurden. Für Diel war es aber zweifellos von größtem Wert, daß ihre Mussolini-Biographie auf diese Weise in Deutschland von höchster Stelle autorisiert worden war. Ihren stillschweigenden Rückhalt bei der NS-Führung verlor sie erst, als sie sich auf dem Zenith ihrer politischen Vermittlungstätigkeit wähnte und den propagandistischen Transfer des italienischen Faschismus nach Deutschland nicht mehr nur publizistisch, sondern durch eine spektakuläre Aktion befördern wollte.

Ihr politischer Abstieg begann mit der sensationellen Reise, die eigentlich den Höhepunkt ihrer faschistischen Erkundungsreisen darstellte. Vom 31. Oktober bis 23. Dezember 1937 reiste sie durch *Africa Orientale Italiana* (AOI), zu dem 1936 die älteren italienischen Kolonien Eritrea und Somalia mit dem gerade erst eroberten Abessinien als Teil des neugeschaffenen *Impero fascista* zusammengefaßt worden waren.[142] In mehreren Audienzgesprächen war das Unternehmen mit Mussolini in allen Einzelheiten abgesprochen, der klimatisch günstigste Termin bestimmt und die Reiseroute festgelegt worden.[143] Insgesamt war Diel auf der Reise nach eigenen Berechnungen über 10.000 km unterwegs, teils mit dem Schiff und dem Flugzeug, teils mit dem Auto und gelegentlich auch auf dem Pferd, was für sie schon allein physisch eine enorme Strapaze gewesen sein muß.[144] Ein von ihr als „Bordbuch" bezeichnetes Reisebuch belegt, daß sie aufgrund der Protektion von Mussolini in Abessinien die oberste Führungsspitze der italienischen Besatzung kennengelernt hat.[145] In dem Buch sind Widmungen von Diplomaten, hohen Verwaltungsbeamten und Generälen bis hin zum Vizekönig Marschall Graziani enthalten. Eingeleitet wird es von einer handschriftlichen Widmung Mussolinis, die seine Verehrerin geschickterweise gleich selbst auf Deutsch entworfen hatte: „Sieh unser neues Land mit offenen Augen. Mussolini. Roma 22 ott. XV."[146] Nach der Rückkehr aus Afrika schrieb

---

[141] Das Geleitwort Görings hatte folgenden Inhalt: „Der gewaltige Aufstieg des neuen italienischen Imperiums ist das Werk eines Mannes, der seinem Volke durch den Faschismus eine große Gegenwart und Zukunft schuf. Kampf, Sieg und Sendung der faschistischen Bewegung sind uns Nationalsozialisten wesensverwandt. Wir beglückwünschen Italien zu seinem gewaltigen Aufschwung und fühlen uns mit der faschistischen Bewegung und ihrem Duce einig in der Arbeit, die unsere beiden Nationen zum Segen Europas leisten."
[142] Vgl. den informativen Artikel von Haile M. Larebo, Africa orientale italiana, in: De Grazia, Luzzatto (Hg.), Dizionario del fascismo, Bd. 1, Turin 2002, S. 15–18.
[143] Privatarchiv Diel, Nachlaß Louise Diel, Audienzen vom 5.5.37 und vom 22.10.37.
[144] Diel, Sieh unser neues Land, S. 264.
[145] Vgl. das in Leder gebundene, außen mit der römischen Wölfin verzierte und mit „Louise Diel. A.O.I. – XVI beschriftete „Bordbuch" im Nachlaß Louise Diel.
[146] Ebd., Audienz vom 22.10.1937.

ihr Mussolini in das Reisebuch: „Il diario è finito e la vita continua. Mussolini. Roma 24 marzo 1938 XVI."[147]

Auch aus der Abessinienreise ging wieder ein Buch hervor, es erschien unter dem Titel „Sieh unser neues Land mit offenen Augen. Italienisch Ostafrika".[148] Diel hatte dem ‚Duce' zuvor wiederum eine Reihe von Fragen vorgelegt, bevor sie mit der Niederschrift des Manuskriptes begann. Mussolini hatte diesmal jedoch nicht mehr die Zeit, mit ihr über Einzelheiten des Buches zu diskutieren, er wollte nur die Fahnenabzüge sehen, bevor dieses endgültig in den Druck ging.[149] So ähnlich hatte er das schon im Fall von Ludwig gehandhabt, doch war er dieses Mal klug genug, sich nicht mehr auf seine eigenen Sprachkenntnisse zu verlassen. Er ließ die Druckfahnen des Buches im Kolonialministerium überprüfen, wo der italienische Text als „vorzüglich" bezeichnet wurde.[150] Die italienische Übersetzung konnte daraufhin ohne weitere Beanstandungen gedruckt werden, so daß Diel Mussolini am 29. März 1938 das erste, ledergebundene Exemplar überreichen konnte.[151] Ein Foto oder eine Widmung Mussolinis enthielt das Buch diesmal nicht. Diel schrieb stattdessen ihrerseits in das Vorausexemplar für Mussolini eine handschriftliche Widmung hinein, die ihre bedingungslose Fixierung auf den ‚Duce' neuerdings erkennen ließ. Diese lautete: „Das allererste ausländische Buch über das befriedete A.O.I. Geschrieben im Tempo des Duce. Luisa Diel, Rom 29.3. XVI."[152]

Mussolini konnte auch mit diesem Buch mehr als zufrieden sein. In einer Mischung aus Reisebericht und systematischer Darstellung stellte es eine einzige Eloge auf den „faschistischen Imperialismus" dar.[153] Da ist vom „trommelnden Rhythmus" der Italiener die Rede und von der „Europäisierung eines Barbarenstaates".[154] Und da werden die Abschaffung der Sklaverei, der Aufbau eines Gesundheitswesens, der weiträumige Straßenbau, die Siedlungspolitik und die Modernität der neuen Stadt Asmara umstandslos gelobt. Auch die faschistische Apartheidspolitik mit der strikten Trennung der ‚Rassen' wird von Diel ausführlich gewürdigt, wobei sie nicht nur der faschistischen Propaganda folgte, daß „viele Stämme der früher herrschenden Rasse verbrecherisch" gewesen

---

147 Ebd.
148 Diel, Sieh unser neues Land mit offenen Augen. Vgl. auch Louise Diel, „Behold Our New Empire". Mussolini, Translated from the German by Kenneth Kirknese, London 1939; Luisa Diel, A.O.I. Cantiere d'Italia. Traduzione di Oscar Landi, Roma 1939.
149 Privatarchiv Diel, Nachlaß Louise Diel, Audienz vom 17.1.1938.
150 Ebd., Audienz vom 16.3.1938.
151 Ebd., Audienz vom 29.3.1938.
152 Vgl. das Original der Widmung im ACS, SPD, CO, Fasc. Personali, Nr. 509.574.
153 Diel, Sieh unser neues Land, S. 10.
154 Ebd., S. 14f.

seien,[155] sondern auch indigniert ihr „körperliches Unbehagen" gegenüber den „Blicken der eingeborenen Männer", aber auch dem „Aussehen der Frauen" wiedergab.[156]

Das Buch war jedoch nicht das einzige Ergebnis der Abessinienreise. Diel verband damit vielmehr eine Aktion, an der ihre politische Mission, zur transfaschistischen Verständigung beizutragen, auf eher groteske Weise scheiterte. In der letzten Audienz bei Mussolini vor ihrer Abreise nach Abessinien überredete sie diesen dazu, 25 Doppelzentner abessinischen Kaffee aus der Hochebene von Harrar für das nationalsozialistische Winterhilfswerk beschaffen zu dürfen, die sie später persönlich in ganz Deutschland verteilen wollte.[157] In ihr Reisebuch schrieb Mussolini auf ihren Vorschlag hin auf Deutsch: „Dieser Harrar-Kaffee soll 2 Millionen Deutschen doppelt gut schmecken. Mussolini. Rom 21 Dezember XVI."[158] Den Transport des Kaffees zur Hafenstadt Djibuti dokumentierte Diel durch ein Foto mit einer an einem Lastwagen angebrachten Aufschrift „Transport des Cafes von Harrar. Geschenk des ‚Duce' an Frau Louise Diel für das Deutsche Winterhilfswerk."[159]

In Deutschland hatte sie, wie sie glaubte, alles so vorbereitet, daß sie die Verteilung des Kaffees quer durch das Land begleiten konnte. Dafür hatte sie einen Verteilungsplan entworfen und zu dem für das Winterhilfswerk zuständigen Reichsbeauftragten und Leiter des Hauptamts für Volkswohlfahrt, Erich Hilgenfeldt, Kontakt aufgenommen. Hilgenfeldt schrieb ihr eine sehr persönliche Widmung in das Reisetagebuch.[160] Am 14. Februar 1938 konnte Diel unter großer publizistischer Aufmachung im Hamburger Hafen auch noch den Kaffee in Empfang nehmen,[161] die Verteilung des Kaffees wurde ihr jedoch aus der Hand genommen. Hitler schrieb ihr zwar am 17. Februar neuerdings einen persönlichen Brief, in dem er sich für die Vermittlung der Kaffeespende Mussolinis bedankte, ihr jedoch gleichzeitig bedeutete, daß das Deutsche Winterhilfswerk „die Verteilung im Sinne des Spenders an bedürftige Volksgenossen" vornehmen werde.[162] Der von ihr ausgearbeitete Verteilungsplan war damit Makulatur.[163]

---

[155] Ebd., S. 99.
[156] Ebd., S. 133.
[157] Privatarchiv Diel, Nachlaß Louise Diel, Audienz vom 22.10.1937. Vgl. auch Diel, Sieh unser neues Land, S. 175–179.
[158] Vgl. den Faksimileabdruck der Widmung ebd., S. 179.
[159] Ebd., S. 208.
[160] Privatarchiv Diel, Nachlaß Louise Diel, Reisetagebuch der Abessinienreise: „Frau Louise Diehl [sic!] in herzlicher Dankbarkeit der von ihr geleisteten Verständigungsarbeit. Berlin, den 27.7.1937".
[161] Vgl. die Zeitungsausschnitte im Privatarchiv Diel, Nachlaß Louise Diel, Zeitungsausschnitte, Bd. 22.
[162] Vgl. die Kopie des Briefes im Privatarchiv Diel, Nachlaß Louise Diel, Lebensbuch, S. 110.
[163] Vgl. ebd. S. 106.

2 Mussolinis deutsche Fürsprecher 99

Louise Diel wurde damit erstmals durch die Nationalsozialisten ausgebremst. Ganz offensichtlich war sie mit dem Plan zu weit gegangen, sich mit der Kaffeeaktion in ganz Deutschland als Abgesandte des ‚Duce' zu inszenieren. Wahrscheinlich war es sogar Hilgenfeldt, der ihrem Enthusiasmus erstmals einen Dämpfer versetzt hat. Wie die Italienische Botschaft in Berlin dem römischen Propagandaministerium mitteilte, hatte das Pressebüro des Winterhilfswerks zweimal darum gebeten, gemeinsam „die vulkanische Aktivität der Diel" zu stoppen.[164] Die politische Rückversicherung, um die sich Diel zuvor für ihre Aktivitäten in Italien an höchster deutscher Stelle mit Erfolg bemüht hatte, war offenbar nicht mehr ausreichend, als sie ihre Aktivität auf Deutschland verlegen wollte. NS-Funktionäre aus der zweiten Reihe waren in der Lage, sie politisch in die Schranken zu weisen.

Für Mussolini muß das ein Signal gewesen sein, die engen Verbindungen zu der Deutschen zu lockern, wenn er nicht Konflikte mit den Nationalsozialisten provozieren wollte. So zufrieden er mit der rastlosen Aktivität der deutschen Journalistin für den Faschismus sein konnte, so wenig konnte ihm daran liegen, ihretwegen die inzwischen engen Beziehungen zum NS-Regime zu gefährden. Schon gar nicht durfte bekannt werden, daß er sich ihren Tätigkeitsdrang für den Faschismus etwas kosten ließ. Diel schrieb nämlich nicht nur für Mussolini, sie ließ sich das auch honorieren. Tatsächlich wäre sonst auch nicht zu erklären, wie sie die aufwendigen Reisen nach Italien und in die italienischen Kolonien sowie ihre vielfältige publizistische Tätigkeit hätte finanzieren können. Selbst wenn sie, was nicht der Fall war, in Deutschland genug verdient hätte, hätte sie ihr heimisches Einkommen und das ihres Ehemannes aufgrund der Devisenbewirtschaftung nur in begrenztem Umfang nach Italien transferieren können. Schon bei ihrer vierten Audienz machte sie deshalb am 29. April 1934 einen ersten Vorstoß, von Mussolini „Arbeit zugewiesen zu bekommen und zu verdienen".[165] Da Mussolini darauf nicht reagierte, bat sie ihn am 15. November 1934 nochmals darum, für ihre publizistische Tätigkeit „ein festes Honorar festzusetzen". Sie wolle keine Geschenke annehmen, sondern durch ihre Arbeit ein „Equivalent" [sic!] bieten.[166] Diesmal reagierte der ‚Duce' und forderte sie auf, ihm deswegen einen Brief zu schreiben. Dieser Aufforderung kam sie schon einen Tag später nach und bat in einem Schreiben um ein durchaus beträchtliches monatliches Honorar von 2500 Lire, ein Ansinnen, das ihr vom ‚Duce' anstandslos bewilligt wurde.[167] Auch andere deutsche Audienzbesucher bekamen gelegentlich von Mussolini bei einer Audienz eine finanzielle Subvention

---

[164] ACS, MCP, Gab., b.123, R. Ambasciata d'Italia an Guido Rocco, Dir. Gen. della Stampa Estera, 31.12.1937.
[165] Privatarchiv Diel, Nachlaß Louise Diel, Audienz vom 29.4.1934.
[166] Ebd., Audienz vom 15.11.1934.
[167] ACS, MCP, Reports, b.271, Luisa Diel an Mussolini, 16.11.1934.

zur Deckung ihrer Unkosten zugesprochen, keinem anderen aber ist sonst ein regelmäßiges Gehalt gezahlt worden. Nur Louise Diel wurde auf persönliche Anordnung Mussolinis hin über Jahre hinweg für ihre profaschistischen Aktivitäten besoldet. Erst nach Mussolinis Sturz am 25. Juli 1943 wurde die regelmäßige Zahlung eingestellt.[168]

Damit ihre außergewöhnliche Bindung an das faschistische Regime nicht bekannt wurde, tat Mussolinis nunmehr alles, um nach außen hin gegenüber Diel Distanz zu wahren. Die Berliner Botschaft erhielt offensichtlich die Anweisung, sie auf keinen Fall jemals einzuladen.[169] Auf ihr mehrfaches Drängen hin, wie Leni Riefenstahl oder andere deutsche Audienzbesucher einen italienischen Orden zu erhalten, reagierte Mussolini ablehnend und ließ stattdessen für sie, bezeichnenderweise in Absprache mit der Deutschen Botschaft, einen Empfang der *Associazione Nazionale Donne Professioniste e Artiste* ausrichten, eine eher zweitrangige Ehrung, die Diels Vorstellungen wohl kaum entsprochen haben dürfte.[170] Nur der Journalistenpreis von San Remo wurde Louise Diel am Ende für ihr Buch „Mussolinis neues Geschlecht" zugestanden.[171]

Am auffälligsten entzog sich Mussolini Diels Versuchen, ihn zu einem öffentlichen Bekenntnis zu ihr zu bewegen, während des Hitlerbesuches im Frühjahr 1938. Als sie den ‚Duce' in offensichtlich falscher Einschätzung seiner Gewogenheit während der Besuchszeit um eine „Vertrauensaufgabe" in der Pressearbeit bat, wurde sie unter Verweis auf die Zuständigkeit von Goebbels regelrecht abgewimmelt.[172] Auf ihre ganz unrealistische Bitte hin, wenigstens ein Exemplar ihres Abessinienbuches für Hitler zu signieren, versprach Mussolini darüber nachzudenken, dem ‚Führer' das signierte Buch persönlich zu übergeben.[173] Als Diel ihn nach dem Hitlerbesuch fragte, ob er das Buch überreicht habe, tat Mussolini so, als ob er sich nicht genau erinnern könne, hatte das Buch aber natürlich nicht weitergegeben.[174]

Je öfter Diel von Mussolini empfangen wurde, desto mehr muß ihr bewußt geworden sein, daß diese Besuche nicht ewig dauern konnten. Schon bei einer der ersten Audienzen brach sie, überwältigt von einem plötzlichen depressiven Anfall, in Tränen aus, ein deutlicher Beweis dafür, unter welchem psychischen Druck sie bei den Audienzen gestanden hat.[175] Nach der Rückkehr aus Abessinien gestand sie Mussolini ganz offen, daß sie Angst habe, er kön-

---

[168] ACS, MCP, Gab., Sovvenzioni, b.271, Appunto per il Capo di Gabinetto, 16.11.1943.
[169] Vgl. die Beschwerde Diels in der Audienz vom 26.6.1936 und der Audienz vom 22.10.1937.
[170] ACS, MCP, Gab., b.123, Appunto per il Ministro, 7.5.1937, sowie Privatarchiv Diel, Nachlaß Louise Diel, Audienz vom 5.5.1937.
[171] Vgl. ACS, MCP, Gab., b.123, Louisa Diel an Kabinettschef Luciano, 3.10.1936.
[172] Privatarchiv Diel, Nachlaß Louise Diel, Audienz vom 16.3.1938.
[173] Ebd., Audienz vom 29.3.1938.
[174] Ebd., Audienz vom 21.5.1938.
[175] Privatarchiv Diel, Nachlaß Louise Diel, Audienz vom 6.2.1935.

ne sie „plötzlich fallen lassen" wie soeben den ihr vertrauten Kolonialminister Lessona. Mussolini wies dies zwar weit von sich und versprach ihr, daß das „nicht passieren" würde.[176] Schon wenig später bekam sie jedoch zu spüren, daß sich das für sie bisher so günstige Audienzklima verändert hatte. Als sie am 11. Januar 1938 zu einer mit Mussolini vereinbarten Audienz kam, war dieser zum Skifahren auf den Terminillo im Apennin gefahren. Keiner der Mitarbeiter wußte angeblich über ihre Verabredung mit Mussolini Bescheid.[177] Am Abend wurde sie stattdessen vom Propagandaminister Dino Alfieri eingeladen, der sie „mit allen schönen Worten" zur Abreise bewegen wollte.[178] Da es ihr aber zuvor gelungen war, über das Innenministerium an Mussolini die Bitte um eine erneute Audienz heranzutragen, konnte sie so lange in Rom bleiben, bis sie eine Antwort erhielt. Diese kam am 15. Januar mit einer Einladung für den 16. Januar. „Gesiegt!!" notierte Diel in ihrem Tagebuch.[179]

Es sollte einer ihrer letzten ,Siege' sein. Wohl damit es nicht so auffiel, daß sie fast als einzige Deutsche neben den nationalsozialistischen Kadern Audienzen erhielt, suchte sie mit Erfolg auch anderen, politisch unbedeutenden Deutschen Termine zu vermitteln. Der mit ihr bekannte, zu einem Kongreß in Rom weilende Berliner Kriminologe Hans Rambke und der mit ihr schon lange befreundete Fotograf Kurt Hielscher konnten auf ihre Vermittlung hin am 4. Juni 1938 hintereinander bei Mussolini vorsprechen.[180] Mit beiden zusammen unternahm Diel auch eine Informationsreise nach Süditalien.[181] Nicht erfolgreich war unmittelbar darauf ihr Versuch, sich dem neuen Deutschen Botschafter in Rom, von Mackensen, für einen Vortrag anzudienen.[182] Während sein Vorgänger von Hassell sie offenbar unterstützt hatte,[183] arbeitete von Mackensen allem Anschein nach von Anfang an gegen sie und suchte ihr seit dem Sommer 1938 den Zugang zum ,Duce' zu versperren. Als sie am 21. Juli von Berlin aus einen neuen Antrag auf eine Audienz stellte, wurde ihr die Reise erstmals verwehrt.[184]

Diel wäre aber nicht die selbstbewußte deutsche Vertraute des ,Duce' gewesen, wenn sie sich so einfach hätte abwimmeln lassen. Am 15. September flog sie

---

[176] Ebd., Audienz vom 21.12.1937.
[177] Ebd., Audienz vom 21.12.1937 und vom 16.1.1938.
[178] Ebd., Audienz vom 16.1.1938.
[179] Ebd.
[180] Hielscher wünschte eine Audienz „zwecks Übergabe seines Italienbuches", vgl. Privatarchiv Diel, Nachlaß Louise Diel, Audienz vom 21.5.1938.
[181] Privatarchiv Diel, Nachlaß Louise Diel, Meine Reisen, soweit erinnerlich.
[182] Privatarchiv Diel, Nachlaß Louise Diel, Lebensbuch, S. 117: Mackensen an Diel (Hotel Flora in Rom), 11.6.1938.
[183] Vgl. Staatsarchiv Freiburg, Entnazifizierungsakte Louise Diel, Anlage zum Meldebogen, wo Diel erklärt, in Rom öfters Gast von Hassells gewesen zu sein. Als Beweis liegt als Anlage 7 eine Einladung Hassells zum Frühstück für den 5.2.1935 bei.
[184] ACS, SPD, CO, Fasc.Personali, Nr. 509.574, Louisa Diel an Benito Mussolini, 22.7.1938; ebd., MCP an SPD, 9.8.1938.

nach Rom, erstmals ohne Zusage für eine Audienz in der Tasche. Von ihrem römischen Hotel aus bat sie den ‚Duce' dann „plein d'élan et des forces pour mon travail futur" um eine neuerliche Audienz, indem sie nach bewährtem Muster neue Buchpläne ankündigte.[185] Als sie keine Antwort bekam, schob sie am 12. Oktober eine neuerliche Bitte um eine Audienz nach, unter dem Vorwand, für die englische und die französische Übersetzung ihres Abessinienbuches jeweils ein spezielles Vorwort formulieren zu müssen.[186] Drei Tage später wurde ihr seltsamerweise von Rambke die Nachricht überbracht, daß sie Mussolini erneut empfangen würde.

Mit ihrer euphorischen Reaktion ließ sie erkennen, „in welcher Spannung" sie „die letzten Wochen in Roma verbracht" hatte.[187] Die Freude währte jedoch nur kurz: anstatt Mussolini zu treffen, wurde sie am nächsten Morgen (16. Oktober) von Alfieri abgefangen, der sie, wie erwähnt, schon einmal von einem Besuch beim ‚Duce' hatte abbringen wollen. Dieser eröffnete ihr ohne Umschweife, daß eine neuerliche Audienz bei Mussolini nicht in Frage komme und ihr Name überhaupt für einige Zeit aus der Presse verschwinden müsse. Für einen Exponenten der prodeutschen Diplomatie in Italien, welcher die Wende zur Achsenpolitik mit vorangetrieben hatte,[188] schien Louise Diel offenbar zu einem Störfaktor geworden zu sein, seitdem man in Deutschland wegen der Kaffeeaffäre zu ihr in Distanz gegangen war. Ob Mussolini über Alfieris Eingreifen informiert war, ist nicht bekannt, ist aber eher unwahrscheinlich, da er Diel ja noch am Tag zuvor ein Signal gegeben hatte, sie wieder empfangen zu wollen. Allem Anschein nach war die Aussperrung der Deutschen diesmal nicht Mussolinis Entscheidung, vielmehr wurde ihr der ‚Zugang zum Machthaber' von seinem Stab verbaut.

Nachdem sie sich tags zuvor wie im siebten Himmel gefühlt hatte, war Diel nach dem Gespräch mit Alfieri wie vom Donner gerührt. Nachdem sie den ersten Schock überwunden hatte, schrieb sie jedoch am Abend einen langen Brief an den Minister.[189] Fassungslos verwies sie darauf, daß sie Jahre lang im Auftrag des ‚Duce' die *Achse Rom-Berlin* geistig vorbereitet und unterstützt habe. In

---

[185] Ebd., Diel an Mussolini, 24.9.1938.
[186] ACS, MCP, Gab., b.123, Diel an Mussolini, 12.10.1938 (in französischer Sprache).
[187] ACS, SPD, CO, Fasc. Personali, Nr. 509.574, Diel an Mussolini, 15.10.1938 (in deutscher Sprache).
[188] Vgl. Jens Petersen, Hitler-Mussolini. Die Entstehung der Achse Berlin-Rom 1933–1936, Tübingen 1973, S 461–485.
[189] ACS, MCP, Gab., b.123, Parte Riservata, G II, 3.229, Louisa Diel, 16.10.1938. An wen der handschriftlich in französischer Sprache verfaßte Brief gerichtet war, geht aus diesem, als besondere Verschlußsache abgelegten Brief nicht direkt hervor, da eine Anrede und eine Adresse fehlt. Mussolini kann es jedoch nicht gewesen sein, da von ihm in der dritten Person die Rede ist. Es kann sich aber nur um den Minister für Volkskultur, Dino Alfieri, gehandelt haben, der Diel auch schon früher den Weg zu Mussolini zu versperren versucht hatte. In der späteren Auflistung ihrer Reisen hat Louise Diel bei der Italienreise vom 15.9.-

Majuskeln formulierte sie einen dramatischen Appell, der auch erkennen ließ, welche existentiellen Konsequenzen sie in finanzieller Hinsicht durch ihre Ausbootung befürchtete: „JE NE PEUX VIVRE, PAS UNE SEMAINE, SANS MON TRAVAIL QUOTIDIEN, QUI EST UNI INSEPARABLEMENT À L'OEUVRE DU DUCE."[190] Flehentlich insistierte sie darauf, daß es nicht möglich sei, „de m'abandonner maitenant".[191] Es half jedoch nichts: erstmals mußte sie unverrichteter Dinge wieder aus Rom abreisen. Immerhin wurde ihr die monatliche Zuwendung von 2500 Lire nicht gestrichen, was ja auch nur Mussolini persönlich hätte veranlassen können. In einem tabellarischen Lebenslauf schrieb sie 1956: „1938: glänzende Venus, Berufs- und Privatleben höchste Harmonie – weitere laufende Italienreisen – Audienzen, Bücher." Und dann: „Anfang Nov[ember] 1938 Antritt größter Afrikareise durch alle deutschen alten Kolonien, damit Beendigung des persönlichen Lebens und Glücks bis heute."[192] Das läßt erkennen, daß ihre Beziehung zu Mussolini für sie auch eine beträchtlich emotionale Bedeutung gehabt haben muß, auch wenn im Dunkeln bleibt, worauf sich diese düsteren Anspielungen konkret bezogen.

Ihre privilegierte Sonderrolle im Audienzsystem Mussolinis konnte sie allerdings nicht mehr weiterspielen. Seit Dezember 1938 ist sie, ohne das zu bemerken, ins Visier des Amtes Rosenberg geraten, dessen „Kulturpolitisches Archiv" über sie Erkundigungen einzog.[193] Zunächst nur unter Verdacht, früher „frauenrechtlichen Kreisen" nahegestanden zu haben, wurde ihr von der AO der NSDAP im August 1939 vorgeworfen, „während ihrer Reise um Afrika einen recht negativen Eindruck hinterlassen" zu haben.[194] Im Mai 1942 summierte sich das schließlich zu dem Vorwurf, es mangele ihr an „innerer positiver Einstellung zum Nationalsozialismus", weshalb ihr Vorträge über ihre Reisen nach Afrika und Rußland untersagt wurden.[195] Für Diel war das deshalb verhängnisvoll, weil damit das zur Freizeitorganisation der KDF gehörende Deutsche

---

22.10.1938 ausdrücklich auch den Namen von Alfieri vermerkt. Vgl. Privatarchiv Diel, Nachlaß Louise Diel, Meine Reisen.

[190] Ebd.
[191] Ebd.
[192] Privatarchiv Diel, Nachlaß Louise Diel, Wichtige Daten, 9.11.1956.
[193] Vgl. dazu BA Berlin, NS 15/27, Der Beauftragte des Führers für die Überwachung der gesamten geistigen und weltanschaulichen Schulung und Erziehung der NSDAP, Louise Diehl (sic!), Nr. 29, 31, 69, 135, 253.
[194] Ebd., Nr. 27, Nr. 29.
[195] Vgl. ebd., Nr. 253, Reichshauptstellenleiter Dr. Killer an Reichsdienststelle Deutsches Volksbildungswerk, 11.5.1942. Schon 1941 war Diel vom Kreisleiter der NSDAP in Neustadt/Schwarzwald verboten worden, „im Kreisgebiet Neustadt" Vorträge zu halten. Vgl. Staatsarchiv Freiburg, Entnazifizierungsakte Louise Diel von 1948, Kreisleiter Kuner an Louise Diel, 22.3.1941; ders. an Regierungsrat a.D. Dr. Diel, 7.4.1941.

Volksbildungswerk, für das sie seit Jahren öffentlich aufgetreten war, als Auftraggeber ausfiel.[196]

Ganz zu Ende war ihre ungewöhnliche Beziehung zu Mussolini damit allerdings nicht. Wenige Tage nach Kriegsbeginn signalisierte Diel über die italienische Botschaft noch einmal, daß sie Mussolini unbedingt sehen wolle.[197] Ihr Gesuch kam neuerdings Alfieri auf den Tisch, der, ohne ihr allerdings eine Audienz zu versprechen, entschied, daß sie nach Rom kommen könne. In Rom wurde sie am 4. November zunächst von dem im Propagandaministerium für die Auslandspresse zuständigen Generaldirektor Guido Rocco ausführlich befragt, weshalb sie unbedingt wieder zu Mussolini wolle. Ihr Argument, daß sie in Berlin überhaupt nur eine Ausreisegenehmigung bekommen habe, weil ihr eine Audienz gewährt werden solle, überzeugte Rocco am Ende.[198] Am 7. Oktober 1939 konnte sie das letzte Mal bei Mussolini vorsprechen, sie mußte die Audienz allerdings in Anwesenheit ausgerechnet von Alfieri absolvieren, der sie zu Mussolini mitgenommen hatte. Seine zweifellos nicht zufällige Anwesenheit bewirkte, daß diese letzte Audienz ziemlich förmlich ablief: „Der Abschied war sehr freundlich, aber ohne Handkuß."[199]

Diel gab freilich immer noch nicht auf. Im Mai 1940 war sie auf eigene Initiative wieder in Rom, eine Audienz wurde ihr aber verweigert.[200] Auch im November 1940 und im Herbst 1941 versuchte sie von Berlin aus nochmals vergeblich, von Mussolini empfangen zu werden.[201] Erst ein neuer Versuch schien Anfang 1942 zum Erfolg zu führen. Aus Lugano schrieb sie einen Brief an Mussolini, in dem sie sich darüber beschwerte, als „aktivste Freundin Italiens" nicht mehr von ihm empfangen zu werden.[202] Nach einigem internen hin und her entschied Mussolini daraufhin am 9. März, sie am 25. März sehen zu wollen.[203] Auf Intervention der Deutschen Botschaft wurde die Einladung jedoch wieder zurückgenommen.[204] Die diplomatische Formel, mit der dieser und auch noch ein weiter Vorstoß Diels abgewiesen wurde, lautete, sie habe im

---

[196] Vgl. Privatarchiv Diel, Nachlaß Louise Diel, Lebensbuch, S. 125, Deutsches Volksbildungswerk an Louise Diel, 10.9.1937, betr. Vorträge über „Meine Begegnungen mit Mussolini, sein Leben und sein Werk", die einmal vor 1600 bis 1800 Personen („Betriebszelle Karstadt") und einmal vor 600 bis 700 Personen stattfinden sollten.

[197] Vgl. dazu ACS, SPD, CO, Fasc. Personali, Nr. 509.574.

[198] Vgl. ACS, MCP, Dir. Gen., Gabinetto, b.123, Dir. Gen. Stampa Estera, Appunto per S.E. il Ministro, 4.10.1939.

[199] Privatarchiv Diel, Nachlaß Louise Diel, Audienz vom 7.10.1939.

[200] ACS, MCP, Dir. Gen., Gabinetto, b.123, Dir. Gen. della Stampa Estera, Appunto per il Capo di Gabinetto, 6.5.1940.

[201] ACS, MCP, Reports, b.23.

[202] ACS, MCP, Gab., b.123, Diel an Mussolini, 1.2.1942.

[203] ACS, SPD, CO, Fasc. Personali, Nr. 509.574, Appunto per il Duce, 9.3.1942; R. Ambasciata d'Italia an Louise Diel, 13.3.1942.

[204] ACS, MCP, Gab., b.123, Gabinetto an Ital. Botschaft in Berlin, 17.3.1942; Ebd., Deutsche

Ausland „geringes Verantwortungsgefühl" (scarso senso di responsibilità) bewiesen, was der negativen Beurteilung durch das Amt Rosenberg entsprach.[205] Diel konnte damit ihr fünftes und umfangreichstes Buch über den Faschismus, eine rein hagiographische Biographie Mussolinis, nicht persönlich dem ‚Duce' überreichen.[206] In einer eher literarischen Form unterhalten sich in dem Buch ein „Zeitgenosse" und ein "Nachkomme" über den „überlebensgroßen" Mussolini.[207] Das Buch endet mit einer höchst emphatischen Anrufung des ‚Duce': „Dort stehst Du am Fenster, Duce, gibst Du mir ein Zeichen des Abschieds?"[208]

So phantastisch es klingen mag: Louise Diel hat dieses „Zeichen" tatsächlich noch bekommen! Ein Exemplar des Buches hat den ‚Duce' in Salò 1944 über die Italienische Botschaft in Berlin noch erreicht. Mussolini bedankte sich am 18. Februar 1944 dafür in einem handgeschriebenen Brief als „Il Duce della Repubblica Italiana" bei der „Sehr geehrten Signora und Freundin" und zeigte sich dafür verbunden, daß sie ihm „ihr Talent und ihre Bemühungen gewidmet" habe.[209] Der sentimentale Grundton des Briefes läßt erkennen, daß sich Mussolini seines bevorstehenden Endes bewußt war. Diels spontaner Versuch, Mussolini daraufhin am Gardasee doch noch einmal zu treffen, wurde erstaunlicherweise vom Reichspropagandaministerium befürwortet, aber von anderen Stellen des NS-Regimes noch ein letztes Mal verhindert.[210]

Botschaft in Rom an MCP, 18.3.1942; ebd., SPD, CO, Fasc. Personali, Nr. 509.574, Appunto Segr.Part.Duce, März 1942.
[205] Vgl. ACS, SPD, CO, Fasc. Personali, Nr. 509.574, Diel an Mussolini, Berlin 17.7.1942; ebd. Appunto Min Affari Esteri per la SPD, 8.8.1942; ebd., MCP, Gab., b.123, Appunto per il Duce, 21.11.1942.
[206] Louise Diel, Mussolini mit offenem Visier.
[207] Ebd., S. 553.
[208] Ebd., S. 559.
[209] Privatarchiv Diel, Nachlaß Louise Diel, Mussolini an Louisa Diel, 18.1.1944 (Kopie); Begleitbrief der Ital. Botschaft in Berlin vom 25.2.1944.
[210] Privatarchiv Diel, Nachlaß Louise Diel, Lebensbuch, S.45, Dr. Hövel, Reichsministerium für Volksaufklärung und Propaganda an Reichspressekammer, 3.5.1944 (Kopie); Aktennotiz des italienischen Botschafters Anfuso in Berlin vom 26.4.1944.

3 Intellektuelle, Journalisten und Künstler bei Mussolini

Deutsche Chronisten des Faschismus bei Mussolini

Es war naheliegend, daß sich Autoren zu Mussolini begaben, die Studien über den italienischen Faschismus veröffentlicht hatten oder an solchen arbeiteten. Diese Chronisten des Faschismus erwarteten sich von Mussolini besondere Anerkennung für ihre Publikationstätigkeit oder hofften sogar, von ihm eine Art Imprimatur für ihre Werke zu erhalten.[1] Ein Foto, eine Widmung, ein Vorwort oder eine Einleitung des ‚Duce' zu ihren Veröffentlichungen sollten diesen eine besondere Authentizität verleihen. Manche Besucher erhofften sich auch eine Zusage für eine Übersetzung ins Italienische. Tatsächlich erhielten diese Autoren besonders leicht einen Audienztermin. Mussolini konnte bei diesen in der Mehrzahl mehr oder weniger unkritischen Bewunderern sicher sein, daß er sie im Gespräch zu regelrechten Propagandisten des Faschismus machen konnte.

Zunächst sind aus dieser Gruppe drei deutsche Autoren jüdischer Herkunft zu nennen, die sich schon früh mit dem italienischen Faschismus befaßt haben. Alle drei lebten in den zwanziger Jahren für längere Zeit in Italien und wurden dadurch aus nächster Nähe angeregt, sich mit dem Faschismus zu befassen. Gemeinsam war ihnen die Bewunderung für Mussolini, der für sie in Europa der Mann der Zukunft war. Politisch am entschiedensten bekannte sich der Historiker Ferdinand Güterbock, der am 18.10.1923 überhaupt als erster Deutscher von Mussolini in Audienz empfangen wurde, zum ‚Duce'. Güterbock war ein wirtschaftlich unabhängiger Privatgelehrter, der sich als Kenner des mittelalterlichen Reichsitaliens einen Namen gemacht hatte.[2] Er hatte sich schon vor

---

[1] Eine Ausnahme stellte der deutschnationale Journalist und Schriftsteller Gustav W. Eberlein dar, der am 27.4.1928 bei Mussolini war und 1929 ein etwas reißerisch geschriebenes Buch mit dem Titel „Der Weg zum Kapitol. Der Faschismus als Bewegung, Berlin 1929" veröffentlichte. Eberlein war kein Bewunderer des ‚Duce', sondern teilte die Reserven, die auf Seiten der nationalistischen Rechten in Deutschland vor allem wegen Südtirol verbreitet waren. Er war zwar beeindruckt von der „dynamischen Kraft" Mussolinis und er bezeichnete ihn als Retter vor der „roten Gefahr", andererseits warf er ihm jedoch „zügellosen Ehrgeiz" und „Menschenverachtung" vor (ebd., S. 14, S. 98). Bei Beginn des Ersten Weltkriegs habe er „in der häßlichsten Weise gegen Deutschland" gehetzt. (ebd., S. 86). Vor allem kritisierte Eberlein aber die „Behandlung der Südtiroler" (ebd., S. 99). Die Südtirolfrage war auch das Thema, das er als Korrespondent des „Berliner Lokal-Anzeigers" aggressiv weiterverfolgte, so daß sich bei Mussolini noch nach Hitlers Machtübernahme gegenüber Louise Diel über ihn beschwerte.

[2] Vgl. den Nekrolog von W(alter) H(olzmann), in: Deutsches Archiv für die Erforschung des Mittelalters 8 (1951), S. 498. Eine Bibliographie der Schriften Güterbocks findet sich bei Fer-

dem Ersten Weltkrieg in Italien aufgehalten und scheint hier seit 1919 auch den Aufstieg des Faschismus bis zum *Marsch auf Rom* miterlebt zu haben. Mit dem kleinen Buch „Mussolini und der Faschismus" legte er 1923 eine der ersten Darstellungen des Faschismus in deutscher Sprache vor.[3] Es stellte eine einzige Eloge auf den ‚Duce' dar, der sich nach Überzeugung von Güterbock seit seiner Regierungsübernahme vom Revolutionär zum Staatsmann gewandelt habe. Güterbock hielt ihn deshalb auch für eine „Persönlichkeit, deren Bekanntschaft zu machen wohl der Mühe" lohne.[4] Es war also zunächst einmal die Bewunderung für den ‚Duce', die ihn dazu motivierte, sich um eine Audienz zu bemühen. Aller Wahrscheinlichkeit nach hat er Mussolini bei dieser Audienz, der noch eine weitere am 5. November 1924 folgte, sein Buch vorgelegt.[5] Besonders bemerkenswert ist, daß Güterbock einer der ersten, vielleicht sogar der erste in der Reihe deutscher Intellektueller jüdischer Herkunft war, der den Faschismus als „eine eigentümlich italienische Erscheinung" verstand und entschieden von der „aufkommenden antisemitisch-monarchistischen Bewegung gegen die Berliner ‚Judenrepublik'" abhob.[6] Noch vor dem 9. November 1923 insistierte er darauf, daß „insbesondere keine Berührungspunkte mit den bayerischen Nationalsozialisten" bestünden.[7] Es kann deshalb als sicher gelten, daß Güterbock das Thema auch während einer seiner beiden Audienzen bei Mussolini angeschnitten hat. Er engagierte sich für Mussolini, weil er den aufkommenden Nationalsozialismus bekämpfen wollte, eine freilich widersprüchliche politische Strategie, die später auch bei anderen deutschen Audienzbesuchern zu finden war.

Auch der von 1924 bis 1927 an der Universität Florenz als Lektor lehrende und seit 1928 an der Handelshochschule Mannheim tätige Curt-Sigmar Gutkind war von Mussolini persönlich fasziniert. Er erhielt bei seiner Audienz am 1. März 1927 vom ‚Duce' das Manuskript einer zweiseitigen „Einleitung" zu dem von ihm herausgegebenen Sammelband „Mussolini und der Faschismus", der gleichzeitig auch in italienischer Sprache veröffentlicht wurde.[8] Wenn Güterbock den Faschismus nur für eine „eigentümlich italienische Erscheinung" ansah,[9] hielt Gutkind ihn immerhin für einen „für das gesamte Europa überaus bedeutsamen Faktor", glaubte aber auch nicht an seinen politischen Vorbild-

---

dinand Güterbock, Engelbergs Gründung und erste Blüte 1120–1223, Zürich 1948, S. 144–147.
[3] Ferdinand Güterbock, Mussolini und der Faschismus, München 1923.
[4] Ebd., S. 208.
[5] Da in einem Artikel der Deutschen Allgemeinen Zeitung vom 24.6.1923 auf das Buch Bezug genommen wird, muß es bei Güterbocks erster Audienz schon vorgelegen haben.
[6] Güterbock, Mussolini, S. 97.
[7] Ebd., S. 130.
[8] Curt-Sigmar Gutkind (Hg.), Mussolini und sein Faschismus, Heidelberg 1928.
[9] Güterbock, Mussolini, S. 8.

charakter.[10] Um das zu beweisen, bemühte er sich darum, „ein objektives Bild vom Wesen des Faschismus" zu vermitteln.[11] Damit distanzierte auch er sich zumindest indirekt von der Strategie der Nationalsozialisten, sich politisch auf den italienischen Faschismus zu berufen. Er konnte 1927 nicht ahnen, auf welch tragische Weise ihm die Machtübernahme des deutschen Faschismus noch zum Verhängnis werden sollte. Seit seiner Habilitation 1928 an der Handelshochschule Mannheim tätig, wurde er 1933 wegen seiner jüdischen Herkunft sofort entlassen. Er emigrierte über Frankreich nach England. Am 1. Juli 1940 kam er in dem von einem deutschen U-Boot getroffenen Flüchtlingsschiff „Arandora Star" im Atlantik ums Leben.[12]

Auch ein dritter deutscher Bewunderer Mussolinis jüdischer Herkunft, der Freiburger außerplanmäßige Professor für Philosophie, Georg Mehlis, suchte aus Überzeugung den Weg zum italienischen Diktator.[13] Als Schüler von Heinrich Rickert und Mitbegründer der Zeitschrift für systematische Philosophie „Logos" schien dem Philosophen eine akademische Karriere offenzustehen. Er mußte jedoch 1924 aus Deutschland fliehen, weil die Freiburger Staatsanwaltschaft gegen ihn ein Ermittlungsverfahren wegen Vergehens nach § 175 RStGB eingeleitet hatte.[14] Er lebte seitdem in Chiavari in der Nähe von Genua, ohne jedoch die Brücken zu Deutschland abzubrechen. Zwischen 1928 und 1934 veröffentlichte er drei Bücher über den italienischen Faschismus, darüber hinaus schrieb er darüber in der deutschnationalen Tageszeitung „Der Tag" und in der Zeitschrift der Vereinigung der deutschen Arbeitgeberverbände „Der Arbeitgeber".[15] Für Mehlis stellte Mussolini eine Repräsentation der „großen Führerpersönlichkeit" dar, die er sich auch für Deutschland sehnlichst herbei-

---

[10] Gutkind, Mussolini, S. V.
[11] Ebd.
[12] Zur Biographie von Gutkind vgl. Stadtarchiv Mannheim, Bestand Curt S. Gutkind; International Biographical Dictionary of Central European Emigrés 1933–1945, Vol. II, Part 1, München 1983, S.439; Frank-Rutger Hausmann, „Vom Strudel der Ereignisse verschlungen." Deutsche Romanistik im ‚Dritten Reich', Frankfurt/M. 2000, S. 244–251.
[13] Mehlis hatte keine religiösen Bindungen an das Judentum. 1923 äußerte er gelegentlich, seine einzige Berührung mit diesem bestünde darin, daß er ein Opfer des „Fanatismus seiner Glaubensgenossen" sei. Zit. nach Christian Tilitzki, Die deutsche Universitätsphilosophie in der Weimarer Republik und im Dritten Reich, Berlin 2002, S. 408.
[14] Zur Biographie von Mehlis vgl. Tilitzki, Universitätsphilosophie, S. 74, S. 398–437; Hubert Treiber, Fedor Steppuhn in Heidelberg (1903–1955). Über Freundschafts- und Spätbürgertreffen in einer deutschen Kleinstadt, in: ders., Karol Sauerland (Hg.), Heidelberg im Schnittpunkt intellektueller Kreise. Zur Topographie der „geistigen Geselligkeit" eines „Weltdorfes": 1850–1950, Opladen 1995, S. 70–80.
[15] Georg Mehlis, Die Idee Mussolinis und der Sinn des Faschismus, Leipzig 1928; ders., Der Staat Mussolinis. Die Verwirklichung des korporativen Gemeinschaftsgedankens, Leipzig 1929; ders., Freiheit und Faschismus, Leipzig 1934. Vgl. auch ders., Der neue Führergedanke, in: Der Tag, 17.10.1929; ders., Die Ideen Kants im Werke Mussolinis, in: Der Tag, 9.4.1930; ders., Der Kampfgedanke des Faschismus, in: Der Arbeitgeber 21 (1931), S. 410f.

3 Intellektuelle, Journalisten und Künstler bei Mussolini

wünschte.[16] Der Faschismus verkörperte in seinen Augen ein „hierarchisches Führersystem", welches das „liberale System" des Parlamentarismus ersetze, jedoch hielt auch er den faschistischen Staat für eine einzigartige Schöpfung des ‚Duce'.[17] Daß die „Form des faschistischen Staates dem deutschen Volke angemessen" sei, bezweifelte er nicht anders als Güterbock und Gutkind.[18] Gerade deshalb glaubte er, durch seinen Besuch bei Mussolini, der am 20. November 1934 in die Zeit fiel, in der das Verhältnis zwischen dem Faschismus und dem Nationalsozialismus gespannt war, für ein besseres Verständnis zwischen Italien und Deutschland beizutragen.

Um die Frage eines faschistischen Vorbildcharakters für Deutschland ging es auch in den Büchern von Hans Reupke, der sich Ende der zwanziger Jahre bei einem längeren Aufenthalt in Italien im Auftrag des Reichsverbandes der deutschen Industrie mit dem Wirtschaftssystem des Faschismus beschäftigt hatte.[19] Reupke kam zu dem Ergebnis, daß der Faschismus der „Pfadfinder des kapitalistischen Systems" sei, wobei er sich hauptsächlich von der intendierten korporativistischen Organisation der Wirtschaft beeindruckt zeigte.[20] Jedoch wollte er ursprünglich nicht der „Übernahme des faschistischen Systems in Bausch und Bogen auf die andersgearteten Verhältnisse anderer Volkswirtschaften der Welt" das Wort reden.[21] 1931 erkannte er jedoch in der korporativistischen Idee einer harmonischen Zusammenarbeit von Unternehmern und Arbeitern „allgemein-europäisches Gedankengut".[22] Schließlich bekundete er sogar, anders als bezeichnenderweise die jüdischen Autoren, daß Faschismus und Nationalsozialismus „auf wirtschaftlichem Gebiet viel Gemeinsames" hätten und deshalb Europa eine „neue Ideologie" geben könnten.[23] Ausdrücklich bezeichnete er den Nationalsozialismus nunmehr als „Parallelbewegung" des Faschismus.[24] Es war dies der Versuch, dem großindustriellen Unternehmertum in Deutschland das noch wenig Vertrauen erweckende Wirtschaftprogramm der Nationalsozialisten durch den Verweis auf den Faschismus schmackhaft zu machen. Als Reupke am 5. Oktober 1931 von Mussolini in Audienz empfangen wurde, dürfte er diesem sein im selben

---

[16] Mehlis, Die Idee Mussolinis, S. 7, S. 43.
[17] Ebd., S. 66, S. 150.
[18] Mehlis, Staat Mussolinis, S. 11.
[19] Hans Reupke, Das Wirtschaftssystem des Faschismus, Berlin 1930; ders., Unternehmer und Arbeiter in der faschistischen Wirtschaftsidee, Berlin 1931; ders., Der Nationalsozialismus und die Wirtschaft, Berlin 1931. Zu Reupke vgl. Klaus-Peter Hoepke, Die deutsche Rechte und der italienische Faschismus, Düsseldorf 1968, S. 150f.
[20] Reupke, Wirtschaftssystem, S. 115.
[21] Ebd.
[22] Reupke, Unternehmer, S. 3.
[23] Reupke, Nationalsozialismus, S. 15.
[24] Ebd., S. 9f.

Jahr erschienenes Buch über „Unternehmer und Arbeiter in der faschistischen Wirtschaftsidee" mitgebracht haben.

Eine besondere Rolle spielten in der Gruppe dieser Autoren Josef Sonntag und seine Frau Erika Sonntag, zwei eher dubiose Enthüllungsjournalisten, die sich aber Mussolini durch umtriebige philofaschistische Aktivitäten anzudienen verstanden.[25] Am Anfang stand auch bei ihnen ein politisches Buch, nämlich Josef Sonntags „Mussolinis Sendung und die Wahrheit über Tirol" von 1928.[26] Sonntag verherrlichte darin Mussolini als „Genie" und suchte dessen harte Politik in Südtirol mit der Notwendigkeit zu rechtfertigen, sein Land gegen den „Bolschewismus" zu immunisieren. Er knüpfte damit, ohne diese Schrift freilich zu erwähnen, an Hitlers Schrift über „Die Südtirol-Frage und das Bündnisproblem" von 1926 an, argumentierte jedoch weniger außenpolitisch als ideologisch.[27] Es verwundert nicht, daß er bei Mussolini, den er am 29. April 1929 und am 31. Mai 1930 aufsuchen durfte, willkommen war. Erika Sonntag wurde von Mussolini am 24. März 1930, am 27. Mai 1931 und am 12. Dezember 1932 empfangen. Die Vermutung Andrea Hoffends, die Deutsche habe in Rom im Zusammenhang mit der Gründung der „Deutsch-Italienischen Gesellschaft" in Berlin Gespräche mit Mussolini und anderen hohen faschistischen Funktionären geführt, dürfte zutreffen.[28] Das Journalistenpaar Sonntag gehörte damit nicht nur zu den bevorzugten deutschen Gesprächspartnern Mussolinis, in ihrem Fall läßt sich vielmehr darüber hinaus nachweisen, daß Mussolini nicht davor zurückschreckte, seine Audienzen zur Einfädelung philofaschistischer Initiativen zu nutzen.

Wie wichtig Mussolini Buchautoren waren, die sich mit dem Faschismus befaßten, ist schließlich auch daran zu erkennen, daß er bereitwillig auch deutsche Besucher empfing, die noch keine Veröffentlichungen über den Faschismus vorzuweisen hatten, sondern erst dabei waren, solche zu produzieren. Als

---

[25] Vgl. dazu Andrea Hoffend, Zwischen Kultur-Achse und Kulturkampf. Die Beziehungen zwischen ‚Drittem Reich' und faschistischem Italien in den Bereichen Medien, Kunst, Wissenschaft und Rassenfragen, Frankfurt/M. 1998, S. 93f.

[26] Das Buch ist im Verlag Grüne Briefe, der von Sonntag geleitet wurde, ohne Jahresangabe veröffentlicht worden. Das Vorwort ist jedoch auf „Berlin-Steglitz, Weihnachten 1927" datiert.

[27] Adolf Hitler, Die Südtirol-Frage und das Bündnisproblem, München 1926.

[28] Die Deutsch-Italienische Gesellschaft wurde in Berlin unter Mitwirkung von Giuseppe Renzetti im Sommer 1931 gegründet. Vgl. den Gründungsaufruf des als Geschäftsführendem Vorsitzenden firmierenden Josef Sonntag von „Mitte Juni 1931", Universitätsarchiv Köln, Zug 28/411, Nachlaß Erwin von Beckerath. Sehr viel wichtiger war die, ebenfalls von Renzetti geförderte, Gesellschaft zum Studium des Faschismus. Vgl. dazu die sehr gute Studie von Manfred Wichmann, Die Gesellschaft zum Studium des Faschismus. Ein antidemokratisches Netzwerk zwischen Rechtskonservativismus und Nationalsozialismus, in: Bulletin für Faschismus- und Weltkriegsforschung. Wissenschaftliche Halbjahresschrift 31/32 (2008), S. 72–104.

erstem wurde von diesen Petenten am 9. September 1927 dem kaum bekannten, im Weimarer Kreis von Elisabeth Foerster-Nietzsche verkehrenden Wilhelm Mann eine Audienz gewährt. Das von ihm angekündigte Buch über den Faschismus ist zwar nie erschienen, Mann berichtete jedoch in einem größeren Artikel über Mussolini ausführlich über seine Audienz.[29] Am 31. August 1928 nutzte der rechtslastige Vielschreiber Adolf Stein die Möglichkeit, seiner entstehenden Kurzbiographie Mussolinis durch eine Audienz den Anschein größerer Authentizität zu geben.[30] Obwohl er behauptete, „kein kritikloser Bewunderer Mussolinis" zu sein,[31] ließ er sich dabei von diesem in hohem Maße beeinflussen. Er feierte den ‚Duce' als kraftvollen Diktator, der den Klassenkampf abgeschafft und aus den Italienern eine einheitliche Nation gemacht habe. Und er ließ sich ohne weiteres davon überzeugen, daß es für Deutschland besser sei, sich um die Millionen Deutscher in Frankreich, Polen und anderen Ländern zu kümmern als um die 250.000 Südtiroler. Kein Wunder, daß er von Mussolini ein Portraitfoto erhielt, das mit der Widmung „Männer machen Geschichte" versehen war.[32] Auch dem Theologen und Popularphilosophen Hans Hartmann, der 1933 ein Buch über die faschistische Freizeitorganisation des ‚Dopolavoro' veröffentlichen sollte,[33] gelang es am 6. Mai 1930 mit Hilfe von Renzetti noch ganz in der Frühphase seiner Beschäftigung mit dem Faschismus bei Mussolini eine Audienz zu bekommen.

Am 31. April 1934 besuchte auch der Schriftsteller und erfolgreiche Sachbuchautor Gert Buchheit den ‚Duce', bevor er mit der Niederschrift einer Mussolinibiographie begann.[34] Buchheit kam aus dem nationalkonservativen Lager und hatte sich mit zahlreichen populärwissenschaftlichen Biographien von meist zeitgenössischen Politikern einen Namen gemacht.[35] Das Inter-

---

29 W[ilhelm Mann], Mussolini – und der Faschismus als geistige Bewegung, in: Italien 1 (1927/28), S. 483–500. Bei dem Text handelt es sich um einen Vortrag, den Mann auf Einladung von Elisabeth Förster-Nietzsche am 5.6.1928 im Weimarer Nietzsche-Archiv gehalten hat.
30 Rumpelstilzchen, Schmied Roms, S. 32.
31 Ebd.
32 Ebd., Vorsatzblatt. Die Widmung ist mit „Roma, agosto 1927 – anno V" datiert.
33 Hans Hartmann, Der Faschismus dringt ins Volk. Eine Betrachtung über das Dopolavoro. Mit einem Vorwort von Major G. Renzetti, Berlin 1933. Auf S. 133–145 berichtet Hartmann darin ohne Datumsangabe von seiner Audienz bei Mussolini.
34 Gert Buchheit, Mussolini und das neue Italien, Berlin 1938. Nach ACS, SPD, Udienze, b.3112 war Buchheit schon am 9.10.1933 einmal in Audienz bei Mussolini. In der Biographie Mussolinis schreibt er jedoch, daß er am 31.4.1934 „zum ersten Mal" im Palazzo Venezia gewesen sei. Vgl. Buchheit, Mussolini, S. 502. Möglicherweise konnte der erste Audienztermin von ihm nicht wahrgenommen werden.
35 Vgl. Gert Buchheit, Franz von Papen. Eine politische Biographie, Breslau 1933; ders., Im Schatten Bismarcks. Brüning, Papen, Schleicher, Leipzig 1933; ders., Kämpfer für das Reich. Von Stein bis Hitler, Stuttgart 1933; ders., Bismarck. Führer und Mensch, Stuttgart 1937.

esse an Mussolini entsprang seiner bildungsbürgerlichen Beschäftigung mit der Geschichte und Kultur Italiens,[36] das er häufig bereist hatte.[37] Mussolini imponierte ihm bezeichnenderweise vor allem als Erneuerer des Imperium Romanum, was er in erster Linie als eine Kulturleistung ansah. Er feierte den privaten, hinter der „Maske des Diktators" verborgenen ‚Duce' als „Freund der Musen, der alte Stiche und ästhetische Gespräche" liebe sowie als „Geigenspieler und Kenner der Weltliteratur".[38] Daß Buchheit mit seiner Biographie, die 1942 in fünfter Auflage erschien, im ‚Dritten Reich' so großen Erfolg hatte, ist sehr bemerkenswert. Es zeigt, daß Mussolini damit Erfolg hatte, auch seine Audienzen zum Aufbau des Mythos zu nutzen, kein brutaler Diktator, sondern ein dem Kulturellen zugewandter Bildungsbürger zu sein, in Deutschland aufgegangen ist. Um nicht in den Verdacht einseitiger Mussoliniverherrlichung zu geraten, hatte sich Buchheit im übrigen abgesichert. Während der Nationalsozialismus sonst an keiner Stelle des Buches vorkam, gab er im Schlußsatz der Hoffnung Ausdruck, daß 120 Millionen Deutsche und Italiener „dem ‚Duce' Benito Mussolini und dem Führer Adolf Hitler vertrauensvoll" folgen würden.[39]

Zu einem Zeitpunkt, zu dem überwiegend nur noch hohe nationalsozialistische Funktionäre bei Mussolini vorsprechen konnten, wurde am 15. März 1942 Hermann Ellwanger von Mussolini empfangen. Er war 1939 in Heidelberg mit einer sprachwissenschaftlichen Dissertation über die Sprache Benito Mussolinis promoviert und danach zum Direktor der Deutschen Akademie in Palermo, einer durch das Deutsch-Italienische Kulturabkommen von 1938 geschaffenen kulturpolitischen Einrichtung, ernannt worden.[40] Mitten im Krieg war die Mussolini ganz unkritisch als Sprachkünstler feiernde Dissertation noch ins Italienische übersetzt worden, was für Ellwanger der Anlaß war, Mussolini diese Übersetzung persönlich zu überreichen.[41]

Als letzter faschismusfreundlicher Autor war am 30. September 1942 noch Rolf Italiaander, der neben einigen Aufsätzen über das faschistische Flugwesen eine Biographie des in Libyen tödlich abgestürzten altfaschistischen Flugheroen Italo Balbo geschrieben hatte,[42] in Audienz bei Mussolini.[43] Schon im Mai

---

[36] Vgl. Gert Buchheit, Rom im Wandel der Jahrhunderte, Nürnberg 1931.
[37] Schriftliche Mitteilung von Harriet Raftopoulo-Buchheit an den Verfasser vom 25.4.2008.
[38] Gert Buchheit, Mussolini und das neue Italien, Berlin 1938, 4. Aufl. 1941, S. 510.
[39] Ebd., S. 517.
[40] Hermann Ellwanger, Studien zur Sprache Benito Mussolinis, Florenz 1939.
[41] Hermann Ellwanger, Sulla lingua di Mussolini, Verona 1941.
[42] Rolf Italiaander, Der Flieger Benito Mussolini, in: Der Adler, Berlin 1942, S. 320; ders., Luftkrieg über dem Mittelmeerraum, Berlin 1942; ders., Alter und neuer Geist in Caserta, in: Italien 2 (1943), S. 137–139.
[43] Rolf Italiaander, Italo Balbo. Der Mensch, der Politiker, der Flieger, der Kolonisator, München 1942.

1942 hatte er Mussolini ein Exemplar dieses Buches mit einer überschwenglichen Widmung übersandt: „Für Benito Mussolini, den größten Italiener des 20. Jahrhunderts, dem Stolz des neuen Europa in grenzenloser Bewunderung und Verehrung ganz ergebenst Rolf Italiaander, 5.5.42."[44] In Leipzig geboren, dort von einer niederländischen Familie adoptiert, war Italiaander eigentlich ein eher unpolitischer Vielschreiber, der neben ethnologischen Sachbüchern und Jugendbüchern vor allem populärwissenschaftliche Abhandlungen über die Fliegerei veröffentlichte.[45] Daß er 1942 noch zu Mussolini vorgelassen wurde, hatte er sicherlich der Tatsache zu verdanken, daß Hermann Göring sich als Freund Balbos geriert und diesen 1939 sogar in Libyen besucht hatte. Es ist jedenfalls offensichtlich, daß Italiaander sich mit diesem letzten Buch, das er im ‚Dritten Reich' veröffentlichte, zumindest indirekt zum Nationalsozialismus bekennen wollte. Seine Biographie Balbos enthält nicht nur als Motto einen Ausspruch Hitlers zum Tod des italienischen Marschalls, sondern auch Italiaanders Bekenntnis vom November 1940, daß er vom „Glauben an den Endsieg erfüllt" sei.[46]

Schließlich kann hier auch noch der Fotograf Kurt Hielscher genannt werden, der seit Anfang der zwanziger Jahre künstlerisch anspruchslose Fotobände produzierte, in denen fast nur bekannte Sehenswürdigkeiten Europas abgelichtet wurden. 1941 behauptete er, daß diese Bildbände in 420.000 Exemplaren verbreitet seien.[47] Schon 1925 hatte er jeweils einen solchen Band über Rom und über ganz Italien publiziert.[48] Um einen weiteren unter dem Titel „Unbekanntes Italien" herauszubringen, wandte er sich im Sommer 1938 an Mussolini, wobei, wie erwähnt, die mit ihm befreundete Louise Diel für ihn ein Wort einlegte.[49] Es ging ihm dabei nicht nur um einen Audienztermin, sondern auch um finanzielle Unterstützung für seine Reisen durch Italien. Mussolini bewilligte ihm bei seiner Audienz am 4. Juni 1938 tatsächlich einmalig 4000 Lire, kein Wunder, daß Hielscher die Audienz in „einer Stimmung, daß ich die ganze Welt

---

44 ACS, SPD, CO, Fasc. Personali, Nr. 534.730.
45 Vgl. Regina Kirchhof, Rolf Italiaander. Hamburger Bibliographien, Bd. 20, Hamburg 1977. Von Hanns Theodor Flemming wird er ebd., S. 7, beschönigend „Polyhistor" genannt.
46 Italiaander, Italo Balbo, S. 9.
47 Vgl. Erich Stenger, Kurt Hielscher gestorben, in: Foto-Spiegel 12 (Sept.1948), S. 6; Kurt Hielscher, in: Meister der Kamera erzählen. Wie sie wurden und wie sie arbeiten, Halle o.J. (1935). Den Hinweis auf diese Veröffentlichungen verdanke ich Dr. Hans Christian Adam, Göttingen.
48 Kurt Hielscher, Die ewige Stadt. Erinnerungen an Rom, Berlin 1925; ders., Rom, Mailand 1925; ders., Italien. Baukunst und Landschaft, Berlin/Zürich 1925, 4. Aufl. Berlin/Zürich 1939. Seit der 3. Aufl. (1938) hatte er das Buch mit zusätzlichen Fotos der faschistischen Musterstädte von Littoria und Sabaudia angereichert.
49 Privatarchiv Diel, Nachlaß Louise Diel, Audienz vom 21.5.1938. Wie aus einem Gästebuch von Louise Diel hervorgeht, war Hielscher ein alter Bekannter von ihr. Vgl. Privatarchiv Diel, Gästebuch Louise Diel 1918–1927, Eintrag vom 23.11.1926.

hätte umarmen mögen", verließ.[50] Am 22. Februar 1939 war er neuerdings bei Mussolini, wahrscheinlich um mit ihm über eine Widmung zu dem Buch zu sprechen.[51] Wegen des Kriegsbeginns konnte er dann jedoch das Buch dem ,Duce' nicht persönlich überreichen.[52] Daß er aber schließlich am 11. März 1942 doch nochmals eine Audienz bei Mussolini wahrnehmen konnte, verdankte er mit Sicherheit der Tatsache, daß er sich in Deutschland spätestens zu diesem Zeitpunkt der Protektion von Joseph Goebbels erfreute.[53]

Um keinen falschen Eindruck aufkommen zu lassen, muß an dieser Stelle angemerkt werden, daß alle diese Autoren in der zweiten Reihe der deutschen Faschismusvermittler standen. Die wirklich wichtigen Autoren, die sich in Deutschland bis 1933 mit dem Faschismus aus wissenschaftlicher Distanz, wenn auch in unterschiedlicher Weise politisch zielgerichtet befaßten, haben nicht den Weg zu Mussolini gesucht. Das gilt für Ludwig Bernhard, Professor der Staatswissenschaften an der Berliner Universität,[54] ebenso wie für seinen Fakultätskollegen Hermann Heller, [55] den Berliner Privatdozenten für öffentliches Recht und Völkerrecht Gerhard Leibholz[56] und den Kölner Professor für Staatswissenschaften Erwin von Beckerath,[57] in der Zeit der Weimarer Republik durchweg bekannte Universitätslehrer. Um den Faschismus an Ort und Stelle zu studieren, hatten sie sich zwar auch alle in Italien aufgehalten, sich aber ihre wissenschaftliche Forschungsarbeit durch den Diktator absegnen zu lassen, ist ihnen nicht in den Sinn gekommen. Eine Audienz bei Mussolini hätte ihrer wissenschaftlichen Reputation womöglich auch eher geschadet denn

---

[50] ACS, SPD, CO, Fasc. Personali, Nr. 185.763, Hielscher, Kurt. Hier auch die weitere Korrespondenz über die Audienz und die finanzielle Unterstützung.

[51] Kurt Hielscher, Unbekanntes Italien; Leipzig 1941. Die Widmung lautet: „Benito Mussolini in Ehrerbietung gewidmet." Ebd., S. VIIf. bedankt sich Hielscher auch ausdrücklich dafür, daß er nach seinem Empfang bei Mussolini für die Beendigung seiner Arbeit in Italien „die weitestgehende Unterstützung der italienischen Regierung" erhalten habe.

[52] ACS, SPD, CO, Fasc. Personali, Nr. 185.763, Kurt Hielscher an Benito Mussolini, 7.5.1940.

[53] Vgl. Kurt Hielscher, Deutschland, Leipzig 1941: „Das Bereisen der wiedergewonnenen Gebiete für die Bildherstellung zur neuesten Auflage hat die Reichsregierung mir ganz wesentlich erleichtert; ich danke insbesondere Herrn Reichsminister Dr. Goebbels für die Förderung, die er dadurch meiner Arbeit zuteil werden ließ." ACS, SPD, CO, Fasc. Personali, Nr. 185.763, Kurt Hielscher an Benito Mussolini, 7.5.1940: „Mein nächster Italienvortrag findet in 10 Tagen in Krakau statt. Herr Generalgouverneur Dr. Frank lud mich ein, vor geladenen Gästen auf der Burg und außerdem öffentlich diesen Vortrag zu halten."

[54] Ludwig Bernhard, Das System Mussolini, Berlin 1924; ders., Der Staatsgedanke des Faschismus, Berlin 1931.

[55] Hermann Heller, Europa und der Faschismus, Berlin/Leipzig 1929.

[56] Gerhard Leibholz, Zu den Problemen des faschistischen Verfassungsrechts, Berlin/Leipzig 1928.

[57] Erwin von Beckerath, Wesen und Werden des faschistischen Staates, Berlin 1927. Vgl. zu Beckerath ausführlich Wolfgang Schieder, Faschismus für Deutschland. Erwin von Beckerath und das Italien Mussolinis, in: ders., Faschistische Diktaturen, S. 203–222.

genützt. Man kann deshalb davon ausgehen, daß sich offenbar nur solche vom Faschismus faszinierte Autoren um eine Audienz bei Mussolini bemüht haben, die nicht davon ausgehen konnten, aufgrund eigenen wissenschaftlichen Ansehens öffentliches Gehör zu finden. Mussolinis Audienzstrategie stieß hier eindeutig an ihre Grenzen.

Faszination des ‚Großen Mannes':
Mussolinis Anziehung auf Wissenschaftler

Anders als diese prominenten Faschismusforscher haben sich allerdings eine Reihe von anderen, durchaus bedeutenden deutschen Wissenschaftlern geistes- oder sozialwissenschaftlicher Ausrichtung um Audienzen bei Mussolini bemüht. Im Einzelfall ist nicht immer genau zu klären, was sie zu einem Audienzbegehren veranlaßte. Manche waren nicht eigens wegen einer Audienz nach Rom gefahren, sondern sie nahmen dort an einem internationalen Kongreß teil. Einmal in Rom, nahmen sie die Gelegenheit wahr, bei Mussolini vorzusprechen, wobei es in der Regel die italienischen Gastgeber waren, die sie dazu anregten, sich um eine Audienz zu bemühen oder die diese sogar vermittelten. Die Mehrzahl von ihnen suchte um eine Audienz nach, weil sie dem ‚Duce' eigene Werke überreichen wollte. Und diesen war fast durchweg gemeinsam, daß sie etwas mit der italienischen Kultur und Geschichte zu tun hatten. In Verkennung der Interessenlage des ‚Duce' glaubten die Wissenschaftler, daß dieser sich ihnen gegenüber allein schon deswegen besonders aufgeschlossen zeigen würde, weil sie sich als Ausländer intensiv mit Italien beschäftigt hatten. Es handelte sich dabei häufig um eine naive Selbstüberschätzung, die reiner Autoreneitelkeit geschuldet war. Andere Wissenschaftler versprachen sich von einer Begegnung mit Mussolini eine größere Publicity für ihre Werke, einzelne hofften wohl auch einfach auf eine nachträgliche finanzielle Unterstützung ihrer Publikationen oder eine Übersetzung ins Italienische. Für alle galt, daß sich die Gespräche während der Audienzen um die von ihnen präsentierten Werke drehten. Mussolini hatte dabei leichtes Spiel, seine wissenschaftliche Beschlagenheit zu demonstrieren und die Audienz zu einer Art Fachgespräch umzugestalten. Daß dies nur der propagandistischen Selbstdarstellung des ‚Duce' als intellektuell aufgeschlossenem Diktator diente, ist kaum einem dieser Besucher in den Sinn gekommen.

Am ehesten ist verständlich, daß sich Mitarbeiter und vor allem Direktoren der deutschen Forschungsinstitute in Rom um Audienzen bei Mussolini bemüht haben. Der politische Systemwechsel und die Herausbildung der faschistischen Diktatur in Italien trugen zweifelsohne zur Verunsicherung der meist ganz unpolitischen Wissenschaftler dieser Institute bei. Erst recht beunruhigte sie die Machtübernahme Hitlers, zumal sie sich wegen der nationalsozialistischen Devisenbewirtschaftung in ihren Instituten bald auch finanzielle Sorgen machen mußten. Ein Besuch bei Mussolini, so hofften sie, konnte deshalb in gewisser Hinsicht der Bestandsgarantie für die deutschen Auslandsinstitute dienen.

Als erster begab sich aus diesem Kreis am 11. November 1927 Ernst Steinmann zu Mussolini, ein eigentlich eher unpolitischer Kunsthistoriker, der seit 1913 – unterbrochen nur durch den Ersten Weltkrieg – der erste Direktor der zur Kaiser-Wilhelm-Gesellschaft gehörenden kunsthistorischen Bibliotheca Hertziana war.[58] Er überreichte dem ‚Duce' die von ihm zusammen mit Rudolf Wittkower herausgegebene „Michelangelo Bibliographie 1510–1926", die er als sein Lebenswerk ansah.[59] Daß er vom deutschen Botschafter Freiherr von Neurath zu der Audienz begleitet wurde, spricht allerdings dafür, daß der Besuch für ihn noch einen anderen Zweck hatte.[60] Seit 1925 suchte er in Rom nach einem Standort für seine „Michelangelo-Bibliothek", eine Sammlung von etwa 2000 Büchern, Handschriften, Inkunabeln, Autographen und sonstigen Kunstgegenständen, die nach seinem testamentarisch festgelegten Willen nicht auseinandergerissen werden sollte.[61] Als er jedoch versuchte, das Thema gegenüber Mussolini anzuschneiden, stieß er bei diesem auf keine Resonanz.[62] Gleichwohl war Steinmann von Mussolini tief beeindruckt.[63] Gegenüber Friedrich Glum lobte er später „das Beispiel Mussolini" und erhoffte sich „ähnliche Entwicklungen auch für Deutschland".[64]

Bei Glum rannte er damit offene Türen ein. Der nationalkonservativ orientierte Generaldirektor der Kaiser-Wilhelm-Gesellschaft gehörte vor 1933 in Deutschland zu den entschiedensten Propagandisten faschistischer Ideen.[65]

---

[58] Eine Biographie Ernst Steinmanns fehlt. Vgl. aber Christine Maria Grafinger, Die Auseinandersetzung um die „Michelangelo-Bibliothek" Ernst Steinmanns in den Jahren 1933–1938. Ein Konflikt zwischen Kaiser-Wilhelm-Gesellschaft und der Biblioteca Vaticana und seine Lösung, in: Quellen und Forschungen aus römischen Archiven und Bibliotheken 72 (1992), S. 438–467.

[59] Steinmann, Wittkower, Michelangelo Bibliographie.

[60] Vgl. Archiv der Max-Planck-Gesellschaft, III. Abt, Rep. 53, Nachlaß Ernst Steinmann, Nr. 52, Tagebuch für die Jahre 1927/28, Eintrag 11.11.1927.

[61] Vgl. Grafinger, Auseinandersetzung, S. 444–446.

[62] Steinmann, Tagebuch 1927/28.

[63] Ebd. Vgl. unten S. 208.

[64] Archiv der Max-Planck-Gesellschaft, Abt. II, Rep. Ia, PA Hoppenstedt, Nr. 3, Ernst Steinmann an Friedrich Glum, 17.8.1933.

[65] Vgl. dazu und zum folgenden vor allem Bernd Weisbrod, Das „Geheime Deutschland" und das „Geistige Bad Harzburg". Friedrich Glum und das Dilemma des demokratischen Konservativismus, in: Christian Jansen, Lutz Niethammer, Bernd Weisbrod (Hg.), Von der Aufgabe der Freiheit. Politische Verantwortung und bürgerliche Gesellschaft im 19. und 20. Jahrhundert. Festschrift für Hans Mommsen, Berlin 1995, 285–308. Ferner auch Rüdiger Hachtmann, Wissenschaftsmanagement im „Dritten Reich". Geschichte der Generalverwaltung der Kaiser-Wilhelm-Gesellschaft, Göttingen 2007, S. 130–139, 341–344.

In seiner Schrift „Das geheime Deutschland" vertrat er 1930 die Idee eines autoritären „Führerstaates" nach faschistischem Vorbild. Dieser sollte auf der Grundlage einer neukonservativen Sammlungsbewegung entstehen, die als eine Art „geistiges Bad Harzburg" nicht nur nationale Konservative, sondern auch willige Nationalsozialisten umfaßte.[66] Nach 1933 versuchte er, womit er sich freilich ins politische Abseits manövrierte, im italienischen Faschismus die ideologischen Grundlagen des Nationalsozialismus zu entdecken. Er ließ sich im Dezember 1935 vom fanatisch nationalsozialistisch orientierten Vertreter des DAAD in Rom zu einem Vortrag über „Die geistigen Grundlagen von Nationalsozialismus und Fascismus" einladen, der am 5. März 1936 auch zu einer Audienz bei Mussolini führte. Wie Glums Audienzbericht erkennen läßt, interessierte sich Mussolini jedoch nicht für den faschistischen Transfer, sondern nur für die organisatorische und finanzielle Ausstattung der Kaiser-Wilhelm-Gesellschaft. Da Glum ihm – anders als andere deutsche Audienzbesucher – nicht sein faschismusfreundliches Buch mitgebracht hatte, hatte Mussolini ihn vermutlich für einen reinen Verwaltungsmanager gehalten. Für die von ihm unterstellte Wesensgleichheit der beiden Faschismen erhielt Glum von Mussolini deshalb keine Bestätigung, was aber auch daran gelegen haben kann, daß der ‚Duce' zu diesem Zeitpunkt seine wiedererwachenden Sympathien für den Nationalsozialismus nicht zu offen zu erkennen geben wollte. Gleichwohl war Glum mit dem Audienzgespräch so zufrieden, daß er kurz danach nicht nur eine Aktennotiz darüber verfaßte, sondern diese auch noch 1964 in seinen Erinnerungen fast wörtlich wiedergab.[67] Und damit nicht genug, setzte er Mussolini in einem nur oberflächlich verschlüsselten Roman auch noch ein literarisches Denkmal.[68]

Nach Hitlers Machtübernahme in Deutschland suchten Erich Boehringer und Ludwig Curtius vom Deutschen Archäologischen Institut in Rom um eine Audienz bei Mussolini nach. Boehringer überreichte dem ‚Duce' am 29. April 1933 seine kurz zuvor erschienene Greifswalder Habilitationsschrift über den „Caesar von Acireale".[69] Ob er mit dieser Studie auf Mussolini anspielen wollte, muß leider ungeklärt bleiben.[70]

---

66 Friedrich Glum, Das geheime Deutschland, Die Aristokratie der demokratischen Gesinnung, Gräfenhainichen 1930.
67 Friedrich Glum, Zwischen Wissenschaft, Wirtschaft und Politik. Erlebtes und Erdachtes in vier Reichen, Bonn 1964, S. 476f.
68 Friedrich Viga [d.i. Friedrich Glum], Im Schatten des Dämons. Romanhaftes Zeitbild Deutschlands aus den Jahren 1933–1945, München 1962.
69 Erich Boehringer, Der Caesar von Acireale, Stuttgart 1933.
70 Nach schriftlicher Auskunft von Professor Christof Boehringer vom 12.7.2007 sind die Bibliothek und sämtliche Papiere von Erich Boehringer bei Kriegsende verbrannt.

Ludwig Curtius war als Direktor des Deutschen Archäologischen Instituts in Rom am 18. Januar 1934 bei Mussolini.[71] Da sein weit verstreuter Nachlaß bisher nicht vollständig erschlossen ist, kann nicht genau geklärt werden, was den direkten Anstoß zu seinem Audienzbegehren gegeben hat. Wie Curtius in seinen „Lebenserinnerungen" berichtet, war er allerdings in den zwanziger Jahren bei verschiedenen Gelegenheiten schon mehrfach mit Mussolini zusammengetroffen. Überdies hatte er sich für den Faschismus schon in den zwanziger Jahren so stark begeistert, daß er sich 1925 von dem Philosophen Giovanni Gentile, der im ersten Kabinett Mussolinis Erziehungsminister gewesen war, persönlich in die „Philosophie des Faschismus" hatte einführen lassen.[72] Unmittelbarer Anlaß für sein Audienzbegehren dürfte aber der Vortrag gewesen sein, den er am 15. Dezember in Köln im Deutsch-Italienischen Kulturinstitut über „Mussolini und das antike Rom" gehalten hat. Als Klassischer Archäologe hatte er sich bei dieser Gelegenheit erstaunlich kritiklos zu den rigorosen städtebaulichen Eingriffen Mussolinis in die historische Bausubstanz Roms geäußert und geradezu enthusiastisch von der Wiederentdeckung der römischen Antike durch den Faschismus geschwärmt.[73] Besonders hatte es ihm ausgerechnet der Durchbruch der Via dell'Impero durch die Zone der Kaiserforen angetan, die er als „herrliches Unternehmen" feierte, das dem „modernen Bedürfnis" der „politischen Massenentfaltung" entspreche.[74] Der Text dieses Vortrages konnte noch nicht gedruckt vorliegen, als er bei Mussolini vorsprach, er gab aber ohne Zweifel die Einstellung wieder, mit der Curtius in die Audienz gegangen ist. Er dürfte deshalb dem ‚Duce' in seiner Politik einer vorgeblichen Wiederherstellung der römischen Antike wissenschaftliche Rückendeckung gegeben haben.[75]

In seinen „Lebenserinnerungen" beklagte er dagegen nach dem Krieg, daß die großen Straßendurchbrüche „in allen Teilen der Ewigen Stadt die Intimität des geschichtlich Zusammengewachsenen von antiker Ruine, mittelalterlicher Kirche und Palast oder Hütte" vernichtet hätten.[76] Daß er sich 1933 geradezu an Mussolini herangeworfen hatte, erscheint deshalb um so peinlicher. Man muß

---

[71] Zur Biographie von Ludwig Curtius vgl. einstweilen Sylvia Diebner, Ludwig Curtius – ein Archäologe als Schriftsteller, in: Kritische Berichte. Zeitschrift für Kunst- und Kulturwissenschaften 37 (2009), S. 27–145; Richard Faber, Humanistische und faschistische Welt. Über Ludwig Curtius (1874–1954), in: Hephaistos. Zeitschrift zu Theorie und Praxis der Archäologie und angrenzender Gebiete 13 (1995), S. 137–186; sowie schon Hoffend, Kulturachse, S. 275f, S. 285f.

[72] Ludwig Curtius, Deutsche und antike Welt. Lebenserinnerungen, Stuttgart 1950, S. 466–469.

[73] Ludwig Curtius, Mussolini und das antike Rom, Köln 1934.

[74] Ebd., S. 11f.

[75] Nicht zufällig wurde der Kölner Vortrag sofort ins Italienische übersetzt. Vgl. Ludwig Curtius, Mussolini e la Roma antica, in: Nuova Antologia, 16.4.1934, S. 3–16.

[76] Curtius, Deutsche und antike Welt, S. 501.

hier im Hinblick auf seine nachträgliche Darstellung wohl tatsächlich von „Kosmetik wenn nicht Fälschung" sprechen.[77] Zu erklären ist dies wahrscheinlich nur damit, daß auch Curtius die Illusion hatte, sich durch eine demonstrative Annäherung an den ‚Duce' politisch gegenüber dem NS-Regime absichern zu können, über dessen politische Radikalisierung er trotz seines „antidemokratischen Ressentiments" wie so viele andere Deutschnationale zu diesem Zeitpunkt irritiert war.[78]

Tatsächlich konnte er sich als Direktor des Deutschen Archäologischen Instituts zunächst halten und wurde erst im September 1937 entlassen, als er in Italien im Zeichen der aufblühenden *Achse* mit keiner politischen Rückendeckung durch den Faschismus mehr rechnen konnte.[79] Wie groß seine persönliche Verunsicherung jedoch gewesen sein muß, läßt sich daran erkennen, daß er den Repräsentanten des NS-Regimes vor Ort erhebliche Konzessionen machte. Am 13. Februar 1941 hielt er in Rom in der von dem Altnazi Werner Hoppenstedt geleiteten Kulturwissenschaftlichen Abteilung der Bibliotheca Hertziana vor SS-Offizieren und Offizieren der Wehrmacht einen Vortrag über „Das alte Rom".[80] Vom Deutschen General beim Hauptquartier der italienischen Wehrmacht ließ er sich dazu bewegen, für die deutschen Soldaten einen Romführer zu schreiben, durch den ihre militärische Präsenz in der italienischen Hauptstadt zum reinen Kulturerlebnis stilisiert wurde.[81] Er stellte sich damit uneingeschränkt in den Dienst der nationalsozialistischen Kulturpropaganda in Italien.

Aus dem dritten der deutschen wissenschaftlichen Institute in Rom, dem Preußischen Historischen Institut, diente sich niemand so demonstrativ dem ‚Duce' an. Ursache dafür war zweifellos, daß dieses Institut aus der Ferne von Paul Fridolin Kehr, dem Vorsitzenden der Münchner Zentraldirektion der Monumenta Germaniae Historica, mitverwaltet wurde und „als solches von der Tagespolitik ziemlich unberührt" blieb.[82] Allerdings wurde Philipp Hiltebrandt, der von 1905 bis 1919 – mit einer Unterbrechung während des Ersten

---

[77] Faber, Humanistische und faschistische Welt, S. 140.
[78] Esther Sophia Sünderhauf, Griechensehnsucht und Kulturkritik. Die deutsche Rezeption von Winckelmanns Antikenideal 1840–1945, Berlin 2004, S. 279.
[79] Ebd., S. 494.
[80] Vgl. Archiv der Max-Planck-Gesellschaft, Abt. I, Rep. 6, Nr. 628, Benutzerbuch Januar 1935 April 1940; ebd., Abt. I, Rep. 1A, Nr. 1724/1–6, Tätigkeitsbericht des Instituts für Kulturwissenschaft, 17.4.1942, S. 24.
[81] [Ludwig Curtius], Kurzer Führer durch Rom. Hg. für die deutsche Wehrmacht vom Deutschen General beim Hauptquartier der italienischen Wehrmacht, Florenz 1943. Vgl. auch ders., Die Säule des Trajan. Ein Kriegstagebuch, in: Berlin-Rom-Tokio. Monatsschrift für die Vertiefung der kulturellen Beziehungen der Völker des weltpolitischen Dreiecks 5 (1943), S. 25–27.
[82] Vgl. dazu Reinhard Elze, Das Deutsche Historische Institut in Rom 1888–1988, in: Rein-

Weltkriegs – Mitarbeiter dieses Instituts gewesen und seitdem in Rom als Korrespondent der „Kölnischen Zeitung" tätig war, nach einer ersten Audienz am 30. September 1932 am 27. April 1938 erneut von Mussolini empfangen. Mit einer Verwandten von Hermann Göring verheiratet, war er seit dem 1. November 1933 Mitglied der NSDAP;[83] außerdem schrieb er seit 1937 sporadisch für den „Völkischen Beobachter".[84] Nicht als Repräsentant des Historischen Instituts suchte er deshalb eigentlich um eine Audienz bei Mussolini nach, sondern weil er dem ‚Duce' ein von ihm geschriebenes historisches Buch überreichen wollte. Auch sein Disput mit Mussolini drehte sich in der Audienz damit aber um ein wissenschaftliches Buch.

Mit auf Italien bezogenen Werken traten auch andere deutsche Wissenschaftler bei Mussolini auf, so am 14. März 1933 der Burgenforscher Bodo Ebhardt mit seinem „Verzeichnis italienischer Burgen",[85] am 27. Oktober 1933 der Historiker Friedrich Schneider mit seinem Buch „Neuere Anschauungen der deutschen Historiker zur Beurteilung der deutschen Kaiserpolitik des Mittelalters"[86] und noch am 20. Mai 1942 der Mediävist Carl Willemsen mit seiner Edition des „Falkenbuches" von Kaiser Friedrich II.[87] Ebhardt gehörte zu den naiven Besuchern, die glaubten, von Mussolini einen Druckkostenzuschuß erhalten zu können.[88] Daß Willemsen noch mitten im Zweiten Weltkrieg zu Mussolini vorgelassen wurde, als eigentlich nur noch nationalsozialistische Parteikader und Generäle der Wehrmacht bei Mussolini waren, beruhte allem Anschein nach auf der Protektion Hermann Görings, der seine Forschungen

---

hard Elze, Arnold Esch (Hg.), Das deutsche Historische Institut in Rom 1888–1988, Tübingen 1990, S. 19.

[83] Ruth Hiltebrandt, geb. Göring (1890–1962), ist wie Philipp Hiltebrandt (1879–1958) auf dem römischen Cimitero Acattolico begraben, was zeigt, daß beide nicht mehr nach Deutschland zurückgekehrt sind. Die Mitgliedschaft Hiltebrandts in der NSDAP wird belegt durch seine Akte im Bundesarchiv Berlin, Ehem. BDC, NSDAP-Gaukartei, Briefwechsel zwischen der Reichsleitung der NSDAP und der Parteiamtlichen Prüfungskommission zum Schutze des NS-Schrifttums vom Sept./Okt. 1937.

[84] Nachzuweisen sind die folgenden Artikel Hiltebrandts: Ein Jahr faschistisches Imperium, Völkischer Beobachter, 5.5.1937; Das faschistische Imperium, ebd., 26.9.1937; Der Marsch auf Rom, ebd., 28.10.1937. Später schrieb er wieder für die „Kölnische Zeitung", vgl. Kölnische Zeitung, 1.1.1942: Die Bewährung der Achse; ebd., 3.8.1942: Versorgungslage in Italien.

[85] Bodo Ebhardt, Verzeichnis italienischer Burgen nach Namen, Lage, Ort, Erhaltung, Geschichte, Besitzer und Quellen nebst Hinweis auf ihre Erwähnung, Bd.1–5, Berlin 1927.

[86] Friedrich Schneider, Neuere Anschauungen der deutschen Historiker zur Beurteilung der deutschen Kaiserpolitik des Mittelalters, Weimar 1934.

[87] Carl Willemsen, Friderici imperatoris de arte venandi cum avibus, 2 Bde., Leipzig 1942.

[88] Vgl. die schriftliche Auskunft von Busso von der Dollen, Europäisches Burgeninstitut, vom 11.3.2007 an den Verfasser. Von der Dollen bezieht sich auf ein Gespräch mit der Enkelin Ebhardts, Dr. Gößling-Ebhardt, vom 29.11.2006.

3 Intellektuelle, Journalisten und Künstler bei Mussolini

über Kaiser Friedrichs II. „Falkenbuch" als Reichsjägermeister unterstützt hatte.[89]

Wer von den deutschen Wissenschaftlern aus Anlaß eines Vortrages oder eines Kongresses nach Rom gekommen war, hatte in der Regel ursprünglich nicht mit einer Audienz bei Mussolini gerechnet. Der Besuch beim ‚Duce' ergab sich erst in Rom. Das gilt z. B. für den Mediziner und Rassentheoretiker Eugen Fischer (am 27. September 1929 bei Mussolini), den Osteuropahistoriker Otto Hoetzsch (am 10. Oktober 1931 bei Mussolini) oder den Rechtsphilosophen Carl August Emge (am 5. April 1937 bei Mussolini).

Emge, seit 1934 Ordinarius für Rechtsphilosophie in Berlin, hatte enge Verbindungen zum Nietzsche-Archiv in Weimar. Zum 50. Geburtstag von Mussolini am 29. Juli 1933 schickte er gemeinsam mit Elisabeth Foerster-Nietzsche ein geradezu hymnisches Glückwunschtelegramm nach Rom,[90] es besteht deshalb kein Zweifel, daß er bei Mussolini willkommen war. 1937 nahm er in Rom auf Einladung des italienischen Rechtsphilosophen Giorgio Del Vecchio an einem Kongreß des Institut International de Philosophie du Droit et de Sociologie juridique teil.[91] Del Vecchio wurde auf dem Kongreß von stramm nationalsozialistischen Teilnehmern wegen seiner jüdischen Herkunft angegriffen, was Emge, obwohl schon als einer der wenigen deutschen Philosophen seit 1931 Mitglied der NSDAP, dazu veranlaßte, für ihn einzutreten. Del Vecchio überraschte ihn daraufhin während des Kongresses damit, daß er „als Dank" für ihn „eine Audienz bei Mussolini in Anregung gebracht habe".[92]

Der Osteuropahistoriker Otto Hoetzsch, den zuvor nichts mit dem italienischen Faschismus verband, wurde von Mussolini empfangen, als er in Rom als deutscher Delegierter an einem Kongreß über „Institutionen für das wissenschaftliche Studium der internationalen Beziehungen" teilnahm, der unter

---

[89] Vgl. Kurt Lindner, Zum Tod von Arnold Carl Willemsen, in: Zeitschrift für Jagdwissenschaft 32 (1986), S. 251f.
[90] Vgl. zu Emge Christian Tilitzky, Der Rechtsphilosoph Carl August Emge. Vom Schüler Hermann Cohens zum Stellvertreter Franks, in: Archiv für Rechts- und Sozialphilosophie 89 (2003), S. 459–496; Martha Zapata Galindo, Triumph des Willens zur Macht. Zur Nietzsche-Rezeption im NS-Staat, Hamburg 1995.
[91] Vgl. Privatarchiv Professor Martinus Emge, Giorgio Del Vecchio an Carl August Emge, 18.3.1937. Emge hielt am 20. 5.1937 in Rom außerdem auf Einladung des nationalsozialistischen Direktors der Kulturwissenschaftlichen Abteilung der Bibliotheca Hertziana, Werner Hoppenstedt, einen Vortrag „Zur Philosophie der Tradition". Vgl. dazu die gedruckte Einladung zu dem Vortrag, in: Archiv der Max-Planck-Gesellschaft, Abt. I, Rep. 1a, Nr.1716.
[92] Carl August Emge, Erinnerungen eines Rechtsphilosophen, in: Studium Berlinense. Gedenkschrift der Westdeutschen Rektorenkonferenz an der Freien Universität Berlin zur 150. Wiederkehr des Gründungsjahres der Friedrich-Wilhelms-Universität zu Berlin, Berlin 1960, S. 73.

den Auspizien des Völkerbundes stattfand.[93] Aus Anlaß eines Kongresses war im September 1929 auch der Anthropologe Eugen Fischer bei Mussolini. Der Kongreß wurde von der International Federation of Eugenic Organizations organisiert, die für eine eugenische „Aufartung" der „weißen Rasse" eintrat.[94] Große Hoffnungen setzte Fischer auf Mussolini, den er als den einzigen Politiker ansah, der „eugenische Maßnahmen wirklich durchführen" wolle.[95] Am 27. September 1929 trug er dem ‚Duce' als Sprecher einer Professorengruppe eine weitgehend von ihm entworfene Denkschrift vor, in der er die Notwendigkeit einer „qualitativen Bevölkerungspolitik" zu begründen suchte.[96] Mussolini enttäuschte jedoch die rassenideologischen Hoffnungen Fischers, da er sich auf keinerlei Zusagen einließ.[97]

Carl Schmitt schließlich wurde am 15.4.1936 von Mussolini nach einem Vortrag, den er zuvor im faschistischen Istituto di Studi Germanici gehalten hatte, empfangen.[98] Obwohl sich Schmitt schon in den zwanziger Jahren in die deutsche Diskussion über den italienischen Faschismus eingeschaltet hatte,[99] war es das erste Mal, daß er in Rom wissenschaftlichen Kontakt suchte. Allem Anschein nach war für ihn die Audienz bei Mussolini jedoch das eigentliche Ziel seines Rombesuchs. Dafür spricht zum einen der Zeitpunkt der Romreise. Schmitt war nämlich nur wenige Tage nach seinem politischen Protektor, Hans Frank, der am 3. April 1936 von Mussolini empfangen wurde, in Rom. Dieser bahnte ihm somit zu einem Zeitpunkt den Weg, an dem Audienzen bei Mussolini für Deutsche noch nicht wieder ganz selbstverständlich waren. Zum anderen war Schmitt deshalb an einer Audienz interessiert, weil kurz zuvor drei

---

[93] Vgl. Otto Hoetzsch, Internationale Zusammenarbeit im wissenschaftlichen Studium der internationalen Beziehungen, in: Inter Nationes 1 (1931), S. 61–65. Da der gesamte Nachlaß von Hoetzsch bei Kriegsende vernichtet wurde, läßt sich die Vermittlung seiner Audienz bei Mussolini nicht genauer klären.

[94] Vgl. dazu Stefan Kühl, Die Internationale der Rassisten. Aufstieg und Niedergang der internationalen Bewegung für Eugenik und Rassenhygiene im 20. Jahrhundert, Frankfurt/M. 1997.

[95] Eugen Fischer an Charles B. Davenport, 19.7.1929, zit. nach Hans-Walter Schmuhl, Das Kaiser-Wilhelm-Institut für Anthropologie, menschliche Erblehre und Eugenik 1927–1945, Göttingen 2005, S. 153.

[96] Vgl. Archiv der Max-Planck-Gesellschaft, III. Abt., Rep. 94, Nachlaß Eugen Fischer, Lebenserinnerungen, S. 221. Die Denkschrift wurde veröffentlicht von Fritz Lenz, Tagung der Internationalen Vereinigung rassenbiologischer Organisationen 1929, in: Archiv für Rassen- und Gesellschaftsbiologie 22 (1930), S. 433–435.

[97] Vgl. den Tagungsbericht Genetica e eugenica, in: Giornale d'Italia, 1.10.1929.

[98] Vgl. dazu und zum folgenden Wolfgang Schieder, Carl Schmitt und Italien, in: ders., Faschistische Diktaturen, S. 185–202; Ilse Staff, Staatsdenken im Italien des 20. Jahrhunderts. Ein Beitrag zur Carl-Schmitt-Rezeption, Baden-Baden 1991.

[99] Vgl. Carl Schmitt, Wesen und Werden des faschistischen Staates, in: Schmollers Jahrbuch für Gesetzgebung, Verwaltung und Volkswirtschaft im Deutschen Reiche 53 (1929), S. 107–113.

3 Intellektuelle, Journalisten und Künstler bei Mussolini

seiner Schriften aus den Jahren 1933/34 unter dem Titel „Principii politici del nazionalsocialismo" in italienischer Sprache veröffentlicht worden waren.[100] Nach mündlicher Auskunft Schmitts gegenüber dem Verfasser brachte er Mussolini ein Exemplar dieses Bandes mit.[101]

Weshalb Schmitt das Buch unbedingt Mussolini überreichen wollte, ist allerdings nicht ganz zu verstehen, wenn man es nicht einfach seiner Selbstverliebtheit zuschreiben will. Der junge, später im demokratischen Italien einflußreiche Historiker Delio Cantimori hatte seine Schriften übersetzt, um zu beweisen, daß Schmitts Verfassungstheorie nicht mit der faschistischen Staatsauffassung kompatibel sei.[102] In seinen Augen war Schmitt „ganz innerhalb der deutschen Kulturwelt" angesiedelt, eine Übertragung seiner Ansichten auf das faschistische Italien kam für ihn deshalb nicht in Betracht.[103] Cantimori stützte sich dabei auf eine von ihm ebenfalls zuvor ins Italienische übersetzte Fundamentalkritik an Schmitt, die der Philosoph Karl Löwith, der sich seit 1934 in Rom als Emigrant mit einem Stipendium der Rockefeller-Foundation über Wasser hielt, unter dem Pseudonym „Hugo Fiala" in der Zeitschrift „Revue internationale de la théorie du droit" veröffentlicht hatte.[104] Der Angriff des jungen Historikers hatte außerdem dadurch besonderes Gewicht erhalten, daß Arnaldo Volpicelli, neben Ugo Spirito einer der integral-korporativistischen Ideologen, welche die faschistischen ‚Korporationen' als Kernelemente des Gesellschaftsaufbaus ansahen, ihn nachdrücklich unterstützte.[105] In einem Vorwort zu den „Principii politici" distanzierte sich Volpicelli von Schmitt als „offiziellem Theoretiker des Nationalsozialismus" und wies dessen auf dem Freund-Feind-Verhältnis aufbauende Politiktheorie zugunsten einer ethisch begründeten Staatsauffassung zurück.[106]

Daß Schmitt ins Visier dieser Korporativisten geriet, hatte weniger mit ihm selbst zu tun als vielmehr mit der innerfaschistischen Gegnerschaft der integra-

---

[100] Carl Schmitt, Principii politici del nazionalsocialismo. Scritti scelti e tradotti da D[elio] Cantimori. Prefazione di A[rnaldo] Volpicelli, Florenz 1935. Der Band enthält Schmitts Schriften „Der Begriff des Politischen" (1927), „Staatsgefüge und Zusammenbruch des Zweiten Deutschen Reiches" (1934) und „Staat, Bewegung, Volk" (1935) in italienischer Übersetzung Cantimoris.

[101] Mündliche Mitteilung Schmitts gegenüber dem Verfasser am 1.2.1969.

[102] Vgl. dazu Hoffend, Kultur-Achse, S. 210f.

[103] Delio Cantimori, La politica di Carl Schmitt, in: Studi Germanici 1 (1935), S. 477.

[104] Hugo Fiala [d.i. Karl Löwith], Politischer Dezionismus, in: Revue internationale de la théorie du droit 8 (1935), S. 101–123. Die italienische Übersetzung dieses Aufsatzes erschien unter dem Titel „Il concetto della polica" di Carl Schmitt ed il problema della decisione, in: Nuovi studi di diritto, economia e politica 8 (1935), S. 58–83.

[105] Vgl. zu dieser intellektuellen Gruppe Gianpasquale Santomassimo, Ugo Spitito e il Corporativismo, in: Studi Storici 14 (1973), S. 61–113; Giuseppe Parlato, Ugo Spirito e il sindacalismo fascista, 1932–1942, Rom 1988.

[106] Schmitt, Principii politici, S. V.

len Korporativisten zu der Gruppe um Carlo Costamagna, dem Herausgeber der Zeitschrift „Lo Stato".[107] Costamagna trat im Streit um die Ausgestaltung des faschistischen Korporativstaates entschieden für eine staatliche Kontrolle der Korporationen ein. Um seinen etatistischen Standpunkt zu untermauern, zog er seit 1933 Schmitts Theorie des Führerstaates heran und setzte diese mit seiner Theorie eines „stato totalitario" gleich, nach der die Korporationen wie alle anderen Institutionen, einschließlich des PNF, dem Staat untergeordnet werden sollten.[108]

Im April 1936 haben sich Costamagna und Schmitt in Rom persönlich kennengelernt und seitdem bis 1943 wissenschaftlichen Kontakt gehalten.[109] Es ist deshalb keine Frage, daß Schmitt in den innerfaschistischen Auseinandersetzungen auf der Seite von Costamagna gestanden hat. Wie er in seinem Reisebericht ausdrücklich vermerkte, traf er in Rom allerdings auch mit Spirito und Volpicelli persönlich zusammen.[110] Es ist so immerhin möglich, daß er, allein schon aus sprachlichen Gründen, die politischen Hintergründe der theoretischen Auseinandersetzungen um den zukünftigen faschistischen Korporativstaat nicht in vollem Umfang verstanden hat. Das würde am ehesten erklären, weshalb er Mussolini ein Buch überreichte, in dem zwar Texte von ihm in italienischer Sprache präsentiert wurden, dessen Bearbeiter sich aber von ihm distanzierten. Wenn Schmitt von Mussolini tatsächlich, wie er später behauptete, aus der Audienz mit der politischen Botschaft entlassen worden ist, daß der Staat „ewig" sei und die Partei „vergänglich", hat er möglicherweise aber auch geglaubt, von Mussolini gegenüber seinen faschistischen Widersachern rehabilitiert worden zu sein.[111] Tatsächlich handelt es sich allerdings eher um einen Hinweis darauf, daß Mussolini es auch bei Schmitt verstanden hat, sich mit politischen Banalitäten verbal in Szene zu setzen.

Weshalb sich Friedrich Bergius, Chemiker und Nobelpreisträger von 1931, für den 6. Oktober 1938 um eine Audienz bei Mussolini bemüht hat, ist ebenso unbekannt wie der Anlaß von Ferdinand Sauerbruchs Audienz, die am 3. Dezember 1934 zu einem Zeitpunkt stattfand, an dem die deutsch-italienischen Beziehungen sich an einem Tiefpunkt befanden. Wie Sauerbruch Botschafter

---

[107] Lo Stato. Rivista di scienze politiche, giuridiche e economiche 1 (1930)–14 (1943). Zu Costamagna vgl. Gennaro Malgieri, Carlo Costamagna. Dalla caduta dell' „ideale moderno" alla „nuova scienza dello stato", Vibo Valentia 1981.

[108] Vgl. von seinen zahlreichen Schriften Carlo Costamagna, Lo stato corporativo come stato di diritto, Florenz 1929; ders., Diritto pubblico fascista; ders., Faschismus. Entwicklung und Lehre, Berlin/Wien 1939.

[109] Vgl. dazu die Anthologie von Alessandro Campi (Hg.), Carl Schmitt. Scritti politico-giuridici (1933–1942). Antologia da „Lo Stato", Perugia 1983.

[110] Carl Schmitt, Faschistische und nationalsozialistische Rechtswissenschaft, in: Deutsche Juristen-Zeitung 41 (1936), Sp. 619f.

[111] Vgl. dazu seinen späteren Bericht unten S. 315f.

3 Intellektuelle, Journalisten und Künstler bei Mussolini

Hassell in Rom berichtete, will er mit dem ‚Duce' jedoch eine dezidiert politische Unterhaltung geführt haben, bei der Mussolini seinem Unmut über die NSDAP heftigen Ausdruck gab, die Italien verbundenen deutschen Diplomaten aber von seiner Kritik ausdrücklich ausnahm.[112]

Eine Sonderbeziehung zu Mussolini entwickelte der Kulturanthropologe und Ethnologe Leo Frobenius, der Erfinder der sogenannten Kulturkreistheorie. Er war der einzige von allen deutschen Audienzbesuchern, der auf eine gute Beziehung zum ‚Duce' unmittelbar angewiesen war. Die zehnte und elfte seiner insgesamt zwölf „Deutschen Innerafrikanischen Forschungsexpeditionen" (DIAFE) sollten ihn nach Libyen führen. Um dort überhaupt Forschungen betreiben zu dürfen, bedurfte er der Genehmigung Mussolinis. Es ist deshalb anzunehmen, daß er diese bei seiner ersten Audienz am 25. März 1932 eingeholt hat.[113] Nachzuweisen ist, daß er 1932 mit dem Kolonialminister Emilio De Bono korrespondiert hat, um in Libyen Zugang zu den Felsbildern von Fezzan zu erhalten.[114] Über die Ergebnisse seiner Forschungen an diesen Felsbildern berichtete er in einer wissenschaftlichen Publikation, welche die folgende Widmung enthielt: "Seiner Exzellenz Benito Mussolini dem Staatschef und ‚Duce' des italienischen Volkes in tiefer Dankbarkeit für besondere Förderung unserer Forschungen zugeeignet. Leo Frobenius."[115] Noch bemerkenswerter war, daß er darüber auch in Mussolinis Zeitschrift „Gerarchia" berichten durfte, ein Privileg, das nur ganz wenigen Deutschen gewährt wurde.[116] Frobenius hatte ganz offensichtlich nicht nur das persönliche Vertrauen Mussolinis gewonnen, der ‚Duce' glaubte offenbar, daß er auch auf der politischen Linie des Faschismus sei. Frobenius sah die Verbindung zu Mussolini jedoch wohl eher pragmatisch: Ohne die Zustimmung des ‚Duce' konnte er seinen Forschungen in Nordafrika nicht nachgehen, also tat er alles, um diese zu erhalten. Als er am 15. Dezember 1932 zum zweiten Mal einen Audienztermin bei Mussolini hatte, hielt er am Tag zuvor in Rom demonstrativ einen Vortrag, der streng wissenschaftlich angelegt war.[117] Die Audienz dürfte er dann genutzt haben, um für seine elfte Expedition in die libysche Wüste im darauffolgenden Jahr grünes Licht zu

---

[112] Vgl. PAAA, R 72765, Bericht von Hassells an Außenminister von Neurath, 7.12.1934.
[113] Die im Frankfurter Frobenius-Institut erhaltenen Tagebücher von Frobenius sind laut Schreiben von Björn Schipper an den Verfasser vom 16.9.2007 leider noch nicht erschlossen, so daß nicht eindeutig geklärt werden kann, wann Frobenius erstmals mit Mussolini Kontakt aufgenommen hat.
[114] Vgl. Archiv des Frobenius-Instituts Frankfurt, Korrespondenz Frobenius-De Bono.
[115] Leo Frobenius, Ekade Ektab. Die Felsbilder Fezzans. Ergebnisse der DIAFE X, Leipzig 1937.
[116] Leo Frobenius, La porta del Garamanti, in: Gerarchia XII (1932), S. 657–675.
[117] Das Thema des Vortrages lautete: „Über Forschungsarbeiten und die Resultate der letzten Expedition".

erhalten.[118] Da er danach nur noch 1934/35 eine weitere Forschungsreise nach Afrika unternahm (DIAFE XII), ist anzunehmen, daß er bei seiner dritten Audienz am 5. Juni 1937 Mussolini das in diesem Jahre erschienene Buch über die Felsbilder Fezzans überreicht hat.[119]

Eine Sonderrolle spielten unter den deutschen Wissenschaftlern, die von Mussolini in Audienz empfangen wurden, schließlich die beiden rassenbiologisch orientierten Bevölkerungswissenschaftler Friedrich Burgdörfer und Richard Korherr. Korherr hatte 1928 mit gerade einmal 25 Jahren in den „Süddeutschen Monatsheften" einen, mit einem Vorwort Oswald Spenglers versehenen Aufsatz veröffentlicht, auf den Mussolini aufmerksam gemacht worden war.[120] Über den italienischen Generalkonsul in München bot der ‚Duce' Korherr an, seinen Artikel als selbständige Schrift in italienischer Sprache zu veröffentlichen.[121] War dies schon bemerkenswert genug, erschien die italienische Übersetzung 1928 nicht nur mit dem Vorwort Spenglers, sondern zusätzlich auch noch mit einem Mussolinis.[122] In einem malthusianischen Schreckenszenario vertrat Korherr in seinem Aufsatz die These, daß der Rückgang der Geburten zum Untergang der „weißen Rasse" führen werde. Im Kampf gegen den Geburtenrückgang habe er in Europa nur einen aktiven Politiker entdeckt: Mussolini mit seiner „cäsaristischen demographischen Politik".[123] Mussolini nahm den Ball in seiner Einleitung nur zu gerne auf und behauptete, daß nur das „faschistische Volk" überhaupt in der Lage sein werde, den Trend des Geburtenrückgangs zu stoppen.[124] Zugleich forderte er Korherr auf, sich bei „einer Reise nach Italien" selbst ein Bild von den Besonderheiten des faschistischen Italiens zu machen, eine Einladung, die sich dieser nicht entgehen ließ.[125] Er war am 13. März und am 28. März 1930 zweimal kurz hintereinander bei Mussolini, ohne daß jedoch leider zu ermitteln wäre, was

---

[118] DIAFE XI: Libysche Wüste Felsbilder (Libyen II), Forschungsreise 1933.
[119] Vgl. Anm. 115.
[120] Richard Korherr, Geburtenrückgang, in: Süddeutsche Monatshefte 25 (1927/28), S. 155–190. Zur Biographie von Korherr vgl. Jutta Wietog, Volkszählungen unter dem Nationalsozialismus. Eine Dokumentation zur Bevölkerungsstatistik im Dritten Reich, Berlin 2001, S. 209–237 sowie Michael Thöndl, Oswald Spengler in Italien. Kulturexport politischer Ideen der „Konservativen Revolution", Leipzig 2010, S. 109–113.
[121] Vgl. den Brief von Richard Korherr an Oswald Spengler vom 23.5.1928, zit. nach Thöndl, Oswald Spengler, S. 110.
[122] Riccardo Korherr, Regresso delle nascite: morte dei popoli. Prefazione di Spengler e Mussolini, Rom 1928. Vgl. auch Benito Mussolini, Il numero come forza, in: Gerarchia 8 (1928), S. 675–684, sowie ders., Opera Omnia, Bd. 23, Firenze 1962, S. 209–216.
[123] Vgl. Korherr, Regresso delle nascite, S. 169.
[124] Ebd., S. 23.
[125] Ebd., S. 16.

bei diesen Audienzen zur Sprache gekommen ist.[126] Es ist jedoch hervorzuheben, daß dies der einzige Fall war, in dem Mussolini persönlich zu einer Audienz eingeladen hat, ohne daß der Besucher zuvor initiativ geworden wäre. Zweifellos ging es dem ‚Duce' hier einmal nicht um die Audienz also solche, sondern um eine Sache, über die er sich näher informieren wollte.

Auch das Gespräch mit Friedrich Burgdörfer kreiste am 10. Dezember 1937 um den Bevölkerungsrückgang in Europa, wie der Deutsche zweimal berichtet hat, einmal in einer wissenschaftlichen Zeitschrift sowie einmal aber auch im „Völkischen Beobachter".[127] Anders als vermutlich im Gespräch mit Korherr stand aber die bevölkerungspolitische Entwicklung im Deutschen Reich im Mittelpunkt. Mussolini war besonders an den Gründen für die deutsche Bevölkerungszunahme interessiert. Einig war man sich bezeichnenderweise darin, daß die „autoritär geführten Länder" des Abendlandes einen großen Vorsprung bei der Erkenntnis der bevölkerungspolitischen Probleme hätten.[128] Auch diese Audienz hatte also einen sachlichen Hintergrund, wie im Fall von Korherr konnte Mussolini darauf verzichten, sich in Szene zu setzen. Die beiden Bevölkerungswissenschaftler waren ohnehin davon überzeugt, daß der ‚Duce' als aktiver Politiker ihren ideologischen Zukunftsvorstellungen am nächsten kam.

Gespräche, nicht Interviews: Journalisten bei Mussolini

Wenig überraschend bildeten die Journalisten in der Zeit der Weimarer Republik die stärkste Gruppe unter den deutschen Besuchern Mussolinis. Interessanterweise machten jedoch weniger die römischen Korrespondenten, die sich routinemäßig um Exklusivberichte für ihre heimischen Zeitungen bemühten, als vielmehr eigens aus Deutschland anreisende Journalisten, welche eine der großen deutschen Zeitungen repräsentierten, unter ihnen den größ-

---

[126] Korherr war im ‚Dritten Reich' seit 1940 im Reichssicherungshauptamt der SS als „Inspekteur für Statistik der SS" tätig und führte in dieser Funktion penibel über die in den einzelnen Ländern ermordeten Juden Buch. Seine Statistik war während der Nürnberger Prozesse von 1946 eine der Belege für den Holocaust. Der Aufsatz von 1928 war zuvor 1935 als selbständige Schrift mit einem Vorwort Heinrich Himmlers erschienen. Vgl. Richard Korherr, Geburtenrückgang. Mahnruf an das deutsche Volk. Mit einem Geleitwort von Reichsführer SS Heinrich Himmler, 3. verbesserte Auflage, München 1935. Nach dem Krieg wurde Korherr erst relativ spät enttarnt. Meine Nachforschungen nach einem Nachlaß blieben ohne Ergebnis. Ob es von ihm Aufzeichnungen über seine Begegnungen mit Mussolini gegeben hat, muß daher offen bleiben.

[127] Friedrich Burgdörfer, Bevölkerungspolitisches Gespräch mit Mussolini, in: Archiv für Bevölkerungswissenschaft und Bevölkerungspolitik 8 (1938), S. 117–120.; ders., Gespräch mit Mussolini über Fragen der Bevölkerungspolitik, in: Völkischer Beobachter, 6.3.1938.

[128] Burgdörfer, Bevölkerungspolitisches Gespräch, S. 119.

ten Anteil aus. Meistens handelte es sich sogar um die Chefredakteure oder Herausgeber dieser Zeitungen. Das weist auf die große Bedeutung hin, welche der persönlichen Begegnung mit Mussolini in der deutschen Öffentlichkeit in dieser Zeit zugeschrieben wurde.

Der Herausgeber der Boulevardzeitung „8-Uhr-Abendblatt", Victor Hahn, machte am 4. Februar 1927 den Anfang.[129] Größeres Gewicht hatte es schon, daß Fritz Klein, der Chefredakteur der rechtsbürgerlichen, der DVP nahestehenden „Deutschen Allgemeinen Zeitung", am 4. Mai 1928 bei Mussolini war.[130] Ihm folgte am 4. Juli 1928 der Chefredakteur des „Berliner Lokal-Anzeigers" Rolf Brandt,[131] für den der römische Korrespondent der Zeitung, Gustav Eberlein, den Weg gebahnt hatte.[132] Eine regelrechte politische Sensation war es aber, daß Theodor Wolff, der Chefredakteur des linksliberalen „Berliner Tageblatts", am 28. November 1930 bei Mussolini vorsprach und anschließend in großer Aufmachung zuhause darüber berichtete. Am 16. Januar 1933 erhielt Heinrich Simons, Herausgeber der „Frankfurter Zeitung", eine Audienz bei Mussolini. Für die „Vossische Zeitung" begaben sich Albrecht Graf Montgelas und Sven von Müller zum ‚Duce' (27. April 1928 und 3. Dezember 1930). Der römische Korrespondent der „Berliner Börsenzeitung", Kurt Kornicker, erwirkte für den Fotojournalisten Felix H. Man eine Audienz, die er mit diesem gemeinsam am 24. Januar 1931 wahrnahm. Der Chefredakteur dieses Blattes, Richard Jügler, sprach in diesem Fall erst nach seinem römischen Korrespondenten bei Mussolini vor.[133] Nach ihm wurde am 3. Mai 1932 schließlich auch noch der Herausgeber und Chefredakteur der „Dresdner Neuesten Nachrichten", Julius Ferdinand Wolff, der zugleich Vizepräsident des Vereins deutscher Zeitungsverleger war, von Mussolini empfangen. So gut wie alle überregionalen deutschen Tageszeitungen des im weitesten Sinne bürgerlichen Lagers haben sich also in den letzten Jahren der Weimarer Republik um Audienzen bei Mussolini bemüht. Ganz offensichtlich scheint die Begegnung mit dem ‚Duce' im bürgerlichen Zeitungsmilieu geradezu zur journalistischen Pflicht geworden zu sein. Nur die „Kölnische Zeitung" machte hier eine Ausnahme, jedoch wurde am 30. September 1932 ihr römischer Korrespondent, der Historiker Philipp Hiltebrandt, von Mussolini empfangen.

Journalisten wollten mit ihrem Besuch bei Mussolini nicht nur die politischen Ansichten des ‚Duce' persönlich erläutert bekommen, sondern sie wollten ihn auch ihrerseits politisch beeinflussen. Wie die von ihnen überlieferten

---

[129] ASMAE, GM, b.43. Über diesen Journalisten ist nicht mehr bekannt.
[130] Vgl. dazu unten ausführlich, S. 131f.
[131] ASMAE, GM, b.43.
[132] Eberlein war am 27.4.1928 bei Mussolini.
[133] Jügler suchte Mussolini am 23.4.1931 auf. Seine Audienz wurde von Renzetti vermittelt. Vgl. ACS, SPD, CO, Fasc. Personali, Nr. 123.052., Renzetti an Chiavolini, 26.4.1931.

Audienzberichte zeigen, ist ihnen in der Regel weder das eine noch das andere gelungen. Als ehemaliger Journalist wußte Mussolini genau, wie er mit seinesgleichen umzugehen hatte. Keiner der deutschen Journalisten hat es geschafft, Mussolini irgendwie politisch zu beeinflussen oder gar auf irgendetwas festzulegen, keiner hat auch wirklich durchschaut, daß er ein rücksichtsloser, sich nur äußerst geschickt als umgänglicher Politiker inszenierender Diktator war.

Von besonderer Bedeutung waren die Besuche von Theodor Wolff und von Fritz Klein, die bei unterschiedlicher politischer Einstellung zu den einflußreichsten Journalisten der Weimarer Republik gehörten.[134] Wolff hatte Mussolini schon im März 1922 kennengelernt, als dieser, beunruhigt durch den Abschluß des Rapallovertrages zwischen Deutschland und der Sowjetunion, sich in Erwartung seiner baldigen Regierungsübernahme in Berlin ein Bild über die künftige deutsche Politik machen wollte.[135] Außer Reichskanzler Wirth, Außenminister Rathenau und Gustav Stresemann hatte Mussolini bei dieser Gelegenheit als einzigen deutschen Journalisten nur Theodor Wolff aufgesucht, der seit 1906 Chefredakteur des „Berliner Tageblatts" war.[136] Seitdem verfolgte Wolff die Entwicklung des Faschismus mit kritischer Aufmerksamkeit, den *Marsch auf Rom* und Mussolinis Regierungsübernahme beurteilte er so skeptisch, daß sich Mussolini darüber persönlich bei Botschafter Neurath beschwerte.[137] Im Frühjahr 1928 reiste Wolff erstmals nach Italien, um sich an Ort und Stelle über den Faschismus zu informieren. In einem ausführlichen Artikel berichtete er am 22. April 1928 in seiner Zeitung ganz negativ über den „brutalen und geistlosen Diktator", sprach sich aber positiv über das faschistische Prestigeobjekt, die Trockenlegung der Pontinischen Sümpfe, aus.[138] Im Frühjahr 1930 hielt er sich neuerdings in Italien auf, dieses Mal mit der Familie auf Urlaubsfahrt in Richtung Neapel, aber auch, um „bei Mussolini meine Karte ab[zu]geben".[139] Der italienische Botschafter in Berlin, Luca Orsini-Baroni, hatte Wolffs Anreise vorausgemeldet, so daß ihm in Rom sofort ein Audienztermin angeboten wurde, den er umgehend wahrnahm.[140] Am 28. April 1930 konnte er so den ‚Duce' „nach acht Jahren in

---

134 Vgl. Bernd Sösemann, Das Ende der Weimarer Republik in der Kritik demokratischer Publizisten, Berlin 1976.
135 Vgl. dazu ausführlich De Felice, Mussolini il fascista. I. La conquista del potere, S. 229–237. Ferner auch Sösemann, Ende der Weimarer Republik, S. 135–140 (Exkurs „Mussolini und der italienische Faschismus").
136 Vgl. den Bericht Theodor Wolffs, Berliner Tageblatt, 11.12.1922.
137 Vgl. PAAA, R 72758, Politischer Bericht Botschafter von Neuraths an das AA, 20.4.1922.
138 Theodor Wolff, Berliner Tageblatt, 22.4.1928; ders, Mussolinis Bäume, Berliner Tageblatt, 27.4.1930.
139 Vgl. autobiographische Aufzeichnungen Wolffs, zit. nach Wolfram Köhler, Der Chefredakteur Theodor Wolff. Ein Leben in Europa 1868–1943, Düsseldorf 1978, S. 225.
140 Vgl. dazu das Telegramm der römischen Polizia di Sicurezza an den Alto Commissario von Neapel vom 4.4.1930, in: ACS, Ministero del Interno, PS, Cat. A 16 1930/31, b. 286.

Rom wiedersehen".[141] Wie er behauptete, habe ihn Mussolini „wie einen alten Kameraden" und „voll Vertrauen" empfangen, eine subjektive Wahrnehmung, bei der er vollkommen verkannte, daß Mussolini deshalb über sein Kommen so erfreut war, weil er mit seinem politischen Gesinnungswandel rechnen konnte.[142] Tatsächlich gelang es dem Diktator, den linksliberalen Kritiker in dem Gespräch zu einem Fürsprecher des Faschismus zu machen, zweifellos ein großer propagandistischer Erfolg seiner Audienzstrategie.

Wolff berichtete nach seiner Rückkehr am 11. Mai 1930 unter dem Titel „Bei Mussolini" auf der ersten Seite des „Berliner Tageblattes" in großer Aufmachung über seine Audienz.[143] Ähnlich wie Ludwig durch die Bewunderung für große Persönlichkeiten verführt, hatte sich Wolff von Mussolini regelrecht einlullen lassen. Er stellte diesen als maßvollen Realpolitiker vor, der fern aller nationalistischer Ideologie Politik mache. Obwohl er immerhin den Versuch machte, die Unterdrückung und Inhaftierung Andersdenkender im faschistischen Italien zu monieren, gab er sich mit Mussolinis dubioser Antwort, in dem Land eine „autoritäre Demokratie" aufbauen zu müssen, ohne weiteres zufrieden. Er nahm ihm auch ab, daß der Faschismus „kein Exportartikel" sei, eine Formel, die Mussolini noch 1933 gebrauchen sollte, obwohl er längst subversive Beziehungen zu den Nationalsozialisten geknüpft hatte.[144] Wolff glaubte jedoch, diesen den Wind aus den Segeln nehmen zu können, wenn er in Frage stellte, daß die Faschisten ihr politisches Vorbild seien. In Wahrheit besorgte er jedoch, ähnlich wie wenig später Emil Ludwig, unfreiwillig eher das Geschäft Hitlers, indem er Mussolini politisch aufwertete. Kein Wunder deshalb, daß sein Audienzbericht im liberalen Lager der Republik, zu dem er sich eigentlich zählte, einen Sturm der Entrüstung auslöste. Die „Frankfurter Zeitung" rechnete ihn zu den „Nachbetern Mussolinis", und Klaus Mann regte sich noch viel später darüber auf, daß dem ‚Duce' damit „publizistischer Weihrauch" gestreut worden sei.[145]

Im Dezember 1930 stritt Mussolini auch gegenüber Sven von Müller ab, Kontakte zu den Nationalsozialisten zu haben.[146] Immerhin gestand er ihm gegenüber ein, Hitlers „Mein Kampf" gelesen zu haben, behauptete aber, sich noch kein Bild vom „Menschen Hitler" machen zu können. Daß er inzwischen

---

[141] Theodor Wolff, Bei Mussolini; Datierung der Audienz nach ACS, SPD, CO,Udienze, b. 3103.
[142] Theodor Wolff, Das Grabmal des unbekannten Soldaten, zit. nach Sösemann, Ende der Weimarer Republik, S. 137.
[143] Theodor Wolff, Bei Mussolini.
[144] Vgl. dazu Schieder, Das italienische Experiment, in: ders., Faschistische Diktaturen, S. 156–158.
[145] Frankfurter Zeitung, 12.5.1930; Klaus Mann, Der Wendepunkt. Ein Lebensbericht, o.O. 1952, S. 309.
[146] Sven von Müller, Besuch bei Mussolini, Vossische Zeitung, 11.1.1931.

3 Intellektuelle, Journalisten und Künstler bei Mussolini

Verbindungen zu den Nationalsozialisten hatte, ließ freilich seine Äußerung erkennen, sein „besonderes Wohlwollen" gelte dem „Hauptmann Göring".[147] Tatsächlich wurde zu diesem Zeitpunkt schon über einen geheimen Besuch Görings in Rom verhandelt, der dann auch am 24. April 1931 stattfand.

Der aus Siebenbürgen kommende Fritz Klein hatte vor seiner Audienz bei Mussolini keine persönlichen Erfahrungen in Italien gemacht.[148] Als für die Außenpolitik verantwortlicher Redakteur und seit 1925 als Chefredakteur der „Deutschen Allgemeinen Zeitung" hatte er sich jedoch kontinuierlich mit dem faschistischen Regime auseinandergesetzt.[149] Politisch stand er Gustav Stresemann nahe, den er deshalb auch in der publizistischen Auseinandersetzung über Südtirol unterstützte.[150] Anders als der auf Frankreich fixierte Stresemann plädierte er jedoch für eine dauerhafte freundschaftliche Zusammenarbeit Deutschlands mit Italien.[151] Sein Artikel „Feindschaft Italiens?" in der „Deutschen Allgemeinen Zeitung" vom 17. Juli 1926 erregte deshalb, wie Botschafter von Neurath dem Auswärtigen Amt mitteilte, in Italien „allgemeines Aufsehen", auch Mussolini äußerte sich „sehr erfreut und befriedigt" über die Einstellung Kleins.[152] Klein konnte daher mehr als jeder andere deutsche Journalist damit rechnen, daß ihm, als er im Mai 1928 auf Anregung des Auswärtigen Amtes nach Rom fuhr, bei Mussolini alle Türen offenstanden.[153] Er wurde am 4. Mai und auf Mussolinis ausdrücklichen Wunsch nochmals am 7. Mai 1928 zu einer Audienz empfangen, die jeweils in einer freundlichen Atmosphäre stattfand, in der Sache jedoch zu keinerlei Ergebnis führte.[154] Fritz Kleins „positiven Vorschlägen", den Südtirolern zu ermöglichen, ihre Kinder in ihrer Sprache zu unterrichten und vor Gericht und in der Verwaltung deutsch

---

[147] Ebd.
[148] Vgl. zur Biographie Fritz Kleins Berthold Neff, Fritz Klein (1895–1936). Der Weg eines Journalisten und konservativen Publizisten aus der Weimarer Republik ins Dritte Reich. Eine Biographie, München 1992.
[149] Vgl. z. B. Fritz Klein, Die Reliquie, Deutsche Allgemeine Zeitung, 8.2.1926. Vgl. auch aus späterer Zeit Fritz Klein, 13 Männer regieren Europa, Umrisse einer europäischen Zukunftspolitik, Hamburg/Berlin/Leipzig 1930, S. 75–88; ders., Auf die Barrikaden?, Hamburg/Berlin 1931; ders., Warum Krieg um Abessinien?, Leipzig 1935.
[150] Vgl. Fritz Klein, Feindschaft Italiens?, Deutsche Allgemeine Zeitung, 17.7.1926.
[151] Zum gespannten Verhältnis zwischen Stresemann und Mussolini vgl. Vera Torunsky, Entente der Revisionisten? Mussolini und Stresemann, Köln 1996.
[152] Vgl. ADAP, Serie B, Bd. III, Göttingen 1968, S. 346, Neurath an Auswärtiges Amt, 21.7.1926. Vgl. dazu schon Federico Scarano, Mussolini e la Repubblica di Weimar. Le relazioni diplomatiche tra Italia e Germania dal 1927 al 1933, Neapel 1996, S. 101.
[153] Der Besuch Kleins bei Mussolini wurde durch den Südtiroler Abgeordneten im faschistischen Parlament, Baron Sternbach, bei einem Besuch im AA angeregt, entsprang also nicht seiner journalistischen Initiative. Vgl. ADAP, Serie IX, Göttingen 1977, S. 47–49, AA an Gesandten Graf Lerchenfeld in Wien, 16.5.1928.
[154] Vgl. Privatarchiv Professor Fritz Klein, Nachlaß Fritz Klein, Abschrift eines Protokolls, datiert „Rom 4. Mai 1928" und eines Zweiten Protokolls, datiert „7. Mai 1928".

sprechen zu dürfen, wich Mussolini geschickt aus.[155] Nicht anders erging es dem Chefredakteur des „Berliner Lokal-Anzeigers" Rolf Brandt, der sich von Mussolini damit abspeisen ließ, daß Südtirol nur ein Problem „minderen Ranges" sei, das die „Feinde des Faschismus" aufgebracht hätten.[156]

Ein zentrales Thema für deutsche Journalisten jüdischer Herkunft war verständlicherweise Mussolinis Verhältnis zum Antisemitismus. Nicht anders als bei den wissenschaftlichen Autoren war auch bei ihnen meist der Wunsch Vater des Gedankens. So ließ sich auch Theodor Wolff ohne weiteres davon überzeugen, daß für den Faschismus „selbst der Begriff des Antisemitismus fremd" sei.[157]

Kurt Kornickers Sympathien für Mussolini rührten ebenfalls in erster Linie von seiner Annahme, daß der Antisemitismus in Italien „nahezu unbekannt" sei und auch der Faschismus „keine antisemitische Tendenz" habe.[158] Ohne Bedenken fädelte er daher 1931 den Besuch des Pressefotografen Felix H. Man bei Mussolini ein, der ebenfalls jüdischer Herkunft war.[159] Der als freier Fotograf für die Bildagentur Deutscher Photo Dienst (Dephot) arbeitende Man hatte Ende 1930 von der „Münchner Illustrierten Presse" den Auftrag erhalten, in Rom „das wahre Gesicht des Diktators" zu fotografieren.[160] Durch die fotografische Konstruktion des Alltags von Mussolini sollte der Diktator als ‚Mensch' gezeigt werden.

Um die Erlaubnis zu diesem damals ganz ungewöhnlichen Auftrag zu erwirken, hatte Man sich an Kornicker gewandt, der in Rom als ständiger Korrespondent dieser Illustrierten tätig war. Mussolini fiel es offensichtlich nicht leicht, sich von einem ausländischen Fotografen unzensiert fotografieren zu lassen. Felix H. Man mußte jedenfalls in Rom mehr als drei Wochen warten, ehe er zusammen mit Kornicker am 24. Januar 1931 einen mehrfach verschobenen Audienztermin erhielt, bei dem ihm Mussolini die Genehmigung erteilte, ihn einen Tag lang ungehindert fotografieren zu dürfen – im Palazzo Venezia, in seinem Familienwohnsitz in der Villa Torlonia und auf einer Fahrt nach Ostia.[161] Das Ergebnis war eine fünfseitige Fotostrecke, die unter dem Titel „Mussolini. Sonderaufnahmen für die Münchner Illustrierte von Man-Dephot.

---

[155] Fritz Klein, Abschrift eines zweiten Protokolls vom 7. Mai 1928.
[156] Rolf Brandt, Das Gesicht Europas. Ein fast politisches Reisebuch, 2. Aufl. Hamburg 1928, S. 205.
[157] Theodor Wolff, Bei Mussolini.
[158] Kurt Kornicker, L'uomo dietro il protagonista. Mussolini da vicino. Incontri con Adenauer, Estratto dal Corriere del Ticino, Lugano 1971, S. 18f.
[159] Felix H. Man war der Künstlername des 1893 in Freiburg geborenen Fotojournalisten Hans Felix Siegesmund Baumann.
[160] Man, Photographien aus 70 Jahren, S. 64–70: „Ein Tag im Leben von Mussolini".
[161] Vgl. ACS, SPD, CO, Udienze, b. 3106.

Text von Kurt Kornicker" in der „Münchner Illustrierten Presse" erschien.[162] Felix H. Man sollte mit dieser, von ihm später unter dem Titel „Ein Tag im Leben von Mussolini" verbreiteten Fotostrecke „Pressegeschichte machen", er gilt geradezu als der Erfinder der politischen Fotoreportage.[163] Mussolini war mit dieser Bildreportage so zufrieden, daß er sie im September 1931 ausgewählten Journalisten vorführen ließ, um Gerüchte über seinen angeblich schlechten Gesundheitszustand zu widerlegen.[164]

Während Man aus dem nationalsozialistischen Deutschland rechtzeitig nach England emigrieren und dort seine Karriere als Fotoreporter, 1938 u. a. mit der Gründung der Illustrierten „Picture Post", ungewöhnlich erfolgreich fortsetzen konnte, wurde Kornicker ein Opfer seines Vertrauens in die politische Redlichkeit Mussolinis.[165] Aus Sorge vor dem Aufstieg Hitlers auf Mussolini zu setzen, weil dieser vermeintlich keine antisemitische Politik betreiben könnte, sollte sich gerade in seinem Fall als besonderer Irrtum erweisen.[166] Kornicker hatte zwar im faschistischen Italien nach Hitlers Machtergreifung zunächst keine Verfolgung zu befürchten, während er in Deutschland ausgebürgert wurde und seine „sämtlichen Schriften" verboten wurden.[167] Da er nur noch für zionistische Zeitungen schreiben durfte, war seine wirtschaftliche Situation seitdem jedoch auch in Rom äußerst prekär.[168] Im Zuge der faschistischen Rassegeset-

---

[162] Münchner Illustrierte Presse 8 (1931), S. 260–275. Man spielte die Mitwirkung Kornickers in der Rückschau herunter, indem er ihn, allerdings nur in der englischen Ausgabe seiner Erinnerungen, zum bloßen Übersetzer erklärte. Vgl. Felix H. Man, Man with the camera. Photographs from seven decades, New York 1983: „A day in the life of Mussolini". Kornicker stellte die Sache seinerseits in der Rückschau so dar, als ob er allein von Mussolini empfangen worden sei und selbst die Fotostrecke realisiert habe. Der Fotograf Man wird von ihm mit keinem Wort erwähnt. Vgl. Kornicker, L'Uomo dietro il protagonista, S. 7–14. Das läßt auf spätere Zerwürfnisse schließen. Tatsächlich stammten die in der „Münchner Illustrierten Presse" erschienenen Fotos eindeutig von Man, Kornicker steuerte aber den Text dazu bei.

[163] Bernd Lohse, Felix H. Man und die Anfänge des modernen Bildjournalismus, in: Der Bildjournalist 10 (1965), S. 32–47; Josè Macias, Die Entwicklung des Bildjournalismus, München 1990, S. 72.

[164] Vgl. PAAA, R 72923, Bericht von Smend, Deutsche Botschaft Rom, 25.9.1931.

[165] Vgl. dazu und zum folgenden den Brief von Walter Kornicker, dem Sohn von Kurt Kornicker, an den Verfasser vom 14.6.2009.

[166] Vgl. seinen Aufsatz über Faschismus und Judentum, in: Süddeutsche Monatshefte 27 (1929/30), S. 857f.

[167] Vgl. Liste des schädlichen und unerwünschten Schrifttums. Stand 31. Dezember 1938, Leipzig 1939, S. 76.

[168] Am 10.4.1936 wandte er sich mit zwei erschütternden Briefen an Botschafter von Hassell, in denen er sich einerseits über das Ausbleiben ihm in Deutschland zustehender Honorare beklagte und andererseits um eine Intervention bei der Reichspressekammer bat, ihn als Wirtschaftskorrespondenten verschiedener deutscher Zeitungen zuzulassen. Hassell kam diesen Bitten nicht nach, sondern verwies Kornicker an den Pressereferenten der Botschaft, der dann auch zweimal mit Kornicker gesprochen hat. Schon dies führte

ze geriet er seit 1938 dann auch in Italien unter politischen Verfolgungsdruck. Möglicherweise auf Intervention der Gestapo wurde er im Frühjahr dieses Jahres wegen „der Verbreitung verleumderischer und tendenziöser Nachrichten" vorübergehend verhaftet.[169] Er versuchte daraufhin, in die Schweiz zu gelangen, erhielt jedoch kein Visum, weshalb er schließlich im Oktober 1938 mit seiner Familie nach Paris entwich. Nach der deutschen Besetzung Frankreichs im Jahre 1940 mußte er hier untertauchen und sich bis zur Befreiung des Landes lange Jahre verstecken. Gleichwohl nahm er nach Kriegsende wieder die deutsche Staatsbürgerschaft an und berichtete für die „Frankfurter Rundschau" aus Frankreich. Er gewann das besondere Vertrauen von Konrad Adenauer, den er bei seinen ersten Frankreichbesuchen beriet.[170]

In der kritischen Übergangszeit nach der Ermordung des österreichischen Bundeskanzlers Dollfuß am 25. Juli 1934 gingen die offiziellen Besuche deutscher Journalisten bei Mussolini deutlich zurück. Um so bemerkenswerter war es, daß der ‚Duce' am 3. Juni 1935 Ernst Niekisch, dessen oppositionelle Einstellung gegenüber dem *Dritten Reich* bekannt war, eine Audienz gewährte. Nach der späteren Behauptung von Niekisch kam der Besuch angeblich eher zufällig zustande. Er habe bei einer Reise nach Rom den faschistischen Journalisten Giovanni Engely kennengelernt, der die offiziöse Zeitschrift „Affari Esteri" herausgab. Dieser habe ihm die Vermittlung einer Audienz angeboten, an die er zuvor gar nicht gedacht habe.[171] Daß Niekisch nach dem Verbot seiner Zeitschrift „Widerstand" allerdings gerade in Italien politische Kontakte herzustellen versuchte, spricht allerdings gegen diese Selbstdarstellung. Der Begründer des Faschismus paßte als ehemaliger Sozialist durchaus in sein politisches Weltbild. Nicht nur der deutsche Botschafter in Rom, Ulrich von Hassell, fand es aber „erstaunlich",[172] daß der ‚Duce' ausgerechnet Niekisch eine Audienz gewährte. Tatsächlich mußte dies in der gegebenen Situation beinahe schon als politische Provokation gegenüber NS-Deutschland angesehen werden. Niekisch wurde zu seiner Verblüffung von Mussolini sogar ganz direkt gefragt, was er „gegen Hitler hätte", ein deutlicher Hinweis darauf, daß der ‚Duce' ihn gezielt eingeladen hatte.[173] Als er im März 1937 verhaftet wurde, hat sich Mussolini

---

zu einer Anfrage des Auswärtigen Amtes, weshalb „der Volljude Kurt Kornicker" noch „häufig" von der Pressestelle der Botschaft empfangen werde. Hassell sah sich daher zu einer Rechtfertigung gezwungen, von einer Unterstützung der verzweifelten Wünsche Kornickers konnte keine Rede mehr sein. Vgl. die Korrespondenz im PAAA, R 72764.

[169] Vgl. Klaus Voigt, Zuflucht auf Widerruf. Exil in Italien 1933–1945, Bd. 1, Stuttgart 1989, S. 172f.
[170] Kornicker, L'Uomo dietro il protagonista, S. 29–40.
[171] Niekisch, Gewagtes Leben, 261. Niekisch nennt den Journalisten „Engerli" und vermutet deshalb fälschlich, daß er Schweizer Herkunft sei.
[172] Ebd., S. 262.
[173] Ebd., S. 263.

während des folgenden Prozesses vor dem Volksgerichtshof, der im Januar 1939 zu seiner Verurteilung zu lebenslangem Zuchthaus führte, offenbar noch für ihn eingesetzt und angeboten, ihn nach Italien zu holen und dort unter Hausarrest zu stellen.[174]

Seit der Ausrufung der *Achse* spielten Journalisten für die transnationale Kommunikation der faschistischen Diktaturen keine besondere Rolle mehr. Lediglich der römische Korrespondent des „Hamburger Fremdenblattes" und der „Münchner Neuesten Nachrichten", Egon Heymann, der nach Hitlers Machtübernahme schon als einer der ersten Deutschen bei Mussolini vorgesprochen hatte,[175] behielt noch eine gewisse Bewegungsfreiheit, weil er von Goebbels besonders geschätzt wurde.[176] Gegenüber Ulrich von Hassell brachte Heymann jedoch bei mehreren Besuchen zunehmend seine Skepsis gegenüber der *Achse* zum Ausdruck.[177] Auch er hatte große Schwierigkeiten, zu Mussolini vorzudringen, seine Bitten um eine Audienz wurden mehrfach abgelehnt. Während des Krieges war er nachweislich nur noch zweimal, am 20. März 1942 und am 13. Februar 1943, beim ‚Duce'.[178] In der Zeit der Republik von Salò wurde er schließlich in Mailand in die von dem deutschen Statthalter Rudolf Rahn aufgezogene Pressekontrolle einbezogen, ohne jedoch Mussolini jemals wieder zu begegnen.[179]

Protektor der Künste: Die Attraktivität Mussolinis für Komponisten, Maler, Bildhauer und Schriftsteller

Es ist kein Zufall, daß bei Mussolini auch zahlreiche deutsche Künstler vorgesprochen haben. Die über ihn verbreitete Fama, ein Freund der Bildhauerei und der Architektur zu sein, selbst einmal Geige gespielt zu haben und als Politiker

---

[174] Nach mündlicher Mitteilung Schmitts gegenüber dem Verfasser vom 1.2.1969 ging diese Initiative auf ihn zurück. Es sei ihm gelungen, über seinen römischen Kollegen Carlo Costamagna an Mussolini heranzukommen. Niekisch selbst bestätigte die Intervention Mussolinis 1966 in einem Gespräch mit Jürgen Treulich. Vgl. Michael Pittwald, Ernst Niekisch. Völkischer Sozialismus, nationale Revolution, deutsches Endimperium, Köln 2003, S. 275.
[175] Die Audienz fand am 21.2.1933 statt.
[176] Vgl. Goebbels, Tagebücher, Teil II. Dokumente 1941–1945, Bd. 9, München 1993, S. 35, (Tagebucheintrag vom 3.7.1943).
[177] Friedrich Freiherr Hiller von Gaertringen (Hg.), Die Hassell-Tagebücher 1938–1944, Berlin 1989, S. 66, S. 354, S. 392.
[178] Vgl. dazu den Briefwechsel Heymanns mit Mussolinis Sekretär Nicolò De Cesare zwischen dem 19.3.1942 und 29.5.1943 im römischen ACS, S.P.D., CO, Fasc. Personali, Nr.532.643.
[179] Vgl. Lutz Klinkhammer, Zwischen Bündnis und Besatzung. Das nationalsozialistische Deutschland und die Republik von Salò, Tübingen 1993, S. 158, S. 345.

nebenher historische Stücke zu schreiben, tat auch im Ausland ihre Wirkung. Mussolini konnte sich so schmeicheln, auf Teile der internationalen Kulturwelt eine ungewöhnliche Anziehungskraft auszuüben. Auch wenn dieses Bild weitgehend ein Konstrukt des um ihn aufgebauten Personenkultes war, hob sich Mussolini in dieser Hinsicht jedoch von dem Kunstbanausen Stalin, dem kleinbürgerlichen Spießer Hitler und dem öden Militär Franco ab. Das erklärt zwar nicht allein den Zustrom deutscher Künstler, macht aber immerhin verständlich, weshalb Mussolini auf Künstler eine größere Faszination ausübte als andere Diktatoren seiner Zeit.

Unter den deutschen Künstlern wiederum war das Interesse bekannter Musiker und Komponisten an einer Audienz bei Mussolini besonders groß. Als einer der ersten Deutschen war schon am 19. Februar 1924 Siegfried Wagner mit seiner Frau Winifred bei Mussolini. Es ist nicht bekannt, weshalb er um die Audienz gebeten hat, da er aber aus den USA zurückkehrte, wo er in der Hauptsache Fundraising für Bayreuth betrieben hatte, ist die Vermutung nicht abwegig, daß er sich auch von Mussolini finanzielle Zuwendungen erwartete. Möglich ist allerdings auch, daß die Wagners ihre Sympathie für Hitler auf Mussolini neugierig gemacht hat. Zumindest für Winifred Wagner scheint die Begegnung mit Mussolini dadurch angeregt worden zu sein. Sie verglich den ‚Duce' in einem Brief ausdrücklich mit Hitler: „Alles Wille, Kraft, fast Brutalität. Fanatisches Auge, aber keine Liebeskraft darin wie bei Hitler und Ludendorff."[180] Die Audienz beim ‚Duce' war insofern für sie eine Enttäuschung, immerhin entdeckte sie jedoch bei ihm „etwas Ähnlichkeit" mit Napoleon: „Famose echte Rasse! So einer lenkt Italien und Bernhardchen lenkt uns."[181]

Zwei Wochen zuvor war am 6. Februar 1924 auch schon Richard Strauss, dessen lebenslange Beziehungen zu Italien vor einiger Zeit in einer eigenen Ausstellung dokumentiert worden sind, erstmals bei Mussolini.[182] Besonders enge Verbindungen hatte der Komponist zur klassischen Musikszene in Rom, wo er erstmals schon 1908 dirigierte und später Ehrenmitglied der Accademia di Santa Cecilia wurde. Häufig dirigierte er auch in anderen italienischen Opern-

---

[180] Zit. nach Peter P. Pechl, Siegfried Wagner. Genie im Schatten, München 1988, S. 336. Pechl schreibt dem Brief entgegen der vorherigen Forschungsmeinung zu Recht Winifred und nicht Siegfried Wagner zu. Der vollständige Brief ist leider nicht mehr aufzufinden. Er befindet sich nach schriftlicher Auskunft von Christina Unger gegenüber dem Verfasser vom 13.2.2009 nicht im Richard-Wagner-Museum im Bayreuther Haus Wahnfried. Pechl kann die von ihm angefertigte Kopie nach Mitteilung an den Verfasser vom 23.3.2009 nicht mehr in seinem Privatarchiv auffinden.
[181] Ebd. Mit „Bernhardchen" war Friedrich Ebert gemeint.
[182] Katalog Richard Strauss und Italien. Eine Ausstellung des Richard-Strauss-Instituts Garmisch-Partenkirchen, 11 Mai bis 8. November 2003. Einen musikalischen Niederschlag der Verbundenheit von Strauss mit Italien stellt seine symphonische Symphonie „Aus Italien" dar.

3 Intellektuelle, Journalisten und Künstler bei Mussolini

häusern. Die Aufführung seiner Oper „Salome" in Rom war auch der Anlaß seiner ersten Audienz beim ‚Duce', von dem er bei dieser Gelegenheit zum Abschied als Zeichen besonderer Verehrung ein signiertes Foto mit der Widmung „Roma, febbraio 1924. A Riccardo Strauss con ammirazione profonda. Mussolini" erhielt.[183] Es dürfte zutreffen, daß das Verhältnis des Komponisten zu Mussolini in dieser Zeit noch „künstlerischer, nicht politischer Natur" war,[184] jedoch war dies am 27. Dezember 1932 und erst recht am 23. November 1936 wohl kaum noch der Fall. Auch diese Audienzen ergaben sich zwar daraus, daß Strauss jeweils wieder ein Konzert in Rom dirigierte.[185] Nachdem er 1935 das ihm zwei Jahre zuvor von Goebbels angediente Amt des Präsidenten der Reichsmusikkammer niedergelegt hatte, war seine berufliche Stellung im *Dritten Reich* jedoch vorübergehend prekär geworden.[186] Ein erneuter Empfang durch den ‚Duce' dürfte deshalb wenige Wochen nach Ausrufung der *Achse* für ihn durchaus eine gewisse Schutzfunktion gegenüber politischen Angriffen von Seiten nationalsozialistischer Kulturfunktionäre gehabt haben.

In den Jahren des *Dritten Reiches* wurde am 25.4.1934 auch Wilhelm Furtwängler in Privataudienz von Mussolini empfangen. Er hatte zwei Tage zuvor vom italienischen König das Offizierskreuz der Krone Italiens verliehen bekommen und war aus diesem Grund nach Rom gereist.[187] Der dem faschistischen Regime entkommene Arturo Toscanini kritisierte Furtwänglers Besuch bei Mussolini heftig, wodurch die Visite eine politische Dimension erzielt, die dem Dirigenten jedoch nicht unlieb sein konnte.[188] Im März 1934 war er wegen der Aufführung der Mathis-Symphonie von Paul Hindemith in eine heftige Auseinandersetzung mit Goebbels geraten. Kurz vor seiner Italienreise hatte er am 11. April 1934 in einem offenen Brief an den Propagandaminister die Diskriminierung jüdischer Musiker kritisiert, was im Dezember zu seinem Rücktritt

---

[183] Vgl. Richard Strauss, Der Strom der Töne trug mich fort. Die Welt um Richard Strauss in Briefen, Tutzing 1967, S. 279. Abbildung des signierten Fotos im Katalog Richard Strauss und Italien, S. 23.

[184] So der Text des Kataloges Richard Strauss und Italien, S. 23.

[185] Ebd., S. 24.

[186] Vgl. zu der Stellung von Richard Strauss im ‚Dritten Reich' die abgewogene Darstellung von Michael H. Kater, Composers of the Nazi Era, New York/Oxford 2000, S. 211–263.

[187] Vgl. Staatsbibliothek Preußischer Kulturbesitz, Musikabteilung, Sammlungen und Nachlässe, Nachl. W. Furtwängler, Mappe Grande Ufficiale del Ordine della Corona d'Italia.; Berta Geissmar an Ulrich von Hassell, Paris 17.4.1934, Faksimileabdruck bei Fred K. Prieberg, Kraftprobe. Furtwängler im Dritten Reich, Wiesbaden 1986, S. 173; PAAA, Botschaft Italien 1934, Paket 694, Ulrich von Hassell an Auswärtiges Amt, 5.5.1934: „Auch Mussolini, der Furtwängler gelegentlich dieses Besuches empfing, hat sich mir gegenüber mit großer Befriedigung ausgesprochen. Der König ehrte Furtwängler durch eine hohe Ordensauszeichnung."

[188] Vgl. Stefano Tonelli, Wilhelm Furtwängler in Italia, Tesi di laurea, Università Cattolica del Sacro Cuore di Milano, Facoltà di Lettere e Filosofia, Mailand 1997.

als Direktor der Berliner Staatsoper und des Berliner Philharmonischen Orchesters führen sollte.[189] Ähnlich wie Strauss war er damit in einen politischen Konflikt mit dem NS-Regime geraten, der seine berufliche Stellung, wenn auch ebenfalls nur vorübergehend, gefährdete. Daß auch Furtwängler sich in dieser Situation des Wohlwollens von Mussolini zu versichern suchte, kann kein Zufall gewesen sein, auch wenn die Beziehungen des NS-Regimes zum faschistischen Italien zu dieser Zeit noch gespannt waren. Die Kritik eines jüdischen Antifaschisten wie Toscanini konnte ihm dabei sogar nützen.

Schließlich ist belegt, daß Mussolini am 15. Dezember 1938 auch dem Pianisten und Komponisten Wilhelm Kempff „zur Überreichung einer Publikation" eine Audienz gegeben hat.[190] Irgendwelche politischen Zusammenhänge sind hier nicht erkennbar, Kempff überbrachte wahrscheinlich die Partitur seiner 1934 in Stettin uraufgeführten Oper „Familie Gozzi", die er wegen des italienischen Stoffes Mussolini gewidmet hatte.[191] Bei einem späteren Romaufenthalt ließ er sich am 25. Mai 1942 vom umtriebigen Direktor des römischen Kaiser-Wilhelm-Institutes für Kulturwissenschaft, Werner Hoppenstedt, zu einem Konzert verpflichten.[192] Ob ausgerechnet die von ihm vorgetragenen Goldberg-Variationen von Bach dem von diesem erwünschten kulturpropagandistischen Zweck dienlich waren, darf freilich bezweifelt werden.

Sehr viel direkter als Musiker waren zweifellos deutsche Maler und Bildhauer der propagandistischen Inszenierung Mussolinis als ‚Duce del fascismo' dienlich. Es machte sich für ihn gut, auch in der deutschen Öffentlichkeit als Freund der bildenden Künste zu erscheinen. Er konnte sich portraitieren lassen und die künstlerischen Ergebnisse, wenn sie seinen Vorstellungen entsprachen, unmittelbar in seine Bildpropaganda einbeziehen. Dadurch wurden bildende Künstler zu nützlichen Helfern des Personenkultes, den der Diktator zur Vortäuschung eines politischen Massenkonsenses betreiben ließ.

Ihrerseits verbanden die Künstler mit einer Begegnung mit Mussolini natürlich andere Erwartungen. Wenn es um wenig bekannte unter ihnen ging wie den Maler Erwin Teske (Audienzen am 9. Dezember 1926 und 16. September 1927), den Maler Hermann Neuhaus (Audienz am 29. Mai 1927), die Malerin Erna Plachte (Audienz am 16.10.1930), die Bildhauerin Elisabeth Keimer (Audienz am 25. März 1933) oder die Malerin Cecilia Kintzel-Exacoustos

---

[189] Vgl. dazu Prieberg, Kraftprobe, S. 160–180. Prieberg versucht vergeblich, Furtwänglers schwankendes Verhältnis zum ‚Dritten Reich' zu erklären.
[190] So der Eintrag in die Audienzliste am 15.12.1938, vgl. ACS, SPD, CO, b.3137.
[191] Telefonische Auskunft von Irene Bauer-Kempff am 18.5.2009. Die Oper wurde 1941 im Teatro San Carlo in Neapel aufgeführt.
[192] Vgl. Archiv MPG, Abt. I, Rep. 6, Nr. 570, Tätigkeitsbericht Hoppenstedt vom 14.5.1943, Zusatz S. 3.

(Audienz am 8. September 1936), stellte sich ein Besuch bei Mussolini allem Anschein nach als eine Möglichkeit dar, das eigene Renommee sowie zumindest den öffentlichen Bekanntheitsgrad zu verbessern oder gar den Ankauf eigener Werke zu erreichen. Letzteres ist von dem im *Dritten Reich* als völkischer Maler reüssierenden Rudolf Lengrüsser bekannt, der zwar Mussolini bei einer Audienz am 11. Juni 1937 ein von ihm illustriertes Buch überreichen durfte,[193] aber vergeblich versuchte, den ‚Duce' zum Erwerb eines seiner Bilder zu bewegen.[194]

Eigentliches Ziel der meisten bildenden Künstler war es aber, daß ihnen Mussolini Modell stand. Dies wurde zum ersten Mal von dem Künstlerehepaar Günther und Magdalena Martin erreicht, dem Mussolini zwischen dem 8. und 19. Juni 1931 sechs Sitzungen zugestand, ohne daß sich allerdings ermitteln läßt, welches künstlerische Ergebnis diese Sequenz hatte.[195] Auch ist unbekannt, weshalb Mussolini ausgerechnet diesen wenig bedeutenden Bildhauern erstmals gestattete, ihn zu portraitieren.[196] Zu erklären ist es nur damit, daß er nach Ausweis der Audienzlisten bis dahin noch keinen Zuspruch von bedeutenderen deutschen Künstlern erfahren hatte.

Was er dem Ehepaar Martin zugestand, praktizierte er jedoch später auch bei sehr viel renommierteren. Mussolini erfand geradezu eine Form der Künstleraudienz, bei der es nicht so sehr auf die Gespräche ankam, die er mit den Besuchern führte, sondern darauf, daß er sich während der Audienzen nur beobachten und skizzieren ließ. Er stand also nicht regelrecht Modell, sondern präsentierte sich während seiner Gespräche mit Besuchern, es handelte sich damit sozusagen um eine Inszenierung in der Inszenierung.

Für zwei prominente bildende Künstler hatten die Audienzsitzungen bei Mussolini auch noch einen politischen Aspekt. Durch die rigorose Kunstpolitik der Nationalsozialisten in persönliche Bedrängnis geraten, hofften sie, durch ihre künstlerische Arbeit für Mussolini auch dessen politische Protektion zu erhalten. Als erster ist hier Willi Geiger zu nennen, der sich schon vor dem Ersten Weltkrieg einen Namen als avangardistischer Graphiker und Radierer gemacht, aber auch schon Portraits z. B. von Hans Pfitzner und Heinrich Mann gemalt hatte. Geiger kannte Rom schon von einem Aufenthalt im Jahre 1905

---

193 Hitler, Hindenburg, Mussolini und ihre Sterne. Bildschmuck von Rudolf Lengrüsser, Königsberg 1934.
194 Vgl. Bundesarchiv Berlin, R 43 II/1249a, Bd. 8, Rudolf Lengrüsser.
195 Die Sitzungen fanden am 8.6.,11.6.,12.6.,15.6.,16.6. und 19.6.1931 statt. Vgl. ACS, SPD, CO, Udienze, b.3106.
196 Es existiert kaum Literatur zu dem Ehepaar Martin. Vgl. lediglich Hans Vollmer, Allgemeines Lexikon der bildenden Künste des XX. Jahrhunderts, 3. Bd., Leipzig 1956, S. 334, S. 441; Hans Jürgen Meinik, Der Bildhauer Günther Martin und die „Ateliergemeinschaft Klosterstraße", in: Mitteilungen des Vereins für die Geschichte Berlins 70 (1974), S. 442–458.

her, 1910 war er zudem auch ein Jahr lang in der Villa Romana in Florenz.[197] Daß er den Plan entwickelte, ein Portrait von Mussolini zu malen, hatte indessen nicht nur mit seiner Vorliebe für Italien zu tun. Es kann vielmehr angenommen werden, daß er sich von der Begegnung mit Mussolini eine gewisse Schutzfunktion erwartete. Seit 1928 Professor an der Akademie für graphische Künste in Leipzig, war er 1933 als „entarteter Künstler" fristlos entlassen worden. Er durfte zwar noch ein einmonatiges Stipendium in der Villa Massimo in Rom antreten, seine künstlerische Existenz stand jedoch in Frage. Ein Zufall wollte es, daß er nach seinem späteren Bericht in der Italienischen Botschaft in Berlin bei einer Abendgesellschaft neben den Handelsattache Andreozzi zu sitzen kam.[198] Dieser vermittelte ihm – bezeichnenderweise wieder über Giuseppe Renzetti – eine Sequenz von fünf Sitzungen,[199] bei denen Geiger den ‚Duce' zwischen dem 25. April und 5. Mai 1933 während der laufenden Audienzen portraitieren konnte. Eines der beiden Portraits, die Geiger bei dieser Gelegenheit geschaffen hat, wurde von Mussolini selbst erworben. Auch wenn hier selbstverständlich kein kausaler Zusammenhang nachgewiesen werden kann, ist bemerkenswert, daß Geiger das *Dritte Reich* nach seiner Rückkehr unbehelligt in der Verborgenheit eines Bauernhauses am Chiemsee durchstehen konnte. Nach 1945 gehörte er zu den wenigen deutschen Malern, die sich sofort aktiv mit dem Nationalsozialismus auseinandersetzten.[200]

Zu einem Zeitpunkt, an dem fast nur noch nationalsozialistische Führungskader bei ihm vorsprechen konnten, durfte schließlich im Herbst 1941 der Bildhauer Hans Wimmer den ‚Duce' in der Sala Mappamondo bei der Arbeit beobachten. Diese Sitzungen verdankten sich der Tatsache, daß auch Wimmer den Rompreis der Preußischen Akademie der Wissenschaften erhalten hatte und ebenfalls für ein Jahr in der Villa Massimo residieren durfte. Er kam bei dieser Gelegenheit, wahrscheinlich vermittelt durch Ludwig Curtius, in Kontakt mit dem einflußreichen und besonders deutschfreundlichen Direktor des Museo di Palazzo Venezia, Federico Hermanin.[201] Dieser schlug ihm vor, Mussolini zu portraitieren, und vermittelte den Kontakt zur Segreteria Particolare.[202] Zwischen dem 31. Oktober und dem 6. November 1941

---

[197] Vgl. Willi Geiger, Der offene Horizont. Lebenserinnerungen, Landshut 1996.
[198] Vgl. ebd., S. 148f. Vgl. von diesem Stanislao Andreozzi, Dalle origini del fascismo alla conquista dell'impero, Aversa 1938.
[199] Daß Renzetti eingeschaltet wurde, geht aus einem Empfehlungsschreiben hervor, daß er am 30.3.1933 für Geiger verfaßte. Vgl. Bundesarchiv Berlin, NS 43/433, Berlino 30 Marzo 1933/XI (Kopie).
[200] Vgl. Willi Geiger, Eine Abrechnung, München 1947.
[201] Hermanin war zugleich auch Soprintendente alle Gallerie e Musei del Lazio e dell'Abruzzo, insofern auch ein wichtiger Kulturfunktionär. Vgl. Insolera, Perego, Fori di Roma, S. 71.
[202] Vgl. dazu und zum folgenden Privatarchiv Uta Kuhl, Haus Wimmer, Im Palazzo Venezia, S. 27f., S. 30 (Kopie).

durfte Wimmer den ‚Duce' fünf Vormittage lang bei seinen Audienzen modellieren. Das künstlerische Ergebnis war eine Bronzebüste des Diktators, die 1942 vom Museum im Palazzo Venezia für 30.000 Lire angekauft wurde.[203] Wimmer fertigte noch zwei etwas veränderte Fassungen des Portraits an, die letzte nach einer erneuten Audienz bei Mussolini am 2. März 1943.[204] Egon Heymann hob in einem Artikel über „Hans Wimmers Mussolini-Büste" im „Hamburger Fremdenblatt" vom 7. Mai 1942 hervor, daß Wimmer bei der Darstellung Mussolinis „auf jede Idealisierung, jede falsche Heroisierung verzichtet" habe.[205] Auch Ludwig Curtius fiel vor allem auf, daß Mussolini „in diesem Portrait plötzlich so menschlich, wie ihn noch keiner gesehen", erscheine.[206] Anders als von fast allen Künstlern wurde Mussolini von Wimmer tatsächlich nicht als martialischer Sieger, sondern eher als melancholischer Held dargestellt, mit nach innen gerichtetem Blick und nach vorne gewölbten Lippen.[207] Mussolini scheint jedoch gegen diese Entheroisierung seiner Person nicht nur nichts einzuwenden gehabt haben, er versicherte Wimmer bei der Audienz von 1943 offenbar sogar ausdrücklich, daß er sich darin wiedererkenne.[208]

Wahrscheinlich hatte das Interesse an einer Audienz bei Mussolini auch bei Wimmer einen politischen Hintergrund. Als er im November 1941 Mussolini modellierte, war kurz zuvor seine Berufung an die neu gegründete Nürnberger Akademie der bildenden Künste gescheitert, weil er sich geweigert hatte, in die NSDAP einzutreten.[209] Ähnlich wie Geiger befand er sich damit in einer existentiellen Krise, als er sich um eine Audienz bei Mussolini bemühte. Nicht zufällig bekannte er Mussolini bei der ersten Begegnung, daß er weder der NSDAP noch einer ihrer Untergliederungen angehöre. Mussolini habe darauf, wie Wimmer berichtet, nur geantwortet: „Die Politik ist ein Ding und die

---

[203] Vgl. den Schriftwechsel darüber im ACS, SPD, CO, Fasc. Personali, Nr. 518.480, Hans Wimmer.
[204] Vgl. ebd. die in Rom an Mussolini handschriftlich geschriebenen Briefe Wimmers vom 14. und 15.2.1943. Im ersten Brief bittet Wimmer um eine Audienz, im zweiten will er Mussolini offenbar klar machen, daß er mit ihm künstlerisch noch nicht fertig sei. Der Brief lautet: „Exzellenz! Beim Wiedersehen mit seinem Problem erkennt der Künstler seinen Fortschritt. Die Kunst ist ein Raubtier. Euer Exzellenz ganz ergebenster Hans Wimmer." Dieser Brief enthält folgenden handschriftlichen Vermerk von anderer Hand: „2. marzo 43 ricevuto oggi dal Duce." Wimmers Angabe, „im Februar 1942" von Mussolini erneut empfangen worden zu sein, ist irrig.
[205] Egon Heymann, Hans Wimmers Mussolini-Büste, Hamburger Fremdenblatt, 7.5.1942.
[206] Curtius, Deutsche und antike Welt, S. 29f.; ähnlich auch Carl Lamb, Der Kopf Benito Mussolinis, in: Die neue Linie, Oktober 1942, S. 10f. (mit zwei Abbildungen des Portraits).
[207] Vgl. dazu die eindringliche Interpretation von Uta Kuhl, Hans Wimmer. Das plastische Werk, Göttingen 1999, S. 139f.
[208] Vgl. Wimmer, Im Palazzo Venezia, S. 32.
[209] Vgl. dazu Kuhl, Wimmer, S. 24.

Kunst ist ein Ding. Der Künstler muß in dem Regime arbeiten, in das er hineingeboren ist, er darf nur seine Kunst nicht verraten. Sie können arbeiten, wie und wie lange Sie wollen."[210] Verbürgt ist schließlich, daß Wimmer im Frühjahr 1942 aufgrund des großen Aufsehens, das die unkonventionelle Plastik in der Öffentlichkeit erregte, seine Mussolinibüste von der Münchner Kunstausstellung im Maximilianeum „nach wenigen Tagen" zurückzog, „um sich nicht zu gefährden".[211]

Ganz anders ist allerdings der Besuch des Bildhauers Fritz Behn bei Mussolini einzuschätzen. Behn war eindeutig ein philofaschistischer Gesinnungskünstler, der im ‚Dritten Reich' geschätzt wurde, obwohl er zuvor Portraits von Gerhart Hauptmann, Ricarda Huch, Albert Schweitzer und Theodor Heuß geschaffen hatte.[212] Nachdem er sich mit zwei Afrikabüchern als unverbesserlicher Imperialist profiliert hatte,[213] war er der künstlerische Star der kolonialistischen Bewegung in der Zeit der Weimarer Republik gewesen. Nach seinen Plänen wurde 1932 das „Koloniale Ehrenmal" in Bremen in Gestalt eines begehbaren Elefanten errichtet. Das ebenfalls von ihm 1930 in Form eines 30 Meter hohen Obelisken entworfene Projekt eines „Reichskolonial-Ehrenmals", das bezeichnenderweise in der Nähe der Wartburg bei Eisenach errichtet werden sollte, kam nur aus Geldmangel nicht zustande.[214] Aus seiner republikfeindlichen, völkischen Gesinnung hatte Behn schon früher keinen Hehl gemacht.[215] Auf der Basis einer Serie von Rötelzeichnungen schuf er 1934 eine Büste Mussolinis aus grünem Porphyr, in der das Martialische des Diktators überdeutlich betont wird. Auch Behn hatte zuvor das Privileg gehabt, zwischen dem 23. Juni und dem 2. Juli 1934 während der laufenden Audienzen anwesend sein und Mussolini aus verschiedenen Perspektiven zeichnen zu dürfen. Das hagiographische Buch, das er über seine Sitzungen mit Mussolini geschrieben hat, übertrifft an kritikloser Bewunderung fast alles, was von deutschen Audienzbesuchern sonst über den Diktator geschrieben worden ist.[216]

Im Vergleich zu den Musikern und bildenden Künstlern waren deutlich weniger deutsche Schriftsteller bei Mussolini. Das kann nicht verwundern, da diese sich bei diesem schon aus sprachlichen Gründen weit weniger Resonanz

---

[210] Wimmer, Im Palazzo Venezia, S. 28.
[211] Kuhl, Hans Wimmer, S. 287.
[212] Zu Behn vgl. die knappen Bemerkungen bei Thöndl, Oswald Spengler, S. 117. Ferner ist vor allem der Versteigerungskatalog von Neumeisters Moderne, 14. November 2007, Sonderauktion Fritz Behn (1878–1970), München 2007, wichtig. Eine Biographie Behns fehlt.
[213] Fritz Behn, Haizuru. Ein Bildhauer in Afrika, München 1918; ders. Kwa-Heri – Afrika! Gedanken im Zelt, München 1933.
[214] Vgl. Joachim Zeller, Kolonialdenkmäler und Geschichtsbewußtsein. Eine Untersuchung der kolonialistischen Erinnerungskultur, Frankfurt/M. 2000.
[215] Fritz Behn, Freiheit, München 1920.
[216] Behn, Bei Mussolini.

3 Intellektuelle, Journalisten und Künstler bei Mussolini 143

ausrechnen konnten als Musiker oder bildende Künstler. Bezeichnenderweise bemühten sich aber völlig unbedeutende Autoren wie Elsa von Bonin (am 19. März 1930), Christa Niesel-Lessenthin (am 7. Juni 1930) oder Carl Camillo Burkhard (am 3. Juni 1933), bei denen allein bemerkenswert ist, daß sie überhaupt von Mussolini empfangen wurden, mit Erfolg um eine Audienz.[217] Allem Anschein nach hofften sie vor allem, durch den Besuch beim ‚Duce' ihren Bekanntheitsgrad zu steigern.

Erstaunlich ist auch, daß der epigonale, der vormodernen Literatur verpflichtete rheinische Schriftsteller Viktor Meyer-Eckhardt bei Mussolini Gehör fand. Meyer-Eckhardt glaubte sich Mussolini verbunden fühlen zu können, weil er über die Lyrik August von Platens, mit der sich auch Mussolini einst beschäftigt hatte, promoviert hatte. In grotesker Selbstüberschätzung bat er im Januar 1930 den ‚Duce' in einem gestelzten Brief in italienischer Sprache darum, für sein im Manuskript vorliegendes Buch „Heroische Novellen" eine Widmung zu schreiben. Er scheute sich nicht, Mussolini darin den „più grand'uomo di stato che ha veduto il mondo da un secolo" zu bezeichnen.[218] Offensichtlich geschmeichelt, ließ ihm Mussolini daraufhin unter dem Datum des 26.11.1930 tatsächlich ein Foto mit einer Widmung zustellen. Um so peinlicher war es für Meyer-Eckhardt, daß er für seine „Heroischen Novellen" jahrelang keinen Verleger finden konnte. Er entschloß sich deshalb zu einer Flucht nach vorn und bat Mussolini im September 1936 über die Italienische Botschaft in Berlin um eine Audienz, bei der er ihm alles erklären wollte.[219] Diese wurde ihm auch tatsächlich gewährt, so daß er am 6.10.1936 in Rom von Mussolini empfangen werden konnte. In einem Reisetagebuch hat er auf 21 handgeschriebenen Seiten seine Eindrücke von der Audienz in einem schwer erträglichen emphatischen Ton niedergeschrieben.[220] Zu allem Überfluß hat er das Tagebuch von außen auch noch mit zwei Postkarten mit Fotografien des ‚Duce' verziert. Der Bericht läßt deutlich erkennen, daß Mussolini sich mit diesem devoten Bewunderer gelangweilt hat, Meyer-Eckhardt jedoch lief nach der Audienz nach eigener Aussage „ziellos und völlig benommen" durch die Straßen Roms.[221]

Nur wenige bedeutendere Schriftsteller bemühten sich demgegenüber um eine Audienz bei Mussolini. Dazu gehörte der zwar heute kaum noch bekann-

---

217 Über Christa Niesel-Lessenthin (1879–1953) ist abgesehen von ihrem Bericht über die Audienz bei Mussolini, die unter dem Titel „Mussolini unterhält sich mit einer Dame" in: Ernte. Halbmonatsschrift für Politik 11 (1930), S. 30–32 erschien, wenig bekannt. Elsa von Bonin und Camillo Burkhard haben keinen Audienzbericht hinterlassen.
218 Heinrich-Heine-Institut Düsseldorf, Archiv, Nachlaß Meyer-Eckhardt, Meyer-Eckhardt an Mussolini, 31.1.1930.
219 Ebd., Meyer-Eckhardt an Mussolini, 20.9.1936.
220 Ebd., Reisetagebuch Meyer-Eckardts Sommer 1936.
221 Ebd.

te, im Kulturleben der Weimarer Republik jedoch eine wichtige Rolle spielende Hermann von Wedderkop, der am 5. Mai 1930, am 10. Oktober 1930 und am 28. Mai 1935 gleich drei Mal bei Mussolini war. Als Mitarbeiter und seit 1924 verantwortlicher Herausgeber der von dem Kunsthändler Alfred Flechtheim 1920 gegründeten Zeitschrift „Der Querschnitt" hatte er diese zum führenden Monatsblatt der kulturellen Avantgarde in Deutschland gemacht. Es ist nicht genau bekannt, wie er von dieser erklärtermaßen unpolitischen, aber durchaus linksorientierten Zeitschrift her auf den italienischen Faschismus gekommen ist, wahrscheinlich spielte dabei jedoch der Schriftsteller Werner von der Schulenburg eine Rolle, von dem gleich noch ausführlicher die Rede sein soll.

Da die wichtigste Botschaft des Berichtes über seine erste Audienz bei Mussolini darin bestand, daß Wedderkop den Faschismus als „ein italienisches Gewächs" bezeichnete, das in Deutschland kein Pendant habe, ist davon auszugehen, daß auch er sich mit diesem aus Sorge vor dem Aufkommen des Nationalsozialismus anfreundete. Das wird vor allem dadurch belegt, daß er Werner von der Schulenburg im Oktober 1930 aufforderte, für den „Querschnitt" einen Artikel darüber zu schreiben, was „unsere Nazis von den italienischen unterscheidet", wobei er vor allem den Antisemitismus als „eine saudumme Angelegenheit des hiesigen Nazitums" bezeichnete.[222] Mit seiner in starkem Maße ästhetisch begründeten, aber politisch gemeinten Begeisterung für Mussolini kam er mit dem Ullsteinverlag in Konflikt, so daß er im Mai 1931 als Herausgeber des „Querschnitts" zurücktreten mußte. Die Zeit des Nationalsozialismus verbrachte er daraufhin im wesentlichen in Italien.

Der seit dem Ende des Ersten Weltkriegs im Tessin lebende Schriftsteller Werner von der Schulenburg hatte eine einzigartige und besonders lange andauernde Beziehung zu Mussolini.[223] Wenn man von seinem Erfolgsroman „Der König von Korfu" absieht,[224] war er ein sicherlich nicht unbedingt erfolgreicher, aber enorm produktiver und vielseitig begabter Autor und hervorragender Übersetzer, der in den zwanziger Jahren zu den wichtigsten Kulturvermittlern zwischen Deutschland und Italien gehörte. Für seine Be-

---

[222] Privatarchiv Isa von der Schulenburg, Nachlaß Werner von der Schulenburg, Hermann von Wedderkop an Werner von der Schulenburg, 14.10.1930.

[223] Vgl. dazu und zum folgenden das „Um Benito Mussolini" überschriebene Manuskript der Lebenserinnerungen Werner von der Schulenburgs im Privatarchiv Isa von der Schulenburg, Nachlaß Werner von der Schulenburg. Ferner: Hanns Martin Elster, Werner von der Schulenburg. Sein Leben und sein Schaffen, in: Werner von der Schulenburg, Sonne über dem Nebel. Roman aus der Lombardei, Düsseldorf 1952, S. 379–423; Wolf M. Eary, Werner von der Schulenburg. Biographische Notizen, in: Werner von der Schulenburg, Es weht ein Wind von Afrika. Eine Erzählung von der Riviera, Stuttgart 1953, S. 189–200, sowie detaillierte schriftliche Mitteilungen von Isa von der Schulenburg an den Verfasser.

[224] Werner von der Schulenburg, Der König von Korfu, Braunschweig 1950; Neuausgabe aus dem Nachlaß hg. von Isa von der Schulenburg, Stuttgart 1962.

ziehungen zum Faschismus war es entscheidend, daß er in Mailand schon vor dem *Marsch auf Rom* Margherita G. Sarfatti kennenlernte, mit der ihn eine lebenslange Freundschaft verbinden sollte. In ihrem Salon brachte die langjährige Vertraute des ‚Duce' ihn erstmals mit Mussolini zusammen, sie war es auch, die später seinen Plan unterstützte, eine deutsch-italienische Kulturzeitschrift ins Leben zu rufen. Am 24. März 1927 wurde Schulenburg von Mussolini im Palazzo Chigi in Audienz empfangen und von ihm autorisiert, eine solche Zeitschrift herauszugeben.[225] Es sollte sich nach außen hin um eine eher unpolitische Zeitschrift handeln, die von italienischer Seite nicht beeinflußt, jedoch von der Tourismusagentur, der Compagnia Italiana per il Turismo (CIT), durch Anzeigenwerbung und die garantierte Abnahme von Exemplaren finanziell unterstützt werden sollte.[226] Tatsächlich sind unter dem Namen „Italien. Monatszeitschrift für Kultur, Kunst und Literatur" von Dezember 1927 bis November 1930 drei vollständige Jahrgänge der Zeitschrift in einem Heidelberger Verlag erschienen, ehe die Weltwirtschaftskrise ihr das finanzielle Fundament entzog.[227] Ganz so unpolitisch wie ursprünglich behauptet, war die Zeitschrift nicht. Die breit gestreuten, meist deutschen Autoren kamen fast alle aus dem konservativen Lager. Nach Schulenburg sollte die Zeitschrift letzten Endes „der großen Idee des Fascismus" dienen.[228] Ab und zu erschienen in der Zeitschrift auch direkt für den Faschismus werbende Artikel, nicht zuletzt von der italienischen Promotorin des ganzen Unternehmens, Margherita Sarfatti.[229] Zweifellos gehörte die intellektuell anspruchsvolle

---

[225] Vgl. Privatarchiv Isa von der Schulenburg, Nachlaß Schulenburg, Um Benito Mussolini, S. 15–18. Schulenburg datiert seine erste Audienz ebd., S. 15 auf den „Herbst 1927". Da er aber gleichzeitig davon berichtet, daß er im Vorzimmer zu Mussolini Robert Michels getroffen habe, beruht diese Datierung auf einem Irrtum. Er war nach Ausweis von Mussolinis Audienzlisten am 24.3.1927 vor Michels bei Mussolini, vgl. ASMAE, GM, b.42. Daß er von der Begegnung mit Michels berichtet, bestätigt aber sonst die Glaubwürdigkeit seines Berichtes.
[226] Vgl. dazu Hoffend, Kultur-Achse, S. 80.
[227] In der letzten Nummer von „Italien" vom November 1930 (3. Jahrgang, Heft 12), S. 584 teilten Verlag und Herausgeber den „Lesern und Freunden" mit, daß die „gewaltige Weltwirtschaftskrise" das Weitererscheinen der Zeitschrift unmöglich mache. Das bedeutete, daß der Zeitschrift die finanzielle Unterstützung durch die faschistische Regierung entzogen wurde.
[228] Brief von der Schulenburgs an eine unbekannte Adressatin, Ascona, 25.4.1927, zit. nach Hoffend, Kultur-Achse, S. 80.
[229] Vgl. etwa W[ilhelm] Mann, Mussolini und der Faschismus als geistige Bewegung, in: Italien 1 (1927/28), S. 483–500; Margherita G. Sarfatti, Faschistische Kunst und faschistische Sitten, in: Italien 2 (1928/29), S. 481–486; Fritz Neugass, Das Problem der Massenkultur als wesentlicher Faktor des faschistischen Staatsgedankens, in: Italien 3 (1929/30), S. 156–164. Vgl. auch Privatarchiv Isa von der Schulenburg, Nachlaß Werner von der Schulenburg, Masch. Abschriften von Briefen Sarfattis an von der Schulenburg, Dezember 1927 und von der Schulenburgs an Sarfatti vom 23.12.1928, 13.2.1929, 7.5.1929, 19.9.1929. Auf-

Zeitschrift jedoch zu den wenigen Kulturzeitschriften der Weimarer Republik mit einer europäischen Dimension.

Schulenburg war bis 1930 allem Anschein nach davon überzeugt, Hitler auf die politische Linie Mussolinis bringen zu können. Im Dezember 1929 durfte er durch Vermittlung von Sarfatti unter dem Pseudonym Geert von Schwochau in der „Gerarchia", der offiziösen Zeitschrift Mussolinis, einen Aufsatz publizieren, in dem er die nationalsozialistische Bewegung ausdrücklich gegen Angriffe aus Italien in Schutz nahm und ihren italienfreundlichen Kurs hervorhob.[230] Adolf Hitler bedankte sich daraufhin am 2. Januar 1930 bei Schulenburg persönlich „für den Dienst, den sie damit der nationalsozialistischen Bewegung geleistet haben".[231] Seinem Brief lag offenbar außerdem ein von Himmler persönlich unterzeichneter Mitgliedsausweis der SS bei.[232] Schulenburg ließ sich davon jedoch nicht einfangen, sondern schrieb im Gegenteil in der „Gerarchia" zunehmend kritischere Aufsätze über den Nationalsozialismus.[233] Statt mit den Nationalsozialisten nahm er mit Edgar Jung Kontakt auf und vermittelte diesem über Margherita Sarfatti eine Audienz bei Mussolini.[234] Damit reihte er sich unter diejenigen deutschen Bewunderer Mussolinis ein, die den italienischen Faschismus nicht als Vorbild für einen deutschen sehen wollten, sondern als

---

grund zahlreicher Fehler ist die Biographie von Philipp V. Cannistaro, Brian R. Sullivan, Margherita Sarfatti. L'altra donna del Duce, Milano 1993, in diesem Zusammenhang leider weitgehend unbrauchbar.

[230] Geert von Schwochau, La Germania e Hitler, in: Gerarchia 9 (1929), S. 929 ff. Vgl. dazu schon Hoepke, Deutsche Rechte, S. 252f., der allerdings das Pseudonym nicht durchschaute.

[231] Vgl. das Faksimile des Briefes in der Biographie der jüngsten Tochter Sybil von der Schulenburg, Il barone. Werner von der Schulenburg fra storia, passioni e intrighi, Verona 2010, S. 157. Die Biographie ist romanhaft angelegt, beruht jedoch auf Dokumenten, die im Privatarchiv von Isa von der Schulenburg verwahrt werden. Statt Anmerkungen enthält sie zahlreiche Faksimileabdrucke von Dokumenten.

[232] Vgl. den Faksimileabdruck des Ausweises ebd., S. 191.Vgl. auch www.vonderschulenburg. com/widerstand. htm, S. 2. Dieser sehr detaillierte und mit wörtlichen Zitaten durchsetzte biographische Online-Artikel über „Werdegang und Widerstand" Werner von der Schulenburgs stammt nach schriftlicher Mitteilung von seiner Witwe Isa von der Schulenburg. Vgl. ferner auch das Nachwort von Wolf M. Eary von der Schulenburg, Es weht ein Wind von Afrika, S. 197, sowie das Nachwort von Hanns Martin Elster zu von der Schulenburg, Sonne über dem Nebel, S. 413.

[233] Werner von der Schulenburg, Chiaramenti, in: Gerarchia 9 (1929), S. 540–542; ders., Brüning, Hitler, Hugenberg, ebd. 12 (1932) S. 55–60; ders., Le elezioni in Germania, ebd. 12 (1932), S. 976–980; ders., Schleicher?, ebd. 12 (1932), S. 1054; ders., Socialismo e communismo in Germania, ebd. 13 (1933), S. 210–214; ders., La rivoluzione tedesca, ebd. 13 (1933), S. 285–289; ders., Le ripercussioni del patto a quattro in Germania, ebd. 13 (1933), S. 470–474.

[234] Vgl. dazu oben S. 162f.

3 Intellektuelle, Journalisten und Künstler bei Mussolini

Alternative dazu. Schulenburg war für Mussolini, weil er gegen Hitler war.[235] In einem Lebenslauf schrieb er nach dem Krieg, daß es „sein persönliches Interesse" gewesen sei, „Italien von Hitler fernzuhalten".[236]

Nach Hitlers Machtübernahme stieg Schulenburg noch weiter in die Politik ein. An Elisabeth Förster-Nietzsche schrieb er am 7. Mai 1933 nach dem ersten Judenboykott des NS-Regimes: „Wie Sie gnädige Frau, kann auch ich die Judenfrage nicht mitmachen... Ich muß jetzt in die Kampflinie, und irgend etwas wird sich finden."[237] Im März 1933 traf er sich in Berlin mit Edgar Jung und ließ sich von diesem in den Kreis v. Papens hineinziehen.[238] Während der Konkordatsverhandlungen in Rom war er im Sommer 1933 als Pressesprecher Papens tätig.[239] Auf Wunsch des deutschen Vizekanzlers reiste er sodann im September 1933 nach Paris und zum Völkerbund nach Genf, im November erneut nach Paris. Am 21. November 1933 war er im Auftrag Papens in Rom, um Mussolini ein vertrauliches Memorandum zur Österreichfrage zu überreichen. Ein erneut von Margherita Sarfatti arrangiertes Gespräch mit Mussolini kam jedoch nicht zustande, wahrscheinlich weil die faschistische Geheimpolizei davon Wind bekommen hatte, daß Schulenburg nur im Auftrag Papens, aber nicht Hitlers agierte.[240]

Es muß offen bleiben, ob Schulenburg begriffen hat, daß seine politische Betriebsamkeit zu nichts führen konnte, weil der willensschwache Papen letzten Endes nicht den Absprung wagen und lieber Hitler weiter dienen würde. Bemerkenswert ist jedoch, daß er es noch im Mai 1933 riskierte, eine Artikelserie von Margherita Sarfatti in der „Vossischen Zeitung" zu lancieren. In einer Einführung präsentierte er die Italienerin in übertriebener Weise als Person, auf die nach der „faschistischen Revolution" ein „großer Teil der kulturellen Füh-

---

[235] Vgl. Privatarchiv Isa von der Schulenburg, Nachlaß Werner von der Schulenburg, Lebenslauf (leicht gekürzt): „1928–1930 die Zeitschrift ‚Italien' herausgegeben, die wichtigsten geistigen Menschen Italiens jener Zeit kennen gelernt, Ugo Orjetti, Farinelli, D'Annunzio u. a. Auf Mussolinis Wunsch in seiner Zeitschrift „Gerarchia" mitgearbeitet, dort rein objektiv einen Artikel veröffentlicht über Hitler und seine Bewegung (Dez.1929). Von da an kritisch gegen Hitler geschrieben. Der Satz von den ‚rollenden Köpfen' ließ mich blitzartig das wahre Wesen dieses Mannes erkennen."
[236] Ebd.
[237] Zit. nach Werdegang und Widerstand, S. 3.
[238] Werdegang und Widerstand, S. 3f.
[239] Vgl. dazu und zum folgenden Privatarchiv Isa von der Schulenburg, Nachlaß Schulenburg, Blatt mit handschriftlichen Einträgen v. d. Schulenburgs: „Politische Tätigkeit Werner v. d. Schulenburgs 1933 (bis 15.11.33) im Auftrag des Vizekanzlers v. Papen: 1. Engadin, 2. Rom (dreimal), das erste Mal als Papens Pressechef beim Konkordat. 3. Genf (zweimal), 4. Paris (zweimal), inzwischen Rücksprachen in Berlin."
[240] Vgl. ACS, Ministero del Interno, P.S., Pacco 1237, Schulenburg, Werner; ferner ACS, SPD, CO, Fasc. Personali, Nr. 533.481, Handschriftliches Empfehlungsschreiben Sarfattis für von der Schulenburg vom 19.11.1933.

rung des neuen Staates" übergegangen sei. Ihre jüdische Herkunft verschwieg er nicht nur, sondern behauptete gezielt, Sarfatti sei eine „feingliedrige blonde Dame" mit „lebendigen graublauen Augen".[241] Auf diese Weise gelang es ihm, ihre Artikelserie über „Das faschistische Italien" als intellektuelle Konterbande in das nationalsozialistische Deutschland einzuschmuggeln.[242]

Nach den ‚Röhmmorden' vom 30. Juni 1934, denen bekanntlich auch Edgar Jung zum Opfer fiel, blieb Schulenburg unbehelligt. Da er jedoch als Schriftsteller in Deutschland fast nichts mehr veröffentlichen konnte, ließ er sich Ende 1938 von Walther Wüster anwerben, der in der deutschen Botschaft in Rom im Auftrag Ribbentrops als Generalkonsul eine eigene Abteilung für die nationalsozialistische Auslandspropaganda aufbauen sollte. Ohne in die Partei einzutreten, stand er 1939 in Rom so mit einem Mal unter dem besonderen Schutz eines einflußreichen nationalsozialistischen Kulturfunktionärs.[243] Wüster vermittelte ihn an die Kulturwissenschaftliche Abteilung der Bibliotheca Hertziana, deren Leiter, der Salon-Nazi Werner Hoppenstedt, ihm bereitwillig Räume und Arbeitsmittel zur Verfügung stellte, ihn aber auch in seine kulturpropagandistischen Aktivitäten einbezog.[244] Schulenburg bereitete hier die Fortführung seiner Kulturzeitschrift „Italien" vor, die dann seit März 1942 unter dem Titel „Italien. Monatsschrift der Deutsch-Italienischen Gesellschaft" zu erscheinen begann, ihm freilich schon nach drei Nummern auf Betreiben des Auswärtigen Amtes von dem nationalsozialistischen Kulturfunktionär Albert Prinzing aus der Hand genommen wurde.[245]

Wie ist die Kollaboration Schulenburgs mit nationalsozialistischen Kulturfunktionären zu erklären? Bloßer politischer Opportunismus war es sicherlich nicht, auch noch nicht Angst vor Verfolgung, vielmehr glaubte Schulenburg offenbar daran, daß sich die kulturelle Verständigung zwischen Deutschland und Italien unabhängig von den totalitären politischen Rahmenbedingungen vorantreiben ließ.[246] Wie schon einmal Ende der zwanziger Jahre bemühte er sich im übrigen darum, sich gegen eine Vereinnahmung durch die

---

[241] Werner von der Schulenburg, Margherita Sarfatti, Vossische Zeitung 21.5.1933.
[242] Margherita Sarfatti, Das faschistische Italien, Vossische Zeitung, 23.5., 25., 27. und 31.5.1933.
[243] Vgl. Schulenburgs spätere Darstellung dazu im Privatarchiv Isa von der Schulenburg, Nachlaß Schulenburg, Um Mussolini, S. 31.
[244] Vgl. Archiv der Max-Planck-Gesellschaft, Abt. I, Rep. 1A, Nr. 1751, Jahresbericht KWI für Kulturwissenschaft für 1939/40, S. 2f.; ebd., 1724/1-6, Tätigkeitsbericht des KWI für Kulturwissenschaft, 17.4.1942. Zu Hoppenstedt bereite ich eine eigene Studie vor.
[245] Vgl. Sibyl von der Schulenburg, Il barone, S. 351f.
[246] Vgl. dazu im Privatarchiv Isa von der Schulenburg, Nachlaß Schulenburg, die sicherlich einseitig zweckgerichtete, aber doch seine Auffassungen erkennen lassende „Eidesstattliche Versicherung", die er am 6.12.1948 im Entnazifizierungsverfahren für Wüster abgegeben hat.

3 Intellektuelle, Journalisten und Künstler bei Mussolini 149

Nationalsozialisten auf faschistischer Seite abzusichern.[247] Bis zum Sturz Mussolinis im Juli 1943 konnte er mit der Protektion der faschistischen Regierung rechnen. Er freundete sich mit dem Minister für Volkskultur, Alessandro Pavolini, an, durch den er auch neuerdings in Kontakt zu Mussolini kam.[248] Pavolini verschaffte ihm den Orden eines Commendatore della Corona d'Italia, Schulenburg übersetzte einen Novellenband des Italieners ins Deutsche.[249]

1940 durfte er das angeblich von Mussolini in Zusammenarbeit mit dem faschistischen Schriftsteller Giovacchino Forzano, in Wahrheit wohl nur von diesem verfaßte Historienstück „Villafranca", das am 9. Mai 1940 in Berlin im deutschen Staatstheater unter dem Titel „Cavour" aufgeführt wurde,[250] ins Deutsche übersetzen und bearbeiten.[251] Mussolini ist er bei dieser Gelegenheit im Mai 1940 noch einmal persönlich begegnet, als er nach seiner Rückkehr aus Berlin von der Aufführung des „Cavour" von Pavolini spontan zu einer Audienz mitgenommen wurde.[252] In seinen Erinnerungen berichtet er, daß er sich bei dieser Audienz offen als Gegner des Nationalsozialismus geoutet und darauf hingewiesen habe, daß man ihn in Deutschland deshalb als „Verräter" bezeichne. Mussolini habe das kommentarlos zur Kenntnis genommen, ihm aber hinterher eine Fotografie mit der Widmung „Traduttore non traditore! Benito Mussolini 1940 XVII." zukommen lassen, ein Wortspiel, mit dem der ‚Duce' Schulenburg seine Anerkennung als Übersetzer aussprach, ihn aber vom Verrat an Deutschland freisprach.[253] Seit 1941 stand Schulenburg in loser Verbindung mit Mitgliedern der deutschen Widerstandsbewegung gegen Hitler, vor allem mit seinem Vetter Friedrich Werner Graf von der Schulenburg

---

[247] Zu den Kontakten mit faschistischen Intellektuellen vgl. Sibyl von der Schulenburg, Il barone, S. 320f.
[248] Vgl. den Briefwechsel zwischen Schulenburg und Pavolini im ACS, MCP, Gabinetto, b.108. Hier auch der Dankesbrief Schulenburgs für die Ordensverleihung vom März 1942. Zu Pavolini vgl. neuerdings das freilich oberflächliche Buch von Giovanni Teodori, Alessandro Pavolini. La vita, le imprese e la morte dell'uomo che inventò la propaganda fascista, Rom 2011.
[249] Alessandro Pavolini, Die Lichter des Dorfes, Potsdam 1941. Rezension in: Völkischer Beobachter, 6.5.1941.
[250] Das Schauspiel wurde mit hochkarätiger Besetzung inszeniert. Die deutsche Uraufführung fand am 9.5.1940 statt. Vgl. oben S. 49, Anm. 150. Schulenburgs eigene Darstellung findet sich im Privatarchiv Isa von der Schulenburg, Nachlaß Schulenburg, Um Mussolini, S. 31f.
[251] Benito Mussolini, Giovacchino Forzano, Cavour.
[252] Privatarchiv Isa von der Schulenburg, Nachlaß Schulenburg, Um Mussolini, S. 33–38. Da das genaue Datum dieser Audienz nicht bekannt ist, wurde sie nicht in die Liste der deutschen Audienzbesucher aufgenommen.
[253] Ebd., S .38.

und mit Ulrich von Hassell.²⁵⁴ Nach Mussolinis Sturz setzte er sich, nachdem der SD inzwischen seine Spur aufgenommen hatte,²⁵⁵ zunächst nach Venedig ab, um schließlich in den bayerischen Bergen, allerdings gesundheitlich ruiniert, den Nationalsozialismus zu überleben. Mit Beschluß des Landgerichts München wurde der Sympathisant des italienischen Faschismus nach dem Krieg als Verfolgter des Naziregimes anerkannt – ein einzigartiger Fall.

Die prominentesten deutschen Schriftsteller, die von Mussolini in Audienz empfangen wurden, waren Rudolf Borchardt und Gerhard Hauptmann. Ihr Interesse an einem Empfang bei Mussolini mag auf den ersten Blick verblüffen, jedoch erscheint es weniger erstaunlich, wenn man in Rechnung stellt, daß beide sich seit langem großenteils in Italien aufhielten, so daß sie sich dem Land mehr verbunden fühlten als die meisten der deutschen Schriftsteller ihrer Generation. Durch einen Besuch bei Mussolini ihre „profunda gratitudine" gegenüber Italien zum Ausdruck zu bringen,²⁵⁶ war für sie deshalb ein starkes Motiv, sich um eine Audienz bei Mussolini zu bemühen. Mussolini konnte es andererseits nur recht sein, wenn publik wurde, daß er mit so bekannten deutschen Schriftstellern konferiert hatte.

Borchardt, der seit 1921 ständig in Italien lebte, stand dem Faschismus, ohne das zunächst öffentlich zum Ausdruck zu bringen, schon frühzeitig positiv gegenüber. Die Machtübernahme des Nationalsozialismus verstärkte seine Sympathien für Mussolini. 1935 hielt er den ‚Duce' schließlich für den „einzigen europäischen Staatsmann, der eine klare Vision des Kräftefeldes der Welt" habe, während er „Hitlers Dummheit" verachtete.²⁵⁷ Nachdem er sich eigenartigerweise bei Mussolinis ehemaligem Kulturminister Giovanni Gentile vergewissert hatte, daß über seinen Audienzwunsch positiv entschieden werden könnte, wandte er sich förmlich an den Deutschen Botschafter in Rom, seinen an Mussolini gerichteten Audienzantrag „auf dem Dienstwege gütigst zu befürworten".²⁵⁸ In seinem Audienzgesuch bat er Mussolini ausdrücklich darum, ihm seine Übersetzung der „Divina Commedia" in ein von ihm erfundenes ‚historisches Deutsch' überreichen zu dürfen.²⁵⁹ Mussolini konnte

---

[254] Vgl. Hiller von Gaertringen (Hg.), Die Hassell-Tagebücher, S. 272 (Eintragung vom 20.9.1941) und S. 298 (Eintragung vom 3.2.1942); Luciana Frassati, Il destino passa per Varsavia, Mailand 1985, S. 239–245 (S. 240–242: Brief Schulenburgs an Frassati vom 21.5.1948 aus Locarno); Privatarchiv Isa von der Schulenburg, Nachlaß Schulenburg, „Lebenslauf".
[255] Vgl. dazu, wenn auch ohne genaue Zeitangaben, Sibyl von der Schulenburg, Il barone, S. 386f., S. 386–393.
[256] Rudolf Borchardt, Briefe 1931–1935, Bearbeitet von Gerhard Schuster, München 1996, S. 230, Rudolf Borchardt an Giovanni Gentile, 19.3.1933 (Entwurf).
[257] Ebd., S. 439, Borchardt an Alexander Frey, Ende März 1935 (Entwurf).
[258] Ebd., Ebd., S. 235, Borchardt an Deutsche Botschaft, 26.3.1933 (Entwurf).
[259] Ebd., S. 236, Borchardt an Mussolini, 26.3.1933.

3 Intellektuelle, Journalisten und Künstler bei Mussolini

mit der Übersetzung, sofern er davon überhaupt etwas verstehen konnte, bei der Audienz am 3. April 1933 verständlicherweise wenig anfangen,[260] verwickelte Borchardt aber gleichwohl in ein oberflächliches Gespräch über Dante.

Anders als andere deutsche Audienzbesucher hatte Borchardt jedoch auch noch ein politisches Anliegen, über das er in seinem Audienzbericht in der Kölnischen Zeitung „natürlich geschwiegen hat".[261] Er führte mit Mussolini „eine Viertelstunde politischen Gesprächs von ernstester und strafster Zusammenfassung".[262] Auch wenn er sich nicht über den Inhalt dieses Gesprächs äußerte, dürfte feststehen, daß man vorwiegend über das Verhältnis von Faschismus und Nationalsozialismus gesprochen hat. Borchardt war nämlich aufgrund seiner jüdischen Herkunft beunruhigt über „alarmierende Nachrichten" aus Deutschland und sah sich persönlich durch gegen ihn gerichtete Äußerungen eines römischen Pressevertreters der NSDAP bedroht.[263] Daß es eine politische Illusion war, Mussolini gegen Hitler ausspielen und in ihm gar den Führer einer gegen Hitler gerichteten „Koalition" sehen zu wollen, ist ihm ebenso wenig aufgegangen wie anderen deutschen Rompilgern.[264] Um so tragischer war der Tod, der ihn am 10. Januar 1945 in Südtirol auf der Flucht vor nazistischen Schergen ereilte.

Hauptmann verbrachte zwischen 1883 und 1914 mit Unterbrechungen fast elf Jahre in Italien und kehrte auch nach dem Ersten Weltkrieg häufig dorthin zurück, letztmals noch 1938/39. Er betrachtete das Land geradezu als seine zweite Heimat und fühlte sich hier als Schriftsteller besonders inspiriert. Nach seinen linken Anfängen hatte er seit Mitte der zwanziger Jahre eine „politische Rückwärtswendung" vollzogen und war zunehmend in Distanz zur Weimarer Republik gegangen.[265] Dem entsprach eine wachsende Sympathie für den faschistischen Staat Mussolinis, dessen Diktaturcharakter er mehr oder weniger verkannte. Als Anfang 1926 eine Rede Mussolinis über Südtirol in Deutschland eine nationalistische Aufwallung hervorrief, stellte er sich dieser entgegen und erklärte, sich auf Kritik an Italien nicht einzulassen, „weil ich es zu sehr lie-

---

260 Rudolf Borchardt, Dantes Divina Commedia, Stuttgart 1967.
261 Borchardt, Briefe, S. 408. Der Audienzbericht von Borchardt erschien am 16.4.1933 in der „Kölnischen Zeitung" unter dem Titel „Besuch bei Mussolini".
262 Borchardt, Briefe, S. 408.
263 Ebd. S. 231, S. 237f.
264 Ebd., S. 438f.
265 Vgl. dazu und zum folgenden das den Nachlaß Hauptmanns sorgfältig auswertende Buch von Hans von Brescius, Gerhart Hauptmann. Zeitgeschehen und Bewußtsein in unbekannten Selbstzeugnissen. Eine politisch-biographische Studie, 2. Aufl. Bonn 1977. Ferner: Wolfgang Leppmann, Gerhart Hauptmann, Bern 1986 sowie Heinz Dieter Tschörtner, Gerhart Hauptmann über Mussolini, in: Walter Engel (Hg.), Zeitgeschehen und Lebensansicht, Berlin 1997, S. 230–236.

be". Und er behauptete sogar, daß „abgesehen von den Tiroler Grenzfaschisten der ganze Faschismus leidenschaftlich deutschfreundlich" sei.[266] In Rom standen ihm seitdem selbstverständlich alle Türen offen.[267] Als er im April 1929 aus Anlaß der Uraufführung der Respighi-Oper „Campana Sommersa", die eine Vertonung seiner „Die versunkene Glocke" darstellte, nach Rom kam, brauchte er sich daher nicht besonders um eine Audienz bei Mussolini zu bemühen. Sie wurde ihm von dem mit ihm befreundeten Diplomaten Manfredi Graf Gravina di Ramacca, einem Faschisten der ersten Stunde vermittelt, der als Enkel Cosima Wagners mit dem Bayreuther Wagnerclan eng verbunden war.[268] Gravina hoffte, den ‚Duce' über den deutschen Schriftsteller von seiner Ausgleichpolitik mit dem Vatikan abbringen zu können.[269] Das war in der Sache abwegig, scheint aber Hauptmann das Gefühl gegeben zu haben, eine politische Rolle zu spielen, die er dann freilich in keiner Weise erfüllte.

Auch Hauptmann ging mit hohen Erwartungen zu Mussolini. „Veni creator spiritus", schrieb er am Tag vor der Audienz pathetisch in sein Tagebuch, um dann aber von dem Gespräch offensichtlich etwas enttäuscht zu sein.[270] Mussolini hatte für ihn „etwas Erobererartiges, etwas Condottierehaftes". Er verglich ihn mit Napoleon, um zu dem Ergebnis zu kommen, daß er wie dieser ein „kleiner Corporal" sei, „noch ohne Größe – durchaus".[271] Gleichwohl kam Hauptmann am Ende zu dem Ergebnis, daß er „eigentlich tiefe Sympathie" für Mussolini empfinde und ihn um sein Werk beneide,[272] und er stellte sogar fest, daß er „seine Methode modifiziert auf Deutschland anwenden" würde.[273]

Die Audienz Hauptmanns hatte in Deutschland noch ein parlamentarisches Nachspiel. Botschafter Neurath wurde im Reichstag von Seiten sozialdemokratischer Abgeordneter dafür kritisiert, den Schriftsteller anläßlich seines Besuches in Rom nicht empfangen zu haben. Außenminister Stresemann nahm diese Kritik so ernst, daß er Neurath persönlich aufforderte, zu diesen Vorwürfen Stellung zu nehmen. Der Botschafter versuchte sich damit herauszureden, daß ihm die Anwesenheit Hauptmanns vor der Aufführung der Respighi-Oper

---

[266] Zit. nach Brescius, Gerhart Hauptmann, S. 182.
[267] Vgl. Omaggio a Gerhart Hauptmann, Il Mare, 27.4.1929; Gino Cucchetti, Con Gerhart Hauptmann, Popolo d'Italia, 3.5.1929.
[268] Gravina hatte als Enkel von Cosima Wagner über Bayreuth vielfältigen Zugang zum kulturellen Leben der Weimarer Republik. Von 1928–1932 war er Hoher Kommissar des Völkerbundes in der Freien Stadt Danzig. Eine biographische Studie über diesen bemerkenswerten Kulturvermittler zwischen Italien und Deutschland fehlt. Vgl. aber die Angaben bei Scarano, Mussolini, S. 158f. und S. 209.
[269] Vgl. dazu Brescius, Gerhart Hauptmann, S. 183.
[270] Vgl. Staatsbibliothek Preußischer Kulturbesitz Berlin, Handschriftenabteilung, Tagebuch Gerhart Hauptmanns 1928–1931, 17.4.1929.
[271] Ebd.
[272] Ebd.
[273] Ebd.

gar nicht bekannt gewesen sei. Verärgert fragte er sich, „welche besonderen Gründe Herrn Hauptmann bewogen haben mögen, die deutsche Botschaft bei seinem Besuch in Rom völlig unbeachtet zu lassen und sich auch Zugang zum ‚Duce' zu schaffen".[274] Weshalb dann freilich der Pressereferent der Botschaft bei der Uraufführung der Oper anwesend war, aber nicht der Botschafter selbst, vermochte er nicht zu erklären.

Wie stark jedenfalls auch Hauptmann trotz gewisser Reserven von Mussolini beeindruckt worden ist, zeigte sich nach Hitlers Machtübernahme. Von seinem italienischen Domizil aus schickte er dem faschistischen Diktator am 29. Juli 1933 ein Glückwunschtelegramm zum 50. Geburtstag, während er den vom NS-Regime am 20. April 1933 rituell gefeierten Geburtstag Hitlers ignoriert hatte. Das Telegramm hatte folgenden Wortlaut: „Der immer dankbare Gast Italiens sendet dem großen Führer seines Volkes in Verehrung viele Glückwünsche."[275] Auch wenn er damit in erster Linie seiner Verbundenheit mit Italien Ausdruck geben wollte, ließ doch die Rede vom „großen Führer" seine politische Präferenz gegenüber einem anderen ‚Führer' deutlich erkennen. Es kann nicht verwundern, daß Mussolini ihm überschwenglich dankte: „Die Glückwünsche, die mich von einem der größten lebenden Dichter erreichten, haben mich tief bewegt. Glauben Sie an meine Bewunderung und Dankbarkeit. Mussolini."[276] Die Umwälzungen in Deutschland waren für Hauptmann zunächst „unbegreifliche Erscheinungen".[277] Erst später ließ er sich von Hitlers außenpolitischen Erfolgen mitreißen, ohne jedoch je entschieden für das NS-Regime Partei zu nehmen. Bis zuletzt scheint Mussolinis faschistisches Regime mehr seiner stark mystischen Kunstauffassung entsprochen zu haben als der Nationalsozialismus.

Modernistischer Appeal:
Sportler und andere Bewunderer bei Mussolini

Es kann nicht überraschen, daß sich unter den deutschen Audienzbesuchern Mussolinis auch Sportler bzw. Sportfunktionäre befanden. Mussolini hatte frühzeitig entdeckt, daß der moderne Sport sich vorzüglich propagandistisch zur Legitimierung seiner Diktaturherrschaft benutzen ließ.[278] Er rüstete den

---

[274] Vgl. dazu PAAA, R 72762, Gustav Stresemann an Neurath, 27.4.1929; Neurath an AA, 25.4.1929; Neurath an AA, 2.5.1929.
[275] Vgl. den Text des Telegramms im 8-Uhr-Abendblatt, 1.8.1933. Vgl. auch Siegfried Holfert, Internationale Bibliographie zum Werk Gerhart Hauptmanns, Bd. 1, Berlin 1986, S. 234.
[276] Abdruck der beiden Telegramme, in: Die Literatur 35 (1932/33), S. 735.
[277] Zit. nach Brescius, Gerhart Hauptmann, S. 229.
[278] Vgl. dazu Felice Fabrizio, Sport e fascismo. La politica sportiva del regime 1924–1936, Rimini 1976; Andrea Bacci, Lo sport nella propaganda fascista, Turin 2002.

italienischen Sport erfolgreich für die Olympischen Spiele von 1932 auf und sorgte mit nicht ganz sauberen Mitteln dafür, daß die italienische Fußballnationalmannschaft 1934 und nochmals 1938 Weltmeister werden konnte.[279] Auch der Autorennsport lag ihm am Herzen, aus militärischen Gründen wurde aber von ihm besonders der Flugsport massiv gefördert. Mit spektakulären Formationsflügen über den Atlantik und der Aufstellung von Geschwindigkeitsrekorden suchte sich das faschistische Regime einen modernen Anstrich zu geben.[280] Der persönliche Kontakt zu Mussolini war daher für deutsche Sportler attraktiv.

Als erster hatte das in Deutschland offensichtlich der stellvertretende Präsident des ADAC, Ewald Kroth, erkannt, der zu den Pionieren des Motorsports in Deutschlands gehörte.[281] Als Veranstalter der ersten großen Tourenfahrten im In- und Ausland organisierte er 1931 auch eine Fahrt nach Italien, an der 100 Autos teilnahmen. Er wurde zum Erstaunen der Deutschen Botschaft am 21. Mai 1931 von Mussolini in Privataudienz empfangen, die Fahrtteilnehmer durften einen Tag später in einer Gruppenaudienz bei ihm vorsprechen.[282] Eine ähnliche Reise des nationalkonservativen „Nationalen Deutschen Automobilclubs" unter der Führung des Präsidenten Carl Eduard Herzog von Sachsen-Coburg und Gotha war in Italien im Oktober 1929 zwar freundlich aufgenommen worden, hatte aber noch nicht, wie gewünscht, zu einer Gruppenaudienz bei Mussolini geführt.[283] Erst bei einer neuerlichen Italienfahrt wurde sie am 27. April 1933 auch diesen „deutschen Automobilisten" zugestanden.[284] Es lag nahe, daß sich nach der Machtübernahme Hitlers auch nationalsozialistische Sportführer zu Mussolini begaben. So war am 18. Mai 1937 Adolf Hühnlein, der Führer des Nationalsozialistischen Kraftfahrerkorps, beim ‚Duce'. Er war auf der Rückreise von Tripolis, wo deutsche Rennwagen bei einem internatio-

---

[279] Vgl. dazu Petra Terhoeven, Fußballrausch im Faschismus. Die Weltmeisterschaft 1934 in Italien, in: Diner, Reuveni, Weiss (Hg.), Deutsche Zeiten, S. 160–191.
[280] Vgl. dazu Ranieri Cupini, Cieli e mari. Le grandi crociere degli idrovolanti italiani 1925–1933, Mailand 1973; Erich Lehmann, Le ali del potere. La propaganda aeronautica nell'Italia fascista, Turin 2010. Zeitgenössische Propaganda (in deutscher Sprache!): Guido Mattioli, Der Flieger Mussolini und sein Werk am Flugwesen, Rom 1936.
[281] Vgl. zur Biographie von Kroth NDB, Bd. 13, Berlin 1982, S. 91. Vgl. auch Hans Christoph Graf von Seherr-Thoß, 75 Jahre ADAC 1903–1978, München 1978.
[282] Vgl. ACS, SPD, CO, b.3106, 21.5.31: „Signor Kroth, Presidente del 'Allgemeiner Deutscher Automobil Club' e organizzatore di una carovana automobilistica in Italia composta di 100 macchine." Vgl. dazu ferner Harald Oelrich, „Sportgeltung – Weltgeltung". Sport im Spannungsfeld der deutsch-italienischen Außenpolitik von 1918 bis 1945, Münster 2003, S. 178. Eine erste Gruppenreise des ADAC war im April 1928 in Italien noch mit großer Zurückhaltung aufgenommen worden, was zeigt, daß Mussolini seit 1930 einen anderen politischen Kurs eingeschlagen hatte, vgl. ebd. S. 145.
[283] Vgl. Hoepke, Deutsche Rechte, S. 284; Scarano, Mussolini, S. 191.
[284] ACS, SPD, CO, b. 3111.

3 Intellektuelle, Journalisten und Künstler bei Mussolini

nalen Autorennen pikanterweise die ersten acht Plätze belegt hatten, nachdem bei dem Hochgeschwindigkeitsspektakel in der libyschen Wüste zuvor immer die Italiener dominiert hatten.[285] Die von Hühnlein im Zeichen der *Achse* angestrebte motorsportliche Kooperation stand aufgrund dieser Rivalität deshalb von vorneherein auf wackeligen Füßen. Die mit Mussolini vereinbarte „Rom-Berlin-Fahrt" für Sport- und Tourenwagen kam nie zustande. Nicht viel besser erging es dem Reichssportführer Hans von Tschammer und Osten, der sich im Herbst 1941 mit den Italienern über eine sportpolitische Neuordnung Europas verständigen wollte. Eine Einigung scheiterte auch hier am beiderseitigen Führungsanspruch im Motorsport.[286] Die Audienz des Reichssportführers am 16. November 1940, auf die der nationalsozialistische Sportfunktionär nicht verzichtete, kann nicht mehr als ein Höflichkeitsbesuch gewesen sein.

Nicht erstaunlich ist, daß sich drei der bekanntesten deutschen Flugpioniere, Karl Schwabe, Elly Beinhorn und Hermann Köhl, die jeweils durch interkontinentale Langstreckenflüge internationales Aufsehen erregt hatten, um Privataudienzen bei Mussolini bemüht haben. Sie wollten damit demonstrieren, daß sie mit ihren Rekordleistungen zu den von ihnen bewunderten faschistischen Vorbildern aufgeschlossen hatten. Als erster erhielt am 26. Juli 1933 Karl Schwabe nach seinem ersten Afrikaflug eine Audienz bei Mussolini, über die aber ebenso wenig bekannt ist wie über die Audienz, welche der Kampfflieger und Pour-le-merite-Träger Hermann Köhl, dem 1928 der erste Atlantikflug in der schwierigen Ost-Westrichtung gelungen war, am 22. März 1935 erhalten hat.[287] Beinhorn wurde am 26.7.1933 auf ihrem Rückflug von Afrika von Mussolini zu einer Audienz eingeladen.[288] Sie kam gerade zu einem Zeitpunkt nach Rom, an dem die ganze Nation mit Italo Balbo und seinem „Ozeangeschwader" während ihres Atlantikfluges mitzitterte, und war deshalb dankbar, daß der ‚Duce' mit dem Empfang für sie „auch kleine Leistungen" einer „befreundeten Nation" anerkenne.[289] Es war dies der bewundernde Tenor, in dem auch die anderen deutschen Flieger mit Mussolini gesprochen haben dürften.

Überraschend ist schließlich, daß sich nur ganz wenige Unternehmer und Wirtschaftsmanager um eine Audienz bei Mussolini bemüht haben. Sieht

---

[285] Vgl. dazu Oelrich, „Sportgeltung – Weltgeltung", S. 424–426; Eberhard Reuß, Hitlers Rennschlachten. Die Silberpfeile unterm Hakenkreuz, Berlin 2006, S. 238. Zur Biographie von Hühnlein vgl. Dorothee Hochstetter, Motorisierung und „Volksgemeinschaft". Das Nationalsozialistische Kraftfahrerkorps (NSKK) 1931–1945, München 2005.
[286] Vgl. Oelrich, „Sportgeltung – Weltgeltung", S. 484–491.
[287] Zu Schwabe vgl. die biographische Notiz in Werner von Langsdorff, Flieger und was sie erleben. Siebenundsiebzig deutsche Luftfahrer erzählen, Gütersloh 1935, S. 382, wonach Schwabe 1933 und 1934 jeweils einen Afrikaflug unternahm.
[288] Vgl. Reinhard Osteroth, Abenteuer Himmel, in: Die Zeit, 17.5.2007. Vgl. auch Elly Beinhorn, Alleinflug. Mein Leben, München 1977.
[289] Elly Beinhorn-Rosemeyer, Mein 28000 km Flug nach Afrika, Berlin 1939, S. 156.

man von Fritz Thyssen und dem Bremer Unternehmer Ludwig Roselius ab, waren es nur zweitrangige, teilweise sogar dubiose deutsche Besucher mit wirtschaftlichem Hintergrund, die von Mussolini empfangen wurden. Was Thyssen am 26. Februar 1927 mit Mussolini besprechen wollte, ist unbekannt. Roselius bemühte sich interessanterweise nicht im eigenen geschäftlichen Interesse um die Audienz vom 20. März 1933, sondern aus gesamtunternehmerischer Sorge um die weltwirtschaftliche Entwicklung. Er legte Mussolini einen Plan zur langfristigen Währungssanierung mittels einer Abkoppelung vom Goldstandard vor.[290] Darin bat der bisher vor allem auf dem Balkan aktive Unternehmer um italienische Unterstützung für die „um ihre Existenz kämpfenden Völker Bulgariens und Deutschlands".[291] Daß er kurz nach Hitlers Machtübernahme die Reise nach Rom unternahm, kann ein Zufall sein, jedoch spricht einiges dafür, daß er dem faschistischen Diktator nunmehr in Europa gewachsenen politischen Einfluß zumaß. Wahrscheinlich ist auch, daß Karl Helfferich, wenige Monate vor seinem Unfalltod, Mussolini am 8. Januar 1924 ebenfalls schon von der Abkehr von der Goldwährung zu überzeugen versucht hat.

Einen eher absonderlichen Charakter hatten die wirtschaftspolitischen Gespräche, die Prinz Konrad von Bayern und der bayerische Oberforstmeister Georg Escherich zwischen 1929 und 1933 mit Mussolini bei insgesamt sechs Audienzen geführt haben.[292] Treibende Kraft war dabei der ehemalige Freikorpsführer der „Organisation Escherich" („Orgesch") und spätere Führer des Bayerischen Heimatschutzes Escherich. Der promovierte Forstmeister hatte vor dem Ersten Weltkrieg mehrere Expeditionen nach Afrika unternommen und sich dadurch besondere Kenntnisse in der kolonialen Plantagenwirtschaft erworben. Nach dem Verlust aller deutschen Kolonien konnte er diese seit 1918 nicht mehr anwenden. Das scheint ihn auf die Idee gebracht zu haben, sich mit seinen Kenntnissen dem ihm aus politischen Gründen zweifellos sympathischen Mussolini anzudienen. In Anwesenheit von Prinz Konrad legte er Mussolini am 17. Juni 1929 eine Denkschrift mit dem Titel „Zellstoffgewinnung aus Bambus, ein Wirtschaftsproblem für Italien" vor. In der Audienz vom 12. April 1930 entwickelte er dann konkrete Pläne für eine Zellstoffabrik in der italie-

---

[290] Vgl. den über die italienische Botschaft in Berlin geleiteten Brief von Ludwig Roselius an Benito Mussolini vom 16.3.1933 im Archiv Böttcherstraße Bremen, Privatarchiv Roselius. Uwe Boelts habe ich für die freundliche Vermittlung zu diesem Archiv zu danken..

[291] Privatarchiv Roselius, Ludwig Roselius an Benito Mussolini, 16.3.1933. Der Text des von Roselius ausgearbeiteten Plans ist bisher nicht auffindbar.

[292] Am 17.6.1929 und am 5.3.1931 waren Escherich und Prinz Konrad gemeinsam bei Mussolini, am 7.2.1930 und 12.4.1930 empfing dieser nur Escherich, am 10.1.1930 und 31.3.1933 nur Prinz Konrad. Vgl. ASMAE, GM, b. 43; ACS, SPD, CO, b. 3104, b.3105, b.3110.

nischen Kolonie Somalia.²⁹³ Daraus ist schließlich nichts geworden, jedoch ist bemerkenswert, daß Mussolini mit Escherich noch bis 1933 in Kontakt blieb. Es scheint so, als ob er glaubte, durch den Bambusanbau eine Art wirtschaftlicher Legitimation für seine kolonialistischen Phantasien zu finden.

Nicht weniger skurril war der Versuch von Theodor Freiherr von Cramer-Klett, Mussolini im Nahen Osten für die Erschließung von Ölquellen zu begeistern. Als Teilhaber von MAN und der Münchner Rückversicherungsgesellschaft einer der führenden Industriellen Bayerns, hatte der Konvertit und Päpstliche Geheimkämmerer beste Beziehungen zum Vatikan. Nach Abschluß der Lateranverträge von 1929 hatte er sich aber auch als monarchistischer Bewunderer des staatsmännischen Genies Mussolinis hervorgetan.²⁹⁴ Als er sich Ende Februar 1930 über den italienischen Generalkonsul in München an Mussolini wandte, erhielt er deshalb am 8. März 1930 sofort eine Audienz.²⁹⁵ Von Mussolini ermuntert, teilte er ihm daraufhin am 5. Mai in einem Memorandum mit, daß der Amerikaner Kay 51 % seiner Anteile an Ölfeldern im Irak an Italien verkaufen wolle. Die abenteuerliche Geschichte flog schnell auf, da Cramer-Klett offensichtlich einem Hochstapler aufgesessen war, dessen Verhaftung er wenig später kleinlaut eingestehen mußte. Erstaunlicherweise ließ Mussolini ihn daraufhin jedoch nicht fallen, sondern empfing ihn in den folgenden Jahren noch drei Mal in Audienz.²⁹⁶

Einen konkreten geschäftlichen Hintergrund hatte eigentlich nur der Besuch von Franz Fieseler. Als Bevollmächtigter der Firma Carl Zeiss Jena konnte der Wirtschaftsführer nach zwei Gesprächen mit Mussolini am 11. Januar 1928 einen Vertrag über die Lieferung eines Projektionsplanetariums abschließen.²⁹⁷. Zwei Tage vor dessen späterer Inbetriebnahme war Fieseler am 28.10.1928 erneut bei Mussolini, dieses Mal zusammen mit dem Konstrukteur des Planetariums, Professor Walter Bauersfeld.²⁹⁸ Das Projekt hatte einen durchaus politischen Charakter, bezeichnenderweise wurde es durch Botschafter Neurath nachdrücklich unterstützt.²⁹⁹ Hitler fiel 1938 nichts besseres ein,

---

293 Bayerisches Hauptstaatsarchiv, Abt. V, Nachlaß Escherich. Hier die Denkschrift, sowie ein Schreiben des Kabinettschefs im Italienischen Außenministerium an Escherich, in dem die Audienz vom 12.4.1930 belegt wird. Freundliche Mitteilung von Dr. Stephan, Bayerisches Hauptstaatsarchiv, vom 8.5.1996.
294 Vgl. Freiherr von Klett, Mussolini und das monarchische Prinzip, in: Gelbe Hefte 7 (1930/31), S. 26f. Dazu Hoepke, Die deutsche Rechte, S. 91, S. 115f.
295 Vgl. dazu und zum folgenden die Korrespondenz im ACS, SPD, CO, Fasc. Personali, Nr. 108.563, Cramer-Klett.
296 Cramer-Klett war nochmals am 24.6.1933, 1.12.1934 und 12.6.1936 bei Mussolini.
297 Mitteilung von Dr. Wolfgang Wimmer, Archiv der Carl Zeiss Jena GmbH, vom 7.12.2001.
298 ASME, GM, b.43, 26.10.1928. Walther Bauersfeld (1879–1959) war als leitender Ingenieur 50 Jahre lang bei der Firma Zeiss in Oberkochen tätig.
299 Vgl. den Briefwechsel zwischen Neurath und Fieseler im PAAA, Botschaft Rom (Qu), Paket 1341.

als Mussolini bei seinem Italienbesuch ein Zeiss-Teleskop als Zusatzgerät zum Geschenk zu machen.[300]

Abgesehen von zwei unbekannten Vertretern der Firma AGFA Wolfen (am 31. Mai 1933) lassen sich in den Audienzlisten sonst keine deutschen Unternehmer nachweisen. Das kann selbstverständlich nicht bedeuten, daß die deutsche Wirtschaft kein Interesse am faschistischen Italien gehabt hätte, das Land gehörte auch nach dem Ersten Weltkrieg zu den wichtigen Handelspartnern Deutschlands.[301] Um Geschäfte in Italien abzuwickeln oder wirtschaftliche Investitionen zu tätigen, bedurfte es aber offensichtlich keiner Audienzen bei Mussolini.[302] Man verhandelte direkt mit den italienischen Handelspartnern oder zuständigen Ministerialbeamten, eine höhere Rendite ergab sich durch einen Besuch beim ‚Duce' nicht.

Als Ausnahme können lediglich die Besuche des Verlegers Wolfgang Müller-Clemm bei Mussolini gelten. Dieser, ein Vertrauter des Gauleiters Josef Terboven, war Geschäftsführer der nationalsozialistischen Essener Verlagsanstalt und Direktor der „Essener Nationalzeitung", einem Blatt, das Hermann Göring nahestand. Er verlegte vor allem Sachbücher zur nationalsozialistischen Großraumpolitik. Über das Deutsch-Italienische Kulturinstitut in Köln (Petrarca-Haus), dessen „Italien-Jahrbuch" er seit 1938 verlegte,[303] scheint er auf Mussolini aufmerksam geworden zu sein.[304] Bei seiner ersten Audienz legte er diesem am 9. Oktober 1938 noch einen Band mit allgemeinen Dokumenten zur Weltpolitik vor, den er in seinem Verlag herausgebracht hatte.[305] Zu seiner zweiten

---

[300] Vgl. Domarus, Hitler, Bd. I,2, S. 857. Franz Fieseler wurde anläßlich des Hitlerbesuches am 23.5.1938 erneut von Mussolini empfangen. Vgl. ACS, SPD, CO, Udienze, b.3135.

[301] Vgl. Maximiliane Rieder, Deutsch-Italienische Wirtschaftsbeziehungen. Kontinuitäten und Brüche 1936–1957, Frankfurt/M. 2003; mehr analytisch Rolf Petri, Von der Autarkie zum Wirtschaftswunder: Wirtschaftspolitik und industrieller Wandel in Italien 1935–1963, Tübingen 2001.

[302] Eine allerdings groteske Ausnahme stellten die Besuche von Lucia Sommerguth Loeser, der alleinigen Inhaberin der Loeser&Wolff GmbH Zigarrenfabriken Berlin dar. Loeser überreichte dem Nichtraucher Mussolini am 7.9.1926 eine Kiste eigens für ihn gefertigter Havanna-Zigarren. Mussolini war davon oder wahrscheinlich eher nur von der Überbringerin so angetan, daß er ihr am 17.10.1927 nochmals eine Audienz gewährte. Vgl. zu Loeser das Reichshandbuch der deutschen Gesellschaft, Berlin 1930, S. 1802f.

[303] Italien-Jahrbuch. Herausgegeben vom Deutsch-Italienischen Kulturinstitut. Petrarca-Haus Köln, Bd. 1–3 (1938–1940). Vgl. dazu den Tätigkeitsbericht 1931–1941, Köln 1941, S. 40: „Die Veröffentlichung des Italien-Jahrbuchs wird durch das großzügige Entgegenkommen des Essener Verlaganstalt in Essen ermöglicht."

[304] So verlegte er beispielsweise Carl Düssel, Europa und die Achse. Die kontinentaleuropäische Frage als Kehrseite britischer Politik, Essen 1940. Vgl. auch Die Bücher der Essener Verlagsanstalt 1938/39, Essen 1938.

[305] In der Audienzliste wird am 9.3.1938 nur vermerkt, daß er Mussolini eine Veröffentlichung überreichen wolle. Vgl. ACS, SPD, CO, b.3134. Die Zeitung „Il Messaggero" meldete jedoch am 10.3.1938, daß der ‚Duce' Müller-Clemm empfangen habe, „che gli ha fatto

Audienz am 8. September 1941 brachte er jedoch ein Exemplar des von ihm inzwischen verlegten Buches von Müller-Jena über die italienische Kolonialpolitik mit.[306] Damit scheint er das Vertrauen Mussolinis gewonnen zu haben, so daß Müller-Clemm dessen sehr persönliches Buch über seinen zwischenzeitlich im Flugzeug abgestürzten Sohn Bruno in deutscher Übersetzung verlegen durfte.[307] Der Verleger konnte die Übersetzung, offiziell durch Botschafter Mackensen vermittelt, am 9. September 1942 dem ‚Duce' überreichen.[308] Wie das Vorwort Hermann Görings erkennen läßt, handelte es sich jedoch mehr um eine faschistische Solidaritätsaktion als um ein Verlagsgeschäft. Müller-Clemm war insofern auch kein typischer Unternehmer, sondern eher ein nationalsozialistischer Propagandist.

---

omaggio gradito di una pubblicazione su 'La storia mondiale contemporanea nei documenti' ".
[306] Herbert Müller-Jena, Die Kolonialpolitik des faschistischen Italien, Essen 1939. Vgl. auch das ebenfalls in der Essener Verlagsanstalt erschienene Buch von Leopold Reck, Aufbau des Italienischen Imperiums, Essen 1944.
[307] Benito Mussolini, „Ich rede mit Bruno", Essen 1942.
[308] Vgl. dazu den Schriftwechsel im ACS, SPD, CO, Nr. 522.012.

4 Politiker bei Mussolini

Faschistische Diktatur als Alternative: Weimarer Politiker bei Mussolini

Als letzte, aber besonders bedeutsame Gruppe deutscher Audienzbesucher sind schließlich die Politiker zu behandeln. Stärker als bei allen anderen Besuchergruppen veränderte bei ihnen selbstverständlich die Machtübernahme des Nationalsozialismus am 30. Januar 1933 die deutsch-italienischen Beziehungen, so daß die Audienzen von Politikern der Weimarer Zeit gesondert von denen des *Dritten Reiches* analysiert werden müssen. Während in der Zeit der Weimarer Republik nur wenige führende Politiker bei Mussolini gewesen waren, sprachen seit 1933 nationalsozialistische Politiker – unterbrochen allerdings durch die Abkühlung der deutsch-italienischen Beziehungen nach der Ermordung des österreichischen Reichskanzlers Dollfuß – in einzigartiger Häufung bei Mussolini vor. Hatte ein Besuch bei Mussolini vor 1933 für deutsche Politiker eher als ungewöhnlich zu gelten, war dieser für nationalsozialistische Führungskader seit 1933 geradezu eine politische Auszeichnung. Wenn Mussolini andererseits mit der Gestaltung seiner Audienzen bis 1933 auch gegenüber Politikern weitgehend Herr des Verfahrens war, mußte er sich seit der Entstehung der *Achse Rom-Berlin* zunehmend der Steuerung des Besucherstroms durch das NS-Regime fügen. Sein seit 1923 eingespieltes Audienzsystem wurde dadurch zunehmend beeinträchtigt, auch wenn es in formaler Hinsicht weiterhin im gleichen Rahmen ablief.

Es ist bezeichnend, daß bis zum Frühjahr 1931 kaum ein deutsches Regierungsmitglied um eine Audienz bei Mussolini nachgesucht hat. Nur ehemalige Minister wie die kaiserlichen Staatssekretäre im Auswärtigen Amt Richard von Kühlmann (am 29. Mai 1924) und Werner Ferdinand Freiherr von Rheinbaben (am 6. Mai 1927) sowie ehemalige Minister der Weimarer Republik wie der Finanzminister Peter Reinhold (am 4. April 1927),[1] der Preußische Kultusminister Carl Heinrich Becker (am 28. März 1930) und der Justizminister Johann Victor Bredt (am 31. März 1931) haben sich bis zu diesem Zeitpunkt in Audienz empfangen lassen. Mangels entsprechender Quellen kann über die Gründe ihrer Vorsprache bei Mussolini leider nicht viel ausgesagt werden. Da diese Politiker jedoch nicht mehr im Amt waren, hatten ihre Gespräche mit Mussolini auf keinen Fall offiziellen politischen Charakter. Reinhold wurde eine Audienz vermittelt, nachdem er sich trotz der Spannungen zwischen Reichskanzler Stresemann und Mussolini gegenüber dem italienischen Konsul in Leipzig ita-

---

[1] Vgl. PAAA, Abt. II, R 72923, Neurath an Schubert, 14.2.1927.

lienfreundlich geäußert hatte.² Von Bredt ist bekannt, daß er mit dem ‚Duce' „in größter Offenheit" über die Lage in Europa gesprochen, also offenbar einen außenpolitischen Meinungsaustausch geführt hat.³ Becker schließlich ist, nachdem er als Preußischer Kultusminister im Januar 1930 zum Rücktritt gezwungen worden war, auf eine private Einladung des Leiters der Villa Massimo hin nach Rom gefahren, führte aber dann dort sowohl mit Papst Pius XI. und seinem Kardinalstaatssekretär Pacelli als vor allem auch mit Mussolini inoffizielle Gespräche. Die Unterhaltung mit dem ‚Duce' drehte sich am 28. März 1930 offenbar vor allem um die Frage, ob auch in Deutschland ein Diktaturregime nach faschistischem Vorbild eingeführt werden könne. Mussolini habe dies angeblich mit der kuriosen Begründung verneint, daß „die Deutschen zu gebildet wären". Becker bekam gleichwohl in dem Gespräch „einen starken Eindruck vom Faschismus".⁴ Ungeachtet der Gespächsthemen handelte es sich in allen drei Fällen letzten Endes um unverbindliche Begegnungen, die eher dem Wunsch der deutschen Besucher entsprangen, dem ‚großen Mann' persönlich zu begegnen, als mit diesem konkrete politische Gespräche zu führen.

Die Gründe für die Zurückhaltung deutscher Regierungspolitiker gegenüber dem Machthaber in Rom liegen auf der Hand. Das faschistische Diktaturregime wurde in der Zeit seiner Entstehung von allen demokratischen Parteien, welche die wechselnden Regierungen der Republik getragen haben, einhellig abgelehnt. Die Italiener galten zudem wegen ihres Kriegseintritts an der Seite der Ententemächte im Mai 1915 aus deutscher Sicht als ‚Verräter'. Noch breiter war der nationale Konsens in der Südtirolfrage, wegen derer es 1926, ausgelöst durch den bayerischen Ministerpräsidenten Heinrich Held, zu einem schweren diplomatischen Konflikt zwischen Stresemann und Mussolini kam.⁵ Erst der sensationelle Erfolg der NSDAP bei den Septemberwahlen von 1930 veränderte die Einstellung gegenüber Mussolini. Reichskanzler Heinrich Brüning wollte Italien nicht den Westmächten überlassen und bemühte sich um eine politische Verständigung mit Mussolini, dessen Friedensschluß mit dem Vatikan in den Lateranverträgen vom Februar 1929 ihm als Zentrumspolitiker imponiert hatte. Äußerer Anlaß war der im März 1931 von Brüning höchst undiplomatisch offenbarte Plan einer deutsch-österreichischen Zollunion, für die er angesichts der erbitterten

---

² Vgl. dazu Scarano, Mussolini, S. 86.
³ Vgl. den fragmentarischen Auszug aus seinem Tagebuch bei Martin Schumacher (Bearb.), Erinnerungen und Dokumente von Joh.Victor Bredt 1914 bis 1933, Düsseldorf 1970, S. 269.
⁴ Geheimes Staatsarchiv Preußischer Kulturbesitz Berlin, Nachlaß C.H. Becker, C.H. Becker an Adolf Morsbach, 29.4.1929. Die Kenntnis von diesem Brief habe ich der freundlichen Vermittlung von Dr. Hans Woller zu verdanken. Vgl. auch Erich Wende, C. H. Becker. Mensch und Politiker. Ein biographischer Beitrag zur Kulturgeschichte der Weimarer Republik, Stuttgart 1959, S. 302.
⁵ Vgl. dazu Torunsky, Entente der Revisionisten?, passim.

Ablehnung der französischen Regierung auf jeden Fall die Unterstützung Mussolinis brauchte. Er schickte Verkehrsminister Karl Theodor von Guérard und Innenminister Joseph Wirth, beides Zentrumspolitiker, nach Rom, um das Terrain zu sondieren. Guérard wurde am 3. April 1931 und Wirth, den Mussolini schon als Reichskanzler bei seinem Besuch in Berlin im März 1922 kennengelernt hatte,[6] am 13. April 1931 vom ‚Duce' in Audienz empfangen. Wirth gewann den, freilich nicht unbedingt zutreffenden Eindruck, daß Mussolini bei der Realisierung der Zollunion stillhalten würde.[7] Im August 1931 begab sich daraufhin Brüning als erster deutscher Reichskanzler selbst nach Rom und wurde am 7. August zusammen mit seinem Außenminister Julius Curtius und dem Vertrauensmann Schleichers in der Reichskanzlei, Erwin Planck, von Mussolini und dessen Außenminister Dino Grandi in Audienz empfangen.[8] Das Gespräch verlief freundlich, wenn auch letzten Endes unverbindlich. War es für Mussolini allein schon ein diplomatischer Erfolg, daß ihm ein deutscher Reichskanzler seine Aufwartung machte, war Brüning froh, daß der ‚Duce', dessen Land von einer deutsch-österreichischen Zollunion stark betroffen gewesen wäre, dieses Thema gar nicht erst anschnitt.[9] Es ist daher begreiflich, daß er seine Begegnung mit dem ‚Duce' in seinen Memoiren „zu den wenigen angenehmen Erinnerungen dieser schweren Zeit" rechnete.[10]

Außerhalb der Regierungsebene gab es in den letzten Jahren der Weimarer Republik allerdings zahlreiche Kontakte zwischen Politikern der nationalkonservativen Rechten und Mussolini. Besondere Bedeutung hatte der bisher unbekannte Besuch Edgar Jungs am 15. und 16. Juli 1930. Jung hatte sich mit seinem Frontalangriff auf den demokratischen Verfassungsstaat, den er 1927 mit seinem Werk „Die Herrschaft der Minderwertigen" gestartet hatte, mit einem Schlag an die Spitze der antidemokratischen Theoretiker der ‚Konservativen Revolution' gesetzt.[11] Werner von der Schulenburg war in Italien auf das Buch aufmerksam geworden und hatte es mit einer ausführlichen Rezension

---

[6] Vgl. De Felice, Mussolini il fascista. I. La conquista del potere, S. 234. Wirth war allerdings inzwischen auch schon einmal am 27.4.1928 in einem ohne Vermittlung der Botschaft zustande gekommenen Gespräch bei Mussolini. Vgl. den Bericht des Deutschen Botschafters Neurath an das Auswärtige Amt vom 30.4.1928, ADAP, Serie B, Bd. VIII, Göttingen, 1976, S. 554f.

[7] ADAP, Serie B, Bd. XVII, Göttingen 1982, S. 223f., Wirth an Curtius, 15.4.1931.

[8] Zur Vorbereitung des Besuchs vgl. die Korrespondenz im PAAA, Abt. II, R. 72770.

[9] Vgl. zu dem Besuch Petersen, Hitler-Mussolini, S. 46f.; Scarano, Mussolini, S. 308–311.

[10] Heinrich Brüning, Memoiren 1918–1934, Stuttgart 1970, S. 355. Zur Bewertung des Besuchs durch die faschistische Regierung vgl. Virginio Gayda, L'incontro Mussolini-Brüning, in: Gerarchia XI (1931), S. 627–633.

[11] Edgar Jung, Die Herrschaft der Minderwertigen, ihr Zerfall und ihre Ablösung durch ein neues Reich, Berlin 1927.

4 Politiker bei Mussolini

in der „Gerarchia" dem italienischen Publikum vorgestellt.[12] Mit einem langen Brief, für den sich der Adressat überschwenglich bedankte, nahm er Kontakt zu Jung auf und stellte ihm, als er hörte, daß er eine Italienreise unternehmen wolle, eine Reihe von Empfehlungsschreiben aus.[13] Vor allem vermittelte er ihm den Kontakt zu Margherita Sarfatti, die Jung den Weg zu einer Audienz bei Mussolini bahnte.[14] Sie verwendete sich bei Mussolinis Pressechef Ferretti für den inzwischen in Rom angereisten Publizisten, der daraufhin am 15. Juli 1930 kurzfristig eine Audienz bei Mussolini erhielt.[15] Daß Jung so rasch zu Mussolini vordringen konnte, lag zweifellos auch daran, daß er dem ‚Duce' schon im Januar des Jahres ein Exemplar seines Buches übersandt hatte. In einem Begleitbrief sprach er „von der bewunderungswürdigen Leistung des italienischen Fascismus", betonte jedoch, daß dieser „für das deutsche Volk nur bedingt als Vorbild dienen" könne. Selbstbewußt fügte er aber hinzu, daß „zwischen den Bestrebungen des Fascismus und der Grundtendenz meines Werkes eine starke Gemeinsamkeit" bestehe, die ihn dazu bewogen habe, sein „Werk als Ausdruck der Verehrung Euer Exzellenz zu überreichen".[16] Wir wissen nicht, welche Meinung sich Mussolini am Ende von Jung gebildet hat, doch ist bemerkenswert, daß er ihm am 15. Juli vorschlug, ihr Gespräch am nächsten Tag fortzusetzen. Auch Jung ließ sich dabei von Mussolini einreden, daß der Faschismus kein „Exportartikel" sei. Man sei sich einig gewesen, „daß die Zustände und Formen des Fascismus an die italienische geschichtliche Entwicklung gebunden und deshalb niemals übertragbar" seien.[17]

Über Werner von der Schulenburg behielt Jung auch dann noch einen Draht zu Mussolini, nachdem er nach dem 30. Januar 1933 als politischer Berater in den Dienst Franz von Papens getreten war. Im März 1933 trafen sich, wie schon erwähnt, Jung und von der Schulenburg in Berlin.[18] Es scheint, daß sie hierbei die freilich völlig illusionäre politische Strategie abgesprochen haben, mit außenpolitischer Unterstützung durch den Vatikan und durch Mussolini, eine von Hindenburg und der Reichswehr gestützte autoritäre Gegenfront gegen den Nationalsozialismus aufzubauen. Die beiden Audienzen, die Papen am 4. Juli

---

[12] Werner von der Schulenburg, Un notevole libro tedesco, in: Gerarchia X (1930), S. 396–398.
[13] Vgl. den Briefwechsel zwischen von der Schulenburg und Jung im Privatarchiv Dr. Karl-Martin Graß, Nachlaß Jung, vom Februar/März 1930.
[14] Ebd., Briefwechsel zwischen von der Schulenburg und Jung vom Juli/August 1930. In einem Brief an Sarfatti vom 21.5.1930 bat Schulenburg ebd. darum, Jung „persönlich zu empfangen" Er sei „klug, begabt" und führe „eine glänzende Feder".
[15] Vgl. ebd., Lando Ferretti an Margherita Sarfatti, 11.7.1930, Lando Ferretti an Edgar Jung, 14.7.1930.
[16] Ebd., Edgar Jung an Mussolini, 20.1.1930.
[17] Privatarchiv Dr. Graß, Nachlaß Edgar Jung, Bei Mussolini („Zur Veröffentlichung frei am Sonntag den 17. August"), S. 4.
[18] Vgl. www.wernervonderschulenburg.com, S. 3.

und am 20. Juli 1933 von Mussolini gewährt wurden, blieben jedoch ergebnislos, da der ‚Duce' der „Eigenpolitik" des deutschen Vizekanzlers mißtraute.[19] Gleichwohl betrieb Jung diese Querfrontpolitik, gipfelnd in der von ihm verfaßten Marburger Rede Papens vom 17. Juni 1934, auch ohne außenpolitische Unterstützung weiter, was zu seiner Verhaftung und am 30. Juni 1934 zu seiner Ermordung durch die Nationalsozialisten führte.

Bei der Vermittlung von Kontakten der politischen Rechten zu Mussolini spielte im übrigen sein politischer Agent in Berlin, Giuseppe Renzetti, eine zentrale Rolle.[20] Unermüdlich schrieb er Empfehlungen, organisierte Reisen oder begleitete sogar deutsche Besucher persönlich nach Rom. Besonders engen Kontakt hatte Renzetti zu den Stahlhelmführern Elhard von Morosowicz und Vicco von Bülow-Schwante, mit denen zusammen er am 4. Mai 1931 auch von Mussolini in Audienz empfangen wurde.[21] Im November 1929 hatte er schon einer Brandenburgischen Stahlhelmgruppe unter dem regionalen Bundesführer Hans-Ulrich Heinke eine Gruppenaudienz bei Mussolini vermittelt.[22] Der Höhepunkt der nationalkonservativen Reisetätigkeit war schließlich zweifellos die Audienz, die dem Bundesführer des „Stahlhelms", Franz Seldte, während des internationalen Kongresses zum zehnjährigen Jubiläum des *Marschs auf Rom* am 17. November 1932 von Mussolini gewährt wurde.[23] Der Empfang von Seldte zeigte freilich auch schon die Wende an, die Mussolini in seiner Audienzpolitik vollzog: Er fuhr nunmehr zweigleisig und empfing neben nationalkonservativen Rechten auch führende Nationalsozialisten. Das entsprach seiner politischen Neuorientierung: hatte er bisher in Deutschland vor allem auf den „Stahlhelm" gesetzt, begriff er nunmehr die NSDAP als die eigentlich dem Faschismus wesensverwandte und politisch zukunftsträchtige Bewegung.

Mentor des Nationalsozialismus:
Nationalsozialistische Führungskader bei Mussolini

Eine Audienz bei Mussolini ging bei den nationalsozialistischen Kadern von einem anderen Erwartungshorizont aus, wurde von ihnen anders erlebt und auch nachträglich bewertet als von den Politikern in der Weimarer Republik. Für demokratische Politiker war ein Besuch bei Mussolini aufgrund der politischen

---

[19] Privatarchiv Isa von der Schulenburg, Nachlaß Werner von der Schulenburg, Um Mussolini, S. 22.
[20] Vgl. Schieder, Faschismus im politischen Transfer, in: ders., Faschistische Diktaturen, S. 223–252.
[21] Vgl. Hoepke, Politische Rechte, S. 291–294.
[22] Vgl. [Hans-Ulrich] Heinke, Eine Studienfahrt nach Italien, in: Der Stahlhelm, 30.11.1930. Vgl. dazu Scarano, Mussolini, S. 216.
[23] Schieder, Das italienische Experiment, in: ders., Faschistische Diktaturen, S. 171f.

Andersartigkeit interessant gewesen, die seine schillernde Diktaturherrschaft ausmachte. Verunsichert durch die Krise des demokratischen Parteienstaates, hatten manche von ihnen gehofft, durch einen Besuch bei Mussolini das faschistische Regime als politische Alternative näher kennenlernen zu können. Die nationalsozialistischen Führungskader, die seit 1933 in Rom vorsprachen, suchten dagegen ausdrücklich nach Gemeinsamkeiten mit dem Nationalsozialismus. Mussolini war für sie der Mentor des internationalen Faschismus. Auch als sein Ansehen aufgrund der eklatanten militärischen Schwäche des faschistischen Regimes schwand und sie ihm zunehmend herablassend entgegentraten, blieb er für sie bis zuletzt doch die Galeonsfigur des Achsenbündnisses. Bis zu seinem Sturz konnte Mussolini sich daher in dem Glauben wiegen, gegenüber den Nationalsozialisten persönlich einen politischen Sonderstatus zu haben.

Als erster führender Nationalsozialist wurde Hermann Göring am 24. April 1931 von Mussolini in Audienz empfangen. Es war kein Zufall, daß Mussolini seine Audienz wenige Tage vor dem Besuch der beiden deutschnationalen Stahlhelmführer von Morosowicz und von Bülow-Schwante ansetzte, denen bisher in Deutschland seine besonderen Sympathien gegolten hatten.[24] Auch anläßlich des faschistischen Kongresses vom November 1932 zum zehnjährigen Jubiläum des ‚Marschs auf Rom' arrangierte es Mussolini wieder so, daß Göring (inzwischen Reichstagspräsident) und Alfred Rosenberg jeweils im Tagesabstand vor dem Führer des „Stahlhelms", Franz Seldte, und vor Hjalmar Schacht in Audienz empfangen wurden.[25] Rosenberg war außerdem der erste Nationalsozialist, der bei dieser Gelegenheit außerhalb Deutschlands vor einem internationalen Forum reden durfte.[26] Durch solche gezielten protokollarischen Gesten brachte Mussolini zum Ausdruck, daß er die Nationalsozialisten nunmehr den Deutschnationalen, mit denen er in Deutschland zunächst politische Beziehungen aufgenommen hatte, vorzog. Seit Hitlers Machtübernahme setzte Mussolini dann in erster Linie auf die Nationalsozialisten: „Hitlers Sieg ist auch unser Sieg", kommentierte er schon im Februar 1933 die faschistische Wende in Deutschland.[27]

Es ist jedoch auffällig, daß sich unter den deutschen Besuchern, die bis zum Frühjahr 1934 von Mussolini empfangen wurden, nur wenige wirklich hoch-

---

[24] Die beiden Stahlhelmführer wurden von Mussolini am 4.5.1931 empfangen. Vgl. ACS, SPD, CO, Udienze, b. 3106. Dazu Schieder, Das italienische Experiment, in: ders. Faschistische Diktaturen, S. 176f.
[25] Als Reicharbeitsminister in der Regierung Hitlers wurde Seldte am 13.11.1940 nochmals von Mussolini empfangen.
[26] Vgl. dazu Ernst Piper, Alfred Rosenberg. Hitlers Chefideologe, München 2005, S. 163–165. Der Text von Rosenbergs Vortrag findet sich in: Nationalsozialistische Monatshefte 3 (1932), S. 529–537.
[27] Zitiert nach Denis Mack Smith, Mussolini. Eine Biographie, München/Wien 1983, S. 280, der verschiedene Quellen für Mussolinis Äußerung angibt.

rangige Nationalsozialisten befanden, obwohl der Weg nach Rom ihnen nun offenzustehen schien. Die nationalsozialistische Besuchstour in Italien lief jedoch nur langsam an. Ursache dafür war ohne Zweifel der Anspruch Hitlers, sich endlich erst einmal selbst mit Mussolini zu treffen. Für ihn war es ein schwerer Schlag gewesen, daß sein für den 11. Dezember 1931 mit Hilfe Renzettis vereinbarter Besuch in Rom in letzter Minute daran gescheitert war, daß Mussolini nach der Entdeckung der *Boxheimer Dokumente* im August 1931, welche die subversiven Aktivitäten der Nationalsozialisten allzu publik gemacht hatten, die Einladung zurückgezogen hatte.[28] Auch ein für 1932 geplantes Treffen ließ sich nicht realisieren. Hitlers Hoffnung, durch eine Audienz bei Mussolini seine politische Reputation zu steigern, war damit fehlgeschlagen. Er drängte deshalb seit seiner Machtübernahme umso mehr darauf, mit Mussolini zusammenzutreffen.

Als erster führender Nationalsozialist durfte nur Göring neuerdings für zehn Tage nach Italien reisen, teils um dem wegen der Konkordatsverhandlungen in Rom weilenden Papen nicht allein das Feld zu überlassen, teils um den Draht zur faschistischen Regierung, an dem Hitler so gelegen war, nicht abreißen zu lassen.[29] Er wurde nicht nur am 11. April von Mussolini in Audienz empfangen, sondern traf mit diesem noch zweimal bei offiziellen Essen zusammen.[30] Am 19./20. Mai 1933 war er schon wieder in Rom, um im Auftrag Hitlers über den Abschluß des sogenannten Viererpaktes zu verhandeln.[31] Und im November 1933 fuhr er ein drittes Mal nach Italien, um Mussolini einen persönlichen Brief Hitlers zu überbringen, mit dem der ‚Duce' in der Österreichfrage beschwichtigt werden sollte.[32]

Das waren jeweils konkrete politische Anlässe. Göring konnte seine Treffen mit Mussolini jedoch auch dazu nutzen, sich im faschistischen Italien außerhalb der diplomatischen Beziehungen als eine Art Sonderbotschafter Hitlers zu profilieren. Durch sein undiplomatisches Auftreten bewirkte er freilich, daß

---

[28] Vgl. dazu ausführlich Scarano, Mussolini, S. 332–370.
[29] Vgl. im PAAA, R 72764 den sichtlich um eine ausgewogene Bewertung der Auftritte Papens und Görings bemühte Bericht Botschafter von Hassells an das AA vom 20.4.1933: „Gerade im gegenwärtigen Zeitpunkte, in dem Deutschland wieder einmal im Mittelpunkte gegnerischer Verhetzung und Verleumdung" stünde, sei es doppelt zu begrüßen gewesen, daß „die führenden Persönlichkeiten des faschistischen Italien von berufenster Seite Aufklärung über die wirkliche Lage in Deutschland, die Beweggründe und Ziele der Innen- und Außenpolitik des Kanzlers" erhalten hätten.
[30] Vgl. dazu und zum folgenden die detaillierte Darstellung von Alfred Kube, Pour le mérite und Hakenkreuz. Hermann Göring im Dritten Reich, München 1986, S. 34–39.
[31] Aufgrund der Darstellung Kubes, Pour le mérite, S. 40, dürfte Göring am 20.5.1933 von Mussolini empfangen worden sein.
[32] Vgl. dazu und zum folgenden Georg Christoph Berger Waldenegg, Hitler, Göring, Mussolini und der „Anschluß" Österreichs an das Deutsche Reich, in: Vierteljahrshefte für Zeitgeschichte 51 (2003), S. 147–182.

seine Rolle in Rom zunehmend als ambivalent angesehen wurde. Einerseits erkannte man auf faschistischer Seite, daß er innerhalb der nationalsozialistischen Führungsclique am entschiedensten Hitlers Strategie einer engen deutsch-italienischen Allianz unterstützte, andererseits war man schockiert über die unverblümte Art, in der er den Anschluß Österreichs an das Deutsche Reich auf die Dauer als unvermeidlich hinstellte. Mussolini gab deshalb zu verstehen, daß Görings Anwesenheit bei seinem ersten Treffen mit Hitler in Venedig am 14./15. Juni 1934 nicht erwünscht sei. Der ‚Führer' kam diesem Wunsch entgegen, Göring hatte deshalb schon mit der Vorbereitung des Treffens nichts zu tun. Hitler schickte vielmehr seinen Auslandspressechef Ernst Hanfstaengl als Sonderbotschafter nach Rom und überließ die weiteren Planungen dann den Diplomaten.[33] Und bei Hitlers Besuch in der Lagunenstadt mußte Göring zuhause bleiben.

Außer Göring erhielt nur Joseph Goebbels von Hitler die Erlaubnis, schon vor seiner ersten Begegnung mit dem ‚Duce' nach Italien zu reisen. Wie das Besuchsprogramm vom 29. Mai bis 1. Juni 1933 erkennen läßt, stellte die Unternehmung jedoch eine reine Propagandareise dar, bei der nichts Ernsthaftes verhandelt wurde.[34] In einem öffentlichen Vortrag, in dem er in Berlin anschließend über seine Reise berichtete, bemühte Goebbels sich, die ideologische Übereinstimmung des Nationalsozialismus mit dem italienischen Faschismus herauszustreichen, konnte aber nicht kaschieren, daß es bei der Audienz am 29. Mai 1933 offensichtlich zu keinem richtigen Gespräch gekommen war.[35] Es gebe Menschen, behauptete Goebbels, „mit denen sich der echte Nationalsozialist sozusagen durch Bindestriche unterhalten" könne. Zu ihnen gehöre Mussolini: „Man braucht Probleme gar nicht durchzusprechen. Sie sind schon in Andeutungen völlig klar und umrissen."[36] Trotz des von italienischer Seite betriebenen zeremoniellen Aufwandes bewies der in der Audienz bei Mussolini gipfelnde Besuch von Goebbels somit nur, welch „geringe politische Rolle" der deutsche Propagandaminister in der nationalsozialistischen Italienpolitik spielte, auch wenn er später versuchte, zu seinen italienischen Ministerkollegen Sonderbeziehungen herzustellen.[37] Abgesehen von der Begleitung Hitlers beim

---

[33] Hanfstaengl wurde von Mussolini am 15. und 17.2.1934 empfangen.
[34] Abdruck des Besuchsprogramms von Goebbels in Italien bei Helmut Michels, Ideologie und Propaganda. Die Rolle von Joseph Goebbels in der nationalsozialistischen Außenpolitik bis 1939, Frankfurt/M. 1992, S. 147.
[35] Vgl. Joseph Goebbels, Der Faschismus und seine praktischen Ergebnisse, Berlin 1934.
[36] Ebd., S.16. Vgl. auch den ebenso eitlen wie nichtssagenden Eintrag vom 4.6.1933 in: Fröhlich (Hg.), Tagebücher von Joseph Goebbels, Teil I, Bd. 2/III, S. 195: „Wir finden uns gleich. Und sprechen uns eine Stunde aus. Über alles. Er ist ganz entzückt von meinen Darlegungen. Sagt immer wieder: ‚Ich bin sehr zufrieden'."
[37] Peter Longerich, Joseph Goebbels. Biographie, München 2010, S. 233.

Staatsbesuch im Mai 1938 war Goebbels nur noch einmal im August 1939 zum Besuch der Biennale in Venedig in offizieller Mission in Italien.[38]

Göring und Goebbels demonstrierten über ihre persönlichen Interessen hinaus den neuen Stil der nationalsozialistischen Außenpolitik, die gegenüber dem faschistischen Bruderstaat vorbei an den Diplomaten über Sonderbevollmächtigte geführt werden sollte.[39] Göring ignorierte bei seinem Besuch 1933 einfach die Deutsche Botschaft in Rom, Goebbels zog zwar Botschafter von Hassell zur Vorbereitung seines Aufenthaltes heran, äußerte aber dann demonstrativ seine Verachtung, indem er über den Botschafter vermerkte: „v. Hassell ganz unfähig. Muß weg."[40] Seinem damaligen Gegenpart als Propagandaminister, Galeazzo Ciano, schlug er später vor, in Zukunft alle interessierenden Fragen unter Ausschaltung der jeweiligen Außenministerien zu behandeln."[41] Da Ciano kurz darauf von Mussolini zum Außenminister ernannt wurde, konnte diese faschistische Direktdiplomatie nicht umgesetzt werden. Anfang 1936 gelang es Goebbels jedoch, mit Cianos Nachfolger Dino Alfieri in gewünschter Weise außerdiplomatische Beziehungen herzustellen.[42] Mit Zustimmung Mussolinis wurde Fred Carl Willis, der Korrespondent verschiedener rechtsorientierter Zeitungen in Rom, zum Verbindungsmann der beiden Propagandaminister bestimmt.[43]

Die von führenden Nationalsozialisten über Sonderbevollmächtigte betriebene Diplomatie kam der Neigung Mussolinis entgegen, Politik im informellen persönlichen Gespräch zu betreiben, wie sie für sein Audienzsystem charakteristisch war. Schon vor 1933 hatten deutsche Diplomaten bemerkt, daß der ‚Duce' „streng zwischen offiziellen und inoffiziellen Persönlichkeiten" zu unterscheiden pflege: „Offiziellen Persönlichkeiten gegenüber pflegt er zurückhaltend zu sein und akute Fragen der Politik kaum zu streifen, während er sich inoffiziellen Persönlichkeiten gegenüber sehr viel freier gibt."[44] Die Repräsentanten der beiden faschistischen Diktaturen trafen sich daher in ihrer Intention, die gegenseitigen politischen Beziehungen nicht der offiziellen Diplomatie zu

---

[38] Vgl. den Bericht Völkischer Beobachter, 7. und 9.8.1939.
[39] Vgl. dazu immer noch Hans-Adolf Jacobsen, Nationalsozialistische Außenpolitik, 1933–1938, Frankfurt/M./Berlin 1968.
[40] Fröhlich (Hg.), Tagebücher von Joseph Goebbels, Teil I, Bd. 2/III, S. 196.
[41] Zit. nach Petersen, Hitler-Mussolini, S. 423.
[42] Vgl. dazu Giacomo Della Chiesa d'Isasca, Propaganda e diplomazia tra Italia e Germania (1933–1939), in: Clio. Rivista trimestrale di studi storici 16 (2002), S. 653–702, hier S. 688.
[43] Vgl. Della Chiesa d'Isasca, Propaganda e diplomazia, S. 658. Willis hatte 1925 die römische Sektion der NSDAP mitbegründet, als deren „Führer" er am 9.10.1936 eine Audienz erhielt. Nach Fred C. Willis, Männer um Mussolini, München 1932, S. 8 war er vor 1933 Korrespondent verschiedener deutscher Provinzzeitungen. Vgl. auch Fred C. Willis, Rom von heute, Hamburg 1930.
[44] ADAP, Serie B, Bd. XVII, Göttingen 1982, S. 223, Anmerkung 1: Staatssekretär von Bülow an Außenminister Curtius, 13.4.1931.

4 Politiker bei Mussolini 169

überlassen, sondern über persönliche Begegnungen der Führungskader zu steuern.

Der deutsche Botschafter von Hassell in Rom durchschaute frühzeitig, daß die Eigenmächtigkeiten von Göring und Goebbels nicht bloß politisches Gehabe waren, sondern das konventionelle System diplomatischer Verhandlungen aushebeln sollten. Schon bei dem gleichzeitigen Besuch Görings und von Papens in Rom Ostern 1933 sprach er spitz von „etwas plötzlichen Ministerreisen nach Rom".[45] Mehrfach beschwerte er sich später darüber, daß er von den Besuchen politischer Emissäre zu spät informiert und häufig nur noch als eine Art Reisebüro eingeschaltet werde.[46] Noch 1937 regte er sich über die „Tätigkeit geheimer Sendlinge" auf und verlangte von Göring explizit, seine „Sondermissionen" zu unterlassen.[47] Letzten Endes ist er jedoch mit seinem Versuch, die Eigenständigkeit der traditionellen Diplomatie zu wahren, gescheitert. Als im Februar 1938 mit Joachim von Ribbentrop ein genuiner Nationalsozialist zum Reichsaußenminister ernannt wurde, wurde Hassell als Botschafter abberufen.

Das bedeutete nicht, daß die Diplomaten vom faschistischen Besucheraustausch völlig ausgeschlossen wurden und sich die Beziehungen zwischen den beiden Diktaturen nur noch auf direkte Begegnungen der Führungskader beschränkten. Aber auch wenn auf die traditionelle Diplomatie nicht völlig verzichtet werden konnte, wurde doch ihr politischer Gestaltungsspielraum immer mehr eingeschränkt. Die Diplomaten hatten, von Alltagsgeschäften abgesehen, zunehmend nur noch politische Weisungen auszuführen oder logistische Aufgaben für die reisefreudigen faschistischen Kader aus Deutschland bzw. Italien zu erfüllen, wesentlich beeinflussen konnten sie die politischen Beziehungen nicht.

Schon die erste persönliche Begegnung Hitlers und Mussolinis in Venedig am 14./15.6.1934 war alles andere als eine konventionelle diplomatische Angelegenheit. Für das faschistische Gipfeltreffen war es vielmehr bezeichnend, daß es – anders als routinemäßige Regierungsgespräche – auf zwei getrennten Handlungsebenen stattfand, einer internen und einer öffentlichen. Bei ihren konkreten politischen Verhandlungen unter vier Augen drehten sich die Gespräche in der Sache fast ausschließlich um die Österreichfrage, ohne daß hier eine Einigung erzielt worden wäre. Wichtiger war aber die mit dem Treffen verbundene symbolische Handlungsebene. Die beiden Diktatoren leiteten einen

---

[45] Vgl. den Brief von Hassells an Außenminister von Neurath vom 5.4.1933, zit. von Petersen, Hitler-Mussolini, S. 167.
[46] Ulrich von Hassell, Römische Tagebücher und Briefe 1932–1938, hg. von Ulrich Schlie, München 2004, S. 158. Vgl. auch Hans Woller, Hitler, Mussolini und die Geschichte der „Achse", in: Lutz Klinkhammer, Amedeo Osti Guerrazzi, Thomas Schlemmer (Hg.), Die „Achse" im Krieg. Politik, Ideologie und Kriegführung 1939–1945, Paderborn 2010, S. 35.
[47] Ebd., Serie C, Bd. VI,2, Göttingen 1981, S. 628–630, Aufzeichnung von Hassells, 24.3.1937.

Stil persönlicher Besuchsdiplomatie ein, der auch zukünftig über Krisen und militärischen Niedergang hinweg für sie charakteristisch sein sollte. Mussolini inszenierte das Treffen in der Öffentlichkeit als faschistisches Massenspektakel, indem er eigens 70000 Schwarzhemden in die Lagunenstadt kommen ließ. Er präsentierte sich damit bewußt nicht nur als italienischer Regierungschef, sondern auch als ‚Duce' des Faschismus. Hitler konnte dabei zwar zu seinem Ärger nicht mithalten, weil er im zivilen Sommermantel und nicht im nationalsozialistischen Outfit angereist war. Gleichwohl war er nach eigenem Bekunden nach seiner Rückkehr „ganz berauscht von Venedig",[48] hatte doch der Massenaufwand, wie er sich einreden konnte, seiner Person gegolten.

Aufgrund seines dominierenden Auftritts fühlte sich Mussolini nach der Begegnung in Venedig politisch so stark, daß er am 25. Juli 1934 auf die schockierende Ermordung des von ihm protegierten österreichischen Bundeskanzlers Dollfuß durch nationalsozialistische Attentäter gegenüber Hitler mit Härte reagieren zu können glaubte. Er schickte nicht nur demonstrativ Truppen an den Brenner, sondern stellte auch alle persönlichen Begegnungen mit hochrangigen nationalsozialistischen Führern abrupt ein. Sein Audienzsystem benutzte er damit gezielt als außenpolitisches Druckmittel. Gleichzeitig startete er eine diplomatische Offensive, mit der er sich Frankreich und England annäherte. Höhepunkt dieser Politik war sein Treffen mit den Ministerpräsidenten der beiden Westmächte in Stresa im April 1935. Man hat das als eine Politik bezeichnet, bei der Mussolini als Schiedsrichter Europas das „ausschlaggebende Gewicht" (peso determinante) zwischen Frankreich und England einerseits und Deutschland andererseits angestrebt habe, eine Politik der Äquidistanz, die mit dem Viermächtepakt von 1933 begonnen und auch noch das Münchner Abkommen von 1938 gekennzeichnet habe.[49] Diese Interpretation verkennt jedoch zum einen, daß Mussolinis Politik grundsätzlich auf gewaltsame Expansion angelegt war. Dafür hatte nur der gleichgesinnte Hitler volles Verständnis. Nur er konnte auch Mussolini in seinem imperialen Aggressionsstreben unterstützen, während die Westmächte ihm sowohl aus Eigeninteresse als auch aus prinzipiellen Gründen entgegentreten mußten. Schon Mussolinis eigenartig martialisches Auftreten in Stresa hätte andererseits den Ministerpräsidenten Frankreichs und Englands allerdings stark zu denken geben müssen. Der ‚Duce' dachte nicht im Traum daran, sich an das dort bekräftigte Prinzip kollektiver Friedenswahrung zu halten, sondern setzte kurz nach dem Treffen die Vorbereitungen für den Überfall auf Abessinien in Gang.

---

[48] Hans Günther Seraphim (Hg.), Das politische Tagebuch Alfred Rosenbergs, München 1964, S. 39.

[49] Als prominentester Vertreter dieser problematischen Interpretation kann der Mussolini-Biograph De Felice angesehen werden. Vgl. De Felice, Mussolini il duce. I. Gli anni del consenso 1929–1936, passim.

4 Politiker bei Mussolini 171

In unserem Zusammenhang ist schließlich besonders wichtig, daß Mussolini die privilegierte Zusammenarbeit mit dem faschistischen ‚Bruderstaat' Hitlers schon vor dem am 2. Oktober 1935 beginnenden Überfall auf Abessinien vorsichtig wiederaufnahm. Die für ihn unerwarteten militärischen, finanziellen und außenpolitischen Schwierigkeiten, welche ihm der gewaltsame Überfall auf Abessinien bereitete, beschleunigten das Tempo der italienisch-deutschen Annäherung dann erheblich.

Von Ende 1934 bis Anfang 1936 sind von Mussolini keine nationalsozialistischen Parteiführer oder Regierungsvertreter in Audienz empfangen worden. Die diplomatischen Beziehungen wurden von ihm jedoch nicht abgebrochen, statt dessen waren wieder die ungeliebten Diplomaten für die Alltagsbeziehungen zum nationalsozialistischen Deutschland zuständig. Botschafter von Hassell konnte allein 1935 insgesamt elf Mal bei Mussolini vorsprechen,[50] nachdem er 1933 sechs Mal und 1934 neun Mal beim ‚Duce' gewesen war.[51] Sein Vorgänger Carl von Schubert war vom ‚Duce' zwischen 1930 und 1932 dagegen lediglich vier Mal empfangen worden,[52] wobei er auch noch ungebührlich lange auf seinen Antrittsbesuch hatte warten müssen, so daß sich Außenminister Curtius schließlich gezwungen sah, sich darüber bei Mussolini zu beschweren.[53] Constantin Freiherr von Neurath schließlich führte in acht Jahren als römischer Botschafter offenbar nur 14 Audienzgespräche mit Mussolini, wobei sechs auf das deutsch-italienische Krisenjahr 1926 fielen.[54] Interessanterweise hatte Mussolini aber seinerseits am 3. November 1922 bei Neurath in der deutschen Botschaft einen Antrittsbesuch gemacht, ein Zeichen dafür, welche Bedeutung er den Beziehungen zu Deutschland zumaß.[55] Die persönlichen Sympathien

---

50 Hassell war 1935 am 6.1., 10.1., 1.2., 3.5., 30.5., 15.7., 3.8., 28.9., 2.10., 4.10. und 16.11. bei Mussolini, vgl. ADAP, Serie C, Bd. III, S. 765, S. 780, S. 874, Bd. IV, S. 151, S. 230, S. 435, S. 523, S. 650, S. 673, S. 685, S. 807.
51 1933 war Hassell am 26.1., 11.4., 20.4., 12.6., 8.8., 27.10. und 6.12. bei Mussolini, vgl. ACS, SPD, CO, Udienze, b. 3110, 3111, 3112, sowie ADAP, Serie C, Bd. I, S. 722. 1934 hatte er die folgenden Audienztermine: 11.1., 24.2., 23.3. 23.4., 28.5., 5.7., 21.7., 22.10. und 6.12., vgl. ACS, SPD, CO, Udienze, b.3113, b.3114, b.3116, sowie ADAP, Serie C, Bd. II, S.750, Bd. III, S. 125, S. 198, S. 508, S. 692.
52 Schubert war am 28.11.1930 [Antrittsbesuch], 25.1.1931, 15.4.1931 und 29.7.1932 bei Mussolini, vgl. ACS, SPD, CO, Udienze, b. 3104, b.3105, b.3108.
53 ADAP, Serie B, Bd. XVI, Göttingen 1981, S. 185, Gespräch von Curtius mit dem Italienischen Botschafter in Berlin, Orsini-Baroni, am 24.11.1930.
54 Die Audienzen fanden am 8.8.1923, 20.10.1923, 1.11.1924, 23.11.1924, 8.6.1925, 7.1.1926, 15.1.1926, 28.3.1926, 21.7.1926, 30.10.1926, 24.11.1926, 30.10.1928 und 13.7.1929 statt, vgl. ADAP, Serie A, Bd. VIII, S. 252, 513, Bd. XI, S. 339, Bd. XIII, S. 281, Serie B, Bd. II, S. 50, S. 63, S. 200, S. 346, S. 419, S. 468, Bd. X, S. 239, Bd. XII, S. 203. Das Gespräch am 24.11.1924 wird belegt durch PAAA, Abt. II, R 72759, Neurath an AA, 24.11.1924. Möglicherweise lassen sich aus den unveröffentlichten Akten im PAAA noch weitere Audienzen nachweisen. Vgl. zu Neurath auch schon Scarano, Mussolini, S. 36-44.
55 Vgl. ADAP, Serie A, Bd. VI, S. 487.

Mussolinis für Neurath sind später – ungeachtet seiner politischen Vorbehalte gegenüber der Weimarer Republik – zweifellos noch dadurch verstärkt worden, daß dieser ihn, als sich in der Matteottikrise die autoritäre Wende des faschistischen Regimes abzeichnete, am 1. November 1924 durch einen Besuch demonstrativ unterstützte.[56] Bezeichnenderweise sprach sich der ‚Duce' über Neurath, der inzwischen zum Außenminister avanciert war, noch in der Vertrauenskrise mit dem *Dritten Reich* ausdrücklich positiv aus und bezeichnete ihn als „Freund Italiens".[57]

Hassells Nachfolger Hans Georg von Mackensen wurde bei Mussolini dann wieder nur noch so selten vorgelassen wie die deutschen Botschafter in der Zeit der Weimarer Republik. Wenn dies aber bis 1933 daran gelegen hatte, daß die Beziehungen des faschistischen Italien zu den Regierungen der Weimarer Republik distanziert waren,[58] so bedurfte es von 1938 bis 1943 der Diplomaten deshalb weniger, weil die Beziehungen zwischen Deutschland und Italien im Geist der *Achse* gehäuft durch bilaterale Direktbegegnungen der faschistischen und nationalsozialistischen Führungskader gepflegt wurden. Auf die Diplomaten konnte selbstverständlich auch jetzt nie ganz verzichtet werden, aber sie waren in den deutsch-italienischen Beziehungen weniger wichtig als zuvor. Mackensen, der sich allerdings nicht gerade durch große Initiativkraft auszeichnete, war zwischen 1938 und 1943 insgesamt nur 15 Mal in Audienz bei Mussolini, wobei allein fünf seiner Besuche auf die Wochen des Kriegsausbruchs von 1939 entfielen, während derer er für Hitler den Briefträger spielen mußte.[59]

Wie aus der diplomatischen Berichterstattung Hassells nach Berlin hervorgeht, beschränkten sich seine Gespräche mit dem ‚Duce' seit dem Sommer 1934 weitgehend auf aktuelle Tagesprobleme. Erst am 6. Januar 1936 konnte er mit dem ‚Duce' nach langer Pause erstmals wieder offen über das gespannte Verhältnis zwischen Deutschland und Italien sprechen. Bei diesem Gespräch

---

[56] Vgl, ADAP, Serie A, Bd.XI, S. 339.
[57] Vgl. PAAA, R 72765, Botschafter Hassell an Außenminister Neurath, Rom, 7.12.1934.
[58] Vgl. dazu Scarano, Mussolini, passim.
[59] Mackensens Audienzen bei Mussolini fanden, soweit feststellbar, am 18.4.1938 (Antrittsbesuch), 14.6.1939, 25.8.1939, 26.8.1939, 27.8.1939, 1.9.1939, 4.9.1939, 6.10.1939, 2.12.1939, 10.1.1941, 24.11.1942, 11.2.1943, 17.3.1943, 7.4.1943 und 10.6.1943 (letzte Audienz vor Mussolinis Sturz am 25.7.1943) statt. Für 1940 sind aus den Akten keine Audienzen nachzuweisen, es ist jedoch anzunehmen, daß Mackensen zumindest bei Mussolinis Ankündigung, in den Frankreichkrieg einzugreifen, im Frühjahr dieses Jahres einige Male beim ‚Duce' gewesen ist, so daß sich die Zahl seiner Audienzen erhöhte. Vgl. ADAP, Serie D, Bd. III, S. 875 („Mussolini hat mich heute erstmalig empfangen. Offizieller Charakter Besuchs italienischerseits durch Abholung von Botschaft durch Protokollchef unterstrichen."), Bd. VI, S. 601, Bd. VII, S. 246, S. 271 („Habe heute dritten Führerbrief dem Duce in Gegenwart Graf Cianos kurz nach 17 Uhr übergeben."), S. 280, S. 293, S. 405, Bd. VIII, S. 176, 374.

versicherte ihm Mussolini, „daß es heute möglich sei, deutsch-italienische Beziehungen grundlegend zu bessern".[60] Seine weitergehenden Intentionen offenbarte der ‚Duce' jedoch in den Audienzen, die er in dieser Zeit informellen Abgesandten Hitlers gewährte. Der Weg zur politischen Wiederannäherung der beiden faschistischen Diktatoren führte weitgehend über Geheimgespräche außerhalb der Diplomatie.

Der Auftakt der über geheime Mittelsmänner laufenden deutsch-italienischen Annäherungspolitik stellte die Abberufung des italienischen Botschafters Vittorio Cerrutti aus Berlin im Sommer 1935 dar, die Jens Petersen erstmals bekannt gemacht hat.[61] Es war dies ein einzigartiger Vorgang, weil die Initiative dazu von Hitler ausging. Cerrutti, zudem noch mit einer ungarischen Jüdin verheiratet,[62] war diesem als „entschiedener Gegner des Nationalsozialismus" schon lange lästig geworden.[63] Von Mussolini seine Abberufung zu verlangen, diente ihm in der gegebenen Situation darüber hinaus aber auch als Test für den Stand der Beziehungen zum ‚Duce'. Der ‚Führer' bediente sich dabei letztmals seines geheimen Mittelsmanns zu Mussolini, des ihm seit Ende der zwanziger Jahre in Berlin vertrauten Giuseppe Renzetti,[64] der seinen Wunsch auf Abberufung Cerruttis am römischen Außenministerium vorbei unmittelbar dem ‚Duce' vortrug. Mussolini erfüllte nicht nur Hitlers Wunsch, sondern ersetzte Cerrutti sogar noch durch den dezidiert deutschfreundlichen Bernardo Attolico. Besser als durch diese politische Vorleistung hätte er kaum demonstrieren können, wohin die Reise gehen sollte, auch wenn er Cerrutti nicht fallen ließ, sondern im Juni 1935 zum Ärger Hitlers nach Paris versetzte.

So spektakulär die Abberufung des italienischen Botschafters auch sein mochte, darf sie nicht isoliert gesehen werden. Vielmehr verlief auch die weitere Annäherung der beiden faschistischen Diktatoren über inoffizielle Sendboten. Sowohl Mussolini als auch Hitler kommunizierten, ohne das miteinander zu koordinieren, seit Herbst 1935 außerhalb der Diplomatie wechselseitig über geheime Mittelsleute, in der beiderseitigen Absicht, die Chancen für eine Wiederannäherung zu erkunden und zu einer Verflechtung der deutschen und italienischen Politik im Geist des Faschismus zu kommen.

Schon Ende September 1935 wurde der Florentiner Germanistikprofessor Guido Manacorda von Hitler empfangen, am 22. Januar 1936 war er erneut im Auftrag Mussolinis beim ‚Führer'.[65] Er hatte das besondere Vertrauen des ‚Du-

---

[60] ADAP, Serie C 1933–1937: Bd. IV, Göttingen 1975, S. 954, Hassell an das AA, 7.1.1936.
[61] Vgl. dazu ausführlich Jens Petersen, Deutschland und Italien im Sommer 1935. Der Wechsel des italienischen Botschafters in Berlin, in: GWU 20 (1969), S. 330–341.
[62] Vgl. Elisabetta Cerrutti, Vista da vicino. Memorie di un'ambasciatrice, Milano 1951.
[63] Petersen, Hitler-Mussolini, S. 419.
[64] Zur Rolle Renzettis vgl. Schieder, Faschismus im politischen Transfer, in: ders., Faschistische Diktaturen, S. 223–252.
[65] Vgl. dazu Petersen, Hitler-Mussolini, S. 446, S. 469.

ce', der ihn ungewöhnlich oft in Audienz empfing.[66] Wenig glaubwürdig war es daher, wenn Mussolini die Aktivitäten Manacordas gegenüber Hassell damit herunterzuspielen suchte, daß er in ihm weder einen „offiziellen noch ein offiziösen Vermittler" sah, sondern nur einen „autorisierten Ausleger, und zugleich eine Person, die autorisiert ist, einen Weg privat womöglich vorherzubahnen".[67]

In Wahrheit entsprach Manacordas Entsendung nach Berlin genau dem faschistischen Stil außerdiplomatischer Kommunikation, den Mussolini und Hitler kreiert hatten. Auch der Besuch des Staatssekretärs im Erziehungsministerium, Renato Ricci, bei Hitler Anfang 1936 hatte noch keinen offiziellen Charakter. Ricci hatte vielmehr als Delegationschef der italienischen Sportmannschaft an den Olympischen Winterspielen in Garmisch-Partenkirchen teilgenommen und konnte so anschließend unauffällig von Hitler in der Reichskanzlei empfangen werden.[68] Sein Besuch bei Hitler war deshalb noch kein „Wendepunkt in der italienischen Außenpolitik",[69] er muß vielmehr in die Reihe der verborgenen Annäherungsbemühungen der beiden faschistischen Regime eingeordnet werden.

Die informellen Sendboten Mussolinis kreuzten sich mit den geheimen Abgesandten Hitlers, ohne daß es dabei zunächst irgendwelche Absprachen gegeben hätte. Beide Seiten suchten unabhängig voneinander, aber auf die gleiche Art und Weise, außerhalb der diplomatischen Kontakte das politische Terrain für eine Wiederannäherung zu erkunden. Als erster „geheimer Sendling" seit dem Mord an Dollfuß wurde der Journalist Sven von Müller am 9. Juli 1935 von Mussolini in Audienz empfangen. Anders als gegenüber von Hassell ging Mussolini ihm gegenüber aus sich heraus, auch wenn er es vermied, wie Müller enttäuscht bemerkte, „ein freundliches Wort über das nationalsozialistische Deutschland und seine Erfolge zu sagen".[70] Im Hinblick auf eine mögliche Verständigung zwischen Deutschland und Italien hob er ausdrücklich die „gemeinsamen Grundgedanken zwischen Faschismus und Nationalsozialismus" hervor und ließ sich sogar auf eine „längere Erörterung der jüdischen Frage" ein. Da „Juden keine Faschisten sein könnten", habe er sie inzwischen aus wichtigen Ämtern entfernt. Der informelle Charakter der

---

[66] Vgl. ACS, SPD, CO, Udienze, b.3118, b. 3120, b.3121, b.3122, b.3126: Audienzen am 20.5.1935, 21.5.1935, 7.10.1935, 8.10.1935, 22.11.1935, 23.11.1935, 30.1.1936, 13.3.1936, 11.7.1936, 13.7.1936 und 15.12.1936.
[67] PAAA, R 72766, Hassell an AA, 6.12.1935.
[68] Vgl. ebd., S. 469.
[69] So über die damalige Einschätzung des italienischen Diplomaten Pompeo Aloisi, Journal (25 juillet 1932 – 14 juin 1936). Introduction et notes par Mario Toscano, Paris 1957, Eintragung vom 21.3.1936.
[70] Bundesarchiv Berlin, R 43 II/1448, Vertraulicher Bericht Sven von Müllers, Hauptschriftleiter des Hamburger Fremdenblattes, über ein von ihm geführtes Interview mit Benito Mussolini am 9.7.1935.

Audienz wurde dadurch unterstrichen, daß Müller sich verpflichten mußte, über diese nicht öffentlich zu berichten. Sein Audienzbericht wurde jedoch von Kurt Broschek, dem nationalsozialistischen Verleger des „Hamburger Fremdenblattes", am 16. Juli an Reichsaußenminister Neurath und an die Reichskanzlei geschickt, er erhielt dadurch eine offiziöse politische Qualität.

Ein halbes Jahr später war am 31. Januar 1936 der SS-Führer und Reporter des „Völkischen Beobachters", Roland E. Strunk, bei Mussolini. Strunk war ein politischer Abenteurer, der im Ersten Weltkrieg für den österreichischen Geheimdienst in Rußland spioniert hatte und nach 1918 als Kriegsberichterstatter tätig war.[71] Er begleitete die Armee Kemal Paschas, berichtete über den blutig unterdrückten Aufstand der Rifkabylen und den Überfall der Japaner auf die Mandschurei. Ferner schrieb er politische Sachbücher,[72] und verfaßte er Schauspiele sowie Romane.[73] Schließlich übersetzte er das epochenmachende kriegstheoretische Buch von Giulio Douhet über die Bedeutung der Luftwaffe für den modernen Krieg aus dem Italienischen ins Deutsche.[74] Nach Hitlers Machtübernahme trat er 1933 in die SS ein und wurde Mitarbeiter beim „Völkischen Beobachter". Hitler scheint ihn als Reporter besonders geschätzt zu haben und war deshalb über seinen dubiosen Duelltod am 17. Oktober 1937 so erbost, daß er in Deutschland für die Zukunft alle Duelle untersagte.[75] Bei Mussolini hatte Strunk einen Stein im Brett, weil er als Kriegsberichterstatter von Anfang an im Abessinienkrieg dabei gewesen war.[76] Es kann daher nicht verwundern, daß er von ihm am 4. Januar 1937 erneut in Audienz empfangen wurde.

Da der Journalist ausdrücklich im persönlichen Auftrag Hitlers kam, fühlte sich Mussolini nach dem Bericht Strunks zu dem Bekenntnis veranlaßt, daß er schon immer „ein Freund Hitlers" gewesen sei. Hitler sei „ein großer Mann,

---

[71] Herkunft und Biographie Strunks liegen weitgehend im Dunkeln. Auch wenn sie angeblich auf „fünfundzwanzig Schreibmaschinenblätter ... in englischer Sprache" mit dem Titel „Synopsis of my life" zurückgeht, ist die phantasievoll ausgeschmückte Biographie von Herbert Volck, Der Traum vom Tode. Das phantastische Leben des berühmten deutschen Weltreporters Roland Strunk, Berlin 1938, wenig zuverlässig.
[72] Roland E. Strunk, Achtung! Asien marschiert. Ein Tatsachenbericht, Berlin 1934.
[73] Roland E. Strunk, Die Sache mit Heike. Ein Roman zwischen Hongkong und Genua, Leipzig 1935. Der Roman erschien in der parteiamtlichen Illustrierten NSDAP „Illustrierter Beobachter" seit dem 31.1.1935 als Fortsetzungsroman! Vgl. auch ders., Treibholz. Ein Roman über Geschichte und fremde Länder mit viel Humor geschrieben, Leipzig 1934; ders., Erwachen an der Grenze. Schauspiel, Berlin 1934.
[74] Giulio Douhet, Luftherrschaft. Deutsch von Roland Strunk, Berlin 1935.
[75] Das Duell Strunks mit einem Adjutanten Baldur von Schirachs gilt deshalb als das letzte Duell auf deutschem Boden. Vgl. Ute Frevert, Ehrenmänner. Das Duell in der bürgerlichen Gesellschaft, München 1991, S. 262.
[76] Vgl. seine Berichte aus dem Abessinienkrieg im „Illustrierten Beobachter" vom 22.8.–26.12.1935.

ein Genie und wirkliche Führernatur".[77] Über seine Äußerungen gegenüber Müller hinausgehend, bezeichnete er die Hindernisse, die es zwischen Deutschland und Italien gebe, nur noch als „Kleinigkeit", ja er sprach sogar erstmals von einer „Schicksalsgemeinschaft" zwischen den beiden Völkern. Wie Strunk notierte, habe er nur hinzugefügt, daß er sich gegenüber Frankreich und England noch nicht dazu bekennen könne: „Noch nicht! Das muß langsam und vorsichtig gehen." Im Grunde kündigte Mussolini damit gegenüber dem journalistischen Emissär insgeheim schon die Herstellung von faschistischen Sonderbeziehungen an, die er dann als „Achse Rom-Berlin" bezeichnen sollte.[78] In Deutschland hielt man den Besuch Strunks bei Mussolini offensichtlich für so bemerkenswert, daß der „Völkische Beobachter" ihn mit einer kurzen Notiz anzeigen durfte, ohne freilich etwas über die Gründe und den Inhalt des Gespräches auszusagen.[79]

Als Hitler schließlich davon hörte, daß Leni Riefenstahl am 26.2.1936 in Rom von Mussolini empfangen würde, ließ er sie noch kurz vor ihrem Abflug in München zu sich kommen, damit sie als eine Art „Privatbotschafterin des ‚Führers'"[80] bei der Audienz seine Hochschätzung für Mussolini zum Ausdruck brächte.[81] Mussolini versicherte der Filmregisseurin dann während ihrer Audienz, an die Sendung Hitlers zu glauben. Auf ihre Frage, warum er das gerade

---

[77] Vgl. Strunks Bericht über die Audienz vom 31.1.36, Bundesarchiv Berlin, Bestandsergänzungsfilm des ehemaligen Zentralen Staatsarchivs der DDR, Nr. 13708, Wortlaut der am 31.1.1936 stattgehabten Unterredung mit Benito Mussolini. Das Dokument wurde in fehlerhafter englischer Übersetzung von Robert H. Whealer, Mussolini's ideological diplomacy: an unpublished document, in: Journal of Modern History 39 (1967), S. 432–37, veröffentlicht. Vgl. auch schon Petersen, Entstehung des Achse, S. 469f.

[78] Der Terminus „Achse" stammte allerdings ursprünglich wohl nicht von Mussolini, dieser sprach vielmehr, wie ich demnächst in einem Aufsatz zeigen werde, in der deutschen Übertragung des römischen Radiosenders von einem „Angelpunkt, um den herum sich die europäische Politik bewegen könnte".

[79] Völkischer Beobachter, 5.2.1936, Sonderberichterstatter des „V.B." bei Mussolini. Eine Unterredung mit dem italienischen Regierungschef: „Mussolini ließ sich im Rahmen einer lebhaften Unterhaltung insbesondere die Eindrücke unseres Sonderberichterstatters bezüglich der Kampfhandlungen und seiner Erlebnisse an der Nordfront schildern. Rittmeister a.D. Roland Strunk hatte Gelegenheit, dem italienischen Regierungschef seine Beobachtungen zu unterbreiten, wobei seine offene Ausdrucksweise die besondere Anerkennung Mussolinis fand. Der italienische Regierungschef kam den Wünschen unseres Sonderberichterstatters, auf seinem Weg zur Front auch den Dodekanes und Libyen sowie die Cyrenaika zu besuchen, weitgehend entgegen. Mussolini erklärte sich auch einverstanden, daß Rittmeister Strunk an den zu erwartenden Kampfhandlungen an der Somalifront bei der Armee des Generals Graziani teilnehme. Der italienische Regierungschef erkundigte sich besonders nach dem Gesundheitszustand des Führers, über den soviel falsche, tendenziöse Gerüchte ausgestreut sind."

[80] Lutz Kinkel, Die Scheinwerferin. Leni Riefenstahl und das ‚Dritte Reich', Hamburg 2002, S. 116.

[81] Riefenstahl, Memoiren, S. 253f.

ihr gegenüber zum Ausdruck bringe, gab er die bezeichnende Antwort: „Weil die Diplomaten, deutsche wie italienische, alles tun, um eine Annäherung zwischen mir und dem Führer zu verhindern."[82] Angeblich fügte er hinzu, daß er sich nicht „in die inneren Angelegenheiten Österreichs einmischen" werde. Nach ihrer Rückkehr wurde Riefenstahl in die Reichskanzlei einbestellt, wo Hitler ihre Mitteilungen befriedigt zur Kenntnis genommen haben soll.[83]

Es ist nicht exakt nachzuweisen, wann genau Hitler und Mussolini nach diesen informellen Sondierungen grünes Licht für die Herstellung privilegierter Beziehungen zwischen dem faschistischen Italien und dem nationalsozialistischen Deutschland gegeben haben. Es steht jedoch fest, daß der Weg dahin mit dem gemeinsamen Polizeiabkommen von Anfang April 1936 und dem zeitgleichen Besuch Hans Franks bei Mussolini beschritten wurde. Die bei diesen deutsch-italienischen Begegnungen getroffenen Vereinbarungen sind an sich bekannt, sie wurden jedoch bisher nicht in Zusammenhang gebracht und in den Verflechtungsprozeß der beiden faschistischen Regime eingeordnet. Tatsächlich handelte es sich um politische Parallelaktionen, durch welche überkreuz die Weichen für die ‚Achse Berlin-Rom' gestellt wurden.

Das Polizeiabkommen wurde von Heinrich Himmler und dem italienischen Polizeichef Arturo Bocchini, der zu den Verhandlungen mit einer großen Delegation nach Berlin gekommen war, am 1. April 1936 unterzeichnet.[84] Es bestand zwar im wesentlichen nur aus Absichtserklärungen für eine gemeinsame Bekämpfung von „Kommunismus und Freimaurerei". In unserem Zusammenhang war jedoch bezeichnend, daß die künftige Zusammenarbeit bei der gegenseitigen Auslieferung „politischer Verbrecher" in der Praxis „unter Ausschaltung diplomatischer Verhandlungen" erfolgen sollte.[85] Das Abkommen setzte damit internationale Rechtsgrundsätze außer Kraft und ersetzte diese durch faschistische Willkür. Fast zur gleichen Zeit wie Bocchini war auch der Chef des militärischen Abwehrdienstes, Mario Roatta, in Berlin, und ebenfalls noch im April 1936 machte der Landwirtschaftsminister Edmondo Rossoni, nun schon ganz offiziell, eine Rundreise durch Deutschland.[86]

Hans Frank wurde ganz unabhängig davon im März 1936 als Präsident der von ihm gegründeten Akademie für Deutsches Recht zu einem öffentlichen Vortrag über die NS-Rechtspolitik in das römische Istituto Nazionale Fascista

---

[82] Ebd., S. 255.
[83] Ebd., S. 255f.
[84] Vgl. dazu neuerdings ausführlich Patrick Bernhard, Konzertierte Gegnerbekämpfung im Achsenbündnis 1933 bis 1943, in: Vierteljahrshefte für Zeitgeschichte 59 (2011), S. 229–262.
[85] Es handelte sich hierbei allerdings nur um einen Ergänzungsvorschlag Himmlers zum Abkommen.
[86] Vgl. Petersen, Hitler-Mussolini, S. 481.

di Cultura eingeladen.[87] Bei dieser Gelegenheit sollte er nach dem Besuch Ernst Hanfstaengls am 15. Februar 1934 als erster prominenter Nationalsozialist wieder von Mussolini in Audienz empfangen werden. Hitler erkannte sofort, daß dadurch die indirekten Kontakte mit dem ‚Duce' auf eine höhere Ebene gehoben werden konnten. Frank erhielt von ihm ausführliche Instruktionen, um in seinem Namen mit Mussolini eine „grundsätzliche Aussprache" über die „Gemeinsamkeiten" von Faschismus und Nationalsozialismus zu führen.[88] Auch wenn Frank in übertriebener Weise sein persönliches Einvernehmen mit dem ‚Duce' herausstellte, läßt seine spätere Darstellung erkennen, daß es sich tatsächlich um die „erste Dauer versprechende Anknüpfung der Beziehungen zu dem faschistischen Italien" handelte.[89]

Der Kontakt Franks zur faschistischen Führung war durch den Genueser Anwalt Cesare Vernarecci di Frossombrone hergestellt worden, der adelige Verwandte in Deutschland hatte, so daß er hier während häufiger Aufenthalte unauffällig politisch aktiv werden konnte.[90] Im gewissen Sinn ersetzte er als informeller Mittelsmann Giuseppe Renzetti, der 1935 zum Ausgleich für die Abberufung Cerruttis vorübergehend Berlin verlassen mußte.[91] Durch Frank wurde Vernarecci in die Akademie für Deutsches Recht aufgenommen. Beide zusammen wurden im Juli 1935 in Berchtesgaden auf dem ‚Berghof' von Hitler empfangen, ein Zeichen dafür, welche Bedeutung der ‚Führer' dem neuen italienischen Mittelsmann zuschrieb. Hitler gab dem Italiener konkrete Anregungen für ein politisches Zusammenrücken Deutschlands und Italiens an Mussolini mit, die Vernarecci am 16. Oktober 1935 während einer Audienz an den ‚Duce' weitergab.

---

[87] Vgl. dazu und zum folgenden die geschwätzigen, aber in diesem Zusammenhang durchaus glaubwürdigen Memoiren von Hans Frank, Im Angesicht des Galgens. Deutung Hitlers und seiner Zeit auf Grund eigener Erlebnisse und Erkenntnisse, München 1953, S. 222.
[88] Ebd., S. 220.
[89] Ebd., S. 233.
[90] Vernarecci ist biographisch noch nicht genauer untersucht worden. Vgl. zu ihm und zum folgenden ASMAE, GM, Parte Seconda, b. 366 und 741, sowie ferner Della Chiesa d'Isasca, Propaganda, S. 668–676.
[91] Außer Vernarecci betätigte sich auch der Germanist Guido Manacorda als geheimer Abgesandter Mussolinis in Deutschland. Er wurde im September 1935 und am 22.1.1936 von Hitler empfangen. Vgl. Petersen Hitler-Mussolini, S. 446. Manacorda hatte das besondere Vertrauen Mussolinis, der ihn am 20.5.1935, 21.5.1935, 7.10.1935, 8.10.1935, 22.11.1935, 23.11.1935, 30.1.1936, 31.1.1936, 13.3.1936, 11.7.1936, 13.7.1936 und 15.12.1936 ungewöhnlich oft in Audienz empfing. Vgl. ACS, SPD, CO, Udienze, b.3118, 3120, 3121, 3122, 3126. Gegenüber Hassell spielte Mussolini die in der Tat wenig erfolgreiche Vermittlerrolle Manacordas herunter, indem er behauptete, dieser sei „weder ein offizieller noch ein offiziöser Vermittler, sondern nur ein autorisierter Ausleger, zugleich eine Person, die autorisiert ist, einen Weg privat womöglich herzubahnen". Vgl. PAAA, Abt. II, R 72766, Hassell an AA, 6.12.1935.

Erstmals hatte sich Frank schon im März 1935 darum bemüht, über Vernarecci unauffällig eine Einladung nach Rom „außerhalb der offiziellen diplomatischen Vertreter" zu erhalten,[92] ein gezielter Versuch einer informellen Kontaktaufnahme, der aber erst ein Jahr später zum Erfolg führen sollte. Auch wenn die Reise Franks damit ursprünglich keinen offiziellen Charakter hatte, stand ihre politische Bedeutung außer Frage.[93] Nach Darstellung Botschafter von Hassells wurde das Reiseprogramm Franks erst „auf Initiative der Italienischen Regierung dahingehend ausgebaut, daß sich die Vortragsreise zu einem Ministerbesuch mit politischem Einschlag gestaltete".[94] Das traf indessen so nicht zu. Für Frank war der Vortrag zwar der Anlaß der Reise, der eigentliche Zweck war jedoch von vornherein eine Audienz bei Mussolini. Diese sollte umrahmt werden durch Audienzen beim König und beim Papst. Wie wichtig man auf italienischer Seite Franks Auftritt nahm, läßt sich schon daran ablesen, daß sein Vortrag in italienischer Übersetzung als Broschüre veröffentlicht wurde.[95] Die Audienz beim König und bei Mussolini wurde für Frank selbstverständlich arrangiert, nur der Papst spielte nicht mit und verweigerte dem Ehepaar Frank trotz seiner katholischen Kirchenzugehörigkeit eine Privataudienz.

Franks Audienz bei Mussolini und das Programm seines Besuches wurden wie inzwischen üblich ohne die deutsche Botschaft in Rom arrangiert. Botschafter Hassell versuchte zwar zu kaschieren, daß er neuerdings von einem hochrangigen NS-Führer lediglich als Quartiermacher benutzt worden war, während die Vereinbarung und das Programm des Besuchs ohne ihn zustande gekommen waren. Pikiert mußte er jedoch eingestehen, daß bei der Besprechung über das Reiseprogramm im italienischen Außenministerium „die Audienzen beim König und beim Regierungschef schon vorgesehen waren, bevor ein dahingehender Wunsch von unserer Seite laut wurde".[96] Frank hatte den Botschafter sogar noch dadurch gedemütigt, daß er ihm durch einen subalternen Mitarbeiter über das Auswärtige Amt ausrichten ließ, er wolle nicht nur vom Flughafen abgeholt und von der Botschaft in einem angemessenen Hotel untergebracht werden, sondern wünsche auch einen Brief, in dem der Botschafter „allgemein der Freude Ausdruck" gebe, „daß Herr Minister Frank

---

[92] Vgl. ASMAE, GM, Parte Seconda, b.741, Vernarecci an Jacomini, o.D., zit. bei Della Chiesa d'Isasca, Propaganda, S. 670.
[93] Vgl. Dieter Schenk, Hans Frank. Hitlers Kronjurist und Generalgouverneur, Frankfurt/M. 2006, S. 132f.
[94] Vgl. ebd., Hassell an Auswärtiges Amt, 9.4.1936. In der Anlage zu diesem Schreiben auch das „Programm für den Aufenthalt des Herrn Reichsministers Frank".
[95] Ein Exemplar dieser Broschüre (Hans Frank, Il Nuovo Indirizzo del Diritto Germanico, Istituto Nazionale Fascista di Cultura, Conferenza tenuta in Roma il 3 Aprile 1936–XIV) befindet sich im PAAA, Botschaft Rom (Qu), R 72772.
[96] Ebd.

nach Rom komme".⁹⁷ Obwohl Hassell protokollarisch zu Recht feststellte, daß es sich bei Franks Besuch „im Grunde genommen nicht um einen offiziellen Ministerbesuch" handelte, war er gezwungen, mit diesem an einer Kranzniederlegung am Grabmal des unbekannten Soldaten und am Denkmal für die gefallenen Faschisten teilzunehmen, einer Zumutung, der er zwar loyal, aber in verkrampfter Haltung mit dem Hitlergruß entsprach.⁹⁸

Zu der Audienz bei Mussolini durfte Hassell den Minister dagegen nicht begleiten, Frank nahm diese am 3. April 1936 allein wahr. Ausdrücklich übermittelte er Hitlers Botschaft auf „rein menschlich-persönlichem Wege".⁹⁹ Die Begegnung scheint auch durchaus zwanglos verlaufen zu sein, wozu zweifellos beitrug, daß sich Frank auf Italienisch mit dem ‚Duce' verständigen konnte. Als er am Ende einer Tour d'horizon über die deutsch-italienischen Beziehungen Mussolini vorschlug, „doch einmal den Führer zu besuchen", sagte dieser angeblich sofort zu.¹⁰⁰ Frank, nicht Außenminister von Neurath und auch nicht Göring, durfte daraufhin Mussolini die offizielle Einladung Hitlers zum Besuch in Deutschland überbringen. Mussolini nahm diese während einer neuerlichen Audienz für Frank am 23. September 1936 nicht nur sofort an, sondern schrieb dem geplanten Zusammentreffen auch sogleich eine besondere politische Qualität zu: „Wir sind nicht nur Staatschefs, sondern Führer von Bewegungen, die heute einen Kampf auf Leben und Tod führen gegen fast die ganze Welt." Sein Besuch in Deutschland sollte „nicht nur ein Staatsbesuch" sein, sondern eine Zusammenkunft von politischen Gesinnungsgenossen in „kameradschaftlichen" Geist darstellen.¹⁰¹

Einmal mehr wird dadurch belegt, daß nach der Vorstellung der faschistischen Diktatoren an die Stelle konventioneller Außenpolitik eine faschistische Alternativpolitik treten sollte, welche die Völker Deutschlands und Italiens über das rein Bündnispolitische hinaus virtuell zu einer Einheit verschmolz. Es lag auf der Linie dieser ideologisch gerechtfertigten Politik, daß Mussolini am 1. November 1936 in Mailand die *Achse Berlin-Rom* ausrief.¹⁰² Tatsächlich führte die *Achse* in der politischen Praxis zu einer grundlegenden Veränderung der deutsch-italienischen Beziehungen.¹⁰³ Die beiden Diktaturregime koordinierten, ungeachtet aller verbleibenden Gegensätze und Sonderin-

---

⁹⁷ PAAA, Botschaft Rom (Qu), R 72722, Aktennotiz Woermann vom 18.3.1936.
⁹⁸ Vgl. PAAA, Botschaft Rom (Qu), Paket 1348, Hans Frank. Die Fotos bei Gentile, Klinkhammer, Prauser, I nazisti, S. 18f.
⁹⁹ Frank, Angesicht des Galgens, S. 228.
¹⁰⁰ Ebd., S. 229.
¹⁰¹ Vgl. die Niederschrift Franks über seine „Besprechung mit Duce", 23.9.1936, Bundesarchiv Berlin, N 1110/4, gedruckt in ADAP, Serie C, Bd. V,2, Göttingen 1977, S. 929–932.
¹⁰² Mussolini, Opera Omnia, Bd. XXVIII, S. 67–72.
¹⁰³ Vgl. dazu neuerdings ganz besonders Klinkhammer, Osti Guerrazzi, Schlemmer (Hg.), Die „Achse" im Krieg, passim.

teressen, in ganz ungewöhnlicher Weise ihre Politik. Entsprechend sollten auch nicht, wie häufig geschehen, die zweifellos bestehenden Eifersüchteleien und Mißverständnisse in den Vordergrund gestellt werden. Sehr viel wichtiger ist, daß es in zahlreichen gesellschaftlichen, kulturellen und wirtschaftlichen Bereichen zu einer Verschränkung der politischen Aktivitäten kam, wie sie in keinem der beiden Länder sonst mit anderen Staaten bestand. Nicht das Trennende, sondern das Gemeinsame war im Verhältnis der beiden faschistischen Diktaturen letzten Endes das Besondere. Propagandistische Höhepunkte waren in dieser Hinsicht der Staatsbesuch Mussolinis in Deutschland vom 25.-29. September 1937 und der Gegenbesuch Hitlers in Italien vom 2.-5. Mai 1938, die als politische Großereignisse in bis dahin unbekanntem Ausmaß als Massenveranstaltungen medial inszeniert wurden.[104] Mussolini und Hitler traten bei diesen Begegnungen, was Uniformierung, Körperhaltung und Auftreten betraf, demonstrativ in visuellem Gleichklang auf, so daß nachträglich häufig nicht zu erkennen war, ob die zahlreichen Doppelfotos, die von ihnen bei diesen Gelegenheiten geschossen wurden, aus Deutschland oder Italien stammten.[105] In seiner Rede am 28. September 1937 auf dem Berliner Maifeld beschwor Mussolini nicht nur den „Parallelismus" der historischen Entwicklung Deutschlands und Italiens, sondern übernahm wörtlich Hitlers Apotheose der virtuellen Einheit von „115 Millionen Menschen" der beiden Völker.[106] Bei Hitlers Italienbesuch wiederholten die beiden Diktatoren 1938 diese faschistischen Einheitsmetaphern und beschworen jetzt sogar einen „Block von 120 Millionen" Menschen in den beiden Ländern.[107]

Die Angleichung der faschistischen Politik in Italien und Deutschland hatte auch Auswirkungen auf Mussolinis Audienzsystem. Konnte sich bis 1933 und in eingeschränkter Form auch noch bis 1936 jeder Deutsche frei um eine Audienz bemühen, so steuerte das NS-Regime nunmehr mit Hilfe von Paß- und Devisenbeschränkungen sowie durch Genehmigungsverfahren gezielt den Zustrom von Besuchern nach Rom. Das lief in der Praxis darauf hinaus, daß seit 1936 nur noch wenige, aus unterschiedlichen Gründen privilegierte Privatleute Audienzen bei Mussolini wahrnehmen konnten. Spätestens seit Kriegsbeginn konnten fast nur noch nationalsozialistische Führungskader oder Militärs bei Mussolini vorsprechen. Das bedeutet nicht, daß es hier seitdem eine eindeutig

---

[104] Vgl. dazu jetzt Arnd Bauerkämper, Die Inszenierung transnationaler faschistischer Politik. Der Staatsbesuch Hitlers im Mai 1938, in: Stefan Vogt (Hg.), Ideengeschichte als politische Aufklärung, Berlin 2010, S. 129–153.
[105] Vgl. Wolfgang Schieder, Duce und Führer, in: ders., Faschistische Diktaturen, S. 417–463.
[106] Vgl. Max Domarus (Hg.), Hitler. Reden und Proklamationen 1932–1945, Bd. 1, 2, Wiesbaden 1973, S. 737; zu Mussolini die Werkausgabe Benito Mussolini, Opera Omnia, Bd. XXVIII, Florenz 1959, S. 249.
[107] Vgl. Domarus, Hitler, S. 859–863.

geregelte Praxis gegeben hätte. Wie auch sonst im polykratisch strukturierten *Dritten Reich* konkurrierten vielmehr führende Nationalsozialisten darin, von Mussolini empfangen zu werden. Eine in einem „Antrittsbesuch" bei Mussolini gipfelnde Reise nach Italien konnte im innerparteilichen Machtkampf des NS-Regimes politisches Prestige verschaffen.[108] Als es über die Italienreisen zu Konflikten zwischen der Parteiführung und der Ministerialbürokratie kam, erwirkte die Reichskanzlei einen Erlaß Hitlers, daß Einladungen nach Rom nur noch nach einer vorherigen Genehmigung durch den ‚Führer' angenommen werden durften.[109] Tatsächlich läßt sich etwa nachweisen, daß Walter Darré als Reichslandwirtschaftsminister in Rom am 8. Januar 1938 erst einen Audienztermin bei Mussolini wahrnehmen konnte, nachdem Hitler die Reise nach Italien erlaubt hatte.[110] Sehr viel scheint das auf die Dauer jedoch nicht bewirkt zu haben. Im römischen Staatsarchiv hat sich eine Liste erhalten, auf der allein für die Zeit vom 6. Mai bis 28. Oktober 1939 neben fast ebensoviel Besuchen von Italienern in Deutschland 15 Italienreisen von NS-Führern aufgelistet sind.[111] Zwar ist nachzuweisen, daß Hitler im Mai 1939 auch eine Reise von Rust nach Rom untersagt hat, „weil es ihm nicht erwünscht" war, „wenn angesichts der Massierung deutscher Reisen nach Italien die Reise des Kultusministers jetzt stattfände".[112] Das hatte auf italienischer Seite sogar zu einer deutlichen Verstimmung geführt. Erziehungsminister Giuseppe Bottai war darüber befremdet, „als einziger italienischer Minister noch nicht eines Besuches seines deutschen Ministerkollegen gewürdigt worden zu sein".[113]

Wenn Hitler jedoch bei einem seiner politisch schwächsten Unterführer ein Exempel statuierte, hieß das nicht, daß er damit vollständig die Kontrolle über die nationalsozialistischen Rompilger erlangt hätte. Für den 15. April 1939 vereinbarte der *Alte Kämpfer* Hermann Esser, Staatssekretär im Propagandaministerium, sogar zur gleichen Uhrzeit wie Hermann Göring eine Audienz bei Mussolini. Sowohl die Deutsche Botschaft in Rom als auch die *Segreteria Parti-*

---

[108] So Artur Axmann, „Das kann doch nicht das Ende sein". Hitlers letzter Reichsjugendführer erinnert sich, Koblenz 1995, S. 272 über seine Audienz bei Mussolini am 25.5.1941. Vgl. auch das, allerdings falsch datierte Foto von Axmanns Ankunft auf dem römischen Flughafen bei Gentile, Klinkhammer, Prauser (Hg.), I nazisti, S. 133.

[109] Petersen, Hitler-Mussolini, S. 481.

[110] ACS, SPD, CO, b.3134; PAAA, Botschaft Rom (Qui), Paket 696 b, Darré, Schnellbrief Lammers an Darré, 14.12.1937.

[111] ACS, MCP, Gabinetto, b.69, Rapporti politici e culturali tra l'Italia e la Germania dal 6 maggio al 28 ottobre XVII. Vgl. auch schon die Hinweise von Hans Woller, Rom, 28. Oktober 1922. Die faschistische Herausforderung, München 1999, S. 192.

[112] PAAA, Botschaft Rom, Geheimakten 1920–43, Bd. 53, Aufzeichnung Botschaft Rom vom 12.5.1939. Rust war allerdings im September 1938 schon einmal zur Unterzeichnung des Deutsch-Italienischen Kulturabkommens in Rom. Vgl. PAAA, Botschaft Rom (Qui), Paket 697c, Rust, Stieve an Botschaft Rom, 10.10.1938.

[113] PAAA, Deutsche Botschaft Rom, Paket 698 c, Bottai, Aufzeichnung Straub vom 31.5.1939.

colare Mussolinis gerieten aufgrund dieser Panne in beträchtliche Aufregung. Nur mühsam schafften sie es, die gewünschten Audienzen so zu entzerren, daß beide nationalsozialistischen Führer zufrieden waren.[114] Das Problem eines weitgehend unkoordinierten Zustroms von NS-Führern zu Mussolini blieb jedoch bestehen. Noch im Juni 1942 mußte sich Hitler mit Mussolini darüber verständigen, daß ihm keine Auslandsreisen von „deutschen Persönlichkeiten" sowie faschistische Gegenbesuche erwünscht seien, es sei denn sie seien „unbedingt erforderlich". Auch Mussolini ordnete daraufhin an, daß Reisen nach Deutschland künftig nicht ohne seine „persönliche Genehmigung" stattfinden dürften.[115]

Nach außen hin wurde die zeitweise hektische Besuchsdiplomatie propagandistisch damit begründet, „daß die autoritär regierten Staaten in der Behandlung zahlreicher Fragen auf eine persönliche Zusammenarbeit angewiesen" seien.[116] Das war tatsächlich insofern zutreffend, als zwischen den beiden faschistischen Diktaturen in der Außenpolitik institutionell geregelte Verfahren teilweise außer Kraft gesetzt worden waren und die ‚kameradschaftliche' Begegnung die diplomatisch geregelte Verhandlung ersetzte. Die Jahre der gegenseitigen Zurückhaltung hatten zwischen den faschistischen Bruderstaaten außerdem wohl tatsächlich ein „geradezu physisches Bedürfnis nach Auslandskontakten" entstehen lassen, das sich mit der Intensivierung persönlicher Begegnungen massiv Bahn brach.[117]

Das bedeutet nicht, daß die nationalsozialistischen Kader bei ihren Besuchen in Italien regelmäßig eine Audienz bei Mussolini erhalten hätten. Es spielte sich vielmehr eine bilaterale faschistische Besuchspolitik ein, bei der jeweils die entsprechenden Staats- und Parteifunktionäre zusammenfanden. Himmler entwickelte beispielsweise enge Beziehungen zum faschistischen Polizeichef Arturo Bocchini, Goebbels traf sich nacheinander mit den Propagandaministern Galeazzo Ciano und Dino Alfieri, und Ley entwickelte besonders enge Beziehungen zu dem faschistischen Gewerkschaftsführer Tullio Cianetti. Sie bildeten damit – durchaus nach dem Vorbild Hitlers und Mussolinis bei ihren Staatsbesuchen von 1937 und 1938 – politische Zwillingspaare, welche demonstrativ die Einheit der *Achse* repräsentieren sollten. Nicht bei jedem ihrer Treffen mußte es deshalb unbedingt auch zu einer Audienz bei Mussolini kommen, diese stellte jedoch ohne Frage immer den Höhepunkt einer Italienreise der nationalsozialistischen Führer dar.

---

[114] Vgl. ACS, MCP, Gabinetto, b.66, Esser; ebd., SPD, CO, Udienze, b.3140; PAAA, Botschaft Rom (Qui), Paket 698b, Esser.
[115] ACS, MCP, Gabinetto, b.69, Mussolini a tutti i ministri, 22.6.1942.
[116] So der nationalsozialistische „Illustrierte Beobachter" vom 29.10.1936 unter der Überschrift „Deutsche Besucher in Italien".
[117] Petersen, Hitler-Mussolini, S. 481.

Es war deshalb eine wohl seiner monarchistischen Einstellung geschuldete Ausnahme, wenn der ehemals deutschnationale Reichsfinanzminister Graf Ludwig Schwerin von Krosigk die römische Botschaft wissen ließ, daß er beim ‚Duce' „nur den üblichen Höflichkeitsbesuch machen" wolle, während er „großen Wert" darauf lege, „wenn irgend möglich, vom König empfangen zu werden".[118] Das war zwar protokollarisch korrekt, politisch jedoch schon beinahe ein Affront. Sein Besuchsprogramm wurde denn am Ende auch so gestaltet, daß wie üblich der Besuch beim König als Höflichkeitsbesuch der Audienz bei Mussolini am 23. August 1939 als dem eigentlichen Höhepunkt des Rombesuchs vorausging. Kein Audienztermin wurde tatsächlich von Albert Speer wahrgenommen, als er im Februar 1939 mit einer Gruppe von regimenahen Künstlern (darunter dem Bildhauer Joseph Thorak) eine „Kulturreise" durch Italien bis hin nach Sizilien unternahm. Er hatte die Reise demonstrativ „ganz inoffiziell" organisiert und mit seiner Mitteilung an die Botschaft, „allenfalls könne eine Audienz beim ‚Duce' in Frage" kommen, sogar deutlich sein Desinteresse geäußert.[119] Die Gründe für dieses provokative Verhalten sind nicht bekannt, jedoch konnte nur ein Intimus von Hitler es wagen, sich so zu verhalten und aus dem politischen Pilgerstrom der NS-Führer zu Mussolini auszuscheren. Erst nach dem Krieg hat Speer es, absurd genug, ausdrücklich bedauert, anders als die meisten NS-Führer, nie bei Mussolini vorgesprochen zu haben.[120]

Sehr viel charakteristischer war es, daß eine Audienz bei Mussolini geradezu die Bedingung war, unter der manche NS-Führer überhaupt nur eine Reise nach Italien antreten wollten. Reichsarbeitsminister Franz Seldte ließ beispielsweise das Auswärtige Amt wissen, daß er „größten Wert darauf" lege, „vom ‚Duce' empfangen zu werden." Ein Besuch bei Mussolini müsse daher „unter allen Umständen" zustande kommen.[121] Als dieser sich nicht realisieren ließ, hat Seldte zu diesem Zeitpunkt tatsächlich auf die Reise nach Italien verzichtet. Mehr Erfolg hatte der Reichsarbeitsführer Konstantin Hierl mit seinem Ansinnen, „durch den ‚Duce' persönlich empfangen zu werden". Auch er ließ unmißverständlich wissen, daß er ohne eine solche Audienz „die Reise lieber nicht machen" wolle.[122] Anders als für Seldte wurde für ihn eine Audienz erwirkt, so daß er am 29. Mai 1939 von Mussolini empfangen werden konnte. Eine besondere Variante, einen Audienzwunsch als dringlich erscheinen zu lassen, ließ sich schließlich der Reichssportführer Hans von Tschammer und Osten einfal-

---

[118] PAAA, Botschaft Rom (Qui), Paket 698c, Schwerin v. Krosigk, Aufzeichnung v. Plessens vom 11.8.1939.
[119] Ebd., Botschaft Rom (Qui), Paket 697b, Speer.
[120] Albert Speer, Spandauer Tagebuch, Frankfurt/M./Berlin/Wien 1975, S. 201.
[121] PAAA, Deutsche Botschaft Rom, Paket 698c, Seldte, Trautmannsdorff, Adjutant des Arbeitsministers an Auswärtiges Amt, 18.4.1939.
[122] Ebd., Auswärtiges Amt an Botschaft Rom, 24.3.1939.

len. In scheinbarer Rücksichtnahme auf „den augenblicklich starken Zug nach Rom" erklärte er am 5. November 1937, seinen Besuch lieber auf einen Zeitpunkt verschieben zu wollen, „wo nicht allzu viel Offizielle in Italien sind".[123] Was nach politischer Kollegialität aussah, war in Wirklichkeit der Versuch, sich bei Mussolini besser in Szene setzen zu können, wenn sonst kein anderer NS-Führer nach Rom fuhr. Tatsächlich hatte Tschammer mit diesem durchsichtigen Manöver Erfolg. Sein Besuch in Rom wurde auf 1938 verschoben, wo er dann anläßlich eines Kongresses der faschistischen Freizeitorganisation *Dopolavoro* am 25. Juni von Mussolini in Privataudienz empfangen wurde.[124]

Sieht man die Akten durch, die in der Deutschen Botschaft in Rom für die nationalsozialistischen Besucher angelegt worden sind, so fällt schließlich auf, daß zwar das Besuchsprogramm der deutschen Besucher meist schon langfristig geplant war, aber immer erst dann als endgültig angesehen wurde, wenn eine Audienz bei Mussolini festgelegt werden konnte. Auch das zeigt, wie stark die nationalsozialistischen Führerreisen auf den Besuch beim ‚Duce' ausgerichtet waren.[125] Die Akten lassen außerdem erkennen, daß die nationalsozialistischen Kader in Rom vor ihrer Audienz bei Mussolini ein bestimmtes Routineprogramm absolvieren mußten. Dies begann mit einem Besuch im Quirinal, wo sich die Besucher als Staatsgäste „einschrieben". Darauf folgten Kranzniederlegungen am Grabmal des Unbekannten Soldaten, dem sogenannten *Altare della Patria*, sowie am Ehrenmal für die gefallenen Faschisten. Je nach politischem Rang oder exekutiver Funktion im ‚Dritten Reich' war danach aus protokollarischen Gründen eine Audienz beim König vorgesehen, ehe die Besucher endlich bei Mussolini vorgelassen wurden.[126] Eine besondere Variante ließen sich einige der deutschen Besucher einfallen, die ursprünglich deutschnationaler Herkunft waren. Sie legten nicht nur am *Altare della Patria* und dem faschistischen Ehrenmal Kränze nieder, sondern auch bei den italienischen Königsgräbern im Pantheon. Als erster hatte Constantin von Neurath als Reichsaußenminister am 3. Mai 1937 diesen monarchistischen Akzent gesetzt, wodurch er sofort besonderes Gewicht erhielt.[127] Werner von Blomberg

---

[123] Ebd., Paket 697a, Tschammer von Osten an Botschaft Rom, 5.11.1937.
[124] Ebd.
[125] Vgl. als Beispiele nur die verschiedenen Fassungen der Besuchsprogramme der Reichsfrauenführerin Scholtz-Klink und des SA-Führers Lutze, ebd., Paket 698a und 697b.
[126] Nachdem dem Katholiken Hans Frank 1936 eine Privataudienz beim Papst verweigert worden war, hat sich kein NS-Führer mehr um eine solche bemüht.
[127] PAAA, Deutsche Botschaft Rom (Qui), Paket 696a, Botschafter v. Hassell an Auswärtiges Amt, 13.5.1937. Vermerk der Audienz vom 3.5.1937 im ACS, SPD, CO, b.3130.

wiederholte diesen symbolischen Akt am 5. Juni 1937[128] und Walther von Brauchitsch am 30. April 1939.[129]

Mit der Audienz beim ‚Duce' war für die nationalsozialistischen Führungskader stets der Höhepunkt der Italienreise erreicht, es folgten noch Gespräche mit den faschistischen Partnern, dem Parteisekretär des PNF, Paraden und Besichtigungen. Fast immer standen schließlich auch Ausflüge in die Umgebung von Rom auf dem Programm. Sieht man von einigen eher konservativen Repräsentanten des NS-Regimes ab, welche die traditionellen Ausflugsziele in Ostia oder Tivoli sehen wollten, ließen sich die meisten Naziführer dabei nach Aprilia oder Sabaudia in den trockengelegten Pontinischen Sümpfen fahren. Nicht die kulturelle Tradition Italiens war den nationalsozialistischen Besuchern wichtig, sondern die Verheißung einer faschistischen Moderne, welche für sie die auf dem Reißbrett entworfenen Vorzeigestädte im *Agro Pontino* repräsentierten.

Die mit der Ausrufung der *Achse* im November 1936 einsetzende nationalsozialistische Besuchsinflation in Italien wurde erneut von Göring eingeleitet. Nach einer über dreijährigen Pause konnte er im Januar 1937 nochmals die von ihm beanspruchte Führungsrolle als nationalsozialistischer Italienexperte bestätigen. Auf einer als Urlaubsreise getarnten zehntägigen Fahrt durch Italien wurde er am 14. Januar und am 23. Januar 1937 zwei Mal von Mussolini zu politischen Gesprächen empfangen.[130] Göring setzte Mussolini bei dieser Gelegenheit in der ‚Anschlußfrage' massiv unter Druck. Bei einem erneuten Besuch am 26. April 1937 soll der ‚Duce' nur noch, ohne zu widersprechen, hilflos den Kopf geschüttelt haben, als Göring die Unausweichlichkeit des *Anschlusses* bekräftigt habe.[131] Das robuste Auftreten des ‚Reichsmarschalls' führte also dazu, daß Mussolini bei den Audienzen für Göring seinen gewohnten Lenkungsvorteil nicht wahrnehmen konnte, sondern im Gegenteil von diesem eingeschüchtert wurde. Damit Mussolini nicht weiter provoziert wurde, mußte Göring deshalb im Mai 1938 beim Besuch Hitlers in Italien zu seinem Leidwesen – wie schon 1934 in Venedig – erneut zuhause bleiben, während sein ständiger Rivale Goebbels mitfahren durfte. Bei Mussolinis Deutschlandbesuch im September 1937 war er noch dadurch ausgezeichnet worden, daß er als einziger der führenden NS-Kader vom ‚Duce' privat in Karinhall besucht werden durfte.[132] Erst nach längerer Pause konnte Göring danach für den 14./15. Mai 1939 wieder ein Treffen in Rom mit Mussolini vereinbaren. Inzwischen hatte sich jedoch mit

---

[128] PAAA, Deutsche Botschaft Rom (Qui), L 521797, Ministro della guerra, 28.5.1937.
[129] PAAA, Deutsche Botschaft in Rom (Qui), Paket 698b, Programm für die Reise des Generaloberst von Brauchitsch in Italien und Libyen.
[130] Vgl. dazu Kube, Pour le mérite, S. 225–227 und Stefan Martens, Hermann Göring. „Erster Paladin des Führers" und „Zweiter Mann im Reich", Paderborn 1983, S. 102–104.
[131] So Schmidt, Statist auf diplomatischer Bühne, S. 347.
[132] Vgl. die Bildstrecke von [Heinrich Hoffmann], Mussolini erlebt Deutschland, München 1937, S. 93–97.

4 Politiker bei Mussolini   187

Außenminister Ribbentrop ein genuiner Nationalsozialist als diplomatischer Koordinator durchgesetzt, der energisch intervenierte und von Göring eine Abstimmung mit Botschafter Mackensen verlangte.[133] Göring ignorierte diesen zwar weiterhin, ließ aber nun die Verhandlungen des italienischen Protokolls mit seiner Adjutantur „über die Botschaft" laufen.[134] Auch informelle Treffen von Goebbels und Alfieri konnte Ribbentrop im Sommer 1939 unter Kontrolle bringen.[135] Der systemtypischen Rivalität zwischen Goebbels und Ribbentrop wurde jedoch erst durch den Erlaß Hitlers vom 8. September 1939 ein Ende gesetzt, durch den – nicht nur in Italien – die Auslandspropaganda dem Propagandaminister entzogen und dem Auswärtigen Amt übertragen wurde.[136]

Insgesamt wurde Göring 14 Mal von Mussolini in Audienz empfangen, mit Abstand am häufigsten von allen Besuchern aus der nationalsozialistischen Führungsriege. Die bloße Zahl der Audienzen sagt zwar nichts über deren tatsächliche politische Bedeutung aus, jedoch war von besonderem Gewicht, daß Göring vor der nationalsozialistischen Machtübernahme, wie gesehen, für Hitler die ersten Kontakte zum ‚Duce' knüpfen und 1933 auch wieder die ersten persönlichen Verbindungen zu diesem herstellen konnte. Göring verkörperte damit mehr als jeder andere die nationalsozialistische Direktpolitik, die unter Ausnutzung von Mussolinis Audienzsystem ohne Beteiligung der klassischen Diplomatie außenpolitische Verbindungen pflegte. Auf die Dauer hat er dabei im innerfaschistischen Machtkampf der nationalsozialistischen Führungselite zwar den Kürzeren gezogen und als Außenpolitiker resigniert, im Hinblick auf die Entstehung der *Achse* ist seine historische Rolle jedoch nicht zu übersehen.

So erstaunlich es klingen mag: Es war Himmler, der aus dem Kreis der nationalsozialistischen Führungskader seit 1936 nach Göring am häufigsten beim ‚Duce' war. Mit Ausnahme von 1941 erhielt er zwischen 1936 und 1942 in Rom jährlich einmal eine Audienz. Ausgangspunkt seiner Beziehungen zu Italien war die erwähnte deutsch-italienische Polizeikonferenz in Berlin, die ganz abgesehen von ihren konkreten Ergebnissen das sichtbarste Zeichen der wiederhergestellten ‚kameradschaftlichen' Beziehungen zwischen den beiden faschistischen Regimen war.[137] Himmler erwiderte den Besuch Bocchinis im Oktober desselben Jahres in Rom mit einer Delegation, zu der auch der Vize-

---

[133] ADAP, Serie D, Bd. VI, S. 178, Ribbentrop an Botschaft in Rom, 11.4.1939. PAAA, Botschaft Rom (Qui), Paket 696a, Aufzeichnung Botschafter Mackensens vom 13.4.1939., in der dieser sich über die „Desinformation der Botschaft" beklagte.
[134] Ebd.
[135] Vgl. Della Chiesa d'Isasca, Propaganda e diplomazia, S. 701.
[136] Vgl. dazu ausführlich Jens Petersen, Die Organisation der deutschen Propaganda in Italien 1939–1943, in: Quellen und Forschungen aus italienischen Archiven und Bibliotheken 70 (1990), S. 513–555.
[137] Vgl. dazu oben S. 177, sowie Peter Longerich, Heinrich Himmler. Biographie, München 2010, S. 408–410.

chef der deutschen Polizei, Kurt Daluege, gehörte.[138] Am 18. Oktober wurde er bei dieser Gelegenheit erstmals von Mussolini empfangen. Bocchini war vom 30. August bis 3. September 1937 während einer internationalen Polizeikonferenz wiederum zu Gast in Berlin, und schon im Oktober erwiderte Himmler diesen Besuch in Rom, wo ihm am 18. Oktober, zusammen mit dem Chef der Sicherheitspolizei und des SD, Reinhard Heydrich, sowie Kurt Daluege, von Mussolini erneut eine Audienz gewährt wurde. Die gemeinsame Basis dieser Treffen war offiziell die Bekämpfung des „internationalen Kommunismus", Bocchini und Himmler trafen sich jedoch vor allem in der gemeinsamen Vorstellung eines totalitären Polizeistaates. Zwischen beiden entwickelten sich geradezu freundschaftliche Beziehungen. Himmler wurde von Bocchini im November 1937 sogar zu einer mehrwöchigen Ferienreise eingeladen, die ihn über Süditalien bis nach Libyen führte. Er hat hier möglicherweise auch faschistische Siedlungsdörfer in der Wüste besichtigt, deren Anlage ihm später bei der Planung deutscher Siedlungen im eroberten Osten vor Augen stand.[139] Im Mai 1938 war er beim Staatsbesuch Hitlers in Italien dabei. Es verstand sich für Himmler schließlich von selbst, im März 1940 zur Beerdigung Bocchinis nach Rom zu reisen, wo er am 11. März neuerdings von Mussolini, wie schon je einmal in den Vorjahren am 24. Oktober 1938 und 20. Dezember 1939, in Audienz empfangen wurde.

Letztmals war Himmler auf Einladung des neuen Polizeichefs Carmine Senise vom 10.-13. Oktober 1942 in Rom, eigentlicher Zweck dieses Besuchs war jedoch die Audienz bei Mussolini am 11. Oktober.[140] Welche besondere politische Bedeutung dieser zukam, zeigte sich daran, daß Himmler darüber Hitler am 22. Oktober ausführlich Bericht erstattete.[141] Im Auftrag des ‚Führers' hatte er nämlich den ‚Duce' erstmals offiziell über die deutsche Vernichtungspoli-

---

[138] Vgl. die Fotos von diesem Besuch, in: Gentile, Klinkhammer, Prauser, I nazisti, S. 24f. sowie Illustrierter Beobachter, 29.10.1936.
[139] So Patrick Bernhard, Die „Kolonialachse". Der NS-Staat und Italienisch-Ostafrika 1935 bis 1943, in: Klinkhammer, Osti Guerrazzi, Schlemmer, Die „Achse" im Krieg, S. 158. Dem steht allerdings die gut belegte Darstellung von Longerich, Heinrich Himmler, S. 410, es habe sich bei der Libyenreise Himmlers um eine reine Ferienreise gehandelt, entgegen.
[140] Vgl. das gedruckte „Programma della visita del Reichsführer SS Himmler" im ACS, SPD, CO, Fasc. Personali, Nr. 544.780. Dort auch einige Akten zu den früheren Rombesuchen Himmlers.
[141] Vgl. „Niederschrift über meinen Empfang beim Duce Benito Mussolini am Sonntag, dem 11.10.1942, in Rom im Palazzo Venezia, 17 Uhr", in: ADAP, Serie E: 1941–1945, Bd. IV, Göttingen 1975, S. 148–151. Der Bericht wurde schon von Helmut Krausnick, Himmler über seinen Besuch bei Mussolini vom 11.-14. Oktober 1942, in: Vierteljahrshefte für Zeitgeschichte 4 (1950), S. 423–426 veröffentlicht. Wenn Krausnick jedoch darin S. 423 nur die „dummdreiste Verharmlosung des planmäßigen Massenmordes der Juden" zu erkennen vermochte, so verkannte er völlig Himmlers Taktik, Mussolini zum Mitwisser zu machen.

tik gegenüber den Juden informiert. In Deutschland, dem Generalgouvernement und allen besetzten Ländern würden die Juden „herausgenommen", da sie „überall die Träger der Sabotage, Spionage und des Widerstandes" seien. In Rußland hätten die Deutschen, so Himmler in seinem Bericht, „eine nicht unerhebliche Anzahl von Juden, und zwar Mann und Weib erschießen müssen, da dort selbst die Frauen und halbwüchsige Kinder Nachrichtenträger für die Partisanen" gewesen seien. „Politisch belastete" Juden würden in Konzentrationslager verbracht, alte nach Theresienstadt. Schließlich erwähnte Himmler auch noch, daß man – wie vor Beginn des Rußlandfeldzuges tatsächlich geschehen – vergeblich versucht habe, einen Teil der Juden über die Grenze in die Sowjetunion hinüberzutreiben.[142]

Es kann somit kein Zweifel daran bestehen, daß Himmler die Audienz dazu nutzte, den ‚Duce' gezielt zum Mitwisser und stillschweigenden Komplizen des nationalsozialistischen Judenmordes zu machen. Wenn man ihm Glauben schenken kann, hat Mussolini darauf sehr beifällig reagiert und „von sich aus" betont, „daß das die einzig mögliche Lösung wäre". Daß er Himmler abschließend auch noch „sehr herzliche Grüße an den Führer" auftrug,[143] zeigt deutlich, daß er Hitler nicht nur aus taktischen Gründen entgegenkam, sondern dem nationalsozialistischen Vernichtungsprogramm offensichtlich zustimmte.[144] Er zahlte damit zweifellos den politischen Preis für die Stabilisierung seines Diktaturregimes durch das Achsenbündnis, jedoch wissen wir heute auch, daß er schon früh von einem elementaren Judenhaß geprägt war.[145] Alle seine Bemühungen, sich in seinen Audienzen als *milder Diktator* zu stilisieren, wurden durch seine Zustimmung zu den Eröffnungen Himmlers daher Lügen gestraft.

Alle anderen nationalsozialistischen Führungskader waren in der Regel nur einmal, gelegentlich zwei Mal bei Mussolini. Ihre Audienzen hatten häufig eher den Charakter von Höflichkeitsbesuchen als von politischen Gesprächsterminen, womit jedoch belegt wird, daß die Audienz bei Mussolini für die nationalsozialistischen Besucher primär symbolische Bedeutung hatte. Unter

---

[142] Ebd., S. 150.
[143] Ebd.
[144] So aber die verharmlosende Interpretation von De Felice, Storia degli ebrei italiani sotto il fascismo, passim.
[145] Vgl. dazu die überzeugende Interpretation von MacGregor Knox, Das faschistische Italien und die „Endlösung" 1942/43, in: Vierteljahrshefte für Zeitgeschichte 55 (2007), S. 53–92. Daß Mussolini schon früh antisemitisch eingestellt war, dies nur aus taktischen Gründen nicht deutlich erkennen ließ, hat die Forschung inzwischen eindeutig nachgewiesen.Vgl. dazu Michele Sarfatti, Gli ebrei nell'Italia fascista, Turin 2000; Enzo Collotti, Il fascismo e gli ebrei. Le leggi razziali in Italia, Roma 2003; Thomas Schlemmer, Hans Woller, Der italienische Faschismus und die Juden 1922 bis 1945, in: Vierteljahrshefte für Zeitgeschichte 53 (2005), S. 164–201.

den nationalsozialistischen Besuchern waren sowohl Minister, Staatssekretäre und hohe Beamte (Herbert Backe, Werner von Blomberg, Walter Darée, Hermann Esser, Gottfried Feder, Roland Freisler, Walter Funk, Franz Gürtner, Erhard Milch, Wilhelm Ohnesorge, Bernhard Rust und Franz Seldte) als auch reine Parteiführer bzw. Führer von nationalsozialistischen Sonderorganisationen (Artur Axmann, Ernst Wilhelm Bohle, Konstantin Hierl, Adolf Hühnlein, Robert Ley, Viktor Lutze, Baldur von Schirach, Waltraut Scholtz-Klink und Hans von Tschammer und Osten).

In vielen Fällen ist der Verlauf der Audienzen für die NS-Kader nicht bekannt, wo dazu jedoch Informationen vorliegen, wird deutlich, daß sie bei Mussolini mit einer bevorzugten Gastgeberschaft rechnen konnten. Die Nationalsozialisten drängten sich nicht nur, bei Mussolini vorsprechen zu dürfen, dieser kam ihnen vielmehr besonders entgegen.

Wenige Tage vor der Ausrufung der *Achse* wurde am 28. Oktober 1936 der Führer der Auslandsorganisation der NSDAP (AO), Ernst Wilhelm Bohle, im Palazzo Venezia von Mussolini empfangen. Obwohl er zu diesem Zeitpunkt nur den Rang eines im Stab von Rudolf Heß angesiedelten Gauleiters hatte, wurde er demonstrativ wie ein hoher Staatsgast behandelt. In der Sala Mappamondo hatte sich – ein einmaliger Vorgang – die Leibgarde Mussolinis, die *Moschettieri del Duce*, aufgestellt, deren Front Mussolini gemeinsam mit Bohle abschritt. Außerdem zeigte sich der ‚Duce' mit dem NS-Führer auf dem Balkon des Palastes, der zuvor „noch nie von einem ausländischen Gaste in Gegenwart Mussolinis betreten worden" war, wie in Deutschland sogleich propagandistisch herausgestrichen wurde.[146] Es versteht sich, daß diese zeremonielle Heraushebung nicht der Person Bohles galt als vielmehr der künftigen Achsenbrüderschaft mit dem NS-Regime. Erst viel später wurde Bohle bei einer weiteren Audienz am 25. Oktober 1941 ohne großes Zeremoniell ganz normal als führender NS-Funktionär empfangen.[147]

Besondere Bedeutung hatte auch der Empfang Robert Leys durch Mussolini am 14. April 1937. Ley hatte schon Ende der zwanziger Jahre als einer der ersten Nationalsozialisten den faschistischen Korporativismus wahrgenommen und diesen beim Aufbau der deutschen Arbeitsfront im ‚Dritten Reich' als Vorbild vor Augen gehabt.[148] Schon 1929 hatte er sogar versucht, für eine Gruppe von nationalsozialistischen Abgeordneten des Preußischen Abgeordnetenhauses eine Besichtigungsfahrt in das faschistische Italien zu organisieren, was aber

---

[146] Vgl. die Fotodokumentation, in: Illustrierter Beobachter, Nr. 46, 12.11.1936.
[147] Vgl. dazu unten Liste der deutschen Audienzbesucher, sowie PAAA, Botschaft Rom (Qui) geheim, Bd. 118.
[148] Vgl. dazu und zum folgenden die wichtige Darstellung von Daniela Liebscher, Freude und Arbeit. Zur internationalen Freizeit- und Sozialpolitik des faschistischen Italien und des NS-Regimes, Köln 2009.

am Widerspruch der Parteileitung gescheitert war.[149] Auch ein zweiter Versuch, als frisch ernannter Chef der Deutschen Arbeitsfront zusammen mit Goebbels nach Italien zu reisen, stieß im Frühjahr 1933 auf das Veto von Hitler.[150] Erst vom 8.-21. April 1937 konnte Ley als Führer der Deutschen Arbeitsfront auf Einladung des faschistischen Gewerkschaftsführers Tullio Cianetti mit einer größeren Gruppe von Mitarbeitern erstmals nach Italien fahren.[151] Eine perfekte Organisation, folkloristische Massenspektakel und ein intensives Besichtigungsprogramm sozialpolitischer Einrichtungen ließen die Deutschen aus dem Staunen nicht herauskommen. Ley sprach überwältigt davon, daß dem Faschismus in Italien ein „Wunder" gelungen sei.[152] Ein Empfang beim ‚Duce' gehörte angesichts der Bedeutung, die man dem Besuch der Deutschen in Italien gab, für Ley und seine Delegation am 14. April 1937 selbstverständlich dazu. Daß Ley bei dieser Gelegenheit, wie von einem der Mitglieder seiner Begleitung verbreitet wurde, „der Begeisterung von uns allen mitreißenden Ausdruck gegeben" habe, erscheint deshalb durchaus glaubhaft.[153]

Später war Ley noch zwei weitere Male in Rom. Im März 1939 reiste er auf Einladung des faschistischen Parteisekretärs Achille Starace mit einer nationalsozialistischen Parteidelegation zu den Feiern des 20-jährigen Jubiläums der Gründung des ersten Fascio am 23. März 1919 an, ohne jedoch dieses Mal vom ‚Duce' empfangen zu werden.[154] Im Dezember 1939 traf er sich in Rom mit Cianetti, um einen neuen Anlauf zur Vereinbarung eines sozialpolitischen Abkommens der Achsenpartner zu unternehmen.[155] Er wurde bei diesem Besuch am 5. Dezember von Mussolini zu einer Audienz empfangen, die angeblich sogar über eine Stunde dauerte. Seiner Behauptung, „alles sei glänzend gegangen", steht der durchaus glaubwürdige Bericht Werner von der Schulenburgs entge-

---

[149] Vgl. dazu ebd., S. 170–172. Die Behauptung von Ronald Smelser, Robert Ley, Paderborn 1989, S. 208, Ley sei 1929 „zusammen mit den übrigen nationalsozialistischen Abgeordneten des Preußischen Landtages" nach Italien gefahren, ist unzutreffend.
[150] Vgl. Daniela Liebscher, Freude und Arbeit, S. 268. Die Behauptung von Della Chiesa d'Isasca, Propaganda e diplomazia, S. 657, Ley habe zum Troß von Goebbels bei dessen Italienreise im Frühjahr 1933 gehört, ist irrig.
[151] Zum Ablauf dieser Reise vgl. ausführlich Liebscher, Freude und Arbeit, S. 539–549.
[152] Zit. nach Liebscher, Freude und Arbeit, S. 548.
[153] So der geschönte Bericht von Leys Pressereferenten Walter Kiehl, Dr. Ley beim Duce, in: Freude und Arbeit 2 (1937), S. 72. Vgl. auch ders., Dr. Ley bei Mussolini, in: Der Angriff, 7.4. und 16.4.1937, sowie ferner Dr. Ley über das faschistische Italien. Ein Interview mit dem Reichsleiter der DAF im „Popolo d'Italia", Völkischer Beobachter, 21.4.1937. Dazu auch Liebscher, Freude und Arbeit, S. 544f.
[154] Vgl. PAAA, R 29829, Aufzeichnung Staatssekretärs von Weizsäcker vom 16.3.1939.
[155] Vgl. dazu ausführlich Liebscher, Freude und Arbeit, S. 560–614. Vgl. auch Robert Ley, Unser treuer und großer Freund, Der Angriff, 14.12.1939; sowie dem Treffen vorausgehenden diplomatischen Schriftverkehr im PAAA, R 29854.

gen.¹⁵⁶ Ley absolvierte danach bei diesem Romaufenthalt ein sozialpolitisch orientiertes Rahmenprogramm, zu dem die Besichtigung einer Zeitungsdruckerei gehörte. Er hielt dort in Anwesenheit Mussolinis eine Rede, bei der er nach dem Bericht Werner von der Schulenburgs völlig betrunken war und nur mehr oder weniger „irres Gelalle" von sich gab.¹⁵⁷ Schulenburg, der die Rede stenographieren und für Mussolini übersetzen sollte, habe sich deshalb gezwungen gesehen, nachträglich einen fiktiven Redetext zu verfassen und diesen im Palazzo Venezia abzugeben. Er sei daraufhin am nächsten Tag vom ‚Duce' angerufen worden. Dieser habe sich „für die prachtvolle Übersetzung der Rede Leys" bedankt und hinzugefügt: „Es ist wirklich etwas Besonderes um die deutsche Sprache. Wie ganz anders klingt sie doch geschrieben als gesprochen. Ich danke Ihnen."¹⁵⁸

Auffallend große Aufmerksamkeit schenkte Mussolini dem Besuch des Reichskriegsministers Werner von Blomberg, der Anfang Juni 1937 für fünf Tage nach Italien kam.¹⁵⁹ Das läßt erkennen, daß er sich von der Allianz mit dem nationalsozialistischen Deutschland vor allem auch eine militärische Stärkung erwartete. Mussolini empfing Blomberg nicht nur persönlich bei seiner Ankunft am Flughafen, er gab ihm vielmehr nach der obligatorischen Aufwartung beim König noch am selben Abend im Palazzo Venezia eine Audienz. Danach war der ‚Duce' nicht nur bei „allen wesentlichen Veranstaltungen, die zu seinen Ehren erfolgten", dabei, sondern stellte Blomberg auch noch seine Privatyacht für eine Reise nach Sizilien zur Verfügung, „eine Aufmerksamkeit", so von Hassell, „die bis jetzt wohl noch Niemandem, jedenfalls aber keinem Fremden erwiesen worden ist."¹⁶⁰ Auch wenn man in Rechnung stellen muß, daß der Botschafter dem Minister politisch nahestand, war es daher nicht gänzlich übertrieben, wenn er behauptete, daß „noch nie ein fremder Minister in Italien so aufgenommen worden" sei, wie Blomberg.¹⁶¹ Erheblich weniger aufwendig wurde Walther von Brauchitsch empfangen, der freilich als Oberbefehlshaber des Heeres auch einen deutlich niedrigeren Rang hatte

---

¹⁵⁶ PAAA, L 501861, Aufzeichnung Botschaftsrats von Plessen, 6.12.1939.
¹⁵⁷ Privatarchiv Isa von der Schulenburg, Nachlaß Werner von der Schulenburg, Um Mussolini, S. 39f. Schulenburg datiert die Episode nicht, sie kann jedoch nur Ende 1939 stattgefunden haben, da die Beziehungen zwischen Cianetti und Ley, wie Liebscher, Freude und Arbeit, S. 608, formuliert, in den ersten Kriegswochen „auf Eis" lagen.
¹⁵⁸ Von der Schulenburg, „Um Mussolini", S. 40.
¹⁵⁹ Vgl. dazu PAAA, Botschaft Rom (Qui), L 521796/97, Ministero della Guerra, Viaggio in Italia di S.E. Blomberg, 28.5.1937.
¹⁶⁰ PAAA, Botschaft Rom, L 521800/01, Aufzeichnung Botschafter v. Hassells, 14.6.1937.
¹⁶¹ Erheblich weniger aufwendig wurde Walther von Brauchitsch, seit dem Sturz v. Blombergs im Februar 1938 Oberbefehlshaber des Heeres, empfangen. Er absolvierte am 30.4.1939 nacheinander das übliche Programm der Kranzniederlegungen, des Besuchs beim König und der Audienz bei Mussolini, ohne von diesem jedoch bevorzugt behandelt zu werden. Er reiste vom 1.-6. Mai durch Libyen und vom 7.-11. Mai durch Italien.

als v. Blomberg als Chef des nach seinem Sturz im Februar 1938 aufgelösten Kriegsministeriums. Er absolvierte am 30. April 1939 in Rom vor der Audienz bei Mussolini lediglich das übliche Programm der Kranzniederlegungen und des Besuchs beim König. Anschließend durfte er allerdings, was ein besonderer Vertrauensbeweis war, zwei Wochen lang auf eine Besichtigungstour durch Italien und Libyen gehen, um sich aus erster Hand über die militärische Leistungsfähigkeit Italiens zu informieren.[162]

Politisch bedeutsam waren schließlich auch die Audienzen Baldur von Schirachs sowie seines Nachfolgers als Jugendführer des Deutschen Reiches, Artur Axmann, bei Mussolini. Beide trieben nacheinander energisch den organisierten Jugendaustausch zwischen den faschistischen Regimen voran. Den Auftakt bildete vom 15.-25. September 1936 der Besuch von etwa 500 Hitlerjungen in Italien. Diese marschierten auf der Piazza Venezia an dem auf einem erhöhten Podest stehenden Mussolini vorbei und wurden von ihm abends zu einer Gruppenaudienz in die Sala Regia des Palazzo Venezia eingeladen.[163] Anschließend wurde Schirach zusammen mit seinem faschistischen Gegenpart Renato Ricci von Mussolini in Privataudienz empfangen. Bis 1939 folgte eine ganze Serie von Gruppenbesuchen der HJ in Italien und der Gioventù Italiana del Littorio (GIL) in Deutschland. Die Höhepunkte waren vom 13.-21. Juni 1937 der Besuch von 1300 faschistischen Sportstudenten in Berlin und vom 28. August-11. September 1937 der Besuch von 450 HJ-Führern in Italien.[164] Sie gingen jeweils dem Besuch Mussolinis in Deutschland und dem Besuch Hitlers in Italien voraus. Im Juli 1937 war Schirach nochmals in Rom, im Dezember 1938 sein Stellvertreter Hartmann Lauterbacher, der auch einen Abstecher nach Libyen unternahm, ohne daß beide bei dieser Gelegenheit von Mussolini empfangen worden sind. Im Mai 1940 wurde Artur Axmann zu Schirachs Nachfolger ernannt, der jedoch in dem regimetypischen Konkurrenzsystem sein Amt als nur Hitler verantwortlicher Reichsleiter beibehielt, obwohl er inzwischen Gauleiter von Wien war. Beide betrieben nun gemeinsam den Aufbau eines Europäischen Jugendverbandes unter faschistischem Vorzeichen, der schließlich auch am 14. September 1942 in Wien gegründet wurde, freilich nur noch auf dem Papier bestehen sollte.[165] Am 25. Mai 1941 war aber Axmann, am

---

162 PAAA, Deutsche Botschaft Rom (Qui), Paket 698 b, Brauchitsch.
163 Vgl. Baldur von Schirach, Ich glaubte an Hitler, Hamburg 1967, S. 223f.; ACS, MCP, Gabinetto, b.66 (hier auch der Text der italienischen Ansprache eines Hitlerjungen); ferner Fotos bei Gentile, Klinkhammer, Prauser, I nazisti, S. 21–23, sowie unter der Überschrift „H.J. in Italien" im nationalsozialistischen „Illustrierten Beobachter" vom 1.10.1936, S. 1610.
164 Vgl. dazu Alessio Ponzio, La palestra del littorio. L'Accademia della farnesina: un esperimento di pedagogia totalitaria nell'Italia fascista, Mailand 2009, S. 180–183.
165 Vgl. dazu Torsten Schaar, Artur Axmann. Vom Hitlerjungen zum Reichjugendführer der NSDAP. Eine nationalsozialistische Karriere, Rostock 1998, S. 313–329.

15. Februar 1942 Schirach bei Mussolini, um sich deswegen mit diesem abzustimmen.

Schließlich soll hier erwähnt werden, daß Viktor Lutze, der nach der Ermordung Röhms zum Stabschef der SA ernannt worden war, mehrmals in Italien war, obwohl er in der nationalsozialistischen Führungsclique nur eine untergeordnete Rolle spielte. Es scheint so, daß Hitler mit seiner mehrmaligen Entsendung signalisieren wollte, daß ihm die besondere herrschaftspolitische Bedeutung der faschistischen Miliz (MVSN) für Mussolinis persönliche Diktatur bewußt war. Hitler konnte sich auf den SD und die Terrorelite der SS verlassen, während die ‚braunen Bataillone' der SA lediglich als Transmissionsriemen der Diktatur zu den Massen dienten. Für Mussolini blieb das in zahlreiche Teilorganisationen aufgegliederte Heer der faschistischen Parteisoldaten in der MVSN dagegen bis zuletzt ein realer Faktor seiner Diktaturherrschaft. In den aufeinanderfolgenden Generalstabschefs der faschistischen Miliz (MVSN) Attilio Teruzzi (1929–1935) und Luigi Russo (1935–1939) hatte Lutze in Rom seine politischen Ansprechpartner. Er nutzte diese Verbindung zu mehreren Besuchen in Italien, die auch zu Audienzen bei Mussolini führten. Luigi Russo war im Juli 1938 umgekehrt zu einem zehntägigen Besuch in Deutschland und wurde auf dem Obersalzberg auch von Hitler empfangen. Lutze lud Russo bei dieser Gelegenheit sogar in sein Privathaus ein, eine Geste symbolischer Politik, die sonst im NS-Regime eigentlich nur Göring vorbehalten war.[166]

Erstmals war Lutze 1937 in der Delegation von Hess zum 15. Jahrestag des *Marschs auf Rom* in Italien und wurde mit dieser am 27. Oktober in einer Gruppenaudienz von Mussolini begrüßt.[167] Ein Jahr später war er selbst als Reichsführer Leiter einer dreizehnköpfigen Delegation der SA, die am 25. Juni 1938 von Mussolini empfangen wurde, zu Gast bei der MVSN in Rom.[168] Er wiederholte diesen Besuch am 16. Jahrestag der Gründung der faschistischen Miliz am 1. Februar 1939, wobei er erneut eine persönliche Audienz bei Mussolini erhielt.[169] Auch Lutze machte einen Abstecher nach Libyen.[170]

Nicht alle nationalsozialistischen Führungskader haben den Weg zu Mussolini gefunden. Das gilt etwa für Hans Heinrich Lammers und Martin Bormann, die als Hitlers engste administrative Gefolgsleute den Zugang der Besucher zum

---

[166] Vgl. Illustrierter Beobachter 13 (28.7.1938), Titelbild: „Luigi Russo als Gast im Hause Lutze."
[167] Vgl. das Gruppenfoto bei Ullstein Bilderdienst.de, Bildnummer 00069438.
[168] Wie wichtig sein Besuch in Rom genommen wurde, zeigt sich daran, daß es dafür ein gedrucktes Programm gab. Vgl. ACS, SPD, CO, Fasc. Personali, Nr. 185.763.
[169] Vgl. Ullstein Bilderdienst.de, Bild Nr. 0018321, 1.2.1939; Illustrierter Beobachter, 9.2.1939.
[170] Vgl. das Foto im Illustrierten Beobachter, 23.2.1939: „Viktor Lutze als Gast von Balbo in Libyen."

Diktator regelten und deshalb wahrscheinlich unabkömmlich waren.[171] Auch für Wilhelm Frick gab es als Reichsinnenminister offenbar keinen Anlaß, zu Mussolini zu fahren, ehe seine spektakuläre Absetzung 1941 solchen Ambitionen ohnehin ein Ende setzte. Nur wenige der NS-Führer glaubten, es sich wie Albert Speer leisten zu können, den ‚Duce' bewußt nicht aufzusuchen. Wer von den nationalsozialistischen Kadern eine private Audienz bei Mussolini erhielt, suchte so schnell wie möglich nach Rom zu kommen. Die Person Mussolinis übte auf die nationalsozialistischen Führungskader eine Faszination aus, die sie magisch anzog. Auch wenn der ‚Duce' die deutschen Faschisten in der realen Politik zunehmend enttäuschte, konnte das dem Mythos, der ihn umgab, wenig anhaben.

---

171 Bouhler und sein damaliger Adjutant Bormann nahmen jedoch am 10.5.1936 als offizielle Vertreter des NS-Regimes am Autorennen um den Gran Premio di Tripoli teil. Vgl. Illustrierter Beobachter, 21.5.1936. Dazu Eberhard Reuß, Hitlers Rennschlachten. Die Silberpfeile unterm Hakenkreuz, Berlin 2006, S. 238–245.

5 Die Faszination Mussolinis

Die Analyse von Mussolinis Audienzsystem hat auf den ersten Blick ein paradoxes Ergebnis: Zumindest vor 1933 waren es sowohl Anhänger als auch mehr oder weniger verdeckte Gegner des Nationalsozialismus, die sich um Vorsprache bei Mussolini bemühten. Für beide schien der Faschismus in Italien eine politische Verheißung zu sein. Wenn auch nicht für die gesamte nationalsozialistische Bewegung, so war der ‚Duce‘ doch für Hitler schon frühzeitig das Vorbild seiner politischen Strategie.[1] Daß sein Versuch, durch einen Empfang bei Mussolini seine politische Reputation zu steigern, 1931 scheiterte, war deshalb für ihn eine bittere Niederlage.[2] Im Gegensatz zu den Nationalsozialisten glaubten vor 1933 manche ihrer bürgerlichen Gegner, Mussolini gegen Hitler ausspielen und diesem damit die Möglichkeit nehmen zu können, sich bei seinem politischen Machtdrang auf das Vorbild des italienischen Faschismus zu berufen. Da Mussolini gegenüber den Nationalsozialisten lange Zeit reserviert blieb, gaben sie bei den Audienzbesuchern des ‚Duce‘ zunächst den Ton an.

Nach Hitlers Machtübernahme in Deutschland war der Schulterschluß mit dem faschistischen Bruderregime für die Nationalsozialisten selbstverständlich. Jedoch hofften einige von Hitlers Gegnern, von Mussolini wenigstens noch einen gewissen Schutz vor nationalsozialistischer Verfolgung zu erhalten. Beide Seiten glaubten stets, ihrer Position größeren Nachdruck verleihen zu können, wenn sie auf eine persönliche Begegnung mit Mussolini hinweisen konnten. Daraus ergab sich bei Mussolini aus Deutschland ingesamt ein Zulauf politischer Rompilger, wie er ihn sonst aus keinem Land zu verzeichnen hatte.

Die Voraussetzung dafür war, daß für Mussolini Privatgespräche mit ausländischen Besuchern kein Ausnahmefall waren, sondern daß er ein Audienzsystem aufgebaut hatte, in dem Ausländer sogar besonders willkommen waren. Wer es auf sich nahm, von Deutschland aus nach Rom zu reisen, für den war es in der Regel nicht sonderlich schwierig, von Mussolini einen Audienztermin zu bekommen. Selbst wenn ihn kaum oder gar nicht bekannte Personen sprechen wollten, machte der ‚Duce‘ sich nicht etwa rar, sondern legte es vielmehr sogar darauf an, mit möglichst vielen ins Gespräch zu kommen. Wie dargelegt werden konnte, war es anfangs seine Intention, auf diese Weise im Ausland möglichst breitgestreut Fürsprecher für den Faschismus und die von ihm ausgeübte Diktatur zu gewinnen. Seit 1933 konnte er sich aufgrund des Andrangs der nationalsozialistischen Führungskader zu seinen Audienzen bis in den Weltkrieg hinein der Illusion hingeben, der Leitwolf des internationalen

---

[1] Vgl. Schieder, Das italienische Experiment, passim.
[2] Vgl. oben S. 166.

Faschismus zu sein, obwohl die faschistische Führungsrolle längst auf Hitler übergegangen war. Wie stark er sich an seine Gewohnheit klammerte, Audienzen zu geben, zeigte sich am Ende daran, daß er – sicher nicht zufällig – am 28.10.1943, dem 21. Jahrestag des Marschs auf Rom, auch in der *Repubblica Sociale Italiana* wieder seine Gewohnheit aufnahm, Audienzen zu geben und diese bis zum 27. Februar 1945 fortführte.[3] Wie die auch für diesen Zeitraum vorliegenden Audienzlisten erkennen lassen, wurde sein altes Audienzsystem hierbei jedoch geradezu ad absurdum geführt. Mussolini konnte fast nur noch seine beiden deutschen Aufpasser, den Bevollmächtigten des Großdeutschen Reiches in Italien, Rudolf Rahn, und den Höchsten SS- und Polizeiführer in Italien, Karl Wolff, empfangen, zu denen sich seit Herbst 1944 noch der in Italien vielfältig beschäftigte nationalsozialistische Kulturfunktionär Professor Albert Prinzing gesellte. Mussolini gab für diese Gäste nicht mehr aus freier Entscheidung Audienzen, er wurde vielmehr zu ihrem Empfang genötigt.

Für die antinazistischen Audienzbesucher waren es, wie dargestellt, bis 1933 vor allem drei Themen, welche sie bei Mussolini anzuschneiden suchten. Zum ersten wollten sie von ihm bestätigt bekommen, daß er trotz seines martialischen Habitus gegen jeden Krieg und für die Erhaltung des Friedens in Europa sei. Obwohl Mussolini in Libyen seit Ende der zwanziger Jahre einen brutalen Kolonialkrieg gegen aufständische Volksstämme führte und er einen militärischen Überfall auf Abessinien schon früh im Auge hatte, beteuerte er ohne mit der Wimper zu zucken gegenüber allen deutschen Besuchern seinen Friedenswillen, wenn er auch z. B. gegenüber Emil Ludwig, den Krieg als äußerstes Mittel der Politik nicht ausschloß. Zum zweiten wollten die deutschen Besucher meist wissen, ob Mussolini sein faschistisches System ins Ausland verbreiten wolle. Obwohl er seit Ende der zwanziger Jahre die Ausbreitung des Faschismus in Europa massiv förderte, behauptete er ihnen gegenüber gebetsmühlenartig, daß der Faschismus „kein Exportartikel" sei.[4] Vor allem Besuchern jüdischer Herkunft war schließlich die Frage wichtig, welche Bedeutung der Antisemitismus für das faschistische Regime habe. Mussolini leugnete auch hier nicht nur jede Absicht, die Juden in Italien jemals ausgrenzen zu wollen, sondern behauptete sogar, daß der Antisemitismus dem Faschismus völlig fremd sei.

Anders bei seinen martialischen Auftritten in der Öffentlichkeit, bei denen er sich als *Duce del fascismo* gewalttätig inszenierte, gerierte Mussolini sich bei den privaten Audienzen mit Ausländern erfolgreich als verantwortungsbewußter und fürsorglicher Landesvater, der sein Volk politisch erziehen, aber nicht unterdrücken wollte. Die Audienzbegegnungen schufen auf diese Weise die Grundlage für den Mythos, daß Mussolini ganz im Gegensatz zu Hitler und Stalin ein milder Diktator gewesen sei. In gewisser Hinsicht haben sie

---

[3] Vgl. ACS, SPD, Carteggio Riservato, R.S.I., busta 57–59.
[4] Vgl. Beate Scholz, Italienischer Faschismus als ‚Export'-Artikel, S. 225–436.

bis heute dazu beigetragen, vergessen zu machen, daß Mussolini zwar nicht den obsessiven Vernichtungsdrang hatte wie die beiden totalitären Diktatoren, aber doch über fast 23 Jahre hinweg ein gewalttätiges Diktaturregime ausübte, dessen raison d'etre um jeden Preis die imperialistische Expansion war.

Als Mussolini 1933 seine Sympathie für die Machtübernahme Hitlers offen erkennen ließ, 1935 mit gewaltigem militärischen Aufwand Abessinien überfiel und 1938 mit rigiden Rassengesetzen die Juden in Italien nach dem Vorbild der ‚Nürnberger Gesetze' des NS-Regimes gesellschaftlich ausgrenzte, zeigte sich zwar, daß er alle seine Sympathisanten getäuscht hatte. Dennoch gab es immer noch deutsche Audienzbesucher, die, wenn auch auf andere Weise, von ihm politische Rückendeckung zu erhalten hofften. Wie schon angedeutet, galt das etwa für Wilhelm Furtwängler und Richard Strauss. Auch Gerhard Hauptmann und vor allem Rudolf Borchardt hatten politische Gründe für ihren Versuch, die Sympathie Mussolinis zu gewinnen, ebenso Ludwig Curtius. Besonders auffällig waren die Bemühungen von Willi Geiger und Hans Wimmer, die ihre Jahresstipendien in der römischen Villa Massimo dazu nutzten, an Mussolini heranzukommen. Aller Wahrscheinlichkeit nach waren es politisch bedingte Existenzkrisen, welche diese prominenten Audienzbesucher an Mussolini herantreten ließen. Eine Audienz bei Mussolini sollte als eine Art Loyalitätsbekundung gegenüber dem NS-Regime gelten, zu dem man auf Distanz gegangen war, und sei es auch nur vorübergehend, wie Richard Strauss und Wilhelm Furtwängler. Ganz offensichtlich bestand bei diesen Besuchern die Hoffnung, in Deutschland nicht mehr ohne weiteres politisch unter Druck gesetzt werden zu können, wenn man von Mussolini persönlich empfangen worden war. Inwieweit diese Rechnung aufgegangen ist, läßt sich im Einzelnen nicht immer nachweisen, wir wissen jedoch etwa aus den Erinnerungen Werner von der Schulenburgs, daß Mussolini für ihn bis zu seinem Sturz 1943 tatsächlich eine solche politische Schutzfunktion wahrgenommen hat.[5]

Vor allem aber ist nachweisbar, daß Mussolini sich seiner Rolle als politischer Beschützer von Audienzbesuchern, die in Deutschland in politische Schwierigkeiten geraten waren, durchaus bewußt war. Allem Anschein war ihm sogar daran gelegen, gegenüber dem Achsenpartner, dem er sich zunehmend unterlegen fühlen mußte, durch persönliche Protektion einzelner Deutscher eine gewisse Eigenständigkeit zu beweisen. Als er Louise Diel am 10. September 1934 sein Plazet gab, ihn als Ko-Autor ihres Buches über „Mussolinis neues Geschlecht" zu nennen, fügte er hinzu: „Mit mir als Mitarbeiter tut man Ihnen nichts."[6] Ganz offensichtlich befürchtete er angesichts der politischen Eiszeit, die zu diesem Zeitpunkt in den Beziehungen zwischen den beiden faschisti-

---

[5] Vgl. Privatarchiv Isa von der Schulenburg, Nachlaß Werner von der Schulenburg, Um Benito Mussolini, S. 38f.
[6] Privatarchiv Diel, Nachlaß Louise Diel, Audienz vom 10.9.1934.

schen Regimen herrschte, Diel könne in Deutschland politische Schwierigkeiten bekommen, wenn sie sich ungeschützt als Sympathisantin des Faschismus betätigte.

Noch aufschlußreicher ist, wie er mit den Audienzbesuchern umging, die ihm gestanden, nicht Mitglied der NSDAP zu sein. Als erstem passierte das Ernst Niekisch, der von Mussolini bei seiner Audienz am 3. Juni 1935 unvermittelt gefragt wurde, was er „gegen Hitler hätte".[7] Als Niekisch dies mit Vorbehalten gegenüber der Außenpolitik Hitlers begründete, stimmte Mussolini ihm ohne weiteres zu und machte Niekisch, wie gesehen, zu seinem besonderen politischen Schützling. Auch Werner von der Schulenburg berichtet darüber, daß ihn Mussolini bei seiner letzten Audienz am 14. Mai 1940 darauf angesprochen habe, warum er „nicht der nationalsozialistischen Partei angehöre".[8] Schließlich ist auch noch von einer Audienz des Bildhauers Hans Wimmer am 31. Oktober 1941 überliefert, daß Mussolini dessen Bekenntnis, „weder bei der Partei noch bei einer Organisation der NSDAP" Mitglied zu sein, ignorierte.[9] Es kann also kein Zweifel daran bestehen, daß Mussolini in seinen Audienzen bewußt auch verdeckte Gegner des Nationalsozialismus empfing, ohne sie bei seinem Achsenpartner zu denunzieren. Das entsprach durchaus seiner Politik, deutschen Emigranten zumindest bis 1938 „Zuflucht auf Widerruf" zu gewähren, auch wenn er damit die Nationalsozialisten höchst irritierte.[10] Mit persönlichem Mitleid oder gar einer irgendwie gearteten humanen Gesinnung hatte das nichts zu tun, dahinter stand vielmehr offensichtlich das Kalkül, gegenüber dem politisch, wirtschaftlich und militärisch zunehmend dominanten faschistischen Bruderregime in Deutschland seine Eigenständigkeit zu beweisen, auch wenn diese in der Realität immer weniger gegeben war.

Dauerhaft wirksam konnte Mussolinis Protektion freilich schon deswegen nicht sein, weil sein politisches Renommee sich in Deutschland seit Kriegsbeginn – ungeachtet aller anhaltenden persönlichen Wertschätzung – in allmählichem Sinkflug befand. Es reichte deshalb immer weniger aus, sich demonstrativ dem italienischen Faschismus zuzuwenden, wenn ein linientreues Bekenntnis zum Nationalsozialismus gefordert war. Ohnehin waren es außer Generälen und Parteiführern nur noch ganz wenige Deutsche, die in den Kriegsjahren überhaupt noch die Erlaubnis erhielten, bei Mussolini vorzusprechen.

Wollte Mussolini bis 1933 in den für Deutsche angesetzten Audienzen den Faschismus als politische Verheißung anpreisen und damit für seine

---

[7] Ernst Niekisch, Gewagtes Leben, S. 263.
[8] Privatarchiv Isa von der Schulenburg, Nachlaß Werner von der Schulenburg, Um Benito Mussolini, S. 35.
[9] Vgl. oben S. 141.
[10] Vgl. dazu umfassend Klaus Voigt, Zuflucht auf Widerruf, S 133.

persönliche Diktatur Stimmung machen, so war das seit Hitlers Machtergreifung nicht mehr nötig. Mussolini konnte sicher sein, bei den Machthabern des NS-Regimes ein hohes Prestige zu genießen. Audienzen für hohe NS-Führer sah er nunmehr als Gelegenheiten an, sich als erfahrener Vorreiter eines faschistischen Diktaturregimes zu gerieren und auf diese Weise einen politischen Führungsanspruch zu behaupten. Seine Audienzen für nationalsozialistische Führer erhielten damit eine andere Zweckbestimmung als zuvor die für demokratische Politiker der Weimarer Republik, aber sie gehörten weiterhin zu seinem Repertoire politischer Selbstinszenierung. Nicht zufällig wurden die Besuche der nationalsozialistischen Führungskader von Mussolini medial besonders herausgestellt, mit ihrem Empfang wollte Mussolini seine faschistische Führungsrolle selbst noch in einer Zeit reklamieren, in der die faschistische Vorherrschaft längst auf Hitler übergegangen war. Da die nationalsozialistischen Besuchsreisen nach Rom auch nicht abrissen, als seit 1941 sein politischer Machtverfall nicht mehr zu übersehen war, konnte er sich so bis zuletzt in der Illusion wiegen, im Zentrum des internationalen Faschismus zu stehen. Es war aber nur noch eine Selbsttäuschung, wenn er immer noch glaubte, daß ihm seine Audienzen diese Stellung verschafften.

Seinen nationalsozialistischen Besuchern trat Mussolini in der Anfangszeit des ‚Dritten Reiches' mit beträchtlichem Selbstbewußtsein entgegen und nahm sich ohne weiteres die Freiheit, ihnen als Gründungsvater des Faschismus politische Ratschläge zu erteilen. Seinem bewährten Berliner Mittelsmann Giuseppe Renzetti gab er schon kurz nach Hitlers Machtübernahme ein regelrechtes Mentorenprogramm für den Umgang mit den NS-Führern mit auf den Weg.[11] Renzetti sollte Hitler u. a. den Rat geben, die gewalttätigen Aktivitäten der SA einzudämmen, die Juden nur schrittweise aus wichtigen Positionen zu verdrängen, die korporativistischen Reformen vom Faschismus zu übernehmen und vor allem die Errichtung einer „totalitären Regierung" (governo totalitario) anzustreben. Papen bestärkte er im April 1933 in seinem Ziel, mit dem Vatikan ein Konkordat abzuschließen.[12] Goebbels hämmerte er am 28. Mai 1933 bei seiner Audienz ein: „Nur eine Partei. Nicht nachgeben. Ihr seid auf dem richtigen Wege."[13] Nach dem Bericht des zum Troß von Goebbels gehörenden Journalisten Otto Schabbel riet er dem deutschen Propagandaminister beim Abschied, drei Maximen zu beachten: „Autorität, Ordnung – und er macht eine kurze Pause,

---

[11] Documenti Diplomatici Italiani, Settima Serie, Vol. XIII, Rom 1989, S. 92f.: Appunto, Rom 13.2.1933, Colloquio fra il Capo del Governo e Ministro degli Esteri, Mussolini, e il maggiore Renzetti.
[12] Ebd., S. 421: Appunto, Rom 10.4.1933: Colloquio fra il capo del Governo e Ministro degli Esteri, Mussolini e il Vice Cancelliere del Reich, Papen.
[13] Fröhlich (Hg.), Joseph Goebbels, Teil 1, Bd. 2/III, S. 195.

ehe er mit langsamer Betonung das dritte spricht: Gerechtigkeit!"[14] Ernst Hanfstaengl soll er nach seiner Erinnerung im Februar 1934 für Hitler den konkreten Rat mitgegeben haben, sich von der „Soldateska" Ernst Röhms zu befreien.[15]

Der Enthusiasmus, mit dem die nationalsozialistischen Führungskader um Audienzen bei Mussolini nachsuchten, war nicht realpolitisch begründet, sondern personal. Es war zwar nicht von Anfang an klar, daß die *Achse Rom-Berlin* nicht gleichgewichtig angelegt war. 1936 konnte es einen Moment so scheinen, als ob sich mit den faschistischen Regimen die beiden ‚jungen Völker' gefunden hätten, denen in Europa und in Verbindung mit Japan im „Weltpolitischen Dreieck" die Zukunft gehörte. Spätestens bei Hitlers Überfall auf Polen, auf den Mussolini auf bündnispolitisch fragwürdige, aber dem Mangel an militärischen Ressourcen geschuldete Weise mit der sogenannten Nonbelligeranza reagierte, zeichnete sich jedoch die grundlegende militärische, aber auch politische Schwäche des faschistischen Italiens ab. Die Enttäuschung der NS-Führung über Mussolini wuchs seitdem ständig an. Der ‚Duce' hatte die faschistische *Achse Rom-Berlin* nicht nur deshalb geschmiedet, weil er seine hypertrophen Expansionspläne umsetzen wollte, sondern auch deshalb, weil er das NS-Regime zur politischen Stützung und Aufrechterhaltung seines eigenen Diktaturregimes brauchte. Hitler dagegen glaubte, im Faschismus einen starken Partner gefunden zu haben, der ihm bei seinen wahnsinnigen Expansionsplänen den Rücken freihalten würde. In Wahrheit mußte er Mussolini seit 1941 militärisch stützen, damit dieser sich mit seinem Regime überhaupt halten konnte.[16] Hatten deutsche Gegner des Nationalsozialismus sich in ihren Audienzen bei Mussolini von dessen scheinbarer Friedfertigkeit betören lassen, überschätzten die nationalsozialistischen Besucher umgekehrt seine tatsächliche Stärke. Das persönliche Ansehen Mussolinis wurde davon jedoch kaum berührt, auf jeden Fall gab es in Deutschland mindestens bis 1943, im Grunde aber bis zuletzt, keine öffentliche Kritik am ‚Duce'.

Ursache dafür war ohne Frage Hitlers persönliche Bewunderung für den Italiener, an der er bis in seine letzten Tage festhielt. Zwar bezeichnete er schließlich das Bündnis mit Italien als einen politischen Fehler, beteuerte aber gleichzeitig, daß sich an seiner „persönlichen Verbundenheit mit dem Duce" nichts geändert habe.[17] Diese für Hitler ungewöhnliche Nibelungentreue ent-

---

14 Schabbel, Benito Mussolini, S. 10.
15 So Ernst Hanfstaengl, 15 Jahre mit Hitler. Zwischen Weißem und Braunen Haus, München 1972, S. 330. Aufgrund der notorischen Unzuverlässigkeit seiner Memoiren kann es sich hier allerdings um eine nachträgliche Erfindung Hanfstaengs handeln.
16 Vgl. dazu zuletzt Malte König, Kooperation als Machtkampf. Das faschistische Achsenbündnis Berlin-Rom im Krieg 1940/41, Köln 2007.
17 Vgl. Hitlers Politisches Testament. Die Bormann-Diktate vom Februar und April 1945, Hamburg 1983, S. 88.

sprang zweifellos seiner Dankbarkeit dafür, daß Mussolini ihn gelehrt hatte, auf welchem Wege er die politische Macht in Deutschland erobern konnte.[18] Sie hatte aber auch sehr viel mit der mörderischen Egomanie zu tun, mit der er sich anmaßte, der Führer des deutschen Volkes zu sein. So wie er am Ende die Deutschen dem Untergang geweiht sah, weil sie sich seinen rassistischen Imperialvorstellungen nicht gewachsen gezeigt hätten, so verachtete er die Italiener, weil sie dem ‚Duce' nicht zu folgen in der Lage gewesen seien. Die unverbrüchliche Treue gegenüber Mussolini garantierte somit auch seine eigene größenwahnsinnige Selbsteinschätzung. Da Hitler dem ‚Duce' bis zuletzt unverbrüchlich die Treue hielt, konnte es aber im ‚Dritten Reich' deshalb auch keine offene Absage an Mussolini geben. Kritik an Mussolini hätte unter diesen Umständen vielmehr zugleich auch Kritik am ‚Führer' bedeutet.

Die führenden Nationalsozialisten drängten sich deshalb bis zuletzt danach, Mussolini ihre Aufwartung zu machen. Man kann geradezu davon sprechen, daß zwischen ihnen eine Art Wettbewerb entstand, zu Mussolini nach Rom reisen zu dürfen. In jedem Fall gab es außerhalb Deutschlands keinen anderen Politiker, zu dem sie auch nur ansatzweise in so großer Zahl, so häufig und so begeistert gefahren sind wie zum ‚Duce'. Dabei spielten sicherlich alte deutsche Sehnsüchte nach dem Süden eine Rolle, die zumindest unterschwellig auch bei einigen der Nationalsozialisten noch lebendig waren. Man muß selbstverständlich auch berücksichtigen, daß die Repräsentanten des NS-Regimes spätestens seit Kriegsbeginn nur noch wenig andere Möglichkeiten politischer Auslandsreisen hatten. Doch ging es nicht um die Reisen als solche, die zu der damaligen Zeit für Politiker ohnehin noch nicht so selbstverständlich waren wie heute. Entscheidend war vielmehr der politische Mythos, der den ‚Duce' als Repräsentanten des Faschismus umgab. Der Besuch in Rom beim Gründer des Faschismus und gleichgesinnten Achsenpartner hatte deshalb nicht nur eine rationale, sondern vor allem eine emotionale Bedeutung. Als Vorreiter einer faschistischen Revolution, als „bester und einziger Freund" des ‚Führers'[19] und auf jeden Fall als einzig wirklicher Verbündeter des NS-Regimes umgab Mussolini bei den Führungskadern des deutschen Faschismus eine Aura des Außergewöhnlichen, an der teilzuhaben eine Audienz ermöglichen sollte. Sie erlagen dabei einer Autosuggestion, der in anderer Weise auch die meisten deutschen Audienzbesucher Mussolinis in der Zeit der Weimarer Republik erlegen waren. Der

---

[18] Vgl. dazu Schieder, Das italienische Experiment, in: ders. Faschistische Diktaturen, S. 172–184.
[19] Hitler sagte am 20.7.1944 bei der Verabschiedung am Bahnhof der ‚Wolfsschanze' zu Mussolini: „Ich weiß, daß ich auf Sie zählen kann. Ich bitte Sie, mir zu glauben, daß ich Sie als meinen besten und einzigen Freund ansehe, den ich in der Welt habe." Zit. nach Deakin, Die brutale Freundschaft, S. 805, der sich auf eine „Aufzeichnung über die Unterredung zwischen dem Führer und dem Duce im Führerhauptquartier am 20. Juli 1944" des Dolmetschers Paul Schmidt bezieht.

durch die Audienzen geschaffene ‚Mythos Mussolini' wirkte auch dann noch nach, als die reale politische Bedeutung des ‚Duce' längst geschwunden war.

Es waren selbstverständlich nicht nur Audienzen, bei denen führende Nationalsozialisten in Italien mit Mussolini zusammentrafen, sie nahmen vielmehr auch als Ehrengäste an Aufmärschen oder öffentlichen Massenversammlungen teil, bei denen der ‚Duce' als Redner auftrat, sie begegneten ihm bei Empfängen in der Deutschen Botschaft oder bei faschistischen Würdenträgern, bei kulturellen Veranstaltungen, sportlichen Wettkämpfen oder Besichtigungen faschistischer Einrichtungen. Auch gemeinsam mit dem ‚Duce' unternommene Ausflüge zu faschistischen Sehenswürdigkeiten wie z. B. der Flugzeugstadt Guidonia, gehörten gelegentlich zum Programm der nationalsozialistischen Besucher. In allen Berichten, die über Italienreisen von Nationalsozialisten vorliegen, wird eine Audienz beim ‚Duce' jedoch regelmäßig als Höhepunkt der Italienreise herausgestellt. Das Privatissimum mit Mussolini war in fast allen Fällen kein bloßer Höflichkeitsbesuch, sondern das aus politischen Prestigegründen unbedingt erwünschte, meist auch eigentliche Reiseziel der nationalsozialistischen Rompilger.

Eine Audienz beim ‚Duce' blieb für sie selbst dann noch eine politische Verheißung, als längst klar war, daß diese sich nicht mehr erfüllen würde. Auch wenn Mussolini immer weniger darüber bestimmen konnte, wen er empfangen wollte, erwies sich somit sein Audienzsystem bis zu seinem Sturz am 25. Juli 1943 als ein Instrument virtueller Machtausübung. Mussolini dürfte dabei zweifellos registriert haben, daß der Besucherstrom immer einseitiger von Deutschland nach Italien verlief, auch wenn Hitler bis zu seinem Untertauchen im Rastenburger Bunker durchaus noch italienische Gäste empfangen hat. Ganz anders als Mussolini für die nationalsozialistischen Führungskader war Hitler für die faschistischen jedoch keine herausragende Attraktion, er stellte für sie vielmehr die kalte Repräsentation von Macht dar, die man bewunderte, aber die man nicht verehrte. Nur damit läßt sich letzten Endes auch erklären, weshalb Mussolini seine Audienzen nicht eingestellt hat, als ihm bewußt wurde, daß er nicht mehr eigenständig über ihre Vergabe bestimmen konnte. Er mochte Hitler längst machtpolitisch weit unterlegen sein und nur noch eine abgeleitete Herrschaft ausüben, die mythische Aura, die seine Audienzen umgab, hatte Mussolini dem ‚Führer' nicht nur bei den eigenen Landsleuten nach wie vor voraus. Wenn die Audienzen jedoch ursprünglich tatsächlich Mussolinis persönliche Diktaturherrschaft repräsentiert hatten, so täuschten sie diese am Ende freilich nur noch vor.

II Deutsche Pilgerfahrten zum ‚Duce': Ausgewählte Audienzberichte

Es konnten 86 schriftlich überlieferte Berichte deutscher Audienzbesucher ermittelt werden. Von diesen werden im folgenden, teilweise gekürzt, 32 wiedergegeben. Die Auswahl erfolgt nach drei Kriterien: Zum ersten verteilen sich die ausgewählten Berichte so weit wie möglich auf den gesamten Zeitraum von 1923 bis 1943. Da für die ersten vier Jahre von Mussolinis Herrschaft überhaupt nur ein fragmentarischer Audienzbericht aus dem Jahr 1924 nachweisbar ist, können diese Jahre allerdings nicht dokumentiert werden. Auch für die letzten Monate vor Mussolinis Sturz 1943 kann kein Bericht vorgelegt werden. Die hier wiedergegebenen Berichte setzen 1927 ein und decken bis 1942 alle Jahre mit einem bis zu fünf Berichten ab.

Zum zweiten sollen die ausgewählten Berichte das gesellschaftliche und politische Spektrum der deutschen Audienzbesucher repräsentieren. Es werden daher Audienzberichte von Politikern, Journalisten, Künstlern, Wissenschaftlern und Sportlern vorgelegt, besonders berücksichtigt werden aufgrund ihrer besonderen Beziehungen zu Mussolini Berichte von Emil Ludwig und Louise Diel. Von Ludwig werden zwei, von Diel vier Texte präsentiert, während alle anderen Audienzbesucher nur mit einem Text vertreten sind. Da von nationalsozialistischen Führern nur ganz wenige Audienzberichte überliefert sind, bleiben sie unterrepräsentiert.

Drittens schließlich sollen die ausgewählten Audienzberichte sowohl die politischen Intentionen Mussolinis als auch die Erwartungen der deutschen Besucher repräsentieren. Daß es bei den vorgelegten Berichten dadurch zu Überschneidungen kommt, ist durchaus beabsichtigt, wird daran doch die Wiederholungsstruktur der Audienzerfahrungen sichtbar.

Die Texte werden in der chronologischen Reihenfolge abgedruckt, in welcher die Audienzen stattfanden.

Bei jedem Audienzbericht wird zunächst der Autor mit seinen biographischen Daten und seinem Beruf angegeben. Es folgt ein Hinweis darauf, über welche Audienz berichtet wird. Schließlich wird noch die Quelle angegeben, welcher der Audienzbericht entstammt.

Die Überschriften zu den Texten werden der jeweiligen Quelle entnommen. Findet sich in dieser keine Überschrift, wird diese in eckigen Klammern ergänzt, wobei stets auf Formulierungen im Text zurückgegriffen wird.

Die Texte werden in der Schreibweise wiedergegeben, in der sie überliefert sind. Einzüge und überflüssige Absätze im Original werden beseitigt. Offensichtliche Schreibfehler werden stillschweigend korrigiert. Alle Zusätze und Auslassungen werden durch eckige Klammern markiert. Geweiteter Zeichenabstand und andere Hervorhebungen im Original werden kursiv wiedergegeben.

Ernst Steinmann

Jördensdorf/Mecklenburg 4. September 1866 – Basel 23. November 1934

Kunsthistoriker

Professor Dr. Ernst Steinmann leitete in Rom als erster die von Henriette Hertz der Kaiser-Wilhelm-Gesellschaft vermachte Bibliotheca Hertziana, unterbrochen durch den Ersten Weltkrieg, von 1913 bis 1934. Als krönenden Abschluß seiner Forschungstätigkeit sah er die zusammen mit Rudolf Wittkower herausgegebene „Michelangelo Bibliographie 1510–1926" an, die er am 11. November 1927 noch druckfrisch Mussolini überbrachte.[1]

Es gibt keine Hinweise darauf, daß Steinmann ein Enthusiast des Faschismus war, vielmehr scheint er ein eher unpolitischer Kunsthistoriker gewesen zu sein. Sein Besuch bei Mussolini stand wahrscheinlich im Zusammenhang seiner Bemühungen, für die von ihm im Laufe seines Lebens zusammengebrachte „Michelangelo Bibliographie" einen dauerhaften Standort zu finden.[2] Daß er bei der Audienz vom Deutschen Botschafter Constantin Freiherr von Neurath begleitet wurde, sollte seinem Anliegen offenbar besonderen Nachdruck verleihen.

Bericht über eine Audienz am 11. November 1927.
Quelle: Archiv Max-Planck-Gesellschaft Berlin, Abt. III, ZA 42, Nachlaß Ernst Steinmann, Tagebuch 1927/28

11. November 1927

Ich komme eben aus dem Palazzo Chigi, wo ich Mussolini die Michelangelo-Bibliographie überreichte. Ich hatte erwartet, alles dort wie in einer Festung zu finden, ich fand in d[er] Tat überall grosse Zwanglosigkeit. Im Vorzimmer traf ich einen alten Bekannten, den eben ernannten Botschafter in Washington Herrn von Prittwitz, der sich beim Unterstaatssekretär Grandi für eine Abschiedsaudienz bei Mussolini anmelden wollte.[3] Er erzählte mir von dem schnellen Wandel seines Schicksals u[nd] in Lugano in völliger Ferienabgeschlossenheit Ruf nach Berlin vom Botschaftsrat in Bern zum Botschafter in Washington.

---

[1] Ernst Steinmann, Rudolf Wittkower (Hg.), Michelangelo Bibliographie 1510–1926, Leipzig 1927.

[2] Die heute in der Vatikanischen Bibliothek befindliche „Michelangelo Bibliographie" Steinmanns umfaßte außer etwa 2000 Büchern auch Handschriften, Inkunabeln, Autographen und sonstige Kunstgegenstände. In einem, freilich noch mehrfach veränderten Testament vom 4.7.1925 bestimmte er, daß diese „weiter ungeteilt aufgestellt bleiben" sollte. Vgl. Grafinger, Die Auseinandersetzung um die „Michelangelo Bibliographie", S. 438–467.

[3] Friedrich Wilhelm von Prittwitz und Gaffron (1884–1955), der einzige ranghohe deutsche Botschafter, der 1933 freiwillig sein Amt aufgab. Vgl. zu ihm Michael Wala, Weimar und Amerika. Botschafter Friedrich von Prittwitz und Gaffron und die deutsch-amerikanischen Beziehungen 1871–1945, Paderborn 2008.

Dann erschien der Botschafter u[nd] wurde zuerst bei Mussolini eingeführt.[4] Nach wenigen Minuten kam er zurück u[nd] nahm mich ohne weiteres mit in den ungeheuren Raum, wo der Gewaltige empfängt.

Er kam uns auf halbem Wege entgegen, gab mir freundlich die Hand u[nd] war, so scheint es, zwanglos wie der einfachste der Sterblichen. Das Buch lag vor uns auf einem grossen runden Tisch u[nd] Mussolini blätterte in den ersten Blättern. Ich nannte den Namen meines Mitarbeiters u[nd] er las ihn mit lauter Stimme[:] Wittkower.[5]

Dann sagte ich ihm alles, was er freundlich fragte, so freundlich u[nd] ohne jede Pose, dass ich mich ganz à mon aise fühlte.

2000 Bücher u[nd] Schriften, die ich alle gesammelt u[nd] alle in Rom lassen würde. Seine Hand fiel auf das Blatt, wo Michelangelo seine Mitarbeiter aufgezeichnet hat u[nd] ihren spärlichen Tagelohn. Als ich behauptete Michelangelo sei d[er] grösste italienische Künstler gewesen, fragte er nur: Leonardo?

Wer hat am meisten zur Erforschung M[ichel]a[ngelo]s beigetragen von allen Nationen? Ich sagte, die Italiener haben die Quellenforschungen gemacht. Milanesi hat die Briefe, Guasti die Gedichte M[ichel]a[ngelo]s herausgegeben.[6] Dann kommen die Deutschen. Wir machten Halt bei einem Brief an Vittoria Colonna, amica di Michelangelo, fragte er, o amante? Ich antwortete amica, denn beide seien bereits in d[en] Jahren gewesen, in denen das Blut ruhiger fliesst. Dann erzählte ich ihm von der Klage M[ichel]a[ngelo]s, Vitt[oria] Colonna nur die Hand geküsst zu haben, als sie auf dem Totenbette lag.

Endlich fragte er mich, wer hat dieses Buch bezahlt? Ich sagte ihm, dass es mir mit vielleicht 1000 Briefen gelungen sei, 150 Subscribenten zu finden. Auch der Einband sei schon bezahlt. Er geleitete uns zur Tür. Ich gab der Freude Ausdruck, eine so unvergleichliche Stunde erlebt haben zu dürfen u[nd] er versprach mir seinerseits ein Andenken an diese Stunde.

Der Haupteindruck, den ich erhielt, war der eines schlichten, überaus weltgewandten Mannes mit etwas blassen, durchgearbeiteten Zügen, der da einfach menschlich sein wollte u[nd] auch war. So habe ich das Glück gehabt, dem merkwürdigsten Manne unserer Zeit die Hand drücken zu dürfen u[nd] habe meine Vorstellung berichtigt u[nd] bereichert!

---

[4] Constantin von Neurath war seit 1922 Deutscher Botschafter in Italien.
[5] Rudolf Wittkower (1901–1971) war von 1923 bis 1933 Wissenschaftlicher Assistent an der Bibliotheca Hertziana in Rom, seine Stelle wurde nach der Machtübernahme der Nationalsozialisten aufgrund seiner jüdischen Herkunft nicht mehr verlängert, so daß er nach England emigrierte.
[6] Gaetano Milanesi (Hg.), Le lettere di Michelangelo Buonarotti 1475–1564, Florenz 1875; Cesare Guasti (Hg.), Sämtliche Gedichte Michelangelos, mit deutscher Übersetzung von Sophie Hasenclever, Leipzig 1875.

Adolf Stein

Moskau 16. August 1870 – Wollin 31. Dezember 1944
Journalist

Adolf Stein war ein journalistischer Vielschreiber, der meist unter dem Pseudonym „Rumpelstilzchen" Dutzende von politischen Broschüren veröffentlicht hat. Als Chef von Hugenbergs „Deutschem Pressedienst" nahm er auf der Seite der deutschnationalen Rechten in der Weimarer Republik eine publizistische Schlüsselstellung ein und war für zahlreiche Kampagnen z. B. gegen Mathias Erzberger oder den Reichspräsidenten Ebert verantwortlich.[1]

Es ist nicht bekannt, wie Stein auf Mussolini gekommen ist, da ihn mit Italien zuvor nichts verband. Wahrscheinlich ergab sich sein Interesse am faschistischen Italien jedoch aus der Herausgeberschaft der von ihm 1904 begründeten imperialistisch orientierten Wochenschrift „Der Deutsche", die auch noch in der Zeit der Weimarer Republik existierte. Stein übernahm das faschistische Propagandaklischee vom ‚Schmied Roms' und machte es mit seiner 1929 erschienen Biographie des ‚Duce' auch in Deutschland populär.[2]

Stein berichtet – sich teilweise überschneidend – in dem Buch an mehreren Stellen über seine Audienz bei Mussolini. Hier werden zwei Stellen wiedergegeben, die verschiedenen Kapiteln des Buches entnommen sind.

Bericht über eine Audienz am 31. August 1928.
Quelle: Rumpelstilzchen, Der Schmied Roms, Berlin 1929, S. 5–10, 12–13.

[Der Schmied Roms]

Dann habe ich den Duce, am letzten August vor einem Jahre, selber auch sprechen können. Nicht etwa zum Zwecke des Interviewens, sondern um einen wirklich persönlichen Eindruck von ihm zu erhalten. Es ist einer der größten Eindrücke meines Lebens geworden.

Nun war Mussolini nicht mehr der Unbewegliche, sondern der Federnde, körperlich wie geistig. Wir wurden in wenigen Minuten warm. Er spricht ein gutes Französisch und kann sich auch auf Deutsch verständlich machen. Zunächst nur die üblichen unverbindlichen Fragen; wie man eben einen Ankömmling aus dem Auslande begrüßt. Also Mussolini fragt mich nach meinen früheren Italienreisen, hört, daß ich zum siebenten Male südlich der Alpen bin, möchte wissen, was mir da so gefällt. Ach, sage ich, ehrlich gestanden, ich bin kein Museenläufer. Ich habe natürlich so meine paar Lieblingssachen, die ich immer wieder sehe. So die Büste der jungen Vestalin im Vorhof des

---

[1] Vgl. dazu Niels H. M. Albrecht, Die Macht der Verleumdungskampagne: antidemokratische Agitationen der Presse und Justiz gegen die Weimarer Republik und ihren ersten Reichspräsidenten Friedrich Ebert vom „Badebild" bis zum Magdeburger Prozeß, Phil. Diss. Bremen 2002.
[2] Rumpelstilzchen, Der Schmied Roms.

Nationalmuseums, die wie ein reines deutsches Märchenkind aussieht. Im übrigen interessiere ich mich mehr für Landschaft, Wirtschaft, Volk, Heer.

„Jawohl! Leben! Leben!", ruft da Mussolini deutsch und strahlt. Er ist ganz Leben.

Ihm geht es nicht um den Schein, sondern um das Sein seines Volkes. Aber er benutzt alle Mittel des Scheins, um das Sein zu sichern. Alles Theatralische in seinem Wirken ist nur Mittel zum Zweck, die Seinen mit fortzureißen. Aus dem kleinen Italien will er das große Rom schmieden. Deshalb hämmert er auch die Menschen, bis sie zu Klammern des Bauwerks werden. Schon sind sie ganz anders gehärtet als noch vor wenigen Jahren. Sie schauen ohne Wimperzucken in das Morgenrot der Zukunft, obwohl er ihnen nicht verschweigt, daß sie blutig sein wird. Er ist der einzige europäische Staatsmann, der es verschmäht, den Schein des ewigen Friedens an die Wand zu zaubern, unter dem das Sein einer männlichen Nation erstirbt. Er glaubt an keine Weltabrüstung, er sieht noch keinen Silberstreifen am Horizont. Er predigt harte Arbeit; und zeigt harten Kampf.

[...]

Der Zauber der Persönlichkeit Mussolinis ist unbeschreiblich; bisher ist ihr noch jedermann erlegen. Es liegt nicht an seinem Äußeren, daß man so in seinen Bann gerät, denn er ist weder eine Filmschönheit noch ein Riese von Bismarckformat noch eine ausgeprägt geistige Erscheinung. Aber das ist es eben: er ist ein ganzer Mann, hinreißend in seiner Kraft, bezwingend in seinem Willen. Endlich einmal sieht man eine Zügelfaust in der irrsinnigen Weltgeschichte. Endlich einmal einen Schmiedehammer, glühendes Eisen, sprühende Funken. Wenn dieses Eisen ins Wasser zischt, um Stahl zu werden, gibt es natürlich unholden Lärm. Aber dafür hat Mussolini unter vier Augen eine so liebenswürdige, ritterliche Art, daß man ihn gern haben muß. So gut er zu Pferde sitzt, so gut er – nicht nur in übertragenem, sondern auch in wörtlichem Sinne – den Hammer zu schwingen weiß, so gut paßt er auch in jeden Salon. Und dabei ist er doch von unter her gekommen, aus der Tiefe des Volkes, ist er ursprünglich der „unbekannte Soldat" des italienischen Proletariats gewesen.[3]

Manchmal denke ich, auch uns könne keiner von den Höhen her helfen. Diese Leute haben zu viele Hemmungen. Sie denken immer an ihre weiße Weste, sind viel zu rechtlich für unsere Zeit. Vielleicht muß auch uns ein Gewalttätiger kommen, der von links nach rechts umgelernt hat.

---

[3] Vgl. dazu zuletzt Paul O'Brien, Mussolini in the First Worl War. The Journalist, the Soldier, the Fascist, Oxford/New York 2005.

Emil Ludwig

Breslau 25. Januar 1881 – Moscia /Tessin 17. September 1948
Schriftsteller und Journalist

Bedingt durch seinen Schweizer Wohnsitz im Tessin, interessierte sich der historische Bestsellerautor Ludwig schon frühzeitig für den italienischen Faschismus. Schon 1923 schrieb er einen Artikel über Mussolinis Rhetorik.[1] Darin zeichnete sich schon ab, was Ludwig auch später an Mussolini besonders faszinieren sollte, nämlich die Aura des ‚großen Mannes'. Im Januar 1928 bezeichnete er Mussolini als großen Mann, dessen Figur einmal Legende sein werde.[2] Noch im selben Jahr scheint er sich um eine Audienz bei Mussolini bemüht zu haben, die ihm aber erst am 20. Februar und am 4. März 1929 gewährt wurde. Er fand dabei seine „Erfahrung bestätigt, die in der historischen Analyse dem gesprochenen Wort mehr Bedeutung gibt als dem geschriebenen".[3] Die persönlichen Gespräche mit dem faschistischen Diktator stellten sich insofern als direkte Fortsetzung seiner psychologisierenden Biographien großer historischer Persönlichkeiten dar. Ihre besondere Brisanz erhielt die Begegnung mit Mussolini dadurch, daß Ludwig dem Diktator als liberaldemokratischer Repräsentant der Weimarer Republik zu gelten hatte.

Bericht über zwei Audienzen am 20. Februar und 4. März 1929.
Quelle: Vossische Zeitung, 19.5.1929; Wiederabdruck in: Emil Ludwig, Für die Weimarer Republik und Europa. Ausgewählte Zeitungs- und Zeitschriftenartikel 1919–1932, hg. von Franklin C. West, Frankfurt 1991, S. 156–162.

Die drei Männer in Rom: Der Papst, der König, der Diktator

So trat ich mit gemischten Gefühlen in *Mussolinis* riesengroßes, beinahe leeres Zimmer. Nach zwei ausführlichen Unterredungen, die er mir gönnte, war ich aufs neue über die Vereinfachung überrascht, die die meisten Beobachter an den Menschen vornehmen, die sie schildern. Der Mann von Eisen, der dämonische Blick, das große Theater, Napoleon: so war er mir geschildert worden. Ich fand einen ganz anderen, viel interessanteren, komplizierten Charakter. Da ein Fremder offener mit ihm sprechen darf als einer seiner Leute, fragte ich ihn nach zehn Minuten, warum er sich immer so falsch schildern ließe. Meine Freunde, die nachher enttäuscht waren, einen so leidenschaftlichen Pazifisten so interessiert von dem so gefährlichen Duce reden zu hören, sagten, er habe mich hinters Licht geführt und sich so gegeben, wie er gesehen werden wollte. Ich frage, wer gibt sich anders? Und ist es nicht gerade eines Diplomaten Aufgabe, sich gegen jedermann so zu geben, wie er ihm erscheinen möchte? Hält man

---

[1] Emil Ludwig, Entwurf eines Manifestes, in: Die Weltbühne 19 (1923), S. 133.
[2] Emil Ludwig, Gibt es noch große Männer?, Vossische Zeitung, 1.1.1928., abgedruckt bei West (Hg.), Emil Ludwig. Für die Weimarer Republik und Europa, S. 106–116.
[3] Mussolinis Gespräche mit Emil Ludwig, S. 17.

einen passionierten Menschenjäger für unfähig, eine Maske zu durchschauen, so sind diese Betrachtungen wertlos; bitte nicht weiterlesen! Es ist ohnehin eine Zumutung an den Leser, Eindrücke ganz allgemein hinzunehmen, anstatt eines genauen Berichtes, den ich nicht geben dürfte.

Der Einwand meiner Freunde schreckt mich nicht. Wenn man von gewissen russischen Führern bedeutende Eindrücke verzeichnet, ohne damit ihr System in Europa für akzeptabel zu halten, so muß es einem Gegner der Diktatur erlaubt sein, einem Manne gerecht zu werden, aus dessen Charakter wichtige Entscheidungen folgen. Was uns alle von beiden Versuchen zur Lösung der sozialen Fragen abschreckt, ist dieselbe Unfreiheit des Gedankens, die beide zur Durchführung als unerläßlich erklären; in Italien aber steht das Ganze auf einem Einzigen, dessen Wesen darum europäisches Interesse hat. Wer darauf auf Wandlungen in den Grundansichten des Berichtenden schließt, ist eben ein dummer Kerl; Bernard Shaw, der größte lebende Sozialist, schrieb schon vor zwei Jahren, Mussolini habe für den Sozialismus mehr getan als die meisten Labourführer und würde bald das Kapital zum Gegner haben.[4]

Der Mann, den ich sah, erschien mir vor allem natürlich, ohne Pose, begabt mit einem großen Sinn für Nuancen. Er hat auf ein Dutzend Fragen, die sich nur ein Mann ohne Vorurteile von einem Feinde des Chauvinismus stellen läßt, ohne jede Parteiphrase geantwortet, nicht nur nach harten Grundsätzen, sondern mit elastischen Gedanken und Gefühlen, und immer wieder betont, die Politik sei nie dogmatische Theorie, sondern immer eine menschliche Kunst. Dabei gab er beinahe nie die naheliegende und nach seiner Lehre und Stellung zu erwartende Antwort, die seine Freunde geben, sondern er gab die nachdenkliche Antwort eines Menschen, der weiß, daß alles zwei Seiten hat, und der zugibt, daß jedes System der Regierung seine Nachteile hat.

Ein Fremder kann nicht erwarten, daß ein Staatsmann ihm seine Absichten für die Zukunft enthüllt; aber vielleicht kann ein Menschenkenner am Ton einer Stimme, am Blick eines Auges, an Haltung, Tempo und Redeweise den Grad von Aufrichtigkeit abschätzen. Rechnet man dazu die Skepsis, die ein Demokrat dem Fascismus entgegenbringt, und die der Duce aus den Büchern des Besuchers sogar zitierte, so kann dessen Interesse an der Person dieses Duce niemand stärker überraschen als eben den Besucher. Denn unsere *Zentralfrage ist nicht das Glück Italiens, sondern der europäische Frieden*, und wenn der Fascismus geeignet scheint, diesen zu gefährden, so läßt uns das alle Vorteile vergessen, die Italien angeblich durch ihn erwirbt. Auf die Gefahr, von den Ereignissen widerlegt zu werden, möchte ich als meinen persönlichen Eindruck vermerken, daß dieser Mann *den Krieg vermeiden will*. Keineswegs als Pazifist, der er nicht ist, aber aus folgenden vier Gründen: erstens als Diktator, der seine Macht von innen heraus kaum, im Glücksspiel des Krieges dagegen leicht

---

[4] Letter from G. Bernard Shaw to a friend, London Daily News, 7.2.1927.

verlieren könnte; zweitens als Zivilist, der sich einem fremden Talent im Kriege anvertrauen müßte; drittens als Denker und Künstler, der lieber konstruiert und aufbaut, als durch Sturm und Gewitter nach einem fragwürdigen Preise zu haschen; viertens als Mann von 50, dessen Abenteuerlust saturiert ist, nachdem sie sich großen Stils ausleben konnte.

Weil mir diese Argumente aus unmittelbarer Anschauung gewonnen sind, erscheint mir der anders klingende Ton seiner Fascistenreden nicht als Einwand. Er weiß genau, was zum Fenster hinaus und was in ein einzelnes Hirn hineingesprochen werden muß. Immerhin haben wir Deutschen die Gefahren eines von Natur aus friedlichen, aber immerfort mit Worten drohenden Herrn zu teuer bezahlt, als daß sie uns nicht auch vor diesem Manne einfielen, obwohl sein Wesen sozusagen den Gegenpol jenes andern darstellt. „Jede Nation", sagte er, „hat einen gewissen Prozentsatz spezifischer Art, der mir vorläufig größer vorkommt als der Teil, der allen gemeinsam ist." Die Gefahr aber, daß eine immerfort zum Selbstbewußtsein aufgepeitschte Nation ihren Führer schließlich zum Kriege zwingen könnte, schließt er selber entschieden aus: er fühlt sich stark genug, um auch in einer Krisis des Nationalgefühls nicht überrannt zu werden. Die Frage bleibt offen, ob seine Minister ihren Einfluß auf das Volk in der gleichen Richtung, also in vollem Gehorsam gegen ihren Meister ausüben werden; vorläufig sehe ich nur, daß sie ihn fürchten.

Das zweite Problem, dem ich in diesen Unterhaltungen nachspürte, war die Ausbreitung des Fascismus in Europa. Wieder scheint mir ein entschiedener Gegensatz zu den Russen zu bestehen, mit denen das neue Italien methodisch sonst so große Ähnlichkeiten verbinden. Die Welt-Revolution gehört noch immer zur Phraseologie des Sowjet-Staates und vielleicht nicht nur zur Phraseologie; liest man gewisse römische Manifeste, so glaubt man dort an ähnliche Träume. Mussolini liegen sie offenbar fern. So wenig er Weltherrschaft erstrebt, so wenig sucht er seine Staatsideen zu exportieren: er weiß vielmehr, in welchen Ländern sie nicht anwendbar sind, und hat, wie ich zu wissen glaube, der Propaganda sogar entgegenarbeitet. Freilich geht es ihm umgekehrt wie Stalin: dieser will seine Ideen nach außen verbreiten. Mussolinis dagegen werden von bestimmten Kreisen in Deutschland und Frankreich gesucht. Wenn aber eine Fabrik nur für die Heimat arbeitet und doch vom Auslande bestürmt wird, Ware herauszugeben, so wird es ihrem Ehrgeiz schwer gemacht, zu widerstehen.

Vielleicht ist Mussolinis Gedanke der, daß es besser sei, mit Nationen zu operieren, die nach seiner Ansicht durch Demokratie geschwächt werden, als mit solchen, die ein übertragener Fascismus etwas stärken würde. So könnte sein Glaube an seinen neuen Staatsaufbau ihn gerade zu dem Wunsche bringen, ihn nirgends anders bestehen zu sehen, seine Erfindung gleichsam für sich zu behalten.

Dies hängt aufs engste mit den persönlichen Zielen seiner Diktatur zusammen. Gewiß ist, daß er im Anfang nur sein Vaterland vor Anarchie zu schützen glaubte, wahrscheinlich auch, daß ihm bald darauf imperialistische Ziele vorschwebten; aber das ist sechs und drei Jahre her. Heute macht er den Eindruck eines Menschen, der zwar die Macht genießt, aber weniger um ihrer selbst willen, als um mit ihr zu konstruieren. Denn er ist ein vorwiegend ordentlicher Mann, wie nicht bloß sein Schreibtisch und seine Zeiteinteilung zeigt, ein Mann, der mir die angestrichenen Druckfehler zeigte und sagte: „Ich bin ein Feind des à peu près"; es spricht besonders aus seinem weiten Programm, das er sich auf Jahre vorgebildet und von dem er in der Tat ein Jahr nach dem anderen Stücke verwirklicht hat. „Warten Sie noch drei Jahre", sagte er zweimal, und betonte: „Vorläufig sitze ich ja kaum sieben Jahre hier: wir haben erst angefangen." Dabei ist er kein Theoretiker und nannte die Praxis „eine durchaus menschliche Sache, eine Nuancenfrage".

Wäre er ein Fanatiker der Idee und nicht eine Art Künstler, der mit seinen Händen etwas formen will, so würde er die Gefahr jeder persönlichen Diktatur weniger erkennen oder stärker leugnen. Ich glaube indessen, daß er stärker an seine Gaben als an die Folgen des Fascismus glaubt; daß er also zwar drei oder vier Männer bestimmt hat, die nach seinem Tode weiterregieren sollen, daß er aber den Sinn des Goetheschen Wortes kennt: „Der Geist ist immer autochthon." Er scheint sich als eine große Episode anzusehen, die, wenn sie lange währt, dauernde Wirkungen hinterlassen muß: ähnlich wie Bismarck, der die Schattenseiten seiner Diktatur gekannt, geleugnet, aber am Ende seines Lebens doch eingeräumt und sogar als seinen eigenen Fehler bezeichnet hat, er habe dem Volke zu wenig Rechte gegeben.

Für den, der Fragen über Diktatur stellen wollte, wäre es in diesem Zimmer ratsam, mit Bismarck, auch mit Napoleon zu exemplifizieren, denn der Duce weiß jedes historische Aperçu leicht zurück zu transponieren und hat als Sohn des Mittelmeeres sogar Freude an den Masken eines Dialoges, ich erstaunte nur, bis zu welchem Grade er sich höfische Wahrheiten sagen läßt. Übrigens hat er die Geschichte durchaus studiert, und nicht bloß die italienische.

Überhaupt ist dieser Italiener, der seine Leistungen auf sein Land beschränkt, sich Europas als einer vielfältigen Existenz in jedem Augenblicke bewußt, wenn sein Blick die Grenze streift; er leugnete entschieden, jemals die Suprematie seiner Rasse über die anderen ausgesprochen zu haben, und betonte, daß jedem das Seine gehöre. Wie weit er dabei Italien rechnet, weiß ich nicht oder möchte ich offen lassen. Überhaupt scheinen ihm in der Geschichte Italiens die Diktatoren am besten zu gefallen; trotzdem war der Mann, zu dessen Darstellung er mich einlud, nicht Machiavelli, vielmehr der Freiheitskämpfer Garibaldi.

Freilich hängt er an seiner Macht, er hat sie ja selber geschaffen; aber er hat den Wunsch, vor sich selbst die Diktatur im 20. Jahrhundert moralpolitisch zu begründen. Der gesteigerte Kapitalismus, sagte er, hätte das politische Interesse der Völker gemindert; so wäre etwa das Interesse Europas für große Parlamentsreden so sehr zurückgegangen, weil jeder an Erwerb und Vermögen dächte, und sich die besten Köpfe überall der Industrie und nicht dem Parlament widmen; diese Entwicklung scheint er am stärksten in Amerika zu sehen. Kein Wunder, daß er die Diktatur oder höchstens einen Ministerrat für zeitgemäß hält.

Trotzdem schränkt er diese Erkenntnis ersichtlich nach zwei Seiten ein: erstens nach gewissen anderen Ländern, die *zu lange gehorcht* haben, während Italien *zu lange kritisiert* habe; zweitens nach dem Glücksfall eines hochbegabten Führers. Ich glaube, wenn er die Macht Napoleons von 1810 hätte, würde er keineswegs wie dieser überall Vizekönige (heute Partei–Funktionäre) einsetzen oder sich etwa gar einbilden, er könnte von Rom aus allein Europa regieren Vielmehr betont er gern, wie schwierig das Regieren in unseren Zeiten geworden sei, wie kompliziert, wie nuancenreich. Mussolini ist ein Schüler Nietzsches, von dem er mir sagte, er könne ihn ohne Ermüdung immer wieder lesen; er glaubt daher mehr an das Genie als an die Masse, und weiß, daß es immer einen Einzelfall darstellt.

Wer gewohnt ist, ungewöhnliche Menschen an zarten Zügen und nicht an einem großartigen Auftreten zu erkennen, muß sich von diesem Manne gefesselt fühlen, auch wenn er seiner Staatslehre und Praxis nur skeptisch folgt. Hier ist nichts vom Feldherrnblick, der sein Gegenüber niederschmettern oder bis ins Herz durchstoßen möchte, nichts von den bedeutenden Pausen, die alte Diplomaten gern einlegen, weil sie aus ihrer Loge eine schlechte Darstellung des Julius Cäsar für echt gehalten haben; aber auch keine südliche Galanterie, die den Fremden verführen will.

Hier ist vor allem ein Arbeiter, der den Tag über in zwei Ministerien, abends bei sich zu Hause allein arbeitet, irgendwo im zweiten Stockwerk wohnend, von einer alten Haushälterin bedient, der nie in Gesellschaft geht und höchstens für sich allein die Geige spielt. Als ich ihm Edisons Diktum von den 2 v. H. Inspiration und den 98 v. H. Perspiration erzählte, stimmte er lachend zu und machte sich über die Leute lustig, die glauben, ein großer Mann sei von früh bis abends immerfort genial. Dies ist vor allem ein Kenner der Überzeugung, ein wägender Staatsmann, der mit der Zeit so vorsichtig geworden ist. Deshalb sucht er so viele Mächte wie möglich zu gewinnen und hat die Versöhnung mit dem Papste so persönlich und allein betrieben, wie der Papst von der anderen Seite.

Darum hält er sich auch an das Königtum, das er für notwendig hält, und spricht mit persönlicher Verehrung vom König. In diesem Punkte hat er es leichter wie Bismarck, weil es höfische Einflüsse, verwandtschaftliche Hinderungen und dergleichen hier nicht gibt, mit denen Bismarck jahrelang zu kämpfen hatte. Mussolini gewinnt allmählich, statt wie unsichere und darum theatralische Personen, beim zweiten Male zu verlieren. Er war weder begeistert noch verführerisch, noch rauh, sondern durchaus wie ein hochgebildeter Europäer, der weiß, daß jede Unterhaltung und im Grunde auch der politische Kampf ein Wettspiel ist. Wenn er ein lateinisches Zitat einfließen läßt oder durch ein einzelnes französisches Wort die Konversation beleben will, so ist keine Selbstgefälligkeit darin. Mussolini würde am Ratstisch in Genf durch Ton und Auftreten keineswegs auffallen, vielleicht für einen Südamerikaner guten Stils gelten; denn vom Italiener hat er eigentlich nur die Elfenbeinfarbe gewisser Typen, aber nichts von dem Händespiel, den Kinnbewegungen oder ihrer Manier, die schönen Zähne zu zeigen. Der Schreibtisch ist, wie bei jedem vielbeschäftigten Menschen, vollkommen leer.

Man verläßt einen Mann, der vom Bauern oder Proletarier eigentlich nichts zu haben scheint, dessen Profil mit starker Nase und großem vorgeschobenen Kinn zwar die männliche Energie andeutet, ohne die er nicht an diesen Platz gekommen wäre; sein Wesen aber, die höfliche Gewandtheit, die Bewegung seiner kleinen Hände, die schöne Mollstimme sind eher feminin zu nennen, und das wird keinen Kenner erstaunen.

Gerhard Hauptmann

Obersalzbrunn/Schlesien 15. November 1862 – Berlin 23. April 1945

Schriftsteller

Gerhart Hauptmann hielt sich im April 1929 in Rom auf, um an der italienischen Uraufführung der Oper von Ottorino Respighi „Campana Sommersa" teilzunehmen, in der sein Drama „Die Versunkene Glocke" vertont worden war. Der mit ihm befreundete italienische Diplomat Manfredi Conte Gravina di Ramacca brachte Hauptmann bei dieser Gelegenheit darauf, sich um eine Audienz bei Mussolini zu bemühen.

Die Audienz fand am späten Nachmittag des 17. April 1929 statt. Schon am nächsten Tag machte Hauptmann dazu Eintragungen in seinem Tagebuch. Im Vergleich zu allen anderen deutschen Audienzberichten fallen diese dadurch auf, daß Mussolini ziemlich ambivalent beurteilt wird. Hauptmann ringt sich zwar dazu durch, seiner Bewunderung für Mussolinis politisches Werk Ausdruck zu geben, bezeichnet ihn andererseits jedoch abschätzig als „kleinen Corporal".

Das handschriftliche Tagebuch ist teilweise kaum zu entziffern, dazu ziemlich weitschweifig und häufig redundant. Der Audienzbericht wird deshalb gekürzt wiedergegeben, die Auslassungen werden markiert.

Bericht über eine Audienz am 17. April 1929.
Quelle: Staatsbibliothek Preußischer Kulturbesitz Berlin, Handschriftenabteilung, GH HS 7, Nachlaß Gerhard Hauptmann, Tagebuch 1928–1931.

[Mussolini]

17 APRIL 1929. Werde heute 6 ¼ Uhr Mussolini sehen. Veni creator spiritus.
18 APRIL [1929]. Begegnung durchaus konventionell: aber das ist und war das Gegebene. Zu Herzensausschüttungen war weder für ihn noch für mich Zeit und Möglichkeit. Und doch „Veni creator spiritus". Hätte ich etwas davon verlauten lassen, so wäre ich einem höchsten Beamten gegenüber, einem Tätigen – Getätigten, ein läppischer Sonntagsnachmittagsprediger gewesen. Diese Rolle liegt mir fern. Immer glaubt der Narr an Wunder! Aber mir war alles im reinen, als ich ihn sah: Schaftstiefel, etwas Erobererartiges! Etwas Condottierehaftes, also Napoleon: gut! Von der gleichen Art! Nicht Bismarckisch! Obgleich seine Auswirkung heute zunächst Bismarckisch ist. Nicht Bismarckisch in sofern als er von einer Leibwache getragen ist. Er ist wie ein Usurpator.

Es gibt drei Centren in Rom: Papst, König Mussolini. Mussolini wirkt wie der Vertreter einer fremden Macht in Italien. Er selbst: einfach, weich, unbrutal, ursprünglich, napoleonisch durchaus, Verfettungsgefahr – aber stiller, eiserner Wille. Es genügt weniges! Untergang ist jedem bestimmt, warum darüber reden. Rom ist immer erst das Papsttum, Weltherrschaft immer nur die Papstkirche! Das alte Rom in peinlichst absurder, unverantwortlicher Lügenhaftigkeit hemmte damit das Christentum. Es hat in sofern das Christentum überwunden als es versicherte, „ihm heimlich voll zu dienen".

M[ussolini] hat Ordnung geschaffen, er ist ein ausgezeichneter Corporal: Auch Napoleon nannte man „den kleinen Corporal". Das ist es. Der „kleine Corporal" – gut.

Aber: trotzdem Mussolini ein großer Bandenführer ist, (ich glaube ich sah einen Colleoni im Saal), hat er nicht die ganze Armee. Man braucht nur die Ruhe dieser Armee in ihren Offizieren etc. zu betrachten und dagegen die Ruhelosigkeit der Faschisten. Irgendwie etwas Erregtes und Gejagtes: das einer Truppe im Kriegszustand.

Er ein ruhender Mensch! Vielleicht Guiskard, vielleicht irgend eine andere bodengewachsene Reminiszenz. Noch ohne Größe – durchaus. Prognose: er müßte Frau und Kind abstoßen und eine Tochter des Königs oder des höchsten Adels heiraten! Und was dann?

Das große Fragezeichen der Weltgeschichte! Steigern (er ist ein Feldherr, bis ins höchste gesteigert!), steigern kann ihn nur noch der Krieg. Und allerdings: ich würde ihm Feldherrneigenschaften höchster Art zutrauen (der kleine Corporal!) Und dann? Der Schluß? Das große Abenteuer! Der große, nicht bodenständige Abenteurer! Er wird vielleicht noch ein großes Schauspiel geben! Welches Schauspiel aber ist ein Schauspiel nur! Wo faß ich die unendliche Natur!

[...]

Mussolini.

Moralische Ordnung und deren Aufbau. Überflüssigmachung [des] Polizeisystems. Autoritäre Demokratie. Habe ich nicht eigentlich tiefe Sympathie für Mussolini?

Was er über Neapel sagt. Pestilenzialischer Gestank, Ungeziefer, Dreck! Ist das besser als Ordnung und Sauberkeit? Er baut auf mit Macht und Liebe und künstlerischem Gestaltungstrieb. Er arbeitet schnell, fast hastig, um das Gute durchzusetzen.

Ich sehe in Rom drei Lager: Mussolinis Regierungspalast, Sitz eines Erneuerers.

Den Quirinal und den alten Adel. Den Vatikan. Alle wesentlich gegnerisch unter einander. Quirinal und Vatikan aber näher als den beiden Mussolini.

Beneide ich eigentlich Mussolini um sein Werk? Ja! Und hier liegt Zustimmung, wenn auch nur bedingt. Ich würde seine Methode modifiziert auf Deutschland anwenden. Vor allem die „moralische Ordnung", d. h. die moralische Einheit würde ich erstreben. Die Miliz – was ist da anders als früher Potsdam, die Garde und der schneidige Reserveoffizier. Die Leibwache der Preußischen Dynastie. Etwa eine Leibwache? Eine Miliz? Und welche? Und vielleicht doch!

[...]

Hat man darüber nachgedacht, was es heißt, daß dieser Napoleon Mussolini täglich Menschen empfängt, die ihn sprechen können und sich auf seinem künstlichen Sessel bequemen.

Er arbeitet. Er ist öffentlich. Er ist zugänglich wie ein Despot in tausend und einer Nacht.

Aber?

[...]

Theodor Wolff

Berlin 2. August 1868 – Berlin 23. September 1943
Journalist und Schriftsteller

Als einziger deutscher Audienzbesucher hatte Theodor Wolff Mussolini schon persönlich kennengelernt, als dieser noch nicht an der politischen Macht war. Beunruhigt durch den Abschluß des Rapallovertrages zwischen Deutschland und der Sowjetunion, hatte sich Mussolini im März 1922 in Berlin persönlich ein Bild über die deutsche Politik machen wollen, um bei einer von ihm erwarteten Regierungsübernahme außenpolitisch gewappnet zu sein.[1] Begleitet nur von einem Sekretär, aber unterstützt vom Italienischen Botschafter in Deutschland, Alfredo Frassati, traf er sich in Berlin mit bemerkenswert hochrangigen politischen Gesprächspartnern wie Gustav Stresemann, Außenminister Emil Rathenau und Reichskanzler Joseph Wirth. Ferner unterhielt er sich mit etlichen italienischen Korrespondenten, darunter dem des „Popolo d'Italia", Roberto Suster.[2] Erstmals kam er bei diesem Aufenthalt wohl auch mit seinem späteren Vertrauensmann in Deutschland, Giuseppe Renzetti, in Kontakt.[3] Dem linksdemokratischen, für die „Weltbühne" schreibenden Journalisten Hanns-Erich Kaminski gab er ein Interview.[4] Theodor Wolff, der seit 1906 Chefredakteur des „Berliner Tageblatts" war, suchte er schließlich in der Redaktion dieser Zeitung auf.[5]

Nach Mussolinis Machtergreifung verfolgte Wolff die Entwicklung des Faschismus mit gesteigerter Aufmerksamkeit. Als er im Frühjahr 1930 mit seiner Familie eine Urlaubsfahrt nach Neapel plante,[6] vermittelte ihm der neue italienische Botschafter in Berlin, Luca Orsini-Baroni, eine Audienz bei Mussolini.[7] So konnte Wolff den ‚Duce' „nach acht Jahren, in Rom wiedersehen".[8] Wie der ‚Chefredakteur' berichtete, habe ihn Mussolini „wie einen alten Kameraden" und „voll Vertrauen" empfangen.[9]

Bericht über eine Audienz am 28. April 1930.
Quelle: Berliner Tageblatt, 11.5.1930.

---

[1] Vgl. dazu ausführlich De Felice, Mussolini il fascista. I. La conquista del potere, S. 229–237. Ferner auch Sösemann, Das Ende der Weimarer Republik, S. 135–140, Exkurs: „Mussolini und der italienische Faschismus".

[2] Der Trentiner Roberto Suster veröffentlichte unter dem Titel „La Germania Repubblicana" (Mailand 1923) in Italien das erste Buch über die Weimarer Republik. Mussolini steuerte dazu eine Einleitung bei!

[3] Zu Renzetti vgl. meinen Aufsatz Faschismus im politischen Transfer, in: Schieder, Faschistische Diktaturen, S. 224–249.

[4] Vgl. Kaminski, Fascismus in Italien, S. 85–91.

[5] Vgl. den Bericht Theodor Wolffs, Berliner Tageblatt, 11.12.1922.

[6] Vgl. die autobiographischen Aufzeichnungen von Theodor Wolff, Das Grabmal des Unbekannten Soldaten, zit. nach Wolfram Köhler, Der Chefredakteur Theodor Wolff. Ein Leben in Europa 1868–1943, Düsseldorf 1978, S. 225.

[7] Vgl. das Telegramm der römischen Sicherheitspolizei an den Alto Commissario von Neapel vom 4.4.1930, in: ACS, Min.Int., Dir. Gen. P.S., Kat. A 16, 1930/31, b. 286.

[8] Theodor Wolff, Bei Mussolini.

[9] Wolff, Grabmal des Unbekannten Soldaten, zit. nach Sösemann, Ende der Weimarer Republik, S. 137.

Bei Mussolini

T.W. Im Sommer 1922, kurz vor seinem Marsch nach Rom, war Mussolini, was nur wenige wissen, in Berlin. Er besuchte mich damals, und ich informierte ihn, so gut ich konnte, über die Verhältnisse in Deutschland und beantwortete die zahlreichen Fragen, die er so abrupt, wie Schüsse aus einer Pistole, aufeinander folgen liess. In dieser Zeit behielt er mit einer unverkennbaren Absichtlichkeit auch im Privatgespräch die napoleonische Haltung bei, das Gesicht, wie das Antlitz auf einer römischen Medaille, sollte unbeweglich bleiben, und die ungewöhnliche Energie sollte in jedem Augenblick auch nach aussen hin fühlbar sein. Er war noch nicht im Ziel, erst im letzten Stadium der Vorbereitung, unmittelbar vor dem Abmarschsignal, und wie der eherne Colleone in Venedig, der zum Schlachtfeld reitet, war er – und auch der Fremde sollte ihn so auffassen – ganz gestraffte Willenskraft. Jetzt habe ich ihn, nach acht Jahren, in Rom wiedergesehen. Sollten Leute, deren Gesinnung nur unter einer Glasglocke vor Schaden bewahrt werden kann, den – übrigens durch die Art der Einfädelung noch angenehmer gemachten – Gang zum Tyrannen missbilligen, so will ich, zur Erhöhung des Schuldmasses, gleich hinzufügen, dass nach meinem Empfinden die Persönlichkeit und hinter der politischen Persönlichkeit die menschliche Gestalt Mussolinis ein Interesse erwecken müssen, das sich vorzüglich mit einer selbstverständlichen Gegnerschaft vereinigen lässt.

Mussolini, der mit seiner Familie in der von einem grossen Garten umgebenen Villa Torlonia, in der Via Nomentana, jenseits der Porta Pia wohnt, regiert und empfängt im Palazzo Venezia, am Fusse des Kapitols. Vor seinen Augen protzt dort der riesige weisse und goldene Marmorgreuel des Victor-Emanuel-Denkmals, ein Beispiel dafür, wie ein historisches Verdienst späteren Geschlechtern durch die Geschmacklosigkeit schreiender Verherrlichung verekelt werden kann. Der Palazzo Venezia ist einer der bedeutendsten italienischen Renaissancepaläste, noch mächtiger und mauernfester als die meisten alten Adelspaläste in Florenz. An der nicht sehr breiten Eingangstür, dem einzigen Zugang von der Piazza Venezia her, stehen Posten der faschistischen Miliz und ein paar Zivilwächter, denen man den Brief mit der Aufforderung zum Besuch vorzeigt, und ein Palastbeamter geleitet zum oberen Stockwerk hinauf. Man kommt, auf einem Treppenabsatz, durch eine hohe eiserne Gittertür, die irgendeinmal dort angebracht wurde, um im Notfall den Weg zu versperren. Oben dienen zwei sehr schöne, mit guten alten Bildern und Renaissancemöbeln ausgestatte, gegen die blendende Sonne durch dunkle Fenstervorhänge geschützte Räume als Wartezimmer, und wie es schon an der Palasttür geschieht, wird jeder, der kommt oder geht, von den Dienern und Wachhabenden mit dem üblichen faschistischen Gruss, der hochgestreckten Hand, gegrüsst. Ersichtlich bewegt, nicht ganz ohne Audienzangst, wartete hier eine Gruppe junger Leute, das Parteizeichen am Knopfloch des Cutaway, eine Abordnung ländlicher Anhänger wurde vorübergelotst, mehrere Herren, offenbar Architekten, schritten, ihre Bogen mit gezeichneten Bauplänen zusammenrollend, befriedigt lächelnd zum Ausgang, und das alles vollzog sich sehr schnell. Nach zehn Minuten kam ein Diener, sagte mir, dass der Chef der Regierung mich erwarte, und führte mich durch ein drittes Zimmer, in dem sich niemand befand. Auf einem Tisch in der Mitte dieses Zimmers war das Modell eines Prunkgebäudes aufgestellt. Wahrscheinlich einer der projektierten Bauten des grossen Bauherrn, der in Rom zu Ehren einer etwas eintönigen Forumsausgrabung leider auch allzuviel niederreissen lässt.[10] Der Diener öffnete eine Tür, und ich sah in einen sehr langen, absolut leeren Saal hinein, an dessen letztem Ende in der linken Ecke, hinter einem Schreibtisch Mussolini sass.

Andere Besucher haben die ungemein wirksame Szene schon geschildert, aber die Kenntnis, die man aus ihren Darstellungen geschöpft hat, schwächt die Ueberraschung, die man unwillkürlich empfindet, nicht ab. Der Saal, mit bemalten Wänden, blankem Marmorfussboden und, wie gesagt, ohne ein weiteres Möbelstück als den Schreibtisch am fernsten Ende mit den Stühlen dahinter und davor, ist so lang, dass Mussolini jenseits der weiten Leere zuerst ganz klein erscheint. Man hat kaum eine Möglichkeit, den Raum genauer zu betrachten, denn man muss mit vorwärtsgerichtetem Blick auf den Mann zuschreiten, der dort so allein, so getrennt von aller Umgebung ist, wie der Gottvater, in seinem grossen Alleinsein und Allessein. Es ist klar, dass die von dieser Gewalt anhängigen Personen, und besonders gerade die eigenen Parteigänger, denen dann zumeist nur die steinernen Züge eines Büsten-Mussolini sich zeigen, kalt schwitzen, wenn sie diesen Weg zurücklegen müssen und der starre prüfende Blick sie gleichsam an sich zieht. Keine szenische Kunst hat stärkere Wirkungsmittel ersinnen können. Als ich ungefähr das erste Drittel des Saales durchquert hatte, erhob sich Mussolini, kam mir mit ausgestreckter Hand entgegen und machte, während er stehenblieb, lächelnd das Empfangskompliment, dass acht Jahre gar nichts verändert hätten, worauf ich ihm erwiderte: „Und Sie haben noch nicht ein einziges graues Haar." Und in der Tat, er hatte noch das volle dunkle Haar ohne einen grauen Schimmer, sah gesund und kräftig aus, bewegte sich leicht und elastisch, keine Spuren der Arbeitslast waren erkennbar, und es unterlag gar keinem Zweifel, dass auch das Gerücht, das ihm ein Magenleiden zuschreibt, zu den vielen umherschwirrenden Gerüchten gehört.

---

[10] Vgl. dazu Wolfgang Schieder, Rom – Die Repräsentation der Antike im Faschismus, in: ders., Faschistische Diktaturen, S. 125–148; Emilio Gentile, Fascismo di pietra, Rom/Bari 2007; Aram Mattioli, Gerald Steinacher (Hg.), Für den Faschismus bauen. Architektur und Städtebau im Italien Mussolinis, Zürich 2009.

Die beiden Stühle vor dem Schreibtisch sind so gestellt, dass er dort dem Besucher ziemlich dicht gegenüber sitzt. Während des Gespräches wechselten seine Haltung und der Ausdruck seines Gesichtes, ganz beherrscht von den übergrossen Augen, in eigentümlicher Weise, wie ein Spiel, das ganz aus Kontrasten besteht. Wenn ich eine etwas heikle Frage anschnitt oder doch ein schwereres Thema berührte, zog er sich gewissermassen völlig in sich selbst zurück. Es war nicht die gemeisselte Ruhe, mit der er vom Balkon oder der Tribüne auf seine Truppen herunterblickt, sondern eine mehr ungekünstelte, zur Gewohnheit gewordene momentane Versteinerung, mit der er sich, je nachdem, Zeit zum Besinnen, zum Studium des Fragenden oder zur Abwehr gibt. Er verharrte dann schweigend, zurückgelehnt, ohne eine Bewegung, mit fest geschlossenen Lippen und hartem Kinn, manchmal die Arme auf der Brust verschränkend, wie es auf vielen seiner Photographien zu sehen ist, und die ungewöhnlich grossen Augen, in denen so merkwürdig viel Weiss sich von der dunkelglänzenden Pupille abhebt, hatten eine undurchdringliche Regungslosigkeit. Man konnte dann glauben, dies sei die starre Stille vor einer Entladung und er würde irgendwie losbrechen, aber er brach nicht los, sondern die steinerne Figur verwandelte sich in natürliches Leben, die Spannung der Züge löste sich, was eben noch eingefrorene Zurückhaltung schien, wurde Wärme und Zwanglosigkeit, temperamentvolle Gesten unterstrichen die Antwortrede und oft verspürte man dann, neben den sonstigen Persönlichkeitswerten jene besondere Eigenschaft, die wir mit dem französischen Worte „Charme" bezeichnen, vielleicht weil sie bei uns nicht die hervorragendste Nationaleigenschaft ist. Wir sprachen Französisch, er sprach es fliessend und mit vollkommener Beherrschung, und es ist sehr erstaunlich, wie er, mit tausendfacher Arbeit belastet, auch seine Sprachkenntnisse vermehrt. Es scheint, dass er ihnen auch die Kenntnis des Deutschen hinzugefügt hat, und zwei- oder dreimal gebrauchte er, wie aus Koketterie, ein deutsches Wort. Die sehr lange Unterhaltung streifte vielerlei Dinge, verweilte bei anderen, und er sprach, wie ich annehme, rückhaltlos und fast immer mit grosser Offenheit. Ich hatte auch kaum den Eindruck, als zöge er bei seinen Worten den politischen Standpunkt des Besuchers allzusehr in Betracht. Er überliess es mir auch, nach eigener Wahl aus seinen Aeusserungen diejenigen, die geeignet scheinen könnten, an die Oeffentlichkeit zu bringen. Selbstverständlich verpflichtet ein so freundlich bekundetes Vertrauen, aber ich möchte besonders betonen, dass auch diejenigen seiner politischen Darlegungen, die ich bei der Mitteilung ausschalte, nach keiner Seite hin etwas Aggressives enthalten haben, sondern, wie Ergebnisse ausreifenden Denkens, staatsmännisch nüchtern und massvoll gewesen sind.

„Sie waren in Neapel?", begann er, „erzählen Sie, wie sieht es jetzt aus? Ich bin seit sechs Jahren nicht mehr dort gewesen und bin ein bisschen misstrauisch gegenüber allen gar zu schönen Schilderungen, – ist es jetzt wirklich so sauber, wie man sagt?" Ich erwiderte, dass ich Neapel völlig verändert gefunden hätte, nur die Fremden, die in den hygienischen und komfortablen Hotels sässen und dann abreisten, fänden es natürlich weniger pittoresk. – „Pittoresk", sagte er, „das ist der verpestende Gestank, das Ungeziefer, der Schmutz".

Ich wollte ein Mysterium aufklären – das Mysterium, das seinen Aufenthalt in Berlin im Frühjahr 1922, damals, als er mich besuchte, umgibt. Ich sagte ihm, sogar amtliche Personen, die eigentlich unterrichtet sein müssten, wüssten von seiner damaligen Anwesenheit nichts. Er entgegnete, dass er vierzehn Tage in Berlin gewesen sei. Er habe, vor dem Marsch nach Rom, das Deutschland der ersten Zeit nach dem Kriege sehen wollen. Unglücklicherweise sei er in Berlin krank geworden, eine Grippe habe ihn befallen. Aber er habe auch Stresemann besucht und immerhin noch Zeit zum Studium der deutschen Verhältnisse gehabt.

„Sie würden heute Deutschland erheblich anders finden, trotz allen Krisen, politischen und wirtschaftlichen, und trotz all den ungeheuren Schwierigkeiten ist die Wiedererhebung, im Vergleich zu der Zeit nach der Katastrophe, ausserordentlich, und das haben wir doch, verzeihen Sie, durch die Locarno-Politik erreicht."

Er: „Aber ich bin ja gar nicht gegen die Locarno-Politik. Ich verstehe sehr gut, was Deutschland ihr verdankt. Und Stresemann."...

Es war sehr erfreulich – und ich hatte es eigentlich nicht erwartet –, dass die Erwähnung Stresemanns von seiner Seite kam. Dann setzte er hinzu: „Die Zeit arbeitet für Deutschland, ich glaube an den deutschen Aufstieg, an Deutschlands Prosperität. In der Reparationsfrage sind Sie von Etappe zu Etappe vorwärtsgekommen. Erst London, dann Dawes, dann Young." Ich warf ein, es sei richtig, dass bisher die Zeit für Deutschland gearbeitet habe, aber das sei vielleicht jetzt nicht mehr im gleichen Masse, gewiss nicht in allen Punkten und beispielsweise nicht im Osten der Fall. Denn im Osten könne mit der Zeit der polnische Einfluss sich befestigen, und die Situation für eine deutsche Ostpolitik bessere sich nicht. Diese Fragen schienen ihn sehr zu interessieren, er war auch in die Geographie weit besser eingeweiht als viele andere nichtdeutsche Staatsmänner, aber er äusserte kein Urteil und liess, wie es nur natürlich war, einen eigenen Standpunkt nicht erkennen. Er stimmte indessen zu, als ich sagte, dass für uns als Mittel zum Vorwärtskommen einzig eine diplomatische Ausnutzung der Möglichkeiten, die politische Klugheit, die leider nicht alle bei uns hochschätzen, angewendet werden könne, und dass die ungeheure Mehrheit des Volkes gegen jedes Hineingleiten in neue Abenteuer sei. Auch als das Gesprächsthema sich nach anderen Richtungen hin erweiterte, sprach er realpolitisch, gar nicht phantastisch, gar nicht renommistisch, gar nicht herausfordernd, gar nicht durch nationalistische Einheit verblendet, mit sehr klarer Erkenntnis der gegenwärtigen Tatsachen, und wenn er an eine andere Zukunft denken möchte, so sah er sich von ihr zweifellos durch einen weiten Weg getrennt. Der Volksführer konnte die anfeuernde Fanfare für nötig halten, der Staatsmann erwägt, prüft und überlegt sehr genau. Er beurteilte auch die Beziehungen, die zwischen Italien und Deutschland bestehen können, mit ruhiger Nüchternheit. Er sagte, er wünsche freundschaftliche Beziehungen zu Deutschland, aber das Verhältnis zwischen Deutschland und Italien sei im Grunde genommen gekennzeichnet durch eine „politische Indifferenz". Die Meinung herrsche vor, man könne im Grunde nur wenig gemeinsam tun. Da ich diese Meinung nie ganz geteilt, wiederholt eine andere Auffassung vertreten habe,[11] warf ich ein, auch wenn man nicht Konsequenzen im Auge habe, die ja vielleicht nie eintreten und jedenfalls für Deutschland nicht in Frage kommen, sei doch wohl eine Gemeinsamkeit bestimmter Interessen vorhanden, und unter Umständen habe eine gegenseitige moralische Unterstützung sicherlich einen Wert. Nachdem er einen Augenblick lang in der Haltung abwartender Zurückgezogenheit verharrt hatte, antwortete er:

„Ich wünsche, wie ich schon gesagt habe, gute Beziehungen zu Deutschland und gewiss gibt es Fragen, in denen wir zusammengehen können. In der Abrüstungsfrage beispielsweise – auch in der Frage der Kolonialmandate müsste wenigstens der prinzipielle Standpunkt der gleich sein. Dann auf dem Gebiet des Güteraustausches, im Handelsverkehr. Italien ist vorwiegend ein landwirtschaftlicher Produzent, Deutschland hat seine grosse Industrie." Ich bemerkte: „Unsere Agrarier würden da vielleicht nicht mitmachen wollen." Er für sein [sic] Teil hielt es anscheinend nicht für unmöglich, über solche Widerstände hinwegzukommen.

Unbestreitbar ergibt sich für die Entwicklung der deutsch-italienischen Beziehungen aus dem innerpolitischen Gegensatz eine Schwierigkeit. Ich sagte ihm das: „Sie sind das faschistische Regime, wir sind eine Demokratie." Er: „Aber ich bin auch Demokrat, allerdings ein autoritärer Demokrat."

„O ja ... Die innerpolitische Verschiedenheit dürfte natürlich auf die Aussenpolitik nicht zurückwirken, schliesslich haben wir ja auch mit Moskau eine Verständigung gesucht. Aber die Dinge liegen doch nun einmal so, dass bei Ihnen alles, was in Deutschland geschieht, vom innerpolitischen Standpunkt aus beurteilt und, weil wir eine parlamentarische Demokratie sind, absprechend beurteilt wird, und dass man bei uns Ihnen gegenüber vielfach den gleichen Fehler begeht."

Er: „Ganz richtig – ich habe, um nur ein Beispiel anzuführen, neulich das Buch eines italienischen Autors gelesen, der behauptet, Berlin sei eine nationalistische Stadt, weil er zufällig in einem Berliner Restaurant gewesen ist, in dem man solche Lieder spielt. Was hat man nicht alles über mich erzählt! Man hat behauptet, ich hätte die Kleider der Damen verlängern wollen. Ich weiss, dass

---

[11] Zu Wolff vgl. oben S. 130f.

man an zwei Dinge nicht rühren darf: an die Mode und an die Religion. Eigentlich kann es uns ganz gleichgültig sein, was man über uns sagt und schreibt. Man schafft die Tatsachen, das, was wir tun, die Leistungen, die wir vollbringen, nicht durch Wegleugnen aus der Welt. Wenn wir beide, Sie und ich, sagen, die Sonne scheine nicht – sie scheint deswegen doch. Wenn Sie, der Demokrat, und ich, der Faschist, sagen wollten, der Tisch hier ist nicht vorhanden" – dabei legte er die Hand auf die Schreibtischplatte – „er steht trotzdem da. So kann man verkennen, was wir tun, aber es ist da und bleibt. Was wollen wir denn? Wir schaffen die moralische Ordnung (l'ordre moral), nicht eine Polizeiordnung, und es ist unsere Aufgabe, das ganze Volk damit zu durchdringen. Gewiss, wir können die Aufgabe in dieser Periode nur mit einer gewissen Strenge durchführen, aber auch das stellt man sehr übertrieben dar, und es ist auch bereits eine Milderung erfolgt." Er gebrauchte das deutsche Wort „Milderung" –. „Mit Polizei und Maschinengewehren zu regieren, das bedeutet nicht viel. Wir schaffen den Staat, das italienische Gefühl für den Staat. Früher gab es doch kein einheitliches Staatsgefühl. Jede Provinz, jede Gemeinde, lebte im Grunde genommen für sich. Der Faschismus fasst das alles zusammen. Er schafft die Einheit, indem er das Volk mit dem faschistischen Staatbewusstsein erfüllt. Aber wir sind nicht, wie man behauptet, reaktionär. Im Gegenteil. Man sehe sich unsere syndikalistische Gesetzgebung an, mit der die Zusammenfassung von Arbeit und Kapital verwirklicht wird.[12] Sehr links stehende Leute, die aus Deutschland zu uns kamen, sind erstaunt gewesen, über das, was hier geschaffen worden ist."

Er wiederholte auch in diesem Zusammenhang das Wort von der „autoritären Demokratie". Und gebrauchte mehrfach das Wort „ordre moral", im Gegensatz zu einem ungeistigen Polizeiregime.

Ich sagte ihm: „Ein Hindernis für eine gegenseitige objektive Beurteilung liegt vor allem auch darin, dass unsere Rechtsparteien, oder vielleicht besser ausgedrückt, unsere Rechtsorganisationen, die dem heutigen deutschen Staat feindlich gesinnten Verbände, mit einem Wort unsere sogenannten Faschisten, so tun, als ob Sie ihr grosser Protektor seien."

Er, mit lebhafter Handbewegung prostestierend: „Aber es besteht auch nicht die geringste Beziehung zwischen unseren Nachahmern im Auslande und mir!"

„Ich bin davon überzeugt, aber diese Nachahmer gewinnen eine gewisse moralische Stärkung, indem sie bestrebt sind, Sie als ihr Vorbild hinzustellen. Sie sind ihr Prophet, auf den sie sich berufen, und wie die frommen Katholiken zum Papst hierher pilgern, so pilgern sie zu ihnen nach Rom." Er: „Aber ich habe doch keinen von ihnen gerufen, ich habe keinen aufgefordert, zu kommen. Ich kenne keinen Faschisten ausserhalb Italiens, es gibt gar keinen – der

---

[12] Mussolini spielt hier auf die korporativistische Gesetzgebung des Faschismus an, die durch die „Carta del Lavoro" vom 21. April 1927 eingeleitet wurde.

italienische Faschismus ist etwas ganz anderes, er ist, ich wiederhole es immer wieder, nicht reaktionär, er ist eine Demokratie, eine autoritäre Demokratie. Ich habe einmal in einer Rede gesagt – und eigentlich liebe ich diesen kommerziellen Ausdruck nicht, aber er macht die Sache verständlich –, dass der italienische Faschismus kein Exportartikel ist. Wir erkennen keine Nachahmer an, wir haben nichts mit ihnen zu tun. Man hat auch behauptet, dass Primo de Rivera ein Gleichgesinnter von uns sei.[13] Dabei stand er uns völlig fern. Als er dann gestürzt wurde, hiess es, der Faschismus habe eine Niederlage erlitten, das sei ein faschistischer Echec. Nein, wir wollen nicht verantwortlich für diese Leute draussen sein, und wenn sie sich als unsere Gleichgesinnten ausgeben. Sie gehen uns nichts an."

„Auch wenn man kein Anhänger des faschistischen Prinzips ist, muss man übrigens ja konzedieren, dass der italienische Faschismus, trotz seiner Schärfe, auf einer Tradition der allgemeinen Menschheitsideen fusst. Er ist auf einem anderen geistigen Boden gewachsen als die deutschen Nachahmungen und kennt gar nicht den Antisemitismus, der das Schibboleth und das hauptsächliche Geistesgut dieser deutschen Parteien oder Organisationen ist." Mussolini gab sehr entschieden seine Zustimmung zu erkennen. Ja, dem italienischen Faschismus ist selbst der Begriff des Antisemitismus fremd.

Ich teile seine Erklärungen so mit, wie er sie mir, ohne gegen ihre Veröffentlichung etwas einzuwenden, gegeben hat. Indessen, an dieser Stelle dürfte eine Randbemerkung notwendig sein. Wenn auch Mussolini selber keine Verbindung mit deutschen „Faschisten" unterhält oder wünscht, so werden doch von manchen hohen und niederen Vertretern des italienischen Faschismus solche Verbindungen angebahnt und gepflegt. Auf deutschem Boden, wie in Rom. Die deutschen Nachahmer, die nur eins nicht imitieren können, nämlich das Genie des Chefs, finden in solchen wohlwollenden und freundschaftlichen Entgegenkommen eine Ermutigung – ganz wie in manchen deutschen Persönlichkeiten durch die leicht beflügelte Sprache italienischer Gastfreunde politische Phantasien entflammt werden, die durchaus nicht in die Wirklichkeit passen, töricht und gefährlich sind und in einem Gegensatz zu der staatsmännischen Ueberlegung Mussolinis stehen. Und es lässt sich nicht bestreiten, dass dieser mehr oder weniger intime, auf Wahlverwandtschaftssympathien beruhende Verkehr die republikanischen Parteien in Deutschland abstösst, einer sachlichen Betrachtung des faschistischen Italien entgegenwirkt und es jedem ernsthaften Politiker schwer macht, jenes Stimmungsstadium zu überwinden, das Mussolini „Indifferenz" nennt. Es wäre sehr gut, wenn Mussolini einer so schädlichen Liebhaberei ein Ende machen würde, die obenein von etwas naiven Anschau-

---

[13] Miguel Primo de Rivera y Orbaneja (1870–1930) übte in Spanien von 1923 bis 1930 eine traditionelle Militärdiktatur aus. Jedoch gründete sein Sohn José Antonio 1933 die Bewegung der Falange, die sich ausdrücklich am italienischen Faschismus orientierte.

ungen über die Chancen des deutschen Radikalismus zeugt. Einstweilen ist es schon gut, dass man jetzt seine Meinung kennt.

„Sie haben", sagte ich, „vorhin das deutsche Wort „Milderung" ausgesprochen. Sie werden es mir, denke ich, nicht übelnehmen, wenn ich mir gestatte, Sie zu fragen: Ist ein Uebergang von der Strenge des Regimes zur Milderung nicht möglich, nicht auch empfehlenswert?"

Er, sehr lebhaft und, wie in diesem ganzen Teil des Gespräches, mit einer sympathischen Wärme: „Ich versichere Sie, die Dinge sind nicht so, wie man behauptet, man hat sie ganz falsch dargestellt."

„In dem Bericht eines amerikanischen Journalisten hiess es vor einiger Zeit, dass auf den öden Verbannungsinseln noch grosse Massen politischer Gefangener seien."[14] Er: „Ich will Ihnen sagen, wie es damit steht. Sie werden danach selber urteilen können. Es gibt auf der Insel ... im Golf von Neapel" - er nannte den Namen, den ich nicht wiederholen möchte - „heute noch zwei- bis dreihundert Personen, die wegen politischer Vergehen dorthin gebracht worden sind.[15] Es sind durchaus nicht alles Gegner des faschistischen Regimes, es sind auch Faschisten dabei, denen gegenüber ich, wenn sie sich etwas zuschulden kommen lassen, strenger als gegenüber anderen bin. Die politischen Verbannten sind von den gemeinen Verbechern, die es dort auch gibt, getrennt. Jeder von ihnen erhält täglich zehn Lire, ausserdem werden, wenn es nötig ist, ihre Familien unterstützt. Jedem ist auf der Insel erlaubt, seinem Berufe nachzugehen. Aerzte üben ihre ärztliche Praxis aus. Das Klima, das gleiche wie das Klima von Capri, ist gesund. Und keiner, beachten Sie wohl, kein einziger bleibt bis zum Ablauf seiner Strafzeit dort. Noch kein einziger hat die ihm zudiktierte Strafzeit bis zum Ende verbüsst. Ich lasse keinen länger als zwei oder drei Jahre dort, und hinterher ist er nicht einmal an einen bestimmten Aufenthaltsort gebunden, er kann in Italien leben, wo er will. Täglich bewillige ich Begnadigungsgesuche, auch heute wieder habe ich auf dem Tisch hier meine Unterschrift unter Begnadigungsakte gesetzt. In der Zeit während der Verlobung meiner Tochter sind zahllose solcher Gesuche eingegangen. Es ist, Sie verstehen, eine Zeit herzlicher Stimmung, und die Leute wussten das. Ich habe meiner Tochter gesagt: Alles, was an Bittgesuchen und Gnadengesuchen eingeht, wird bewilligt, und so ist es geschehen. Ich liebe es nicht, nach aussen hin viel über diese Dinge

---

[14] Der Hinweis ist zu ungenau, um damit den amerikanischen Journalisten eindeutig identifizieren zu können. Doch handelt es sich wahrscheinlich um John Gunther, dessen wenig später erscheinendes Buch „Inside Europe" (London 1936) zu den scharfsinnigsten frühen Analysen des Faschismusproblems gehören sollte.

[15] Gemeint ist wahrscheinlich die Insel Ponza, auf welche die ersten Antifaschisten verbannt wurden, die zum „Confino di polizia" verurteilt worden waren. Später wurden noch andere Inseln im Thyrrhenischen Meer (Ustica, Lipari) vom faschistischen Polizeistaat als Verbannungsorte genutzt. Vgl. dazu neuerdings Camilla Poesio, Il confino fascista. L' arma silenziosa del regime, Rom/Bari 2011.

zu reden, und trete damit nicht gern öffentlich hervor. Aber wenn Sie wollen, können Sie es sagen, weil es die Wahrheit ist."

Es hätte sich natürlich einwenden lassen, dass einiges in der Methode dieser Begnadigungen an die Gebräuche älterer autoritärer Mächte erinnere, aber es traten in diesen Mitteilungen doch sehr menschlich berührende Züge hervor. Wie Mussolini die Tochter liebt, die gerade jetzt, drei Tage vor der Unterredung, geheiratet hatte, ist in ganz Italien bekannt.

„Und", fragte ich weiter, „die Freiheit der Presse, die Freiheit der Kritik?"

Er: „Es ist nicht richtig, wenn man sagt, eine Kritik dürfe es bei uns nicht geben und gebe es nicht. Ich weiss ganz genau, dass Kritik ihren Wert hat, unter Umständen notwendig ist. Allerdings, eine Kritik, die sich gegen den Bestand des faschistischen Staates, gegen das Regime des Faschismus richtet, zu seinem Umsturz aufreizen soll, erlaube ich nicht, und sie wird rücksichtslos unterdrückt. Ich mache keinen Hehl daraus, wie ich bin und welches meine Ansicht ist, und ich habe nie einen Hehl daraus gemacht. Nein, wenn man das faschistische Regime beseitigen will, den Staat, wie wir ihn aufbauen, bekämpft – das zu dulden lehnen wir ab. Aber davon abgesehen, akzeptieren wir die Kritik, und besonders auf dem ökonomischen Gebiet, in wirtschaftlichen Fragen äussert sie sich frei. Sie äussert sich in der Presse wie in den Diskussionen, die hier bei mir stattfinden, und wir haben erst heute noch das Gesetz über die Weinsteuer abgeändert, weil uns die Kritik, die daran geübt wurde, berechtigt erschien. Neulich bei der Eröffnung des Nationalrates der Korporationen habe ich in meiner Rede gesagt: ‚wir wollen gesetzliche Arbeit, keine Beweihräucherung.' Das ist doch deutlich genug."

Es ist mir von vielen Seiten bestätigt worden, dass er die Stricke, mit denen die Meinungsfreiheit eingeschnürt wurde, ein wenig lockern lässt. Die Zensur soll, sobald nicht der Faschismus Objekt der Kritik oder auch nur kritischer Andeutungen ist, ihre Tätigkeit etwas eingeschränkt haben, und schliesslich ist auch die Konstituierung des „Parlamentes der Korporationen" ein Zeichen dafür, dass Mussolini auf einem Terrain, von dem die faschistischen Grundfragen ausgeschlossen sind, die Existenz einer weise begrenzten Opposition für nützlich hält.[16] Aber hier war in seiner Argumentation doch der schwache Punkt. So realpolitisch er sonst auch sprach, überall dort, wo er die These von der „moralischen Ordnung" mit der Aufrechterhaltung eines diktatorialen Systems verei-

---

[16] Mit der Schaffung des Consiglio nazionale delle corporazioni wurde am 20. März 1930 der erste Schritt zur Schaffung eines Korporativstaates getan, der 1939 formal mit der Einrichtung der *Camera dei fasci e delle corporazioni* abgeschlossen wurde, jedoch weitgehend nur auf dem Papier bestand. Vgl. dazu immer noch Aquarone, L' organizzazione dello stato totalitario. An neueren Darstellungen sind wichtig: Gianpasquale Santomassimo, La terza via fascista. Il mito del corporativismo, Rom 2006; Marco Palla, Fascismo e Stato corporativo. Un'inchiesta della diplomazia britannica, Mailand 1991.

nigen wollte, merkte man die Illusion, oder doch – denn es könnte sein, dass in seinem klaren Geist diese Illusion nicht haftet – den inneren Widerspruch. Er war aufrichtig, wenn er erklärte, er wolle über ein Polizeiregiment hinaus und strebe die Schaffung einer moralischen Einheit an. Aber da diese moralische Einheit einstweilen nicht besteht, kaum erreicht werden kann, und besonders in dem von Steuern und schweren Wirtschaftssorgen bedrückten Bürgertum – die Finanzprobleme sind dunkel –, sowie bei den Intellektuellen und in der Aristokratie die latente Gegnerschaft, hinter der Mauer des Schweigens, nicht gering ist, so bleibt er an das Instrument gebunden, das er sich in grossartigster Weise zur Aufrichtung und zum Schutze seiner Macht geschmiedet hat. Diese Macht, unterhalten mit allen Mittel der Disziplin, der begeisternden Propaganda und des Theaters, gestützt auf die faschistische Partei, die er systematisch verjüngt und an deren Reinigung er fortwährend arbeitet, und auf die Miliz, zu der durch zwei Jugendheere der Weg geht, steht fest, und kein anderer Machtfaktor vermag sie, solange ihr Oberhaupt Mussolini heisst, zu bedrohen. Aber wie kann diese unentbehrliche, gewaltige Parteimaschine, und würde sie auch bis zum kleinsten Rad ganz nach Vorschrift funktionieren, sich selbst, ihren eigenen Geist überwinden, wie kann man, von der Ordnung, die sie aufrecht erhält, zu der von Mussolini erstrebten und ersehnten moralischen Ordnung, der geistigen Einheit kommen? Kein Zweifel, Mussolini weiss das alles, und sein in die Zukunft blickendes Auge täuscht sich nicht. Er schafft ohne Pause, stampft Schöpfungen aus dem Boden, reisst mit seiner ungeheuren Energie unablässig seine Gefolgschaft mit sich – diese Werke müssen doch bleiben, und wenn man sie wegleugnen wollte, würden sie doch da sein, nicht wahr, wie die Sonne, die weiterleuchtet, und wie der Schreibtisch, den seine Hand berührt? Sein Genie hat einen tragischen Zug. Vielleicht ist es das, was seine Erscheinung noch höher über den Alltag hinaushebt und ihn denen, die sich bemühen, hinter der für die Geschichte geformten Figur den Menschen zu suchen, über alle Gegensätze hinweg näherbringt.

Er begleitete mich mit freundlichen, herzlichen Abschiedsworten durch den langen, leeren Saal bis zur Tür. Draussen im zweiten Vorzimmer, wo um diese Stunde, beim Beginn des Abends, kein Audienzgast mehr wartete, hoben die Palastbeamten den Arm zum faschistischen Gruss.

Christa Niesel-Lessenthin

Oberneck/Breslau 28. Dezember 1879 – Konstanz 25. November 1953

Journalistin

Es ist unbekannt, weshalb und auf welchem Wege die Journalistin Christa Niesel-Lessenthin zu Mussolini gekommen ist. Nach Auskunft ihrer Schwiegertochter Felicitas Niesel-Lessenthin (Mainz) ist von ihr kein Nachlaß erhalten.

Bericht über eine Audienz am 7. Juni 1930.
Quelle: Ernte 11 (1930), S. 30–32.

Mussolini unterhält sich mit einer Dame

*Da*s ist ein „historischer Moment", sagt mir eine leichte Beklommenheit, als ich die Stufen im Palazzo Venezia emporsteige. Um mich eine ernsthafte Eleganz, an den Wänden Vitrinen mit alten Majoliken. Weiter noch ein paar Stühle, strenge Säle, dann die letzte Pforte. Ein Riesensaal, der Fußboden schöne Mosaiken. An den Wänden nichts. Im Raume ebenfalls – nichts. An der äußersten Ecke links ein gewaltiger Schreibtisch, zwei Sessel und in stilvoller Umschlossenheit und Abgeschlossenheit – Mussolini! Ich bekomme die Platzangst. Allein soll ich quer durch den großen, leeren Raum gehen! Aber ich bin kaum in der Mitte angelangt, da erhebt sich der Duce und kommt mir entgegen.

Wie Mussolini ist, soll ich nun berichten? Ja – wie ist er? Ich brauche nicht von ihm zu sprechen, wie er sich historisch, gewissermaßen authentisch, ausnimmt. Ich kann nur die Spiegelung einfangen, in der das vielgestaltige Bild des Duce sich mir zeigt. Nun, so sieht ein Mussolini aus: Er trägt weiße Cheviothosen, dunkles Jackett, neigt etwas zur Fülle. Nicht Cäsar, nicht lebende Geste, nicht so imponierend, wie man sich ihn nach Bildern vorstellt, aber von einer fast magischen Liebenswürdigkeit. Er fragt nach meinen persönlichen Angelegenheiten und Arbeiten, nach meiner Vaterstadt – „Ach Breslau, nahe polnischem Korridor!" – und weiter nach meinen Erlebnissen in Italien. Als er hört, auf welch abwegigen Pfaden ich gewandelt bin, lacht er. Und wenn er lacht, dann ist er – Entschuldigung für den Backfischausdruck – entzückend.

Wir sitzen in dem großen leeren Saale wie zwei alte Bekannte. Und ich springe mit meiner Frage gleich in medias res: „Warum gibt es denn in Italien kein Frauenstimmrecht?"

Er ist augenscheinlich sehr gut gelaunt, seine Gesten bekommen Leidenschaft, als er antwortet: „Frauenstimmrecht? Aber das ist unnötig, ganz unnötig! Die Frau ist dazu da, um zu lieben und geliebt zu werden!" – „Ach Du lieber Himmel", denke ich laut, „bei uns haben die Frauen leider noch vieles andere im

Kopf als die verflixte Liebe." – „Das sagen Sie? Sie aus dem klassischen Lande der romantischen Liebe! Denken Sie nur an Werthers Leiden." Ich denke daran: Tempi passati! Und sage: „Die Frauen machen numerisch mehr als die Hälfte der Menschheit aus. Warum sollen sie nicht an ihrem Geschicke mitarbeiten, mitbestimmen? – „Ihr Geschick ist Liebe, und Liebe der Angelpunkt des Seins." – „Und doch gibt es Frauen – es sind nicht die Wertlosesten – die nicht lieben und geliebt werden!" – „Dann sind sie Unglückliche! Dann sind sie wie blind oder taub oder stumm geboren. Man kann sie bemitleiden. Aber man braucht nicht Gesetze für sie oder mit ihnen zu machen!"

Seine Worte haben soviel Ueberzeugungskraft, daß ich ihnen unwillkürlich beipflichte. Um so mehr vielleicht, als sie in meiner etwas altmodisch gestimmten Gesinnungsharfe verwandte Saiten rühren. „Ich halte es mit den drei K.s", fährt Mussolini fort. Er meint die drei K.s unserer ehemaligen Kaiserin: Kirche, Kinder und Küche. „Das war die Kraft und die Größe des deutschen Volkes. Kinder, viele Kinder, daß ein Volk werden und wachsen kann." Als meine Erinnerung an die schmutzigen, krabbelnden Kinderhorden in den Abruzzen laut wird, leuchtet wieder sein schönes Lachen auf.

„So glauben Sie an die Wiedergeburt des römischen Imperiums?" frage ich. – „Was einmal war, kann wieder werden." Sein Blick sagt: Soll wieder werden! Wird wieder werden!

„Wenn wir doch auch einen hätten, der uns so viel Glauben an uns selbst einflößte, an deutsches Wesen!" – „Ich liebe das deutsche Wesen. Ich liebe es so sehr, daß gesagt worden ist, Italien nähme die Manieren des Preußentums an." – „Das kann ich nur als Kompliment für Italien betrachten", spricht aus mir auch einmal ein schönes deutsches Selbstbewußtsein, „ebenso wie es doch als solches gemeint ist, wenn man die Bulgaren die Preußen des Balkans nennt."

Mussolini lächelt ein unerfindliches, unergründliches Lächeln. Aber der Konnex reißt nicht ab. „Der Deutsche empfindet jetzt jenes unwägbare Fluidium von Sympathie – das ist doch nicht ein Schachzug der Politik! Ist es Herzenssache?" Da sagt Mussolini ganz warm: „Ja."

„Ich liebe auch die deutsche Literatur!" fährt er fort. – „Auch die moderne?" – „Die kenne ich wenig. Ich habe jetzt keine Zeit zum Lesen. Aber früher – die klassische, Goethe, Schiller. Denken Sie nur, ich habe Klopstocks Messias gelesen!" – „Um Himmelswillen!" – „Ja, ich werde wohl zur Zeit der einzige Italiener sein, der ihn gelesen hat." – „Exzellenz", sage ich mit inniger Ueberzeugung, „vielleicht den Literarhistoriker ausgenommen, der einzige – Europäer!" – „Es war auch" – mit entsprechender Geste – „um *so* einen langen Bart dabei zu bekommen."

Wir lachen. Aber mir liegt eine Frage auf der Seele: Die Wirkungen des Faschismus sind offensichtlich. Aber ist es nicht vielmehr Mussolini, der wirkt? „Exzellenz, steht und fällt er nicht mit Ihnen? Sie sind seine Seele – aber ist er schon ein Organismus geworden?"

Im Augenblick ist er ernst: „Am Anfang, das ist richtig, war ich der Faschismus. Jetzt ist er er selbst. Ist festgewurzelt. Und ich denke noch 50 Jahre zu leben. Dann sind es zwei Generationen von Italienern, die den Faschismus mit mir gelebt haben. Dann wird ganz Italien umgewandelt sein."

Wie lange sitze ich wohl schon an dem majestätischen Schreibtisch? „Exzellenz, ich muß nun wohl gehen?" – „Ja", sagt er, „schade, aber die Zeit drängt so."

Ich halte es für angemessen, mich zu entschuldigen, wenn ich mit meinem recht mittelmäßigem Italienisch Mühe gemacht habe. Aber ganz unerwarteter und unverdienter Weise ernte ich ein Kompliment. „O, ich wäre sehr froh, wenn Ihnen mein Deutsch nicht mehr Mühe machte als mir Ihr Italienisch." Dabei hat er Platen in seine Muttersprache übersetzt.[1] „Sie haben doch die Sprache schon in Deutschland studiert?" – Gewiß! Man geht doch auch nicht vorüber an der Sprache der Musik!"

Und dann rücke ich noch heraus mit dem Dolch im Gewande: „Exzellenz wissen so gut um die weibliche Natur Bescheid. Da werden Sie auch eine weibliche Schwäche verstehen." Und schon zücke ich die vorsorglich zu diesem Zwecke mitgebrachte Photographie, und schon zückt er die Feder. Er schreibt mitten in die Gegend hinein. Ich protestiere. „Bitte nicht so in das Gesicht, vielmehr über die Stirn." Ueber *diese* Stirn, denke ich. Da lacht er wieder, knabenhaft unbeschwert; es war ja kein Leid über Italien.

Ich steuere quer über die Mosaiken dem Ausgang zu. Der Duce begleitet mich. Die letzten Schwingungen des Gesprächs streifen eine mich allerinnerlichst berührende Angelegenheit. Seine schöne, menschliche Wärme gleitet freundlich darüber hin. „Brava", sagt er legt mir leicht die Rechte auf die Schulter. Er ist ein Mann der Welt und ein Mann von Welt. Ein Mann des Willens und der Macht. Und – jeder Zoll ein Italiener, dem die Frau nicht allein oder nicht ausschließlich als geistige Potenz etwas gilt.

Die letzten freundlichen Worte – einen Augenblick lang neigt sich der schwarze Kopf über meine Hand.

---

[1] Zu Mussolinis Beziehung zum deutschen Schriftsteller von Platen vgl. oben S. 40f.

Edgar Jung

Ludwigshafen 6. März 1894 – Berlin 30. Juni 1934
Publizist und Politiker

Mit seinem fast 700 Seiten starken Werk „Die Herrschaft der Minderwertigen", einem Frontalangriff auf den demokratischen Verfassungsstaat, hatte sich Edgar Jung 1927 in Deutschland mit einem Schlag an die Spitze der antidemokratischen Theoretiker der ‚Konservativen Revolution' gesetzt.[1] Weniger bekannt ist, daß Jung nicht nur in Deutschland, sondern auch in Italien Resonanz gefunden hat. Er sandte jeweils ein Exemplar seines Buches an Mussolini und den Justizminister Alfredo Rocco. Während Jung von Rocco nur eine freundliche Eingangsbestätigung bekam,[2] erhielt er von Mussolini die Einladung zu einer Audienz. Dies hatte er der Unterstützung Werner von der Schulenburgs zu verdanken, der in dieser Zeit über Margherita G. Sarfatti einen direkten Draht zu Mussolini hatte.[3] Schulenburg empfahl Sarfatti ausdrücklich eine Zusammenarbeit mit Jung und bat sie, ihn „persönlich zu empfangen".[4] Zuvor hatte Schulenburg in Mussolinis programmatischer Zeitschrift „Gerarchia" eine lange Rezension über Jungs Buch geschrieben.[5] Mussolini wurde dadurch auf Jung in besonderer Weise aufmerksam gemacht.

Auf die Mitteilung Jungs hin, eine längere Reise nach Italien unternehmen zu wollen, „nachdem er in den vergangenen Jahren schon manche Studien über den Fascismus gemacht habe",[6] stellte Schulenburg eine Reihe von Empfehlungsbriefen für ihn aus, von denen der an Sarfatti besonders wichtig war, weil er den Weg zu einer Audienz bei Mussolini öffnete. Sarfatti verwendete sich bei Mussolinis Pressechef Ferretti für Jung, am 14. Juli 1930 teilte dieser dem inzwischen in Rom angereisten Edgar Jung mit, daß er am nächsten Tag um 18.00 Uhr von Mussolini empfangen werde.[7] Die Audienz vom 15. Juli 1930 wurde auf Vorschlag Mussolinis am 16. Juli 1930 fortgesetzt.

Im Nachlaß Edgar Jungs finden sich zwei leicht voneinander abweichende Versionen des Berichts über seine beiden Audienzen, von denen hier die wiedergegeben wird, die „Bei Mussolini" überschrieben ist.

Bericht über zwei Audienzen am 15. und 16. Juli 1930.
Quelle: Privatarchiv Dr. Karl-Martin Graß, Nachlaß Edgar Jung.

---

[1] Jung, Die Herrschaft der Minderwertigen.
[2] Privatarchiv Graß, Nachlaß Jung, Alfredo Rocco an Edgar Jung, 12.2.1930.
[3] Ebd., Edgar Jung an Werner von der Schulenburg, 25.7.1930: „Frau Sarfatti fühlte sich und war mir sehr behilflich. Ich bin nach Ihrem Rezepte verfahren und habe um ihre Gunst gebuhlt, soweit das meiner Gefühlswelt zuträglich war"; Werner von der Schulenburg (Ascona) an Edgar Jung, 1.8.1930: „Ich wiederhole meine Bitte: halten sie sich mit Frau Sarfatti gut".
[4] Ebd., Werner von der Schulenburg an Margherita G. Sarfatti, 21.5.1930.
[5] Werner von der Schulenburg, Un notevole libro tedesco, in: Gerarchia X (1930), S. 396–398.
[6] Ebd., Edgar Jung an Werner von der Schulenburg, 24.3.1930.
[7] Vgl. ebd., Lando Ferretti an Margherita G. Sarfatti, 11.7.1930; Lando Ferretti an Edgar Jung, 14.7.1930.

Bei Mussolini

Der Pressechef der italienischen Regierung teilt mir in einem Brief, der gleichzeitig als Ausweis dient, Tag und Stunde mit, zu welcher das „Haupt der Regierung" (so lautet die wörtliche Uebersetzung) mich zu empfangen wünscht.[8] Obwohl Mussolini die heissen römischen Monate über am Meere wohnt, in Anzio, etwa 60 km von Rom entfernt, gelingt es dem Vielbeschäftigten nicht immer, sich von dem schweren Amte, das er sich selbst aufgebürdet hat, frei zu machen, um sich bei seiner geliebten Musik und dem Rauschen des Meeres zu erholen. Auch an dem Tage, da ich zu ihm gebeten bin, halten ihn anscheinend die Regierungsgeschäfte in Rom fest. Kurz vor sechs Uhr abends betrete ich von der Piazza di Venezia, dem Verkehrsmittelpunkte Roms aus, den mächtigen burgartigen Palazzo di Venezia, jenes herrliche Baudenkmal der Frührenaissance im Florentiner Stile, das bis zum Weltkriege der Sitz der österreichischen Botschaft war. Zwei Soldaten einer besonderen Abteilung der faschistischen Miliz flankieren den Eingang des Palastes, ein Diener nimmt mein Ausweisschreiben in Empfang und geleitet mich in das wegen der Hitze und des grellen Sonnenlichtes verdunkelte und künstlich erleuchtete Vorzimmer. Nur wenige kostbare Möbelstücke „füllen" die wundervollen Zimmer, deren Bodenmosaik während der Wartezeit ebenso gründlich zu studieren Gelegenheit geboten ist, wie die Besichtigung einer Vitrine mit römischen Majolikafunden aus dem 11. Jahrhundert. Es herrscht in dem halbdunklen Raum eine fast schläfrige Stille, die ausser mir noch von zwei weiteren Besuchern geteilt wird. Nach längerem Warten werde ich durch zwei kleinere Säle zum Arbeitszimmer des „Duce", das nach der Piazza di Venezia zu liegt, geleitet. Es wird wohl jedem Besucher ähnlich gegangen sein wie mir: überrascht stockt der Schritt ab der Tür zu dem herrlichen Arbeitssaale, von welchem aus der Sohn des Dorfschmiedes aus der Romagna ein Vierzig-Millionen-Volk leitet. Jawohl: ein Saal, kein Zimmer, empfängt den Gast, und er muss wohl oder übel die lange Reise bis zum linken hinteren Eck, in welchem quer der Diplomatenschreibtisch Mussolinis steht, antreten. Der Duce hat dabei wohl mehr Gelegenheit seinen Besucher zu studieren, wie dieser, der immerhin einige Sekunden zum Zurechtfinden benötigt. Manche haben in der Tatsache, dass Mussolini sich als Arbeitszimmer einen Renaissancesaal ausgesucht hat, eine Pose erblicken wollen. Mein Eindruck geht dahin, dass selten ein Mann mit so grosser Stilsicherheit den zu ihm passenden Rahmen gewählt hat wie der italienische Ministerpräsident. Der Sinn für grosse Perspektiven und der Mut

---

[8] Mussolini veränderte die traditionelle Rechtsstellung des *Presidente del Consiglio di Ministri* als Primus inter pares durch das Gesetz vom 24.12.1925, das ihm eine autoritäre Vormachtstellung als *Capo del Governo* gab. Vgl. den Text des Gesetzes bei Aquarone, L' Organizazzione, S. 395f.

zur Einsamkeit sprechen gleichermassen aus dieser Flucht in eine grossartige Einfachheit. Und wer von allen lebenden Staatsmännern hätte ein grösseres inneres Recht, moderne Behaglichkeit und praktische Gefühlsmässigkeit für sich abzulehnen als gerade Mussolini? Er ist ein Mensch der Renaissance im doppelten Sinne: nicht nur in dem herkömmlichen des Durchbrechens aller gesellschaftlichen Schranken und politischen Vorstellungen, sondern auch in dem, dass „Wiedergeburt" Sinn und Ziel seines Lebens geworden ist.

Auf halbem Wege kommt er mir entgegen, ohne Förmlichkeit, ohne diplomatische Geste und fragt mich, wie lange ich in Rom bleibe. Er sei abgehalten gewesen und habe heute wenig Zeit. Andrerseits habe man ihm gesagt, gerade mit mir müsse er sich gründlich aussprechen und er bäte mich den folgenden Abend zu einem zweiten Besuche frei zu halten. Nach dieser Einleitung sind wir, im Stehen und Auf- und Abwandeln, mitten in einem lebhaften Gespräch. Das geht sprungartig, ein Anfangen oder ein Vortasten ist überhaupt nicht zu spüren. Von einem Gegenstande zum andern, mühelos und immer mit Aussicht auf grosse Hintergründe wandert das Gespräch, mit Lebhaftigkeit und Natürlichkeit geführt. Wir skizzieren sozusagen schon die Probleme, welche die gründlichere Besprechung des folgenden Tages aufwerfen soll.

Am nächsten Abend sitzen wir uns eine Stunde lang, völlig ungestört und konzentriert an seinem grossen Schreibtische gegenüber. Ich habe Gelegenheit, das äussere Erscheinungsbild dieses einzigartigen Mannes in mich aufzunehmen. Zwischen den zahllosen Bildern von ihm und der Wirklichkeit besteht ein immerhin bemerkbarer Kontrast: er ist kleiner und schmächtiger als die Lichtbilder annehmen lassen. Er ist fast tropenmässig gekleidet, einfach und praktischer als sonst die Römer. Der mächtige runde Schädel, unter dem ungeheuer lebendige Augen sitzen, die immer bewegliche Mundpartie widersprechen vollkommen jener weitverbreiteten Vorstellung von der eisernen Maske eines brutalen und kalten Willensmenschen. Wenn ich je an der These, dass die Geschichte in ihren entscheidenden Antrieben von phantasiereichen Gefühlsmenschen gemacht wird, gezweifelt hätte, so wäre sie angesichts dieses leidenschaftlichen Italieners endgültig erhärtet worden. Sein Minenspiel allein verrät schon den Südländer. Wenn er – um sein Interesse oder sein Erstaunen auszudrücken – die Augen weit öffnet, so steht die Pupille dunkel im Weiss des Augapfels, vollkommen von ihm umgeben und nirgends an die Lider grenzend. Wenn er lacht, sich über eine witzige oder scharfe Formulierung freut, dann leuchtet aus seinem Gesichte die Lebensbejahung eines frischen Naturmenschen. Dies alles aber wird gebändigt durch die innere Souverainität [sic] eines Mannes, der sein Lebensziel vor Augen sieht, nach schweren Kämpfen die Idee, unter deren Gesetz er sich beugt, gefunden hat, und der sich auf dem Platze, den er sich geschaffen hat, sicher und im Rechte fühlt.

Interviews liegen Mussolini nicht, es sei denn zu besonderen Zwecken. Eine offene Aussprache unter uns war deshalb nur unter der Voraussetzung ihrer Nichtveröffentlichung möglich. Auf diesem Umstand Rücksicht nehmend, kann ich aber immerhin von den Gegenständen sprechen, die im Mittelpunkte der Unterhaltung standen. Seine Orientierung über deutsche innenpolitische Verhältnisse und Männer ist ausgezeichnet. Fragen, die er im Einzelnen stellte, könnten in einem Club deutscher intellektueller Politiker kaum schärfer formuliert werden. Die geistige Umorientierung in Deutschland, die Abwendung vom liberal-demokratischen System ist ihm bekannt. Den grossen Vorkämpfer sieht er in Nietzsche, dem er eine gewaltige europäische Bedeutung zumisst. Die sogenannte organische Staatslehre und die Namen ihrer Hauptvertreter sind ihm geläufig. Wiederholt erkundigt er sich nach der Aufnahme meines Buches in der wissenschaftlichen und politischen Welt. Er hat aber auch grösstes Verständnis für die Unterschiedlichkeit der italienischen und deutschen Entwicklung und der beiderseitigen Volkscharaktere. Wenn ich seine Fragen, die oft nicht leicht zu beantworten sind, in möglichster Knappheit zu beantworten suche, so beweist er oft mit einer Ergänzungsfrage die Schnelligkeit, mit der er den entscheidenden Punkt des Problems begriffen hat. Und die Probleme, die zur Behandlung stehen, sind wahrlich nicht einfach. Oft rein politischer Natur, spielen sie immer wieder in geschichtsphilosophische hinüber. Denn sowohl der Innen- wie auch der Aussenpolitiker unserer Zeit muss erfühlen und erkennen, an welch gewaltigem Wendepunkte Europa steht, wohin die einzelnen Völker streben und wohin sie zu lenken sind. Deshalb verbreiten wir uns des längeren über die berühmte, wahrscheinlich überhaupt falsch gestellte Frage, ob der Fascismus [sic!] ein Exportartikel sei. Wir werden uns einig, dass die Zustände und Formen des Fascismus an die italienische geschichtliche Entwicklung gebunden und deshalb niemals übertragbar sind. Die geschichtlich-politische Frage jedoch, die Mussolini in der Form des Fascismus beantwortet hat, ist nicht nur für Italien gestellt worden: auch die anderen abendländischen Völker stehen vor der Notwendigkeit, den Zerfall, der Gesellschaft und Staat durch permanenten Klassenkampf droht, zu verhindern, eine neue Staatsidee und ein alldurchdringendes Staatsethos aufzurichten. Dieses Problem ist zweifelsohne europäisch, und da wir Deutsche das europäischste aller abendländischen Völker sind, wird uns wohl die Aufgabe seiner gründlichen Lösung aufgetragen sein. Die deutsche Philosophie, insbesondere die Romantiker haben ja das meiste zur Ideologie des Fascismus beigesteuert.

Um diese Lebensfrage des Abendlandes kreist unser Gespräch, das Gebiet der Bündnispolitik ebenso streifend wie die Frage der Frauenemanzipation und des Amerikanismus. Eine Debatte über den humanistischen und den heutigen Bildungsbegriff gleitet hinüber in den Bereich der Bevölkerungspolitik: Mussolinis Liebhaberei und seine besondere Sorge. So wie er auf allen Gebieten des öffentlichen Lebens anregt und befruchtend wirkt, überall Mitarbeiter und Helfer in einer bestimmten Richtung ansetzt und schon wieder mit der Geburt eines neuen Gedankens kämpft, so ist sein inneres Interesse für alle Erscheinungen des sozialen Lebens ungeheuer vielfältig. Von dem, was heute den Hauptinhalt deutscher Politik ausmacht, nämlich der Frage, wer soll regieren, und wie hält man sich am Ruder, ist der Führer Italiens ja glücklicherweise befreit. Seine Macht steht unbestritten, seine Macht wird anerkannt. Heute wohl auch von seinen politischen Gegnern. Er hat auch nicht die trockene Art, die wir häufig bei neudeutschen Politikern antreffen: das Verbeissen in Einzelfragen und Kleinarbeit auf gesetzgeberischem Gebiete. Man fühlt vielmehr, dass jede einzelne Massnahme Ausfluss eines geschlossenen Weltbildes ist, innerhalb dessen alles eine natürliche Einheit bildet, die jede künstliche Trennung von Leben und Politik ausschliesst. Alles Leben ist ihm Politik und umgekehrt Politik vielleicht die stärkste und notwendigste Lebensbetätigung. Wenn wir uns also beispielsweise über die weibliche Kleidermode unterhalten, so ist das nicht eine amüsante oder ästhetisierende Exkursion auf ein unpolitisches Gebiet, sondern die Teilerscheinung in einem Weltbilde, welche er beobachtet und von seinem Weltbilde aus, das er sich macht, beobachtet. Dieser Umstand erklärt den Universalismus seiner Interessen, das leidenschaftliche Aufflammen bei der Behandlung grosser geschichtsphilosophischer Probleme und die Lebendigkeit bei einer anstrengenden Debatte, die doch sicher nach einem für ihn mühevollen Tag durch meine Schuld über ihn hereingebrochen ist. Dabei muss noch berücksichtigt werden, dass ihm manche Ausdrücke der deutschen Sprache Beschwerde machen und er trotz meiner Bitte, sich in einer anderen Sprache auszudrücken, immer wieder liebenswürdig zur Muttersprache des Gastes zurückkehrt. Was ist das Erstaunliche an diesem Mann? Die Karriere vom Schmiedssohn bis zum Ministerpräsidenten möge Demokraten entzücken. (Dass die deutschen Demokraten diese Schlussfolgerung nicht ziehen, beweist nur ihre eigentümliche und falsche Auffassung von Demokratie.) Solche Entwicklungen sind aber auch bei anderen Völkern möglich und nur die Bildungsphilister empfinden es als ungewöhnlich, dass ein Mann, der kein Staatsexamen gemacht hat, das Wagnis unternimmt, einen Staat zu regieren. Ich sehe also hierin nicht etwas, was im 20. Jahrhundert als ganz aussergewöhnlich angesehen werden könnte. Viel bedeutsamer ist die politische Weltanschauung, ja darüber hinaus das gesamte Weltbild und der Lebensstil, dem sich dieser ehemalige Sozialist zugewandt hat: die ganzen Ressentiments seiner Jugend, die gerade beim deutschen Menschen in der Regel seinem Leben bis zur Bahre den entscheidenden Stempel aufdrücken, die Parteien wie die Sozialdemokratie und das Zentrum stark gemacht haben, die auch die Haltung des deutschen Judentums zum Teil erklären, diese Jugendressentiments hat der Mensch Mussolini bis ins Letzte überwunden. In zwei Jahrzehnten seines eigenen Lebens hat er Entwicklungen durchgemacht, zu denen das wertvolle Erbgut einer tüchtigen Familie viele Generationen bräuchte. Er ist zum Aristokraten in der höchsten und geistigsten Bedeutung des Wortes geworden, ein Herrenmensch stärksten Pflichtbewusstseins und

Verantwortungsgefühls. Dazu kommt eine italienische Besonderheit: er ist kein intellektueller Mensch im deutschen Sinne, wenn auch sein Inneres irgendwie der nordischen Philosophie zugeneigt ist, wenn auch ein gerade Weg von Platon zu Nietzsche führt. Trotzdem aber bleibt der Grundzug seines Wesens Intuition. Das intuitiv Geschaute wird dann von einem raschen Verstande geformt und rational in politische Praxis umgesetzt. Er ist also ein lebendiger Protest gegen die Unlebendigkeit der Staatsmänner demokratischer Doktrin. Wenn in einer gewissen Presse immer wieder von Menschlichkeit geredet wird und Andeutungen fallen, in Italien vergehe sich ein Führer und ein System gegen die Menschlichkeit, so ist dem nur zu erwidern, dass solche Aeusserungen entweder heuchlerisch sind oder von einem falschen Begriff von Menschlichkeit ausgehen: nämlich davon, dass nur der Schwächling der wahre Mensch sei. Die Geschichte wird vielleicht einmal Mussolini die stärkste und menschlichste Persönlichkeit der politischen Gegenwart nennen. Nicht nur deshalb, weil er ein schöpferischer Politiker ist und Grosses geleistet hat, sondern vor allem aus folgendem Grunde: weil er gegen Zersetzung und Auflösung, gegen Chaos und Untergang mit der Idee des Vollkommenen und dem Glauben an die Schöpferkraft des Menschen angeht; weil er das Menschentum als das auffasst, was es in seiner höchsten Form sein kann, nämlich Kämpfertum.

Man muss kämpfen, so sagte er, als er mich zur Tür begleitete. Und dieses Wort klang in mir nach, als ich den Palazzo di Venezia verliess und mein Blick zum römischen Abendhimmel wanderte, von dem sich das Capitol scharf abgrenzte.

Felix H. Man

Freiburg 30. November 1893 – London 30. Januar 1985
Fotograf

Der Fotograf Felix H. Man wurde als Hans Felix Sigismund Baumann geboren, nannte sich aber schon vor seiner 1934 erzwungenen Emigration nach England um. Er erhielt als freier Photograph Ende 1930 vom deutschen Photo Dienst (Dephot) den Auftrag, den ‚Duce' in Rom zu fotografieren, um „das wahre Gesicht des Diktators" zu zeigen.[1] Im Dezember 1930 reiste er nach Rom, mußte jedoch „mehr als drei Wochen" warten bis er die ersehnte Audienz erhielt. Erst am 13. Januar teilte ihm Mussolinis Pressechef Lando Ferretti mit, daß er am 14. Januar 1931 vom ‚Duce' empfangen werde.[2] Die Audienz wurde aber noch zwei Mal auf den 24. Januar verschoben.[3] Erst an diesem Tag scheint Mussolini die Photoerlaubnis gegeben zu haben, ein Zeichen dafür, wie schwer dieser sich mit der unkontrollierten Auslieferung an eine ihm fremde Kamera offenbar getan hat.[4]

Felix H. Man konnte Mussolini am 26. Januar 1931 einen ganzen Tag lang ungehindert photographieren, und zwar nicht nur im Palazzo Venezia, sondern auch in der Villa Torlonia und auf einer Ausfahrt nach Ostia. Die fünfseitige Fotoreportage erschien in der „Münchner Illustrierten Presse" unter dem Titel „Mussolini. Sonderaufnahmen für die Münchner Illustrierte von Man-Dephot. Text von Kurt Kornicker".[5] Erst später gab Man der Fotoserie den Titel „Ein Tag im Leben von Mussolini", unter dem sie bekannt geworden ist.[6]

Bericht über eine Audienz am 24. Januar 1931.
Quelle: Felix H. Man, Photographien aus 70 Jahren, München 1983, S. 64–65

Schauplatz Palazzo Venezia, Januar 1931, Rom

Zwei Soldaten der faschistischen Miliz stehen mit aufgepflanztem Bajonett zu beiden Seiten des Tores. Ein Detektiv in Zivil erscheint. Nachdem er das Beglaubigungsschreiben geprüft hat, läßt er uns ein und begleitet uns über ein paar Stufen bis zu einem hohen eisernen Gittertor und drückt auf den Knopf einer versteckten Glocke. Unmittelbar darauf erscheint ein anderer Detektiv jenseits

---

[1] Felix. H. Man, Photographien aus 70 Jahren, S. 64.
[2] Vgl. den Abdruck des Einladungsschreibens, ebd.
[3] ACS, SPD, CO, Udienze, b.3105, 14.1.1931: „Sono ancora a Roma?"; 19.1.1931: „I signori Hans Baumbann [sic!] e Kornicker sono tutt'ora a Roma in attesa di essere ricevuti dal Duce sabato 24 ore 16." Am 24.1. findet sich dann zwar kein Eintrag in der Audienzliste, sondern erst am 26.1., Verschiebungstermine wurden jedoch in den Listen häufig nicht nochmals eingetragen. Vgl. zum ganzen Vorgang ACS, SPD, CO, Udienze, b.3106.
[4] Man, Photographien, S. 64 berichtet, daß seine erste Audienz „nur zehn Minuten" gedauert und man sich für die Fotosession für den „übernächsten Tag" verabredet habe. Das stimmt mit den Angaben in den Audienzlisten überein.
[5] Münchner Illustrierte Presse 8 (1931), S. 269–275.
[6] Man, Photographien, S. 64: „Ein Tag im Leben von Mussolini".

des Gitters und nachdem einige Worte gewechselt sind, dürfen wir, von Detektiv Nr. 2 in Empfang genommen, passieren. Unser Weg führt durch eine Reihe von Räumen, im Cinquecento unter Papst Paul II. gebaut, und endet in einem Wartezimmer von außerordentlicher Pracht. Zwei Diener in Livree, reich mit Gold verbrämt, beobachten uns unauffällig. Eine halbe Stunde mußten wir warten. Aber die Zeit wird mir nicht lang. Prächtige Keramiken aus Orvieto sind in Glasvitrinen aufgestellt, in anderen Glasschränken liegen byzantinische Emaillen, die Wände sind mit Frescomalerei geschmückt.

Ein Herr im Frack, der Haushofmeister des Duce, begleitet uns durch weitere Prachträume bis in das Vorzimmer Mussolinis.

Die Tür geht auf, ich stehe am Eingang einer gewaltigen Halle, hoch, weit und tief: das Arbeitszimmer Mussolinis. Die Halle ist leer; mit Ausnahme eines übergroßen flachen Schreibtisches mit Stuhl, eines Kartenständers, einer drei Meter hohen elektrischen Kerze und einer schmalen kleinen Bank, auf der ein faschistischer Dolch liegt. Der Abstand von der Tür bis zum anderen Ende, wo der Schreibtisch steht, beträgt beinahe fünfundzwanzig Meter.

Ich bemerke den Duce, er sitzt leicht vornübergebeugt, hinter seinem Schreibtisch einige Dokumente studierend. Er hebt den Kopf nicht auf, als ich eintrete, aber ich fühle dennoch deutlich, daß er mich mit verstohlenem Blick scharf beobachtet. Fünfundzwanzig Meter sind eine gute Entfernung, die im Audienzschritt zurückzulegen man beinahe eine halbe Minute braucht, genug Zeit für den Duce, die Qualitäten seines Besuchers abzuwägen: wie benimmt sich dieser, wenn er auf dem hochpoliertem Marmorboden, glatt wie ein Spiegel, entlanggeht – in wieweit ist er von dieser grandiosen Umgebung beeindruckt – erschrickt er vielleicht unter dem hallenden Echo seiner eigenen Schritte? Wohl vorbereitet, ging ich in ruhiger Haltung auf Mussolini zu. Dieser erste Besuch dauerte nur zehn Minuten. Mussolini, einst selbst Journalist, interessierte sich für meinen Vorschlag, ihn während eines ganzen Tages wie ein Schatten zu begleiten, ständig Aufnahmen machend, wann es mir wichtig erschien.

Mit einer Verabredung für den übernächsten Tag, verließ ich Mussolini. Treffpunkt: Villa Torlonia (Mussolinis Residenz), 7 Uhr morgens. Eine Serie von Bildern: „Ein Tag im Leben von [Mussolini]", damals neu erfunden, später viele Male nachgeahmt, wurde geboren. Es war ein Meilenstein in der Entwicklung des Bildjournalismus.

Sein Tag fing früh an. Bereits vor dem Frühstück pflegte Mussolini eine Stunde im Park der Villa Torlonia zu reiten. Er war ein guter Reiter, sprang nicht nur über Hürden und Hindernisse, er konnte sogar eine Freitreppe hinaufreiten. Um neun Uhr saß er an seinem Schreibtisch im Palazzo Venezia in dem Großen Saal, den man wohl das ungemütlichste Arbeitszimmer der Welt nennen konnte. Die nächsten drei Stunden brachte ich dort mit ihm zu, während er seinen Kabinettschef, den Kommandanten der faschistischen Miliz, Teruzzi, den Kommandanten von Rom, seinen Pressechef Ferretti und einige andere Persönlichkeiten zum Vortrag empfing.[7]

Mussolini saß die ganze Zeit hinter seinem großen Schreibtisch, die Besucher mußten ihm gegenüber stehen bleiben, gleichgültig wie lange auch die Unterredung dauerte. Nur einmal stand Mussolini auf, während der Besprechung mit dem Kommandanten der Miliz.

Drei Stunden lang hatte ich glänzend Gelegenheit, ihn zu beobachten und ihn ohne jede Pose zu photographieren, er wußte nie, wann ich eine Aufnahme machen würde, mein Apparat war ständig in Alarmstellung auf dem Stativ und mein Mienenspiel verriet meine Absichten nicht. Die Zeit verstrich schnell. Auf ungefähr fünfundzwanzig Glasplatten beschränkt, die ich mitführte, mußte ich vorsichtig vorgehen. Um keine zu verschwenden, konnte ich nur eine Aufnahme machen, wenn der Augenblick sich lohnte. Wiederholt wechselte ich meinen Standort und kam bis auf drei Meter an ihn heran.

Während dieses Morgens konnte ich gewisse Schlüsse auf Mussolinis Charakter aus folgendem Vorfall ziehen: Der Pressechef kam jeden Morgen zum Bericht. Mussolini als ehemaliger Journalist wußte die Bedeutung der Presse einzuschätzen. Nicht zufrieden, nur den Vortrag seines Ministers zu hören, bestand er darauf, die wichtigsten internationalen Tageszeitungen selbst zu lesen, da er einige fremde Sprachen, Deutsch, Französisch und Englisch, bis zu einem gewissen Grade lesen konnte. Ferretti hatte die Aufgabe, die Zeitungen vorher durchzusehen und alles, was von Wichtigkeit war, mit Rotstift anzustreichen. Während sein Pressechef ihm gegenüber stand, überflog Mussolini, hinter seinem Schreibtisch sitzend, den Stoß von Zeitungen. Was ihn interessierte, legte er auf die Seite, um es später in Ruhe zu studieren, alles andere schleuderte er einfach in die Luft, während er bereits die nächste Zeitung ergriff, sein Pressechef hatte sie aufzufangen wie ein Schuljunge den Ball.

An manchen Tagen machte Mussolini sich frei, um sich seinem Volk zu zeigen. Im Garten der Villa Borghese, einem öffentlichen Park, ritt der dann auf der Reitbahn, natürlich nach vorheriger Durchkämmung des Publikums durch seine Detektive. Auch in meinem Interesse gab er eine solche Vorstellung, und bei der Säuberung des Parks wurde ich selber beinahe verhaftet.

Gelegentlich fuhr er nachmittags ans Meer, nach Ostia, dem Hafen des alten Rom. Nachdem er die Sümpfe von den Malaria verbreitenden Moskitos befreit und trockengelegt hatte, veranlaßte er wohlhabende Römer, ihre Sommerresidenz dort zu bauen. Wenn der Duce auf solch einen Ausflug ging, hatte der Chef des Sicherheitsdienstes einen schweren Tag; nicht nur die Straßen, die Mussolini entlang fuhr, waren gründlich bewacht, sondern die ganze Umgebung wurde

---

[7] Attilio Teruzzi war von Januar 1929 bis Oktober 1935 Generalstabschef der MVSN. Conte Lando Ferretti war von September 1928 bis Dezember 1931 Pressechef der italienischen Regierung.

in einer Tiefe von einigen Kilometern von der Polizei gesiebt. Er liebte es, selber am Steuer seines Sportwagens mit großer Geschwindigkeit die Straße zur Küste entlang zu rasen, während ein Schwanz von Geheimpolizei ihm zu folgen versuchte. Sowie er dann anhielt und ausstieg, schwärmten diese aus, ihn sofort im Kreise umgebend.

Bei einem solchen Ausflug nach Ostia, den ich mitmachte, ereignete sich in den Dünen ein Zwischenfall. Wäre das Ganze nicht ein für mich inszeniertes Schaustück gewesen – was es sicherlich war –, hätte man daraus schließen können, daß Mussolini trotz der Last der Staatsgeschäfte, als Oberhaupt mehrerer Ministerien noch Zeit fand, sich um das Wohlergehen seiner Untergebenen zu kümmern. Während wir alle an der Küste im Sand entlang gingen, begegneten uns wie zufällig zwei Fischerjungen mit einem Sack frischer Austern. Außerdem hatten sie eine Flasche Chianti bei sich, wohl ein Regiefehler. Der Duce hielt die beiden an, aß einige Austern aus dem Sack, trank Chianti direkt aus der Flasche und unterhielt sich mit den etwas zerlumpten Gestalten. Als er hörte, daß der Vater des einen Jungen nicht nur krank sei, sondern daß man ihm auch die Erlaubnis entzogen hätte, seine Fische auf dem Markt von Ostia zu verkaufen, als Strafe für ein geringfügiges Vergehen, gab Mussolini seinem Begleiter den Befehl, sich des Falles anzunehmen und dem Sohn auf der Stelle zweihundert Lire auszubezahlen, für die damalige Zeit eine ziemlich große Summe

Wenige Jahre später kam ich wieder nach Rom und versuchte nochmals, eine Audienz mit Mussolini zu bekommen, was abgelehnt wurde. Zweifellos liebte der Duce sein wahres Gesicht, wie ich es der Welt gezeigt hatte, nicht.

Kurt Kornicker

Berlin 20. März 1888 - Locarno 18. Juni 1976
Journalist

Kurt Kornicker war seit April 1925 als Korrespondent verschiedener deutscher Zeitungen in Rom tätig.[1] Ende 1930 wurde er vom Chefredakteur der „Münchner Illustrierten Presse" darum gebeten, dem Pressefotografen Felix H. Man eine Audienz bei Mussolini zu besorgen, um die Genehmigung zu einer damals noch neuartigen Fotoreportage über den ‚Duce' im Alltag zu erwirken. Aufgrund des ungewöhnlichen Ansinnens dauerte es ziemlich lange bis die Audienz gewährt wurde. Der Fotograf wohnte während der Wartezeit in Rom schon bei Kornicker. Am 13. Januar 1931 wurde er schließlich von Mussolinis Pressechef Lando Ferretti eingeladen, „insieme al Signor Kornicker" am 14. Januar zur Audienz im Palazzo Venezia zu erscheinen. Die Audienz wurde jedoch noch zweimal verschoben, um dann am 24. Januar schließlich stattzufinden.[2] Kornicker berichtete ein Jahr später in einer „Mussolini aus der Nähe" betitelten Broschüre ausführlich über die Audienz.[3]

Bericht über eine Audienz am 24. Januar 1931.
Quelle: Kurt Kornicker, Mussolini aus der Nähe, Lübeck 1932, S. 26–30.

Eine Audienz im Palazzo Venezia

Mussolinis Arbeitsraum befindet sich im Palazzo Venezia im Mittelpunkt der Stadt an dem größten Platze Roms, der Piazza Venezia, der durch das Nationaldenkmal mit der Reiterfigur Viktor Emanuels II. beherrscht wird. Der Palazzo Venezia, ein äußerlich strenger, festungsartiger Bau aus dem Cinquecento, den Kardinal Pietro Barbo, der nachmalige Papst Paul II. errichten ließ, hat eine bewegte Geschichte. Pius IV. machte ihn 1560 der Republik Venedig zum Geschenk, die dort ihre Botschaft beim Kirchenstaat einrichtete. 1591 starb hier Gregor XIV., den man vergebens versucht hatte, mit goldenem Pulver zu kurieren. Nach dem Frieden von Campoformio 1797 fiel der Palast an Österreich und die Habsburger Monarchie, die hier bis unmittelbar vor dem Kriegsausbruch ihre Botschaft beim Vatikan unterhielt.[4]

Hier in diesem Palazzo Venezia, der das Büro des Ministerpräsidenten beherbergt und der gleichzeitig mit seinen prächtigen Sälen für die Repräsentation der Regierung dient, empfängt Mussolini täglich seine engeren Mitarbeiter, gibt er fremden Besuchern Audienzen. Der Besucher, der zu Mussolini kommt, wird am Hauptportal des Palastes, das auf die Piazza Venezia hinausgeht und vor dem zwei Posten der schwarzen Leibgarde Mussolinis Wache halten, von

---

[1] Vgl. dazu und zum folgenden Kornicker, L'Uomo dietro il protagonista.
[2] Vgl. ACS, SPD, CO, Udienze, b. 3106, sowie den Faksimileabdruck des Einladungsschreibens in der Münchner Illustrierten Presse 8 (1931), S. 269.
[3] Kornicker, Mussolini aus der Nähe, S. 26–30.
[4] Kornicker bezieht sich hier auf den Kriegseintritt Italiens am 23.5.1915.

einem Polizisten in Zivil empfangen. Dieser prüft sorgfältig den Audienzbrief und geleitet den Gast in den ersten Stock, bis an ein schweres Eisengitter, hinter dem man nichts Gutes vermutet. Bis einen schließlich zwei galonierte Diener mit blau-goldenen Aufschlägen in Empfang nehmen,[5] die einen in das eigentliche Wartezimmer geleiten.

Es sind mehrere, eine ganze Flucht von Wartezimmern, die mit Majoliken und alten Wandgemälden, mit Holzvertäfelungen und Kerzenschmuck ausgestattet sind und den Eindruck eines kleinen Museums machen. Wer hier auf den Ministerpräsidenten wartet, dem wird die Zeit nicht lang. Man sieht wunderhübsche Vitrinen mit bunten Majoliken aus Orvieto und kann die zum Teil recht guten Wandgemälde alter Meister aus dem Cinquecento betrachten.

Schließlich erscheint ein Diener im schwarzen Gehrock, der Kammerdiener Mussolinis: „Der Präsident läßt bitten!" Er führt einen abermals durch eine Flucht von Sälen, durch die „Sala Lippi", so benannt nach einem berühmten Madonnengemälde von Filippo Lippi, das die Stirnwand des Saales schmückt, dann durch die „Sala del Papagallo", in der der faschistische Großrat zu tagen pflegt, und schließlich in den sogenannten Saal der „Mühen des Herkules", der das eigentliche Vorzimmer zum Arbeitszimmer Mussolinis bildet.

Nach kurzem Verweilen wurde ich in das Arbeitszimmer des Duce gebeten. Es ist ein Riesensaal und so ziemlich das Ungemütlichste, was man sich unter einem Arbeitszimmer vorstellen kann. Man braucht geraume Zeit, bis man sich in dieser sogenannten „Sala del Mappamondo" oder Weltkartensaal zurechtgefunden hat. Alles beherrscht ein Riesenkronleuchter, der dem Saal eines Opernhauses alle Ehre machen würde. Die Fresken an den Wänden mit ihrer perspektivischen Verzerrung lassen den Saal noch gewaltiger erscheinen, als er an sich schon ist. Im Hintergrund fällt ein mit Früchtegirlanden reich verzierter Marmorkamin aus dem Cinquecento ins Auge, über dem man jetzt das Liktorenbündel, das faschistische Abzeichen, in Großformat angebracht hat. Schließlich entdeckt man am äußersten Ende in der Ecke einen Schreibtisch, hinter dem sich allmählich die charakteristischen Züge des Duce abzeichnen. Man braucht gut einige Minuten von der Tür bis zu diesem Schreibtisch. Und wenn man anfangs etwas verwirrt durch diese großartige, fast theatralische Aufmachung ist, so ist man nachher um so angenehmer berührt durch die einfache ungezwungene Art, mit der sich Mussolini gibt, über diesen ganz persönlichen Charme, der schon manchen politischen Gegner entwaffnet und zu einem begeisterten Verehrer der Persönlichkeit Mussolinis gemacht hat.

Der fremde Besucher, der nicht fließend Italienisch spricht, wird natürlich nicht den gleichen Genuß von einer Unterhaltung mit Mussolini haben wie der Sprachkundige, obwohl der Duce einige fremde Sprachen versteht und sich zur Not auch mal auf Deutsch unterhalten kann. Sein eigentlicher Esprit, sei-

---

[5] Mit Fuchspelzjacken kostümierte Diener des ‚Duce'.

ne außerordentliche Gewandtheit im Diskutieren und sein Humor können sich jedoch nur in seiner Muttersprache entfalten. Mussolini ist in der Unterhaltung sehr präzis. Er hält sich nie mit langen Vorreden auf. Seine Antworten sind kurz und knapp. Er ist in der Unterhaltung niemals spitzfindig, gesucht, ästhetisierend, trotzdem sind seine Antworten und Bemerkungen oft glänzende Formulierungen, die an seine journalistische Vergangenheit erinnern. Mussolini ist in dieser Hinsicht ganz Romane; er hat die Freude am Wort und an der schönen Formulierung. Dieser seltene Mensch hat aber auch einen urwüchsigen, aus einer reichen Lebenserfahrung fließenden Humor, mit dem er seine Gespräche und seine öffentlichen Reden würzt. Er spielt keineswegs immer die Rolle des Duce, und ich habe ihn schon oft herzhaft lachen sehen.

Das Mienenspiel Mussolinis ist von einer außerordentlichen Lebhaftigkeit und Wandelbarkeit. Er weiß sich der jeweiligen Situation und seinem Gegenüber in einer geradezu fabelhaften Weise anzupassen. Und er ist im vertrauten Gespräch unter vier Augen ein völlig anderer als vor der Öffentlichkeit, wo er eine bestimmt vorgezeichnete Rolle zu spielen hat und wo er die Maske des Führers, die energiegeladene Maske des Diktators, aufsetzt. Mussolini ist – im besten Sinne des Wortes – ein geradezu phänomenaler Schauspieler. Man muß einmal beobachtet haben, wie sich dieser Mann verwandelt, wenn er – eben noch im kleinen Kreis, im vertrauten Gespräch – plötzlich auf den Balkon, vor die Öffentlichkeit tritt. Wie er dann ein anderer wird Wie sich nicht nur das Gesicht, sondern scheinbar auch der Körper dieses Mannes verwandelt. Wie das Gesicht den gemeißelten Ausdruck des Condottiere annimmt und wie dieser weiche, musikalische Mensch plötzlich gestrafft mit vollem Bewußtsein die Rolle des energiegeladenen Führers spielt, der den Massen in unübertrefflicher Weise die starke Hand und das Gerührtsein suggeriert. Darin ist Mussolini ganz Italiener, denen das schauspielerische Talent nun einmal im Blut liegt. Nur daß es in ihm zu einer wahrhaft genialen Höchstleistung gesteigert ist, die ihm so bald niemand nachmachen wird. Man muß sich einmal überlegen, was es heißt, diese Rolle des Führers zehn Jahre lang zu spielen und durchzuhalten, ohne auch nur ein einziges Mal aus der Rolle zu fallen, ohne an Popularität einzubüßen.

Wer, wie der Verfasser, Gelegenheit hatte, Mussolini jahrelang bei den verschiedensten Anlässen, bei Paraden und Leichenbegängnissen, bei Volksfesten und unmittelbar nach einem Attentat zu beobachten, der wird erst ganz dieser individuellen, höchst persönlichen Leistung bewußt werden. Alles konzentriert sich hier in seiner Person, und sein „System" ist im Grunde genommen nichts anderes als der Reflex dieser nicht zu kopierenden einzigartigen Persönlichkeit. In der Politik entscheidet nicht das System, nicht noch so kluge Theorien und Parteiprogramme, sondern letzten Endes immer der Mensch, immer die Persönlichkeit. Das lehrt uns die Geschichte, und dafür ist der Fall Mussolini geradezu ein Schulbeispiel.

Heinrich Brüning

Münster 26. November 1885 – Norwich/Vermont 30. März 1970

Politiker

Daß Heinrich Brüning als erster Reichskanzler der Weimarer Republik Mussolini aufsuchte, kam einem Paradigmenwechsel der deutschen Außenpolitik gleich. Brüning sah sich dazu veranlaßt, weil sein ziemlich dilettantisch eingeleiteter Versuch, mit Österreich eine Zollunion einzugehen, am erbitterten Widerstand der französischen Regierung zu scheitern drohte. Er hoffte jedoch, durch persönlichen Kontakt mit Mussolini, bei künftigen Verhandlungen „die italienische Karte" ausspielen zu können.[1] Für Mussolini war es allein schon ein außenpolitischer Erfolg, daß ihm ein deutscher Reichskanzler seine Aufwartung machte. Die Gespräche verliefen denn auch zwar freundlich, aber eher unverbindlich. Brüning konnte froh sein, daß Mussolini, dessen Land von einer deutsch-österreichischen Zollunion am meisten betroffen gewesen wäre, das Thema nicht anschnitt. Es ist deshalb begreiflich, daß Brüning die Begegnung mit Mussolini in der Rückschau „zu den wenigen angenehmen Erinnerungen dieser schweren Zeit" zählte.[2]

Brüning wurde von Mussolini zusammen mit dem deutschen Außenminister Julius Curtius und dem Oberregierungsrat in der Reichskanzlei Erwin Planck empfangen, die beide jeweils kurze Berichte über diese Audienz hinterlassen haben.[3]

Bericht über eine Audienz am 7. August 1931.
Quelle: Heinrich Brüning, Memoiren 1918–1934, Stuttgart 1970, S. 355–357.

Besuch in Rom

Die Unterhaltungen mit Mussolini und Grandi gehören zu den wenigen angenehmen Erinnerungen dieser schweren Zeit. In London hatte Henderson von der merkwürdigen Art des Empfanges bei Mussolini erzählt.[4] In dem riesigen Saale des Palazzo Venezia hatte Mussolini stehend hinter seinem Schreibtisch gewartet, bis Henderson die ganze Länge des Saales bis zu ihm durchschritten hatte. Aber als wir vor diesem Saale die Garderobe ablegten und uns noch mit Grandi unterhielten, merkte ich plötzlich, daß jemand hinter mir stand. Es war Mussolini, der uns selbst aus dem Vorzimmer holte. In zehn Minuten waren wir in Kontakt. Es entwickelte sich ein Gespräch über die Weltlage, wie ich es interessanter nicht gehabt habe. Mussolini hatte alle Zahlen über Arbeitslosigkeit und Handelsverkehr bei den wichtigsten Staaten im Kopf. Wir stimmten völlig überein, daß ohne Streichung der Reparationen und Kriegsschulden ein

---

[1] Brüning, Memoiren, S. 355.
[2] Ebd., S. 354.
[3] Vgl. Thilo Vogelsang (Hg.), Staat und NSDAP. Beiträge zur deutschen Geschichte 1930–1932, Stuttgart 1962, S. 427f.: Erwin Planck an Kurt von Schleicher, 11.8.1931; Curtius, Sechs Jahre Minister der deutschen Republik, S. 222–224.
[4] Arthur Henderson (1863–1935) war von 1929 bis 1931 im Kabinett von MacDonald britischer Außenminister.

Wiederaufblühen der Weltwirtschaft unmöglich sei, aber wir kamen auch zu dem Ergebnis, daß die Zeit für eine Diskussion über diese Fragen im einzelnen noch nicht reif sei. Die Inaktivität des Völkerbundes bedauerten wir beide. Ich sagte ihm, ich komme immer mehr zu der Überzeugung, daß eine dauernde persönliche Fühlungnahme zwischen den Staatsmännern der Großmächte viel ersprießlicher wäre als die der Methode der Verhandlungen im Völkerbund. Mussolini griff diesen Gedanken lebhaft auf und ließ durchblicken, daß solche persönliche Fühlungnahme vielleicht in eine feste Form gebracht werden könne. Ich vermied es, auf diesen Gedanken einzugehen. Er kam mir zu überraschend. Ich überlegte und dachte an Österreich, die Zollunion und die Notwendigkeit, im ersten gegebenen Augenblick eine persönliche Fühlungnahme mit Benesch – die ich vorbereitet hatte – herbeizuführen.[5] Ich dachte in weiterer Ferne an die Notwendigkeit des Beginns unmittelbarer Gespräche mit Polen an Stelle des bisherigen Weges über Paris. Ich dachte gleichzeitig, und das war entscheidend für meine ausweichende Antwort, an meine Erfahrungen in den letzten Monaten. Eine gemeinsame Diskussion im Rahmen einer Versammlung der Staatsmänner der Großmächte hätte mich gezwungen, mich bei diesen Verhandlungen auf Argumente zu beschränken, die für die Vertreter aller dieser Mächte akzeptabel waren. Außerdem hätte mich diese Methode des Vorteiles beraubt, in Besprechungen unter vier Augen individuell geeignete Argumente zu gebrauchen.

---

[5] Edvard Benes (1884–1948) war von 1918 bis 1935 Außenminister der CSR.

Emil Ludwig

Breslau 25. Januar 1881 – Moscia/Tessin 17. September 1948
Schriftsteller und Journalist

Nach seinen beiden Audienzen von 1929 sah Ludwig den ‚Duce' am 21. Mai 1931 wieder.[1] Das Treffen war über den Mailänder Verleger Arnaldo Mondadori, der schon einige von Ludwigs Büchern in italienischer Übersetzung publiziert hatte, über Mussolinis persönlichen Sekretär Alessandro Chiavolini, erwirkt worden. Ludwig schlug Mussolini vor, über ihn eine Biographie zu schreiben, zu seiner Überraschung lehnte dieser es jedoch ab, ihn als seinen Biographen zu autorisieren. Ludwig gab jedoch nicht auf und entwickelte zusammen mit Mondadori ein neues biographisches Konzept. Mussolini stimmte dem zu und erklärte sich bereit, mit Ludwig eine Serie von Gesprächen zu führen, aus denen anschließend ein Buch gemacht werden sollte.

Die Gespräche zwischen Mussolini und Ludwig fanden zwischen dem 23. März und dem 2. April 1932 an insgesamt sechs Tagen im Palazzo Venezia statt.[2] Sie wurden in italienischer Sprache, geführt und von Ludwig anschließend sofort auf Deutsch aufgezeichnet. In seinem Tessiner Wohnort Moscia schrieb Ludwig sodann „Mussolinis Gespräche mit Emil Ludwig" in nur einem Monat nieder.[3] „Das deutsche Manuskript wurde Mussolini vorgelegt und von ihm an allen Stellen, die ihn selber redend einführen, nach seinem Gedächtnis nachgeprüft."[4] Wie sich an einer späteren Faksimileausgabe überprüfen läßt, hat Mussolini tatsächlich an dem deutschen Text kaum etwas geändert.[5] Das Manuskript wurde damit freigegeben und noch 1932 als Buch herausgebracht. Schwierigkeiten gab es nur bei der italienischen Übersetzung, weil Mussolini auf Druck seiner Mitarbeiter daran nochmals Streichungen vorgenommen hat.[6]

„Mussolinis Gespräche mit Emil Ludwig" sind mit 232 Seiten der mit Abstand größte Bericht über Audienzen bei Mussolini. Besonders wichtig ist, daß Mussolini das Buch zusätzlich autorisiert hat. Er ließ ein Foto aufnehmen, das ihn und Emil Ludwig an seinem Schreibtisch einander gegenüber sitzend zeigen. Das Foto ist handschriftlich mit „B. Mussolini a Emil Ludwig in ricordo dei colloqui di Palazzo Venezia nel marzo-aprile 1932 – Anno X" signiert. Der Abdruck von Foto und Widmung auf dem Frontispiz des Titelblattes sollten dem Buch den Charakter einer besonderen Authentizität geben.[7]

Ludwig beschreibt in dem Buch nicht den Verlauf der einzelnen Audienzen bei Mussolini, sondern er gibt die Gespräche systematisch in fünf Teile gegliedert wieder, in denen

---

[1] Ludwigs Angabe (Mussolinis Gespräche mit Emil Ludwig, S. 17), daß er den ‚Duce' „später" wiedergesehen habe, läßt sich aufgrund der Audienzlisten im ACS, SPD, CO, Udienze, b. 3106 auf den 21.5.1931 datieren.
[2] Ludwig behauptete, vom 23. März bis zum 4. April 1932 „fast täglich etwa eine Stunde lang" mit Mussolini Gespräche geführt zu haben, vgl. Mussolinis Gespräche mit Emil Ludwig, S. 13. Nachweislich war er am 23.3., 24.3., 26.3., 30.3., 31.3. und 2.4. bei Mussolini, am 2.4. allerdings als einziger Audienzbesucher. Vgl. ACS, SPD, CO, Udienze, b.3108.
[3] Mondadori, Breve Cronistoria, S. XV.
[4] Mussolinis Gespräche mit Emil Ludwig, S. 13.
[5] So Ludwig, ebd.
[6] Emil Ludwig. Colloqui con Mussolini. Traduzione di Tommaso Gnoli, Verona 1932.
[7] Dies wird auch noch dadurch unterstrichen, daß auf dem Außentitel der Erstausgabe des Buches ausdrücklich hervorgehoben wird, daß Mussolini den „authentischen Text ... mit einer Widmung bestätigt" habe.

insgesamt 18 Themen behandelt werden. Im ersten Teil („Aus der Schule eines Regierenden") wird die Herkunft und Jugend Mussolinis diskutiert. Der zweite Teil („Gespräche über Metamorphosen") behandelt den Wandel seiner ideologischen Grundeinstellungen. Der dritte Teil („Gespräche über Probleme der Macht") geht auf die charismatische Grundstruktur von Mussolinis Diktatur ein. Im vierten Teil hat Ludwig „Gespräche über Provinzen der Macht" angeordnet, worunter er Europa, Außereuropa, aber auch die katholische Kirche subsumiert. Im fünften Teil schließlich sind die psychologischen Lieblingsthemen Ludwigs vereinigt, vom „Handeln und Denken" bis zu „Persönlichkeit und Schicksal".[8]

Das Buch vollständig wiederzugeben, würde den hier gesteckten Rahmen sprengen. Es folgt deshalb lediglich auszugsweise die Einleitung, in der Ludwig über den Ort der Handlung, den Ablauf der Gespräche und die Persönlichkeit Mussolinis berichtet.[9] Das entspricht dem, was auch in den meisten anderen Audienzberichten behandelt wird.

Bericht über sechs Audienzen zwischen dem 23. März und dem 4. April 1932.
Quelle: Mussolinis Gespräche mit Emil Ludwig, Berlin/Wien/Leipzig 1932, 232 S.

Mussolinis Gespräche mit Emil Ludwig

Über den Parteien

Das Mißtrauen gegen den Diktator lebte in mir bis vor etwa fünf Jahren. Manche italienischen Freunde waren Gegner des Regimes, und wenn ich durch Italien fuhr, blinkten mir Uniformen, Fahnen und Embleme entgegen, deren Glanz ich in Deutschland endlich im Westen untergehen sah, während eine neue Morgenröte im Osten ihre Wiederkehr erschreckend schnell ankündigte.

Drei Umstände veränderten meine Anschauung. Die Begriffe Demokratie und Parlamentarismus fingen an zu vernebeln, Zwischenformen schoben sich vor, das politische Leben in den überkommenen Formen wurde von innen ausgehöhlt, bedeutende Männer fehlten. Zugleich sah ich in Moskau und in Rom großartige Dinge materieller Art sich erheben, das heißt, ich erkannte die konstruktive Seite dieser beiden Diktaturen. Drittens führten mich psychologische Erwägungen zu der Annahme, daß der römische Staatsmann trotz mancher Reden wahrscheinlich keine Kriegspläne hege.

Entscheidender als diese Gedanken wirkte die Beobachtung der Persönlichkeit. Als ich gewisse Züge zu erkennen glaubte, die mich an Nietzsches Ideenwelt erinnerten, löste ich ihn im Kopfe von seiner Bewegung ab und fing an, ihn als besonderes Phänomen zu betrachten, wie ich dies mit Männern der Geschichte immer getan.

Das Lächeln der Realpolitiker verwirrte mich so wenig wie der Groll der Parteimenschen meiner Kreise. Der kleinste Charakterzug ist mir zur Erkenntnis

---

[8] Vgl. das Inhaltsverzeichnis von Mussolinis Gespräche mit Emil Ludwig, S. 9.
[9] Ebd., S. 13–39.

eines Menschen wichtiger als die größte seiner Reden, und wenn es sich um einen omnipotenten Staatsmann handelt, führt dieser Zug mich auch der Prognose seiner künftigen Taten um einen Schritt näher. Tages- und Parteipolitik, das heißt die beiden Formen, in denen Menschen ohne Phantasie die Gegenwart betrachten, sind mir fremd; ich habe nie einer Partei angehört und würde mich nur in die Antikriegspartei einschreiben, wenn es eine gäbe. Die Ereignisse des letzten Jahrzehntes haben in mir die Überzeugung gefestigt, daß es kein absolut bestes System gibt, daß vielmehr verschiedene Völker zu verschiedenen Zeiten verschiedene Systeme der Regierung brauchen. Als Individualist par excellence wäre ich niemals Faschist geworden, trenne aber von diesem persönlichen Punkt die Erkenntnis ab, daß diese Bewegung für Italien Großes geleistet hat. In Deutschland dagegen erscheint mir eine ähnliche Bewegung verhängnisvoll; über die Gründe findet sich etwas im IV. Teil der Gespräche. Überdies fehlt der deutschen Bühne durchaus ein Darsteller der Hauptrolle.

Die Stellung eines parteilosen Beobachters wird mir durch das Faktum erleichtert, daß ich Ausländer bin. Als französischer Autor unter Napoleon hätte ich wahrscheinlich auf der Seite Chateaubriands abseits gestanden, während ich ihn als Deutscher auf der Seite Goethes bewundert hätte. So zieht mich auch die Gestalt Mussolinis unabhängig von den Parteien und von den beiden Fakten an, daß er den Vertrag von Versailles bekämpft, aber Südtirol italianisiert. An die Stelle des Dilemmas, in das diese Umstände die Herzen der deutschen Faschisten versetzen, tritt bei mir die künstlerische Betrachtung einer außerordentlichen Persönlichkeit.

[...]

Ort der Handlung

Wie eine Festung mit gedrungenem Turme, so steht das gelb-braune Massiv des Palazzo Venezia auf dem großen Platze mitten in Rom, zu Füßen des Kapitolinischen Hügels, zur Rechten des modernen Riesendenkmals, dessen schneeweißer Marmor vielleicht in hundert Jahren genügend Patina erworben haben wird, um durch die Farbe weniger zu stören und die Formen dann erträglicher zu machen. Der Palazzo ist gerade 500 Jahre alt. „Das Kleinod ist durch manche Hand gegangen."

Die Päpste, die ihn bauten, haben ihn im 17. Jahrhundert der Republik Venedig übergeben, von dieser hat ihn das österreichische Kaiserhaus bekommen, und nach hundert Jahren, 1915, hat das inzwischen erstandene Königreich Italien es den Österreichern wieder weggenommen. So haben Päpste, Könige und Condottieri in diesem Palaste regiert, der an Wucht, Ausdehnung und Macht der Mauern vielleicht alle Paläste Roms übertrifft und sicher an Größe der Säle.

Draußen, vor dem stets geöffneten Doppeltore halten zwei Soldaten der Miliz die Wache, und der lange, silberbetreßte Portier fragt, was man will. Der

Eintritt ist leicht, denn zu der im Halbstock gelegenen Archäologischen Bibliothek hat jeder mit einer Karte Zutritt, und wer könnte sich eine solche nicht verschaffen? Ein Attentäter hat es getan. Abends habe ich viele junge Leute dort bei den Katalogen gesehen. Die steinerne Treppe ist oben durch eine Gittertür abgeschlossen, aber zuweilen fand ich sie offen. Niemand kann sagen, daß dies Hauptquartier des Duce, in dem er täglich etwa zehn Stunden verbringt, bewacht sei, wie es einst die Schlösser der Könige waren.

Oben ist ein halbes Dutzend Säle und Zimmer mit Geschmack neu hergestellt worden; die Böden mit ihrem alten Kachelwerk, die Decken aus schwer und bunt geschnitzten und angerauchten Balken, die Fenster mit ihren eingebauten Steinbänken sind hier wie in jedem römischen Palazzo das schönste. Die Räume, herrlich in ihren Maßen, sind leer, nur ein alter wuchtiger Tisch steht meist inmitten und an den Mauern Stühle, die niemand benutzt. Von den gelb, orange oder mattblau bespannten Wänden heben sich die beleuchteten Bilder: Madonnen, Porträts, Landschaften von Veronese, Mainardi; in einem Stück Affresco sieht oder bestreitet man einen Jüngling von Raffael.

An den Mauern glänzen gläserne, von innen beleuchtete Truhen, in denen kostbare Majoliken bis zurück zum 13. Jahrhundert, steingeschmückte Madonnen und Priestergewänder, Stickereien und geschnitzte Heilige ausgestellt sind, und ein byzantinischer Kasten aus Elfenbein hat über tausend Jahre. Wenn aus einem dieser leuchtenden Kästen die ältesten rauchfarbenen Gläser von Murano schimmern und Schalen und Pokale aus grünlichgoldenem Glase, und der Blick fällt von ihnen auf die Gewalt dieser Mauern, die sich in den Fensternischen darstellt, so denkt man an die zarten und geschmückten Frauen, die sich die Herren dieser Festung einst zwischen Hellebarden und Speeren hereingeholt haben, bis eine oder die andere den Condottiere vergiftete. Da blicken auch schon die Waffen durch die gespannte Türe herüber: drohende Ritter ohne Köpfe, graublau schimmernd wie heranziehende Gewitter, Rüstungen in ihrer grotesken Leere, und vor ihnen ruhen in einem großen Kasten Schwerter und Dolche, und neben der Riesenwaffe mit festem Griff, mit der man den Bären jagte, liegt das geschmückte Schwert der Gerechtigkeit.

Wird man hereingebeten, so bemüht sich der oberste von den Dienern selber an die große Türe. Er ist auch schon „Cavaliere", durchaus eine Figur aus der Opera Buffa. Öffnet sich aber die Tür, so glaubt man eher in einer Landschaft zu stehen, als in einem Zimmer.

Dieser Saal, in dem Mussolini seit einigen Jahren seine Arbeit verrichtet, in Front zur Piazza gelegen, heißt der Saal der Mappa Mundi, denn hier war ehedem der erste hölzerne Globus aufgestellt. Mitte des 15. Jahrhunderts ist der Saal gebaut, dann verfallen, jetzt erneuert. Dieses Ministerkabinett ist 20 Meter lang, 13 breit und 13 hoch. Zwei Türen führen aus der Querwand des Einganges, eine aus der andern Querwand hinein, eine lange Wand ist durch drei Riesenfenster mit ihren Steinbänken, die andere durch gemalte Säulen aufgelöst. Dieser Saal ist leer, weder Tische noch Stühle sind aufgestellt, auch nicht an den Wänden; in den Ecken stehen hohe Fackeln, deren vergoldete Flamme die elektrische Lichtquelle verdeckt. In weiter Ferne, als sollte man ein Opernglas zu Hilfe nehmen, erkennt man an einem Tisch unter der Lampe umrißweise den Kopf eines Mannes, der schreibt.

Tritt man die Wanderung durch den Saal an, so erblickt man zunächst eine reichgeschmückte Decke, die in großen Reliefs den Löwen von San Marco und die Wölfin von Rom trägt. In der Mitte der riesigen Längswand, den Fenstern gegenüber, ist groß das Wappen der drei Päpste angebracht, die den Palast gebaut haben. Während man auf dem erneuerten Fußboden vorwärtsschreitet, erblickt man in seiner Mitte ein fast lebensgroßes Mosaik mit nackten Frauen, Kindern, die Früchte tragen: das ist die Abundanzia, und ich habe immer einen kleinen Bogen gemacht, um sie nicht zu treten; schließlich, in der hinteren Ecke auf einem Teppich einen etwa 4 Meter langen Tisch, vor dem zwei Savonarola-Sessel einander gegenübergestellt sind. Nahe davon, an der Wand, steht auf einem hohen Lesepult ein moderner Atlas. Europa war aufgeschlagen. Darunter liegt ein Florett. Auf der andern Seite reicht der Tisch bis zu einem mächtigen eingebauten Kamin, der kalt ist wie der Marmor, der ihn einfaßt.

Hinter diesem Tisch, in seiner Mitte, sitzt Mussolini, den Blick auf den Saal und gegen die Fenster gerichtet. Keinem seiner Beamten kommt er entgegen, aber jedem Fremden. Auf dem Tische vor ihm herrscht die pedantische Ordnung jedes echten Arbeiters; da er bei sich keine Reste duldet, umfaßt eine schmale Mappe alle laufenden Dinge. Hinter ihm auf einem Tischchen liegen Bücher, die er grade braucht oder liest, und drei Telephone blinken herüber. Um sich her hat er auf dem völlig schmucklosen Tische, auf dem nur ein bronzener Löwe steht, die Utensilien eines Schreibenden in musterhafter Ordnung um sich versammelt. Was von ihm ausgeht, ist das nämliche, was von dem Saal ausgeht: die Gelassenheit eines Wesens, das viel erlebt hat.

Die Gespräche

In unseren Gesprächen, die sämtlich an diesem Tische gegen Abend stattfanden, würde man erschöpfende Debatten über die angeschlagenen Themen vergeblich suchen; *mein Zweck war einzig, Mussolinis Charakter* in vielfachen Spiegelungen zu erkennen und darzustellen. Der Charakter der Gespräche, liegt in der *Polarität der Redenden* begründet. Lange hatte ich sie vorbereitet, überlegt, wie ich meine Anschauung der seinen gegenüberstellen, wie ich ihn herauslocken und trotzdem der Gefahr einer schweren „Diskussion" entgehen könnte, die jedes Gespräch tötet. Er wußte, daß ich in zwei Hauptfragen am andern Ufer stehe und von dort nicht wegzubringen bin, aber grade das mag ihn gereizt haben. Darüber hinaus war ich zu dem Kunstgriff geneigt, einige Widersprüche zu übertreiben, um ihn in seiner Replik um so deutlicher zu hören. Dann aber mußte ich auf jede Duplik verzichten, denn sonst wären wir nie zu Ende gekommen, und eben weil er mir keinerlei Grenzen der Zeit gesetzt hatte, mußte ich darauf sinnen, die seinige nicht zu mißbrauchen. Auch hat es einen gewissen Reiz, meinem Leser seine Parteinahme zu überlassen, die nach seinen Grundideen verschieden sein und auch in einzelnen Fragen schwanken wird. Also behält in diesen Dialogen niemand recht. Die Probleme werden aufgeworfen, nicht gelöst.

Ich habe Mussolini als historische Figur empfunden, und da mir vollkommene Freiheit zugesichert war, ihn nicht anders befragt, als ich's mit solchen gewohnt bin. Hier kann ich einen Unterschied zwischen Lebenden und Toten gar nicht empfinden. Als ich Edisons Hand ergriff, dachte ich, das ist Archimedes, und mit Napoleon habe ich hundert lange Dialoge geführt, bevor ich ihn darstellte.[10] Im Falle Mussolini trat freilich die Antithese häufiger hervor, ja man könnte diese Gespräche auch als den Dialog der *gerüsteten Staatsraison* mit einem *kriegsfeindlichen Individualismus* bezeichnen. Die Gegensätze sind groß, sogar seine Bildung ist eine andere als die meine. Unser Treffpunkt ist Nietzsche, der in den Gesprächen noch häufiger auftauchte als in ihrer gedrängten Wiedergabe.

Was ich studierte, war im weitesten Sinne *sein Charakter*.

Da aber hier alle privaten Dokumente wegfielen, da ich von diesem lebenden Menschen in wirklichen Gesprächen viel weniger Intima erfragen konnte, als aus den Briefen Bismarcks oder Lincolns, kann ich diesen Charakter nur in den Facettierungen darstellen, die ein rein geistiges Gespräch aufzeigt: Versuch einer indirekten Charakteristik. Wer in der Frage, welche Musik ein Staatsmann liebt, nur eine Spielerei sieht, hat die Kunst der Analyse nicht begriffen; in Wahrheit werden solche Dinge entscheidend für die Taten eines Mannes. Die Unkenntnis der Welt über Bismarcks innere Welt hatte das falsche Bild von dem Reiteroffizier geschaffen, das ich durch ein neues zu ersetzen strebte.[11] Im Falle Mussolini versuche ich es schon heute, um durch ein anderes Bild Anschauungen und Befürchtungen der Mitwelt zu verwandeln. Dabei konnte ich mich nur an den Mann von gegen Fünfzig halten, der vor mir saß. Ging ich in seine Vergangenheit zurück, so geschah das weder, um Widersprüche aufzuzeichnen, wie sie jeder bedeutende Mensch zwischen 30 und 50 preisgeben muß, noch auch, um sein Wesen von einst zu studieren; dazu hätte es einer Biographie bedurft. Bei meinem Glauben an die Logik jedes Schicksals ist eine solche von einem, im Dritten Akte des Lebens stehenden Manne noch nicht zu schreiben. Über die Person Mussolinis hinaus möchte ich im folgenden Beiträge zur Erkenntnis des homo activus im allgemeinen geben und aufs neue zeigen, wie Dichter und Staatsmann verwandt sind.

---

[10] Emil Ludwig, Napoleon, Berlin 1925.
[11] Emil Ludwig, Bismarck, Berlin 1911.

Deshalb sind diese Gespräche, mögen sie politischer, historischer, moralischer Natur sein, doch *immer nur psychologische* Gespräche, und auch dort, wo einige reale Fragen gestellt und beantwortet wurden, war der geheime Zweck stets der, die Charakteristik des Mannes zu vervollständigen. Vergebens wird man nach Sensationen fischen; die hohe Stille dieses Mannes und dieses Raumes haben dem Gespräch eine bestimmte dunkle Note und einen großen Ernst gegeben. Will man das Meer ausloten, so muß es vor oder nach dem Sturme von einer wellenlosen Fläche aus geschehen. Meine Unabhängigkeit und die Toleranz des Befragten gaben mir volle Freiheit der Rede und forderten eben deshalb taktvolle Vorsicht.

Dabei mußte ich diesen mächtigen, aber nervösen Löwen immer bei Laune halten, er durfte sich keinen Augenblick langweilen. Auch hatte ich vor diffizilen Fragen historische Umwege zu machen, einen theoretischen Ton anzuschlagen und ihm zu überlassen, ob er dann mitten in das Problem vorstoßen wollte. Zudem mußte ich mit 150 Kilometern die Stunde fahren, wollte ich in kurzer Zeit mein Programm abwickeln. Die Anspannung dieser Stunden, in denen ich das Gehörte mir zugleich in meine Sprache übersetzen mußte, erzeugte, ich gestehe, große Müdigkeit, und ich habe die leise Hoffnung, daß der andere auch etwas müde war. Ich kam wie ein Jäger nach Hause, der viel geschossen hat, aber erst bei Ausbreitung der Strecke weiß, wieviel Volltreffer darunter sind.

In all diesen Stunden wurde kein überflüssiges Wort gesprochen. Mussolini schloß die Unterhaltung sehr höflich, aber nach der Uhr, und sie wurde 24 Stunden später genau an derselben Stelle fortgesetzt. Das völlige Fehlen jeder Klingel, jedes Sekretärs, also jeder Störung erzeugte in dem riesigen Saal eine Stille, wie man sie sonst nur am späten Abend im vertraulichen Gespräch zuweilen erobert, um geistige Dinge durchzusprechen. In früheren Jahrhunderten mag in diesem Saale musiziert, getanzt, intrigiert, geflüstert und geschmeichelt worden sein, Könige und große Herren zeigten hier ihre Macht; wenn sie aber philosophierten, zogen sie sich in kleine Räume zurück, denn der Festsaal war alltags geschlossen. Seit drei Jahren ist in diesem Saal die Existenz von 42 Millionen Menschen geleitet worden; aus tausend kleinen Entscheidungen, die ein Tag nach dem andern gleich Blättern aufeinanderschichtete, wurde das Buch dieser Schicksale gebildet. Der Geist der Päpste, lebend in ihren Wappen an der Wand, der Löwe und die Wölfin an der Decke mögen beim ersten Gespräch mit Verwunderung aufgehorcht haben, bis sie sich in die Ruhe ihrer Jahrhunderte wieder zurückzogen, um zu schlafen.

Wiedergabe

Meine erste Aufgabe nach Abschluß der Gespräche war, sie in der Niederschrift weder zu schmücken noch zu verlängern. Ich habe sie vielmehr gekürzt und mich jeder Dramatisierung enthalten; der Faschismus hat ohnehin zuviel davon. Besonders zog mich die indirekte Form der Charakteristik an, die zwischen meinen dramatischen und biographischen Arbeiten liegt. Dabei ließ ich die auf- und niederschwebende Tonfolge der Gespräche bestehen, auch wenn ihre später eingefügten Titel zuweilen eine straffere thematische Führung dem Leser versprechen. Es schwebte mir etwas vor, wie das Gespräch Goethes mit Luden, das längste Goethe-Gespräch, das wir besitzen, eines der schönsten, weil hier nichts auf Eckermannische Weise stilisiert ist, und weil Opposition und Gedächtnis des Unterredners eine große Frische erzeugt und erhalten haben.[12] Ich zeichne also nicht das Bild des Mannes, denn dazu müßte ich die Gespräche vorweg ihres Hauptinhaltes berauben; diesmal soll sich der Leser selber das Bild machen.

Die zweite Aufgabe hieß, möglichst zurückzutreten, weil der Leser Mussolini hören will und nicht mich, der überdies andere Gelegenheiten hat, seine Anschauungen auszubreiten. Noch weniger durfte es mir darauf ankommen, gegen ihn recht zu behalten: ich wollte der Welt zum erstenmal *den Mann des Handelns als Denker* und wiederum den Zusammenhang zwischen seinem Handeln und seinem Denken zeigen. Denn der Hochmut der vom Handeln Ausgeschlossenen und die Zerstreutheit der Menge haben den abstrusen Glauben verbreitet, der handelnde Mensch denke so wenig, wie der denkende handelt. Ein künftiger Historiker könnte in diesen Gesprächen Material finden, wie Roederer es uns über den Ersten Konsul geboten hat.[13] Dort finden sich ebensoviele Kontroversen, und man erfährt auch dort, wie der Diktator zu seinen Taten kam und über sie dachte, was beides zur Erkenntnis des menschlichen Herzens wichtiger ist als die Taten.

Meine Lage war von der Lage der verschiedenen Eckermanns von Grund aus verschieden. Diese haben jahrelang mit den Männern verkehrt und aufgefangen, was sie sagten; ich habe den Mann nur während zweier Wochen auf demselben Stuhle vor mir gesehen und mußte alle Anregungen geben, statt sie zu empfangen.

Da er beständig am Faschismus interessiert ist und ich am Problem Krieg und Frieden, so finden sich über diese beiden Hauptthemen keine Kapitel, denn sie sind in allen enthalten.

Jeder meiner Leser wird in den Gesprächen etwas anderes vermissen. Die jungen Leute, die gern Diktatoren werden wollen, erwarten vergebens eine Anleitung für heranwachsende Condottieri; andere werden eine Darstellung des Faschismus suchen, und ich bitte sie, die einschlägigen Bücher der Fachleute zu lesen, die den Gegenstand und zugleich den Hörer erschöpfen. Gewisse Leserinnen werden ein Kapitel über das Liebesleben des Helden vermissen

---

[12] Ludwig meint hier Heinrich Luden, Rückblicke in mein Leben, Jena 1847.
[13] Ludwig bezieht sich auf die Erinnerungen von Napoleons Finanzminister Roederer. Vgl. Pierre-Louis Roederer, Voix de Napoleon: paroles authentiques, Genf 1849.

oder doch wenigstens erfahren wollen, wie er wohnt. Strenge Sozialisten werden die Stellen anstreichen, an denen ich ihn als richtender Historiker vor die Dokumente seines Abfalls hätte laden müssen. Die deutschen Professoren der Geschichte werden sich verächtlich von einer Darstellung abwenden, die „im leichten Plauderton über die schwierigsten Dinge hinweggleitet und das Buch nicht einmal durch Angabe der Stellen verschönt, wo die von mir zitierten Sätze aus Mussolinis Reden hergenommen sind. Die Phänomenologen werden das Fehlen ihrer Nomenklatur und die dadurch verschuldete Gemeinverständlichkeit schwieriger Fragen tadeln. Alle Welt wird erklären, eine große Gelegenheit sei nutzlos vertan.

Mein Partner

Seit 25 Jahren hatte ich den homo activus umkreist und dramatisch, historisch, psychologisch vorzustellen unternommen. Jetzt saß er mir gegenüber. Der Condottiere, den ich einst in einem dieser römischen Palazzi dargestellt hatte, Cesare Borgia, Held der Romagna, schien mir wieder erstanden, auch wenn er beständig sein dunkles Jackett mit schwarzer Krawatte trug und hinter ihm das Telephon hervorblinkte. Im selben Saale, der Männer seiner Art in ihren Triumphen und ihren Zusammenbrüchen gesehen, sah ich jetzt den Nachkommen eben dieser Männer vor mir sitzen: ganz Italiener, ganz Renaissance. Im ersten Augenblick war ich von den Gefühlen dieses Gleichnisses verwirrt.

Dabei hatte dieser aktive Mann die denkbar passivste Rolle angenommen. Er, der seit zehn Jahren befiehlt, während die andern Rede und Antwort stehen, hatte sich freiwillig in die Lage versetzt, einem andern fortlaufend Auskunft zu geben, und zwar nach dessen Sinn und Absicht. Er hatte nur einen Zettel mit allgemeiner Übersicht über meine Themen gesehen. Eine niemals schwankende Geduld und Ruhe auch bei schwierigen Fragen, das völlige Fehlen eigener Direktiven, an die er doch sonst gewohnt ist, bewiesen mir seine innere Sicherheit. Auch gab er nie eine sogenannte vertrauliche Antwort, brauchte also in meiner Niederschrift so gut wie nichts einzuschränken.

Und doch war er bei seinem äußeren Gleichmaß dauernd auf dem Qui vive. Ich war vorbereitet, er war überrascht, und da es sich seltener um Fragen drehte, die ihm schon andere gestellt haben mochten, meist um Gefühle, Selbsterkenntnis, innere Motivation, so mußte er im gleichen Augenblicke die Antwort suchen, formulieren und sie überdies in den Grenzen fangen, die er der Welt gegenüber einzuhalten wünschte. Diese erstaunliche Meisterschaft im Denken und Reden wird aber von ihm niemals instrumentiert: er braucht weder den Superlativ noch eine laute Stimme. Er hörte sich meine Skeptica gelassen an und gab keine einzige Antwort, die für die große Schar seiner Schmeichler bestimmt war: niemals sagte er das vorgeschriebene Faschisten-Stichwort.

Auch hätte er ein Dutzend „napoleonischer" Antworten für Mit- und Nachwelt stilisieren können, aber man wird keine drei in den Gesprächen finden. Auf etwa 400 Fragen gab er mit unerschütterlicher Ruhe Bescheid. Nur eine einzige, die eigentlich unmöglich war und die sich hier nicht findet, beantwortete er nur mit einem großen Blicke, der sagte: Du siehst doch, daß ich schweigen muß!

Ich weiß recht wohl, was alles er mir verschwieg. Aktive Männer sprechen über die Macht mit derselben Diskretion wie die Besitzer wunderbarer Frauen von ihren Reizen: sie beschreiben höchstens das, was alle Welt sieht. Aber auch das, was er verschwieg und wie er es verschwieg, gab mir bedeutende Einblicke in seinen Charakter. Dabei war es höchstens die Zukunft, die er für sich behielt, nie die Vergangenheit: niemals suchte er Äußerungen aus seiner Sozialistenzeit zu verschleiern oder umzudeuten; er bekannte sich immer. Niemals setzte er mich in Verlegenheit durch das argumentum ad hominem: was hätten Sie in diesem Falle getan? Auch brauchte er selten die Frageform, sondern setzte seine Behauptungen hin, kurz, mit einem Punkt.

Da er ein großer Vereinfacher des Wortes ist und gar keine Lust an glänzenden Epigrammen hat, hört sich seine Antwort, wenn sie kurz ist, wie eine Entscheidung an. Sein Stil, jedenfalls im Gespräch, hält genau die echt italienische Mitte zwischen französisch und deutsch, denn er ist weder elegant noch schwer, sondern metallen; dies Metall ist aber nicht Eisen, sondern fein gewalzter Stahl, dargestellt in der elastischen und nuancenreichen Sprache der italienischen Tradition. Plötzlich sagt er dann etwas ganz Einfaches, das heißt, er setzt eine unerwartete Folgerung ohne jede Draperie vor den Hörer hin. Sein klares, ich möchte sagen, latinisierendes Italienisch ist in allem von d'Annunzios beflügelter Redekunst unterschieden; an ihrer Ausdrucksart allein würde man den aktiven vom platonischen Menschen unterscheiden, noch mehr am Organ.[14]

Jeder Titel wurde mit seiner Einwilligung gleich über Bord geworfen, und ich konnte ihn ohne Floskeln rasch und ohne Pause immer wieder anbohren. Dabei verbesserte er meine Fehler im Italienischen nie; als ich aber einen französischen Namen falsch aussprach, kam in heiterer Weise der frühere Lehrer heraus, und er sagte ihn leise richtig. Auch als er die „Umwertung aller Werte" deutsch sagen wollte und sich trotz seiner großen Kenntnis des Deutschen irrte, verbesserte er sich mit der Wendung: Genitivus pluralis. (Übrigens habe ich ihn auch fließend französisch und englisch reden hören.) Dabei versetzt sein

---

[14] Der Schriftsteller Gabriele D'Annunzio (1863–1938) wurde von Mussolini bis zu dessen Tod als politischer Mentor verehrt. Seine Besetzung Fiumes 1919/20 mit bewaffneten Freischärlern lieferte ihm das Vorbild für eine antidemokratische Massenbewegung, die militärische Gewalt an die Stelle parlamentarischer Politik setzte. Vgl. dazu Renzo De Felice, D'Annunzio politico 1918–1938, Rom/Bari 1978.

Gedächtnis ihn in die Lage, auf unerwartete Fragen die Universitäten zu nennen, an denen ein französischer Rassenforscher gelehrt hat, oder die Namen und Dienstorte der jüdischen Generale, die in der italienischen Armee zur Zeit dienen, oder das Datum, an dem Huß verbrannt wurde.

Mussolini ist ein Mann von der feinsten Höflichkeit, wie alle echten Diktatoren; es scheint, sie lassen das Pferd zwischen den Rennen auf dem Sattelplatze zierliche Gänge machen. Auch erschien er nie nervös oder gar launisch, spielte oder malte mit keinem Bleistift (was ich bei einem andern Diktator erlebte), wechselte nur in seinem Sessel öfters die Stellung, wie jemand, dem das lange Sitzen auf die Dauer schwerfällt. Darum soll er sich mitten in seinen Arbeiten zuweilen auf das Motorrad setzen, eines seiner Kinder mitnehmen und nach Ostia rasen, wohin ihm die Polizei verzweifelt nachrast.

Sonst lebt er weit einsamer als die russischen Führer, die sich in beständigen Komitees und Sitzungen treffen und kontrollieren. Da er zugleich sehr hygienisch lebt und sich eine erstaunliche Ruhe abgerungen hat, so hat er mehr Aussicht, alt zu werden, als jene, die sich in beständigen Aufregungen zerreiben. Außer der Macht gibt es keine Genüsse: Titel, Krone, Adel, Gesellschaften machen ihm keinen Spaß; besonders erstaunlich in Rom, wo heute die Diplomatie stärker vertreten und noch immer mächtiger ist als in jeder andern Hauptstadt. In diesem Sinne ist Mussolini heut beinah ganz Staat geworden. Dagegen habe ich ihn zwei Arbeiter, die einmal hereinkamen, um sein Telephon zu reparieren, mit soviel Freundlichkeit bei ihrem Kommen und Gehen begrüßen sehen, daß ich des kalten Hochmuts der „Industrie-Kapitäne" gedachte, wenn eine solche Störung ihre raffenden Gedanken unterbrach.

Bei aller Verschlossenheit hat er Humor, einen grimmigen, der sich in einem dumpfen Lachen Luft macht. Aber er versteht keine Scherze; niemand würde wagen, ihm einen sogenannten Witz zu erzählen. Zugleich ist er ganz präzis in seinen Angaben: er schlägt ein Lexikon auf, sucht darin die Statistik der italienischen Frauen, gibt sie mir bis auf drei Zahlen hinter dem Komma an, und er sagte mir einmal: „Ich liebe nicht das à peu près".

In meinem deutschen Manuskript verbesserte er jeden Schreibfehler der Typistin. Seine Exaktheit ist so groß, daß er einem Minister, dem er meinetwegen telephonierte, Ort und Stunde der Zusammenkunft sowie das Objekt des von mir erbetenen Materiales zweimal nachdrücklich wiederholte. Sparsamkeit, die der Emporkömmling sonst rasch vergißt, ist ihm ganz natürlich geblieben, denn er schrieb einige Notizen für mich auf Zettel, deren Rückseite sein Tagesprogramm von voriger Woche ansagte.

Mussolini ist im Gespräch der natürlichste Mensch von der Welt. Leute, die gern posieren, haben ihn anders geschildert. So hat der frühere Deutsche Botschafter am Quirinal eine Szene erfunden, in der er den ihm schon als Journalist bekannten Mussolini bei dessen erstem Empfang als Staatschef in napoleonischer Weise mit verschränkten Armen am Kamin stehend schilderte, worauf er selbst auf ihn zugegangen sei, ihm jovial auf die Schulter geklopft und ihn kurzerhand mit „Buon giorno, Mussolini!" begrüßt habe, womit er sich sofort in großen Respekt gesetzt hätte.[15] Dieser Bericht, für dessen Verbreitung der Diplomat sorgte, ist oft weitererzählt, geglaubt und so eine der Ursachen für ein Zerrbild geworden, das Mussolini jedenfalls in Deutschland geschadet hat. Einen aktiven Menschen kann man nicht spät genug kennenlernen; sofern er ein starker Charakter ist, wird ihn der Erfolg vertiefen. Das moralische Problem sehe ich im fünfzigjährigen Mussolini in der Aufgabe, als eine revolutionäre Natur Ruhe zu halten. Daß er es weiter tun wird, dafür bürgen mir gewisse Züge des Hausvaters, die er auch hat und die sich nach Fünfzig zu verbreiten pflegen. Auch habe ich noch einen zweiten Grund, zu glauben, daß er Frieden hält.

Erwäge ich alles Gehörte und Gesehene, so zögere ich nicht, ihn als einen großen Staatsmann zu bezeichnen. Denn was ist bei einem aktiven Menschen Größe? Ist das eine Eigenschaft? Ist es eine moralisch unantastbare Bahn? Ich erkenne diese Form der Größe vielmehr im Zusammentreffen gewisser Eigenschaften in bestimmten Dosen, die einen vorbestimmten Charakter zum moralischen Befehl, das heißt, zur *konstruktiven Arbeit* größten Stiles befähigen.

Mussolini scheint mir heute, zehn Jahre nach Eroberung der Macht, mehr Leidenschaft für den konstruktiven Aufbau Italiens zu haben als für irgendeine destruktive Tat im Felde seiner Feinde; er scheint seine Siege nur noch im Innern seines Landes zu suchen. Außerdem hat er zwei Züge, die den meisten Diktatoren abgehen und ohne die es doch gar keine Größe gibt: im Besitze der Macht hat er nicht verlernt, die Taten anderer zu bewundern, aber er hat gelernt, in seinen eigenen Taten das Gleichnishafte zu erkennen. Beide Eigenschaften, Grundzüge des Goetheschen Menschen, schützen den durch sich selbst kontrollierten Machthaber vor Größenwahn und reihen ihn in die Kette philosophischer Geister, in die alle echten Männer der Tat gehören.

Mussolini hatte das Glück, ohne Kriege an die Macht zu kommen, und war deshalb zuweilen in Versuchung, den Kriegsruhm nachzuholen. Aus sehr verschiedenen Gründen scheint diese Epoche vorüber. Heute hat er die Wahl, dem älteren Napoleon oder dem älteren Cromwell nachzustreben. Man wird in den Gesprächen die Antwort finden, wem von beiden er nachstrebt.

---

[15] Eine erfundene Geschichte.

Philipp Hiltebrandt

Racot/Posen 8. Juni 1879 – Rom 22. Mai 1958
Historiker und Journalist

Philipp Hiltebrandt war nach der Promotion von 1905 bis 1915 als Historiker am Preußischen Historischen Institut in Rom tätig und beschäftigte sich vor allem mit Themen des Verhältnisses Preußens zum Vatikan.[1] 1919 wurde er Korrespondent der „Kölnischen Zeitung" in Rom und berichtete seit 1929 gleichzeitig auch für die ebenfalls der DVP nahestehende „Deutsche Allgemeine Zeitung". Um die Audienz bei Mussolini bemühte er sich im Auftrag der „Kölnischen Zeitung".

Im Januar 1937 wurde Hiltebrandt, der am 1. November 1933 in die NSDAP eingetreten war,[2] vom Chefredakteur des „Völkischen Beobachters" nach München eingeladen und zur Mitarbeit an dem nationalsozialistischen Kampfblatt aufgefordert. Hiltebrandt stimmte dem unter der Bedingung zu, auch weiterhin in der „Kölnischen Zeitung" schreiben zu dürfen.[3] Seine journalistische Karriere im „Völkischen Beobachter" war jedoch nicht sehr erfolgreich, es sind von ihm nur drei Artikel nachzuweisen.[4]

Nach seiner Audienz am 30. September 1932 war er am 27. April 1938 nochmals bei Mussolini.[5] Er legte dem ‚Duce' bei dieser Gelegenheit ein Buch von 750 Seiten über den „Aufstieg des Abendlandes" vor, das er mit der Widmung „S.E. Benito Mussolini, dem Wiedererneuerer des Romanentums" versehen hatte.[6]

Bericht über eine Audienz am 30. September 1932.
Quelle: Kölnische Zeitung, 23.10.1932.

Bei Mussolini

Der Weg zum Duce

Viele Wege führen nach Rom, aber nur einer zu Mussolini, und er geht über Polverelli.[7] Er, der Pressechef des „Hauptes der Regierung",[8] hält den Schlüssel in der Hand, der den gewöhnlichen Sterblichen die Tür zum Mappamondosaal

---

[1] Vgl. dazu und zum folgenden Archiv des Deutschen Historischen Instituts in Rom, Nr. 90, Nachlaß Philipp Hiltebrandt, Blatt 11 und Blatt 15–17 (drei verschiedene, nicht vollständig übereinstimmende Lebensläufe Hiltebrandts).
[2] Bundesarchiv Berlin, Ehemal. BDC, Hiltebrandt, Philipp.
[3] Archiv des Deutschen Historischen Instituts Rom, Nachlaß Hiltebrandt, Bl. 15f., Lebenslauf.
[4] Philipp Hiltebrandt, Ein Jahr faschistisches Imperium, in: Völkischer Beobachter, 5.5.1937; ders., Das faschistische Imperium, in: ebd., 26.9.1937; ders., Der Marsch auf Rom. Persönliche Erinnerungen, in: ebd., 28.10.1937.
[5] Ebd., Handschriftlicher Bericht, ohne Datum und Überschrift.
[6] Hiltebrandt, Ideen und Mächte.
[7] Gaetano Polverelli, einer der engeren Mitarbeiter von Mussolini, war von Dezember 1931 bis Juli 1933 Pressechef des Ministero degli Affari Esteri.
[8] Mussolini bezeichnete sich als „Capo del Governo", um sich von der liberalen Bezeichnung eines „Presidente del Consiglio dei Ministri" abzuheben.

des Palazzo Venezia öffnet, in dem der Duce arbeitet. Schon um zu ihm vorzudringen, bedarf es einer Geduldsprobe. Als ich bei ihm zum erstenmal um eine Unterredung mit Mussolini einkam, erhielt ich die Antwort, ich solle meine Fragen dem ehemaligen Finanzminister De Stefani zur Beantwortung vorlegen. Als ich nach einiger Zeit von neuem bei ihm vorsprach, bekam ich den wenig ermutigenden Bescheid, es seien jetzt ungefähr dreihundert, die denselben Wunsch wie ich eingereicht hätten; ich möchte mein Glück nach einigen Monaten noch einmal versuchen. Mein Unternehmen, einen der Gewaltigen des Großen Faschistischen Rats für mich einzuspannen,[9] schlug fehl, und es blieb mir nichts andres übrig, als die Belagerung des Presseamts von neuem vorzunehmen. Es gelang mir, abermals zu Polverelli vorzudringen. Diesmal war der sonst so wortkarge Sohn der als Ursitz der Tannhäusersage berühmten sybillinischen Berge ungewöhnlich gesprächig. Während wir uns über die Entwicklung der Dinge in Deutschland unterhielten, brachte ein Diener ein mächtiges Bündel Akten. „Da sehen Sie", sagte Polverelli, „was der Duce an *einem* Tag niederschreibt, und was ich dann jeden Abend, bis tief in die Nacht, durchzulesen habe. Und dabei ist das nur ein kleiner Teil seiner Tagesarbeit. Dazu kommen noch die Audienzen, die er diplomatischen Vertretern, Präfekten, Häuptern der Partei und Privaten gibt, die Konferenzen, die er abhält, und die Besichtigungen und die Besuche, die er abstattet. Und überdies liest er noch viele Zeitungen und vervollkommnet sich in fremden Sprachen." Während er dies erzählte, hatte er die Mappe geöffnet und blätterte in den Papieren. Ich sah eine Unmasse von Folioblättern und Zetteln, unter denen sich auch gebrauchte Briefumschläge befanden. Sie waren alle von der bekannten Schrift Mussolinis bedeckt, der nur selten diktiert und beinahe alles mit der Hand schreibt. Nur bisweilen erblickte man zwischen den schnell hingeworfenen Zeilen Verbesserungen oder Streichungen. Mehr als aus allen anderen trat mir aus diesen zahllosen Schriftstücken das Bild des Mannes entgegen, der sich nach dem Römerwort im Dienst des Vaterlandes verzehrt und keine Zeit hat, müde zu sein, für den das Leben Schaffen und das Genie Fleiß bedeutet und der von sich gesagt hat, „daß eine Verantwortung auf ihm laste, die die Nerven erzittern und die Pulse erbeben lasse". Es fielen mir die Worte ein, die er eben an die italienischen Offiziere gerichtet hatte: „Ich erinnere euch daran, daß *eine Sache* im Krieg wie im Frieden *allein Wert* hat, oft entscheidend ist und mit sich fortreißend, immer: das *Beispiel*." Um dieses mit sich fortreißende Beispiel geben zu können, sind seit zehn Jahren Ferien oder Gesellschaften für ihn ein unbekannter Begriff; seine „Erholung" besteht in der „Rotation" der Tätigkeiten, was immer neue Kräfte in Bewegung setzt, während die ermüdeten, „von der Wache abgelösten", sich unterdessen ausruhen. Einen Augenblick kommt mir der Gedanke, auf die er-

---

[9] Gemeint ist der „Gran Consiglio del Fascismo", seit 1923 zunächst oberstes Parteiorgan des PNF und seit 1928 Staatsorgan.

betene Audienz zu verzichten. Da aber erklärt mir Polverelli: „Ich werde sehen, was ich tun kann. Sie sollen baldige Antwort haben." Einige Tage später erhielt ich die Mitteilung, daß Mussolini bereit sei, mich im Palazzo Venezia zu empfangen.

Im Vorzimmer

Die Audienz ist auf 19.15 Uhr angesetzt. Kurz zuvor betrat ich erst den Palazzo Venezia, denn das Vorzimmer, das Bismarck als noch schlimmer, als ein Parlament bezeichnet hat, ist für mich immer eine Stätte seelischer Pein. Aber schon ein erster Blick in die beiden Zimmer zeigte mir, daß ich sie sobald nicht verlassen würde. Denn vor mir warten nicht weniger als vier Personen, eine Dame, ein höherer Beamter, der italienische Armeebischof Bartolomasi und sein bärtiger Sekretär. Die Hitze in den beiden Räumen ist groß: am meisten leiden die Diener, die in ihrer Livree mit gesteifter Brust und hohem Kragen, der keine Luft zuläßt, hier nun schon sieben Stunden aushalten. Ich wappne mich mit Geduld, betrachte die Gemälde an den Wänden und stelle mich in die Tür zum Sitzungssaal des Großen Faschistischen Rats. Gegen halb acht wird der Beamte aufgerufen, nach fünf Minuten kommt er bereits wieder zurück. Dann tritt eine lange Pause ein. Ein Diener erklärt mir den Grund: Es gibt noch ein *zweites Vorzimmer*, das von Großwürdenträgern bevölkert wird, die den Vortritt haben. Zurzeit weilt der Generalsekretär der Partei beim Duce. Der Armeebischof hat vor langer Zeit ein Gespräch mit der Dame angeknüpft; er versinkt in der Hitze immer mehr in seinem Lehnstuhl und rasselt vor innerer Unruhe bisweilen mit dem Kreuz an seiner goldenen Halskette. Der Priester im Bart, sein Sekretär, erklärt, um sich die Zeit zu vertreiben, den Dienern die Gemälde und übersetzt ihnen eine lateinische Inschrift ins Italienische. Zum Glück habe ich mir einen kleinen Führer zum Palazzo Venezia eingesteckt, zu dem mein alter Freund Hermanin von Reichenfeldt, der hervorragende Restaurator dieses durch seine gedankliche Größe eindrucksvollsten aller römischen Paläste, die geschichtliche Einleitung geschrieben hat.[10] Aus ihr erfahre ich, daß der Palast an der Stelle steht, an der nach dem Gebot des Kaisers Augustus die von Mussolini als „papierne Spiele" bezeichneten Stimmzettelwahlen abgehalten werden sollen. Ich lese ferner, daß der venezianische Papst Barbo (Paul II.) ihn in noch viel gewaltigerem Umfang geplant hatte; von den vier mächtigen Türmen ist nur einer wirklich ausgeführt worden, und die großen Säle hat dann ein kleineres Geschlecht nach dem Tode des Papstes später durch Quermauern zerlegt. Wäre Mussolini abergläubisch, so hätte er ihn schwerlich zu seinem Sitz erwählt, zu-

---

[10] Hiltebrandt bezieht sich auf den Band von Federico Hermanin (Hg.), Palazzo Venezia. Museo e grandi sale, Bologna 1925. Hermanin, in Italien geboren, aber deutsch-österreichischer Herkunft, war Direktor des Museo di Palazzo Venezia.

mal da ja an der Seite des Palastes noch jenes Haus steht, wo Letizia Buonaparte bei allen großen Erfolgen ihres imperialen Sohnes zu unken pflegte: „Wenn das nur Bestand hat!" und damit schließlich nur allzu Recht behielt. Mussolini nahm ihn, weil er im Zentrum Roms zu den Füßen des Nationaldenkmals, auf dem die Gebeine des unbekannt gefallenen Soldaten ruhen, gelegen ist, und weil von hier die Straßen nach den Bergen und dem Meer Italiens ausgehen. Er wählte ihn, weil er einst der Sitz des Botschafters der ruhmreichen Republik Venedig gewesen war, welche die Adria und ihre Küstengebiete beherrscht und ihren Einfluß auf die Länder des Orients erstreckt hatte. Von den Salons kam als Arbeitsraum der des Pappagallo nicht in Frage, denn die römische Spottlust hätte sofort behauptet, hier würden nur Papageien, die alles nachredeten, empfangen. Die riesige Sala Regia würde nur einem König zugestanden haben, Mussolini betrachtet sich aber als den „treuen Diener" der Monarchie, die für ihn der moralische Träger des Zusammenhangs der nationalen Vergangenheit, Gegenwart und Zukunft ist. Am wenigsten mußte ihm der Konsistoriumssaal zusagen, der an die ihm verhaßte Priesterherrschaft erinnert. So hätte es nahegelegen, den Salone der „Arbeiten des Herkules" zu wählen, welcher der hernäischen Schlange der Zwietracht die Köpfe abschlug und eine reinigende Strömung in die Augiasställe leitete. Aber Mussolini wollte sich nicht überheben, und so bezog er den Salone del Mappamondo (des Atlanten, oder der Erdkugel). Er ist mit 15 Meter[n] ebenso breit und mit 12 Meter[n] ebenso hoch, aber mit 18 Meter[n] nur halb so lang wie die Sala Regia[11]. Er hat den einzigen Balkon, der zur Piazza Venezia führt, und der Duce hat das Bedürfnis, zum Volk zu sprechen. Der Mappamondo ist das größte Arbeitszimmer, das einem Ministerpräsidenten zur Verfügung steht, und sein Name erinnert an das höchste Bestreben des faschistischen Italiens, nämlich zu den größten Mächten zu gehören, welche die politischen Geschicke des Erdballs bestimmen.

Während ich las, wurde dem Armeebischof die Aufforderung überbracht, vor den „Mann der Vorsehung" zu treten, wie der Papst Mussolini bezeichnet hat.[12] Fast zwei Stunden hatte er darauf gewartet. Aber bereits nach zehn Minuten ist sein Empfang zu Ende. Ich wollte mich wieder in Hermanin vertiefen, da aber ruft die Stimme eines Dieners: „Der Duce wünscht Sie!"

Der Empfang

Ich durchschreite den Sitzungssaal des Großen Faschistischen Rats, und ein Diener öffnet mir die Tür zum Mappamondo. Einen Augenblick glaube ich ins Freie gelassen zu werden, denn der mächtige Raum ist, nur durch den

---

[11] Hiltebrandt schreibt irrtümlich nochmals „breit".
[12] Kennzeichnung Mussolinis durch Papst Pius XI. nach der Unterzeichnung der Lateranverträge.

Widerschein der Straßenbeleuchtung belichtet, in rembrandtsches Halbdunkel gehüllt, so daß man kaum Wände und Decke sieht. In der Ferne leuchtet das Licht einer Tischlampe, und ich habe den naheliegenden Gedanken: „Dort werde ich den Duce wohl finden." In dieser Richtung stelle ich meinen Kurs ein. Aber nach den ersten Schritten merke ich sofort die Schwierigkeiten der Steuerung. Denn der Marmorboden ist derartig glatt gebohnert, daß eine alte Exzellenz wohl nur auf allen vieren zu Mussolini gelangen könnte. Ich glaube buchstäblich auf das Glatteis der hohen Politik geraten zu sein, auf dem nicht nur Zielstrebigkeit, sondern vor allem Sinn für Gleichgewicht, Geistesgegenwart und Gewandtheit vonnöten sind. Es gelingt mir, die Insel zu erreichen, die durch einen großen Teppich gebildet wird, auf dem der Tisch mit der Lampe steht. Ich bin glücklich, wieder festen Boden unter mir zu fühlen. Hinter dem Tisch erhebt sich eine Gestalt, streckt die Hand zum römischen Gruß aus und richtet an mich das eine Wort: Dica! (sprecht!), das zunächst in seiner Kürze wie ein kategorischer Imperativ klingen könnte, wenn man nicht wüßte, daß mit dieser Anrede in Italien Hoch und Niedrig Aufträge entgegenzunehmen pflegen. Ich habe natürlich meinen Spruch bereit, in dem gleichzeitig eine politische Frage enthalten ist, und er antwortet mit voller Zustimmung. Er erkundigt sich dann nach meinen persönlichen Verhältnissen und der Kölnischen Zeitung, die ich vertrete.

„Wie lange leben Sie denn schon in Rom?" „Beinahe dreißig Jahre." „Da haben Sie das volle Recht, von sich zu sagen: *Civis Romanus sum!*"

Er kommt dann auf ihm bekannte deutsche Korrespondenten zu sprechen, und besonders interessiert ihn der verstorbene Hans Barth, der den italienischen Wein in seinem auch ins Italienische übersetzten „Schenkenführer von Verona bis nach Syrakus" besang.[13]

„Und sicher", so fährt er fort, „kennen Sie auch den ‚großen Stein', den ihr Deutsche den Gran Sasso d'Italia nennt. Er schreibt gut, aber mir scheint, er ist zu jung."[14]

Während des über dieses Thema im heitern Ton gehaltenen Gesprächs bewegt er sich, häufig stehenbleibend, hinter seinem langen Tisch hin und her. Auf diesem liegt weder ein Buch noch ein Blatt. Was er tagsüber geschrieben hat, bedeckt bereits den Schreibtisch Polverellis. Er bemerkt, daß ich eine zusammengefaltete Zeitung in der Hand halte, und er läßt sie sich geben. „Ist der Artikel von Ihnen, und welchen Grund führen Sie dafür an, daß Italien in der Weltkrise widersteht?" „Unter anderem vor allem, weil es einen starken Staat hat."

---

[13] Hans Barth, Est! Est! Est! Italienischer Schenkenführer, Oldenburg [1900].
[14] Mussolini meint den deutschen Journalisten Wolfgang C. Ludwig Stein, der in Rom als Zeitungskorrespondent tätig war. Vgl. von ihm Wolfg[ang] C. Ludwig Stein, Geschichte und Wesen der italienischen Presse, Berlin 1925; ders., Demokratie und Partei im Faschismus, Wien 1932.

„Das haben Sie richtig gesehen, das ist der Hauptgrund, es gibt aber noch andre. In Italien halten sich Industrie und Ackerbau noch im Gleichgewicht, und dann ist das italienische Volk noch nicht überzivilisiert, und es ist in seinen Ansprüchen bescheidener als andre Völker."

„Auch das habe ich angegeben." „Aber ich wette, einen Grund haben Sie nicht genannt."

„Und der wäre?" „Wir haben die *Sonne*. In seiner Sonne kann das italienische Volk Not und Elend leichter ertragen als reichere Völker, denen sie fehlt. Ihr Glanz gibt eine innere Heiterkeit und schließlich ist alles psychologisch."

Ich frage Mussolini, ob ich einige politische Fragen an ihn richten dürfe. Er nickt. Es sind Fragen, die die aktuellen Hauptpunkte der internationalen Politik betreffen. Sich auf meine Verschwiegenheit verlassend, erwidert Mussolini auf jede mit einer prompten Antwort, meist nur in einem klaren und scharfen Satz, und mit rücksichtsloser Offenheit. Plötzlich aber unterbricht er mich:

„Verschieben wir das auf später, wenn die politischen Verhältnisse sich mehr geklärt haben und mir mehr Zeit als heute zur Verfügung steht. Gehen Sie morgen zu Polverelli und sagen Sie ihm, er solle mit Ihnen eine neue Unterredung vereinbaren, bei der ich Ihnen eine Intervistina (ein kleines Interview) geben zu können glaube."

Ich brauche nicht zu sagen, wie wenig das Bild, das ich von Mussolini erhielt, dem entspricht, das man sich meist von ihm zu machen pflegt. Er ist im privaten Gespräch nicht der mächtige, aber nervöse Löwe, er legt sein Gesicht weder in imperatorische Falten, noch steckt er nach Ästhetenart gar eine Denkerstirn heraus. Von der Begrüßung an bis zur Verabschiedung ist er gegen alle überflüssigen Reden. Darum antwortet er in kurzen bestimmten Sätzen, aber er nimmt nicht den geringsten Anstoß daran, wenn man die Fragen in ähnlicher Form ohne Umschweife und Floskeln stichwortartig in die Debatte wirft. Man braucht nicht zu fragen: „Was denken Eure Exzellenz über die Abrüstung", sondern einfach das Wort „Abrüstung" auszusprechen, um ohne weiteres die Antwort zu erhalten. Er kann auch Widerspruch vertragen und schätzt ihn sogar. Wie er sich gibt, hat seinen eignen Stil, ist aber ohne Pose. „Meine Stärke", so hat er über sich selbst gesagt, „besteht nicht darin, daß ich über materielle Machtmittel verfüge, sondern in meiner allermenschlichsten Menschlichkeit, der nichts fern liegt, von den Spekulationen des Philosophen an bis zu der Arbeit des Tagelöhners." Selbst diejenigen, die zum erstenmal mit einer gewissen Befangenheit zu ihm kommen, verlieren diese nach wenigen Minuten. Man spricht mit dem Mann des Volkes, der dessen Eigenschaften vermöge seines Genies und seines Fleißes in seiner Person auf das höchste gesteigert hat, aber dabei im Grunde immer der geblieben ist, der er ursprünglich war. Wenn man mit ihm unter vier Augen spricht, glaubt man nicht mehr dem unbeschränkten Herrscher eines Fünfzig-Millionen-Volks, über den mehr geschrieben wurde als über alle Staatsmänner der Nachkriegszeit zusammen, sondern eher einem alten Bekannten gegenüberzustehen.

Als ich beim Rückweg den Kurs auf die linke Tür des Mappamondosaals einschlug, hörte ich aus der Ferne eine Stimme: „Nach rechts, immer nach rechts!" In diesem rein zufälligen Zuruf war das Programm des Mannes enthalten, der zum ersten Male als Revolutionär nach rechts geht, ohne reaktionär zu werden. Denn er bleibt der Sohn des Volkes, der in diesem und seiner „Zustimmung" nicht nur die Grundlage seiner Herrschaft sieht, sondern zugleich auch seine Nation nach seinem aus ihrer Seele entnommenen Bilde materiell und vor allem ideell zu einem „großen Volk" erheben will.

Rudolf Borchardt

Königsberg 9. Juni 1877 - Trins/Tirol 10. Januar 1945
Schriftsteller

Rudolf Borchardt, seit 1921 ständig in Italien lebend, stand dem Faschismus schon frühzeitig durchaus positiv gegenüber, auch wenn er sich zunächst nicht explizit für diesen engagierte. Erst nach der ihn beunruhigenden Machtübernahme Hitlers in Deutschland suchte er den Kontakt zu Mussolini.

Am 19. März 1933 bat er in einem in italienischer Sprache geschriebenen Brief den ehemaligen italienischen Kulturminister Giovanni Gentile um eine Audienz bei Mussolini. Er begründete das mit seiner Absicht, dem ‚Duce' ein Exemplar seiner soeben erschienenen Übersetzung von Dantes „Divina Commedia" zu überreichen, die er in einem eigenartigen mittelalterlichem Kunstdeutsch verfaßt hatte.[1] Er ließ jedoch erkennen, daß er vor allem seine „profonda gratitudine verso il paese" zum Ausdruck bringen wollte, das ihn schon so lange beherbergte.[2] Nachdem Gentile sein Ansinnen unterstützte, stellte er am 26. März über Botschafter Constantin Freiherr von Neurath ein förmliches Audienzgesuch, in dem er erneut darum bat, seine Übersetzung der „Divina Commedia" „in tedesco storico" überreichen zu dürfen.[3]

Bei der Audienz am 3. April 1933 ging es dann aber nur am Rande um die Übersetzung, die Mussolini unverständlich bleiben mußte. In einem Brief an einen Freund berichtete Borchardt vielmehr am 23. Dezember 1934, daß es auch „eine Viertelstunde politischen Gespräches von ernstester und straffster Zusammenfassung, von der mein Bericht in der Kölnischen Zeitung natürlich geschwiegen hat", gegeben habe: „Dieser quadratische Verstand, ganz aus herrschender Höhe und doch fast à brule-pourpoint urteilend, sah und sagte damals im März 1934 [sic!] bereits alles inzwischen Ereignis gewordene voraus und er entließ mich, nachdem er mich den langen Wanderweg bis zur Tür begleitet hatte, mit den Worten ‚L'histoire n'en fait pas des doublettes: Les surprises ne réussisent q'une fois."[4]

Auch ohne diese Information erregte Borchardts Bericht in der „Kölnischen Zeitung" vom 16. April 1933 allein schon deshalb beträchtliches Aufsehen, weil er wenige Monate nach Hitlers Machtübernahme als einseitige Parteinahme für Mussolini angesehen werden konnte.

Bericht über eine Audienz am 3. April 1933.
Quelle: Kölnische Zeitung, 16.4.1933.

Besuch bei Mussolini

Im Portal zwischen den beiden Posten war der einzige bemerkenswerte Apparat ein Polizeibeamter in Zivil, der mit einem Lakaien schwatzte und nach Prüfung meiner Einladung, die Hand zum Gruß erhoben – es gibt keine Verbeugung

---

[1] Rudolf Borchardt, Dantes Divina Commedia, Stuttgart 1967.
[2] Borchardt, Briefe, S. 230f.
[3] Ebd., S. 236.
[4] Ebd., S. 408.

und keinen gelüfteten Hut mehr – mir voranschritt. Die nackte Steintreppe, an der ja wenig Zutat ist, wie irgend an den Fronten des riesigen Trutzbaus von Palazzo Venezia, stand über dem ersten Podest, in ganzer Höhe stark vergittert, und wurde erst auf ein Klingelzeichen von einem hernieder eilenden Lakaien freigegeben. Man durchschritt ein Vorzimmer voller Bedienter und mußte in einem zweiten ablegen.

Die lauten Unterhaltungen und das lässige Benehmen im Vorsaal, wo ab- und zugegangen wurde, von überall her verschieden gestimmte Glocken schrillten und riefen, auch wohl ein untergeordneter Beamter, den Hut auf dem Kopfe, hindurchschlenderte, bedeuteten mir sogleich, obwohl der Empfang eben erst um eine Stunde verschoben worden war, daß ich noch reichliche Zeit haben würde, mich umzusehen, bis der Herr wieder im Hause wäre; und wirklich hatte ich die Vitrinen mit alten Majoliken, unter denen sehr seltene Stücke sind, die Museumsbilder an den samtbespannten Wänden, das antike Mobiliar schon wiederholt durchmustert, als bereits die in der Empfangsreihe auf mich Folgenden eingelassen wurden: Amtsbürgermeister, wie es den Anschein hatte, in provinziell geschnittenen nagelneuen schwarzen Röcken und grauen Beinkleidern, die ein höherer Beamter, Mappen unter dem Arm, vorzustellen hatte und die mit allen Anzeichen nervöser Aufregung, Sätze zwischen den Lippen murmelnd und einander leise überhörend, von einem Bein aufs andre traten. Es wurden ihrer mehr und mehr; ein kurzer Bursch aus dem Volke, das galaseidene Schwarzhemd mit Ordensauszeichnungen überdeckt, tiefsonnengebräunt, knochig und glühend, ließ mit einer rührenden Geste naiver Aufregung einen der feineren Herren sein klopfendes Herz fühlen; doch schien er diesen Herzschlag immer noch eine Zeit bemeistern zu sollen, denn der Einführende, der eine Zigarette anzündete und in einem der Renaissancefaltsessel des Vorsaals saß, hatte inzwischen auch seine Anvertrauten aufgefordert, es sich nur noch bequem zu machen, und die Viertelstunden rannen.

Auf einmal fuhr es in den Saal wie ein Schlag. In einen meinen Blicken entzogenen Durchgang war Bewegung gekommen. Mussolini war im Hause. Alle Bewegungen wurden straff und kurz. Der Beamte skizzierte den Provinzlern, die Finger in der Luft, den Weg zum Audienzraum, den der Herr, ohne die Vorzimmer zu berühren, einzuschlagen pflegt. Aus allen Gesichtern war die Farbe gewichen, nur die gelangweilten bäurischen Köpfe der Lakaien, denen dieses tägliche Schauspiel keinen Zug mehr entlockt, blieben, als Ausstattung des Raumes, unverändert wie die Majoliken und Madonnen. Nach einer Weile wurde mein Name genannt, ein Diener zeigte den Weg und übergab mich, in einen neuen größeren Saal, einem anderen, der mir zu einer Tür vorausschritt und sie öffnete.

Es war ein unabsehbarer, und soweit das Auge reichte, vollkommen leerer Saal. In der Diagonale links mir gegenüber, weit hinten, winzig wie durch ein umgekehrtes Opernglas gesehen, erhob sich während ich mich rasch und doch nur allmählich näherte, eine Gestalt hinter einem langsam deutlicher werdenden Tische, tat drei große Schritte um ihn herum und baute sich vor seiner rechten Ecke unbeweglich auf, die mächtige Brust geladen, den Kopf ins Genick geworfen, die Arme gerade herabhängend.

Ich hielt inne, um mich in gemessener Entfernung zu verbeugen, und gelangte endlich an die Hand, die er, immer noch in gebieterischer Haltung auf mich niederblickend, mir entgegenstreckte. Ich drückte sie herzlich und sagte auf Italienisch „Ich danke Ihnen", und er erwiderte meine aufrichtige Bewegung mit einer augenblicklich die Gestalt und den Ausdruck verwandelnden einfachen Güte. Er nahm das Buch, das ich ihm brachte und begann sofort in lebhaftem Tone zu fragen, halb um den Tisch zurückgetreten und die Augen auf mich gerichtet: „Sie haben Dante übersetzt, in ein historisches Deutsch – was heißt das? In ein mittelalterliches Deutsch?"

Ich antwortete in so wenigen Worten wie möglich, daß Luthers Bibel, zweihundert Jahre jünger als die Commedia, unsre heutige Sprache in ähnlicher Weise wie Dantes die italienische bestimmt habe und die Kunst darin bestehe, hinter sie zurückzugreifen, ohne unverständlich zu werden. „Aber die Bibel" sagte er interessiert, mit großen glänzenden Augen, „ist doch für die Deutschen durch Ulfilas übersetzt worden?" Ich konnte mich eines Erstaunens nicht erwehren, als ich den Beherrscher Italiens, von den Sorgen seines Arbeitstages bedrängt, einer zwischen die Geschäfte eingeschobenen Unterhaltung mit einem Fremden die Form einer wirklichen Erörterung geben sah . „Es ist ein gotischer Text, Exzellenz", erwiderte ich, „den nur noch Professoren verstehen können." „Ah", sagte er lachend und mit der gutmütigen robusten Bewegung des Handelnden, der eine harmlose Ideologie gewähren läßt, „ah, nur die Professoren, ich verstehe. Und Ihr Luther" – hier hatte er wieder Platz genommen und mich in seine Nähe gewinkt, um ihm, indes er ernsthaft vor dem aufgeschlagenen Buche saß, Erklärungen zu geben –, „hat ein Deutsch geschaffen, das jetzt historisch ist, das Ihnen aber nicht ganz genügte?" „Nein", antwortete ich, „ich habe versucht, ein älteres Deutsch durchschimmern zu lassen und eine Sprache zu finden, die es nicht gibt." „Jeder Dichter", sagte er darauf stark, „schafft sich eine Sprache, die es vor ihm nicht gegeben hatte", und sah mich, vom Buche aufschauend, mit einem Blick an, der ihm in besondern Momenten eigentümlich ist, indem die nicht übergroße hellbraune Iris, ringsum vom Weiß des Augapfels umgeben, aus ihm fährt wie ein doppelter durchbohrender Stoß. Er hatte den ersten Gesang aufgeschlagen und begann laut zu lesen. „Das ist ja ganz wörtlich", sagte er, „und ich verstehe es ganz wie heutiges Deutsch; halt, was ist dies?" Er war auf ein ihm fremdes Wort gestoßen und ließ sich darüber belehren, daß auch das entsprechende italienische des Textes vom heutigen Gebrauche leicht abweicht; das überzeugte ihn.

Während ich nun auf dem Sitzenden niederblickte, konnte ich seine Umgebung in einen raschen Blick fassen. Neben dem großem Schreibtisch, auf dem nur belangloses Gerät liegt, darunter zwei Schälchen voll unzähliger gelber Nädelchen und Zwicken, stehen rechts zwei aufnehmende und ein rufendes Telefon auf einem Tischchen, dazu ein hohes Glas mit Orangensaft, links ein Gestell mit ganz wenigen Akten. Der vor mir gespannt Lesende, der zwischen so schlichtem Werkzeug sein Land, das sein Werk ist, im Sturm der Zeit steuert, ist ein mächtig gebauter reifer Mann, über dessen prachtvoller Stirnkuppel der Scheitel sich lichtet und einige der kurzen leicht krausen Schläfenhaare ergrauen. Das farblose Gesicht mit den mächtigen Wangen hat einen bräunlichen Luftton [sic!], der lange dünnlippige Mund, um den die reichen Bewegungen des Sprechers spielen, liegt in festen Winkeln. Nichts, da ich ihn schon so nahe vor mir sah, erinnerte an die konventionelle Maske des Gewaltstils, das Mißverständnis, unter dem Waffen und Welt ihn zu verstehen meinen. Gesammelte Willenskraft und unbedingte Festigkeit im Guten beherrschen die großen Flächen dieser in allen Übergängen gerundeten und schönen Züge, die auch einen gewaltigen Kirchenfürsten oder einen fürstlichen Dichter bezeichnen könnten und mit manchen Bildnissen des spätern Goethe nicht zufällig übereinstimmen, weil die höchste aller Möglichkeiten männlicher Liebe im Geistigen, die platonische, sie zu ihrem Gefäße gemacht zu haben scheint. Er ist einfach und ernst gekleidet. An den kraftvollen Händen ist nur der Goldfaden des schmalsten aller Eheringe sichtbar. Die Bewegungen sind von beherrschter Kürze. Der leidenschaftliche Untergrund der lodernden Natur, deren Ausbruch das seelische Relief eines Millionenvolks umgestaltet hat, liegt tief unter den Schichten beruhigter Herrschaft, über denen es längst blüht und gedeiht.

Er wollte die Votivtafel des Ehrengedächtnisses deutscher Verdienste um Dante prüfen, die ich dem Buch vorgedruckt habe und die er einzeln durchging. Schlegel, Schelling, Hegel, König Johann von Sachsen, bis Voßler und George – er knüpfte an jeden Namen einen ungefähren Begriff und eine kurze Bemerkung. „Ein einfacher Mann und ein König und ein Philosoph, und ein Professor – ah, Voßler, nun ja, der freilich",[5] und ein Nicken bestätigenden Respekts. „Und sie alle Dantisten!" „Eben darum, Exzellenz", sagte ich, „habe ich sie alle zusammengestellt, wir sind ein Volk von Dantisten." „Schön", erwiderte er ruhig und lächelnd, und blätterte gegen das Ende, „und auch das Paradies haben Sie übersetzt? Mit allen Reimen? Es ist doch so viele dürre Doktrin darin." „Und alles falsch", fiel ich ein, „und darum unübersetzbar, denn man kann etwas, wovon man weiß, daß es falsch ist, nicht überzeugend aussprechen." Er lachte laut, „ja, alles falsch natürlich, alles falsch, aber hin und wieder eine wirklich schöne Terzine; und trotzdem für Sie." „Ja", sagte ich, „es war ein unablässiges Granit mahlen." Die Formel gefiel dem großen Formelpräger und er lachte wieder, indes er sie mit blitzenden Augen langsam wiederholte. „Jetzt, den fünften Gesang Hölle", sagte er eifrig und beinahe

---

[5] Mussolini gibt hier vor, den Romanisten Karl Voßler (1872–1949) zu kennen.

lustig, „Francesca von Rimini". Er blätterte zuerst die Schlußverse auf, las mein Deutsch, sprach sie italienisch aus dem Gedächtnis, las sie wieder deutsch, verglich genau, bemerkt eine Tonmalerei des italienischen Textes, wollte wissen, wie ich ihr gerecht geworden sei, wiederholte das Deutsche nochmals langsam, mit harter, aber peinlich korrekter Aussprache. Seine Urteile unterbrach er mit der Entschuldigung, sie seien nur die eines einfachen Lesers und Laien, ganz ohne auch nur einen Anflug von gemachter und mit dem Tone echter und ruhiger Bescheidenheit.

Dann las er die tragischen Verse der Liebesszene in gleicher Weise, zuerst italienisch aus dem Kopf rezitierend, dann, langsam, das bittere Deutsch unsrer strengen alten Sprache. „Ich spreche vielleicht nicht alles richtig aus", unterbrach er sich dazwischen. „Eure Exzellenz vergüten es mir durch das Glück", erwiderte ich, „meine Werke von Ihnen selber zu vernehmen." „Ja", sagte er, „es ist alles da, der Reim, und die Worte alle, und die Pausen, ... ich verstehe, daß das zweiundzwanzig Jahre gekostet hat." Ich machte ihn auf den Druck der Bremer Presse aufmerksam, die eigens gezeichnete und gegossene Schrift und den Handsatz, die holzgeschnittenen Initialen. Er betrachtete alles genau, aber ohne etwas zu bemerken. Mochte ihm daran nichts sonderlich auffallen, mochte er sich zu keiner leeren Bemerkung bemüßigt fühlen, mochte die halbe Stunde seiner Aufmerksamkeit von nachdrängenden Pflichten abgelöst sein, er schloß das Buch, öffnete es noch ein kurzes Mal und stand auf. „Ich danke Ihnen", sagte er warm und fest und trat mit einem Händedruck um den Tisch herum wieder zu mir. „Ich danke Ihnen und freue mich sehr. – Ich werde von der Tatsache, daß ich Sie empfangen habe und von Ihrem Geschenk durch die Zeitungen Kenntnis geben lassen, wenn Ihnen das nicht unangenehm sein sollte." Die letzten Worte hatte er in der vollen Haltung und mit dem bewußten Ton der Hoheit gesprochen, mit der er mich empfangen hatte. „Und jetzt erlauben Sie mir, Sie zu begleiten."

Ich wollte mich an seine Linke stellen, aber mit einer so entschiedenen wie geschmeidigen Bewegung und den Worten: „Nein, Sie sind hier mein Gast", hatte er es verhindert und stand an meiner Linken, auch den Proportionen nach an Goethes Statur erinnernd, bei Mittelgröße, breiter Brust und Armen, sehr großem, fast gewaltigen antiken Haupt, doch untersetzt und im Unterbau mehr stämmig als hoch und den Gegensatz durch die Gebärde ausgleichend, hierin aber den Südländer nicht verleugnend, rasch und nicht steif, viel biegsamer als ich ihn vermutet hätte, ein schöner vollkommener Mann. Ich sagte ihm, während wir die enorme Halle zurückmaßen, wann ich zum erstenmal in Italien gewesen sei, 1898, ein Knabe, und bat aussprechen zu dürfen, welche Veränderungen ich selber seitdem im Lande erlebt hätte. „Ah", erwiderte er, mit einem glücklichen und warmen Ausdruck: „Nicht wahr? Haben Sie gesehen, was ich hier alles gemacht habe? Haben Sie mein Werk in Rom gesehen, wie?" „Gewiß", erwiderte ich, „und ich habe es bewundert!", aber nicht das hätte ich ihm sagen wollen, sondern auf die von ihm bewirkte Veränderung des Volkes hinweisen, die ich, auf dem Lande lebend, an meinen Bauern zu beobachten Gelegenheit hätte, das neue Ehrgefühl und das allgemeine Selbstbewußtsein, das dennoch der alten Höflichkeit und Sitte keinen Eintrag tue. Mussolinis Gesicht, nun dicht bei mir, neben der Tür, war unter meinen Worten, ohne seinen Ernst zu verlieren, immer strahlender geworden. „Natürlich", sagte er mit einer für den Augenblick fast weichen Stimme, „denn darauf kam es an, das mußte erhalten werden, das eben ist ja das Schöne", und er drückte und schüttelte mir die Hand. Durch die angelehnte Tür, in der ich mich zum Abschied gegen ihn verneigte, sah ich ihn noch, die Hand römisch zu mir erhoben, mit demselben Ausdruck strahlender und warmer Ruhe stehen.

Das Vorzimmer war überfüllt. Neue Menschen, neue Mappen. Alles suchte mir aus den Blicken zu lesen, in welcher Verfassung ich den Gebieter gefunden und verlassen habe. Am Tag darauf brachten die Zeitungen Nachricht von den politischen Lasten seiner Entscheidung an demselben Tag, an dem er eine halbe Stunde gefunden hatte, um mit mir Dante zu lesen, „historisches Deutsch" zu diskutieren und sich an Ulfilas zu erinnern. „Speise kam vom Fresser und Süßigkeit vom Starken", das Löwenrätsel Simsons. Er hatte vor mir den englischen Botschafter empfangen, sich kaum ausgeruht, und empfing nach mir und den Wartenden jenes Vorzimmers, den deutschen Botschafter, unter einem verhängten Himmel der Weltpolitik.[6]

---

[6] Ulrich von Hassell.

Joseph Goebbels

Rheydt 29. Oktober 1897 – Berlin 1. Mai 1945
Politiker

Joseph Goebbels hatte in der nationalsozialistischen Bewegung vor 1933 zunächst nicht die proitalienische Linie Hitlers vertreten. Sofort nach der nationalsozialistischen Machtübernahme vom 30. Januar 1933 drängte er jedoch darauf, Italien zu besuchen und mit dem ‚Duce' zusammenzukommen. Ursache dafür war zweifellos die Rivalität zu Hermann Göring, der 1931 und 1932 schon zwei Mal von Mussolini empfangen worden und ihm vom 10.–18. April 1933 mit einem ausführlichen Besuch in Rom erneut zuvorgekommen war. Bezeichnenderweise kündigte der „Völkische Beobachter" einen Tag nach Görings Abreise die bevorstehende Romreise von Goebbels an.[1] In einem Interview mit einem Journalisten der „Nationalsozialistischen Presse-Korrespondenz" verkündete er vor seinem Reiseantritt, weshalb er nach Rom fahre: „Meine Reise gilt vor allem der Aufnahme von persönlichen Beziehungen zu den italienischen Regierungs- und Parteistellen und einer engeren Knüpfung der freundschaftlichen Verbindungen."[2] Das entsprach dem personalistischen Politikverständnis, wie es innerhalb der nationalsozialistischen Führungskader üblich war. Die Vorbereitung des dichtgedrängten Besuchsprogramms hatte Goebbels der Deutschen Botschaft in Rom überlassen, es lief auf eine „Mischung aus Sight-Seeing-Tour und Studienfahrt" hinaus.[3] Am wichtigsten war Goebbels aber ohne Frage die persönliche Begegnung mit Mussolini. Der ‚Duce', gut präpariert durch den Italienischen Botschafter in Berlin, Vittorio Cerruti,[4] verstand es geschickt, Goebbels für sich einzunehmen, so daß dieser wie so mancher andere in dem Bewußtsein nachhause fuhr, „einen ganz großen Mann kennen gelernt" zu haben.[5]

Nach der Rückkehr schrieb Goebbels eine Broschüre über „Der Faschismus und seine praktischen Ergebnisse", die eine einzige Eloge auf den ‚Duce' darstellte und innerhalb der nationalsozialistischen Führungskader nicht ihresgleichen hatte.[6]

Es werden im folgenden zwei in dem Tagebuch von Goebbels nicht miteinander verbundene Stellen wiedergegeben.

Bericht über eine Audienz am 29. Mai 1933.
Quelle: Elke Fröhlich (Hg.), Die Tagebücher von Joseph Goebbels, Teil I, Bd. 2/III, München 2006, S. 195–197.

---

[1] Völkischer Beobachter, 11.4.1933.
[2] Zit. nach Michels, Ideologie und Propaganda, S. 146.
[3] Ebd., S. 148. Vgl. das detaillierte Programm im ACS, MinCulPop, Gabinetto, Kat 4/12–20, Nr. 9394.
[4] Vgl. das Scheiben von Cerruti an Mussolini vom 25.5.1933, Documenti Diplomatici Italiani, 7. Serie, Bd. XIII, Rom 1980, S. 751f.
[5] Fröhlich (Hg.), Die Tagebücher von Joseph Goebbels, S. 195. Abdruck mit freundlicher Genehmigung vom Verlag De Gruyter.
[6] Joseph Goebbels, Der Faschismus und seine praktischen Ergebnisse, Berlin 1934, 32 S.

Zu Mussolini

Zu Mussolini. Durch lange Gänge. Ich warte 1 Minute. Balbo kommt bei ihm heraus. Der gute Balbo. Renaissancemensch.[7]
    Dann stehe ich vor ihm. Er ist klein. Aber massiger Schädel. Wirkt ganz antik. Ich zu mir[:] gleich wie ein Freund. „Il dottore." Wir finden uns gleich. Und sprechen uns eine Stunde aus. Über alles. Er ist ganz entzückt von meinen Darlegungen. Sagt immer wieder: „Ich bin sehr zufrieden." Ich mag ihn und seine Art gerne. Gütig und hart. „Nur eine Partei." „Nicht nachgeben." „Ihr seid auf dem richtigen Wege." Klarheit der Schau!
    Wir scheiden als Freunde. Werden noch geknipst. Über mein Geschenk freut er sich sehr. „Bis heute abend. Ich bin sehr zufrieden." Seine Abschiedsworte.
[...]
    Abendessen auf der deutschen Botschaft. Mussolini wieder da. Großer Empfang. Ich unterhalte mich mit Prinzessin Mafalda.[8] Liebes Ding!
    Mussolini ist sehr erfreut über meine Eindrücke. Ich stelle ihm die deutschen Pressevertreter vor. „Nur eine Partei." „Nationale Revolution absolut gesichert." „Pressefreiheit nur zum Wohle des Staates." Er zeichnet mich sehr aus.
    Spät erst geht er. Beim Abschied: „Sagen Sie Hitler, daß er sich auf mich verlassen kann. Ich gehe mit ihm durch dick und dünn." Photos. Herzlicher Abschied. Ich habe einen ganz großen Mann kennen gelernt. Wie reich man dadurch wird.

---

[7] Italo Balbo (1896–1940) gehörte zu den bekanntesten Führern des italienischen Faschismus. Er betrieb vor allem den Aufbau der italienischen Luftwaffe zu einer eigenständigen Waffengattung neben dem Königlichen Heer und der Marine. International bekannt wurde er durch die von ihm geführten Formationsflüge über das Mittelmeer (1928 und 1929) sowie den Atlantik (1931 und 1933).
[8] Mafalda Prinzessin von Savoyen (1902–1944) war seit 1925 mit Philipp Prinz von Hessen (1896–1980) verheiratet, der früh als Mittelsmann zwischen Hitler und Mussolini fungierte. Sie starb nach einem Bombenangriff im KZ Buchenwald, wohin sie nach Mussolinis Sturz am 23.9.1943 deportiert worden war.

Elly Beinhorn

Hannover 30. Mai 1907 – Ottobrunn 28. November 2007
Kunstfliegerin

Das faschistische Regime setzte entsprechend den weitsichtigen Voraussagen des italienischen Militärtheoretikers Giulio Douhet militärisch in starkem Maße auf den Ausbau der Luftwaffe. Diese Rüstungsanstrengungen wurden propagandistisch durch sportliche Höchstleistungen wie vor allem die von Italo Balbo organisierten Formationsflüge über den Atlantik nach Brasilien und in die USA unterstützt. Da auch Mussolini selbst, ähnlich wie seine Söhne Vittorio und Bruno, als Piloten Flugzeuge steuern konnten, scheint es für deutsche Kunstflieger besonders attraktiv gewesen zu sein, ihn aufzusuchen. So erhielten Karl Schwabe am 10. Mai 1933, Elly Beinhorn am 26. Juli 1933 und Hermann Köhl am 22. März 1935 eine Audienz bei Mussolini. Ganz unbefangen begründete Beinhorn in ihren Erinnerungen den Besuch bei Mussolini mit dessen Flugkünsten: „Der Duce ist selbst Flieger und weiß genau, wie die Dinge bei uns in Wirklichkeit aussehen."[1]

Wie die anderen deutschen Flieger suchte Beinhorn den ‚Duce' bei einem Zwischenstop auf, den sie bei einem ihrer Langstreckenflüge in Rom einlegte. Es handelte sich um ihren zweiten Afrikaflug von Berlin nach Kapstadt und zurück, bei dem sie insgesamt 28.000 km zurücklegte.[2]

Bericht über eine Audienz am 26. Juli 1933.
Quelle: Elly Beinhorn-Rosemeyer, Mein 28000 km Flug nach Afrika, Berlin 1939, S. 154–158.

Bei Mussolini

Durch die deutsche Botschaft in Rom wurde mir ein Brief zugestellt mit der Nachricht, daß Mussolini, der Chef der Regierung, mich am nächsten Abend um sieben Uhr im Palazzo Venezia empfangen würde.

In den Straßen Roms sah man in jedem Schaufenster Bilder von General Balbo und Skizzen, die den jeweiligen Standort des Ozeangeschwaders anzeigten. Das gesamte italienische Volk ging auf in der Sorge um seine Helden der Luft, die gerade dabei waren, eine fliegerische Großtat zu vollenden, wie sie die Welt noch nicht gesehen hatte.[3] Und in diesem Moment nahm sich der Duce die Zeit, eine deutsche Fliegerin zu empfangen, die ganz bequem in vier Monaten um Afrika herumgebummelt war.

Durch viele Räume des Palazzo Venezia wurde ich hindurchgeführt, bis in den großen Saal, in dem nur ein Schreibtisch mit zwei Sesseln steht. Mussolini kam mir entgegen, begrüßte mich auf deutsch und begann dann, sich nach al-

---

[1] Beinhorn-Rosemeyer, Mein 28 000 km Flug, S. 155.
[2] Vgl. dazu Elly Beinhorn, Ein Mädchen fliegt um die Welt, Berlin 1932.
[3] Beinhorn spielt auf den von Italo Balbo geführten Formationsflug mit 24 Flugzeugen über den Nordatlantik an. Nach der glücklichen Rückkehr wurde Balbo von Mussolini zum „Maresciallo dell'Aria" (Luftmarschall) ernannt.

len Einzelheiten meines Fluges zu erkundigen. Der Duce ist selbst Flieger und weiß genau, wie die Dinge bei uns aussehen. Er kennt das Gefühl, allein am Steuer einer kleinen Maschine zu sitzen, und er weiß, daß Flieger aller Nationen Einzelleistungen vollbracht haben, von denen man spricht.

Aber er weiß auch, daß in diesem Augenblick drüben auf der anderen Seite des Ozeans vierundzwanzig italienische Flugzeuge auf gutes Wetter warten, um das zu beenden, was nur durch jahrelange Vorarbeit, Organisation und strengste Disziplin möglich sein wird.

Jede Kleinigkeit interessiert ihn, und bei dieser Unterhaltung war es so erfreulich, daß all die kleinen Einzelheiten über Maschine, Motor und Strecke, die für mich vier Monate soviel bedeutet hatten, für Mussolini keine leeren Begriffe, sondern etwas aus eigener Erfahrung Bekanntes und Wichtiges waren.

In dieser Verbindung war es mir einfach nicht möglich, dem Duce ein Wort der Anerkennung oder gute Wünsche für das Balbogeschwader zu sagen, die er sicherlich in diesen Tagen stündlich zu hören bekam. Denn dieser Ozeanflug ist gerade für einen Flieger, der sich alle enormen Schwierigkeiten zur Durchführung eines solchen Unternehmens vorstellen kann, etwas so unfaßbar Großes, daß man ihm mit wenigen Worten nicht gerecht werden kann.

Wieder einmal hat der Duce eine Gelegenheit ergriffen, um Deutschland zu zeigen, daß er auch kleine Leistungen dieser befreundeten Nationen anerkennt, und ich freue mich, daß ich dadurch einem der Größten unserer heutigen Geschichte die Hand geben durfte.

Gert Buchheit

Saargemünd 2. Juni 1900 – Landstuhl 31. Mai 1978
Schriftsteller und Militärhistoriker

Der Schriftsteller Gert Buchheit studierte nach dem Ersten Weltkrieg Geschichte und Germanistik und war nach Staatsexamen und Promotion zum Dr. phil. im Jahre 1922 bis 1952 als Studienprofessor im Gymnasialdienst tätig. Im Zweiten Weltkrieg wurde er als Abwehroffizier im Kommandostab des Deutschen Militärbefehlshabers in Paris eingesetzt.

Buchheit war ein ungemein produktiver Schriftsteller, der etwa 25 Bücher über literaturwissenschaftliche, historische und vor allem militärhistorische Themen veröffentlichte. Wie seine Bücher über „Franz von Papen" und über „Kämpfer für das Reich. Von Stein bis Hitler" zeigen, ordnete er sich zu Beginn des ‚Dritten Reiches' politisch auf der Seite der nationalkonservativen Rechten ein.[1]

Seinem Interesse an Mussolini lag eine schon länger vorausgehende Beschäftigung mit der Kunst und Kultur Italiens, sowie der Geschichte der katholischen Papstkirche zugrunde,[2] eine im engeren Sinne politische Auseinandersetzung mit dem Faschismus ist dagegen bis zu seiner ersten Audienz bei Mussolini am 9. Oktober 1933 nicht nachzuweisen.[3] Gemäß eines Eintrags in der Audienzliste hat er sich um die Audienz bemüht, „um einige seiner Publikationen vorzulegen".[4] Mit der Niederschrift seines später sehr erfolgreichen Buches über „Mussolini und das neue Italien" hat er erst nach seiner zweiten Audienz am 31. März 1934 begonnen.[5]

Bericht über eine Audienz am 31. März 1934.
Quelle: Gert Buchheit, Mussolini und das neue Italien, Berlin 1941, S. 481–483.

Mussolini als Mensch und Persönlichkeit

Wie stark Mussolinis Herz für den Schriftsteller schlägt, durfte ich übrigens selbst erleben, als ich am Karsamstag des Jahres 1934 vom Duce im Palazzo Venezia empfangen wurde. Zum erstenmal betrat ich damals die berühmte Sala del Mappamondo, an deren äußerstem Ende hundert Schritte von der schmalen Eingangstür entfernt, der massive Schreibtisch des Duce steht, – er selbst aufrecht in seiner kraftvollen Gedrungenheit den Besucher erwartend. Ein warmer Händedruck, ein prüfendes Aufleuchten der großen Augen, eine einladende

---

[1] Gert Buchheit, Kämpfer für das Reich. Von Stein bis Hitler, Stuttgart 1933; ders., Franz von Papen. Eine politische Biographie, Breslau 1933.
[2] Ders., Rom im Wandel der Jahrhunderte. Mit 90 ganzseitigen Abbildungen nach Kupfern und Holzschnitten berühmter Meister, Nürnberg 1931; ders., Das Papsttum. Von seiner Einsetzung bis zum Pontifikat Johannes XXIII, Nürnberg 1962.
[3] Schreiben der Tochter Harriet Raftopoulo an den Verfasser vom 27.3.2008.
[4] ACS, SPD, CO, Udienze, b. 3112: „per offrire alcune sue pubblicazioni".
[5] Gert Buchheit, Mussolini und das neue Italien, Berlin 1938, 5. Aufl. Berlin 1942. Außerdem erschien eine „Sonderausgabe aus dem Gesamtwerk" unter dem Titel Gert Buchheit, Die faschistische Revolution, Berlin 1942.

Bewegung, und schon waren wir mitten in einem anregenden Gespräch, das rasch vom Persönlichen zum Thema meiner verschiedenen Veröffentlichungen hinüberwechselte, die Mussolini schon seit längerem bekannt waren. Dennoch überraschte mich das starke Interesse, das er vor allem gerade dem abseitigsten meiner Bücher, der Geschichte des Totentanzmotivs, entgegenbrachte, jener menschlichsten aller Tragödien, die trotz zahlreicher Parallelerscheinungen in Frankreich, Italien und Spanien auf deutschem Boden ihre höchste Vollendung gefunden hat.[6] Mit einer bewundernswerten Sicherheit, als sei Kunstwissenschaft von jeher sein Handwerk, griff Mussolini sofort die charakteristischen Motive heraus, ja er stellte – in dem vor ihm liegenden Bande scheinbar absichtslos blätternd – so scharf präzisierte Fragen, daß ich unwillkürlich an ein „Examen rigorosum" denken mußte. Bald war es das wissenschaftlich heiß umstrittene Entstehungsproblem, das ihn fesselte, bald das lateinische Vadomori-Gedicht,[7] bald die italienischen „Balli della morte", die mit de[n] Namen Clusone, Subiaco und Bergamo verbunden sind.[8] Jedenfalls freute er sich sichtlich darüber, daß ich auch den italienischen Forschern Beifall zollte, zumal ich deren männliche Auffassung des düsteren Vorgangs als ein Zeichen hoher Lebenskunst betrachte, die – im „Amor fati" wurzelnd – alles Irdische eben deshalb so tief bejaht, weil es sterblich ist.

So kreiste unsere Unterhaltung, beschwingt und zwanglos zugleich, um Bücher, Menschen, Denkmäler, Künstler, aber immer war es Mussolini, der das Thema bestimmte und es mit der Gewandtheit eines überlegenen Fechters dorthin lenkte, wo sein persönliches Interesse dem meinen begegnete. Als er die Kupferstiche meiner römischen Architekturgeschichte betrachtete, spürte man deutlich den ungeheuren Stolz, der diesen echten Sohn des alten lateinischen Stammes beseelt. Denn von allen Künsten liebt Mussolini vor allem die Architektur, – er liebt sie ihrer Brauchbarkeit wegen, um der Arbeit willen, die sie erfordert, und als Verkörperung der Größe und Blüte der Nation.

Was bedarf es noch weiterer Worte über das Erlebnis dieser Stunde! Wer je in Mussolinis große dunkle Augen geblickt, in denen die Feuer des Willens und des Geistes geheimnisvoll miteinander wetteifern, wer je als Mensch zu Mensch mit diesem genialen Staatsmann sprechen durfte, wird um die Gewißheit reicher geworden sein, daß eine echte Führernatur auch eine große Seele hat. Das Leben des Duce ist heldisch und leidenschaftlich wie Beethovens „Appassionata", von der man gesagt hat, daß man jedesmal tapferer würde, sooft man sie hörte. Es wirkt anfeuernd, den Worten und Taten Mussolinis nachzusinnen.

---

[6] Gert Buchheit, Der Totentanz: Seine Entstehung und Entwicklung, Leipzig 1926.
[7] Auf die hochmittelalterlichen Vadomori-Gedichte ging die europäische Totentanzkunst zurück. Daß Mussolini davon Kenntnis hatte, ist unwahrscheinlich.
[8] Ferdinando Gore, La danza macabra ovvero il ballo della morte, Padua 1888.

Louise Diel

Bremen 9. Februar 1893 – Limburg 12. Februar 1967
Journalistin und Schriftstellerin

Kein Besucher aus Deutschland wurde so oft von Mussolini in Audienz empfangen wie Louise Diel, niemand hat auch so oft darüber berichtet wie sie. Zwischen 1934 und 1939 war sie insgesamt 21 Mal beim ‚Duce', jedesmal hat sie über diese Begegnungen ausführlich in ihrem Tagebuch berichtet.[1] Dazu kommen mindestens ebenso viele, sich freilich wiederholende Audienzberichte in verschiedenen Zeitungen. Da sie zwischen 1934 und 1943 außerdem auch noch fünf Bücher sowie zahllose Zeitungsartikel über den italienischen Faschismus geschrieben hat, kann sie daher für die Zeit des ‚Dritten Reiches' als wohl aktivste deutsche Propagandistin Mussolinis in Deutschland angesehen werden.

In dem folgenden Bericht schildert Diel ihren ersten Empfang beim ‚Duce' am 5. April 1934. Wie daraus hervorgeht, hatte sie, in der Hoffnung, mit Mussolini langfristig in Verbindung zu bleiben, ihren Besuch strategisch angelegt. Geschickt verstand sie es, sich Mussolini als zukünftige Propagandistin des Faschismus zu empfehlen. Um sich als kompetent auszuweisen, brachte sie einen großen Karton mit allen Zeitungsartikeln mit, die sie bisher über das faschistische Italien geschrieben hatte. Mit einem Buchplan über die „Neue Generation Mussolini" gewann sie Mussolini vollends für sich und erhielt die Zusage, daß er sie bei ihren Recherchen unterstützen werde.

Wie sie in Ihrem Buch über „Das fascistische Italien und die Aufgaben der Frau im neuen Staat", das sie bei der Audienz überreichte, andeutet, hatte ihr ein Empfehlungsschreiben Giuseppe Renzettis „von Mailand bis nach Sizilien gastlich alle Türen" geöffnet.[2] Über Renzetti dürfte sie daher auch an die Audienz bei Mussolini gekommen sein. Nach dem für sie erfolgreichen Verlauf der ersten Audienz war es künftig Mussolini selbst, der ihr alle Wege im faschistischen Italien bahnte.

Bericht über eine Audienz am 5. April 1934.
Quelle: Privatarchiv Dr. Helmuth und Christl Diel, Nachlaß Louise Diel, Meine Audienzen beim Duce.

1. Audienz bei Mussolini am 5. April 1934, 18.30 Uhr Palazzo Venezia

Schwierig aus dem Auto zu steigen mit dem Riesenbuch mit Zeitungsartikeln für ihn über Italien. Ich durchschreite mehrere kabinettartige, fensterlose hohe Räume, in einem derselben nehme ich Platz. Mein Mantel wird mir abgenommen. Alte Gemälde an den Wänden, Vitrinen mit uralten Majoliken, die Wände samtbezogen. Gedämpfte Atmosphäre. In jedem Raum ein Diener in blauer Uniform. Im Nebenraum wartet ein Herr, Garderobe liegt auf den Stühlen. Diener grüßen römisch. Das Schweigen wird unterbrochen[,] da eine Massenaudienz zu Ende ist. Kurz hinterher holt mich ein Diener, will das Buch tragen,

---

[1] Vgl. dazu ausführlich oben S. 17–20.
[2] Vgl. Diel, Das fascistische Italien und die Aufgaben der Frau, S. 11.

was ich ablehne. Sehr schnell befinde ich mich im Riesenraum, der beim ersten Eintreten durch seine totale Leere erschreckt, bis man den Schreibtisch im äußersten Winkel entdeckt.

Mussolini kam mir wohl zehn Schritte entgegen und fragte gleich auf Deutsch: „Was bringen Sie mir da?" Er wollte mir das Riesenbuch (Karton) abnehmen. Ich stellte es auf die rechte Ecke des Schreibtisches, frag[e] ob ich deutsch sprechen darf, was er bejahte. Er lacht und betrachtet das Buch. Ich erkläre ihm, was es ist und enthält. Sehr lebhaft fällt er mir ins Wort und grollt mit kullernden Augen, daß Corsica und Sardinien fehlen, das sei also nicht ganz Italien. Ich erwiderte halb lachen[d], das sei eine Unterlassungssünde des Künstlers, er möchte es entschuldigen.

Mussolini ist etwas kleiner als ich, gelichtetes Haar und offenbar ist der Bart tagsüber recht gewachsen, denn Wange und Kinn sind ganz dunkel. Ein weiter und weicher Kragen, der an Schillerkragen erinnert, sitzt sehr weit, als ob er zu groß geworden sei.

Er öffnet das große Buch, ich erkläre das Inhaltsverzeichnis, und daß das Buch alle meine Arbeiten über Italien enthält. Ein Wort gibt das andere, wir sind beide sehr lebhaft.

Er betrachtet das Buch „Das faschistische Italien" mit seinem Photo als blaues Titelbild lange und interessiert mit wiederholten Ausrufen des Wohlgefallens. Dann blättert er gründlich darin und geht mit dem Buch zu seinem Schreibtisch, wo helleres Licht ist.[3] Ich gehe auf der anderen Seite des Tisches ihm nach und beuge mich über den Tisch. Er fragt, ob ich alles gesehen hätte, was ich schreibe – ich bestätige dies. Er blättert jedes einzelne Bild um, betrachtet es aufmerksam und macht natürliche und geruhsame Bewegungen. Bei den Lidobildern lacht er auf, bei der Mode von Turin auch. Die hübschen Frauen am Strande gefallen ihm. Fragt, ob ich in Orvieto war, ich müsse unbedingt hin (weibliche Sporthochschule).[4] Zum Schluß fügt er hinzu, ich müsse Littoria und Sabaudia besuchen.[5]

Wie er so ziemlich mit blättern fertig ist, zeige ich ihm das Photo vom K.d.W.-Fenster und erzählte ausführlich, wie das Publikum stehen blieb.[6] Nun reichte ich ihm mein Italienbuch zur Unterschrift. Ohne ein Wort zu sagen ging er zurück an seinen Platz, setzte sich und schrieb. Zurückkommend, las er seine

---

[3] Ebd. Das Buch hatte eine Schutzumschlag mit einem blau gefärbten Foto Mussolinis.
[4] Die *Accademia fascista di educazione fisica femminile di Orvieto* war eine faschistische Eliteanstalt, welche dem Regime einen modernistischen Anstrich geben sollte. Sie diente der Ausbildung von Sportlehrerinnen.
[5] Faschistische Musterstädte in den trockengelegten Pontinischen Sümpfen.
[6] Im Kaufhaus des Westens (K.D.W.) in der Berliner Tauentzienstraße erhielt Louise Diel 1934 ein „Sonderfenster", in dem ihr Buch „Das faschistische Italien" präsentiert wurde. Vgl. davon die Fotos im Privatarchiv Diel, Nachlaß Louise Diel, Lebensbuch, S. 86f.

Widmung vor und legte erklärend die Hand aufs Herz – alles entspannt und natürlich.

Ich gab ihm das große Mutterbuch,[7] sagte aber, daß das Baby auf dem Umschlag nicht das meine sei, sondern zeigte ihm auf dem Lesezeichen des Riesenbuches das Photo von Helmuth und mir (auf der Hauptseite standen die Worte „Benito Mussolini").[8] Er lobte das Kind etc. Dann gab ich ihm das kleine Mutterbuch, erklärte, daß es ein Volksbuch sei.[9] Wieder blätterte er sehr gründlich, ich fügte ein, das sei nicht schön (Gymnastik)[,] müsse aber sein. Er fragte öfters, ob die Frauen des Volkes dergleichen lesen und schien darüber nachzudenken. Wie er alles aus der Hand gelegt hatte, fragte er mich, was ich nun machenwollte und ob ich hauptberuflich Schriftstellerin sei.

Ich legte meine neuen Buchplan deutlich und ruhig dar – im ital[ienischen] Volk leben, junge Generation, die 1922 zehn bis vierzehn Jahre alt war, studieren und dieser ein Buch widmen. Er hörte sehr interessiert zu, das sei gut. Ich möchte ihm in einem Brief alles darlegen. Hier griff ich ein und führte aus, daß ich auch schriftlich nur dasselbe wiederholen könne und nun legte ich ihm den Plan ruhig und doch lebhaft dar. Er schaute mich unverwandt an und sagte dann, er wolle mich unterstützen, aber da müßten wir öfters zusammen sein und alles besprechen. Ich stimmte zu, das würde ich sehr gerne tun. Es entstanden kleine Pausen, er dachte nach: „Ich werde alles für Sie ordnen und viele Schreiben machen, Sie müssen mich aber klar wissen lassen, was Sie wollen." Wieder setzte ich ihm auseinander, daß ich ihm bereits alles gesagt habe und gab zum zweitenmal die Stichworte ... im Volk wohnen ... eine Zeitlang eine Arbeiterfamilie kennen lernen ... dann eine Bauernfamilie ... dann Beamte, immer, wo Jugend von 20 bis 25 ist und auch jüngere Geschwister. Er nickte befriedigt: „Ja, im Volke leben, das ist richtig." Ich führte weiter aus... die neue Generation Mussolini ... ich geriet sehr in abgestufte Begeisterung. Ich wollte für Deutschland und die Welt Zeugnis ablegen. Des öfteren wiederholte er: „Ich muß dann viel schreiben und alles einleiten – wann wollen Sie anfangen und wie lange?" – „Mitte Mai will ich wiederkommen und bleiben, bis ich genügend studiert habe, aber dieses Mal muß ich alles perfekt machen und alle Vorbereitungen treffen. (Anfangs sagte ich, wie ich meinen Plan darlegte, daß mein Gedanke ein ganz neuer sei, und daß es so ein Buch nicht gäbe.)

Wie er von der Reise Mitte Mai hörte, erklärte er sofort: „Dann kommen Sie sofort zu mir und wir werden alles machen." Nun fing ich vorsichtig an zu tippen, mit wem ich jetzt alles einzeln und praktisch besprechen könnte. Er sagte ablehnend: „Mit mir allein, ich selbst muß alles machen." Zwischendurch

---

[7] Diel, Ich werde Mutter.
[8] Der Sohn Helmuth Diel wurde am 31.5.1931 geboren.
[9] Louise Diel, Dr. Hildegard Schreiner-Bienert, Ein Kind wird erwartet. Über das Erleben der Mutterschaft und die Vorsorge für das kommende Kind, Lindau 1933, 3. Aufl. 1943.

fragte er, ob ich genügend Italienisch sprechen könne, ich entgegnete, daß ich jetzt sofort lernen wolle und hoffe, bald so weit zu sein. Bis dahin möchte ich eine Interpretin zur Seite gestellt bekommen. Er nickte, er glaube auch, daß ich es schnell lerne, es sei wichtig.

Es ergab sich der Moment, daß ich wieder fragte, ob ich nicht schon jetzt, diesmal alles festlegen könne. Er senkte den Kopf, dachte lange nach und meinte dann, er würde mir ja helfen, wenn ich wiederkomme. Die Worte gingen hin und her. Eingedenk der Worte des Herrn M II u. a. wollte ich nicht so ohne Unterlagen verbleiben und nahm einen erneuten Anlauf: ich wüßte gerne, wo ich beginnen sollte, was er wünsche, damit ich vorbereiten kann.[10] Auch wüßte ich gerne Näheres, wohin ich zuerst reisen und ob ich das Kind mit in Italien haben könne. Ich weiß nicht, ob es erstaunt oder verstimmt klang, wie er erwiderte: „Was wollen Sie denn, ich unterstütze Sie, wir werden oft alles durchsprechen, fahren Sie ruhig, (wie ich sagte) in zehn Tagen zurück und kommen Sie dann wieder, als erstes melden Sie sich dann bei mir.

Manche kleine Pause, irgendwann ergab es sich, daß ich auf meinen venezianischen Schmuck zu sprechen kam. Er erkannte die Löwin, ich sagte lachend, ich habe sie „Italia" getauft und trage dieses Stück so stolz wie einen Orden. Er schaute mich fast immer sehr herzlich und tief an, anders kann sein Blick, glaube ich, gar nicht sein. Es wurde mir so schwer, voller Verheißungen und dennoch ohne greifbare Resultate weggehen zu sollen, so machte ich einen erneuten Anlauf, ob ich denn nichts als Memorandum-Notiz erhalten könne, er hätte doch so viel im Kopf und könne die Sache vergessen. Er unterbrach mich und sagte schnell und energisch: „Den Namen Louise vergesse ich nie wieder."

Das ganze Gespräch hat stehend stattgefunden. Keine Unterbrechung, kein Geräusch störte. Nun ging er langsam durch den Saal zur Tür. Um wenigstens etwas zu haben, fragte ich ob ich jetzt mit der Partei sprechen solle. Er bejahte, ich könne mit Starace sprechen und mit der Partei.[11] Plötzlich erzählt er zwischendurch, es sei jetzt von der Französin ein Buch erschienen, „La Jeunesse fasciste", die Dame sei halb deutsch, sei mit List weitläufig verwandt.[12] Ich erwiderte humorvoll, ich glaube daß List manche weitläufige Verwandte hinterlassen habe. Er brach in ein schallendes Lachen aus und ließ die Arme fallen und bog sich ganz vorn[hin]über.

Noch ein paar Worte hin und her. An der Tür küßte er mir die Hand und sagte sehr nett: „Auf Wiedersehn." (Ich füge nachdenklich ein: einmal, als ich reichlich aggressiv wurde, glaubte ich bei ihm einen erstaunten, leicht abweisenden Unterton zu hören. Er äußerte etwa: „Pflegen Sie so zu arbeiten?" Worauf

---

10 Bei dem „Herrn M II" handelt es sich um einen unbekannten Berliner Journalisten.
11 Achille Starace (1889–1945), einer der ergebensten Anhänger von Mussolini, war von 1931 bis 1939 Generalsekretär des *Partito Nazionale Fascista*.
12 Blandine Ollivier, Jeunesse fasciste, Paris 1934.

ich erwiderte, ich wüßte gerne, ob ich in Sizilien, Rom oder sonstwo beginnen solle, denn ich möchte mich vorbereiten. Ob ich zu hastig war, ob er Zeit gewinnen wollte oder was der Grund war, er ging darauf nicht ein, versicherte mir aber mehrmals aufs wärmste seinen Beistand.)

Genau wie beim Kommen, fand ich in den kabinettartigen Räumen wieder die Diener vor. Jeder grüßte stramm. Auf den Treppen und unten einige Civilleute, offenbar Detektive. Da es inzwischen zu regnen angefangen hatte, holte mir ein Diener ein Auto und der Türdiener erzählte mir, daß *Mussolini jeden Abend bis neun Uhr arbeite.* Im Hotel hörte ich dann, daß er am selben Tag schon früh um halb acht in Littoria war.

Betrachtung: er war so zutraulich, frei, offen, entgegenkommend, voll zustimmend, daß ich währenddrin dachte, ich hätte schon alles in der Tasche. Während der ganzen Audienz war ich sehr ruhig und kühl besonnen, brachte auch alles vor, was ich mir vorgenommen hatte, obgleich er häufig seine großen Augen sehr freundlich auf mich richtete und ich den Blick aushielt. (Ich hatte die Veilchen von Rauschning angesteckt.)[13] Je wiederholter ich aber um präcise Unterlagen ersuchte, je weniger aber trat er aber aus sich heraus, wiederholte aber immer in derselben Art seinen Beistand. Es schien ihm ganz nebensächlich, ob ich inzwischen mit anderen Herren spreche, auch schien er gar nicht an praktischen Fragen aller Art zu denken.

Übrigens fragte er einmal anfangs, ob mein Italienbuch gut gehe. Ich erklärte, diese sei die zweite Auflage, was ihn offensichtlich sehr erfreute. *Er hält mit keinem Gefühl zurück, war keine Minute steifer* Staatsmann, sondern nur privat und tat vertraut vom ersten Augenblick an. Vielleicht war er abgespannt und will über die Durchführung meines Planes noch nachdenken – aber er hatte doch schon so voll und ganz ohne Einschränkung zugestimmt. Einmal wiederholte er seine Frage, ob ich unter den Menschen direkt wohnen wolle, was ich bejahte. *Sein Deutsch war gut,* nur ein einziges Mal fand er ein Wort nicht gleich und sagte schnell auf Französisch „attirer". Ich flocht auch ein, daß ich Söhne von Kriegskameraden und aus seiner Heimat der Romagnole (er ergänzte meine Unsicherheit bei diesem Namen ganz ruhig) mit einflechten wolle, aber das schien ihn kaum zu interessieren.

Bei meinen Ausführungen, wie ich das Buch auffasse und ausarbeiten will, unterbrach er mich zum Schluß und sagte schnell: „Ja, ja, ich verstehe Sie."

---

[13] Hermann Rauschning (1887–1982) war von 1933–1934 Senatspräsident des Freistaates Danzig. Aus dem Nachlaß von Diel geht nicht hervor, in welcher Beziehung sie zu diesem stand.

Heinrich Sahm

Anklam 12. September 1877 – Oslo 3. Oktober 1939
Politiker

Sahm hatte 1906 als Jurist eine kommunalpolitische Karriere eingeschlagen und wurde 1919 zum Oberbürgermeister von Danzig gewählt. Nach der Abtrennung Danzigs vom Deutschen Reich aufgrund des Versailler Friedensvertrages war er von 1920 bis 1931 Senatspräsident der Freien Stadt Danzig. Am 14. April 1931 wurde er als Deutschnationaler zum Oberbürgermeister von Berlin gewählt.

Als Governatore di Roma hatte Fürst Ludovisi-Buoncompagni in Berlin seinem Vorgänger einen Besuch gemacht, den Sahm trotz seiner faktischen Entmachtung durch die Nationalsozialisten in Abstimmung mit dem Auswärtigen Amt im Juni 1934 offiziell erwiderte. Sahm wurde beim König, beim Papst und schließlich auch beim ‚Duce' wie ein Staatsgast empfangen. Seine politische Stellung in Berlin wurde dadurch jedoch nicht gestärkt, so daß er schließlich am 18.12.1935 zurücktreten mußte und als Gesandter nach Oslo ging.

Bericht über eine Audienz am 17. Juni 1934.
Quelle: Bundesarchiv Koblenz, N 1474/3, Nachlaß Heinrich Sahm, Tagebuch 1934, Bl. 360–363.

Reise nach Rom

Am 17. [6.] hatte ich Audienz beim König und dann zusammen mit Dolly[1] beim Papst, für den Dolly von der Frau des Botschafters von Bergen (Schwester von Dirksen)[2] mit dem üblichen schwarzen Schleier etc. ausgestattet wurde. Der übliche Weg durch die Flucht von Sälen mit Ehrenwachen. Als wir in das Gemach des Papstes geführt wurden, begann Dolly mit dem dreifachen Knix etwas zu früh vor einem Paravant. Der Papst war sehr liebenswürdig, sprach deutsch und sagte mir, daß ich wohler aussähe als bei meinem letzten Besuch.

Den Besuch bei Mussolini machte ich im Palazzo Venezia natürlich allein. Hassell hat mir vorher erzählt, daß man bei dem Empfang in dem riesig großen Arbeitszimmer schon von vornherein feststellen könne, in welcher Stimmung Mussolini seinen Besucher empfange. Es gäbe 4 Nuancen:

1) Mussolini steht mit dem Rücken vor seinem Bibliotheksschrank,[3] also ohne den Besucher ansehen zu können, der dann den weiten Weg zum Schreibtisch machen muß.

2) Mussolini sitzt am Schreibtisch und blättert in den Akten.

---

[1] Dorothea Sahm, Ehefrau von Heinrich Sahm.
[2] Der Diplomat Herbert von Dirksen (1882–1955) war zu diesem Zeitpunkt deutscher Botschafter in Tokio.
[3] Hier handelt es sich um einen Irrtum. Es gab in der Sala Mappamondo keinen Bibliotheksschrank.

3) Mussolini steht am Schreibtisch auf, wenn der Besucher eintritt.
4) Mussolini kommt dem Besucher auf halbem Wege entgegen.

Ich konnte mit Freude und Genugtuung feststellen, daß bei mir Nr. 4 zur Anwendung kam. Die Unterhaltung fand in deutscher Sprache statt. Als ich meiner Bewunderung für die großen Straßendurchbrüche Ausdruck gab und erzählte, daß wir in Berlin große Pläne ähnlicher Art hätten, wollte er hiervon nichts wissen. Ganz besonders interessierten ihn die bevölkerungspolitischen Maßnahmen.

Fritz Behn

Kleingrabow 16.6.1878 – Berlin 26.1.1970

Bildhauer und Graphiker

Fritz Behn hatte auf ausgedehnten Afrikareisen in der Großtierwelt ein Sujet gefunden, das ihn lebenslang in erster Linie als Tierbildhauer ausgewiesen hat. Das politische Umfeld dieser Reisen brachte es mit sich, daß er sich in den Dienst der deutschen Kolonialherrschaft stellte. In zwei Büchern über Afrika vertrat er einen entschiedenen Kolonialismus und trat für eine scharfe Rassentrennung ein.[1] Seine auch nach dem Verlust der deutschen Kolonien nicht veränderte kolonialistische Gesinnung brachte ihm 1932 den Auftrag für ein Kolonialehrenmal ein, das 1932 in der Form eines monumentalen Elefanten in Bremen eingeweiht wurde.[2] Wie wenig er mit der Weimarer Republik anfangen konnte, läßt sich einer Broschüre mit dem lapidaren Titel „Freiheit" entnehmen, die er kurz nach dem Ende des Ersten Weltkrieges publizierte. Behn vertrat darin dezidiert antidemokratische und völkische Auffassungen, die ihn politisch auf der äußersten Rechten verorteten.[3] Als sich die Republik im Krisenjahr 1923 zu konsolidieren schien, ging er deshalb enttäuscht für zwei Jahre nach Buenos Aires.

Es kann nicht überraschen, daß Behn aufgrund dieses intensiven politischen Engagements auf Seiten der politischen Rechten auf Mussolini aufmerksam geworden ist, auch wenn wir keine Kenntnis darüber haben, was den direkten Anstoß zu seinem Besuch in Rom gegeben hat.[4] Ähnlich wie der Maler Willy Geiger, der Bildhauer Hans Wimmer und der Fotograf Felix H. Man durfte auch Behn an mehreren Tagen Mussolini bei der Arbeit in der Sala del Mappomondo zusehen. Er fertigte im Verlauf dieser Sitzungen zwischen dem 23.6. und 2.7.1934 vier Kreidezeichnungen des ‚Duce' an und begann eine Büste von ihm zu modellieren.

Im unmittelbaren Anschluß daran schrieb Behn unter dem Titel „Bei Mussolini" ein kleines, mit sechs Zeichnungen und vier Fotos der Büste versehenes Buch über seine Begegnung mit dem ‚Duce'.[5] Im folgenden werden die zwei der insgesamt acht Kapitel wiedergegeben, in denen Behn unmittelbar seine Eindrücke von der Begegnung mit Mussolini beschreibt.[6]

Auszug aus einem Bericht über Audienzen zwischen dem 23.6.und dem 2.7.1934.
Quelle: Fritz Behn, Bei Mussolini, Stuttgart/Berlin 1934, 75 S.

---

[1] Behn, ‚Haizuru'; ders., Kwa Heri.
[2] Dieses Ehrenmal wurde 1990 anläßlich der Unabhängigkeit Namibias zum „Anti-Kolonial-Denkmal" umgewidmet, eine eher kuriose Form der Geschichtspolitik. Vgl. dazu Joachim Zeller, Kolonialdenkmäler und Geschichtsbewußtsein. Eine Untersuchung der kolonialdeutschen Erinnerungskultur, Frankfurt/M. 2000.
[3] Behn, Freiheit.
[4] Die Sitzungen des Bildhauers Fritz Behn mit Mussolini sind erstaunlicherweise nicht in der Audienzliste von 1934 enthalten. Der Nachlaß von Behn, der über sein Audienzbegehren Auskunft geben könnte, ist bisher nicht zugänglich.
[5] Behn, Bei Mussolini.
[6] Ebd., S. 19–21 („Die Werkstatt"), S. 22–26 („Seine Erscheinung").

Bei Mussolini

Über all diese Dinge hatte ich mir ein Bild gemacht, wie jeder, den die Not der Zeit dazu zwingt. Nun sollte ich ihn selber sehen, ich wollte sein Bildnis machen. Wie mich sein Wirken in Bewegung versetzt hatte, so erregte mich seine Persönlichkeit. Es ist wahr: Große Männer halten die Menschheit in Atem. Mir war zumute wie in meiner Jugend, als ich Afrika betreten sollte.[7] Dieses ungeheure Urland, von dem ich viel gehört und gelesen hatte, dessen Geheimnissen ich mich nun zum erstenmal persönlich näherte.

Zur festgesetzten Stunde wurde ich in den Palazzo Venezia eingelassen. Durch Tore, Wachen und Dienerscharen hindurch fand ich mich plötzlich in der warmen Atmosphäre italienischer Säle: Üppig und majestätisch umfingen mich Jahrhunderte römischer Renaissancepracht und -kultur. Ein Museum? Hier wird Politik gemacht? In diesen Räumen des Luxus und der Schönheit, im XX. Jahrhundert? Wo ist die Sachlichkeit der modern-nüchternen Business-Maschine? Dies als Präludium für das Thema Mussolini?

Eine Flucht von Vorsälen. Eine Tür geht auf. Vor mir gähnt der Abgrund eines Riesensaales: sein Arbeitszimmer.

Leere Wände, glatter Boden – kein Möbel, keine Teppiche – leer der Saal, nur Fenster. Nein: da hinten an der Fensterwand, in der Ecke, ganz hinten, ganz verkleinert bewegt sich etwas. Ich stürze mich in das Vakuum, durchquere es bis ans andere Ende. Da steht irgend ein Mann vor einem Riesentisch mit einem großen Lampenschirm – und hinter dem Lampenschirm bewegt sich ein Kopf, ich sehe nur den Kopf, ich sehe die Augen, die mich hinter dem Schirm anblitzen, darauf donnert es mit voller tiefer Stimme: „Guten Morgen", und schon überströmt es mich mit rauhen sich überstürzenden Worten: „Ich soll posieren? Ich kann heute nicht posieren, ich habe zu arbeiten. Aber arbeiten Sie auch, gehen Sie herum oder setzen Sie sich, wie Sie wollen; ich muß arbeiten." – So ungefähr in befehlenden, kurzen Sätzen, daß ich mich nur nach kurzer Bestätigung meiner Absichten ihm gegenüber im Sessel niederlassen kann[,] zum Entsetzen des gerade vortragenden Herren, um den Kopf sofort eingehend zu betrachten. Und prüfend sah Mussolini hie und da aus seinem Aktenstudium zu mir herüber. Er erschien mir nervös wie ein Künstler, den man bei seiner Arbeit stört. So begann ich mein Studium, bis die Diener mein Werkzeug und die flüchtig angelegte Büste hereinbrachten und neben dem Schreibtisch am Fenster hinstellten.

So sah ich ihn mir genau an. Hatte nun das Recht, ihn von allen Seiten zu beprüfen, um ihn herum zu gehen, ihn in mich aufzunehmen ohne Hinderung und Schranke. So war ich um ihn durch all die Stunden, während er ruhig

---

[7] Fritz Behn unternahm vor dem Ersten Weltkrieg zwei seine Kunst stark prägende Reisen nach Afrika. Vgl. oben S. 142f.

weiterarbeitete und konferierte. So sah ich ihn in seinem Riesenthronsaal, sein Thron ist der Arbeitsstuhl, sein Schlachtfeld sein glatter, ungeheurer Schreibtisch. In der äußersten Ecke thront er da im Palazzo Venezia wie ein Löwe in seiner Höhle. So sah ich ihn regieren. Hier ist der Brennpunkt seiner neuen Welt.

Der Saal, diese Ecke sind oft geschildert. Aber niemand kann sich die Wirkung vorstellen, die allein das Bild gibt: hier sitzt Mussolini, mitten im Herzen Roms, umbrandet von dem modernen lebendigen Leben, das er dem Lande wiedergab und das dumpf heraufdröhnt zu ihm in diesen ausgeräumten Prachtsaal, gänzlich nüchtern, am nüchternen Arbeitstisch, ohne Aktengewirr, ohne Schaltklaviatur, ohne Diener, nüchtern im hellen, bequemen Anzug, der Mann, auf dessen Wort die Welt lauscht. Von diesem Mittelpunkt aus gehen alle seine Befehle, hierher münden alle Berichte aus der Welt. Der Kontrast zu den eben erst durchschrittenen prunkvoll ausgestatteten Festsälen ist nun verständlich. Die Fülle alter römischer Kultur ist das Thema zu der gewaltigen modernen Fuge Mussolini. Aber seine Arbeit ist Nüchternheit.

Nur vier meterhohe Wachskerzen stehen in den vier Ecken des Saales, am Kopfende ein Riesenkamin und seitlich ein Globus. Niemand steht hinter ihm zur Bedienung, niemand zur Bewachung. Aber der leere Saal scheint gefüllt von Strömen der Energie und rastloser Arbeit.

Wie ein großes, edles Tier, geladen mit Energie und Kraft, sprungbereit sitzt er da. Ein ungeheurer, immer arbeitender Motor. Das ist der erste Eindruck seiner Persönlichkeit. Mussolini wurde im feurigen Sonnenzeichen des Löwen geboren.

Ich konnte ihn ungestört beobachten, erlebte, wie er arbeitete und sprach. Wenn er Berichte anhörte, sinnend oder zustimmend, wenn er Akten durchlas – ohne Brille – und verbesserte, zerriß, wenn er plötzlich hinter dem Tisch hervorschoß, jede Miene, jeden Muskel gespannt, dem Vortragenden entgegen, mit weitgeöffneten, starren Augen, diesen gefürchteten Augen, deren Pupillen dunkel und strahlend im blauen Weiß stehen und die alles durchdringen und alles in sich aufsaugen. Seine geschürzten Lippen, zugleich streng und üppig, aufquellend Worte formend und hervorstoßend – alles in Heftigkeit und Eindringlichkeit, voller Leben und Suggestion – bis dieser Aufruhr plötzlich wieder in beherrschter Ruhe zurückbebt. Oder, wenn er, sich in den Sessel jovial zurückwerfend, mit weitgeöffnetem Mund in ein heftiges, natürliches Lachen ausbricht, oder wenn er mit tiefem Ernst von unten her zu dem vor ihm Stehenden aufblickt, dieser prüfende, unerschütterlich kluge Blick.

Mit diesen Augen, bald wie die eines Gelehrten, voller Weisheit sinnend, bald wie ein Mars blitzend, bald gutmütig und gütig erhaben wie ein Vater lächelnd oder verschmitzt aus den Winkeln zwinkernd, alles in unglaublich rascher Abwechslung – und immer bedeutend.

Dieser Mund mit den geschürzten Lippen, Worte formend, oder entschlossen und herrisch zusammengepreßt und voller Willenskraft oder die eckigen

Zähne entblößend, bald verächtlich breitgezogen, bald behäbig lächelnd und entspannend – immer in Bewegung und immer ausdrucksvoll.

Um diesen Mund in seinen Winkeln und die von heftigen Reden gebildeten Wülste tiefe Schatten und Risse. Sie lassen das Kinn noch schärfer hervortreten, dieses ungeheure wuchtige Kinn unbeugsamer Willenskraft, das mit seinen kantigen Kieferknochen wie ein Fundament seine Worte und Blicke unterstützt, aggressiv bis zur Brutalität – und immer voll Kraft. Die Nase hat einen schweren Stand gegen diese ausgesprochenen Formen, denn man könnte sie nicht mit einem Wort charakterisieren. Sie bildet als Ganzes nur den Maßstab für die Größe seiner einzelnen Züge und seines gesamten Gesichtes. Sie ist proportioniert und kräftig und voll, ihr Rücken tritt flach und etwas seitwärts geschoben vor den gewaltigen Backenknochen zurück, aber die gewölbten, fleischigen Nüstern, die tief in die Wange über den Mund und über die Lippen eingreifen, zeigen elementare Kraft. Auffallend edel und gerade stehen die klar gezeichneten Ohren.

Und über allem lastet der Panzer seiner mächtigen Stirne. Rund und nach vorn gewölbt, über der Nasenwurzel die dicken Augenwülste, überschattet sie die glühenden Augen, die von ihr ihre Befehle bekommen. Sie stürzt sich über die Höhlen, wenn sie die Gedanken auf einen Punkt zusammendrängt – sie strahlt, wenn Erleuchtung aus ihr herauskommt. Und im Zorn steht steil in der Mitte eine senkrechte, tiefe Furche. Die dunklen abstehenden Haare, leicht ergraut, umgrenzen den äußersten hohen Rand dieser Stirne wie die eines Gelehrten.

Wenn er mir während der Arbeitspausen ganz nahe kam, erschrak ich fast über die Großartigkeit seiner Züge, über die Plastik dieser faltenlosen Formen und über die Intensität seines Ausdrucks. Groß in Einzelheiten und in der Wirkung erschienen sie mir: Einheitlichkeit, so möchte ich den Gesamteindruck nennen. Ich habe manche Köpfe gesehen in meinem Arbeitsleben, die für bedeutend gelten. Und doch sah ich noch kein Gesicht, das so seinen Ausdruck wechselt, nie ein so starkes inneres Leben, dessen Mittler seine Mienen sind, ein so subtiles, menschliches Instrument in so festen Formen. Immer in rastloser Arbeit, aufnehmend und ausstrahlend, klug und nervös und kräftig zugleich, empfindsam aufs äußerste und brutal, tiefernst und fast kindlich, rauh und zart, voller Herrschsucht und Güte, melancholisch in seiner Weisheit und heiter in seiner Naivität – immer das Widerspiel höchster menschlicher Erleuchtung. Als Ganzes: Mussolinis Erscheinung ein verkörpertes Pathos.

Federnde Kraft geht durch die ganze Gestalt. Vom hohen Spitzschädel durch den Nacken, der sich wie der eines Stieres spannt und der starr eingeschraubt den Kopf trägt. Durch die beweglichen Arme, die oft heftig gestikulieren, in die kräftigen und zugleich zarten Hände. *Mit dem zarten Griff der Künstlerhand oder der schweren Faust eines Kriegers*, diese Hände, die sich oft ballend schließen und oft behutsam zart tasten – und die früher Maurerarbeit verrichteten.

Durch das eingebogene Kreuz als Träger der breiten Schultern zu den stämmigen, gebogenen Beinen, die wie in den Boden eingerammt sind, wenn er breitbeinig dasteht. Und bewegt er sich, so sieht man den straffen Soldaten in Gesten und Gang. Bald lässig, mit losen Gelenken, bald selbstbewußt und fest wie Stahl und plötzlich zum Angriff im Sprung. Wüßte man nichts von seiner Anwesenheit in einer großen Menge, man würde ihn an seinem Gang und diesen Bewegungen erkennen: den geborenen Herrscher.

Ich sah ihn zwei amerikanische Weltflieger empfangen.[8] Ihre hohen und kräftigen Sportgestalten wirkten zierlich vor der untersetzten Stabilität seiner Kraft – so stand der über Fünfzigjährige den Dreißigjährigen gegenüber – sie standen mitten im Riesensaal, beide verschwanden und Mussolini füllte den Raum. Ich dachte mir, das ist der Mann, der im Kriege zum Krüppel zusammengeschossen war und an Krücken ging. Welche Riesennatur!

Das für den Künstler Wunderbare dieser Persönlichkeit ist die Übereinstimmung der Einzelformen und der Gesamterscheinung. Nichts stört, nichts könnte anders sein, nichts ist überflüssig. Jede Miene, jede Geste dient dem Ausdruck, jede Form dem Wesen der Persönlichkeit. Hier decken sich auch Wesen und Erscheinung vollkommen: das Gesicht, bronzefarben, ist voll männlicher Macht, seine kraftvolle Gestalt herrschend in Beherrschtheit.

---

[8] Die Flieger sind nicht zu identifizieren. Möglicherweise war einer davon jedoch Wolfgang von Gronau. Vgl. ders., Weltflieger. Erinnerungen 1926–1947, Stuttgart 1955 (Im englischen Original unter dem Titel „Dustjacket. Showing lower Manhattan from the air" erschienen).

Ernst Niekisch

Trebnitz/Schlesien 23. Mai 1889 – Berlin 23. Mai 1967
Politiker und Journalist

Ernst Niekisch gehörte in der Zeit der Weimarer Republik zu jenen ‚rechten Leuten von links', die einen nationalbolschewistischen Kurs steuerten.[1] Er machte sich dadurch die gesamte politische Linke zum Feind. Mit seinem Buch „Hitler – ein deutsches Verhängnis" brachte er sich 1932 auch gegen die Nationalsozialisten politisch in Stellung.[2] Seine Versuche, nach Hitlers Machtergreifung sozialistische und nationalkonservative Widerstandsgruppen zusammenzubringen, führten daher 1937 zu seiner Verhaftung und Verurteilung durch den Volksgerichtshof.

Auch wenn er das in seinen Erinnerungen nur andeutete, scheint er 1935 in dieser Situation bewußt nach Italien gereist zu sein, um dort politische Unterstützung zu finden. Sein Besuch bei Mussolini kam dadurch zustande, daß er den Journalisten Giovanni Engely kennenlernte, der die Zeitschrift „Affari Esteri" herausgab.[3] Engely scheint für ihn die Audienz bei Mussolini erwirkt zu haben, die am 3. Juni 1935 stattfand.

Es kann nicht verwundern, daß der Empfang von Niekisch in der Deutschen Botschaft aufgrund der zu diesem Zeitpunkt gespannten Beziehungen zwischen Deutschland und Italien Aufsehen erregte.[4] Daß Mussolini unter diesen Voraussetzungen einen dezidierten Hitlergegner und zudem ehemaligen Marxisten empfing, mußte als eine politische Provokation verstanden werden. Da Mussolini sich jedoch zuvor über Niekisch informiert hatte und offenbar von dessen Zeitschrift „Widerstand" wußte, kann man aber davon ausgehen, daß Mussolini den Empfang von Niekisch gezielt herbeigeführt hat.[5]

Der Bericht von Niekisch wird im folgenden unter Auslassung einiger Abschweifungen wiedergegeben.

Bericht über eine Audienz am 3. Juni 1935.
Quelle: Ernst Niekisch, Gewagtes Leben. Begegnungen und Begebnisse, Köln/Berlin 1958, S. 260–265, © 1958 Verlag Kiepenheuer & Witsch GmbH & Co. KG Köln.

[Italienreise]

Während meiner Italienreise, die ich mit Tröger und A. Paul Weber im Jahre 1935 unternommen hatte,[6] waren wir in der Woche vor Himmelfahrt nach Rom gekommen. Ich besuchte dort den mir bekannten Publizisten Italo Tavolato und

---

[1] Widerstand. Zeitschrift für nationalrevolutionäre Politik, 1926–1934.
[2] Ernst Niekisch, Hitler – ein deutsches Verhängnis, Berlin 1932.
[3] Niekisch, Gewagtes Leben, S. 261.
[4] Niekisch, Gewagtes Leben, S. 262.
[5] Nach Niekischs durchaus glaubwürdigem Bericht soll Mussolini zu ihm gesagt haben: „Nicht wahr, man muß durch die Schule des Marxismus gegangen sein, um ein wahres Verständnis für die politischen Realitäten zu besitzen. Wer die Schule des historischen Materialismus nicht durchschritten hat, bleibt immer nur ein Ideologe." Vgl. ebd., S. 263.
[6] Der Zeichner A. Paul Weber und der Regierungsrat Karl Tröger gehörten zu Niekischs Kreis um die Zeitschrift „Widerstand" (1931–1936).

traf mit ihm mehrmals in einer Osteria zusammen, die in der Nähe der Via Babuina lag und die ein Treffpunkt der Auslandsjournalisten war.[7]
[...]
Durch Tavolatos Vermittlung lernte ich in der Osteria den Journalisten Engerli kennen.[8] Engerli stand Mussolini nahe, er war der Chefredakteur der *Affari esteri*, der offiziösen außenpolitischen Zeitschrift des faschistischen Regimes. Engerli, ein kluger Mann, offenbar von Schweizer Herkunft, stand trotz seiner nahen Beziehungen zum faschistischen Regime diesem doch kritisch gegenüber. Er soll 1942 mit dem Grafen Ciano erschossen worden sein. Nach mehreren Gesprächen fragte mich Engerli, ob ich nicht mit Mussolini zusammenkommen wolle. Ich antwortete, ich könne nicht annehmen, daß sich Mussolini für mich interessiere. Engerli meinte, das brauche nicht meine Sorge zu sein. Unter der Bedingung, sagte ich, daß ich keine Schritte zu unternehmen brauchte, daß alle Formalitäten durch Engerli erledigt würden, sei ich mit einer solchen Zusammenkunft einverstanden. Engerli nahm es auf sich, die Begegnung zu arrangieren. Ich unterrichtete Engerli davon, daß wir etwa acht Tage nach Neapel und Sorrent zu fahren gedächten. Inzwischen könnte er die erforderlichen Schritte tun.

Wir kamen am Himmelfahrtstage von Sorrent nach Rom zurück. Der Direktor des Hotels empfing mich – es war bereits gegen elf Uhr nachts – mit der Mitteilung, daß nach mir vom Palazzo Chigi, dem Auswärtigen Amt, mehrmals verlangt worden sei; nach meiner Ankunft solle dorthin Nachricht gegeben werden. Ein Journalist, der mit Engerli in Verbindung stand, besuchte mich noch in der Nacht im Hotel. Er wußte über alles Bescheid und sagte mir, ich solle anderntags in den Palazzo Chigi kommen, dort würden meine Ausweispapiere ausgestellt. Es würde mir auch ein Einladungsschreiben von Mussolini überreicht werden. Die Zusammenkunft solle am nächsten Montagabend um 6 Uhr erfolgen.

Im Palazzo Chigi wurde ich freundlich aufgenommen. Das Einladungsschreiben war in liebenswürdigem Tone gehalten und nahm Bezug auf meine Zeitschrift *Widerstand* und meine Broschüre *Im Dickicht der Pakte*.[9] Gefordert wurde, daß ich das Gespräch, das in Aussicht genommen sei, vertraulich behandle und nichts darüber veröffentliche.

Nach dem Besuch im Palazzo Chigi ließ ich durch einen deutschen Journalisten den deutschen Botschafter in Rom, Herrn von Hassell, über die Sachlage verständigen. Ich ließ mitteilen, daß ich zu einer Aussprache zur Verfügung stünde, falls der Botschafter der Meinung sei, einige Direktiven seien für die

---

[7] Der Schriftsteller Italo Tavolato (1889–1963) gehörte zur Bewegung des Futurismus.
[8] Es handelte sich um den Journalisten Giovanni Engely, Autor des Buches „The Politics of Naval Disarmament" (London 1932) und Herausgeber der Zeitschrift „Affari esteri".
[9] Ernst Niekisch, Im Dickicht der Pakte, Berlin 1935.

Audienz zweckdienlich. Herr von Hassell lud mich für den Montag um vier Uhr zu sich.
[...]
Von der deutschen Botschaft ging ich in den Palazzo Venezia. Einige Zivildetektive, die meine Papiere prüften, standen am Portal. Das Wartezimmer war ein kleiner gewölbter Raum von erlesenem Geschmack. In dem Raum waren zwei Personen anwesend, eine holländische Journalistin und ein Amerikaner. Man erzählte mir über die Journalistin, daß sie Mussolini schwärmerisch verehre. Jeden Tag sitze sie stundenlang im Empfangsraum. Nur ganz selten bekomme sie Mussolini zu Gesicht, vorgelassen werde sie fast niemals. Es mache sie aber bereits überglücklich, sich bereits in der Nähe des „großen Mannes" wissen zu dürfen. Der Amerikaner wurde vor mir zu Mussolini gerufen, kam aber bereits nach etwa fünf Minuten zurück. Nun war die Reihe an mir.

Mussolini empfing mich in dem bekannten großen, langen Raum, der mit nichts anderem als mit seinem Schreibtisch möbliert war. Hinter dem Schreibtisch stand Mussolini in seiner üblichen Haltung: die Arme verschränkt, mit der Miene des Cäsars. Man hatte eine erhebliche Strecke zu durchschreiten, um von der Tür zum Schreibtisch zu gelangen. Mussolini bat mich, Platz zu nehmen, er selbst aber blieb stehen. Nach einigen förmlichen Worten über meine persönlichen Verhältnisse fragte er mich, woher ich politisch komme. Ich antwortete ihm, ich sei Sozialdemokrat gewesen, hätte in den Gewerkschaften gearbeitet und sei stark vom Marxismus beeinflußt. Meine Antwort wirkte merkwürdig auf ihn. Seine verkrampften Züge lösten sich, sie nahmen etwas jungenhaft Fröhliches an, er setzte sich impulsiv, beugte sich über den Schreibtisch zu mir herüber und sagte: „Nicht wahr, man muß durch die Schule des Marxismus gegangen sein, um ein wahres Verständnis für die politischen Realitäten zu besitzen. Wer die Schule des historischen Materialismus nicht durchschritten hat, bleibt immer nur ein Ideologe." Dann erkundigte er sich, was ich gegen Hitler hätte. Ich antwortete ihm, daß ich sehr viel gegen ihn auf dem Herzen hätte, daß ich jedoch vor allen Dingen seine Außenpolitik beanstandete. Mussolini wollte wissen, was ich da nicht in Ordnung fände. Ich entwickelte ihm, Hitler gäbe sich dem Irrtum hin, von den westlichen Mächten die Befugnis zu bekommen, Rußland zu zerstören und als seine Beute einzustreichen. Würde Hitler alleiniger Herr Rußlands werden, würde er so stark sein, daß die Vormacht der angelsächsischen Mächte gefährdet wäre. Niemals würden diese Mächte es dahin kommen lassen. Die antirussische Linie Hitlers werde damit enden, daß sich Deutschland in einen Zweifrontenkrieg stürze, in dem es zugrunde gehen müsse. „Was schlagen Sie demgegenüber vor?" fragte Mussolini. „Ich nehme", entgegnete ich, „Ihr Wort von den proletarischen Völkern auf. Proletarische Völker sind Deutschland, Italien, Rußland und vielleicht auch Japan. Mein Gedanke wäre, eine Kombination zu schaffen, in der Italien, Deutschland, Rußland und möglicherweise Japan zusammenwirkten. Diese Kombination wäre unüberwindlich, sie würde England und Amerika in Asien ebenso mattsetzen wie in Europa."

Erregt schlug Mussolini mit der Faust auf den Tisch. „Dies ist es", rief er, „was ich Hitler selbst auch immer wieder sage! Wenn Hitler durch seine törichte Politik Rußland in die Arme Frankreichs und England treibt, dann wird Deutschland, wird Italien, wird ganz Europa zugrundegerichtet werden."

Mussolini berührte auch die deutsch-österreichische Anschlußfrage. Er sei zwar damit einverstanden, daß sich Österreich verfassungs-, wirtschafts- und kulturpolitisch Deutschland gleichschalte. Unter keinen Umständen aber könne er den staatsrechtlichen Anschluß dulden. Es gehe nun einmal nicht an, daß Deutschland bis an die Grenzen Italiens vordringe. Das Gewicht Deutschlands sei zu schwer, als daß Italien den unmittelbaren deutschen Druck auf seine Brenner-Grenze ertragen wolle. Dies sei es, was er in Berlin schon des öfteren habe mitteilen lassen. Aber Hitler verstehe nicht das Abc der Politik, das doch in dem Grundsatz bestehe: *Do ut des*. Hitler wolle bloß immer nehmen, aber nie was geben. Dies sei für ihn zwar höchst einfach, aber er werde bald keine Partner mehr finden, die sich auf solche einseitigen Geschäfte einlassen würden.

Ich deutete an, ob er nicht, wenn er nach Abessinien gehe, als Gegenleistung den Anschluß gewähren müsse. Schnell fragte Mussolini zurück, woher ich wisse, daß er nach Abessinien gehen wolle. Es bedürfe nur eines politischen Blickes, so meinte ich, um die großen Tendenzen, von denen ein Staat beherrscht wird, zu erkennen. Alle Schritte, die er bisher unternommen habe, zielten doch dahin, die abessinische Frage aufzurollen.

Mussolini lächelte, besann sich kurz und sagte dann: „*Qui vivra verra.*"

Schließlich erkundigte er sich nach dem Stand der Bekennenden Kirche in Deutschland. Mir war die Absicht dieser Frage klar. Mussolini lag daran, zu erforschen, wie stark Hitlers innenpolitische Macht sei. Würde sie ausreichen, um den Widerstand der Protestantischen Kirche zu brechen? Vor der Katholischen Kirche hatte Hitler kapituliert, würde er es auch vor der Protestantischen tun müssen?

Hitler sei es gelungen, antwortete ich Mussolini, die Protestantische Kirche in einen Scherbenhaufen zu verwandeln. Nur noch der Widerstand der Bekennenden Kirche sei beachtenswert. Die meisten Pastoren fürchteten das Martyrium, sie seien die Leute nicht, mit der Fröhlichkeit der Urchristen den Scheiterhaufen zu besteigen. Mussolini lachte und meinte, die Pastoren seien eben satte Hirten.

Nun trat er hinter dem Schreibtisch hervor, drückte mir herzlich die Hand und sagte, wenn ich wieder nach Rom komme, solle ich nicht versäumen, mich bei ihm anzumelden, er werde mich sogleich empfangen. Meine publizistische Tätigkeit sei ihm bekannt.

Das Gespräch hatte etwa eine Stunde gedauert.

Wenn Mussolini trotz seiner eindrucksvollen Äußerungen dennoch auf der Linie der Hitlerschen Politik einschwenkte, so geschah es deshalb, weil er infolge seines abessinischen Feldzuges deutscher Schuldknechtschaft verfallen war.

Sven von Müller

Berlin 11. Oktober 1893 – Hamburg 12. Oktober 1964
Journalist

Der Berufsoffizier Sven von Müller studierte nach dem Ersten Weltkrieg Rechts- und Volkswirtschaft und trat 1925 als politischer Auslandsreporter in die liberale „Vossische Zeitung" ein.[1] Am 3. Dezember 1930 wurde er in dieser Funktion in Rom erstmals von Mussolini empfangen.[2] Am 9. Juli 1935 erhielt er, inzwischen Hauptschriftleiter des nationalsozialistischen „Hamburger Fremdenblattes", unter besonderen Umständen erneut eine Audienz bei Mussolini. Die Audienz wurde vom römischen Korrespondenten des „Hamburger Fremdenblattes" über Galeazzo Ciano vermittelt.

In diskreter Abstimmung mit dem Auswärtigen Amt und dem Propagandaministerium sondierte Müller, ob sich an Mussolinis ablehnender Haltung gegenüber dem ‚Dritten Reich' etwas geändert habe. Unter dem Datum des 15. Juli 1935 verfaßte er danach einen „Vertraulichen Bericht" über seine Audienz. Dieser wurde vom Herausgeber des „Hamburger Fremdenblattes", Kurt Broschek, am 16. Juli 1935 an Reichsaußenminister Freiherr von Neurath, sowie an Ministerialrat Thomsen in der Reichskanzlei geschickt, wodurch er einen offiziösen politischen Charakter erhielt.[3]

Bericht über eine Audienz am 9. Juli 1935.
Quelle: Bundesarchiv Berlin, R 43/II/1448.

Audienz bei Mussolini am 9. Juli 1935

Die Audienz fand mit Verspätung statt, da Mussolini zahlreiche Besucher abzufertigen hatte. Die Bewachung des Palazzo Venezia war noch strenger als sonst. Mussolini war ausserordentlich liebenswürdig, kam mir durch den Saal entgegen und zeigte durch persönliche Fragen sein Interesse. Er trug weisse Uniform zum schwarzen Hemd. Er machte einen frischeren und gespannteren Eindruck als je zuvor. Bemerkenswert war, dass er auf alle Fragen über Deutschland gegen seine Gewohnheit verzichtete. Er erklärte gleich zu Anfang, dass ihm daran läge, mich vollkommen offen zu informieren. Ich musste aber auch dementsprechend die Vertraulichkeit der Unterredung in ihrer journalistischen Auswertung zusichern.

---

[1] Vgl. dazu und zum folgenden Bundesarchiv Berlin, Ehemaliges BDC, Sven von Müller, Lebenslauf vom 8.10.1941.
[2] Vgl. Vossische Zeitung, 11.1.1931: „Besuch bei Mussolini, offene Aussprache, kein Interview". Ein weiterer Artikel über den Faschismus erschien in der Vossischen Zeitung vom 19.2.1931.
[3] Bundesarchiv Berlin, Reichskanzlei, R 43 II/1448, Bd. 7, Sven von Müller, Vertraulicher Bericht; Schreiben von Kurt Broschek an Ministerialrat Thomsen in der Reichskanzlei vom 16.7.1935.

Wir gingen von unserer letzten Aussprache vor etwa drei Jahren aus, wo der Gegensatz zu Frankreich und Jugoslawien die italienische Politik beherrschte.[4] Damals hatte Mussolini eine Verständigung mit Frankreich als ausgeschlossen bezeichnet und seinen Gefühlen sehr freien Lauf gelassen. Er wies jetzt darauf hin, dass die Zeit ja nicht still stehe und die Ansichten sich änderten. Er erklärte sehr nüchtern:

Mussolini: „Unsere Beziehungen zu Frankreich sind gut und ich arbeite daran, die zu Jugoslawien noch zu verbessern."

Ich: „Ich würde mich freuen, wenn unsere Unterhaltung auch für die deutsch-italienischen Beziehungen nützlich wäre. An Abessinien und dem Völkerbund sind wir uninteressiert. (Diese Feststellung war mir vom Botschafter von Hassell empfohlen worden.) Was steht im Vordergrund Ihrer Politik, die europäischen Fragen oder ist Abessinien der Kernpunkt?"

Mussolini: „Abessinien ist mehr als der Kernpunkt, ist ein Wendepunkt der italienischen Politik. Der Krieg wird viel Menschen kosten, Divisionen und Divisionen und sehr viel Geld."

Ich: „Rechnen Sie mit einem raschen Erfolg?"

Mussolini: „Ich werde langsam vorgehen, aber ich werde das Ziel erreichen und wenn es Jahre dauern sollte. Ich habe überall Pessimismus eingesetzt."

Er erging sich dann in ausführlichen und bekannten Begründungen für die Notwendigkeit des Unternehmens, um Italien siedlungsfähiges Kolonialland und eine Rohstoffbasis zu schaffen. Er wies auf die „historische Mission Italiens in Afrika" und die Leistungen der italienischen Kolonialpolitik in Libyen hin. Den Eingeborenen ginge es gut und ihre Religion interessiere Italien nicht. *Deutschland* solle doch froh darüber sein, dass er die *Kolonialfrage prinzipiell* im Interesse übervölkerter und rohstoffarmer Länder anschneide. Auch aus dem Gedanken europäischer Rassensolidarität gegenüber der farbigen Welt müsse er erfolgreich sein.

Ich: „Wie beurteilen Sie den englischen Widerstand?"

Mussolini: „Auch wenn England auf seiner Meinung beharrt, wird das an meinen Entschlüssen nichts ändern. Ich habe alle Schwierigkeiten in Rechung gestellt."

Ich: „Gilt das auch für etwaige Aktionen des Völkerbundes?"

Mussolini: „Wenn man ein Verfahren gegen Italien einleitet, so werden wir den Austritt erwägen. Vielleicht ist es ganz gut, wenn es zur Krise des Völkerbundes kommt und man, statt die Fiktion eines internationalen Bundes aufrecht zu erhalten, einen europäischen Bund macht."

Ich: „Denken Sie dabei an Russland?"

---

[4] Müller meint seine Audienz am 3.12.1930.

Mussolini: „Halten Sie, da Sie ja Russland gut kennen, dieses Land für eine europäische oder eine asiatische Macht?"
Ich: „Für eine asiatische Macht, die aussenpolitisch unter jüdischer Führung steht."
Mussolini: „Glauben Sie, dass die Haltung Moskaus gegenüber Deutschland durch persönliche Ressentiments von Litwinow[5] und seinen jüdischen Mitarbeitern bestimmt wird?"
Ich: „Ich bin überzeugt davon."
Es folgte eine längere Erörterung der jüdischen Frage. Mussolini erzählte, dass er bei seinem Besuch in Berlin vor zwölf Jahren selbst den Eindruck eines überwiegend jüdischen Einflusses auf die Oeffentlichkeit gehabt habe. Er habe damals mit Wirth, Stresemann, Rathenau und Theodor Wolff gesprochen.[6] Rathenau habe das Gefühl gehabt, dass die Juden sich durch ihre Ansprüche auf die Staatsführung und ihr Auftreten einer gefährlichen Gegenbewegung aussetzten und habe seine Rassengenossen in einer Broschüre gewarnt. Er (Mussolini) steht auf dem Standpunkt, dass Juden keine Faschisten sein könnten und habe darum die Juden aus wichtigen Ämtern entfernt. Auch in der Akademie sei kein Jude mehr. Der Einfluss in England und Frankreich sei aber noch sehr gross. Ich schilderte ihm darauf den Einfluss der Juden auf die öffentliche Meinung in Amerika.
Ich: „Was sehen Sie für konkrete Möglichkeiten zur Entspannung der Oesterreich-Frage? Ich kann nicht verstehen, welches Interesse Italien an einer so stark militärisch betonten Defensivstellung nach Norden hat, wenn es gilt, beide Hände für Abessinien frei zu haben."
Mussolini holte lang aus und unterstrich die gemeinsamen Grundgedanken zwischen Faschismus und Nationalsozialismus, wich aber einer konkreten Antwort aus. Italien beurteile jedes andere Land danach, wie es sich zur abessinischen Frage einstelle. Ich wies darauf hin, dass sich doch Deutschland und die deutsche Presse vollkommen neutral verhalten hätten.
Mussolini: „Mehr als Neutralität verlange ich auch gar nicht."
Ich: „Was halten Sie von der *Habsburger Restauration*?"
Mussolini: „Ich habe kein Interesse daran und halte sogar neue Gefahren für möglich. Vergessen Sie auch nicht, dass eine Restauration der Habsburger im italienischen Volk sehr unpopulär ist, denn diese Dynastie war der historische Gegner des italienischen Freiheitskampfes. Ich bin mir auch klar darüber, dass Oesterreich als zweites deutsches Land *nicht auf die Dauer eine Politik gegen das*

---

[5] Maxim Maximowitsch Litwinow (1876–1951) war von 1930 bis 1939 Volkskommissar für Auswärtige Angelegenheiten der Sowjetunion.
[6] Zum Besuch Mussolinis in Berlin vgl. De Felice, Mussolini il fascista. I. La conquista del potere, S. 233–237.

Reich führen kann und zu einer verständnisvollen Zusammenarbeit mit Berlin kommen muss."

Ich: „Ich habe den Eindruck, dass man aus Oesterreich ohne Nutzen für Italien oder Deutschland den empfindlichsten Druckpunkt der europäischen Lage macht. Wäre nicht auch der italienischen Politik eine stabilere Regelung wünschenswert?"

Mussolini: „Ich will überhaupt *nur Stabilität* und soweit es nach mir geht, wünsche ich keinerlei Veränderungen an der Donau."

Meine Frage nach der Donaukonferenz beantwortete er mit einer wegwerfenden Handbewegung und fuhr fort:

„Ich habe das Gefühl, dass eine günstigere Zeit für die deutsch-italienischen Beziehungen kommen wird. Ich habe darum den Botschafterwechsel vorgenommen."[7]

Der neue Botschafter sei ein sehr kluger Mann und solle nur Politik machen. Ihm (Mussolini) seien Kirchenfragen egal. Es sei ein Grundgesetz der Staatskunst, dass man sich nicht in Dinge einmische, die einen nichts angingen. Die Unterredung näherte sich mit privaten Sätzen dem Ende.

„Was denkt man denn in Deutschland über mich?" (lachend)

Ich: „Euer Exzellenz haben in Deutschland sehr viel mehr Verehrer, als Sie vielleicht voraussetzen, aber Sie haben seit langer Zeit nichts getan, das ihre Verehrer als Erwiderung der Sympathien auffassen könnten. Vielleicht wären gute Wirkungen dadurch zu erzielen gewesen. Im übrigen ist es in Deutschland nicht anders als in Italien: die nationalen Ziele der Politik kommen vor den Personen."

Mussolini: „Jede politische Entwicklung braucht Zeit. Ich denke, dass sich Deutschland und Italien bald besser verstehen werden. Ich habe bestimmte Hoffnungen."

Ehe ich mich nach der Natur dieser Hoffnungen erkundigen konnte, erhob er sich zum Abschied. Er geleitete mich durch den grossen Marmorsaal und erkundigte sich dabei nach Hamburg, insbesondere nach Schiffahrt, Handel und dem Kampf gegen die Erwerbslosigkeit. Er nannte die Aufrüstung einen guten Arbeitgeber. Die Verabschiedung war über die weltmännische Liebenswürdigkeit des Duce hinaus sehr herzlich.

---

[7] Mussolini spielt auf den Botschafterwechsel von Vittorio Cerrutti (1881–1961) zu Bernardo Attolico (1880–1942) an, der von 1935 bis 1942 italienischer Botschafter in Deutschland war.

Roland Strunk

? – Berlin 17. Oktober 1937
Journalist und Schriftsteller

Die Biographie von Roland Strunk ist nur lückenhaft bekannt.[1] Im Ersten Weltkrieg war er als Rittmeister für den österreichischen Geheimdienst tätig, seit 1918 betätigte er sich auf den verschiedensten spätkolonialen Kriegsschauplätzen als Kriegsberichterstatter. Nach Hitlers Machtübernahme trat er in die SS ein und wurde fester Mitarbeiter beim „Völkischen Beobachter". Offenbar erfreute er sich als Reporter auch besonderer Wertschätzung Hitlers, der sich jedenfalls über seinen Duelltod am 17. Oktober 1937 ungewöhnlich aufregte und alle weiteren Duelle in Deutschland untersagte.

Zu Mussolini fand Strunk trotz der seit dem Mord am österreichischen Bundeskanzler Dollfuß anhaltenden deutsch-italienischen Spannungen ohne weiteres Zugang, weil er fast drei Monate lang von der Nordfront in Abessinien äußerst italienfreundlich berichtet hatte.[2] Daß er im persönlichen Auftrag Hitlers zu Mussolini kam, gab ihm als informellem Emissär zusätzliches politisches Gewicht. Wie aus seinem Audienzbericht hervorgeht, ging der ‚Duce' ihm gegenüber deshalb politisch bemerkenswert weit aus sich heraus.[3]

Das in wörtlicher Rede wiedergegebene Gespräch dürfte kaum so stattgefunden haben, auch wenn es von Strunk immerhin schon am 5. Februar 1936 in Rom nachträglich aufgezeichnet wurde. Der Inhalt dürfte jedoch weitgehend zutreffend sein, da mehr oder weniger alle politischen Themen – einschließlich sogar Österreichs – angeschnitten werden, über die sich die beiden faschistischen Regime zu verständigen hatten.

Das in einer Abschrift erhaltene, hier vollständig wiedergegebene Dokument wurde schon von Robert H. Whealer, Mussolini's ideological diplomacy: an unpublished document, in: Journal of Modern History 39 (1967), S. 432–437, auszugsweise und in ungenauer englischer Übersetzung veröffentlicht. Für wen die Niederschrift bestimmt war, ist nicht mehr feststellbar, jedoch kann man mit Sicherheit davon ausgehen, daß sie Hitler persönlich vorgelegt wurde.

Bericht über eine Audienz am 31. Januar 1936.
Quelle: Bundesarchiv Berlin, Bestandsergänzungsfilm des zentralen Staatsarchivs der DDR, Nr. 13708, Rom 5.2.1936.

Unterredung mit Ex. Benito Mussolini

Ich: „Ich danke Euerer Exzellenz für die Bewilligung dieser Aussprache."
Mussolini: „Sie sind Kapitän Strunk vom Völkischen Beobachter. Sie waren also an der Afrikafront. Wie lange waren Sie dort?"

---

[1] Die phantasievoll ausgeschmückte Biographie von Herbert Volck, Der Traum vom Tode, das phantastische Leben des berühmten deutschen Weltreporters Roland Strunk, Berlin 1934, enthält nur wenige verwertbare Details.
[2] Vgl. dazu seine Berichte im nationalsozialistischen „Illustrierten Beobachter" vom 22.8.–26.12.1935.
[3] Vgl. dazu oben S. 175f.

Ich: „Fast drei Monate. Ich habe die Nordfront bei ihren Operationen gegen Macallé und Adigrad begleitet."[4]
Mussolini: „Sie waren jetzt in Berlin?"
Ich: „Jawohl."
Mussolini: „Sie waren beim Führer zum Bericht. Was hat der Führer gesagt?"
Ich: „Exzellenz, der Führer und Reichskanzler hat mit warmer menschlicher Anteilnahme meinen Bericht angehört, er..."
Mussolini: „also mit Sympathie. Ich bin ein Freund Ihres Führers. Ich war schon immer sein Freund, auch als er noch nicht gesiegt hatte. Ich habe schon damals oft ihn im Gespräch gegenüber seinen Gegnern verteidigt. Er ist ein grosser Mann, ein Genie und wirkliche Führernatur. Was haben Sie ihm berichtet?"
Ich: „Ich habe dem Führer mit voller Offenheit gemeldet, was ich sah. Als er erfuhr, dass ich voraussichtlich Eure Exzellenz sehen werde, wünschte er, dass ich Euerer Exzellenz mit derselben Offenheit begegne."
Mussolini: „Natürlich."
Ich: „Exzellenz, ebenso offen wie meine Antworten an Sie, bitte ich Sie auch, meine Fragestellung halten zu dürfen. Das deutsche Volk nimmt regen Anteil an den politischen Fragen des Mittelmeerkonflikts. Es versteht nicht ganz die sehr geteilte Art der italienischen Pressepolitik. Ein Teil der hiesigen Blätter findet eine betont freundschaftliche Geste gegenüber Deutschland, während gleichzeitig der andere Teil in London und Paris ein sympathisches Echo sucht. Man kann sich in Deutschland nicht vorstellen, dass in dem autoritären Staat Euerer Exzellenz diese sich diametral gegenüberstehenden publizistischen Stimmen eine eigenwillige Handlung darstellen könnten."
Mussolini: (stoppt mit einer Handbewegung, macht vorerst eine cäsarische Miene und lacht dann) „Politik! Verstehen Sie nicht? Ihr Führer wird es verstehen. Italien kann in diesem Augenblick offene Karten nicht spielen, wir können nicht Frankreich und England offen unsere Stellung zu Deutschland zeigen. Noch nicht! Das muss langsam und vorsichtig gehen. Aber zwischen Deutschland und Italien besteht eine Schicksalsgemeinschaft. Das wird immer stärker. Das lässt sich nicht wegleugnen. Das sind kongruente Fälle. Eines Tages treffen wir uns, ob wir wollen oder nicht! Aber wir wollen! Weil wir müssen! (Mussolini schlägt mit der Faust auf den Tisch). Ich bin noch sehr stark. Italien ist sehr stark. Stärker als man glaubt! Man behauptet sehr viel in den ausländischen Zeitungen. Sie werden das ja noch aus dem Weltkrieg kennen. England versteht das

---

[4] Der Angriff auf das Kaiserreich Äthiopien wurde vom Königlichen Heer Italiens aus zwei Richtungen vorangetrieben. Die Operationen an der „Nordfront" wurde von Eritrea aus eröffnet, damit wurden 1935 die Städte Macallé und Adigrad sowie schließlich Adua erreicht. Die „Südfront" wurde von Somalia aus aufgebaut, sie erreichte 1935 die hochgelegene Stadt Harrar.

sehr gut. Das ist alles Unsinn! Es gibt Völker, die nichts haben und andere Völker, die alles haben. Frankreich und England haben alles, sie wollen den status quo aufrecht erhalten. Wer gegen diesen status quo angreift, muss dann vernichtet werden. Darum hat man Deutschland eingekreist, heute will man mich einkreisen. Das ist nicht so leicht! Was sind schon die Sanktionen?[5] Natürlich erschwert es die Lage sehr. Ich muss sparen, sehr viel denken, erfinden, um wirtschaftlich auszukommen. Aber auch Deutschland hat gegen alle Erwartung im Weltkrieg ganz isoliert durchgehalten, man findet immer Wege. Sogar die Sanktionsstaaten machen mit mir Geschäfte, ich muss nur doppelt so teuer zahlen für alles, was man mir liefert. Ölsanktionen? Ich kann noch ein Jahr kriegführen [sic] mit meinem Öl! Und der Regen ist Unsinn! Wir sind voriges Jahr schon im Regen unte[n] gewesen und haben gearbeitet und sind nicht gestorben."

Ich: „Ja, Exzellenz, aber im vorigen Jahre standen Ihre Truppen und Arbeiter und bauten asphaltierte Strassen in einem noch sehr anständigen Gelände und ohne feindliche Gegenwirkung."

Mussolini: „Aber das Klima war dasselbe. Es ist doch gleich, ob es in Eritrea regnet oder im Tigre."

Ich: „Damals – im vorigen Jahre – war auch noch die frische Kraft da, die stets zu Anfang eines Krieges jeden beherrscht, der eben an die Front kommt."

Mussolini: „Nein, die Begeisterung ist dieselbe, d. h. vielleicht nicht dieselbe, sondern eine Begeisterung anderer Art. Dazu verhalf uns ja Englands Haltung. Heute ist das italienische Volk erbittert und erkennt die Notwendigkeit des Kampfes. Wer Italien und Italiens Notwendigkeiten kennt, ist ja schliesslich auf unserer Seite, hat keine Sanktionen unterschrieben."

Ich: „Jawohl, Exzellenz, aber auch da sind kleine Veränderungen zu bemerken, welche die öffentliche Meinung in Deutschland sehr interessieren."

Mussolini: „Was denn z. B.?"

Ich: „Österreich! Wie sollen wir uns die Reise Schuschniggs nach Prag erklären?"[6]

Mussolini: „Ja, das ist wohl eine Nervosität des österreichischen Kanzlers aus wirtschaftlichen Gründen. Ich habe Schuschnigg gesagt, dass ich diese Reise verfehlt finde. Er ist dann doch nach Prag gefahren, das war ein Fehler für ihn und Erfolg hatte er auch keinen. Das hätte er sich ersparen können, wenn er gefolgt hätte. Ich kann natürlich nicht alles zugleich machen. Und auch Ös-

---

[5] Nach dem Überfall des faschistischen Italiens auf das Kaiserreich Äthiopien am 2./3. Oktober 1935 verhängte der Völkerbund am 18. November wirtschaftliche Sanktionen. Diese blieben, vor allem weil sich das zuvor aus dem Völkerbund ausgeschiedene nationalsozialistische Deutschland nicht daran beteiligte, wirkungslos. In der faschistischen Propaganda wurden sie als „inique sanzioni" erfolgreich zur nationalen Konsensbildung genutzt.

[6] Der von Mussolini protegierte Schuschnigg (1897–1977) war von der Ermordung von Dollfuß bis zum „Anschluß" Österreichs (1934–1938) Bundeskanzler des Landes.

terreichs Sorgen hören in einem Augenblick, wo ich doch alle Kräfte zuhause brauche."

Ich: „Ich habe mir so gedacht, wie Eure Exzellenz es aufgenommen hätten, wenn – natürlich ohne unser Zutun – der österreichische Kanzler anstatt nach Prag nach Berlin gefahren wäre."

Mussolini: „Wieso? Die Herren in Wien können doch hinreisen wohin sie wollen. Ich bin doch nicht österreichischer Kanzler (Pause). Waren Sie bei Marschall De Bono?"[7]

Ich: „Jawohl Exzellenz. Aber ich war wenig in Asmara. Es gefiel mir vorne an der Front besser."

Mussolini: „Ja, so wie im grossen Krieg, da ging der richtige Soldat nicht gern in die Etappe. Da war die Luft für ihn nicht gut. Haben Sie seine Söhne getroffen?"

Ich: „Ja, Exzellenz."

Mussolini: „Nun, was wollen Sie von mir wissen?"

Ich: „Wie erklären Eure Exzellenz das Verhalten Frankreichs gegenüber Italien in der Frage des abessinischen und des Mittelmeerkonflikts?"

Mussolini: „Frankreich hat sehr schlecht gehandelt. Man ist in Italien nicht mehr Freund der Franzosen. Wir haben uns getäuscht. Die Franzosen sind Egoisten, Chauvinisten. Nicht das Volk – aber die Regierung! Man braucht in Paris jedes Moment, um gegen Deutschland zu rüsten, wieder eine Einkreisung Deutschlands aufzubauen. Darum! Verstehen Sie? Man wird auch versuchen, uns hineinzuziehen – gegen Deutschland. Aber wir werden niemals wieder mit London oder Frankreich die alten Beziehungen aufnehmen können. Das italienische Volk ist zu sehr empört über das, was man uns angetan hat und noch antut."

Ich: „Und die Stresa-Front, Exzellenz?"[8]

Mussolini: „Wir haben doch die gleichen Feinde. Und Russland! Diese russische Armee, der Bolschewismus. Den kennen doch nur wir beiden. Ich und Herr Hitler. Diese Armee ist sehr stark."

Ich: „Ich kenne die rote Armee, Exzellenz."

Mussolini (sehr interessiert): „Wieso? Was halten Sie von dieser Armee? Ist sie gut?"

Ich (schildere Mussolini detailliert meine Eindrücke aus Sowjetrussland): „Es gibt dabei natürlich auch ein Schwächemoment. Je mehr die Motorisierung

---

[7] Der Altfaschist und ‚Quadrumvir' des ‚Marschs auf Rom' Emilo De Bono (1866–1944) war beim Überfall auf Äthiopien Kommandeur der Nordarmee des Königlichen Heeres Italiens, als welcher er nach nur 45 Tagen von Mussolini wegen militärischer Erfolglosigkeit abgesetzt wurde.

[8] Die ‚Stresafront' war ein gegen das nationalsozialistische Deutschland gerichtetes Abkommen zwischen Großbritannien, Frankreich und Italien zur Bekräftigung der Locarno-Verträge. Es wurde am 14.4.1935 in Stresa abgeschlossen.

und auch die Militarisierung der Industrie vorwärts schritt, desto mehr macht sich der Mangel an Organisationstalent bemerkbar, an dem ja Russland immer schon litt. Man hat den Ausbau und die Erhaltung des Eisenbahnnetzes zwischen den industriellen und agrikulturellen Zentren nicht in dem Masstab durchgeführt, in dem der Aufbau der Armee erfolgte."

Mussolini: „Und wie ist der Geist in der roten Armee?"

Ich: „Gut, wenngleich es sich heute nur zum Teil noch um eine rote Armee im Sinne Lenins handelt. Im Volksheer stehen in überwiegender Mehrheit Bauernsöhne. Der Bauer ist nirgends in der Welt Kommunist."

Mussolini: „Haben Sie auch die Armee des General Blücher-Gallen gesehen?[9] Was ist da los?"

Ich: „Damit hat es seine eigene Bewandtnis, Exzellenz. Wenn ich da eine geschichtliche Parallele anwenden darf, muss ich sagen, dass dieser Blücher-Gallen mich an den unbekannten Artilleriegeneral Buonaparte erinnert, der aus den italienischen Ebenen an der Spitze seiner erfolgreichen Grenadiere heimkehrte und den Advokatenklüngel aus den Tuilerien jagte. Moskau fürchtet im Falle einer kriegerischen Verwicklung in Ostsibirien eine Niederlage der fernöstlichen Armee ebenso sehr wie einen überwältigenden Sieg. Blücher hat am XVII. Parteikongress, gestützt auf militärische Notwendigkeiten, den sibirischen Bauern von allen Abgaben befreit und sich damit zwar eine gesicherte Etappe, aber auch ein Reich im Reich geschaffen."

Mussolini: „Das ist sehr interessant! Haben Sie das Ihrem Führer erzählt?"

Ich: „Jawohl! Darf ich fragen, mit welcher Kriegsdauer Sie rechnen, Exzellenz?"

Mussolini: „Wenn Sie jetzt an die Front kommen, werden Sie überall im Norden und auch im Süden viel Interessantes erleben. Wir greifen überall an. Was man von der Regenperiode sagt, ist Unsinn! Uns macht das nichts. Vielleicht den Negern – aber uns nicht! Wir bauen Strassen – Ich sende 50.000 Mann Arbeiter als Verstärkung herunter! März, April, Mai – da ist Regen, da baue ich, bis spätestens Juli gehe ich weiter vor. Auch jetzt noch! Aber sagen Sie mir, was Sie unten gesehen haben. Sagen Sie mir die Dinge, die schlimm sind, negativ! Das was Ihnen nicht gefallen hat!"

Ich: „Exzellenz, ich bin Soldat. Ich habe gegen die italienische Armee gekämpft und habe diese Armee im Unglück und im Glück gesehen – auf dem Rückzug zur Piave und auch bei Kriegsende! Die Armee in Ostafrika ist besser als die alte Armee. Militärisch können Exzellenz den Kolonialkrieg gewinnen, falls die finanziellen Mittel und eine günstige Wendung der Spannung mit London es gestatten."

---

[9] Wassili K. Blücher [d.i. Galen] (1890–1938) nahm als sowjetischer Militärberater am chinesischen Bürgerkrieg teil.

Mussolini: „Also militärisch ist es in Ordnung? Ja, – und die Mittel! Das ist auch meine grosse Sorge. Ich spare, wo ich kann. Was noch – von unten, von der Front?"

Ich: „Es hat uns alle unten in Asmara sehr verwundert,[10] dass im Rücken der Armee im Hauptquartier sich ein Kriegsgewinnlertum breitmachte, das täglich unverschämt Vermögen auf Kosten der Armee verdient."

Mussolini: „Ja, das weiss ich. Das ist mir bekannt. Ich danke Ihnen, dass Sie es so frei sagen. Ich habe alles getan, um diese Sache zu vernichten. Was sonst?"

Ich: „Sind Eure Exzellenz gewillt, im Falle der Notwendigkeit den Konflikt mit einem Kompromiss zu beenden?"

Mussolini (steht auf und geht hinter dem Schreibtisch auf und ab): „Friedensschlüsse, Verträge zwischen Grossmächten sind immer Kompromisse."

Ich: „Versailles war kein Kompromiss, Exzellenz." –

Mussolini: „Nein, aber wenn Sie es genau nehmen, war es der schliessliche Sieg Deutschlands, denn in diesem Vertrag lagen bereits alle Voraussetzungen für das Aufwachen des deutschen Volkes. Wie geht es jetzt in Deutschland?"

Ich: „Wir müssen sehr arbeiten, Exzellenz, und haben unsere Sorgen und Opfer zu bringen. Aber wir wissen jetzt, dass es einen Zweck hat."

(Da Mussolini um den Tisch herum kommt, sehe ich die Unterredung als beendet an und stehe auf).

Mussolini: „Sie haben viele Feinde! Auch deutsche – aber das ist immer dieselbe Erscheinung. Sie und wir in Italien, wir sind proletarisch aufgebaut. Es sind dann immer noch Intellektuelle da, die vom Liberalismus angekränkelt sind und aus dieser Gesinnung heraus feindlich zu uns stehen. Wie geht es denn dem Führer?"

Ich: „Sehr gut, Exzellenz! Die Gerüchte über seine Erkrankung sind wie stets völlig haltlose Anstrengungen gewisser Kreise."

(Mussolini führt mich durch den Saal zur Türe).

Mussolini: „Das sind alles Kleinigkeiten. Das kann den Lauf des Notwendigen nicht aufhalten. So waren es auch nur Kleinigkeiten, die zwischen uns und Deutschland standen. Die grossen Notwendigkeiten diktieren."

Ich: „Gewiss, Exzellenz! Vielleicht kann man eines Tages auch die österreichische Frage zu diesen geregelten Dingen zählen…"

Mussolini: „Wie lange bleiben Sie in Rom?"

Ich: „Drei bis vier Tage."

Mussolini: „Und dann gehen Sie direkt an die Nordfront?"

Ich: „Ich möchte falls Euere Exzellenz mir den Weg ebnen, über den Dodekannes[11] und Libyen, via Süden nach Asmara."

---

[10] Asmara war seit 1900 Hauptstadt der italienischen Kolonie Eritrea.
[11] Von der Türkei im Rahmen des Vertrages von Lausanne 1923 an Italien abgetretene Inselgruppe in der östlichen Ägäis mit Rhodos als Hauptinsel.

Mussolini: „Über den Süden? Macht man Ihnen denn da keine Schwierigkeiten?"
Ich: „Ich bin schon einmal diesen Weg gefahren. Ich hoffe, dass es auch diesmal gehen wird. Darf ich Exzellenz bitten, mir wegen Dodekannes und Libyen zu helfen, ich möchte so viel als möglich sehen."
Mussolini: „Sprechen Sie mit Staatssekretär Lessona.[12] Sie kennen ihn doch?"
Ich: „Jawohl! Genehmigen Exzellenz meinen ergebensten Dank für die mir gewährte Unterredung."
Mussolini: „Ich bin mit dieser Unterredung sehr zufrieden!"
(Als ich bereits durch den Vorsalon gehe, öffnet Mussolini nochmals die Türe und sagt):
„Diese Audienz war natürlich nur ein Privatgespräch!"
Ich: „Selbstverständlich, Exzellenz!"

---

[12] Alessandro Lessona (1891–1991) war von September 1929 bis Juni 1936 Staatssekretär im Kolonialministerium und 1936/37 Kolonialminister.

Leni Riefenstahl

Berlin 22 August 1902 – Pöcking 8. September 2003
Filmregisseurin

Leni Riefenstahls Film „Triumph des Willens" über den Reichsparteitag der NSDAP in Nürnberg von 1934 gilt zu recht als filmische Repräsentation nationalsozialistischer Selbstinszenierung. Die überlebensgroße Stilisierung Hitlers als ‚Führer' ließ dessen persönliche Diktatur ästhetisch überhöht in Erscheinung treten. Wenig bekannt ist, daß auch Mussolini von Riefenstahls Stilisierung der Führerdiktatur beeindruckt war. Er lud sie am 26. Februar 1936 zu einer Audienz nach Rom ein und versuchte sie bei dieser Gelegenheit für einen Dokumentarfilm über die Urbarmachung der Pontinischen Sümpfe anzuwerben. Riefenstahl mußte dieses Angebot ablehnen, da sie schon den Auftrag angenommen hatte, einen Film über die Olympischen Spiele in Berlin zu drehen.[1] Gleichwohl erhielt sie im Juni 1936 den Großen Preis des Italienischen Filminstituts LUCE.[2] 1938 folgte für die beiden Olympiafilme die Goldmedaille für den besten Film bei den Internationalen Filmfestspielen in Venedig.

Als Hitler von Riefenstahls Reise nach Rom erfuhr, bestellte er sie kurzfristig nach München ein, um sie für den Besuch bei Mussolini politisch einzustimmen. Nach Riefenstahls späterer Behauptung erhielt sie keine direkten politischen Instruktionen, was jedoch damit im Widerspruch steht, daß sie nach ihrer Rückkehr sofort in die Reichskanzlei gebeten wurde, um dem ‚Führer' über ihre Audienz zu berichten.

Bericht über eine Audienz am 25. Februar 1936.
Quelle: Leni Riefenstahl, Memoiren 1902-1945, 3. Aufl. Frankfurt/Berlin 1996, S. 253-256.

---

[1] Vgl. Film-Kurier. Tageszeitung, 27.2.1936: „Mussolini empfing Leni Riefenstahl".
[2] Vgl. Filmwelt, 21.6.1936. Riefenstahl bedankte sich bei Mussolini am 14.6.1936 mit folgendem handgeschriebenen Brief: „Exzellenz, vergangenen Montag Abend hat S.E. Botschafter Attolico mir feierlich den Pokal des Istituto Nazionale „Luce", dessen Oberhaupt Eure Exzellenz ist, übergeben lassen, den Pokal. welcher mir als Preis für meinen Parteitag-Film „Triumph des Willens" verliehen wurde.Der Besuch, den ich die Ehre hatte, Euer Exzellenz zu machen, lebt noch frisch in meiner Erinnerung. Diese Erinnerung mit dem herrlichen Geschenk als Zeuge – doppelt willkommen, da es mir von Eurer geliebten Tochter, der Gräfin Edda Ciano-Mussolini übergeben wurde – wird mich immer enger an eine freundschaftliche Sympathie für das faschistische Italien binden, das Eure Exzellenz wiederhergestellt und groß gemacht hat.Gestatten Sie, daß ich Ihnen diese beiden Fotografien als Zeichen meiner Dankbarkeit schicke und die Bücher, die ich neben meiner Filmarbeit geschrieben habe. Aus diesen Gefühlen heraus danke ich Ihnen noch einmal für alle Liebenswürdigkeiten und für den Pokal. Bitte nehmen Sie meine ergebenen Grüße entgegen. Heil Hitler Ihre Leni Riefenstahl." Mussolini antwortete ihr am 11.7.1936 mit einem offensichtlich selbst auf Deutsch geschriebenen Telegramm: "Danke sehr für die Photographie und für die Bücher die ich lesen werde. Auch für mich unsere Begegnung in Rom ist und wird eine schöne Erinnerung bleiben. Mussolini." Vgl. ACS, SPD, CO, b.481.

Mussolini

Die Winterspiele waren zu Ende, und ich reiste nach Davos. Kaum war ich angekommen, erhielt ich eine Einladung von Mussolini; sie kam von dem Kulturreferenten der Italienischen Botschaft in Berlin. Vor zwei Wochen hatte ich sie schon einmal erhalten, konnte sie aber nicht annehmen, da ich mich in Garmisch befand und auf eine Teilnahme an den Spielen nicht verzichten wollte. Die Italienische Botschaft hatte mir mitgeteilt, der Duce wolle sich mit mir über meine Filmarbeit unterhalten.

Beim Abschied in Davos sagten meine österreichischen Freunde, die mit mir im Parsenngebiet skifahren wollten, im Scherz, ich möchte nicht vergessen, dem Duce zu sagen, daß sie keine Italiener werden wollen, sie möchten Österreicher bleiben. Es ging um Südtirol.

Auf meinem Weg nach Rom mußte ich in München übernachten. Im „Hotel Schottenhamel" am Bahnhof, wo ich meist wohnte, traf ich in der Halle Frau Winter, Hitlers Wirtschafterin. Ich erzählte ihr von meiner Einladung nach Rom. Nur eine Stunde danach läutete das Telefon. Wieder war es Frau Winter. Sie sagte: „Der Führer ist in München. Ich habe ihm erzählt, daß Sie vom Duce eingeladen sind. Der Führer läßt fragen, wann Ihr Flugzeug morgen geht."

„Mittags um zwölf", sagte ich, „muß ich am Flughafen sein."

„Ist es Ihnen möglich, etwas früher aufzustehen, damit Sie um zehn Uhr beim Führer sein können?" Ich bekam einen ganz schönen Schreck. Was hatte das zu bedeuten? Meine österreichischen Freunde hatten erzählt, daß italienische Truppen an der österreichischen Grenze stünden und das Südtirol-Problem hochbrisant sei – wollte Hitler mich deshalb sprechen?

Am nächsten Morgen war ich am Prinzregentenplatz. Hitler entschuldigte sich, daß er mich so früh zu sich gebeten hatte. „Ich hörte", sagte er, „der Duce hat Sie eingeladen. Werden Sie länger in Rom bleiben?" Ich verneinte, aber Hitler begann nicht, wie ich erwartet hatte, vom Duce zu sprechen, sondern erzählte von seinen Bauplänen, sprach über Architektur und verschiedene Baudenkmäler im Ausland, die er bewundere und zu meiner Überraschung genau beschrieb. Die Namen sind mir nicht haften geblieben. Das alles hatte nichts mit meinem Besuch in Rom zu tun. Erst als ich mich verabschieden wollte, sagte Hitler wie beiläufig: „Der Duce ist ein Mann, den ich hoch schätze. Selbst, wenn er einmal mein Feind werden sollte, hätte ich große Hochachtung vor ihm." Das war alles. Er bestellte nicht einmal einen Gruß.

Ich war erleichtert, keine Nachricht überbringen zu müssen. Hitler hatte seinen Chauffeur beauftragt, mich mit seinem Mercedes pünktlich zum Flughafen Oberwiesenfeld zu bringen.

In Rom – man landete noch in „Ciampino" an der Via Appia Antica – empfingen mich italienische Regierungsmitglieder, einige von ihnen in schwarzen Uniformen. Sogar Guido von Parisch, der Kulturattaché der Italienischen Botschaft in Berlin, war anwesend; von ihm hatte ich die zweimalige Einladung erhalten. Er saß neben mir im Auto und flüsterte mir ins Ohr: „Sie werden noch heute den Duce sehen." Plötzlich kam mir der Verdacht, es könnte sich vielleicht nicht um eine gewöhnliche Audienz handeln. Kein beruhigender Gedanke.

Schon nach einigen kurzen Stunden betrat ich den Palazzo Venezia. Man hatte mir gesagt, Mussolini mit „Exzellenz" anzusprechen.

Langsam öffneten sich die schweren Türen, und ich betrat einen Saal. Ganz hinten, fern der Tür, stand ein großer Schreibtisch, von dem Mussolini auf mich zukam. Er begrüßte mich und geleitete mich zu einem kostbaren Sessel, der gegenüber von seinem Schreibtisch stand.

Obwohl der Duce nicht besonders groß war, wirkte er aber männlich. Ein Bündel geballter Energie, aber auch ein wenig Caruso in Uniform. Nachdem er mir einige Liebenswürdigkeiten gesagt hatte, übrigens in erstaunlich gutem Deutsch, kam er auf meine Filme zu sprechen. Ich war erstaunt, daß er sich an so viele Details erinnerte. Er wollte kaum glauben, daß die gefährlichen Szenen in den Alpen und in Grönland ohne Double gemacht worden waren, auch äußerte er sich bewundernd über die Bildtechnik. Dann kam er auf den „Triumph des Willens" zu sprechen.

„Dieser Film", sagte er, „hat mich überzeugt, daß Dokumentarfilme durchaus wirkungsvoll sein können. Deshalb habe ich Sie auch eingeladen. Ich möchte Sie fragen, ob Sie bereit wären, auch für mich einen Dokumentarfilm zu machen."

Überrascht sah ich ihn an.

„Einen Film über die ‚Pontinischen Sümpfe', die ich trocken legen lasse, um neues Land zu gewinnen – ein großes Unternehmen für mein Land."

„Ich danke für Euer Vertrauen, Exzellenz, aber ich muß jetzt einen großen Film über die Olympiade in Berlin machen, und ich fürchte, daß ich mit dieser Arbeit gut zwei Jahre beschäftigt sein werde." Mussolini lächelte, stand auf und sagte: „Schade, aber ich verstehe, diese Aufgabe ist wichtiger."

Dann ging er um den riesigen Schreibtisch auf mich zu, betrachtete mich und sagte in pathetischem Tonfall: „Sagen Sie Ihrem Führer, daß ich an ihn und seine Sendung glaube."

„Warum", fragte ich, „sagen Sie das mir?"

Mussolini: „Weil die Diplomaten, deutsche wie italienische, alles tun, um eine Annäherung zwischen mir und dem Führer zu verhindern."

In diesem Augenblick fielen mir die Grüße meiner österreichischen Freunde ein, und ich fragte: „Werden Sie denn keine Probleme mit Hitler wegen Österreich bekommen?"

Mussolinis Gesicht verdunkelte sich. Dann sagte er: „Sie können dem Führer sagen, was auch mit Österreich geschieht, ich werde mich nicht in die inneren Angelegenheiten Österreichs einmischen."

Zwar verstand ich von Politik wenig, doch die Bedeutung dieser Worte wurde mir bewußt. Sie besagten nicht mehr und nicht weniger: Mussolini würde Hitler gegebenenfalls nicht daran hindern, den „Anschluß" Österreichs an Deutschland zu vollziehen.

Kaum war ich wieder in Berlin, wurde ich in die Reichskanzlei bestellt. Hitler mußte man von italienischer Seite über meinen Rückflug informiert haben. In der Reichskanzlei wurde ich von Herrn Schaub in ein kleines Audienzzimmer geführt. Während Schaub den Raum verließ, forderte er mich auf, mich zu setzen. Hitler selbst blieb stehen.

„Wie hat Ihnen der Duce gefallen?" fragte er.

„Er hat sich für meine Filme interessiert und mich gefragt, ob ich auch für ihn einen Film machen würde, einen Dokumentarfilm über die Trockenlegung der Pontinischen Sümpfe."

„Und was haben Sie geantwortet?"

„Ich habe das ausschlagen müssen, da ich ja mit der Verfilmung der Sommerspiele beschäftigt bin."

Hitler schaute mich durchdringend an und fragte: „Und sonst nichts?"

„Ja", sagte ich, „er bat mich, Ihnen einen Gruß auszurichten." Ich hatte mir nach der Audienz Mussolinis Worte aufgeschrieben und berichtete wortgetreu: „Sagen Sie dem Führer, daß ich an ihn und seine Sendung glaube, und sagen Sie ihm auch, daß die deutschen und die italienischen Diplomaten eine Freundschaft zwischen mir und dem Führer zu verhindern suchen."

Hitler hatte bei meinen Worten die Augen gesenkt und blieb ganz unbewegt. Ich fuhr fort: „Dann habe ich etwas gesagt, was ich vielleicht nicht hätte sagen dürfen." ... Hier stockte ich. Hitler: „Sprechen Sie ruhig weiter." Ich erzählte ihm dann von den Grüßen meiner österreichischen Freunde an den Duce. Überrascht sah mich Hitler an. Ich erklärte: „So wörtlich, wie meine Freunde das ausgedrückt haben, habe ich es dem Duce nicht gesagt. Ich habe ihn nur gefragt, ob er keine Probleme mit Ihnen wegen Österreich bekommen würde, worauf der Duce antwortete: ,Sie können dem Führer sagen, was auch mit Österreich geschieht, ich werde mich nicht in die inneren Angelegenheiten Österreichs einmischen'."

Hitler ging im Zimmer auf und ab. Dann blieb er mit abwesendem Blick vor mir stehen. „Ich danke Ihnen, Fräulein Riefenstahl." Erleichtert, dieser Mission ledig zu sein, verließ ich die Reichskanzlei.

Friedrich Glum

Hamburg 9. Mai 1881 – München 14. Juli 1974

Wissenschaftsmanager

Als Generaldirektor der Kaiser-Wilhelm-Gesellschaft war der Jurist Friedrich Glum seit 1922 einer der einflußreichsten Wissenschaftsmanager Deutschlands. Nach der nationalsozialistischen Machtergreifung ging sein Einfluß zurück, im Januar 1937 mußte er schließlich von seinem Amt zurücktreten.

Glum war kein enger Verwaltungsjurist, sondern betätigte sich intensiv am politischen Diskurs der Weimarer Republik. Innerhalb des Ideenkonglomerats der ‚Konservativen Revolution' suchte er einen Standort in Anlehnung an den italienischen Faschismus.[1] 1933 gehörte er zu denjenigen Konservativen, die Hitler als einen ‚deutschen Mussolini' begrüßten. In zahlreichen Vorträgen und Veröffentlichungen beschwor er einen faschistischen Staat, dem sich als „totalem Staat" schließlich „auch die nationalsozialistische Bewegung einordnen" müsse.[2]

Es entsprach dieser politischen Linie, daß er sich zum 24. Februar 1936 vom Leiter der römischen Zweigstelle des Deutschen Akademischen Austauschdienstes, Theodor Blahut, zu einem Vortrag über „Die geistigen Grundlagen von Nationalsozialismus und Fascismus" nach Rom einladen ließ.[3] Bei dieser Gelegenheit kam es zu der Audienz bei Mussolini, die wahrscheinlich von Werner Hoppenstedt, dem von den Nationalsozialisten installierten Leiter der Kulturwissenschaftlichen Abteilung der zur Kaiser-Wilhelm-Gesellschaft gehörenden römischen Bibliotheca Hertziana eingefädelt wurde.[4] Wie stark Glum von dem Besuch bei Mussolini beeindruckt wurde, zeigt sich daran, daß er nicht nur die hier wiedergegebene Aktennotiz darüber verfaßte, sondern auch noch in seinen nach dem Krieg geschriebenen Erinnerungen darauf zurückkam.[5] Außerdem setzte er Mussolini in dem Schlüsselroman „Schatten des Dämons" auch noch ein literarisches Denkmal.[6]

Bericht über eine Audienz am 5. März 1936.
Quelle: Archiv der Max-Planck-Gesellschaft, I. Abt., Rep. 1a, Nr. 1123/3, Aktennotiz vom 2.4.1936.

---

[1] Vgl. Glum, Das geheime Deutschland, S. 287, wo er bekannte, „mit staunender Bewunderung an die Macht des faschistischen Geistes zu denken". Vgl. auch ders., Der Ausnahmezustand in Italien. Sonderabdruck aus Beiträge zum ausländischen Recht und Völkerrecht, Heft 9, Berlin/Leipzig 1928.

[2] Friedrich Glum, Die geistige Auseinandersetzung mit dem Nationalsozialismus, Berliner Börsen-Zeitung, 4.10.1933. Vgl. dazu ferner Rüdiger Hachtmann, Wissenschaftsmanagement im „Dritten Reich". Geschichte der Generalverwaltung der Kaiser-Wilhelm-Gesellschaft, 1. Bd., Göttingen 2007, S. 341f.

[3] Ebd., S. 342.

[4] Vgl.dazu die Erinnerungen von Glum, Zwischen Wissenschaft, Wirtschaft und Politik, S. 478. Zur politischen Rolle Hoppenstedts vgl. demnächst Wolfgang Schieder, Werner Hoppenstedt in der Bibliotheca Hertziana. Perversion von Kulturwissenschaft im Nationalsozialismus 1933–1945, in: Sybille Ebert-Schifferer, Elisabeth Kieven (Hg.), Festschrift zum 100jährigen Bestehen der Bibliotheca Hertziana.

[5] Glum, Zwischen Wissenschaft, S. 477–479.

[6] Viga, Im Schatten des Dämons.

[Guten Tag, Herr Glum]

Ich war am Donnerstag, den 5. März, um 3.30 Uhr beim Duce. Ich hatte mir vorher einen Ausweis im Palazzo Chigi holen müssen, mit dem ich dann durch die Wachen im Palazzo Venezia durchgelassen wurde. Ich war vielleicht 8 Minuten bei ihm.

Da die Räume mir bekannt waren, so erwartete ich, als der Diener die Tür zu der Sala mappa del mondo öffnete, ihn im Hintergrunde hinter dem berühmten Schreibtisch stehen zu sehen. Allein er stand gleich hinter der Tür (was eine besonders liebenswürdige Form der Audienz sein soll), und zwar in Napoleonischer Haltung, den Kopf hoch aufgerichtet und den Blick starr und imponierend auf mich gerichtet. (Etwa so, wie Kraus den Napoleon auffaßt: Ich bin zwar klein. Aber sieh, was ich für ein Kerl bin.) Den stärksten Eindruck machten auf mich seine ganz ungewöhnlich großen und wirklich schönen dunklen Augen, die prüfend auf mich gerichtet waren. Ich ging einen Schritt auf ihn zu, ihn mit dem römischen Gruß begrüßend. Er sagte: „Guten Tag, Herr Glum" und gab mir die Hand. Dann ging er eine Weile mit mir auf und ab, die Hände bald auf dem Rücken, bald in den Hosentaschen, und frug mich, was ich mache. Er trug einen Cutaway, so wie er meist photographiert ist. Er sprach fließend und mit guter Betonung deutsch. Schließlich setzte er sich hinter den berühmten Schreibtisch und ich nahm ihm gegenüber in einiger Entfernung Platz. Die weitere Unterhaltung fand statt, während er sich im Sessel zurücklehnte. Er war entschieden gut aufgelegt, posierte gar nicht, lächelte öfter, zeigte Humor. Nur gelegentlich schob er sein großes breites Kinn vor. Er frug mich über die Gesellschaft und ihre Institute aus, frug mich, was ich hier mache. Ich erzählte ihm von der Hertziana, an die er sich erinnerte. Vor allem interessierte ihn unser Etat. Ich sagte ihm, er betrage 7 Millionen Mark jährlich. Darauf sagte er, nach einigem Nachdenken „Das sind 20 Millionen Lire." Ich antwortete. „Nein, eigentlich mehr, annähernd 35." und fügte dann hinzu: „Allerdings, wie man den Kurs der Mark rechnet." Darauf lächelte er und wiegte sich in seinem Sessel hin und her. „Ja, wie mans [sic] rechnet, schwarze Börse, weiße Börse." Er frug mich dann auch, wie die Mittel sich zusammensetzten. Schließlich frug er mich, wie es mir in der belagerten Festung gefiele.[7] Ich sagte ihm darauf einiges Liebenswürdige, auch über die Stimmung, was ihn freute. Er sagte, ja die Stimmung ist gut. Wir sprachen dann auch von unseren Vorträgen. Ich erzählte ihm, daß ich

---

[7] Ironische Anspielung auf die NS-Propaganda, die seit 1942 von einer belagerten „Festung Europa" sprach.

Rossoni persönlich aufgefordert habe.[8] Er erkundigte sich genau, wie der Vortrag geplant sei und es mit der Sprache gehen würde. Vor allem interessierte ihn, wie Manacorda in Berlin gefallen habe.[9] Ich konnte nicht gut anders sagen, als sehr gut. Er schien dies nicht ganz zu glauben, denn er sah mich etwas prüfend und ein wenig spöttisch lächelnd dabei an. (Ich hörte nachher von Gabetti,[10] daß ihm aus Deutschland berichtet worden sei, der Vortrag habe nicht gut gefallen). Am meisten interessierte ihn die deutsch-italienische Zusammenarbeit in Rovigno, worüber ich ihm Näheres erzählen mußte.[11]

Inzwischen trat noch ein Herr ein. Es war der Unterstaatssekretär des Auswärtigen Amtes Suvich.[12] Das war für den Duce eine höfliche Form, die Audienz zu beenden. Er stand auf und machte mich mit Suvich bekannt und erzählte ihm auf italienisch von dem, was ich über Rovigno berichtet hatte. Schließlich sagte er und sah mich dabei an, die Hände ausbreitend: „Ich möchte, ich könnte diese deutsch-italienische Arbeitsgemeinschaft erweitern."

Dann begleitete er mich mit Suvich bis zur Tür. Ich bedankte mich für die Audienz und hob die Hand. Er blieb römisch grüßend stehen, bis ich den Saal verlassen hatte.

Er sprach fließend und mit guter Betonung deutsch.

---

[8] Der altfaschistische Gewerkschaftsführer Edmondo Rossoni (1884–1965) war von 1935 bis 1939 Landwirtschaftsminister.

[9] Der Germanist und Literaturkritiker Giuliano Manacorda (1919–2010) war in den dreißiger Jahren zeitweise als Mittelsmann zwischen Mussolini und Hitler tätig. Vgl. oben S. 173f.

[10] Der Germanist Giuliano Gabetti (1886–1948) war erster Direktor des 1932 in Köln gegründeten Deutsch-Italienischen Kulturinstituts Petrarca-Haus zu Köln. Vgl. dazu Hoffend, Konrad Adenauer und das faschistische Italien, S. 481–544.

[11] Das Deutsch-Italienische Institut für Meeresbiologie wurde deutscherseits von der Kaiser-Wilhelm-Gesellschaft getragen, deren Generaldirektor Glum war.

[12] Der Triestiner Fulvio Suvich (1887–1980) war von 1935–1939 Staatssekretär (Sottosegretario di Stato) im Ministero degli Affari Esteri. Aufgrund seiner österreichischen Herkunft stemmte er sich gegen die Entstehung der Achse Berlin-Rom. Vgl. Fulvio Suvich, Memorie 1932–1936, Mailand 1984.

Carl Schmitt

Plettenberg 11. Juli 1888 – Plettenberg 7. April 1985
Universitätsprofessor

Die Audienz Carl Schmitts bei Mussolini wurde über das Pressebüro Mussolinis vermittelt.[1] Schmitt verdankte die Vermittlung aller Wahrscheinlichkeit nach dem Leiter der römischen Zweigstelle des DAAD, Theodor Blahut, der auch zuvor einen Vortrag Schmitts im Istituto di Studi Germanici arrangiert hatte.[2]
  Carl Schmitts Audienz bei Mussolini war mit einigen Merkwürdigkeiten verbunden, die sich nicht in vollem Umfang aufklären lassen.[3] Auffällig ist vor allem, daß er über seine Romreise zwar unmittelbar danach einen kurzen Bericht geschrieben, die Audienz bei Mussolini darin jedoch nicht erwähnt hat.[4]
  Der folgende Text ist ein Auszug aus einem Brief von Carl Schmitt in Plettenberg an Jean Pierre Faye in Paris vom 5. September 1960. Es handelt sich dabei um den ersten nachweisbaren schriftlichen Bericht, den Schmitt über seine Audienz bei Mussolini gegeben hat. Am 1. Februar 1969 berichtete er dem Verfasser in Plettenberg im Gespräch mündlich darüber. Spätere Berichte finden sich auch bei Angelo Bolaffi, Storia di un incontro, in: Il Centauro 2 (1982), S. 194 und Günter Maschke, Carl Schmitt in Europa, in: Der Staat 25 (1986), S. 587. Alle diese Berichte stimmen darüber überein, daß Schmitt Mussolinis Äußerung, der Staat sei „ewig" und die Partei „vergänglich", wiedergibt. Seine Darstellung der Audienz dürfte deshalb authentisch sein.
  Möglicherweise liefert Mussolinis Diktum auch die Erklärung dafür, weshalb Schmitt nicht zeitnah über seine Audienz berichtet hat. Er geriet 1936 bekanntlich in eine Existenzkrise, die zum Ende aller seiner politischen Karriereträume führte. In dieser Situation konnte er kaum mit der Äußerung Mussolinis, so plakativ diese auch sein mochte, aufwarten.

Bericht über eine Audienz am 15. April 1936.
Quelle: Carl Schmitt, Briefwechsel mit einem seiner Schüler, hg. von Armin Mohler in Zusammenarbeit mit Irmgard Huhn und Piet Tommissen, Berlin 1995, S. 418.

[Persönliche Erinnerung]

[...]
  In Italien war damals viel mehr philosophisches Wissen und Bewußtsein von Hegel verbreitet als im bürgerlichen Deutschland der 30er Jahre, und zwar bei Faschisten wie Antifaschisten, wofür die Namen Gentile und B[enedetto] Cro-

---

[1] Vgl. ACS, SPD, CO, Udienze, b.3123.
[2] Der Text des Vortrages wurde in italienischer Zusammenfassung veröffentlicht. Vgl. Carl Schmitt, L'era della politica integrale, in: Lo Stato 7 (1936), S. 193–196. Karl Löwith hat in seinen Erinnerungen eine boshafte Schilderung von Schmitts Auftritt geliefert. Vgl. Karl Löwith, Mein Leben in Deutschland vor und nach 1933. Ein Bericht, Stuttgart 1986, S. 86f.
[3] Vgl. dazu im einzelnen Schieder, Carl Schmitt und Italien, S. 185–202.
[4] Carl Schmitt, Faschistische und nationalsozialistische Rechtswissenschaft, in: Deutsche Juristen-Zeitung 41 (1936), Sp. 619f.

ce stellvertretend sind.⁵ Aber in Deutschland war, wie gesagt, stimmungsmäßig mehr metaphysische Erwartung und Bereitschaft. Für den Faschismus darf ich hier vielleicht eine persönliche Erinnerung mitteilen. Ich hatte am Ostermittwochabend, den 15. April 1936, im Palazzo Venezia ein längeres Gespräch unter vier Augen mit Mussolini. Das Gespräch betraf das Verhältnis von Partei und Staat. Mussolini sagte mit Stolz und deutlicher Spitze gegen das Nationalsozialistische Deutschland: „Der Staat ist ewig; die Partei vergänglich; *ich bin Hegelianer!*" Ich bemerkte: „Auch Lenin war Hegelianer, so daß ich mir die Frage erlauben muß: wo ist denn heute die weltgeschichtliche Residenz von Hegels Geist? In Rom, in Moskau oder vielleicht doch noch in Berlin?" Er antwortete mit einem entzückenden Lächeln: „Diese Frage gebe ich Ihnen zurück." Worauf ich: „Dann muß ich natürlich sagen: in Rom!", was er mit einer charmanten, höflich-ironischen Geste quittierte. Die Unterhaltung mit ihm war ein großes, intellektuelles Vergnügen und bleibt mir in allen Details unvergeßlich. Er bezweckte mit einem Gespräch eine Warnung an Hitler, die ich weitergeben sollte, was ich freilich sehr vorsichtig, auch getan habe, und was mir sehr übel bekommen ist.⁶

[...]

---

⁵ Die Philosophen Giovanni Gentile (1875–1944) und Benedetto Croce (1866–1952) waren trotz ihrer gemeinsamen Herkunft aus der hegelianischen Philosophie politische Antipoden.
⁶ Eine der typischen Selbstrechtfertigungen Carl Schmitts, deren Wahrheitsgehalt fraglich ist.

Hans Frank

Karlsruhe 23. Mai 1900 – Nürnberg 16. Oktober 1946
Politiker

Der Jurist Hans Frank hatte von allen nationalsozialistischen Führern die längsten Beziehungen zu Italien. Er hatte in der Schule Italienisch gelernt und kannte das Land schon als Tourist, als er, wie Göring, nach dem gescheiterten Putsch vom 9. November 1923 nach Italien flüchtete. Seit 1930 Reichstagsabgeordneter, verteidigte er Hitler – wie auch die NSDAP in weiteren 40 Prozessen – als Anwalt im Ulmer Reichswehrprozeß.[1] Obwohl er nach der nationalsozialistischen Machtübernahme zunächst nur mit dem Posten des bayerischen Justizministers abgefunden wurde und erst am 31. Dezember 1934 Reichsminister ohne Geschäftsbereich wurde, besaß er das besondere Vertrauen Hitlers.

Dies zeigte sich, als er nach mehrjähriger Funkstille als erster prominenter Nationalsozialist am 3. April 1934 von Mussolini in Audienz empfangen wurde und diese im Auftrag Hitlers zu „einer grundsätzlichen Aussprache" nutzen konnte.[2] Hitler schickte daraufhin ihn und nicht Göring, der sich innerhalb des nationalsozialistischen Führungskaders für den eigentlichen Italienexperten hielt, nach Rom, um Mussolini am 23. September 1936 die Einladung zu einem Staatsbesuch nach Deutschland zu bringen.

Bei dem nachfolgenden Text handelt es sich um eine stichwortartige Aufzeichnung Franks, die dieser nachträglich über den Verlauf der Audienz vom 23. September 1936 gemacht hat. Der Text wurde in den Akten zur Deutschen Auswärtigen Politik, Serie C, Bd. V,2, Göttingen 1977, S. 929–932 erstmals gedruckt. Er wird hier jedoch nach dem handschriftlich korrigierten Original in Maschinenschrift im BA Berlin, N 1110/4 wiedergegeben, da der Abdruck fehlerhaft ist und auf die Unterstreichungen verzichtet, die im folgenden kursiv markiert werden. Runde Klammern stehen im Original, bei eckigen handelt es sich um Hinzufügungen.

Bericht über eine Audienz am 23. September 1936.
Quelle: Bundesarchiv Berlin, N 1110/4, Transcript of Frank's notes on his conversation with Mussolini.

Besprechung mit Duce 23/9/1936

Anerkennung Abessiniens. (Non ho fretto).[3] Diese Frage wird Graf Ciano in München erörtern.[4]

Frankreich. Fr[ankreich] nimmt Woche um Woche um 2000 Menschen ab. Ist politisch fertig. Täglich verliert es fast 300 Menschen: Das ist ein Dorf! Ammalato, senile. Beziehungen „indifferent". Magenkultur! Ein Staat, der Küchenkunst zum Prinzip erhob!

---

[1] Vgl. die Darstellung bei Hans Frank, Im Angesicht des Galgens, S. 220–222.
[2] Ebd., S. 222.
[3] Frank notiert fälschlich „Non ho freddo" (mir ist nicht kalt), was keinen Sinn ergibt.
[4] Mussolini bezieht sich auf den Besuch seines Außenministers Galeazzo Ciano (1903–1944) in Berlin und Berchtesgaden vom 21.-23.10.1936, bei dem ein Protokoll unterzeichnet wurde, das das politische Zusammenwirken der beiden faschistischen Regierungen festschrieb.

Spanien. Sieg der Nationalisten. „Ich werde alles tun, um den Bolschewisten nicht siegen zu lassen." Ich habe keinerlei Abmachungen mit Franco „perché oggi è neccessario di vincere".

England. Verhältnis Italien – E[ngland] ist *„cattivo".*[5]

Englands Königreise. König ist troppo democratico. Post über Brindisi. Sonderkurier f[ür] d[en] König täglich. – Ich glaube nicht, daß Ribb[entrop]Erfolg haben wird.

England, Frankreich, Belgien – molto pericoloso. Belgia! – Sowjetrussland sind gegen uns. Und England wird niemals dulden, dass *„wir allzu hoch kommen".* Aber der Führer habe recht, wenn er durch Ribb[entrop] diese Versuche anstellen lässt, England *„herüberzubekommen".* Frankreich und England haben vor Jahren einen *Geheimvertrag* abgeschlossen, wonach keines von beiden [Ländern] eine voneinander abweichende Politik treiben kann. Dieser Vertrag ist nach wie vor in Kraft. Weiss das der Führer? Als England drohte in Ägypten, habe ich fünf Divisionen nach Libyen gebracht. Wenn sie „Basen" bauen für Flugzeuge, baue ich *Gegenbasen.* Mich schrecken sie nicht. „Signori Inglesi". Das Mittelmeer ist *unser* Meer. Alles, was England im Mittelmeer hat, hat es während großer Kriege besetzt. Keinerlei Recht der Engländer auf diese Inseln aus dem Gesichtspunkt der Rasse heraus.

Ungarn. Unsere Beziehungen „amichevole".

Oesterreich. Am 5. Juni habe ich Schuschnigg hier gehabt und ihm gesagt „Macht Frieden mit Deutschland. Ich vergesse nicht, dass Oesterr[eich] ein deutscher Staat ist."Der deutsch-österr[eichische] Pakt ist ein schwerer Schlag für *Prag* und ein Gewinn für Deutschland und Italien.[6]

Völkerbund. Es ist möglich, daß[,] wenn auch nur eine Spur von Abessinien erscheint in Genf, ich sofort austrete. Vielleicht heute abend noch.

Kolonien. Deutschland hat völlig recht und meine volle Unterstützung, wenn es seine Kolonien zurückverlangt. Deutschland ist wie Italien rohstoffarm. Ein internationaler Rohstoff-Ausschuß ist ein Unsinn; weil es sich nur darum handelt für die, die die Rohstoffe haben, viel Geld von denen herauszuschlagen, die keine haben.

Mein Besuch in Deutschland. Wir sind nicht nur Staatschefs, sondern Führer von Bewegungen, die heute einen Kampf auf Leben und Tod führen gegen fast die ganze Welt. Nicht nur diplomatisch. So wie mit Ihnen, *kameradschaftlich!* Wenn ich heute komme, muss das nicht nur ein „Staatsbesuch" sein, sondern ein Zusammenkommen mit *absoluter klarer* Realität der Ergebnisse: Das muss die Fertigung der Zusammenarbeit in der letzten formalen Form sein. Auch die

---

[5] Frank schreibt fälschlich „cattiva".
[6] Das von Hitler erzwungene Abkommen zwischen Deutschland und Österreich vom 11.7.1936.

Diplomaten einschalten. Ich komme gern und bin stolz darauf, von dem Führer Deutschlands so geehrt zu werden, den ich von ganzem Herzen bewundere.

Graf Ciano würde auf Einladung des Führers sofort kommen, um alles vorzubereiten.

Keinen Krieg gegen Religionen! Jetzt nicht! Zu ernst! Zu billige Argumente für den Gegner!

Ich würde die Engländer mit Fliegern zerbomben, wenn sie sich rühren. Reise Eduards ist lächerlich. Damit *mir* zu kommen. Diese Krämer!

Der Staat muss vor der Partei gehen. Die Partei Rückgrat des Staates. Kein Nebenregiment. Staat und Partei die Stäbe des Fascio!

Kulturelle Zusammenarbeit. Ich begrüsse das Institut für *Geschichte des Rechts* herzlich.[7]

Der Führer war mir immer ein idealer Gedanke. Ich stand immer zu ihm. Auch in schwersten Zeiten. Schon lange, bevor Ihr zur Macht gekommen seid und mir immer gesagt wurde aus Deutschland und von Deutschen, dass die NSDAP und sein [sic] Führer „keine Aussichten" hätten. –

[*Kirche*]. Die Kirche ist wie ein Blasebalg. Drückt man sie zusammen, dann komprimiert sie die Luft und wird stärker. Die Kirche hat loyal im Abessinienkrieg mit mir gearbeitet in Italien. Opfermut der Priester, [Gebete] usw.

[*Engländer*]. Die Engländer sind gegen unsere Systeme. Eine Zeitschrift hat einen Artikel gegen Nürnberg gebracht: Ich habe sie sofort beschlagnahmt (*Alfieri hat in meiner* Gegenwart den Befehl bekommen).[8] Zwei Fronten sind schon da, hat der Führer in Nürnberg gesagt. Richtig, aber die Engländer begreifen es nie. Ich habe alle Reden genau gelesen. Vor dem Kanalbau von Suez mussten die Engländer auch um das Kap fahren! Die Engländer wissen, wer wir sind. Sie wehrten sich am meisten gegen die Sperrung des Kanals.

---

[7] Die nationalsozialistische *Akademie für Deutsches Recht* wurde von Hans Frank 1933 gegründet und von ihm bis 1942 geleitet.
[8] Dino Alfieri (1886–1966) war seit 1935 Staatssekretär (Sottosegretario di stato) im neugegründeten Ministero della Stampa e Propaganda.

Louise Diel

Bremen 9. Februar 1893 – 12. Februar 1967
Journalistin und Schriftstellerin

Aus dem Bericht geht nicht direkt hervor, auf welche ihrer Audienzen sich Louise Diel bezieht. Es kann sich jedoch nur um ihre zwölfte Audienz am 5. Mai 1937 handeln, da sie zuvor an diesem Tag zum letzten Mal bei Mussolini war. Vor allem erwähnt sie in ihrem Bericht unter diesem Datum auch den alten Diener, der ihr beim Tragen ihrer schweren Tasche behilflich war und sie in das Vorzimmer des ‚Duce' begleitete.[1]

Während sie in dem Zeitungsartikel nur ganz allgemein die Atmosphäre beschreibt, in der die Audienz wie auch schon die vorausgehenden abliefen und die Besonderheit hervorhebt, von Mussolini als Frau empfangen zu werden, vertraute sie ihrem Tagebuch an, weshalb sie von der Audienz emotional besonders berührt war: „Dieser 12. Empfang war der vertraulichste und freundschaftlichste, den ich je hatte, sachlich, aber innig und persönlich wie noch nie."[2]

Bemerkenswert ist auch, daß sie im Tagebuch darüber berichtet, mit Mussolini über den Besuch Görings gesprochen zu haben, der am 26. April bei Mussolini war. Der Anknüpfungspunkt war Diels Buch über „Mussolini. Kampf, Sieg und Sendung des Faschismus", von dem Diel dem ‚Duce' ein ledergebundenes Vorausexemplar mitgebracht hatte.[3] Diel war es gelungen, für das Buch ein „Geleitwort" Görings zu erhalten, deshalb bat sie den ‚Duce' um eine persönliche Widmung für Göring, die sie diesem „persönlich überbringen" wollte.

Bericht über eine Audienz am 5. Mai 1937.
Quelle: Bitterfelder Allgemeiner Anzeiger, 28.9.1937.

Mussolini empfängt eine Frau

So oft ich die schönen Warteräume im Palazzo Venezia zur festgesetzten Stunde betrat – nicht ein einziges Mal traf ich dort mit einer Frau zusammen!

Hohe faschistische Würdenträger, Offiziere mit ordengeschmückter Brust, einheimische Gelehrte und ausländische Ehrengäste waren anwesend, aber kein weibliches Wesen. Diese wiederholte Erfahrung veranlaßte mich, einmal den alten, stets verbindlich lächelnden Diener, der die Besucher von der untersten Treppenstufe des Hauses bis zum letzten Treppenabsatz im oberen Stockwerk geleitet, zu fragen, ob des öfteren Damen zur Audienz erscheinen und von ihm begleitet werden. Er verneinte mit heiterer Freundlichkeit und verband seine Antwort mit einer kleinen huldigenden Bewegung, die ein dankendes Kopfnicken meinerseits auslöste.

---

[1] Vgl. Privatarchiv Diel, Nachlaß Louise Diel, Meine Audienzen beim Duce, 12. Audienz vom 5.5.1937.
[2] Ebd.
[3] Diel, Mussolini. Kampf, Sieg und Sendung des Faschismus.

In diesen, gleich einem Museum ausgestatteten intimen Warteräumen, von deren samtbekleideten Wänden alte, kostbare Gemälde in schweren Goldrahmen auf die etwas nervös auf- und abgehenden Besucher herniederschauen, herrscht feierliche Stille. Wohl eilen die Diener hin und her, denn die Klingel ruft sie bald hier- bald dorthin, aber kein Wort wird laut. Die wartenden Herren sind unruhig und bemühen sich nicht, ihre Aufregung zu verbergen – ob Männer bei solchen Anlässen nervöser sind als Frauen?

Die Zahl der Besucher, denen die Ehre widerfährt, in Einzelaudienz empfangen zu werden, scheint nicht groß zu sein, denn niemals traf ich mit mehr als vier Wartenden zusammen. Ein Gast nach dem anderen wird von einem Diener durch eine wortlose Verbeugung abgerufen und zum Duce geleitet.

Wieder führt mich der Weg durch mehrere Räumlichkeiten, bis die Erscheinung eines älteren Dieners, der in Abwartehaltung, die Hand auf der Türklinke bereit steht, erkennen läßt, daß eben diese hohe Flügeltür den Eingang zu Mussolinis Arbeitszimmer freigibt.

Schon trete ich ein. Und wie so oft sucht auch heute wieder mein Auge in dem fast unendlich großen Raum im äußersten hinteren Fensterwinkel den gewaltigen Schreibtisch, der von der Tür aus fast klein wirkt. Nur wer gute Augen hat, kann bereits die Gestalt Mussolinis hinter diesem Tisch erkennen.

Jedesmal, wenn ich über das spiegelglatte Parkett schreite, [erin]nere ich mich des Ausspruchs eines Mannes, der einst sagte, er bemühe sich stets, in Mussolinis Zimmer seinen Schritt so zu lenken, daß sein Fuß die schöne Ornamentik des Fußbodens nicht berühre. Mir gelingt dies nicht, und meine Augen sind auch keineswegs zu Boden gesenkt. Sie halten vielmehr immer wieder in diesem einzigartigem Saal, der in alten Zeiten den Namen „Sala del Mappamondo" trug, Umschau. Dennoch ist es mir nie gelungen, ein geschlossenes Bild des zwanzig Meter langen Raumes zu gewinnen. In der Mitte angelangt, sehe ich die Gestalt des Duce mir entgegenkommen. Ein warmer Händedruck weckt das Bewußtsein der Greifbarkeit des Augenblicks, und die Frage Mussolinis, wie es mir gehe und was die Arbeit mache, verlangt Konzentration, Geistesgegenwart.

Wer den italienischen Regierungschef nur im Bilde kennengelernt hat oder nur bei offiziellen Gelegenheiten kurz mit eigenen Augen sah, kann sich nicht vergegenwärtigen, wie schlicht und menschlich wohlwollend der große Mann dem einzelnen gegenübertritt. Seine Haltung ist vollkommen entspannt, und seine Bewegungen sind von größter Natürlichkeit. Da diese Empfangsstunden fast ausschließlich am Spätnachmittag stattfinden, also zu einer Zeit, zu der Mussolini sein Tagewerk größtenteils schon beendet hat, trägt diese Stunde den Stempel einer gewissen Ruhe und Gelöstheit, und der Vielbeschäftigte verrät dem Besucher in keiner Weise, daß wieder das Maß der an ihn geltenden Ansprüche zum Ueberlaufen voll ist. Kein Telephongespräch unterbricht die

Unterredung, und niemand betritt den Raum, in dem sich jetzt der Duce allein mit dem Besucher befindet.

Der Schreibtisch ist mustergültig aufgeräumt, weder Akten noch Papiere füllen die gewaltige Fläche. Und wenn Mussolini jetzt hier Platz nimmt, um eine Widmung zu schreiben oder ein Buch zu durchblättern, so geschieht auch dies in größter Ruhe und Gelassenheit. Den Besucher erfüllt das stolze Gefühl, daß der größte Mann Italiens ihn voller Aufmerksamkeit für würdig hält und seiner Person wie seiner Arbeit besondere Beachtung schenkt.

Diese beglückende Gewißheit erfährt noch eine Steigerung, wenn sich im Laufe eines zweiten oder dritten Gesprächs erkennen läßt, daß der Duce alle Einzelheiten der letzten Besprechung im Gedächtnis behalten hat und auf angeschnittene Themen zurückkommt. Auf mich persönlich machte es den tiefsten Eindruck, daß, als zwei Jahre nach der ersten Unterredung, die mir Mussolini gewährte, zufällig im Gespräch von mir ein deutscher Name erwähnt wurde, Mussolini mich sofort mit Kopfnicken unterbrach und erklärte: „Von diesem Herrn haben Sie mir früher schon einmal gesprochen." Wie ist es möglich, daß ein beliebiger Name, der zufällig genannt wird, im Gedächtnis eines Mannes jahrelang haften bleibt, dessen Geistestätigkeit und Inanspruchnahme ins Unbegrenzte gehen?

Man erwartet von jedem Besucher Verständnis dafür, daß die Zeit des italienischen Regierungschefs aufs äußerste bemessen ist und so unterbleibt jegliche Ermahnung dieser Art. Sie erübrigt sich ohnehin, denn in Mussolinis Arbeitszimmer befindet sich außer dem Stuhl am Schreibtisch kein zweiter, und die Unterhaltung wird im Stehen geführt. Vielleicht veranlaßt dies die männlichen Besucher, in straffer Haltung dem Duce während der ganzen Unterredung Frage und Antwort zu stehen – als Frau empfindet man anders. Mussolinis gesellschaftliche Gewandtheit und Höflichkeit und die Menschlichkeit, die ihn auszeichnen, lassen ihn einer Frau in besonders verbindlicher Weise gegenübertreten. Der Regierungschef bleibt hinter dem Mann von Welt im Hintergrund, und der plaudernde Ton der Unterhaltung nimmt ihr den offiziellen Anstrich.

Mit großer Lebhaftigkeit folgt der Duce allen Darlegungen. Oftmals läßt er sich seine Antwort vom Gesicht ablesen, bevor er sie ausspricht. Und dann erlebt man plötzlich die Ueberraschung, daß der gewandte Fechter Mussolini mit rascher Wendung blitzschnell die Stellung wechselt und Wort und Sinn eine andere Richtung gibt. Da heißt es Schritt halten, zur Stelle sein und keinen Augenblick die Geistesgegenwart verlieren! Auch als Frau und gerade als Frau gilt es hier, „seinen Mann zu stehen" und der kleinen Prüfung Stand zu halten. Denn der Duce hat das Recht, jeden einzelnen, den er durch den Empfang auszeichnet, auf seine Eignung und Persönlichkeit hin zu erforschen.

Ich blicke in das markante Gesicht mit den großen, dunklen Augen, in denen ein tiefes Feuer leuchtet – l'Impero Romano ist neu erstanden! Wenn ich dies große Wort nie vorher gehört und erfaßt hätte, in dieser Stunde erlebe ich seine Bedeutung in aller Lebendigkeit.

Spräche ich jetzt abschließend vom weiteren Verlauf der letzten Unterredung, vom verabschiedenden Händedruck und dem Handkuß Mussolinis, so erschiene mir das wenig am Platze. Mussolinis Wort, das der Zusammenarbeit unserer beiden Völker galt, klingt in mir nach. Gerade als Deutsche und als Frau gilt es, in gegebener Weise mitzuarbeiten, um Deutschland und Italien gegen alle Gefahren, von wo sie auch kommen mögen, zu schützen.

Louise Diel

Bremen 9. Februar 1893 – Limburg 12. Februar 1967
Journalistin und Schriftstellerin

Es handelt sich, wie der hier nicht wiedergegebene Vorspann der Zeitungsredaktion erkennen läßt, um einen Bericht über die 18. Audienz Diels bei Mussolini am 29.3.1938.

Diel überreichte bei dieser Audienz das erste ledergebundene Exemplar ihres unter dem Titel „Sieh unser Land mit offen Augen. Italienisch-Ostafrika" (Leipzig 1938) erschienen Buches über ihre Abessinienreise im Herbst 1937. In das Buch hatte sie handschriftlich die folgende Widmung eingetragen: „Das allererste ausländische Buch über das befriedete A.O.I. geschrieben im Tempo des ‚Duce'. Louisa Diel, Rom 29.3. XVI".

Diel zeigte Mussolini bei dieser Audienz ferner das Tagebuch ihrer Abessinienreise vom Herbst 1937, in das sich zahlreiche faschistische Würdenträger, mit dem Vizekönig Rodolfo Graziani an der Spitze, mit handschriftlichen Widmungen eingetragen hatten.[1] Auf der ersten Seite hatte Mussolini ihr vor ihrer Reise die folgende Widmung hineingeschrieben: „A Louise Diel „sieh unser neues Land mit offenen Augen". Mussolini. Roma, 22 ott XV". Am 29. März 1938 schrieb er ihr zum Abschluß hinein: „Il diario è finito e la vita continua." Mussolini. 29.3.1938 XVI.[2]

Der kurze Bericht läßt ferner erkennen, wie stark der im Mai 1938 bevorstehende Besuch Hitlers in Italien Mussolini schon im Vorfeld beschäftigte.

Bericht über eine Audienz am 29. März 1938.
Quelle: Berliner Lokal-Anzeiger, 1.4.1938

Der Duce über den Ausbau Roms[3]

Rom, 31. März

Wieder werde ich vom *Duce* im Palazzo Venezia zu einer gütig gewährten Privataudienz empfangen, um ihm das erste Exemplar meines Buches „Sieh unser neues Land mit offenen Augen" zu überreichen. Er beglückwünscht mich zu dem Preis von San Remo.[4]

In der ihm eigenen ritterlichen und heiteren Weise kommt Mussolini in seinem großen Arbeitszimmer im Palazzo Venezia mir entgegen. Seine Haltung

---

[1] Privatarchiv Diel, Nachlaß Louise Diel, Tagebuch (ledergebunden mit der Aufschrift „Louise Diel, A.O.I. – XVI").

[2] Vgl. Privatarchiv Dr. Helmuth und Christl Diel, Nachlaß Louise Diel, 19. Audienz bei Mussolini am 29. März 1938.

[3] Der vollständige Titel des Artikels im Berliner Lokal-Anzeiger vom 1.4.1938 lautet: „Der Duce über den Ausbau Roms. Unterredung unserer Mitarbeiterin Louise Diel mit Benito Mussolini."

[4] Louise Diel erhielt 1938 den Journalistenpreis von San Remo. Er wurde wahrscheinlich von Mussolini vermittelt, der auf diese Weise darum herumkam, ihrem Wunsch nach Verleihung eines Ordens nachzukommen.

ist eine entspannte, und eine große Ruhe strahlt von ihm aus, obgleich das Feuer des lebhaften, alles durchdringenden Blickes alles andere als Geruhsamkeit verrät. Jedes Wort wird von einer entsprechend raschen Gebärde begleitet. Die Stimme ist leise und dennoch lebhaft. Die Betonung wechselt oft und schnell. Welchen Künstler würde es nicht reizen, dieses lebendige Mienenspiel einzufangen und, was die Sekunde herauslockt, für immer festzuhalten. Die Armbewegungen, die raschen Kopfwendungen, die kurzen ruckartigen Luftschläge der fast klein zu nennenden Hände, ihre präzise Sprache, die jedem Satz seine besondere Ausdeutung geben – alles das sehe und erlebe ich heute wieder wie schon manchesmal.

In unserem Gespräch, das zunächst von dem befriedeten Abessinien und meinen Reiseerlebnissen handelt, kommt dann die Rede auf die Vorbereitungen, die für den *Besuch des Führers* im Mai getroffen werden. Der Duce spricht von dem gewaltigen Ausbau der Stadt Rom, dem sein besonderes Interesse gilt. Dabei ruft er in Erinnerung, wie er selbst den ersten Spatenstich für die Niederlegung der Altstadtviertel getan hat. Er spricht mir davon, daß er die Neubaupläne immer wieder begutachte, die zum Teil aufgrund seiner eigenen Angaben gefertigt worden sind.

Auf meine Frage, ob er eine innere *Verwandtschaft* der neuen Bauten des nationalsozialistischen Deutschland mit dem faschistischen Stil finde, da er ja bei seinem Aufenthalt in Deutschland viele dieser Bauten persönlich kennengelernt habe, bejaht Mussolini diese Frage auch lebhaft.

Das Gespräch geht weiter, und ich erwähne, daß ich den im Bau befindlichen Bahnhof *Ostiense* gesehen habe und auch die neue Prachtstraße, die dort gebaut und den Namen des Führers *Adolf Hitler* tragen wird. „Es wird eine sehr schöne, neue Straße werden", sagt Mussolini. Und immer wieder kommt der Duce auf den Führerbesuch zu sprechen. Er bemerkt, daß drei Sonderzüge die Reise begleiten würden. Das umfangreiche Programm, das für den Besuch des Führers und Reichskanzlers vorgesehen ist, sei übrigens so gestaltet, daß manche Vormittage zur eigenen Gestaltung des Führers freibleiben würden.

Zum Schluß der Audienz lege ich dem Duce mein nunmehr abgeschlossenes Reisetagebuch über Abessinien noch einmal vor. Dieses Tagebuch hatte der Duce mit den handgeschriebenen deutschen Worten vor der Afrikareise eingeleitet: „Sieh unser neues Land mit offenen Augen!" Jetzt schreibt der Duce: „Das Tagebuch ist beendet, das Leben schreitet weiter! Mussolini, Roma 29.3.1938 XVI."[5]

---

[5] Privatarchiv Diel, Nachlaß Louise Diel, Lebensbuch, S. 98: „Il diario è finito e la vita continua. Mussolini. Roma 29 marzo XVI 1938.

Louise Diel

Bremen 9. Februar 1893 – Limburg 12. Februar 1967
Journalistin und Schriftstellerin

Es handelt sich um die Aufzeichnung Diels über ihre letzte Audienz bei Mussolini. Die Umgebung des ‚Duce' hatte 1938 versucht, ihre Besuche bei Mussolini zu unterbinden, sie konnte daher in diesem Jahr nur noch drei Mal bei ihm vorsprechen, das letzte Mal am 21. Mai 1938. Von Oktober 1938 bis Juli 1939 reiste sie daraufhin durch die ehemaligen deutschen Kolonien in Afrika.[1] Wie aus ihrer Aufzeichnung hervorgeht, insistierte sie 1939 wenige Tage nach Kriegsausbruch erneut hartnäckig darauf, von Mussolini eine Audienz zu erhalten, erwirkte jedoch erstmals nur eine unverbindliche Zusage, keinen festen Termin. Gleichwohl riskierte sie es, von Berlin nach Rom zu reisen. In Rom konnte sie zu Dino Alfieri, dem Minister für Volkskultur (Ministro della Cultura Popolare) vordringen, der sie – wie schon 1938 – abzuwimmeln versuchte. Doch war er schließlich aufgrund ihres hartnäckigen Drängens bereit, sie am 7. Oktober bei einem Besuch beim ‚Duce' mitzunehmen. Die Anwesenheit Alfieris bewirkte, daß dieser letzte Besuch Diels bei Mussolini sehr viel förmlicher ablief als die früheren: „Der Abschied war sehr freundlich, aber ohne Handkuß."

In nur allgemeiner Form berichtete sie über die Audienz auch im „Berliner Lokal-Anzeiger" vom 12.10.1939.[2]

Bericht über eine Audienz am 7. Oktober 1939.
Quelle: Privatarchiv Dr. Helmuth und Christl Diel, Nachlaß Louise Diel, Meine Audienzen beim Duce.

21. Audienz bei Mussolini am 7. Oktober 1939

Ein paar Tage nach Kriegsausbruch habe ich an M[ussolini] telegraphiert, daß ich dringend bitte, mich zu empfangen. Dann kam ein Brief von der italienischen Botschaft, daß ich ermächtigt bin hinzureisen, aber wegen des Empfanges noch nichts genaues feststeht. Schließlich hat doch die Botschaft veranlaßt, daß ich alle nötigen behördlichen Vorbedingungen erledigt bekomme.

Alfieri empfing mich zwei Tage vor der Audienz am 5. Oktober. Ich sagte ihm, daß ich Mussolini ein Sondertagebuch nur für ihn über meine letzte Afrikareise mit Vergleichspunkten von AOI illustriert übergeben wolle.[3] Er sagte, daß M[ussolini] jetzt keinen einzigen Ausländer empfange. Schließlich bat ich ihn, mich doch event[uell] einfach mitzunehmen, wenn er zu ihm gehe.

---

[1] Vgl. Diel, Die Kolonien warten!; dies., Mädels im Tropenhelm, Essen 1941.
[2] Louise Diel, Besuch beim Duce, Berliner Lokal-Anzeiger, 12.10.1939.
[3] Es handelt sich um ein im Privatarchiv Diel, Nachlaß Louise Diel, nicht erhaltenes Reisetagebuch über ihre Afrikareise durch die ehemaligen deutschen Kolonien im Sommer 1939. AOI ist die Abkürzung für das 1936 ausgerufene Africa Orientale Italiana, bestehend aus den älteren italienischen Kolonien Eritrea und Somalia und dem militärisch eroberten Abessinien.

Am 6. Oktober ließ er mich wissen, daß ich am 7. Okt.[ober] um 10 Uhr morgens bei ihm im Ministerium sein möchte und er mich mitnehmen würde.

Erst wartete ich in seinem Vorraum, dann bestieg ich das ganz kleine Auto. Er kam in seiner neuen Uniform der Diplomaten. Erst nannte er dem Chauffeur den Haupteingang des Palazzo Venezia. Kurz vor der Anfahrt änderte er um und so fuhren wir in den linken Seiteneingang hinein und sofort mit dem Lift herauf. (Ich saß neben ihm im Auto).

So kam ich zum ersten Mal von einer ganz anderen Seite und in anderer Art herauf durch einen schmalen Gang direkt in meinen üblichen Warteraum. Alfieri ging mit einer riesendicken Mappe zu M[ussolini]. Nach etwa einer Viertelstunde wurde ich gerufen. (Ich trug einen schwarzen Sommermantel aus Paris mit Straußenfederblume und den neuen russ[ischen] Hut mit Schleier.) Ich hatte eine große Aktentasche mit dem dicken illustrierten Buch und dem Gedenkbuch der Italiener, alles extra gebunden mit einem großen M draufgeschrieben.

M[ussolini] kam mir entgegen, begrüßte mich auf französisch, wie es mir ginge. A[lfieri] blieb diskret und zurückhaltend links am Schreibtisch stehen, mit seinen Akten beschäftigt und sich gar nicht einmischend, wenn nicht M[ussolini] etwas zu ihm sagte oder ihn fragte.

M[ussolini] nahm das Buch und las sofort laut auf französisch, im selben Moment übersetzend, was ich über Aden geschrieben hatte und machte laute Bemerkungen dazu zu mir und A[lfieri]. Dann sagte er bald anschließend: „Ich wollte Sie eigentlich nicht empfangen, da ich jetzt niemand empfange, aber Sie haben mir so interessante Sachen mitgebracht, daß ich es nicht bereue und mich darüber freue." Alfieri mußte bestätigen, daß er niemand empfängt und ich sprach beiden meinen Dank aus.

Da ich fühlte, daß es eilig ist, sprach ich gleich weiter und gab ihm eine Fülle gedruckter Aufsätze deutscher Zeitungen über meine Afrikareise. Ich führte noch aus, daß die Engländer tatsächlich nicht selber siedeln oder Landwirtschaft treiben und nur die Deutschen die Arbeit machen, wo ich gewesen bin. Er fiel mir ins Wort und sagte die deutschen Worte: „Die Engländer sind nur Ausbeuter." A[lfieri] sagte dazu Ähnliches.

Dann sagte ich ihm, daß das deutsche Volk und die ganze Welt auf ihn blicken und von ihm ein Wort erwartet und legte ihm das von mir geschriebene Wort vor: „Mein Kurs lautet: Friede in Europa von Nord nach Süd." Er las es durch und sagte: „Nein, das kann ich nicht schreiben, denn ich will nicht den Frieden um jeden Preis." Doch ich fiel ihm ins Wort und sagte: „Aber Sie wollen doch den Frieden!" – „Aber die Anderen wollen ihn nicht", sagte er. Ich wiederholte: „Aber Sie wollen ihn doch, das ist doch die Hauptsache jetzt." Darauf führte er lange aus, daß es mit dem Frieden anders wäre und schaute mich groß an.

Ich hielt ihm die Zeitung vom 30. September 1939 mit seinem Bild als Pilot und dem historischen Ausspruch (man dürfe den Piloten nicht stören – oder so – wenn er aufpassen muß) und bat ihn[,] das zu signieren. Ich holte schon die weiße Tinte mit Feder heraus, aber er nahm seinen Füllfederhalter und sagte, es wäre kein Platz zum Schreiben und schrieb nur rechts seinen Namen und links das Datum. Ich sagte nochmals, daß das deutsche Volk auf ein Wort von ihm warte. Er sagte, daß gestern die Rede vom Führer so gut gewesen sei.[4] Offenbar glaubt er nicht an den Frieden, das merkte ich aus allem. Er hatte eine große Ruhe und Gelassenheit und sprach langsam und ruhig ohne jede Erregung wie immer. Das Buch zeigte er nochmals Alfieri und sagte, daß er es gut finde. A[lfieri] kam um den Tisch herum um es mit anzusehen, da ich es ihm vorher überhaupt nicht gezeigt hatte.

M[ussolini] trug einen blauen Civilanzug, hatte den Kopf glatt rasiert, sodaß man die Warze noch besser sah.

Dann sprach ich M[ussolini] von meinem neuen Buch und ob ich wiederkommen und es ihm bringen dürfe, was er sofort zweimal bestätigte. Er fragte nach dem Titel. Ich nannte ihn auf deutsch: „Die Kolonien warten.", Afrika ist im Umbruch.[5] Er wiederholte den Titel laut. Ich sagte, ich hätte den Wunsch, daß auch dies Buch italienisch übersetzt wird und darum wolle ich es ihm bringen. Er stimmte zu für den Januar. Er hat viel gelacht und den Witz gemacht, daß die Engländer nichts tun und A[lfieri] meinte zwischendurch, das würde jetzt anders (in Bezug auf die Kolonialleitung).

Auf meine wiederholten Worte, daß das deutsche Volk auf ein Wort warte, antwortete er nichts bestimmtes, sondern nur allgemein. So ging das Gespräch hin und her eine Weile, mehr zu zweit als zu dritt. Ich beeilte mich, mich zu verabschieden, denn vormittags ist er immer in Arbeitsstimmung. Beim Abschied fragte ich ihn noch, ob er nicht veröffentlichen wolle, daß ich ihm das Buch gebracht habe und auch das englische Buch über AOI, was ich ihm gleich zu Anfang überreicht hatte.[6] Er wies nun Minister A[lfieri] an, es in die Zeitung zu setzen, daß ich die englische Übersetzung gebracht habe und auch das andere Buch und er wiederholte auf dem Weg zur Tür, er solle es in die Zeitung setzen.

Der Abschied war sehr freundlich, aber ohne Handkuß. Im Vorzimmer standen zwei Herren. A[lfieri] ging zu einem anderen Tisch und da formulierten wir gleich den Text für die Pressenotiz zusammen. Er riet, außen vor zu lassen, daß es sich um die alten deutschen Kolonien handle, daher entstand der Irrtum, daß man in der deutschen Presse nur von dem AOI-Buch- und Reise schrieb. Am

---

[4] Gemeint ist Hitlers Reichstagsrede vom 6.10.1939, vgl. Domarus Hitler, Bd. II,1, S. 1377–1393.
[5] Diel, Die Kolonien warten.
[6] Diel, „Behold our New Empire. Mussolini".

selben Nachmittag, bevor ich abends abreiste, erschien die lange Notiz unter Sonderrubrik in jeder Zeitung.

Er sagte anfangs, er empfängt keine Etrangers, worauf ich fragte, ob ich ein Etranger sei, worauf er lächelte oder sogar nein sagte. Jedenfalls flogen anfangs viele Bälle.

Nachmittags ging ich zu Rocco.[7] Er wußte schon vom Empfang und sagte, ich müsse ihm dankbar sein, daß er alles mitgebracht habe, was ich auch tat. Dann ersuchte er mich[,] nichts zu schreiben über den Empfang. Ich erwiderte und sagte, daß Mussolini angeordnet habe, daß derselbe in die Presse gesetzt wird und ich darum ruhig etwas Harmloses schreiben könne. Darüber wußte er nichts und war sehr erstaunt. (Ich habe dann das mir unterschriebene Pilotenbild mit einem schönen sachlichen Aufsatz als Leitartikel im Lokal-Anzeiger gebracht – das war meine letzte Arbeit für Jahre in dieser Zeitung!).[8]

---

[7] Guido Rocco war Leiter der Presseabteilung im italienischen Ministero della Cultura Popolare.
[8] Louise Diel, Besuch beim Duce. Roms Parole: Arbeiten und bereit sein. Berliner Lokalanzeiger 12.3.1939.

Werner von der Schulenburg

Pinneberg 9. Dezember 1881 – Magliasina/Lugano 29. März 1958
Schriftsteller und Journalist

Der Schriftsteller Werner von der Schulenburg stand seit seinem ersten, durch Margherita G. Sarfatti vermittelten Besuch am 24. März 1927, der zur Gründung der Zeitschrift „Italien. Monatsschrift für Kultur, Kunst und Literatur" führte, in losem Kontakt zu Mussolini. 1940 übersetzte und bearbeitete er das nominell von Mussolini, tatsächlich aber von seinem Mitautor Giovacchino Forzano allein verfaßte Historienstück „Villafranca". Es erschien unter dem Titel „Benito Mussolini und Giovacchino Forzano, Cavour (Villafranca). Schauspiel in drei Akten. Für die deutsche Bühne bearbeitet von Werner von der Schulenburg, München 1940". Die deutsche Uraufführung des Stückes in Berlin wurde am 9. Mai 1940 als Demonstration kultureller Achsenfreundschaft aufgezogen. Schulenburg reiste zu der Aufführung aus Rom an und kehrte im Anschluß daran wieder dorthin zurück. Nach seiner Rückkehr wurde er von dem ihm freundschaftlich verbundenen faschistischen Propagandaminister Alessandro Pavolini dazu eingeladen, über die „Berliner Theatereindrücke" zu berichten.

Da Pavolini ihn spontan zu Mussolini mitnahm, ist die Audienz zuvor nicht in die Audienzlisten eingetragen worden. Der genaue Tag dieser letzten Begegnung Schulenburgs mit Mussolini ist daher nicht eindeutig zu bestimmen. Da Mussolini jedoch nachweislich am 14. Mai 1940 Giovacchino Forzano empfangen hat. spricht einiges dafür, daß auch Werner von der Schulenburg an diesem Tag bei ihm war. Vgl. ACS, SPD, CO, Udienze, b.3145.

Bericht über eine Audienz am 14. Mai 1940.
Quelle: Privatarchiv Isa von der Schulenburg, Nachlaß Werner von der Schulenburg, "Um Benito Mussolini", S. 33–38.

Um Benito Mussolini

Zu Pavolini ging ich gern.[1] Seine knabenhafte Frische, sein „Kokosnussköpfchen", wie er es selbst nannte, und seine klugen Beobachtungen gefielen mir. Der Hauch von Pessimismus, der sein ganzes Wesen überschattete, gab ihm etwas Verfeintes. Er stammte aus einer geistig bedeutenden Familie; sein Vater hatte als erster die finnische Kultur in Italien bekannt gemacht.

Auf meine Frage erwiderte er mit verbindlichem Lächeln: „Aber fragen Sie das den Duce doch selbst." Ich erklärte benommen: „Eine solche Frage würde ich nicht an den Duce zu stellen wagen. Ausserdem möchte ich ihn nicht belästigen. Er hat anderes zu tun."

„Er wird sich freuen, Sie zu sehen." „Das ehrt mich. Nur fürchte ich, dass meine vielen Feinde meinen Besuch beim Duce zur Basis neuer Angriffe machen würden."

---

[1] Alessandro Pavolini (1903–1945) war von 1939–1943 Minister für Volkskultur (Ministro della Cultura Popolare). Zu seinem Verhältnis zu Schulenburg vgl. oben S. 149.

Pavolini sann vor sich hin. „Ich will Ihnen etwas vorschlagen", entgegnete er. „Ich habe dem Duce in einer halben Stunde Vortrag zu halten. Es liegt nicht viel vor. Ich werde anfragen, ob ich Sie mitbringen darf. Wir machen diesen Besuch ganz inoffiziell." Er liess sich mit Mussolini verbinden, und aus der Art, wie er die Anordnungen durch das Telefon entgegennahm, ersah ich, dass der Duce bereit war, mich sofort zu empfangen.

Im Palazzo Venezia geleitete mich Pavolini durch einen Nebenaufgang in einen kleinen Salon, in dem mir eine schöne gotische Madonna auf Goldgrund auffiel. Aber bevor ich mich näher mit dem Bild beschäftigen konnte, öffnete sich die Tür, und der Duce trat in den Raum. Ich hatte ihn vor fast zwei Jahren das letzte Mal gesehen. Sein Antlitz hatte sich stark verändert, die Züge wirkten geronnen, nahezu starr. Es war die Mumie einer einst strahlenden Begeisterung, die Maske der Macht, die mir entgegentrat.

Aber die gewinnende Art des Duce – und er konnte sehr gewinnend sein – wischte diesen ersten Eindruck rasch beiseite. Er gab mir die Hand und sagte: „Lieber, ich freue mich, Sie hier zu sehen. Sie haben mir wirklich eine grosse Freude gemacht. Ihre Übersetzung von ‚Villafranca' ist ein Meisterwerk.[2] Und der Erfolg bestätigt das. Im Theater entscheidet ja, ganz wie in der Politik, immer nur der Erfolg."

„Ich danke Ihnen, Duce, für das Lob. Auf alle Fälle habe ich getan, was in meinen Kräften stand. Im Übrigen habe ich es auch des Werkes wegen gern getan. Das Stück ist gut."

Der Duce, der bis jetzt gestanden hatte, winkte Pavolini und mich an einen Tisch. „Und die Änderungen, die Sie gemacht haben?" fragte er lächelnd. „Ich hielt diese Änderungen für notwendig. Vor allem habe ich den Dialog belebt, selten durch Zufügungen, meist nur durch Spannung des Stils, das Brio des Originals fehlt, wenn man alles wörtlich übersetzt." „Das Stück ist geschrieben in faschistischem Stil", erklärte er etwas doktrinär. Ich entgegnete, wenn man einen guten Stil ‚faschistischen Stil' nennen wollte, hätte ich nichts dagegen einzuwenden.

Der Duce sah mich prüfend an und sagte, er habe gehört, dass ich nicht der nationalsozialistischen Partei angehöre. Ich erwiderte, ich sei in der Tat kein Parteimitglied und hätte auch nicht die Absicht, es zu werden. Der mächtige Kopf schob sich mir entgegen. „Weshalb nicht?" Die Frage war delikat. „Ich gehöre einer Familie an, die seit tausend Jahren auf ihre Weise in Deutschland geherrscht hat. Uns liegt das tausendjährige Reich, von dem heute so oft die Rede ist, im Blut. Es gibt Deutsche genug, die sich ihr Deutschtum nicht noch erst bestätigen lassen müssen. Ganz abgesehen davon, dass wir dieser

---

[2] Benito Mussolini, Giovacchino Forzano, Cavour (Villafranca).

Bestätigung misstrauen. Selbstverständliches bedarf nicht der Unterstreichung durch Pathos."

Der Duce fühlte sich getroffen. „Für Sie war das selbstverständlich, nicht aber für das ganze Volk. Es gibt Zeiten, in denen Einzelne ihre Völker zusammenhalten müssen." Nach einer Weile fuhr er fort: „Ich glaube zwar nicht mehr daran, dass nur Männer Geschichte machen; über den Einzelnen stehen die Weltkatastrophen, die kein Mensch aufhalten kann, und die jene, die glauben, es zu können, zuerst zermahlen. Machiavelli schreibt Wichtiges über dieses Thema. Sie sollten es bei ihm nachlesen. Aber", fuhr der Duce fort, „die Wirkung jener Männer, die glaubten, sie machten Geschichte oder sie könnten Katastrophen aufhalten, ist selbst nach einem Scheitern dieser Männer nicht illusorisch, wenn diese Männer nur fest an das Sittliche ihres Wollens geglaubt haben. Dann tritt die Wirkung ihrer Tätigkeit nach der Katastrophe ein, zu einer Zeit, in der sie meist selbst nicht mehr am Leben sind."

So schön der Duce diesen Satz auch formuliert hatte, er schien mir doch anfechtbar. „Danach wäre also jeder Fanatiker, der sich auf Grund seiner Sondermoral vernichtend auswirkt, seiner positiven Nachwirkungen gewiss?" Mussolini, der merkte, dass ich auf Hitler zielte, erwiderte: „Bleiben wir objektiv. Worin beruht denn nach Ihrer Ansicht das Kriterium des grossen Menschen, dessen Werk eine Menge ergreift, weit über seinen Tod hinaus?"

„Jeder wahren Grösse, sagt Jakob Burckhardt, ist beigegeben ein Gran Güte."

Die Augenbrauen des Duce stiegen in die Höhe. „Burckhardt als stiller Gelehrter hat gut reden. Er hätte einmal selbst regieren sollen! Da wäre ihm die Güte oft vergangen. Die Menschen sind gemein, sie treiben Missbrauch mit jeder Güte und wissen sie von Schwäche und Dummheit nicht zu unterscheiden. Das aber lässt sich ein Mann, der auf sich hält, auf die Dauer nicht gefallen." Mussolini sah vor sich hin. „Man muss sogar ungerecht werden, wenn man begriffen hat, dass man nur durch Härte die Gerechtigkeit im höheren Sinne zu vertreten vermag. Wirklich gerecht sein kann wohl nur Gott." „Wir brauchen nicht gleich an Gott zu denken, Duce. Diese Güte, von der Burckhardt spricht, ist nicht nur eine moralische sondern auch eine ästhetische Angelegenheit. Sie kann sich in der Grundhaltung eines Menschen ausdrücken, in einem warmen Wort oder in einem Lächeln. Nur ist Güte nicht laut, sie ist zart."

Mussolini kam auf sein Stück zurück. „Solche Güte war Cavour nicht eigen."

„Darüber müsste man die vielen Frauen fragen, die er geliebt hat. Ich wage zu behaupten, dass ein Mann, der von vielen echt geliebt wurde wie Cavour, auch gütig gewesen ist."

„Vielleicht", nickte Mussolini und sah vor sich hin. Um seinen grossen Mund spielte ein schönes Lächeln. Dann fuhr er fort. „Nach Ihrer Ansicht wären alle Grossen gütig gewesen? Ich achte und ehre Friedrich den Grossen. Aber von einer Güte empfinde ich wenig bei ihm. In seiner Jugend mag er vielleicht gütig gewesen sein. Ich erinnere mich eines Urteils von Voltaire über ihn, das darauf hinausgeht. Als er älter geworden war, sprach er die tragischen Worte: ‚Ich habe es satt, über Sklaven zu herrschen'. Das ist keine Güte." Ich antwortete kurz: „Nein, nur vergass er dabei, dass er die Menschen zu Sklaven gemacht hatte. Er war hart geworden, weil er alt geworden war." „Weil er enttäuscht war. Er war verletzt, bis in die tiefste Seele verletzt. Und um sich den Rest der eigenen Seele zu retten, flüchtete er sich in sein Sanssouci, hinaus aus der verfluchten Rasse Mensch – so!"

Mussolini ergriff von einem Bücherhaufen, der an der Seite des Tisches lag, ein Buch und legte es allein in die Mitte des Tisches. Mein Blick streifte die dunklen, langbewimperten Augen Pavolinis, die in einem begreifenden Feuer aufleuchteten. Jetzt kannten wir die Bedeutung jener Geste, die der Duce dem deutschen Botschafter zweimal vorgeführt hatte – eine Geste, die im Grunde nichts anderes war als der Schrei: „Lasst mich allein!"

Die Hände auf das einsame Buch gestützt murmelte der Duce: „Erst nachträglich erfuhr ich, dass ich während meines Aufenthaltes in Berlin den ganzen Empfang umwarf, weil ich Potsdam und Sanssouci sehen wollte. Es erstaunte mich, dass man nicht von selbst daran gedacht hatte, es mir zu zeigen." ... weil diese Herde nicht begreifen konnte, wie einsam du bist. Weil du von anderem Grundstoff bist als dein Freund Adolf', dachte ich und sagte laut: „Die Bauten von Sanssouci sind keine Parteibauten." Mussolini zuckte die Achseln. „Mein Besuch dort war fast ein Wettrennen. Ich wollte Sanssouci gern für mich allein sehen. Aber man war immer hinter mir her, um jubelnde Menschen aufzustellen. Jubelnde Menschen sah ich genug; was ich wollte war stilles Aufschauen zu Friedrich dem Grossen." „Das verstehe ich. Ich bin im preussischen Kadettenkorps erzogen im Aufschauen zu Friedrich dem Grossen."

„Empfinden Sie den nationalsozialistischen Staat nicht als einen Nachfolger des Staates Friedrichs des Grossen?" Mir stieg das Blut in den Kopf. „Nein. Denn der Staat Friedrichs des Grossen war aufgebaut auf dem Begriff der Ehre, sowohl der des Fürsten wie der jedes Einzelnen. Treue des Lehnsherrn und des Lehnsmannes waren in diesem Staat noch untrennbar. Ausgewogen wurde beider Interessen durch den klargefassten Begriff der Ehre. Der jetzige Staat missachtet die Ehre des Einzelnen; an die Stelle der Ehre ist ein plumpes Erfolgsanbetertum getreten. Man würde mich in Deutschland einen Verräter nennen, weil ich Ihnen, Duce, meine Ansicht so frei sage. Aber meine Ehre verlangt, dass ich Ihnen auf Ihre Frage hin meine Ansicht nicht vorenthalte."

Pavolini hatte inzwischen ein Telefongespräch abgenommen und meldete dem Duce, dass ein Gesandter vorgefahren sei. Mussolini erhob sich. Er gab mir die Hand und sagte: „Ich habe mich besonders gefreut, mit Ihnen noch einmal sprechen zu können. Was Sie sagen, bewegt mich. Sie haben mir durch die Einführung des ‚Cavour' in Deutschland eine grosse Freude bereitet." Dann verliess Mussolini rasch das Zimmer.

Während Pavolini mich wieder zu seinem Auto brachte – er selbst hatte dem Duce noch Vortrag zu halten – sagte er: „Selten habe ich den Duce so aus sich herauskommen sehen."

Nach ein paar Tagen überreichte mir Pavolini eine Fotographie Mussolinis. Darunter hatte der Duce geschrieben: „Traduttore non traditore! (Übersetzer nicht Verräter) Benito Mussolini 1940 XVII."

Hans Wimmer

Pfarrkirchen 19. März 1907 – 31. August 1992 München

Bildhauer

Hans Wimmer erhielt 1941 den Rompreis der Preußischen Akademie der Wissenschaften und konnte so ein Jahr lang in der Villa Massimo residieren. Durch Vermittlung von Federico Hermanin, dem Direktor des Museo di Palazzo Venezia, durfte er in dieser Zeit den ‚Duce' fünf Vormittage lang in der Sala Mappamondo während der laufenden Audienzen portraitieren. Hermanin scheint Wimmer wiederum über Ludwig Curtius kennengelernt zu haben, mit dem zusammen er, wie aus dem Bericht hervorgeht, das Denkmal von Marc Aurel auf dem Kapitol auf einem eigens für ihn aufgestellten Gerüst untersuchen durfte.

Das Ergebnis der Sitzungen waren drei Fassungen einer Büste Mussolinis, von denen eine für das Museo di Palazzo Venezia angekauft wurde, eine weitere sich heute im Münchner Lenbachhaus befindet.

Wie Wimmer berichtet, wurde er am 31. Oktober 1941 zum ersten Mal von Mussolini empfangen. In den Audienzlisten sind die Sitzungen vom 5. und 6. November 1941 verzeichnet.[1] Die fünf Sitzungen müssen daher zwischen dem 31. Oktober und dem 6. November 1941 stattgefunden haben.

Am 2. März 1943 wurde Wimmer nachweislich nochmals von Mussolini empfangen, ein zu diesem Zeitpunkt ungewöhnlicher Gunstbeweis des ‚Duce'.

Der „Im Palazzo Venezia" überschriebene Bericht entstammt wahrscheinlich den unveröffentlichten Erinnerungen Wimmers, S. 27–32, die in seinem noch ungeordneten Nachlaß im Deutschen Kunstarchiv im Deutschen Nationalmuseum in Nürnberg nicht auffindbar sind. Der Abdruck erfolgt nach einer Kopie, die mir Dr. Uta Kuhl aus ihrem Privatarchiv liebenswürdigerweise zur Verfügung gestellt hat. In dieser fehlt jedoch bedauerlicherweise S. 29. Diese Lücke wird durch Auslassungszeichen kenntlich gemacht.

Bericht über fünf Audienzen zwischen dem 31. Oktober und dem 6. November 1941.
Quelle: Privatarchiv Dr. Uta Kuhl, Hans Wimmer, Im Palatto-Venezia, S. 27–28, 30–31 (Kopie).

Im Palazzo Venezia

Die Stipendiaten in der Villa Massimo hatten in den Ruinen der Trajansmärkte eine Ausstellung, in welcher ich eine unterlebensgroße Büste vom Prinzen Georg von Bayern hatte. Prinz Georg, der Domherr in St. Peter war, saß gerne Modell, es wurde zur Gewohnheit, daß jedes Jahr ein Stipendiat sein Portrait machte.[2] Dieses Jahr war ich dazu ausersehen.

Professor Hermanin, Direktor des Museo di Palazzo Venezia, des Bildwerke des Deutschen Mittelalters enthielt, sah diese Büste und meinte, es wäre interessant, wenn ich Mussolini portraitierte. Dieser Gedanke hat in mir gezündet.

---

[1] Vgl. ACS, SPD, CO, Udienze, b.3151.
[2] Prinz Georg von Bayern (1880–1943), seit 1921 katholischer Priester, war ein Kurienprälat.

Hermanin war ein stadtbekannter Gegner des Faschismus, trotzdem bestätigte Mussolini ihn im Amt, wie er auch Benedetto Croce geschont hatte. Der Arbeitstisch des Faschistengegners und der Arbeitstisch Mussolinis blieben unter einem Dach.

Am 31. Oktober 1941 wurde ich angerufen, ich soll in den Palazzo Venezia kommen. Ich stieg die schöne Treppe hinauf, durchschritt mehrere kleine Säle, ein Diener nahm mich in Empfang und öffnete eine Tür mit den Worten: il grande Duce. Nun stand ich in dem großen Landkarten-Saal. Ich verbeugte mich, Mussolini stand auf, grüßte mit dem faschistischen Gruß, ich hatte die etwa dreißig Meter von der Tür bis zu seinem Arbeitstisch, dem einzigen Möbel im ganzen Saal, zurückzulegen. Man hörte jeden Tritt auf dem Marmorboden, und blieb dann abermals stehen. Ich wußte in diesem Moment nicht, wer zuerst reden sollte. Da sagte Mussolini: „(H)ans Wimmer". „Ich danke Euer Exzellenz, daß Sie mich empfangen haben." Da stand er jetzt vor mir, der Mann den ich aus tausend Abbildungen kannte, eine eher kleine, aber kräftige Figur, mit einem mächtigen Kopf, einem muskulösen Gesicht, die großen Augen, in denen ich ein Stück Afrika erblickte, auf mich gerichtet, gefährlich und gutmütig. Ich denke mir: den schaust du dir aber jetzt genau an, der erste Eindruck ist meistens der entscheidende. Er ließ sich in Ruhe betrachten, Ich hatte Freude an ihm. Das mußte er gespürt haben.

„Ist das Licht gut? Wie lange werden Sie brauchen?" Er sprach gut deutsch mit dem klingenden Akzent der italienischen Zunge. „Ich brauche etwa fünf Sitzungen", „Sie können arbeiten wie Sie wollen." „Danke Excellenz". Dann hielt ich ein wenig inne und sagte zu ihm: „Ich muß gleich zu Anfang gestehn: ich bin weder bei der Partei noch bei einer Organisation der NSDAP. Wollen Excellenz unter dieser Voraussetzung ihre Zeit an mich verschwenden?"

Jetzt kam der Satz, der das Eis brach: „Die Politik ist ein Ding und die Kunst ist ein Ding. Der Künstler muß in dem Regime arbeiten, in das er hineingeboren ist, er darf nur seine Kunst nicht verraten. Sie können arbeiten, wie und so lange Sie wollen."

Unter solchen Auspizien brachte ich meine Vormittage im Palazzo Venezia zu. Mussolini empfing, während ich arbeitete, schrieb, legte die Feder weg und ging vor meinen Drehbock, schaute mir zu, hielt ruhig, solange ich es für nötig fand, winkte sogar ab, wenn jemand eintreten wollte. Graf Giano [sic] mußte draußen warten bis ich zu erkennen gab, daß ich aussetzen wollte; dann mußte er im Laufschritt die Strecke zurücklegen. Als ich unglücklich an den Bock stieß, beeilte sich Mussolini, Hilfestellung zu leisten. Dann trug ich den Drehbock samt dem Tonkopf wieder hinaus, um im Vorzimmer für mich allein ohne Modell weiterzuarbeiten. Hier heraussen [sic] schaute mir Giano [sic] über die Schulter und kritisierte meine Arbeit zusammen mit einem General, wobei er mit dem Finger herumfuchtelte tro[p]po grande, tro[p]po meno [sic], qui, qua, „non sono [sic] finito". Ein Bildhauer muß, wie man weiß manchmal zurücktreten, um sich einen Überblick zu verschaffen, über das, was er gemacht hat; das tat ich jetzt, ich ging rückwärts und trat dabei meinem Peiniger auf die Füße. Darauf entfernten sich die beiden.

Nachdem ich meine Arbeit zwei Tage nicht gesehen hatte, deckte ich die Büste auf und erschrak: ich mußte erkennen, daß ich alles umbauen müß[t]e. Es war bereits die vierte Sitzung. Verzweifelt fuhr ich über den ganzen Kopf: „Verzeihung Excellenz, ich muß leider nochmal von vorne anfangen." „Wenn Sie glauben, bitte."

[...]

Es war eine Sitzung vereinbart für neun Uhr und ich hatte vergessen, daß ich vom Prinzen Georg eine Karte bekommen hatte für die Papst-Messe um elf Uhr in St. Peter. Ging also um neun Uhr zu Mussolini und gestand ihm meine Verlegenheit. „Gehen Sie zum Papst. Sie werden einen großen Eindruck von ihm haben. Pius XII. ist eine großartige Persönlichkeit. Wann wollen Sie wieder kommen? Morgen um zwölf Uhr?" Der Diener brachte eine Tasse mit warmer Milch und einen Korb Orangen. Mussolini befühlte dieselben, lobte ihre Form und ihren Duft.

Der Duce sagte gegen Ende einer Sitzung, er möchte mir gerne einen Wunsch erfüllen. „Ich hätte große Lust, den Marc Aurel zu besteigen und in der Nähe zu sehen." „Ich werde dafür sorgen." Am übernächsten Morgen war um das Standbild ein Gerüst aufgebaut und ein Carabinieri hielt Wache. Ich kletterte die Leiter hinauf und stand auf dem Rücken des Pferdes. Ich war gerade so groß wie der Oberkörper des Reiters, schloß mit dessen Kopf ab. Nun überschaute ich das Denkmal von der ungewohnten Sicht aus: Ich kam aus dem Staunen nicht heraus. Welch überlegene Konzeption, diese bis ins Letzte durchdachte Komposition, die ausgebreitete klargelegte Funktion der Teile sowohl des Pferdes wie des Reiters.

Die deutliche und zur Ruhe gebrachte Anordnung von sechs Füßen und zwei Armen. Der die Gesamtheit durchwaltende große Atem bei treuester Naturbeobachtung. Man konnte keine Fragen an dieses Werk stellen, in welchem sich die Erfahrung der Jahrhunderte gesammelt hatte, die es nicht beantwortet hätte. Kein Wunder[,] daß sämtliche späteren Reiterdenkmäler sich bei ihm Rat holten. Ich ging auf dem Brett[,] das in der Höhe der Leibesmitte des Pferdes ringsherum lief[,] entlang; jeder Schritt brachte eine Überraschung. Welcher bestürzende Eindruck besonders des Pferdekopfes!

Wenn irgendwo, hier konnte man lernen, was Meisterschaft ist. Kurzius [sic] stand unten und notierte meine Entdeckungen.[3] Er hatte vor, einen Aufsatz zu schreiben und diesen zusammen mit meinen Zeichnungen zu veröffentlichen, ist aber darüber gestorben. In seinem Nachlaß müßten sich die Blätter

---

[3] Gemeint ist Ludwig Curtius.

finden. Wir unterhielten uns am Abend darüber, daß das überlebensgroße Reiterstandbild eine Erfindung der Römer sein mußte, daß es an die Darstellung einer historischen Persönlichkeit, den Herrscher über ein Weltreich, geknüpft sein mußte.

Wieder zurück in den Palazzo Venezia. Gleich beim Eintreten, wobei er nur mit Mühe seine Genugtuung verbarg, fragte der Duce: „Nun, wie war's? Haben Sie den Marc Aurel bestiegen?" „Ich muß Ihnen von Herzen danken, Schöneres hätte mir nicht widerfahren können." „Ich würde das Capitol ebenfalls gerne wieder besuchen, habe aber keine Zeit." Ich dachte mir, wie arm ist doch so ein Diktator, jetzt hat er nicht einmal Zeit, die hundert Schritte hinaufzugehen.

In der letzten Sitzung, der Duce kam vom Trauergottesdienst vom Herzog von Aosta,[4] mache ich noch ein paar Zeichnungen von seiner ganzen Figur. Er stand unbeweglich wie ein Stein. Dann verabschiedete er sich mit den Worten: „Sie werden sich an diese Tage erinnern. Wenn Sie nach Rom kommen, besuchen Sie mich."

Das tat ich. Im Februar 1942. Er war ganz verändert. Der Hals steckte dünn in dem weiten Kragen, ich brachte die Broncebüste mit. Nachdem er sie eine zeitlang betrachtet hatte, umarmte er sie, legte seine Wange darauf. „Ich erkenne mich wieder." Dann ging er mit mir an der Wand entlang um den Saal herum. „Ich bin inzwischen sehr krank gewesen. Ich habe zu gute Ärzte. Wahrscheinlich hat die Zeit noch etwas mit mir vor." Bewegt schied ich von ihm.

Ich setzte mich in eine Carrozza und fuhr hinaus in die Via Appia.[5] Während die Peitschenschnur auf der Kruppe des Droschkenpferdes spielte, kehrten meine Gedanken immer wieder zurück zum Palazzo Venezia.

---

[4] Amedeo di Savoia (1898–1942), seit 1931 Duca d'Aosta, war seit 1936 Generalgouverneur von A.O.I. Er starb am 3.3.1942 in englischer Gefangenschaft.
[5] Wimmer ließ sich in einer Pferdekutsche fahren.

Rolf Italiaander

Leipzig 20. März 1913 – Hamburg 3. September 1991

Schriftsteller

Es ist nicht genau nachzuweisen, weshalb Italiaander noch zu einem Zeitpunkt zu Mussolini vorgelassen wurde, zu dem fast nur noch hohe Naziführer und Militärs den ‚Duce' aufsuchen durften.[1] Jedoch ist anzunehmen, daß seine Audienz bei Mussolini mit seinem Buch über Italo Balbo zusammenhing, das 1942 erschienen ist.[2] Nach Kriegsbeginn hatte er Ende 1940 als Kriegsberichterstatter schon die Basen der italienischen Luftwaffe am Mittelmeer bereist.[3] Bei dieser Gelegenheit hatte er sich 1939 in Libyen – ein Jahr vor dessen Tod bei einem Flugunfallunfall – auch mit Mussolinis Luftmarschall Italo Balbo getroffen.[4] Diese Begegnung gab den Anstoß zu der Biographie des faschistischen Flughelden.

Bei der Materialsammlung lernte Italiaander in Berlin den italienischen Botschafter Dino Alfieri sowie in Rom hohe Regierungsfunktionäre des Ministeriums für Volkskultur kennen; das dürfte ihm in Italien den Weg zu Mussolini gebahnt haben.[5] Da Göring sich mit Balbo in einer typisch faschistischen Männerfreundschaft verbunden fühlte und Italiaander so klug war, seinem Buch als Motto einen pathetischen Satz einzufügen, den Hitler beim Tode von Balbo gesprochen hatte, konnte er sicher sein, daß sein Wunsch, Mussolini zu besuchen, auch in Deutschland auf keine Ablehnung stießen würde.

Bericht über eine Audienz am 30. September 1942.
Quelle: Deutsche Allgemeine Zeitung, 15./16.12.1942.

Beim Duce

Der Duce sieht es nicht gern, wenn Ausländer, denen er eine Audienz gewährt, ohne Begleitung kommen. Er wünscht, daß sie ihm von seinen engeren Mitarbeitern vorgestellt werden. Gewöhnlich werden Journalisten und Schriftsteller vom Minister für Volkskultur, Exzellenz Alessandro Pavolini, begleitet. In kluger Zeitökonomie empfing mich Minister Pavolini in seinem Ministerium vor der Duce-Audienz und fuhr dann mit mir zur Piazza Venezia.

Auffallend ist das wenige Personal im Palazzo Venezia. Zwei Wachposten salutieren, auch ein Detektiv in Zivil. Schon nimmt uns ein kleiner Fahrstuhl auf, der uns schnell in die Hauptetage des Palazzo, beziehungsweise eines

---

[1] Der aus zwölf Kisten bestehende, fragmentarische Nachlaß Italiaanders in der Staats- und Universitätsbibliothek Hamburg enthält dazu keinerlei Hinweise.
[2] Italiaander, Italo Balbo.
[3] Vgl. dazu Rolf Italiaander, Luftkrieg über dem Mittelmeer. Eine Fahrt zu den italienischen Luftbasen im Mittelmeerraum, Berlin 1942.
[4] Vgl. Italiaander, Italo Balbo, S. 10.
[5] Ebd., S. 222. Die Audienz wurde von Italiaander über das Ministero della Cultura Popolare beantragt. Vgl. ACS, SPD, CO, Udienze, b.3155.

Nebengebäudes, bringt. Die Diener, die uns jetzt die Türen öffnen, tragen einen Dienerfrack mit hellblauem Kragen und Silberlitzen. Während des Aufenthaltes im Palazzo Venezia habe ich keinen einzigen Soldaten oder Offizier als Wachthabenden gesehen, nur einige wenige unmittelbare Mitarbeiter des Regierungschefs, sämtlich in Zivil. Es herrschte im wahrsten Sinne des Wortes eine „klösterliche Stille".

Wir betreten zuerst das allgemeine Wartezimmer, in feurigem Rot gehalten und mit unzähligen blanken Waffen aus der Geschichte des Palazzo geschmückt. Dieses Wartezimmer hat viel Aehnlichkeit mit den Waffenzimmern in anderen Palazzi und Schlössern des damit reich gesegneten Italien. Von hier gelangt man durch drei Räume, die in ihrer Originalität viel imposanter auf den Besucher wirken. Die Wände sind mit schönsten Stoffen bespannt, die aber erst in den letzten Jahren angebracht wurden, als der Duce den Palazzo als Regierungssitz restaurieren ließ. Der festungsartige Palazzo Venezia blickt auf eine nun schon fünfhundertjährige Geschichte zurück. Päpste haben ihn gebaut, im 17. Jahrhundert war er Besitz der Republik Venedig, später im Besitz des österreichischen Kaiserhauses, und 1915 erst kam er in den der italienischen Krone. Es haben also nicht allein Päpste hier schon regiert, sondern auch Könige und Condottieri.

Im ersten der Säle, die wohl zu den größten gehören, die überhaupt römische Palazzi haben, sieht man hinter Glas restliche Proben der früheren kostbaren Wandbespannung – wie Brokat mit Metallfäden durchwirkt. Die Fußböden stammen aus historischer Zeit, bunte Kachelfußböden in leuchtenden Farben. Auch die Decken sind antik; Holzdecken, reich geschnitzt und künstlerisch bemalt. Und dann vor allem die riesigen Fenster, die genau wie die Türen von meisterhaft behauenen Steinen umrahmt sind. An den Wänden des ersteren kleineren Saales sowie der beiden nachfolgenden großen Säle, deren Wände mit blauen, beziehungsweise grauen Stoffen bekleidet sind, bewundert der Besucher auserlesen schöne Gemälde aus den klassischen italienischen Schulen; u. a. Meisterwerke von Veronese und Mainardi. Auf einem Freskobild ein schöner Knabe. Ob er von Raffael gemalt ist oder nicht, darüber gehen die Meinungen der Kunsthistoriker auseinander. Auch feine alte Holzschnitzereien findet man hier, Madonnen und Heilige. In dem dritten Saal übrigens eine gewaltige, etwa zehnfach überlebensgroße Ducebüste auf einem entsprechend großem Fundament aus Eichenholz. So neu die Büste ist, so hat man doch den Eindruck, als stände sie schon Jahrhunderte hier. Und so wird einem auch durch dieses Beispiel erneut klar, daß es zu den größten Gaben der Italiener gehört, den Fortschritt harmonisch mit der Tradition zu verbinden, vor allen Dingen auch in architektonischer Hinsicht. Der zweite Saal ist übrigens der Sitzungssaal des Großen Faschistischen Rates. In Hufeisenform sind lange Tische aufgestellt, genauso schön wie die darangestellten Sessel, alles im Renaissancestil. In der Mitte der Sitz des Duce, ein klein wenig erhöht. Rechts und links von ihm die

Sitze der Quadrumvire,[6] von denen nach dem Tode Balbos nur noch zwei leben; nämlich De Bono und De Vechi. Vor jedem Platz der Mitglieder des Grande Consiglio eine Glasschale mit gutgespitzten Bleistiften und vor allen Dingen dicken Rot- und Blaustiften. Man erzählte mir: den ökonomischen Umgang damit pflege der Duce seinen Mitarbeitern beizubringen und oft käme man sich im Rat wie in einer Redaktionsstube vor. Aus seiner Redakteurszeit stammt ja auch Mussolinis Vorliebe für bunte Stifte.

Der dritte Saal ist gewissermaßen das Vorzimmer zum Duce. An einem Schreibtisch sitzt ein Cavalliere, ebenfalls im Frack, der auf ein verhältnismäßig kleines Klingelzeichen des Duce dem Besucher die große Tür öffnet. Wir warten einige Minuten. Der Minister erzählt von seiner unmittelbaren Zusammenarbeit mit dem Duce. Dann entschuldigt er sich. Er hat den Duce vordringlich zu sprechen. Mussolini hat den heutigen Wehrmachtsbericht noch nicht gesehen, den er täglich als erster liest und wenn nötig redigiert, ehe er veröffentlicht wird. Um das vorwegzunehmen: Minister Pavolini zeigte mir nach der Audienz das heutige „Bolletino". Es enthielt u. a. die Meldung von einem versenkten italienischen Unterseeboot. Der Duce hatte mit Blaustift hinzugeschrieben: „Die Familien sind verständigt worden." Der kleine Zusatz schien mir typisch für ihn. Während ich allein warte, kommt ein hoher Parteifunktionär. Der erst Sechsundzwanzigjährige hat oft beim Duce Bericht zu erstatten. Unter dem Arm trägt er eine große Ledermappe, auf der in goldenen Buchstaben eingeprägt steht: „PER IL DUCE".

Endlich ist es für mich soweit. Der Cavaliere aus dem Vorzimmer gibt mir ein Zeichen, öffnet die Tür, und ich trete in den Mappa-Mundi-Saal, der, seitdem er Mussolinis Ministerkabinett ist, oft fotografiert wurde. Irgendwer hat einmal gesagt, dieses Arbeitszimmer des Duce wirke nicht wie ein Zimmer, sondern wie eine Landschaft. Der Saal mit seiner Länge von zwanzig Metern und seiner Höhe und Breite von je dreizehn Metern ist tatsächlich ungewöhnlich. Auf dem Boden wiederum bunte Kacheln. In der Mitte der gewaltigen Fußbodenfläche, die nur unmittelbar beim Arbeitstisch des Duce von einem Teppich bedeckt wird, ein Mosaik mit fast lebensgroßen nackten Frauen und Kindern, die Früchte tragen: die Abundanzia. Die auch hier antike hölzerne Decke ist noch reicher geschmückt als in den anderen Sälen und zeigt u. a. in großen Reliefs den Löwen von San Marco und die Lupa, die Wölfin von Rom, die Romulus und Remus säugte. Das Außerordentliche dieses Saales, der abends von in den Ecken stehenden hohen Fackeln erleuchtet wird, deren elektrische Lichtquellen durch vergoldete Flammen verdeckt sind, ist, daß er keinerlei Möbel enthält,

---

[6] Zur militärischen Organisation des *Marschs auf Rom* am 28.10.1922 wurden vom PNF vier *Quadrumviri* bestimmt. Es handelte sich um Michele Bianchi (1883–1930), Emilio De Bono (1866–1944), Italo Balbo (1896–1940) und Cesare Maria De Vecchi (1884–1949). Sie spielten eine wichtige Rolle bei der Machtergreifung Mussolinis.

weder Stühle noch Tische noch Schränke. Trotzdem wirkt das Arbeitskabinett des Königlich Italienischen Regierungschefs nicht öde. Die eine Längswand ist durch gemalte Säulen aufgelöst, die gegenüberliegende durch drei Riesenfenster. Eins davon führt auf den kleinen Balkon, von dem der Duce gelegentlich seine prägnanten Ansprachen hält, die oft zu einer Art Zwiesprache mit dem Volk werden, da er manchmal Fragen stellt, die die Menge dann mit ihrem immer wieder überraschenden Temperament leidenschaftlich beantwortet. Vor den Fenstern, durch kleine Scheiben in eine Art Mosaik aufgelöst, kleine Steinbänke. Die zwei Bänke an dem Fenster, an dem der Duce sitzt, sind überladen mit Büchern, Broschüren und Zeitschriften, was darauf schließen läßt, daß sie niemals zum Sitzen benutzt werden.

Es wurde gesagt: dieser gewaltige Saal enthält keine Möbel; das muß berichtigt werden: einige wenige enthält er doch. Und zwar eben in dieser einen Ecke am Fenster, wo der Duce arbeitet: einen vier Meter langen Schreibtisch im Renaissancestil und davor an jeder Querseite einen Sessel, sogenannte Savonarolasessel: einen für den Duce, einen für den Besucher. Neben dem Sessel des Duce noch ein kleines Tischchen mit drei Telefonen. Vor dem gewaltigen Steinkamin neben dem Schreibtisch schließlich noch auf einem dünnen Metallständer das feuerrote Modell einer neuen italienischen Kriegsflugzeugtype. Das sind nun aber auch wirklich alle Möbel – herzlich wenig für einen Raum von diesem Ausmaß.

Auf dem Schreibtisch ist jeder Gegenstand schlicht und praktisch: ein gläsernes Tintenfaß mit vielen Tintenklecksern, da der Duce das wiederholte Eintauchen dem Füllfederhalter vorzuziehen scheint, ein Behälter, in dem steil zahlreiche Blei- und Buntstifte stehen, eine kleine Tischuhr, ein Notizblock, ein Brettchen mit verschiedenen Klingeln, eine Schreibunterlage, ein Tintenlöscher und verschiedene Akten. Alles ist so korrekt angeordnet, wie man es bei jedem fleißigen Arbeiter findet. Während unseres Gespräches machte sich der Duce verschiedentlich Notizen. Er benutzte kaum neue Zettel, sondern bediente sich gern der Rückseite bereits beschriebener und vorher durchgestrichener Blätter.

Wenn der Cavaliere dem Besucher die Tür geöffnet hat und man nun am Eingang zu diesem mächtigen Saale steht, ist man zuerst etwas beklommen. Und mit mehr oder weniger Herzklopfen beginnt man nach dem ersten Gruß nach römischer Art die Wanderung durch die Weite des Saales. Es ist tatsächlich wie eine Wanderung! Man selbst hat dabei Gelegenheit, sich neu zu sammeln und neu zu konzentrieren. Der Duce wird wahrscheinlich die Zeit, die man für den Gang bis zu ihm braucht, benutzen, um sich einen ersten Eindruck von seinem Gast zu machen. Wird nicht jeder diesen weiten Weg mit anderen Schritten zurücklegen? Wird nicht jeder sein Augenmerk zuerst auf anderes lenken? Läßt sich daraus nicht tatsächlich auf Art und Wesen des Eintretenden schließen?

Endlich stehe ich vor der überdimensionalen Schreibtafel des Duce. Ich grüße noch einmal, was er, der sich beim Oeffnen der Tür von seinem Platze erhoben hatte, mit freundlichem Blick erwidert, um sich danach, immer noch stehend, auf den Schreibtisch zu stützen, sich etwas vornüberzulegen und mit dem Kopf im Nacken zu fragen: „Wie geht es?" – Ja, der Duce sprach mich deutsch an, und wir führten auch das ganze Gespräch in deutscher Sprache. Der Duce beherrscht sie genauso fließend wie Französisch und Englisch; aber Deutsch spricht er besonders gern. Man bemüht sich, etwas langsamer zu sprechen, um dem Duce die eigenen Worte leichter verständlich zu machen. Wahrscheinlich gab ich mir damit zuviel Mühe. Nach einer Weile trat Mussolini hinter seinem Schreibtisch hervor, schritt auf mich zu und sagte mir ins Gesicht, daß ich wohl seine Sprachkenntnisse unterschätze, weil ich so langsam spräche. Schwer, darauf etwas zu antworten! Und dem Duce machte es sichtlich Vergnügen, mich in Verlegenheit gebracht zu haben. In seiner ritterlichen und herzlichen Art verstand er es jedoch sofort wieder, eine Atmosphäre des Vertrauens herzustellen.

Das ist überhaupt das Wesentliche und Beachtenswerte bei solch einem Gespräch mit dem Chef der Königlich Italienischen Regierung und dem Duce des Faschismus, dem Schöpfer des Neuen Italien. Nach den Bildern, die man von ihm kennt und die ihn doch meist wie eine Art Schöpfung Friedrich Nietzsches (neben Machiavelli einer seiner Lieblingsphilosophen) darstellen, als einen Uebermenschen nämlich, aus Beton und Stahl, erwartet man einen brutalen Menschen. Man staune nicht über das Wort „brutal". Es stammt vom Duce selbst, der genau weiß, wie man ihn oft sieht, und der kein [sic] Hehl daraus macht, daß er sich öffentlich oft in äußerster Härte gibt, wie unter einem Deckmantel. Aber der Duce hat zweierlei Gesichter. Und im Gespräch von Mann zu Mann ist er eben völlig anders als in Massenversammlungen.

Wie ist der Duce nun wirklich?

Es gibt wohl wenige Persönlichkeiten von seiner Größe, die ein so natürliches, herzliches, elegantes, liebenswürdiges und gütiges Wesen haben wie der Duce Benito Mussolini. Der Duce, ein Mann aus dem Volke, Sohn eines Schmiedemeisters aus der Romagna, dem Preußen Italiens, hat in der Tat den faszinierenden Charme, den wir an jedem Italiener, schlechtweg an jedem Südländer, bewundern. Bei ihm hat sich nur noch alles verdichtet. Es scheint, die Geschichte will, daß der epochemachende Staatschef seine Rasse, sein italienisches Volk, das in seiner ganzen Wesenheit durch Jahrtausende besonders die Menschen aus dem Norden immer wieder bestrickt hat, symbolisiert. Ist man daher auch im ersten Augenblick beklommen, wenn man in den Mappa-Mundi-Saal – so genannt, weil hier der erste hölzerne Globus aufgestellt wurde – eintritt, so verliert sich diese Beklommenheit gar bald durch die herzliche Atmosphäre, die dank des Duce bald aufkommt. Er spricht zu einem jungen Manne der Feder gewissermaßen als Kamerad. Ein vielseitiger Künstler, hat er sich ja selbst als Journalist und Schriftsteller oft genug bewährt. Und als ein Mann, der sich aus eigener Kraft zu seiner heutigen historischen Stellung emporgearbeitet, hat er für alles Verständnis. Wenn er seinem Besucher beispielsweise eine Unklarheit anmerkt, dann denkt er schnell nach, wie er ihm auf die Sprünge helfen kann, vielleicht durch einen Literaturhinweis. Er geht so weit, für den Gast in einem Lexikon nachzuschlagen, um ihm auch noch den Verleger und das Erscheinungsjahr des betreffenden Werkes zu sagen. Wesentlich ist nur, daß man unbekümmert und echt vor ihn hintritt, ohne alle Maske und Pose. Im Privaten wünscht er, daß man so natürlich und echt wie irgend möglich ist; daher kommt es auch vor, daß er Besucher veranlaßt, auf Titel usw. zu verzichten. Kein Telefongespräch ist ihm dann zuviel, er setzt sich dann seinerseits über alle Etikette hinweg, nur eben um zu helfen.

Länger als vorgesehen durfte ich beim Duce bleiben. Und während er eingangs unseres Gespräches ausdrücklich darauf hingewiesen hatte, daß es ganz privater Natur sei („kein Interview"), gab er dann, ohne daß ich ihn ersucht hätte, die Erlaubnis, gewisse Antworten und Stellungnahmen zu veröffentlichen. Ja um mir die Arbeit zu erleichtern, Zensurschwierigkeiten und dergleichen zu überbrücken, bot er mir schließlich von sich aus an, auf einige spezielle Fragen auch noch schriftlich zu antworten. Er hat es dann auch innerhalb dreier Tage getan, ganz wie er das gesagt hatte, und obwohl er gerade in diesen drei Tagen zahlreiche Audienzen hatte und überdies zwei Ansprachen halten mußte: eine vor an die Ostfront abrückende[n] Soldaten, eine andere vor einem wissenschaftlichen Kongreß. Ich selbst hatte mir ein paar Fragen in mein Notizbuch geschrieben: Gedankenstützen. Als er meine Fragen noch einmal präzisiert haben wollte, griff ich zu meinem Notizzettel und las sie vor. Mussolini erbat sich den Zettel. Ich entschuldigte mich, der Zettel sei zu primitiv, alles nur höchst flüchtig für mich persönlich aufgezeichnet, ich würde ihm in einigen Stunden einen besseren Fragebogen senden. Jetzt ging ihm das Temperament durch, und er herrschte mich an: Wie ich wohl auf solche dummen Gedanken käme!?! Der Zettel, der für mich gut sei, genüge auch für ihn, es komme ja nicht auf den Zettel an, sondern auf die Notizen.

Jede Minute, die man bei Mussolini sein kann, ist angefüllt von Eindrücken und Erlebnissen. In seinem Vorzimmer hatte sich jetzt zu dem jungen Parteifunktionär Marschall Cavallero, der Chef des Italienischen Generalstabes, gesellt.[7] Beide Herren fragten mich spontan nach meinem Eindruck vom Duce. Ich antwortete einiges Unzusammenhängende. Um klar reden zu können, stand ich noch viel zu lebhaft im Bann dieser Begegnung.

---

[7] Ugo Cavallero (1880–1943), seit 1940 Oberkommandierender des Königlichen Heeres, war seit Juli 1942 Marschall. Vgl. Lucio Ceva, La condotta italiana della guerra. Cavallero e il Comando supremo, 1941–1942, Mailand 1975.

III Anhang

Nachgewiesene Audienzberichte 1927–1942

Die Liste enthält insgesamt 86 Audienzberichte, die von 52 verschiedenen Autoren verfaßt wurden.[1] Von 40 dieser Autoren liegt jeweils nur ein Bericht vor. Dazu gehören auch die zusammenfassenden Berichte von vier Künstlern, die jeweils über ihre mehrtägige Anwesenheit bei Mussolinis Audienzen pauschal berichtet haben. Der Photograph Felix H. Man hatte am 26. Januar 1931 „drei Stunden Zeit", Mussolini während seiner Audienzen zu photographieren. In den nächsten Tagen durfte er ihn auch in Mussolinis Privathaus, der Villa Torlonia und auf Ausflügen ablichten.[2] Dem Maler Willi Geiger wurden von Mussolini zwischen dem 25. April und 5. Mai 1933 „fünf Sitzungen" zur Anfertigung von zwei Portraits gewährt.[3] Der Bildhauer Fritz Behn konnte zwischen dem 23. Juni und 2. Juli 1934 bei einer unbekannten Zahl von Audienzen Mussolinis anwesend sein, um diesen zu zeichnen und zu modellieren.[4] Und der Bildhauer Hans Wimmer schließlich konnte den ‚Duce' 1941 an fünf Tagen während der Audienzen beobachten, um von ihm Skizzen für eine Büste anzufertigen.[5]

Auch Emil Ludwig schreibt 1929 in einem Bericht über zwei und 1932 in einem Buch über eine Serie von insgesamt sechs Besuchen bei Mussolini, ohne sich jeweils auf einzelne Audienzen zu beziehen.[6]

Zwei Autoren (Burgdörfer und Glum) haben über dieselbe Audienz an verschiedener Stelle zweimal, einer (Hartmann) hat darüber dreimal berichtet. Von weiteren sechs Autoren (Frank, Hiltebrandt, Jung, Klein, Müller und von der Schulenburg) sind jeweils zwei Berichte über verschiedene Audienzen überliefert.

---

[1] Nicht aufgeführt werden zwei nur beiläufig erwähnte, aber nicht näher beschriebene Audienzen: Franz Grasberger (Hg.), Der Strom der Töne trug mich fort. Die Welt um Richard Strauss in Briefen, Tutzing 1967, S. 279, Richard Strauss an Franz und Alice Strauss, 4.2.1924; Martin Schumacher (Hg.), Erinnerungen und Dokumente von Joh(ann) Victor Bredt 1914–1933, Düsseldorf 1970, S. 198, S. 269.

[2] Vgl. Man, Photographien aus 70 Jahren, S. 64f. In den Audienzlisten ist lediglich der gemeinsam mit Kurt Kornicker absolvierte (zuvor am 14.1. und am 19.1. zweimal verschobene) Antrittsbesuch vom 26.01.1931 vermerkt. Vgl. ACS, SPD, Udienze, b.3105.

[3] Vgl. Geiger, Der offene Horizont, S. 148.

[4] Vgl. Behn, Bei Mussolini, S. 7. In den Audienzlisten ist keiner seiner Besuche erwähnt!

[5] Vgl. Privatarchiv Dr. Uta Kuhl, Wimmer „Im Palazzo Venezia" (Kopie). In die Audienzlisten eingetragen sind lediglich die Besuche am 5.11. und 6.11.1941. Vgl. ACS, SPD, Udienze, b.3151.

[6] Vgl. oben S. 74f.

Eine Ausnahmestellung nahm unter Mussolinis deutschen Besuchern schließlich Louise Diel ein. In ihrem Nachlaß finden sich für die Zeit von 1934 bis 1939 Berichte über 21 Audienzen bei Mussolini. Zwischen 1937 und 1939 hat sie außerdem in zahlreichen deutschen Zeitungen einzelne dieser Audienzen beschrieben. Da die von ihr veröffentlichten Berichte sich weitgehend überschneiden oder teilweise sogar identisch sind, erübrigt es sich, diese sämtlich zu berücksichtigen. Es werden über ihre 21 unveröffentlichten Berichte hinaus lediglich fünf veröffentlichte Berichte aufgeführt, in denen Diel zusätzliche Informationen über ihre Audienzen bei Mussolini liefert.[7]

Nicht in der Liste aufgeführt werden einige Berichte über Gruppenaudienzen, da diese einen anderen Charakter als die Einzelaudienzen hatten und die Teilnehmer daran in den Audienzlisten nicht oder höchstens teilweise namentlich erfaßt wurden.[8] Dazu gehörten vor 1933 Berichte über eine Audienz einer „Studienkommission deutscher Landwirte", die der Vorsitzende des Pommerschen Landbundes, Hans Joachim von Rohr, am 7. November 1928 Mussolini vorstellte,[9] über eine Audienz einer von Charlotte Freifrau von Hadeln geführten Gruppe von 31 Frauen des nationalkonservativen „Bundes Königin Louise", die am 3. Juni 1930 von Mussolini empfangen wurde[10] sowie über eine Audienz von „über 100 Teilnehmern" einer „Auslandstourenfahrt" des ADAC, die am 20. Mai 1931 unter der Führung von Ewald Kroth bei Mussolini waren.[11]

Aus der Zeit des ‚Dritten Reiches' sind zwei Berichte von Journalisten, die am 29. Mai 1933 beim Besuch Mussolinis zum Troß von Joseph Goebbels gehörten,[12] sowie der Bericht des Pressereferenten von Robert Ley überliefert, dem eine Gruppenaudienz vom 14. April 1937 beschrieben wird.[13] Außerdem kann hier noch der Bericht des Rasseneugenikers Eugen Fischer genannt werden, der in seinen Lebenserinnerungen eine Gruppenaudienz beschreibt, die Mussolini 1929 dem in Rom tagenden „Internationalen Ausschuß für Bevölkerungswissenschaft" gegeben hat.[14]

Nicht alle Audienzberichte sind vollständig überliefert, vielmehr können einige nur in fragmentarischer Form nachgewiesen werden, da sich die ur-

---

[7] Vgl. die Berichte zu der Audienz vom 10.09.1934 („Der Duce in Person"), 5.5.1937 („Mussolini empfängt eine Frau") und 21.12.1937 („Gespräch mit Mussolini").
[8] Vgl. dazu oben S. 64f. Wenn die Gruppenleiter zusätzlich auch in Privataudienz bei Mussolini waren, werden sie allerdings in der Liste der deutschen Audienzbesucher einzeln aufgeführt.
[9] Vgl. Aus Italien zurück, Der Pommersche Landbund, 17.11.1928.
[10] Vgl. [Charlotte Freifrau von Hadeln], Deutsche Frauen studieren den Faschismus.
[11] Vgl. Gerdeissen, Auslandstourenfahrt 1931.
[12] Vgl. Friedrich Christian Prinz zu Schaumburg-Lippe, Dr. G. Ein Portrait des Propagandaministers, Wiesbaden 1964, S. 66f; Schabbel, Benito Mussolini, S. 9f.
[13] Vgl. Kiehl, Dr. Ley beim Duce, S. 72.
[14] Vgl. Eugen Fischer, Fünfzig Jahre im Dienste der menschlichen Erbforschung und Anthropologie.

sprüngliche Quelle nicht mehr auffinden läßt. Dies gilt für einen Brief Winifred Wagners, in dem sie über ihre und Siegfried Wagners Audienz vom 19. April 1924 berichtet sowie für einen Brief Wilhelm von Preußens, in dem er seinen Vater, den ehemaligen Kaiser Wilhelm II., über eine Audienz am 14. März 1930 informiert. Bedauerlich ist auch, daß von dem Bericht des Bildhauers Hans Wimmer, der in seinen unveröffentlichten Lebenserinnerungen unter dem Titel „Im Palazzo Venezia" seine Portraitsitzungen bei Mussolini im November 1941 beschreibt, eine Seite nicht aufzufinden ist.[15]

Die Berichte werden in der chronologisch in der Reihenfolge wiedergegeben, in der die Audienzen stattgefunden haben. Es werden zunächst jeweils das Datum der Audienz und der Name des Audienzbesuchers aufgeführt. In Anführungszeichen folgt sodann der Titel, unter dem der Bericht überliefert ist. Ist ein Titel in eckige Klammern gesetzt, so hat er im Original keine Überschrift, diese stammt vielmehr vom Verfasser. Für diese nachträglich eingefügten Titel werden jedoch ausnahmslos Überschriften oder Begriffe gewählt, die den jeweiligen Audienzberichten entstammen. Abschließend wird jeweils der bibliothekarische oder archivalische Fundort des Audienzberichtes angegeben.

19.4.1924	Winifred Wagner [„Empfang bei Benito Mussolini"] Quelle: Peter P. Pachl, Siegfried Wagner. Genie im Schatten, 2. Aufl.; München 1994, S. 336.[16]
24.3.1927	Werner von der Schulenburg [„Erste längere Unterhaltung"] Quelle: Privatarchiv Isa von der Schulenburg, Nachlaß Werner von der Schulenburg, "Um Benito Mussolini", S. 9–10, 15–16.
31.8.1927	Adolf Stein [„Der Schmied Roms"] Quelle: Rumpelstilzchen, Der Schmied Roms, Berlin 1929, S. 5–10,12–13.
9.9.1927	Wilhelm Mann „Unterredung" Quelle: Wilhelm Mann, Mussolini – und der Faschismus als geistige Bewegung, in: Italien. Monatsschrift für Kultur, Kunst und Literatur 1 (1927/28), S. 490, 496, 498.

---

[15] Vgl. dazu oben S. 335.
[16] Der Brief von Winifred Wagner, in dem sie die Audienz beschreibt, ist nicht mehr aufzufinden. Vgl. unten, S. 136, Anm. 180.

11.11.1927	Ernst Steinmann „11. November 1927" Quelle: Archiv Max-Planck-Gesellschaft Berlin, Abt. III, ZA 42, Nachlaß, Ernst Steinmann, Tagebuch 1927/28.
18.4.1928	Heinrich Köhler; „Audienz bei Mussolini" Quelle: Josef Becker (Hg.), Heinrich Köhler, Lebenserinnerungen des Politikers und Staatsmanns 1878–1949, Stuttgart 1964, S. 289–291.
4.5.1928	Fritz Klein „Abschrift eines Protokolls, datiert ‚Rom 4. Mai 1928'" Quelle: Privatarchiv Professor Fritz Klein, Nachlaß Fritz Klein.
7.5.1928	Fritz Klein „Zweite Unterredung 7. Mai 1928" Quelle: Privatarchiv Professor Fritz Klein, Nachlaß Fritz Klein.
4.7.1928	Rolf Brandt „Bei Mussolini" Quelle: Rolf Brandt, Das Gesicht Europas. Ein fast politisches Reisebuch, 2. Aufl. Hamburg 1928, S. 204–207.
20.2.-4.3.1929	Emil Ludwig „Die drei Männer in Rom. Der Papst – der König – der Diktator" Quelle: Vossische Zeitung, 19.5.1929; Wiederabdruck in: Franklin C. West (Hg.), Emil Ludwig, Für die Weimarer Republik und Europa. Ausgewählte Zeitungs- und Zeitschriftenartikel 1919–1932, Frankfurt 1991, S. 156–162.[17]
17.4.1929	Gerhard Hauptmann [„Mussolini"] Quelle: Staatsbibliothek Preußischer Kulturbesitz Berlin, Handschriftenabteilung, GH HS 7, Nachlaß Gerhard Hauptmann, Tagebuch 1928–1931.
14.3.1930	Wilhelm von Preußen [„Mussolini persönlich gesprochen"] Quelle: Sigurd von Ilsemann, Der Kaiser in Holland. Aufzeichnungen des letzten Flügeladjutanten Kaiser Wilhelm II. Monarchie und Nationalsozialismus 1924–1941, München

---

[17] Es handelt sich um einen Bericht über zwei Audienzen am 20.2. und 4.3.1929.

	1968, S. 95.f.,Wilhelm von Preußen an Wilhelm II., 7. Mai 1930.[18]
12.4.1930	Georg Escherich „Unterredung mit dem Herrn Regierungschef" Quelle: Bayerisches Hauptstaatsarchiv, Nachlaß Escherich, Karton 1.
28.4.1930	Theodor Wolff „Bei Mussolini" Quelle: Berliner Tageblatt, 11.5.1930.
5.5.1030	Hermann von Wedderkop „Mussolini wie ich ihn sehe" Quelle: Der Querschnitt 10 (1930), S. 353–356.
6.5.1930	Hans Hartmann „Meine Besuche bei Mussolini und seinen Mitarbeitern" Quelle: Hans Hartmann, Der Faschismus dringt ins Volk. Eine Betrachtung über das Dopolavoro. Mit einem Vorwort von Major G. Renzetti, Berlin 1933, S. 139–144.
6.5.1930	Hans Hartmann „Mussolini; Mensch des Ausdrucks" Quelle: Die Literatur 35 (1932/33), S. 688–690.
6.5.1930	Hans Hartmann „Benito Mussolini" Quelle: Hans Hartmann, Begegnung mit Europäern. Gespräche mit Gestaltern unserer Zeit, Thun 1954, S. 197–209.
28.5.1930	Joachim von Oppen [„Audienz bei Mussolini im Palazzo Venezia"] Quelle: Joachim von Oppen, Mussolini und die italienische Landwirtschaft. Bericht über eine Studienreise im Mai 1930, 2. Aufl. Neudamm/Berlin 1930, S. 58–62.
7.6.1930	Christa Niesel-Lessenthin „Mussolini unterhält sich mit einer Dame" Quelle: Ernte 11 (1930), S. 30–32.
15.7.1930	Edgar Jung „Bei Mussolini" Quelle: Privatarchiv Dr. Karl-Martin Graß, Nachlaß Edgar Jung.

---

[18] Der Brief wird in einer Aufzeichnung Ilsemanns fälschlich auf den 12.5.1928 datiert, der ehemalige Kronprinz von Preußen war jedoch nur am 14.3.1930 bei Mussolini. Es handelt sich um keinen geschlossenen Text, der Brief wird vielmehr teilweise wörtlich, teilweise in indirekter Rede wiedergegeben. Alle Versuche, das Original des Briefes aufzufinden, blieben erfolglos.

16.7.1930 Edgar Jung
„Gespräche mit Mussolini 1930"
Quelle: Privatarchiv Dr. Karl-Martin Graß, Nachlaß Edgar Jung.

3.12.1930 Sven von Müller
„Besuch bei Mussolini"
Quelle: Vossische Zeitung, 11.1.1931.

26.1.1931 Kurt Kornicker
„Eine Audienz im Palazzo Venezia"
Quelle: Kurt Kornicker, Mussolini aus der Nähe, Lübeck 1932, S. 26–30.

26.1.1931 Felix H. Man
„Schauplatz Palazzo Venezia, Januar 1931, Rom"
Quelle: Felix H. Man, Photographien aus 70 Jahren, München 1983, S. 64–65

23.4.1931 Richard Jügler
„Gespräch mit Mussolini"
Quelle: Berliner Börsenzeitung, 29.4.1931.

7.8.1931 Heinrich Brüning
„Besuch in Rom"
Quelle: Heinrich Brüning, Memoiren 1918–1934, Stuttgart 1970, S. 355–357.

7.8.1931 Julius Curtius
„Brüning und ich in Rom"
Quelle: Julius Curtius, Sechs Jahre Minister der deutschen Republik, Heidelberg 1948, S. 222–224.

7.8.1931 Erwin Planck
[„Romreise"]
Quelle: Thilo Vogelsang (Hg.), Reichswehr, Staat und NSDAP. Beiträge zur deutschen Geschichte 1930–1932, Stuttgart 1962, S. 427 f.

23.3.-4.4.1932 Emil Ludwig
„Mussolinis Gespräche mit Emil Ludwig"
Quelle: Mussolinis Gespräche mit Emil Ludwig, Berlin/Wien/Leipzig 1932, S. 232.

17.5.1932 Karl Heinrich Schäfer
„Audienz bei Mussolini"
Quelle: Archiv Katholische Kirchengemeinde St. Peter und Paul Potsdam, Nachlaß Karl Heinrich Schäfer, Mappe 07, Nr. 92, Reisetagebuch 1932.

30.9.1932	Philipp Hiltebrandt „Bei Mussolini" Quelle: Kölnische Zeitung, 23.10.1932.
3.4.1933	Rudolf Borchardt „Besuch bei Mussolini" Quelle: Kölnische Zeitung, 16.4.1933.
25.4.-5.5.1933	Willi Geiger [„Reise nach Rom] Quelle: Willi Geiger, Der offene Horizont. Lebenserinnerungen, Landshut 1996, S. 148-149.[19]
29.5.1933	Joseph Goebbels „Zu Mussolini" Quelle: Elke Fröhlich (Hg.), Die Tagebücher von Joseph Goebbels, Teil I, Bd. 2/III, München 2006, S. 195-197.
4.7.1933	Franz von Papen „Das Konkordat" Quelle: Franz von Papen, der Wahrheit eine Gasse, München 1952, S. 313-314.
26.7.1933	Elly Beinhorn „Bei Mussolini" Quelle: Elly Beinhorn-Rosemeyer, Mein 28000 km Flug nach Afrika, Berlin 1939, S. 154-158.
15.2.1934	Ernst Hanfstaengl [„Glück vom Duce empfangen zu werden"] Quelle: Ernst Hanfstaengl, Zwischen Weißem und Braunem Haus. Memoiren eines politischen Außenseiters, München 1970, S. 329-331.
31.3.1934	Gert Buchheit „Mussolini als Mensch und Persönlichkeit" Quelle: Gert Buchheit, Mussolini und das neue Italien, Berlin 1941, S. 481-483.
5.4.1934	Louise Diel „1. Audienz bei Mussolini" Quelle: Privatarchiv Dr. Helmuth und Christl Diel, Nachlaß Louise Diel, Meine Audienzen beim Duce.

---

[19] Wie Geiger, Der offene Horizont. Lebenserinnerungen, S. 148 angibt, gewährte Mussolini ihm zwischen dem 25.4. und 5.5.1933 „verteilt auf mehrere Tage, fünf Sitzungen", über die er pauschal berichtet.

17.4.1934	Heinrich Sahm „Reise nach Rom" Quelle: Bundesarchiv Koblenz, N 1474/3, Nachlaß Heinrich Sahm, Tagebuch 1934, Bl. 360–363.
3.6.1934	Louise Diel „2. Audienz bei Mussolini" Quelle: Privatarchiv Dr. Helmuth und Christl Diel, Nachlaß Louise Diel, Meine Audienzen beim Duce.
4.6.1934	Louise Diel „3. Audienz bei Mussolini" Quelle: Privatarchiv Dr. Helmuth und Christl Diel, Nachlaß Louise Diel, Meine Audienzen beim Duce.
23.6.–2.7.1934	Fritz Behn „Bei Mussolini" Quelle: Fritz Behn, Bei Mussolini, Stuttgart/Berlin 1934, S. 75.
29.8.1934	Louise Diel „4. Audienz bei Mussolini" Quelle: Privatarchiv Dr. Helmuth und Christl Diel, Nachlaß Louise Diel, Meine Audienzen beim Duce.
10.9.1934	Louise Diel „Der Duce in Person" Quelle: Louise Diel, Mussolinis neues Geschlecht. Die junge Generation. Unter Mitarbeit von Mussolini, Dresden 1934, S. 96–98.
10.9.1934	Louise Diel „5. Audienz bei Mussolini" Quelle: Privatarchiv Dr. Helmuth und Christl Diel, Nachlaß Louise Diel, Meine Audienzen beim Duce.
15.11.1934	Louise Diel „6. Audienz bei Mussolini" Quelle: Privatarchiv Dr. Helmuth und Christl Diel, Nachlaß Louise Diel, Meine Audienzen beim Duce.
2.2.1935	Louise Diel „7. Audienz bei Mussolini" Quelle: Privatarchiv Dr. Helmuth und Christl Diel, Nachlaß Louise Diel, Meine Audienzen beim Duce.
6.2.1935	Louise Diel „8. Audienz bei Mussolini" Quelle: Privatarchiv Dr. Helmuth und Christl Diel, Nachlaß Louise Diel, Meine Audienzen beim Duce.

3.6.1935	Ernst Niekisch [„Italienreise"] Quelle: Ernst Niekisch, Gewagtes Leben. Begegnungen und Begebnisse, Köln/Berlin 1958, S. 262–265.
9.7.1935	Sven von Müller „Audienz bei Mussolini am 9. Juli 1935" Quelle: Bundesarchiv Berlin, R 43/II/1448.
31.1.1936	Roland Strunk „Wortlaut der am 31.1.1936 stattgehabten Unterredung mit Ex. Benito Mussolini" Quelle: Bundesarchiv Berlin, Bestandsergänzungsfilm des zentralen Staatsarchivs der DDR, Nr. 13708, Rom 5.2.1936.
31.1.1936	Roland Strunk „Eine Unterredung mit dem italienischen Regierungschef" Quelle: Völkischer Beobachter, 5.2.1936.
25.2.1936	Leni Riefenstahl „Mussolini" Quelle: Leni Riefenstahl, Memoiren 1902–1945, 3. Aufl. Frankfurt/Berlin 1996, S. 253–256.
5.3.196	Friedrich Glum [„Beim Duce"] Quelle: Archiv der Max-Planck-Gesellschaft, I. Abt., Rep. 1a, Nr. 1123/3, Aktennotiz vom 2.4.1936.
5.3.1936	Friedrich Glum [„Empfang bei Mussolini"] Quelle: Friedrich Glum, Zwischen Wissenschaft, Wirtschaft und Politik. Erlebtes und Erdachtes in vier Reichen, Bonn 1964, S. 476–477.
3.4.1936	Hans Frank „Die außenpolitischen Ereignisse" Quelle: Hans Frank, Im Angesicht des Galgens. Deutung Hitlers und seiner Zeit auf Grund eigener Erlebnisse und Erkenntnisse, München 1953, S. 225–226; 228–231, 233–234.
15.4.1936	Carl Schmitt [„Persönliche Erinnerung"] Quelle: Armin Mohler in Zusammenarbeit mit Irmgard Huhn und Piet Tommissen (Hg.), Carl Schmitt, Briefwechsel mit einem seiner Schüler, Berlin 1995, S. 418.
26.6.1936	Louise Diel „9. Audienz bei Mussolini" Quelle: Privatarchiv Dr. Helmuth und Christl Diel, Nachlaß Louise Diel, Meine Audienzen beim Duce.

23.9.1936	Hans Frank „Besprechung mit Duce" Quelle: Bundesarchiv Berlin, N 1110/4, Transcript of Frank's notes on his conversation with Mussolini.
24.9.1936	Baldur von Schirach [„Zwanglose Unterhaltung"] Quelle: Baldur von Schirach, Ich glaubte an Hitler, Hamburg 1967, S. 225–226.
30.9.1936	Louise Diel „10. Audienz bei Mussolini" Quelle: Privatarchiv Dr. Helmuth und Christl Diel, Nachlaß Louise Diel, Meine Audienzen beim Duce.
6.10.1936	Victor Meyer-Eckhardt „Roma, den 2. Oktober 1936" Quelle: Archiv Heinrich-Heine Institut Düsseldorf, Nachlaß Victor Meyer Eckhardt, Reisetagebuch 1931, Bl. 68–100.
23.1.1937	Louise Diel „11. Audienz bei Mussolini" Quelle: Privatarchiv Dr. Helmuth und Christl Diel, Nachlaß Louise Diel, Meine Audienzen beim Duce.
5.4.1937	August Carl Emge [„Audienz bei Mussolini"] Quelle: Carl August Emge, Erinnerungen eines Rechtsphilosophen, Studium Berolinense. Gedenkschrift der Westdeutschen Rektorenkonferenz an der Freien Universität Berlin zur 150. Wiederkehr des Gründungsjahrs der Friedrich-Wilhelm-Universität zu Berlin, Berlin 1960, S. 78–79.
25.4.1937	Paul Schmidt [„Palazzo Venezia"] Quelle: Paul Schmidt, Statist auf diplomatischer Bühne 1923–45. Erlebnisse des Chefdolmetschers im Auswärtigen Amt mit den Staatsmännern Europas, Bonn 1954, S. 351–353
5.5.1937	Louise Diel „12. Audienz bei Mussolini" Quelle: Privatarchiv Dr. Helmuth und Christl Diel, Nachlaß Louise Diel, Meine Audienzen beim Duce.
5.5.1937	Louise Diel „Mussolini empfängt eine Frau" Quelle: Bitterfelder Allgemeiner Anzeiger, 28.9.1937.[20]

---

[20] Vgl. auch in leicht abgewandelter Form: Louise Diel, Mussolini empfängt mich, in: Deutsche Bodensee-Zeitung, 07.02.1938; dies., Mussolini empfängt mich ..., Münsteraner

Nachgewiesene Audienzberichte 1927–1942 355

22.10.1937	Louise Diel „13. Audienz bei Mussolini" Quelle: Privatarchiv Dr. Helmuth und Christl Diel, Nachlaß Louise Diel, Meine Audienzen beim Duce.
30.10.1937	Louise Diel „14. Audienz bei Mussolini" Quelle: Privatarchiv Dr. Helmuth und Christl Diel, Nachlaß Louise Diel, Meine Audienzen beim Duce.
10.12.1937	Friedrich Burgdörfer „Bevölkerungspolitisches Gespräch mit Mussolini" Quelle: Archiv für Bevölkerungswissenschaft und Bevölkerungspolitik 8 (1938), S. 117–120.
10.12.1937	Friedrich Burgdörfer „Gespräch mit Mussolini über Fragen der Bevölkerungspolitik" Quelle: Völkischer Beobachter, 6.3.1938.
21.12.1937	Louise Diel „15. Audienz bei Mussolini" Quelle: Privatarchiv Dr. Helmuth und Christl Diel, Nachlaß Louise Diel, Meine Audienzen beim Duce.[21]
16.1.1938	Louise Diel „16. Audienz bei Mussolini" Quelle: Privatarchiv Dr. Helmuth und Christl Diel, Nachlaß Louise Diel, Meine Audienzen beim Duce.
17.1.1938	Louise Diel „17. Audienz bei Mussolini" Quelle: Privatarchiv Dr. Helmuth und Christl Diel, Nachlaß Louise Diel, Meine Audienzen beim Duce.
16.3.1938	Louise Diel „18. Audienz bei Mussolini" Quelle: Privatarchiv Dr. Helmuth und Christl Diel, Nachlaß Louise Diel, Meine Audienzen beim Duce.
29.3.1938	Louise Diel „19. Audienz bei Mussolini" Quelle: Privatarchiv Dr. Helmuth und Christl Diel, Nachlaß Louise Diel, Meine Audienzen beim Duce.[22]

Anzeiger, 13.7. 1938; dies., Empfang bei Mussolini, Das Magazin 14 (Mai 1938), S. 10–12.

[21] Über diese Audienz berichtete Diel auch im Berliner Lokal-Anzeiger, 25.12.1937 („Gespräch mit Mussolini. Der Duce empfing Louise Diel nach ihrer Äthiopienreise").

[22] Über ihren letzten Besuch vor Hitlers Staatsbesuch in Italien berichtet Diel auch in: Kasseler Neueste Nachrichten, 25.3. und 1.4.1938 („Zweimal Benito Mussolini"); Dresdner

29.3.1938	Louise Diel „Der Duce über den Ausbau Roms" Quelle: Berliner Lokal-Anzeiger, 1.4.1938
27.4.1938	Philipp Hiltebrandt [„Zweite Audienz"] Quelle: Archiv Deutsches Historisches Institut Rom, Nr. 90, Nachlaß Philipp Hiltebrandt.
21.5.1938	Louise Diel „20. Audienz bei Mussolini" Quelle: Privatarchiv Dr. Helmuth und Christl Diel, Nachlaß Louise Diel, Meine Audienzen beim Duce.[23]
7.10.1939	Louise Diel „21. Audienz bei Mussolini" Quelle: Privatarchiv Dr. Helmuth und Christl Diel, Nachlaß Louise Diel, Meine Audienzen beim Duce.
7.10.1939	Louise Diel „Besuch beim Duce. Roms Parole: Arbeiten und bereit sein" Quelle: Berliner Lokal-Anzeiger, 12.10.1939.[24]
14.5.1940	Werner von der Schulenburg[25] [„Besuch ganz inoffiziell"] Quelle: Privatarchiv Isa von der Schulenburg, Nachlaß Werner von der Schulenburg, Um Benito Mussolini, S. 33–38.

Nachrichten, 27.3.1938 („Mussolini – morgens privat, nachmittags Diplomat"); Anhalter Kurier Bernburg, 9.10.1938 („Ein Diplomat von Charakter"); Neuköllner Tagblatt, 8.5.1938 („Begegnung mit Mussolini in geschichtlicher Stunde"); Deutsche Pressekorrespondenz, 7.4.1938 („Ein Diplomat von Charakter").

[23] Über ihre erste Audienz nach dem Hitlerbesuch berichtet Diel auch im Frankfurter Generalanzeiger 4./5.1938 („Ein Besuch bei Mussolini") und im Düsseldorfer Generalanzeiger, 16.6.1938 („Große Männer privat").

[24] Nach eigener Angabe hat Diel diesen Bericht über ihre letzte Audienz bei Mussolini „gekürzt" auch noch in folgenden Zeitungen veröffentlicht: Rheinisch-Westphälische Nachrichten, Kasseler Neueste Nachrichten, Kieler Neueste Nachrichten, Münsteraner Anzeiger, Schlesische Zeitung, Dresdner Nachrichten, Stettiner Generalanzeiger, Kölner Volkszeitung. Vgl. Nachlaß Diel, Zeitungsausschnitte, Mappe 24, Handschriftlicher Eintrag auf dem Bericht im Berliner Lokal-Anzeiger vom 12.10.1939.

[25] Der genaue Tag der Audienz Werner von der Schulenburgs ist nicht ganz gesichert. Da diese nach Schulenburgs späterem Bericht improvisiert zustande kam, ist sie nicht in den Audienzlisten enthalten. Jedoch geht aus seinem Bericht eindeutig hervor, daß sie im Mai 1940 stattfand. Vgl. Privatarchiv Isa von der Schulenburg, Nachlaß Werner von der Schulenburg, Um Benito Mussolini, S. 33–38. Da Mussolini am 14.5. nachweislich Giovacchino Forzano empfing, ist wahrscheinlich, daß auch Werner von der Schulenburg an diesem Tag bei ihm war. Vgl. ACS, SPD, Udienze, b.3145. Vgl. dazu oben S. 149.

29.5.1941	Artur Axmann
	[„Empfang bei Mussolini"]
	Quelle: Artur Axmann, „Das kann doch nicht das Ende sei".
	Hitlers letzter Reichsjugendführer erinnert sich, 2. Aufl. Koblenz 1995, S. 273 f.
31.10.–6.11.1941 Hans Wimmer
	„Im Palazzo Venezia"
	Quelle: Privatarchiv Dr. Uta Kuhl, Hans Wimmer, Im Palazzo-Venezia, S. 27–28, S. 30–32 (Kopie).[26]
30.9.1942	Rolf Italiaander
	„Beim Duce"
	Quelle: Deutsche Allgemeine Zeitung, 15./16.12.1942.

---

[26] Wimmer berichtet in seinen unveröffentlichten Erinnerungen pauschal über eine Serie von Sitzungen bei Mussolini, ohne deren Zahl genau anzugeben. In den Audienzlisten ist Hans Wimmer lediglich für den 5.11. und 6.11.1941 eingetragen. Vgl. unten Liste der deutschen Audienzbesucher, S. 149.

Deutsche Audienzbesucher 1923–1943

Die Namen der deutschen Besucher Mussolinis werden bis auf einige, jeweils vermerkte Ausnahmen den täglichen Audienzlisten entnommen, die von 1923 bis 1943 archivalisch nahezu vollständig erhalten sind. Für die Zeit von Anfang Februar 1923 bis Ende Dezember 1929 befinden sich diese Listen im Archivio Storico Diplomatico del Ministero degli Affari Esteri (ASMAE) in Rom, für die Jahre von Anfang Januar 1930 bis Juni 1943 (für Juli 1943 sind keine Audienzlisten mehr erhalten) im Archivio Centrale dello Stato (ACS) in Rom.

Im ASMAE werden sie im Bestand Gabinetto del Ministro, Parte Prima 1923–1929, busta 42 und 43 aufbewahrt. Im ACS befinden sie sich im Bestand Segreteria Particolare del Duce, Carteggio Ordinario, Udienze, busta 3102–3156, (SPD, CO, Udienze).

Die deutschen Besucher wurden – wie auch die Besucher aus anderen Ländern – in den Audienzlisten weder gesondert aufgeführt noch wurde ihre Nationalität immer angegeben. Sofern es sich um bekannte Persönlichkeiten handelt, ist ihre Zuordnung nicht problematisch, schwierig ist dagegen die Identifizierung historisch mehr oder weniger unbekannter Personen. Sofern sich diese nicht über Berufsangaben oder ihre Anschreiben ermitteln ließen, werden sie nur dann als Deutsche berücksichtigt, wenn außer den Namen noch andere Hinweise für ihre nationale Identität sprechen. Im Zweifelsfall wurden Personen, die in den Audienzlisten nicht eindeutig als Deutsche zu erkennen sind, nicht in die Liste aufgenommen.

Grundsätzlich finden nur Besucher Berücksichtigung, die in den Audienzlisten einzeln genannt werden. Nicht aufgeführt werden die Teilnehmer von Gruppenaudienzen, da bei diesen in der Mehrzahl der Fälle nur die Namen der Sprecher bekannt sind. Wenn diese von Mussolini zusätzlich auch noch in Einzelaudienz empfangen worden waren, finden sie jedoch Berücksichtigung.

In den Fällen, in denen ein deutscher Audienzbesucher von einem italienischen Gastgeber oder Vermittler begleitet wurde, wird dieser angegeben, ohne selbstverständlich als deutscher Besucher mitgezählt zu werden.

Den Audienzlisten werden für die deutschen Besucher jeweils, sofern vermerkt, die folgenden Angaben entnommen: der Tag der Audienz (Spalte 1), der Name und Vorname der Besucher (Spalte 2), der Beruf, die Herkunft und der Grund des Audienzbegehrens zum Zeitpunkt der Begegnung (Spalte 3) sowie die Quelle, in welcher die Audienz belegt ist (Spalte 4). Sofern dazu in den Audienzlisten erkennbar unvollständige Angaben gemacht wurden, werden diese so weit wie möglich ergänzt. Schreibfehler und als solche erkennbare Irrtümer werden ohne weiteres korrigiert.

Alle Angaben in den Audienzlisten werden in wörtlicher deutscher Übersetzung wiedergegeben, mißverständliche oder falsche italienische Einträge werden dabei ohne weiteres korrigiert. Ergänzende Angaben, die nicht in den Audienzlisten enthalten sind, werden durch eckige Klammern kenntlich gemacht.

In den wenigen Fällen, in denen Audienzen außerhalb der Audienzlisten überliefert sind, werden die biographischen Angaben – außer den Namen und Vornamen – aus Gründen der einheitlichen Dokumentation ebenfalls in eckigen Klammern wiedergegeben.

Die deutschen Audienzbesucher werden nacheinander in der Reihenfolge ihrer Besuche bei Mussolini aufgelistet. Zwischen 2 und 21 Mal nachweisbare Mehrfachbesuche werden auf diese Weise chronologisch eingeordnet. Die Zahl der in der Liste aufgeführten Audienzfälle entspricht damit nicht der Zahl der Besucher.

Sofern die deutschen Besucher Mussolinis in den Audienzlisten aufgefunden werden können, werden diese Nachweise mit der verkürzten Archivsignatur (ACS bzw. ASMAE) und der Angabe der busta (b.) aufgeführt. Für andere Audienzbesucher wird in der Liste als Nachweis ein Buchtitel oder eine Archivsignatur in Kurzform mit Seitenzahl angegeben. Die vollständigen Nachweise sind im Literaturverzeichnis dieses Buches zu finden.

Datum der Audienz	Name	Beruf/Funktion	Quelle
18.10.1923	[Dr. Ferdinand] Güterbock	[Privatgelehrter und Historiker]	ASMAE, b.42
8.1.1924	[Karl] Helfferich	[Politiker]	ASMAE, b.42
6.2.1924	Richard Strauss	[Komponist]	ASMAE, b.42
19.4.1924	Siegfried Wagner; [Winifred Wagner]	[Komponist; Ehefrau]	ASMAE, b.42
29.5.1924	[Richard] von Kühlmann	[Industrieller und Diplomat]	ASMAE, b.42
5.11.1924	[Dr. Ferdinand] Güterbock	[Privatgelehrter und Historiker]	ASMAE, b.42
8.11.1924	[Adolf] Stein	[Journalist und Schriftsteller]	ASMAE, b.42
29.6.1926	Heinrich [XIV.] Erbprinz Reuß	[Journalist]	ASMAE, b.43
7.9.1926	[Lucia] Sommerguth-Loeser	Zigarrenfabrikantin in Berlin; will Zigarren aus eigener Produktion als Geschenk überreichen	ASMAE, b.43
22.11.1926	Dr. [Fred B.] Hardt	Deutscher Journalist	ASMAE, b.43
9.12.1926	Erwin Teske	Deutscher Kunststudent in Rom. Wird eine Bronzeskulptur, den Kopf Dantes darstellend, überreichen.	ASMAE, b.43
1.2.1927	Professor [Dr. Curt Sigmar] Gutkind	Lektor für Deutsch an der Königlichen Universität Florenz	ASMAE, b.43
4.2.1927	[Victor] Hahn	Eigentümer des „8-Uhr Abendblattes"	ASMAE, b.43
26.2.1927	[Fritz] Thyssen	[Unternehmer]	ASMAE, b.43
24.3.1927	[Dr. Dr. Werner von der] Schulenburg	[Schriftsteller und Journalist]	ASMAE, b.43
4.4.1927	[Peter] Reinhold	Ehemaliger deutscher Finanzminister	ASMAE, b.43
6.5.1927	[Werner Ferdinand Freiherr] von Rheinbaben	Ehemaliger Staatssekretär im Auswärtigen Amt in Berlin	ASMAE, b.43
29.5.1927	[Hermann] Neuhaus	Deutscher Maler, Schöpfer des Bildes „Ad Aspromonte"	ASMAE, b.43
31.8.1927	Adolf Stein	[Journalist und Schriftsteller]	Rumpelstilzchen, Schmied Roms, S.5, S.12

Datum der Audienz	Name	Beruf/Funktion	Quelle
9.9.1927	Wilhelm Mann	Schreibt ein Buch über den Faschismus	ASMAE, b.43
16.9.1927	Erwin Teske	Deutscher Bildhauer. Überreicht eine Reproduktion der Madonna, die er der Kommune Torri gestiftet hat	ASMAE, b.43
17.10.1927	[Lucia] Sommerguth-Loeser	Deutsche [Unternehmerin], die Zigarren aus ihrer Fabrik als Geschenk überreichen will	ASMAE, b.43
11.11.1927	Professor [Dr. Ernst] Steinmann	Direktor der Bibliotheca Hertziana, der als Geschenk sein Werk „Bibliographie des Michelangelo" überreichen will	ASMAE, b.43
9.1.1928	[Franz] Fieseler	Firma Zeiss (Planetarium)	ASMAE, b.43
11.1.1928	[Pietro] Fedele; [Franz] Fieseler	[Italienischer Unterrichtsminister]; [Firma Zeiss Planetarium]	ASMAE, b.43
18.4.1928	Heinrich Köhler	[Politiker]	Köhler, Lebenserinnerungen, S. 289f.
27.4.1928	[Joseph] Wirth	[Ehemaliger Reichskanzler]	ASMAE, b.43
27.4.1928	[Gustav W.] Eberlein	„[Berliner] Lokalanzeiger"	ASMAE, b.43
27.4.1928	[Albrecht Graf] Montgelas	Redakteur der „Vossischen Zeitung"	ASMAE, b.43
4.5.1928	Fritz Klein	Chefredakteur der „Deutschen Allgemeinen Zeitung"	ASMAE, b.43
7.5.1928	Fritz Klein	[Chefredakteur der „Deutschen Allgemeinen Zeitung"]	Nachlaß Fritz Klein, Zweite Unterredung vom 7. Mai 1928
4.7.1928	[Rolf] Brandt	[Journalist]	ASMAE, b.43
26.10.1928	On. [Alessandro] Sardi; Professor [Walter] Bauersfeld; [Franz] Fieseler	[Parlamentsabgeordneter]; Konstrukteur des Planetariums, begleitet vom Geschäftsführer der Firma Zeiss	ASMAE, b.43

Datum der Audienz	Name	Beruf/Funktion	Quelle
21.12.1928	Dr. [Alfons] Scheuble	Einer der Promotoren des Italienisch-Deutschen Kulturinstitutes in Köln	ASMAE, b.43
20.2 1929	[Emil] Ludwig	[Schriftsteller und Journalist]	ASMAE, b.43
4.3.1929	[Emil] Ludwig	[Schriftsteller und Journalist]	ASMAE, b.43
17.4 1929	Gerhard Hauptmann	[Schriftsteller]	ASMAE, b.43
19.4.1929	[Heinrich] Held	Bayerischer Ministerpräsident	ASMAE, b.43
29.4.1929	[Josef] Sonntag	Deutscher Journalist, Herausgeber der „Grünen Briefe", Autor der bekannten Broschüre über Tirol	ASMAE, b.43
17.6.1929	Konrad von Bayern; Dr. [Georg] Escherich	[Prinz von Bayern; Bayerischer Oberforstmeister]	ASMAE, b.43
10.1.1930	Konrad von Bayern	[Prinz von Bayern]	ACS, b.3102
7.2.1930	Dr. Georg Escherich	[Bayerischer Oberforstmeister]	ACS, b.3102
8.3.1930	Theodor [Freiherr] von Cramer-Klett	[Unternehmer]	ACS, b.3102
13.3.1930	Dr. R[ichard] Korherr	[Mitarbeiter des Statistischen Reichsamtes]	ACS, b.3102
14.3.1930	[Wilhelm] von Hohenzollern	Ehemaliger Kronprinz [von Preußen]	ACS, b.3102
19.3.1930	[Dr. Elsa] von Bonin	[Schriftstellerin]	ACS, b.3102
24.3.1930	Erika Sonntag	[Journalistin]	ACS, b.3102
28.3.1930	Professor [Dr. Carl Heinrich] Becker	[Preußischer Minister für Wissenschaft, Kunst und Volksbildung]	ACS, b.3102
28.3.1930	[Dr. Richard] Korherr	[Mitarbeiter des Statistischen Reichsamtes]	ACS, b.3102
12.4.1930	Dr. Georg Escherich	[Bayerischer Oberforstmeister]	Bayerisches Hauptstaatsarchiv, Nachlaß Escherich
26.4.1930	Walter Korselt	Deutscher Verleger	ACS, b.3103
28.4.1930	Theodor Wolff	Deutscher Journalist	ACS, b.3103
5.5.1930	Baron [Hermann von] Wedderkop	Berliner Journalist [und Schriftsteller]	ACS, b.3103

Datum der Audienz	Name	Beruf/Funktion	Quelle
6.5.1930	Dr. Hans Hartmann	[Schriftsteller und Journalist]	ACS, b.3103
28.5.1930	Joachim von Oppen	[Rittergutsbesitzer]	Von Oppen, Mussolini, S. 58–62
31.5.1930	Josef Sonntag	Deutscher Journalist	ACS, b.3103
3.6.1930	Charlotte Freifrau von Hadeln	[Verbandsfunktionärin]	Schöck-Quinteros, Bund Königin Louise, S. 328
7.6.1930	Christa Niesel-Lessenthin	Deutsche Journalistin	ACS, b.3103
15.7.1930	Edgar Jung	[Journalist und Politiker]	ACS, b.3103
16.7.1930	Edgar Jung	[Journalist und Politiker]	ACS, b.3103
8.9.1930	Dr. [Rudolf] Fischer	„Deutsche Allgemeine Zeitung"	ACS, b.3104
10.10.1930	Baron [Hermann] von Wedderkop	Deutscher Journalist	ACS, b.3104
16.10.1930	Erna Plachte	Deutsche Malerin	ACS, b.3104
3.12.1930	Sven [von] Müller	[Journalist]	Vossische Zeitung, 11.1.1931
26.1.1931	Hans Baumbann;[27] Kurt Kornicker	Deutsche Journalisten	ACS, b.3105
5.3.1931	Konrad von Bayern; Dr. [Georg] Escherich	Prinz [von Bayern]; [Bayerischer Oberforstmeister]	ACS, b.3105
24.3.1931	Dr. Oskar von Miller	Direktor des Deutschen Museums in München	ACS, b.3105
31.3.1931	Dr. [Johann Victor] Bredt	Ehemaliger deutscher Justizminister	ACS, b.3105
3.4.1931	[Theodor] von Guérard	Deutscher Reichsverkehrsminister	ACS, b.3105
6.4.1931	Otto von Ritgen	[Chefredakteur der] Telegraphen-Union	ACS, b.3105
13.4.1931	Dr. Joseph Wirth	Deutscher Innenminister	ACS, b.3105
23.4.1931	Dr. [Richard] Jügler; [Anton] Ludwig	„[Berliner] Börsen Zeitung"	ACS, b.3105
25.4.1931	[Hermann] Göring	Deutscher Abgeordneter	ACS, b.3105

[27] Gemeint ist „Baumann", der ursprüngliche Name von Man.

Datum der Audienz	Name	Beruf/Funktion	Quelle
4.5.1931	Major Giuseppe Renzetti; [Elhard] von Morosowicz; [Vicco von] Bülow-[Schwante]	Präsident der Italienischen Handelskammer für Deutschland in Berlin; [Politiker; Diplomat]	ACS, b.3106
8.5.1931	Major [Giuseppe] Renzetti; [Wilhelm] Kolk	[Präsident der Italienischen Handelskammer für Deutschland in Berlin]; Deutscher Verleger	ACS, b.3106
20.5.1931	Emil Ludwig	Deutscher Schriftsteller	ACS, b.3106
21.5.1931	[Ewald] Kroth	Präsident des ADAC; Organisator einer bevorstehenden Rallye von 100 Autos nach Italien	ACS, b.3106
26.5.1931	Emil Ludwig	Deutscher Schriftsteller	ACS, b.3106
27.5.1931	Erika Sonntag	[Journalistin]	ACS, b.3106
8.6.–19.6.1931	Günther Martin; Magdalena [Müller]-Martin	Deutsche Bildhauer	ACS, b.3106
7.8.1931	[Heinrich] Brüning; [Julius] Curtius; [Erwin] Planck	Deutscher Reichskanzler; Deutscher Außenminister; Oberregierungsrat Reichskanzlei	ACS, b.3106
5.10.1931	Dr. Hans Reupke	Deutscher Schriftsteller	ACS, b.3107
10.10.1931	Professor [Dr.] Otto Hoetzsch	Universität Berlin; Deutscher Delegierter beim Kongreß der „Internationalen Union der Vereinigungen für den Völkerbund"	ACS, b.3107
27.10.1931	Johanna Chroust	Deutsche Journalistin	ACS, b.3107
23.3.1932	Emil Ludwig	[Deutscher Schriftsteller]	ACS, b.3108
24.3.1932	Emil Ludwig	[Deutscher Schriftsteller]	ACS, b.3108
25.3.1932	Dr. Leo Frobenius	Deutscher Entdecker	ACS, b.3108
26.3.1932	Emil Ludwig	[Deutscher Schriftsteller]	ACS, b.3108
30.3.1932	Emil Ludwig	[Deutscher Schriftsteller]	ACS, b.3108
31.3.1932	Emil Ludwig	[Deutscher Schriftsteller]	ACS, b.3108
2.4.1932	Emil Ludwig	[Deutscher Schriftsteller]	ACS, b.3108
3.5.1932	Professor Julius Ferdinand Wolff	Vizepräsident des Vereins deutscher Zeitungsverleger	ACS, b.3108

Datum der Audienz	Name	Beruf/Funktion	Quelle
17.5.1932	[Dr.] Karl Heinrich Schäfer	[Reichsarchivar]	Nachlaß Schäfer, Reisetagebuch 1932
30.9.1932	[Dr.] Philipp Hiltebrandt	„Kölnische Zeitung"	ACS, b.3109
15.11.1932	Alfred Rosenberg	[Politiker]	ACS, b.3109
16.11.1932	Hermann Göring	[Politiker]	ACS, b.3109
17.11.1932	Major Franz Seldte	Deutscher [Politiker]	ACS, b.3109
19.11.1932	Dr. Hjalmar Schacht	Deutscher [Politiker]	ACS, b.3109
12.12.1932	Erika Sonntag	[Journalistin]	ACS, b.3109
15.12.1932	Professor [Leo] Frobenius	[Deutscher Ethnologe]	ACS, b.3109
27.12.1932	Richard Strauß	[Komponist]	ACS, b.3109
27.12.1932	[Martin] Elsaesser	Deutscher Architekt	ACS, b.3109
16.1.1933	Heinrich Simons	Korrespondent der „Frankfurter Zeitung"	ACS, b.3110
20.2.1933	Dr. Ludwig Roselius	[Unternehmer]	ACS, b.3110
21.2.1933	[Dr. Egon] Heymann	Deutscher Journalist	ACS, b.3110
25.2.1933	[Horst] Kuhlwein von Rathenow	Vertreter des Deutschen Vogelschutzbundes	ACS, b.3110
14.3.1933	Professor Bodo Ebhardt	Deutscher Architekt	ACS, b.3110
25.3.1933	Elisabeth Keimer	Deutsche Bildhauerin	ACS, b.3110
27.3.1933	Professor [Dr.] Carl Kronacher	Direktor des Instituts für Zootechnik und Genetik der Haustiere in Berlin	ACS, b.3110
31.3.1933	[Ruprecht] von Bayern	[Bayerischer]Erbprinz	ACS, b.3110
3.4.1933	Rudolf Borchardt	Deutscher Schriftsteller	ACS, b.3111
11.4.1933	[Hermann] Göring	[Preußischer Ministerpräsident]	ACS, b.3111
22.4.1933	Baronin Lilly von Schnitzler	Generalsekretärin des [Europäischen] Kulturbundes	ACS, b.3111
25.4.–5.5.1933	Professor Willi Geiger	Maler, Mitglied der Kunstakademie von Leipzig	ACS, b.3111
29.4.1933	[Dr.] Erich Boehringer	Deutsches Archäologisches Institut Rom	ACS, b.3111
10.5.1933	Karl Schwabe	Deutscher Flieger	ACS, b.3111
23.5.1933	Freiherr von Dungern	Mitglied des Preußischen Rechnungshofes	ACS, b.3111
29.5.1933	[Dr.] Joseph Goebbels	[Reichsminister für Volksaufklärung und Propaganda]	Goebbels, Tagebücher I, 2/III, S.195

Datum der Audienz	Name	Beruf/Funktion	Quelle
3.6.1933	Karl Camilllo Burkhart	Deutscher Schriftsteller	ACS, b.3111
24.6.1933	Theodor Freiherr von Cramer-Klett	[Unternehmer]	ACS, b.3111
4.7.1933	[Franz] von Papen	Vizekanzler des [Deutschen] Reiches	ACS, b.3111
20.7.1933	[Franz] von Papen	Vizekanzler des [Deutschen] Reiches	ACS, b.3111
26.7.1933	Elly Beinhorn	Deutsche Fliegerin	ACS, b.3111
28.9.1933	Dr. [Gottfried] Feder	Staatssekretär des Reichswirtschaftsministeriums	ACS, b.3112
9.10.1933	Dr. Gert Buchheit	[Schriftsteller]; Überreichung einiger seiner Publikationen	ACS, b.3112
27.10.1933	Professor [Dr.] Friedrich Schneider	[Historiker]	ACS, b.3112
6.11.1933	[Hermann] Göring	Deutscher Minister	ACS, b.3112
8.11.1933	Professor D. O. Stahn	Vertreter der Politischen Organisation der NSDAP	ACS, b.3112
18.1.1934	Professor [Dr.] Ludwig Curtius	Direktor des Deutschen Archäologischen Instituts in Rom	ACS, b.3112
15.2.1934	Dr. Ernst Hanfstaengl; Harald Voigt	Auslandspressechef von Reichskanzler Hitler; Pressesprecher	ACS, b.3113
17.2.1934	Dr. Ernst Hanfstaengl	[Auslandspressechef von Reichskanzler Hitler]	Hanfstaengl, Memoiren, S. 329
31.3.1934	Dr. Gert Buchheit	Deutscher Schriftsteller	ACS, b.3113
5.4.1934	Louise Diel	[Journalistin und Schriftstellerin]	ACS, b.3114
17.4.1934	Dr. [Heinrich] Sahm	Oberbürgermeister von Berlin	ACS, b.3114
20.4.1934	Hedwig von Haniel [Freifrau von Branca]	[Ehefrau von Dr. Edgar Haniel von Haimhausen]	ACS, b.3114
24.4.1934	Dr. Franz Ulbrich	Intendant des Staatlichen Schauspielhauses in Berlin	ACS, b.3114
25.4.1934	Professor Wilhelm Furtwängler	Direktor der Staatsoper und des Philharmonischen Orchesters in Berlin	ACS, b.3144
26.4.1934	Konrad von Bayern	[Prinz von Bayern]	ACS, b.3114

Datum der Audienz	Name	Beruf/Funktion	Quelle
26.5.1934	Nelly Keil	Deutsche Journalistin	ACS, b.3114
3.6.1934	Louise Diel	[Journalistin und Schriftstellerin]	Nachlaß Diel, Meine Audienzen, 3.6.1934
4.6.1934	Louise Diel	[Journalistin und Schriftstellerin]	Nachlaß Diel, Meine Audienzen, 4.6.1934
23.6.–2.7.1934	Fritz Behn	[Bildhauer]	Behn, Bei Mussolini, S.7
29.8.1934	Louise Diel	[Journalistin und Schriftstellerin]	ACS, b.3115
10.9.1934	Louise Diel	[Journalistin und Schriftstellerin]	Diel, Mussolinis neues Geschlecht, S.96–98
15.11.1934	Louise Diel	[Journalistin und Schriftstellerin]	ACS, b.3115
20.11.1934	Professor [Dr.] Georg Mehlis	Deutscher Publizist	ACS, b.3116
1.12.1934	[Theodor] Freiherr von Cramer-Klett	[Unternehmer]	ACS, b.3116
3.12.1934	Professor [Dr.] Ferdinand Sauerbruch	Direktor der Chirurgischen Universitätsklinik von Berlin	ACS, b.3116
2.2.1935	Louise Diel	[Journalistin und Schriftstellerin]	ACS, b.3117
6.2.1935	Louise Diel	[Journalistin und Schriftstellerin]	ACS, b.3117
22.3.1935	[Hermann] Köhl	Deutscher Flugkapitän	ACS, b.3117
28.5.1935	Baron [Hermann] von Wedderkop	Deutscher Journalist	ACS, b.3118
3.6.1935	Ernst Niekisch	Eigentümer des Widerstandsverlages in München	ACS. b.3118
9.7.1935	Sven von Müller	Chefredakteur des „Hamburger Fremdenblattes"	ACS, b.3119
2.12.1935	Hans von Hülsen	Vorsitzender der Platen-Gesellschaft	ACS, b.3121
31.1.1936	Roland Strunk	Korrespondent des „Völkischen Beobachter"	ACS, b.3122
25.2.1936	Leni Riefenstahl	[Filmregisseurin]	ACS, b.3122

Datum der Audienz	Name	Beruf/Funktion	Quelle
5.3.1936	[Dr.] Friedrich Glum	Direktor der Kaiser-Wilhelm-Gesellschaft in Berlin	ACS, b.3123
3.4.1936	[Dr. Hans] Frank	Reichsminister	ACS, b.3123
15.4.1936	[Professor Dr.] Carl Schmitt	Deutscher Jurist	ACS, b.3123
18.4.1936	Professor Hugo Bruckmann; [Elsa] Bruckmann [Fürstin Cantacuzène]	Reichtagsabgeordneter; [Reichsführerin der deutschen Künstlerinnen]	ACS, b.3123
2.5.1936	Hedwig von Haniel [Freifrau von Branca]	[Ehefrau von Dr. Edgar Haniel von Haimhausen]	ACS, b.3124
12.6.1936	Baron Theodor von Cramer-Klett	Deutscher [Unternehmer]	ACS, b.3124
26.6.1936	Louise Diel	Deutsche Journalistin	ACS, b.3124
8.9.1936	Cäcilia Kintzel-Exacoustos	Deutsche Malerin	ACS, b.3126
23.9.1936	[Dr.] Hans Frank	[Politiker]	BA Koblenz, N1110/4, Nachlaß Hans Frank
24.9.1936	Renato Ricci; Baldur von Schirach	[Präsident der Opera Nazionale Ballilla; Jugendführer des Deutschen Reiches]	ACS, b.3126
30.9.1936	Louise Diel	[Journalistin und Schriftstellerin]	ACS, b.3126
6.10.1936	Dr. Viktor Meyer-Eckhardt	Deutscher Schriftsteller	ACS, b.3126
9.10.1936	Fred. C. Willis	[Journalist]	ACS, b.3126
18.10.1936	[Giuseppe] Valle; [Erhard] Milch	[Staatssekretär im italienischen Luftfahrtsministerium]; Staatssekretär im Luftfahrtsministerium des [Deutschen] Reiches	ACS, b.3126
18.10.1936	[Kurt] Daluege	Vizechef der Deutschen Polizei; Kommandant der Ordnungspolizei	ACS, b.3126
28.10.1936	Ernst Wilhelm Bohle	[Politiker]	Illustrierter Beobachter, 12.11.1936
4.1.1937	Roland Strunk	Korrespondent des „Völkischen Beobachter"	ACS, b.3127

Datum der Audienz	Name	Beruf/Funktion	Quelle
14.1.1937	Hermann Göring	[Reichsminister für Luftfahrt und Oberbefehlshaber der Luftwaffe]	ACS, b.3127
23.1.1937	Louise Diel	[Journalistin und Schriftstellerin]; Überreichung des Manuskriptes einer Publikation über den Faschismus	ACS, b.3128
5.4.1937	Dr. [Carl] August Emge	Professor der Philosophie, Universität Berlin	ACS, b.3129
14.4.1937	Dr. [Robert] Ley	Führer der Deutschen Arbeitsfront	ACS, b.3129
26.4.1937	Hermann Göring; [Paul Schmidt]	[Reichsminister für Luftfahrt und Oberbefehlshaber der Luftwaffe; Chefdolmetscher im Auswärtigen Amt]	ACS, b.3129
3.5.1937	Konstantin [Freiherr] von Neurath	[Reichsaußenminister]	ADAP, Serie C, Bd. VI,2, S.758
4.5.1937	Dr. Heinz Holldack	Deutscher Journalist; Überreichung einer Publikation	ACS, b.3130
5.5.1937	Louise Diel	Deutsche Journalistin	ACS, b.3130
18.5.1937	Adolf Hühnlein	Führer des Nationalsozialistischen Kraftfahrerkorps (auf der Rückreise von Tripolis)	ACS, b.3110
2.6.1937	[Werner von] Blomberg	[Reichskriegsminister]	ACS, b.3130
5.6.1937	Professor Leo Frobenius	Deutscher Archäologe; Überreichung einer Publikation	ACS, b.3130
11.6.1937	Rudolf Lengrüsser	Deutscher Maler und Schriftsteller; Überreichung einer Publikation	ACS, b.3130
18.10.1937	Heinrich Himmler	Reichsführer der SS und Chef der deutschen Polizei	ACS, b.3132
18.10.1937	Reinhard Heydrich	Kommandant der deutschen Sicherheitspolizei	ACS, b.3132
18.10.1937	Kurt Daluege	Kommandant der deutschen Ordnungspolizei	ACS, b.3132
19.10.1937	Dr. Otto Mejer	Chef des Deutschen Nachrichtenbüros	ACS, b.3132

Datum der Audienz	Name	Beruf/Funktion	Quelle
22.10.1937	Louise Diel	[Journalistin und Schriftstellerin]	ACS, b.3132
27.10.1937	Rudolf Heß	Reichsminister	ACS, b.3132
27.10.1937	Julius Streicher	Gauleiter [der NSDAP] von Franken	ACS, b.3132
30.10.1937	Louise Diel	[Journalistin und Schriftstellerin]	ACS, b.3132
4.12.1937	Dr. [Adolf] Dresler	Leiter der Reichspressestelle der NSDAP in München	ACS, b.3133
10.12.1937	[Dr.] Friedrich Burgdörfer	Direktor des Statistischen Reichsamtes	ACS, b.3133
14.12.1937	Dr. [Henricus] Haltenhoff; Hauptmann [Heinz] Hamann	Oberbürgermeister von Hannover; [Chef] der Kavallerieschule Hannover	ACS, b.3133
21.12.1937	Louise Diel	[Journalistin und Schriftstellerin]	ACS, b.3133
8.1.1938	Walter Darré	Reichslandwirtschaftsminister	ACS, b.3134
16.1.1938	Louise Diel	[Journalistin und Schriftstellerin]	Nachlaß Diel, Meine Audienzen, 16.01.1938
17.1.1938	Louise Diel	[Journalistin und Schriftstellerin]	Nachlaß Diel, Meine Audienzen, 17.01.1938
9.3.1938	[Wolfgang] Müller-Clemm	Herausgeber der Essener „National-Zeitung" und [Geschäftsführer] der Essener Verlagsanstalt; Überreichung einer Publikation	ACS, b.3134
12.3.1938	[Friedrich] Alpers	Staatssekretär im Reichsforstamt	ACS, b.3134
16.3.1938	Louise Diel	[Journalistin und Schriftstellerin]	ACS, b.3134
29.3.1938	Louise Diel	[Journalistin und Schriftstellerin]	ACS, b.3134
27.4.1938	[Dr.] Philipp Hiltebrandt	Deutscher Journalist	ACS, b.3134
21.5.1938	Louise Diel	[Journalistin und Schriftstellerin]	ACS, b.3135

Datum der Audienz	Name	Beruf/Funktion	Quelle
23.5.1938	Franz Fieseler	Repräsentant der Firma Zeiss	ACS, b.3135
25.5.1938	Dr. Ludwig von Winterfeld	Vorsitzender der Italienisch-Deutschen Gesellschaft in Berlin	ACS, b.3135
4.6.1938	Dr. Hans Rambke; Kurt Hielscher	Deutscher Kriminologe; Deutscher Schriftsteller	ACS, b.3135
26.6.1938	[Viktor] Lutze	[Stabschef der SA]	ACS, b.3155
6.10.1938	Professor [Dr.] Friedrich Bergius	Nobelpreisträger für Chemie 1931	ACS, b.3137
7.10.1938	Dr. Roland Freisler	Staatssekretär im Reichsjustizministerium	ACS, b.3137
15.10.1938	[Dr.] Hans Rambke	Deutscher Kriminologe	ACS, b.3137
24.10.1938	[Heinrich] Himmler	[Reichsführer der SS und Chef der Deutschen Polizei]	ACS, b.3137
28.10.1938	[Joachim] von Ribbentrop	[Reichsaußenminister]	ACS, b.3137
29.10.1938	[Joachim] von Ribbentrop	[Reichsaußenminister]	ACS, b.3137
15.12.1938	Wilhelm Kempff	Deutscher Pianist; Überreichung einer Publikation	ACS, b.3138
9.1.1939	Professor [Dr.] Walter Funk	Wirtschaftsminister des Deutschen Reiches	ACS, b.3139
19.01.1939	Carl Eduard Herzog von [Sachsen]-Coburg und Gotha	Präsident des Verbandes der Kriegsheimkehrer, Präsident des Internationalen Komitees der Kriegsveteranen	ACS, b.3139
22.2.1939	Kurt Hielscher	Deutscher Schriftsteller	ACS, b.3139
28.2.1939	[Gertrud] Scholtz-Klink	Reichführerin der deutschen Frauen	ACS, b.3139
13.3.1939	[Emil Georg Ritter] von Stauss	Vizepräsident des Deutschen Reichstages	ACS, b.3140
29.3.1939	[Albrecht Fürst] von Urach	Deutscher Journalist	ACS, b.3140
15.4.1939	Hermann Esser	[Staatssekretär für Fremdenverkehr im Reichministerium für Volksaufklärung und Propaganda]	ACS, MinCulPop, Gabinetto, b.66

Datum der Audienz	Name	Beruf/Funktion	Quelle
15.4.1939	[Hermann] Göring	[Reichminister für Luftfahrt und Oberbefehlshaber der Deutschen Luftwaffe]	ACS, b.3140
16.4.1939	[Hermann] Göring	[Reichsminister für Luftfahrt und Oberbefehlshaber der Deutschen Luftwaffe]	ACS, b.3140
30.4.1939	Walther von Brauchitsch	Oberbefehlshaber des Deutschen Heeres	ACS, b.3140
26.5.1939	Giuseppe Valle; Generaloberst Erhard Milch	[Staatssekretär für Luftfahrt; Generalinspekteur der Deutschen Luftwaffe]	ACS, b.3141
29.5.1939	Konstantin Hierl	Führer des Reichsarbeitsdienstes	ACS, b.3141
30.5.1939	[Franz] Gürtner	Reichsjustizminister	ACS, b.3141
24.8.1939	[Paolo Thaon di] Revel; [Ludwig Graf Schwerin] von Krosigk	[Finanzminister Italiens]; Reichsfinanzminister	ACS, b.3141
7.10.1939	Louise Diel	[Journalistin und Schriftstellerin	Nachlaß Diel, Meine Audienzen, 7.10.1939
5.12.1939	Robert Ley	[Politiker]	PAAA, Botschaft Rom, L501861
20.12.1939	[Heinrich] Himmler	[Reichsführer der SS und Chef der Deutschen Polizei]	ACS, b.3143
11.3.1940	[Joachim] von Ribbentrop	[Reichsaußenminister]	ACS, b.3144
14.5.1940	[Alessandro Pavolini]; [Dr. Dr.] Werner von der Schulenburg	[Minister für Volkskultur; Schriftsteller und Journalist]	Nachlaß von der Schulenburg, Um Mussolini, S. 33–38
19.9.1940	[Joachim] von Ribbentrop	[Reichsaußenminister]	ACS, b.3146
20.9.1940	[Joachim] von Ribbentrop	[Reichsaußenminister]	ACS, b.3146
13.11.1940	Franz Seldte	Reichsarbeitsminister	ACS, b.3147
16.11.1940	[Hans] von Tschammer und Osten	[Reichssportführer]	ACS, b.3147

Datum der Audienz	Name	Beruf/Funktion	Quelle
29.11.1940	Ludwig Siebert	Bayerischer Ministerpräsident, Präsident der Deutschen Akademie in München	ACS, b.3147
19.5.1941	[Ludwig] Siebert	Bayerischer Ministerpräsident, Präsident der Deutschen Akademie [in München]	ACS, b.3149
25.5.1941	Arthur Axmann	Reichsjugendführer	ACS, b.3149
25.5.1941	Emil Jannings	Deutscher Schauspieler	ACS, b.3149
9.6.1941	Hermann Steiner	Direktor der Verlagsanstalt Essen	ACS, b.3149
8.9.1941	Wolfgang Müller-Clemm	[Eigentümer der] Verlagsanstalt Essen	ACS, b.3150
21.10.1941	Dr. Walter Funk	Reichswirtschaftsminister	ACS, b.3150
25.10.1941	Attilio De Cicco; Dr. [Ernst Wilhelm] Bohle	Generalsekretär der Fasci Italiani all'Estero; Führer der Auslandsorganisation der NSDAP	ACS, b.3150
31.10.–6.11.1941	Hans Wimmer	Bildhauer	ACS, b.3151; Wimmer, Im Palazzo Venezia
26.12.1941	[Max Ritter] von Pohl	[Deutscher General beim Hauptquartier der Italienischen Luftwaffe]	ACS, b.3151
31.1.1942	Reichsmarschall [Hermann] Göring	[Reichsminister für Luftfahrt und Oberbefehlshaber der Deutschen Luftwaffe]	ACS, b.3152
15.2.1942	Baldur von Schirach	[Reichsstatthalter in Wien]	Schaar, Artur Axmann, S. 319
16.2.1942	[Erwin] Rommel; [Enno] von Rintelen	[Oberbefehlshaber der Panzerarmee Afrika; Deutscher Bevollmächtigter General beim Oberkommando des Italienischen Heeres]	ACS, b.3152
22.2.1942	Dr. [Carl] Krauch; Dr. [Eberhard] Neukirch	[Vorsitzender des Aufsichtsrates der IG Farben; Manager der IG Farben]	ACS, b.3152
11.3.1942	Kurt Hielscher	[Photograph]	ACS, MinCulPop, Gabinetto, b.46

Datum der Audienz	Name	Beruf/Funktion	Quelle
15.3.1942	Dr. [Hermann] Ellwanger	Leiter der Deutschen Akademie in Palermo	ACS. b.5153
20.3.1942	Dr. Egon Heymann	Korrespondent deutscher Zeitungen	ACS, b.3153
12.4.1942	General [Enno] von Rintelen	[Deutscher Bevollmächtigter General beim Oberkommando des Italienischen Heeres]	ACS, b.3153
22.4.1942	Paul Dürrschmidt	Deutscher Industrieller	ACS, b.3153
23.4.1942	Herbert Dasler	Präsident der Reichsstelle für Getreide	ACS, b.5153
20.5.1942	Professor [Dr.] Carl Willemsen	[Professor für mittelalterliche Geschichte]	ACS, b. 3154
8.9.1942	Dr. Georg Lüttke	Deutscher Verleger aus Berlin	ACS. b.3155
9.9.1942	[Wolfgang] Müller-Clemm	Eigentümer der Verlagsanstalt Essen	ACS, b.3155
29.9.1942	[Carl Eduard] Herzog von [Sachsen]-Coburg und Gotha	Präsident des Deutschen Roten Kreuzes	ACS, b.3155
30.9.1942	Rolf Italiaander	Deutscher Journalist und Schriftsteller	ACS, b.3155
11.10.1942	Heinrich Himmler	[Reichsführer der SS und] Chef der Deutschen Polizei	ACS, b.3155
20.10.1942	Minister [Bernhard] Rust	Reichsminister [für Wissenschaft, Erziehung und Volksbildung]	ACS, b.3155
23.10.1942	Reichsmarschall [Hermann] Göring	[Reichsminister für Luftfahrt und Oberbefehlshaber der Deutschen Luftwaffe]	ACS, b.3155
8.11.1942	[Enno] von Rintelen	[Deutscher Bevollmächtigter General beim Oberkommando des italienischen Heeres]	ACS, b.3155
16.11.1942	Marschall [Albert] von Kesselring	[Oberbefehlshaber Süd der Deutschen Streitkräfte in Italien]	ACS, b.3155

Datum der Audienz	Name	Beruf/Funktion	Quelle
30.11.1942	Reichsmarschall [Hermann] Göring; Marschall [Albert von] Kesselring	[Reichsminister für Luftfahrt und Oberbefehlshaber der Deutschen Luftwaffe; Oberbefehlshaber Süd der Deutschen Streitkräfte in Italien]	ACS, b.3155
3.12.1942	Marschall [Albert von] Kesselring	[Oberbefehlshaber Süd der Deutschen Streitkräfte in Italien]	ACS, b.3155
7.12.1942	[Marschall Albert von] Kesselring	[Oberbefehlshaber Süd der Deutschen Streitkräfte in Italien]	ACS, b.3155
24.12.1942	Marschall [Albert von] Kesselring	[Oberbefehlshaber Süd der Deutschen Streitkräfte in Italien]	ACS, b.3155
1.1.1943	Marschall [Albert von] Kesselring	[Oberbefehlshaber Süd der Deutschen Streitkräfte in Italien]	ACS, b.3156
5.2.1943	General [Faustino] Dalmazzo; Marschall [Albert von] Kesselring	Italienisches Oberkommando; [Oberbefehlshaber Süd der Deutschen Streitkräfte in Italien]	ACS, b.3156
8.2.1943	Admiral [Karlgeorg] Schuster	Befehlshaber des Marinekommandos Gruppe Süd	ACS, b.3156
10.2.1943	[Marschall Albert von] Kesselring	[Oberbefehlshaber Süd der Deutschen Streitkräfte in Italien]	ACS, b.3156
13.2.1943	[Dr.] Egon Heymann	[Journalist]	ACS, b.3156
26.2.1943	[Joachim] von Ribbentrop	Reichsaußenminister	ACS, b.3156
28.2.1943	[Joachim] von Ribbentrop	[Reichsaußenminister]	ACS, b.3156
1.3.1943	Marschall [Albert von] Kesselring	[Oberbefehlshaber Süd der Deutschen Streitkräfte in Italien]	ACS, b.3156
8.3.1943	Reichsmarschall [Hermann] Göring	[Reichsminister für Luftfahrt und Oberbefehlshaber der Deutschen Luftwaffe]	ACS, b.3156

III Anhang

Datum der Audienz	Name	Beruf/Funktion	Quelle
13.3.1943	[Marschall Albert von] Kesselring	[Oberbefehlshaber Süd der Deutschen Streitkräfte in Italien]	ACS, b.3156
15.3.1943	Großadmiral [Karl] Dönitz	[Oberbefehlshaber der Deutschen Kriegsmarine]	ACS, b.3156
23.3.1943	Marschall [Albert von] Kesselring; Generalmajor [Siegfried] Westphal	[Oberbefehlshaber Süd der Deutschen Streitkräfte in Italien; Chef der Führungsabteilung beim Oberbefehlshaber Süd]	ACS, b.3156
28.3.1943	Max [Ritter] von Pohl	[Deutscher General beim Oberkommando der Italienischen Luftwaffe]	ACS, b.3156
29.3.1943	[Marschall Albert von] Kesselring; Generalmajor [Siegfried] Westphal	[Oberbefehlshaber Süd der Deutschen Streitkräfte in Italien; Chef der Führungsabteilung beim Oberbefehlshaber Süd]	ACS, b.3156
1.4.1943	Marschall [Albert von] Kesselring	[Oberbefehlshaber Süd der Deutschen Streitkräfte in Italien]	ACS, b.3156
20.4.1943	Generalmajor [Siegfried] Westphal	[Chef der Führungsabteilung beim Oberbefehlshaber Süd]	ACS, b.3156
28.4.1943	Marschall [Albert von] Kesselring; [Generalmajor Siegfried] Westphal	[Oberbefehlshaber Süd der Deutschen Streitkräfte in Italien; Chef der Führungsabteilung beim Oberbefehlshaber Süd]	ACS, b.3156
29.4.1943	Charlotte Reuter Marseille	Mutter des Fliegerhauptmanns und Ritterkreuzträgers Hans-Joachim Marseille	ACS, b.3156
4.5.1943	Marschall [Albert von] Kesselring; Generalmajor [Siegfried] Westphal	[Oberbefehlshaber Süd der Deutschen Streitkräfte in Italien; Chef der Führungsabteilung beim Oberbefehlshaber Süd]	ACS, b.3156
5.5.1943	Herbert Backe	Staatssekretär im Reichsernährungsministerium	ACS, b.3156

Datum der Audienz	Name	Beruf/Funktion	Quelle
9.5.1943	[Marschall Albert von] Kesselring; [Generalmajor Siegfried] Westphal	[Oberbefehlshaber Süd der Deutschen Streitkräfte in Italien; Chef der Führungsabteilung beim Oberbefehlshaber Süd]	ACS, b.3156
13.5.1943	Großadmiral [Karl] Dönitz	[Oberbefehlshaber der Deutschen Kriegsmarine]	ACS, b.3156
20.5.1943	[Marschall Albert von] Kesselring	[Oberbefehlshaber Süd der Deutschen Streitkräfte in Italien]	ACS, b.3156

Quellen- und Literaturverzeichnis

Archivalische Quellen

Archivio Centrale dello Stato Roma

Segreteria Particolare del Duce
Carteggio Ordinario:
Udienze concesse ripartite cronologicamente 1930–1943: b. 3102–3156.
Fascicoli Personali: b. 108.563 (Cramer-Klett); 101.808 (Emge) 107.805 (Escherich); 108.563 (Cramer-Klett); 111.667 (Hartmann); 123.052 (Jügler); 123.369 (Kroth); 125.869 (Riefenstahl); 141.690 (v.Schnitzler); 142.951 (Goebbels); 144.012 (v.Papen);151.753 (Behn); 178.618 (Heß); 181.009 (Darré);185.763 (Hielscher);185.763 (Lutze); 193.201 (Scholtz-Klink); 203.807 (v. Tschammer und Osten); 205.400 (von der Schulenburg); 210.029 (Göring); 509.574 (Diel); 544.780 (Himmler); 510.109 (Dresler); 510.977 (Seldte); 516.349 (Hülsen); 518.218 (v.Wedderkop); 518.480 (Wimmer); 522.012 (Müller-Clemm); 523.457 (v. Brauchitsch); 525.199 (v.Schirach); 532.091 (Willemsen); 532.643 (Heymann); 533.481 (von der Schulenburg); 534.730 (Italiaander); 539.641 (Diel); 544.780 (Himmler).
Carte degli uffici: b. 6.
Carteggio Riservato: b. 14, 15, 23.

Ministero dell' Interno
Direzione Generale della Pubblica Sicurezza
Divisione Polizia Politica
Fascicoli Personali (1926–1944): Pacco 434 (Sonntag), 454 (Dresler); 499 (Scholtz-Klink); 569 (Geiger); 654 (Hauptmann, Hartmann, v. Hassell); 655 (Heymann); 658 (Heß); 659 (Hiltebrandt); 660 (Hitler); 689 (Kornicker); 739 (Ludwig); 1123 (Riefenstahl); 1237 (von der Schulenburg); 1286 (Sonntag);1313 (Strauss); 1452 (v. Wedderkop, v. Schirach); 1464 (Wolff).
Cat. A 16 (1932/33): b.114, 286.

Ministero della Cultura Popolare
Gabinetto: b. 46 (Hielscher), b. 66, b. 67, b. 69, b. 108 (von der Schulenburg), b. 123 (Diel).
Reports: b.3, b. 9 (Ludwig), b.23 (Diel).
Sovvenzioni, 1931–1943: b.198 (Hielscher), b.271 (Diel).

Archivio Storico Diplomatico del Ministero degli Affari Esteri Roma

Gabinetto di S.E. il Ministro e della Segreteria Generale
Parte Prima 1923–1929, Serie I: pacco 14 (Regole per le udienze), pacco 35, 36 (Richieste di udienze), pacco 41–43 (Udienze accordate da Mussolini 1923–1929), pacco 89.
Parte Seconda 1930–1943, Serie IV: pacco 66, pacco 74

Archiv des Deutschen Historischen Instituts in Rom

Nr. 90: Nachlaß Philipp Hiltebrandt

Bundesarchiv Berlin

Bestand Reichskanzlei: R 43 II/1249 (Langrüsser), R 43 II/ 1448 (v. Müller)
Bestand NS: 22/689 (Rust); 43/433 (Geiger)

Ehemaliges BDC: NSDAP-Gaukartei (Hiltebrandt)
Bestandsergänzungsfilm des ehemaligen Zentralen Staatsarchivs der DDR, Nr. 13708 (Strunk)

Bundesarchiv Koblenz

N 1110/4: Nachlaß Hans Frank
N 1447/3: Nachlaß Heinrich Sahm

Politisches Archiv des Auswärtigen Amtes Berlin

Deutsche Botschaft Rom (Qui) 1920–1943:
Paket 694, 695, 696 (Heß, Himmler, Darré), 697 (Lutze, Funk, Rust), 698 (Besuche deutscher Politiker und Minister in Italien),1310 (Ley), 1341 (Fieseler), 1348 (Frank), 1376, 1390, 1394 (Axmann), 1431 (Hardt, Kornicker)
Deutsche Botschaft Rom (Qui), Geheimakten 1920–1943:
Bd. 13 (Ludwig), Bd. 35 (Hauptmann), Bd. 41 (Goebbels), Bd. 44 (Kornicker), Bd. 52 (Hiltebrandt), Bd. 56 (Ley), Bd. 75, Bd. 97, Bd. 118 (Bohle), Bd.164 (Ley)
R 30248, R 30249, R 30251, R 72722, R 72739, R 72759, R 72764 (Göring, v. Papen), R 72765 (Sahm, Sauerbruch), R 72766, R 72770, R 72771, R 72921, R 72922, R 72923, R 72970
Büro Staatssekretär:
R 29456 (Sahm), 29826, 29827 (Hitler), R 29829, R 29834, R 29836, R 29854, R 30249 (Hitler)

Geheimes Staatsarchiv Preußischer Kulturbesitz Berlin

Nachlaß Carl Heinrich Becker

Staatsbibliothek Preußischer Kulturbesitz Berlin

Handschriftenabteilung:
Nachlaß Gerhard Hauptmann, Tagebuch 1928–1931
Musikabteilung:
Nachlaß Wilhelm Furtwängler, Nr. 13, Nr. 18

Archiv der Max-Planck-Gesellschaft Berlin

I. Abteilung: Rep. Ia, Nr. 628, Nr. 1123/3 (Glum), Nr. 1724, Nr. 1751
III. Abteilung: ZA 42, Nachlaß Ernst Steinmann; Rep. 94, Nachlaß Eugen Fischer

Deutsches Kunstarchiv im Deutschen Nationalmuseum Nürnberg

Nachlaß Hans Wimmer

Deutsches Literaturarchiv Marbach

Teilnachlaß Ernst Ludwig
Piper-Verlagsarchiv

Archiv des Heinrich-Heine-Instituts Düsseldorf
Nachlaß Viktor Meyer-Eckhardt

Bayerisches Hauptstaatsarchiv München
Abteilung V: Nachlaß Georg Escherich

Staatsarchiv Freiburg
Bestand D 180/2: Entnazifizierungsakte Louise Diel

Stadtarchiv Mannheim
Bestand Curt. S. Gutkind

Universitätsarchiv Köln
Nachlaß Erwin von Beckerath

Archiv des Leo-Frobenius-Instituts Frankfurt
Nachlaß Leo Frobenius

Archiv Böttcherstraße Bremen
Privatarchiv Ludwig Roselius

Archiv der Carl Zeiss Jena GmbH
Bestand Planetariumsprojekt 1928

Archiv der Katholischen Kirchengemeinde Potsdam
Nachlaß Karl-Heinrich Schäfer

Privatarchiv Dr. Helmuth und Christl Diel
Nachlaß Louise Diel

Privatarchiv Professor Dr. Martinus Emge
Nachlaß August Emge

Privatarchiv Dr. Karl-Martin Graß
Nachlaß Edgar Jung

Privatarchiv Professor Dr. Fritz Klein (†)

Nachlaß Fritz Klein

Privatarchiv Isa von der Schulenburg

Nachlaß Werner von der Schulenburg

Privatarchiv Dr. Uta Kuhl

Nachlaß Hans Wimmer (Kopien)

Zeitgenössische Literatur

Akten zur deutschen auswärtigen Politik, 1918–1945 [ADAP]:
Serie A, 1918–1925: Bd. VI, Bd. VIII, Bd. XI, Bd. XIII, Bd. XIV
Serie B, 1926–1932: Bd. III, Bd. IV, Bd. VIII, Bd. IX, Bd. X, Bd. XVI, Bd. XVII. Bd. XVIII, Bd. XIX, Bd. XX, Bd. XXI
Serie C, 1933–1937: Bd. I, Bd. II, Bd. III, Bd. IV, Bd. V, Bd. VI, Göttingen 1966–1995
Serie D, 1937–1945: Bd. I, Bd. II, Bd. IV, Bd. VI, Bd. VII, Bd. VIII, Baden-Baden 1951–1956
Andreozzi, Stanislav, Dalle origini del fascismo alla conquista dell'impero, Aversa 1938.
Axmann, Artur, „Das kann doch nicht das Ende sein." Hitlers letzter Reichsjugendführer erinnert sich, Koblenz 1995
Beckerath, Erwin von, Wesen und Werden des faschistischen Staates, Berlin 1927
Behn, Fritz, Bei Mussolini. Eine Bildstudie, Stuttgart/Berlin 1934
Behn, Fritz, Haizuru. Ein Bildhauer in Afrika, München 1918
Behn, Fritz, Kwa-Heri – Afrika! Gedanken im Zelt, München 1933
Behn, Fritz, Freiheit, München 1920
Beinhorn-Rosemeyer, Elly, Mein 28 000 km Flug nach Afrika, Berlin 1939
Beinhorn, Elly, Alleinflug. Mein Leben, München 1977
Bernhard, Ludwig, Das System Mussolini, Berlin 1924
Bernhard, Ludwig, Der Staatsgedanke des Faschismus, Berlin1931
Blahut, Theodor, Staat und Führung im Faschismus. Ein Beitrag zur Geistesgeschichte unserer Zeit, Berlin 1940
Boehringer, Erich, Der Caesar von Acireale, Stuttgart 1933
Borchardt, Rudolf, Briefe 1931–1935, bearb. von Gerhard Schuster, München 1996
Borchardt, Rudolf, Dantes Divina Commedia, Stuttgart 1967
Borchardt, Rudolf, Besuch bei Mussolini, in: Kölnische Zeitung, 23.10.1932
Borchardt, Rudolf, Besuch bei Mussolini, in: Kölnische Zeitung, 16.4.1933
Brandt, Rolf, Das Gesicht Europas. Ein fast politisches Reisebuch, 2. Aufl. Hamburg 1928
Brüning, Heinrich, Memoiren 1918–1934, Stuttgart 1970
Buchheit, Gert, Mussolini und das neue Italien, Berlin 1938, 4. Aufl. 1941

Buchheit, Gert, Franz von Papen. Eine politische Biographie, Breslau 1933

Buchheit, Gert, Kämpfer für das Reich. Von Stein bis Hitler, Stuttgart 1933

Buchheit, Gert, Rom im Wandel der Jahrhunderte, Nürnberg 1931

Burgdörfer, Friedrich, Bevölkerungspolitisches Gespräch mit Mussolini, in: Archiv für Bevölkerungswissenschaft und Bevölkerungspolitik 8 (1938), 117–119

Burgdörfer, Friedrich, Gespräch mit Mussolini über Fragen der Bevölkerungspolitik, in: Völkischer Beobachter, 6.3.1938

Cantimori, Delio, La politica di Carl Schmitt, in: Studi Germanici 1 (1935), S. 476–480

Cederna, Camilla, Caro Duce. Lettere di donne italiane a Mussolini 1922–1943, Mailand 1989

Cerutti, Elisabetta, Vista da vicino. Memorie di un'anbasciatrice, Mailand 1951

Claar, Maximilian, Zwanzig Jahre habsburgischer Diplomatie in Rom (1895–1915). Persönliche Erinnerungen, in: Berliner Monatshefte. Zeitschrift für neueste Geschichte 15 (137), S. 539–567

[Cramer-]Klett, [Theodor] Freiherr von, Mussolini und das monarchische Prinzip, in: Gelbe Hefte 7 (1930/31), S. 26 f

Curtius, Julius, Sechs Jahre Minister der deutschen Republik, Heidelberg 1948

Curtius, Ludwig, Deutsche und antike Welt. Lebenserinnerungen, Stuttgart 1950

Curtius, Ludwig, Mussolini und das antike Rom, Köln 1934

[Curtius, Ludwig], Kurzer Führer durch Rom. Hg. für die deutsche Wehrmacht vom deutschen General beim Hauptquartier der italienischen Wehrmacht, Florenz 1943

Curtius, Ludwig, Mussolini e la Roma antica, in: Nuova Antologia, 16.4.1934

Curtius, Ludwig, Die Säule des Trajan. Ein Kriegstagebuch, in: Berlin-Rom-Tokyo. Monatsschrift für die Vertiefung der kulturellen Beziehungen der Völker des weltpolitischen Dreiecks 5 (1943), S. 25–37

Diel, Louise, Käthe Kollwitz. Ein Ruf ertönt, Berlin 1927

Diel, Louise, Käthe Kollwitz. Mutter und Kind. Gestalten und Gesichte der Künstlerin, Berlin 1928

Diel, Louise, Ich werde Mutter. Mit Bildbeigaben von Käthe Kollwitz, 2. Aufl. Dresden 1932

Diel, Louise, Das faschistische Italien und die Aufgaben der Frau im neuen Staat, Berlin 1934

Diel, Louise, Mussolinis neues Geschlecht. Die junge Generation. Unter Mitarbeit von Benito Mussolini, Dresden 1934

Diel, Louise, Ich zeige Dir Italien, Berlin 1935

Diel, Louise, Kampf, Sieg und Sendung des Faschismus. Nach Dokumenten und Gesprächen, Leipzig 1937

Diel, Louise, Sieh unser neues Land mit offenen Augen. Italienisch Ostafrika, Leipzig 1938

Diel, Louise, Mussolini mit offenem Visier, Essen 1943

Diel, Louise, „Behold Our New Empire", Mussolini. Translated from the German by Kennet Kirknese, London 1939

Diel, Louise, La generazione di Mussolini. Prefazione di Benito Mussolini, Mailand 1934, 2. Aufl. 1936

Diel, Louise, A.O.I. Cantiere d'Italia. Traduzione di Oscar Landi, Rom 1939

Diel, Louise, Mussolini empfängt eine Frau, in: Bitterfelder Allgemeiner Anzeiger, 28.9.1937

Diel, Louise, Gespräch mit Mussolini. Der Duce empfing Louise Diel nach ihrer Aethiopienreise, in: Berliner Lokal-Anzeiger, 25.12.1937

Diel, Louise, Zweimal Benito Mussolini, in: Kasseler Neueste Nachrichten, 25.3.1938

Diel, Louise, Der Duce über den Ausbau Roms, in: Berliner Lokal-Anzeiger, 29.3.1938

Diel, Louise, Besuch beim Duce. Roms Parole: Arbeiten und bereit sein, in: Berliner Lokalanzeiger, 12.10.1939

Documenti Diplomatici Italiani [DDI], Settima Serie, Bd. XII, XIII, XIV, Rom 1988–1990

Douhet, Giulio, Luftherrschaft. Deutsch von Roland Strunk, Berlin 1935

Dresler, Adolf, Mussolini, Leipzig 1924

Dresler, Adolf, Die Presse im faschistischen Italien, Essen 1933, 4. Aufl. Essen 1939

Düssel, Carl, Europa und die Achse. Die kontinentaleuropäische Frage als Kehrseite britischer Politik, Essen 1940

Eberlein, Gustav W., Der Weg zum Kapitol. Der Faschismus als Bewegung, Berlin 1929

Ebhard, Bodo, Verzeichnis italienischer Burgen nach Namen, Lage, Ort, Erhaltung, Geschichte, Besitzer und Quellen nebst Hinweis auf ihre Erwähnung, Bd. 1-5 , Berlin 1927

Eschmann, Ernst Wilhelm, Der Faschismus in Europa, Berlin 1930

Ellwanger, Hermann, Studien zur Sprache Mussolinis, Florenz 1939

Ellwanger, Hermann, Sulla lingua di Mussolini, Verona 1941

Emge, August Carl, Erinnerungen eines Rechtsphilosophen, in: Studium Berlinense. Gedenkschrift der Westdeutschen Rektorenkonferenz und der Freien Universität Berlin zur 150. Wiederkehr des Gründungsjahres der Friedrich-Wilhelm-Universität zu Berlin. Berlin 1960, S. 73 f.

Forzano, Giovacchino, Mussolini autore drammatico con facsimili di autografi inediti. Campo di marte – Villa Franca – Cesare, Florenz 1954.

Fiala, Hugo [d.i. Karl Löwith], Politischer Dezisionismus, in: Revue internationale de la théorie du droit 8 (1935), S. 101–123

Frank, Hans, Im Angesicht des Galgens. Deutung Hitlers und seiner Zeit auf Grund eigener Erlebnisse und Erkenntnisse, München 1953

Frank, Hans, Il nuovo indirizzo del diritto Germanico. Conferenza tenuta in Roma il 3 aprile 1936-XIV, [Rom 1936]

Frobenius, Leo, Ekade Ektab. Die Felsbilder Fezzans. Ergebnisse der DIAFE X , Leipzig 1937

Frobenius, Leo, La porta del Garamanti, in: Gerarchia 12 (1932), S. 657–675

Fröhlich, Elke (Hg.), Die Tagebücher von Joseph Goebbels, Teil I, Bd.2/II, Bd. 9, Teil III, Bd.2, München 1993, 2006

Gaertringen, Friedrich Freiherr von (Hg.), Die Hassell-Tagebücher 1938 –1944, Berlin 1989

Gayda, Virginio, L'Incontro Mussolini-Brüning, in: Gerarchia 11 (1931), S. 627–633

Geiger, Willi, Der offene Horizont. Lebenserinnerungen, Landshut 1996

Geiger, Willi, Eine Abrechnung, München 1947

Geissmar, Berta, Taktstock und Schaftstiefel. Erinnerungen an Wilhelm Furtwängler, Köln 1996

Gerdeissen, A[lexander], Auslandsfahrt 1931. Die Teilnehmer beim Papst und Mussolini, in: ADAC-Motorwelt, 29.5.1931

Glum, Friedrich, Das geheime Deutschland. Die Aristokratie der demokratischen Gesinnung, Gräfenhainichen 1930

Glum, Friedrich, Zwischen Wissenschaft, Wirtschaft, Politik. Erlebtes und Erdachtes in vier Reichen, Bonn 1964

Goebbels, Joseph, Der Faschismus und seine praktischen Ergebnisse, Berlin 1934

Gründungstagung des Europäischen Jugendverbandes Wien 1942, Wien 1942

Güterbock, Ferdinand, Mussolini und der Faschismus, München 1923

Güterbock, Ferdinand, Mussolini und der Fascismus, in: Auslandsstudien 1 (1925), S. 89–110

Güterbock, Ferdinand, Engelbergs Gründung und erste Blüte 1120–1223, Zürich 1948

Gunther, John, Inside Europe, London 1936

Gutkind, Curt-Sigmar (Hg.), Mussolini und sein Faschismus, Heidelberg 1928

Hamburger, Ernst, Aus Mussolinis Reich. Die fascistische Epoche in Italien, Breslau 1924

Hanfstaengl, Ernst, 15 Jahre mit Hitler. Zwischen Weißem und Braunem Haus, München 1972

Hanfstaengl, Ernst, Hitler. The missing years, New York 1994

Hartmann, Hans, Begegnung mit Gestaltern unserer Zeit, Thun 1954

Hartmann, Hans, Der Faschismus dringt ins Volk. Eine Betrachtung über das Dopolavoro. Mit einem Vorwort von Major G. Renzetti, Berlin 1933

Heinke, [Hans-Ulrich], Eine Studienfahrt nach Italien, in: Der Stahlhelm, 30.11.1930

Heller, Herrmann, Europa und der Faschismus, Berlin/Leipzig 1929

Heymann, Egon, Hans Wimmers Mussolini-Büste, in: Hamburger Fremdenblatt, 7.5.1942

Hielscher, Kurt, Die ewige Stadt. Erinnerungen an Rom, Berlin 1925

Hielscher, Kurt, Italien. Baukunst und Landschaft, Berlin/Zürich 1925, 4. Aufl. 1939

Hielscher, Kurt, Unbekanntes Italien, Leipzig 1941

Hiltebrandt, Philipp, Ideen und Mächte. Der Aufstieg des Abendlandes seit dem Untergang der antiken Welt, Leipzig 1938

Hiltebrandt, Philipp, Rom. Geschichte und Geschichten, Stuttgart 1944

Hiltebrandt, Philipp, Bei Mussolini. Der Weg zum Duce, in: Kölnische Zeitung, 23.10.1932

Hiltebrandt, Philipp, Wie Mussolini sein Imperium regiert, in: Völkischer Beobachter, 8.5.1938

Hiltebrandt, Philipp, Ein Jahr faschistisches Imperium, in: Völkischer Beobachter, 5.5.1937

Hiltebrandt, Philipp, Der Marsch auf Rom, in: Völkischer Beobachter, 28.10.1937

Hiltebrandt, Philipp, Die Bewährung der Achse, in: Kölnische Zeitung, 1.1.1942

Hitler, Adolf, Die Südtirol-Frage und das Bündnisproblem, München 1926

Hitlers Politisches Testament. Die Bormann-Diktate vom Februar und April 1945, Hamburg 1983

Hoetzsch, Otto, Internationale Zusammenarbeit im wissenschaftlichen Studium der internationalen Beziehungen, in: Inter Nationes 1 (1931), S. 61–65

Hoffmann, Heinrich, Mussolini erlebt Deutschland, München 1937

Illustrierter Beobachter, München, Jg. 1933–1943

Ilsemann, Sigurd von, Monarchie und Nationalsozialismus 1924–1941, München 1968

Italiaander, Rolf, Italo Balbo. Der Mensch, der Politiker, der Flieger, der Kolonisator, München 1942

Italiaander, Rolf, Luftkrieg über dem Mittelmeerraum, Berlin 1942

Italiaander, Rolf, Beim Duce, in: Deutsche Allgemeine Zeitung, 15./16.12.1942

Italiaander, Rolf, Der Flieger Benito Mussolini, in: Der Adler, Berlin 1942, S. 320

Jügler, Richard, Gespräch mit Mussolini, in: Berliner Börsenzeitung, 29.4.1931

Jung, Edgar, Die Herrschaft der Minderwertigen, ihr Zerfall und ihre Ablösung durch ein neues Reich, Berlin 1927

Kaminski, Hans-Erich, Fascismus in Italien. Grundlagen, Aufstieg, Niedergang, Berlin 1925

Kiehl, Walter, Dr. Ley beim Duce, in: Freude und Arbeit 2 (1937), S. 72

Kiehl, Walter, Dr. Ley bei Mussolini, in: Der Angriff, 7.4.,16.4.1937

Klein, Fritz, 13 Männer regieren Europa. Umrisse einer europäischen Zukunftspolitik, Hamburg/Berlin/Leipzig 1930

Klein, Fritz, Auf die Barrikaden?, Hamburg/Berlin 1931

Klein, Fritz, Warum Krieg um Abessinien?, Leipzig 1935

Klein, Fritz, Die Reliquie, in: Deutsche Allgemeine Zeitung, 8.2.1926

Klein, Fritz, Feindschaft Italiens?, in: Deutsche Allgemeine Zeitung, 17.7.1926

Köhler, Heinrich, Lebenserinnerungen des Politikers und Staatsmannes 1878–1949, hg. von Josef Becker, Stuttgart 1964

Kollwitz, Käthe, Ein Weberaufstand. Bauernkrieg/Krieg. Mit einer Einführung von Louise Diel, Berlin [1929]

Korherr, Riccardo, Regresso delle nascite: morte dei popoli. Prefazione di Spengler e Mussolini, Rom 1928

Korherr, Richard, Geburtenrückgang. Mahnruf an das deutsche Volk. Mit einem Geleitwort von Reichsführer SS Heinrich Himmler, 3. Aufl. München 1935

Korherr, Richard, Geburtenrückgang, in: Süddeutsche Monatshefte 29 (1927/28), S. 155–190

Korherr, Richard, Mussolini, in: Deutschlands Erneuerung 17 (1933), S. 385–390

Kornicker, Kurt, Mussolini aus der Nähe, Lübeck 1932

Kornicker, Kurt, Faschismus und Judentum, in: Süddeutsche Monatshefte 27 (1929/30), S. 857–860

Kornicker, Kurt, L'uomo dietro il protagonista. Mussolini da vicino. Incontri con Adenauer, Lugano 1971 (Estratto dal Corriere del Ticino)

Kurella, Alfred, Mussolinis Reich. Die fascistische Episode in Italien. Der erste rote Reporter bereist Italien, Berlin 1931

Langsdorff, Werner von, Flieger und was sie erleben. Siebenundsiebzig deutsche Luftfahrer erzählen, Gütersloh 1935

Leibholz, Gerhard, Zu den Problemen des fascistischen Verfassungsrechtes, Berlin/Leipzig 1928

Loevinson, Ermanno, Giuseppe Garibaldi e la sua legione nello Stato romano, 3 Bde. Rom/Mailand 1902–07

Ludwig, Emil, Mussolinis Gespräche mit Emil Ludwig, Wien 1932

Ludwig, Emil, Colloqui con Mussolini. Riproduzione delle bozze della prima edizione con le correzioni autografe del duce, Mailand 1950

Ludwig, Emilio, Colloqui con Mussolini. Traduzione di Tomaso Gnoli, Mailand 1932

Ludwig, Emil, Geschenke des Lebens. Ein Rückblick, Berlin 1931

Ludwig, Emil, Die drei Männer in Rom. Der Papst – der König – der Diktator, in: Vossische Zeitung, 19.5.1929

[Ludwig, Emil], Books by Emil Ludwig, Moscia 1945

Ludwig, Emil, Goethe. Geschichte eines Menschen, 3 Bde. Stuttgart/Berlin 1920

Ludwig, Emil, Three Portraits. Hitler, Mussolini, Stalin, New York 1940

Man, Felix H., Photographien aus 70 Jahren, München 1983

Man, Felix H., Man with camera. Photographs from seven decades, New Yortk 1989

Mann, Klaus, Der Wendepunkt. Ein Lebensbericht [Frankfurt] 1952

Mann, Wilhelm, Mussolini – und der Faschismus als geistige Bewegung, in: Italien 1 (1927/28), S. 483–500

Mazzatosta, Teresa Maria, Volpi, Claudio (Hg.), L'Italietta Fascista (lettere al potere 1936–1943), Bologna 1980

Mehlis, Georg, Die Idee Mussolinis und der Sinn des Faschismus, Leipzig 1928

Mehlis, Georg, Der Staat Mussolinis. Die Verwirklichung des korporativen Gemeinschaftsgedankens, Leipzig 1929

Mehlis, Georg, Freiheit und Faschismus, Leipzig 1934

Mehlis, Georg, Der neue Führergedanke, in: Der Tag, 17.10.1929

Mehlis, Georg, Der Kampfgedanke des Faschismus, in: Der Arbeitgeber 21 (1931), S. 410 f.

Missori, Mario, Gerarchie e statuti del P.N.F. Gran Consiglio, Direttorio nazionale, Federazioni provinciali: quadri e biografie, Rom 1986

Mohler, Armin (Hg.), Carl Schmitt. Briefwechsel mit einem Schüler, Berlin 1995

Müller, Sven von, Besuch bei Mussolini. Offene Aussprache – kein Interview, in: Vossische Zeitung, 11.1.1931

Mueller-Jena, Herbert, Die Kolonialpolitik des faschistischen Italien, Essen 1939

Mussolini, Benito, Opera Omnia, Vol. 22, 23, 24, Florenz 1957, 1962, 1964

Mussolini, Benito, Forzano, Giovacchino, Cavour (Villafranca). Für die deutsche Bühne bearbeitet von Werner von der Schulenburg, München [1940]

Mussolini, Benito, Die Mätresse des Kardinals, Bern 1930

Mussolini, Benito, Die Dichtung Klopstocks von 1789–1795. Übersetzt aus dem Italienischen von Heinrich Lüteke, Weimar 1944

Mussolini, Benito, Platen e l'Italia, in: Siracusa ed Augusto von Platen nel primo centenario della morte 1935, Syrakus 1935, S. 3–15

Mussolini, Benito, Platen und Italien. Aus dem Italienischen von Hans Hülsen, in: Das Platen-Archiv 3 (1928), S. 65–72

Mussolini, Benito, Il numero come forza, in: Gerarchia 8 (1928), S. 675–684

Mussolini, Benito, „Ich rede mit Bruno", Essen 1942

Mussolini, Rachele, Mussolini ohne Maske. Die Frau des Duce berichtet, Stuttgart 1974

Navarra, Quinto, Memorie del cameriere di Mussolini, Mailand 1946

Neugass, Fritz, Das Problem der Massenkultur als wesentlicher Faktor des faschistischen Staatsgedankens, in: Italien 3 (1929/30), S. 156–164

Niekisch, Ernst, Gewagtes Leben. Begegnungen und Begebnisse, Köln 1958

Niesel-Lessenthin, Christa, Mussolini unterhält sich mit einer Dame, in: Ernte. Halbmonatsschrift für Politik 11 (1930), S. 30–32

Papen, Franz von, Der Wahrheit eine Gasse, Innsbruck 1952

Particella, Claudio [d.i. Benito Mussolini], L'Amante del Cardinale Madrozzo, Mailand 1909

Partito Nazionale Fascista, Il Gran Consiglio nei primi cinque anni dell'Era Fascista, Rom/Mailand 1927

Partito Nazionale Fascista, Il Gran Consiglio nei primi dieci anni dell'era fascista, Rom 1933

Partito Nazionale fascista, Il Gran Consiglio del Fascismo nei primi quindici anni dell'Era Fascista, Bologna 1938

Pavolini, Alessandro, Die Lichter des Dorfes, Potsdam 1941

Price, G[eorge] Ward, Führer und Duce, wie ich sie kenne, Berlin 1939

Pollak, Ludwig, Römische Memoiren. Künstler, Kunstliebhaber und Gelehrte, Rom 1994

Partito Nazionale Fascista, Raccolta delle deliberazioni del Gran Consiglio, Rom 1925

Reck, Leopold, Aufbau des Italienischen Imperiums, Essen 1944

Reupke, Hans, Das Wirtschaftssystem des Faschismus, Berlin 1930

Reupke, Hans, Unternehmer und Arbeiter in der faschistischen Wirtschaftsidee, Berlin 1931

Reupke, Hans, Der Nationalsozialismus und die Wirtschaft, Berlin 1931

Riefenstahl, Leni, Memoiren 1902 –1945, Frankfurt/M./Berlin 1996

Rintelen, Enno von, Mussolini als Bundesgenosse. Erinnerungen des deutschen Militärattachés in Rom 1936–1944, Tübingen/Stuttgart 1951

[Rohr, Hans Joachim von], Aus Italien zurück, in: Der Pommersche Landbund, 17.11.1928

Romanus [d.i. Hermann Loevinson], Ein Gespräch mit Mussolini über den Fascismus im Auslande, in: Das Neue Europa 13 (1927), S. 18–22

Rumpelstilzchen [d.i. Adolf Stein], Der Schmied Roms, Berlin 1929

Saager, Adolf, Mussolini ohne Mythos. Vom Rebellen zum Despoten, Leipzig 1931

Sarfatti, Margherita G., Mussolini. Lebensgeschichte nach autobiographischen Unterlagen, Leipzig 1927

Sarfatti, Margherita G., Faschistische Kunst und faschistische Sitten, in: Italien 1 (1927/28), S. 483–500

Sarfatti, Margherita G., Das faschistische Italien, in: Vossische Zeitung, 23.5., 25.5., 27.5., 31.5.1933

Savino, Edoardo, La nazione Operante. Albo d'oro del fascismo. Profili e figure, 3. Aufl. Novara 1937

Schabbel, Otto, Benito Mussolini. Zu seinem 50. Geburtstag, in: Daheim. Ein deutsches Familienblatt 70 (1933), S. 9 f.

Schaumburg-Lippe, Friedrich Christian Prinz zu, Dr. G. ein Portrait des Propagandaministers, Wiesbaden 1964

Schirach, Baldur von, Ich glaubte an Hitler, Hamburg 1967

Schlie, Ulrich (Hg.), Ulrich von Hassell. Römische Tagebücher und Briefe 1932–1938, München 2004

Schmidt, Paul, Statist auf diplomatischer Bühne 1923–1945. Erlebnisse des Chefdolmetschers im Auswärtigen Amt mit den Staatsmännern Europas. Von Stresemann und Briand bis Hitler, Chamberlain und Molotow, Bonn 1954

Schmitt, Carl, Principii politici del nationalsocialismo. Scritti scelti e tradotti da D[elio] Cantimori, Florenz 1935

Schmitt, Carl, Fascistische und nationalsozialistische Rechtswissenschaft, in: Deutsche Juristen-Zeitung 41 (1936), Sp. 619f.

Schmitt, Carl, Wesen und Werden des fascistischen Staates, in: Schmollers Jahrbuch für Gesetzgebung, Verwaltung und Volkswirtschaft im Deutschen Reiche 53 (1929), S. 107–113

Schneider, Friedrich, Neuere Anschauungen der deutschen Historiker zur Beurteilung der deutschen Kaiserpolitik des Mittelalters, Weimar 1934

Schulenburg, Werner von der, Der König von Korfu, Braunschweig 1950

Schulenburg, Werner von der, Sonne über dem Nebel. Roman aus der Lombardei, Düsseldorf 1952

Schulenburg, Werner von der, Es weht ein Wind aus Afrika. Eine Erzählung von der Riviera, Stuttgart 1953

Schulenburg, Werner von der, Chiaramenti, in: Gerarchia 9 (1929), S. 540–542

Schulenburg, Werner von der, Brüning, Hitler, Hugenberg, in: Gerarchia 12 (1932), S. 55–60

Schulenburg, Werner von der, Le elezioni in Germania, in: Gerarchia 12 (1932), S. 976–980

Schulenburg, Werner von der, Schleicher?, in: Gerarchia 12 (1932), S. 1054

Schulenburg, Werner von der, Sozialismus und Kommunismus in Germania, in: Gerarchia 13 (1933), S. 210–214

Schulenburg, Werner von der, La rivoluzione tedesca, in: Gerarchia 13 (1933), S. 285–289

Schulenburg, Werner von der, Le ripercussioni del patto a quattro in Germania, in: Gerarchia 13 (1933), S. 470–474

Schulenburg, Werner von der, Margherita Sarfatti, in: Vossische Zeitung, 21.5.1933

Schulenburg, Werner von der, Un notevole libro tedesco, in: Gerarchia 10 (1930), S. 627–633

Schumacher, Martin (Hg.), Erinnerungen und Dokumente von Johann Victor Bredt 1914 bis 1933, Düsseldorf 1970

Seraphim, Hans Günther (Hg.), Das politische Tagebuch Alfred Rosenbergs, München 1964

Siebert, Ferdinand, Erlebte Geschichte. Rom 1930–1939. Aus dem Nachlaß hg. von Jost Adam, Bielefeld/Mainz 1989

Sonntag, Josef, Mussolinis Sendung und die Wahrheit über Tirol, Berlin [1927]

Speer, Albert, Spandauer Tagebücher, Frankfurt/M./Berlin/Wien 1975

Steinmann, Ernst, Wittkower, Rudolf, Michelangelo Bibliographie 1510–1926, Leipzig 1927

Stillfried-Alcantara, Rudolf von, Ceremonialbuch für den Königlich-Preußischen Hof, Berlin 1877

Strauss, Richard, Der Strom der Töne trug mich fort. Die Welt um Richard Strauss in Briefen, Tutzing 1967

Richard Strauss und Italien. Eine Ausstellung des Richard-Strauss-Instituts Garmisch-Partenkirchen 11. Mai bis 8. November 2003. Katalog, Garmisch- Partenkirchen 2003

Strunk, Roland E., Achtung! Asien marschiert. Ein Tatsachenbericht, Berlin 1934

Strunk, Roland E., Die Sache mit Heike. Ein Roman zwischen Hongkong und Genua, Leipzig 1935

Strunk, Roland E., Treibholz. Ein Roman über Geschichte und fremde Länder mit viel Humor geschrieben, Leipzig 1934

Sturani, Enrico, Otto milioni di cartoline per il duce, Turin 1995

Unglaub, Karl, Aus dem Reiche Mussolinis. Eindrücke von meiner Italienreise, Triebers 1932

Viga, Friedrich [d.i. Friedrich Glum], Im Schatten des Dämons. Romanhaftes Zeitbild Deutschlands aus den Jahren 1933–1945, München 1962

Vöchting, Friedrich, Die Romagna. Eine Studie über Halbpacht und Landarbeiterwesen in Italien, Karlsruhe 1927

Volck, Der Traum vom Tode. Das phantastische Leben des berühmten deutschen Weltreporters Roland Strunk, Berlin 1934

Wedderkop, Hermann von, Mussolini wie ich ihn sehe, in: Der Querschnitt 10 (1930), S. 353–359

West, Franklin C. (Hg.), Emil Ludwig. Für die Weimarer Republik und Europa. Ausgewählte Zeitungs- und Zeitschriftenartikel 1919–1932, Frankfurt/M. 1991

Willemsen, Carl, Friderici imperatoris de arte venandi cum avibus, 2 Bde., Leipzig 1942

Willis, Fred C., Mussolini in Deutschland. Eine Volkskundgebung für den Frieden in den Tagen vom 25. bis 29. September 1937, Berlin 1937

Willis, Fred C., Männer um Mussolini, München 1932

Willis, Fred C., Rom von heute, Hamburg 1930

Wolff, Theodor, Bei Mussolini, in: Berliner Tageblatt, 11.5.1930

Wolff, Theodor, Mussolinis Bäume, in: Berliner Tageblatt, 27.4.1930

Wissenschaftliche Literatur

Althoff, Gerd, Die Macht der Rituale. Symbolik und Herrschaft im Mittelalter, Darmstadt 2003

Althoff, Gerd, Zeremoniell, in: Handwörterbuch zur deutschen Rechtsgeschichte, Bd. 5, Berlin 1998, Sp. 1677–1680

Anderson, Dennis L., The Academy for German Law 1933-44, New York/London 1987

Aquarone, Alberto, L'organizzazione dello Stato totalitario, Turin 1965

Bacci, Andrea, Lo sport nella propaganda fascista, Turin 2002

Bach, Maurizio, Breuer, Stefan, Faschismus als Bewegung und Regime. Italien und Deutschland im Vergleich, Wiesbaden 2011

Bauerkämper, Arnd, Der Faschismus in Europa 1918–1945, Stuttgart 2006

Bauerkämper, Arnd, Die Inszenierung transnationaler faschistischer Politik. Der Staatsbesuch Hitlers in Italien im Mai 1938, in: Stefan Vogt (Hg.), Ideengeschichte als politische Aufklärung. Festschrift Wolfgang Wippermann zum 65. Geburtstag, Berlin 2010, S. 129–153

Benl, Rudolf (Hg.), Der Erfurter Fürstenkongreß 1808. Hintergründe, Ablauf, Wirkung, Erfurt 2008

Berezin, Mabel, Making the fascist self. The political culture of interwar Italy, Ithaca/London 1997

Berger Waldenegg, Georg Christoph, Hitler, Göring, Mussolini und der „Anschluß" Österreichs an das Deutsche Reich, in: Vierteljahrshefte für Zeitgeschichte 51 (2003), S. 147–182

Bernhard, Patrick, Die „Kolonialachse". Der NS-Staat und Italienisch-Ostafrika 1935–1943, in: Klinkhammer, Lutz, Osti Guerazzi, Amedeo, Schlemmer, Thomas (Hg.), Die „Achse" im Krieg. Politik. Ideologie und Kriegführung 1939–1945, Paderborn 2010, S. 147–175

Bernhard, Patrick, Konzertierte Gegnerbekämpfung im Achsenbündnis. Die Polizei im Dritten Reich und im faschistischen Italien 1933 bis 1943, in: Vierteljahrshefte für Zeitgeschichte 59 (2011), S. 229–262

Biefang, Andreas, Epkenhans, Michael, Tenfelde, Klaus (Hg.), Das politische Zeremoniell im Deutschen Kaiserreich 1871–1918, Düsseldorf 2008

Biondi, Dino, La fabbrica del Duce, Florenz 1967

Borejsza, Jerzy W., Il fascismo e l'Europa orientale. Dalla propaganda all'aggressione, Bari 1981

Bosworth, Richard J.B., L'Italia di Mussolini 1915–1945, Mailand 2007

Bosworth, Richard J.B., Mussolini. Un dittatore italiano, Mailand 2002

Bosworth, Richard J.B., The italian dictatorship. Problems and perspectives in the interpretation of Mussolini and fascism, London 1998

Brescius, Hans von, Gerhart Hauptmann. Zeitgeschehen und Bewußtsein in unbekannten Selbstzeugnissen. Eine politisch-biographische Studie, 2. Aufl. Bonn 1977

Burgwyn, H. James, Italian Foreign Policy in the Interwar Period 1918–1940, Westport 1997

Cannistraro, Philip V., La fabbrica del consenso. Fascismo e mass media, Rom/Bari 1975

Cannistraro, Philip V., Sullivan, Brian R., Margherita sarfatti. L'altra donna del Duce, Mailand 1993

Collotti, Enzo, Il fascismo e gli ebrei. Le leggi razziali in Italia, Rom 2003

Collotti, Enzo (con la collaborazione di Nicola Labanca e Teodoro Sala), Fascismo e la politica di potenza. Politica estera 1922–1939, Mailand 2000

Cupini, Ranieri, Cieli e mari. Le grandi crociere degli idrovolanti italiani 1925–1933, Mailand 1973

Cuzzi, Marco, L'Internazionale delle camicie nere. I CAUR, Comitati d'azione per l'universalità di Roma, 1933–1939, Mailand 2005

Deakin, Frederick W., Die brutale Freundschaft. Hitler, Mussolini und der Untergang des italienischen Faschismus, Köln/Berlin 1962

De Felice, Renzo, Mussolini il fascista. I. La conquista del potere; II. L'Organizzazione dello Stato fascista 1925–1929, Turin 1966/1968

De Felice, Renzo, Mussolini il duce. I. Gli anni del consenso 1929–1936; II. Lo stato totalitario 1936–1940, Turin 1974/1981

De Felice, Renzo, Mussolini e Hitler. I rapporti secreti 1922–1933. Con documenti inediti, Florenz 1975

De Felice, Renzo, Alle origini del patto d'accaio. L'incontro e gli accordi tra Bocchini e Himmler nel marzo-aprile 1936, in: Cultura 1 (1963), S. 524–538.

De Felice, Storia degli ebrei italiani sotto il fascismo, 3. Aufl., Turin 1993

De Grazia, Victoria, Consenso e cultura di massa nell'Italia fascista. L'organizzazione del dopolavoro, Rom/Bari 1981

De Grazia, Victoria, Luzzatto, Sergio (Hg.), Dizionario del fascismo, 2 Bde., Turin 2002/2003

Del Boca, Angelo, Legnani, Massimo, Rossi, Mario G. (Hg.), Il regime fascista. Storia e storiografia, Rom 1995

Della Chiesa d'Isasca, Giacomo, Propaganda e diplomazia tra Italia e Germania (1933–1939), in: Clio. Rivista trimestrale di studi storici 38 (2002), S. 653–702

Di Napoli, Mario, Gran Consiglio del Fascismo, in: De Grazia, Victoria, Luzzatto, Sergio, Hg., Dizionario del fascismo, Bd. 1, Turin 2002, S. 621–623.

Di Nucci, Loreto, Lo Stato-partito del fascismo. Genesi, evoluzione e crisi 1919–1943, Bologna 2009

Di Nucci, Loreto, Roberto Michels „ambasciatore" fascista, in: Storia Contemporanea 22 (1992), S. 91–103

Diebner, Sylvia, Ludwig Curtius – ein Archäologe als Schriftsteller, in: Kritische Berichte. Zeitschrift für Kunst- und Kulturwissenschaften 37 (2009), S. 127–145

Dogliani, Patrizia, Il fascismo degli Italiani. Una storia sociale, Mailand 2008

Dücker, Burckhard, Rituale. Formen – Funktionen – Geschichte. Eine Einführung in die Ritualwissenschaft, Stuttgart/Weimar 2007

Ehalt, Hubert Christian, Ausdrucksformen absolutistischer Herrschaft: der Wiener Hof im 17. und 18. Jahrhundert, Oldenburg 1980

Elze, Reinhard, Esch, Arnold (Hg.) Das Deutsche Historische Institut in Rom 1888–1988, Tübingen 1990

Faber, Richard, Humanistische und faschistische Welt. Über Ludwig Curtius (1874–1954), in: Hephaistos. Zeitschrift zu Theorie und Praxis der Archäologie und angrenzender Gebiete 13 (1995), S. 137–186

Fabre, Giorgio, Il contratto. Mussolini editore di Hitler, Bari 2004

Fabrizio, Felice, Sport e fascismo. La politica sportiva del regime 1924–1936, Rimini 1976

Fischer-Lichte, Erika (Hg.), Ästhetik des Performativen, Frankfurt/M. 2004

Förster, Birte, Der Königin Louise Mythos. Mediengeschichte des „Idealbilds deutscher Weiblichkeit" 1860–1960, Göttingen 2011

Frevert, Ute, Ehrenmänner. Das Duell in der bürgerlichen Gesellschaft, München 1991

Funke, Manfred (Hg.), Hitler, Deutschland und die Mächte. Materialien zur Außenpolitik des Deutschen Reiches, Düsseldorf 1976

Genett, Timm, Der Fremde im Kriege. Zur politischen Theorie und Biographie von Robert Michels 1876–1936, Berlin 2008

Gentile, Carlo, Klinkhammer, Lutz, Prauser, Steffen (Hg.), I nazisti. I rapporti tra Italia e Germania nelle fotografie dell'Istituto Luce, Rom 2003

Gentile, Emilio, Il culto del littorio. La sacralizzazione della politica nell'Italia fascista, Rom/Bari 1996

Gentile, Emilio, La via italiana al totalitarismo. Il partito e lo Stato nel regime fascista, Rom 1995

Gidal, Tim N., Modern photojournalism. Origin and evolution 1910–1933, New York 1973

Grafinger, Christine Maria, Die Auseinandersetzung um die „Michelangelo-Bibliographie" Ernst Steinmanns in den Jahren 1935–1938, in: Quellen und Forschungen aus römischen Archiven und Bibliotheken 72 (1992), S. 438–467

Hachtmann, Rüdiger, Wissenschaftsmanagement im „Dritten Reich". Geschichte der Generalverwaltung der Kaiser-Wilhelm-Gesellschaft, 2 Bde., Göttingen 2007

Hartmann, Jürgen, Staatszeremoniell, 3. Aufl. Köln 1990

Hausmann, Frank-Rutger, „Vom Strudel der Ereignisse verschlungen." Deutsche Romanistik im ‚Dritten Reich', Frankfurt/M. 2000

Hillgruber, Andreas (Hg.), Staatsmänner und Diplomaten bei Hitler. Vertrauliche Aufzeichnungen über Unterredungen mit Vertretern des Auslandes, 2 Bde., Frankfurt/M. 1970

Hochstetter, Dorothee, Motorisierung und „Volksgemeinschaft". Das Nationalsozialistische Kraftfahrerkorps (NSKK) 1931–1945, München 2005

Hoepke, Klaus-Peter, Die deutsche Rechte und der italienische Faschismus, Düsseldorf 1968

Hoffend, Andrea, Zwischen Kultur-Achse und Kulturkampf. Die Beziehungen zwischen ‚Drittem Reich' und faschistischem Italien in den Bereichen Medien, Kunst Wissenschaft und Rassenfragen, Frankfurt/M. 1998

Hoffend, Andrea, Konrad Adenauer und das faschistische Italien, in: Quellen und Forschungen aus italienischen Archiven und Bibliotheken 75 (1995), S. 481–544

Insolera, Italo, Perego, Francesco, Archeologia e città. Storia moderna dei Fori Imperiali, Rom/Bari 1999

Isnenghi, Mario, L'Italia in piazza. I luoghi della vita pubblica dal 1848 ai giorni nostri, Mailand 1994

Jacobsen, Hans-Adolf, Nationalsozialistische Außenpolitik,1933–1938, Frankfurt/M./Berlin 1968

Kater, Michael H., Composers of the Nazi era, New York/Oxford 2000, S. 211–263

Kienzle, Michael, Biographie als Ritual am Fall Emil Ludwig, in: Annamaria Rucktäschel, Hans, Zimmermann, Dieter (Hg.), Trivialliteratur, München 1976, S. 230–248

Kinkel, Lutz, Die Scheinwerferin. Leni Riefenstahl und das ‚Dritte Reich', Hamburg 2002

Kirchhof, Regina, Rolf Italiaander, Hamburg 1977 (Hamburger Bibliographien, Bd. 20)

Klinkhammer, Lutz, Zwischen Bündnis und Besatzung. Das nationalsozialistische Deutschland und die Republik von Salò, Tübingen 1993

Klinkhammer, Lutz, Osti Guerrazzi, Amedeo, Schlemmer, Thomas (Hg.), Die „Achse" im Krieg. Politik, Ideologie und Kriegführung 1939–1945, Paderborn 2010

Knox, MacGregor, Das faschistische Italien und die „Endlösung" 1942/43, in: Vierteljahrshefte für Zeitgeschichte 55 (2007), S. 53–92

Köhler, Wolfram, Der Chefredakteur Theodor Wolff. Ein Leben in Europa 1868–1943, Düsseldorf 1978

König, Malte, Kooperation als Machtkampf. Das faschistische Achsenbündnis Berlin-Rom im Krieg 1940/41, Köln 2007

Kolb, Eberhard, „Die Historiker sind ernstlich böse". Der Streit um die „Historische Belletristik" in Weimar-Deutschland, in: Fintzsch, Norbert, Wellenreuther, Hermann (Hg.), Liberalitas. Festschrift für Erich Angermann zum 65. Geburtstag, Stuttgart 1992, S. 67–86.

Krausnick, Helmut, Himmler über seinen Besuch bei Mussolini vom 11.-14. Oktober 1942, in: Vierteljahrshefte für Zeitgeschichte 4 (1956), S. 423–426

Kube, Alfred, Pour le mérite und Hakenkreuz. Hermann Göring im Dritten Reich, München 1986

Kühl, Stefan, Die Internationale der Rassisten. Aufstieg und Niedergang der internationalen Bewegung für Eugenik und Rassenhygiene im 20. Jahrhundert, Frankfurt/M. 1997

Kuhl, Uta, Hans Wimmer. Das plastische Werk, Göttingen 1999

Lehmann, Erich, Le ali del potere. La propaganda aeronautica nell'Italia fascista, Torino 2010

Leppmann, Wolfgang, Gerhart Hauptmann, Bern 1986

Liebscher, Daniela, Freude und Arbeit. Zur internationalen Freizeit- und Sozialpolitik des faschistischen Italien und des NS-Regimes, Köln 2009

Lindner, Kurt, Zum Tod von Arnold Carl Willemsen, in: Zeitschrift für Jagdwissenschaft 32 (1986), S. 251–265

Longerich, Peter, Joseph Goebbels. Biographie, München 2010

Longerich, Peter, Heinrich Himmler. Biographie, München 2008

Luzzatto, Sergio, L'immagine del duce. Mussolini nelle fotografrie dell'Istituto Luce, Rom 2001

Lyttelton, Adrian, The seizure of power. Fascism in Italy 1919–1929, London 1973

Macias, Josè, Die Entwicklung des Bildjournalismus, München 1990

Malgieri, Gennaro, Carlo Costamagna. Dalla caduta dell' „ideale moderno" alla „nuova scienza dello stato", Vibo Valentia 1981

Martens, Stefan, Hermann Göring. „Erster Paladin des Führers" und „Zweiter Mann im Reich", Paderborn 1985

Martschukat, Jürgen, Patzold, Steffen (Hg.), Geschichtswissenschaft und „performative turn". Ritual, Inszenierung und Performanz vom Mittelalter bis zur Neuzeit, Köln 2003

Meinik, Hans Jürgen, Der Bildhauer Günther Martin und die „Ateliergemeinschaft Klosterstraße", in: Mitteilungen des Vereins für die Geschichte Berlins 70 (1974), S. 442–458

Michels, Helmut, Ideologie und Propaganda. Die Rolle von Joseph Goebbels in der nationalsozialistischen Außenpolitik bis 1939, Frankfurt/M. 1992

Milza, Pierre, L'Italie fasciste devant l'opinion française 1920–1940, Paris 1967

Neff, Berthold, Fritz Klein (1895–1936). der Weg eines Journalisten und konservativen Publizisten aus der Weimarer Republik ins Dritte Reich. Eine Biographie, München 1992

Nippel, Wilfried (Hg.), Virtuosen der Macht. Herrschaft und Charisma von Perikles bis Mao, München 2000

Oelrich, Harald, „Sportgeltung – Weltgeltung". Sport im Spannungsfeld der deutsch-italienischen Außenpolitik von 1918 bis 1945, Münster 2003

Osteroth, Reinhard, Abenteuer Himmel, in: Die Zeit, 17.5.2007

Parlato, Giuseppe, Ugo Spirito e il sindacalismo fascista, 1932–1942, Rom 1988

Passerini, Luisa, Mussolini immaginario. Storia di una biografia 1915–1939, Bari 1991

Paulmann, Johannes, Pomp und Politik. Monarchenbegegnungen in Europa zwischen Ancien Regime und Erstem Weltkrieg, Paderborn 2000

Pecar, Andreas, Die Ökonomie der Ehre. Der höfische Adel am Kaiserhof Karls VI. (1711–1740), Darmstadt 2003

Pechl, Peter P., Siegfried Wagner. Genie im Schatten, München 1988

Petersen, Jens, Hitler – Mussolini. Die Entstehung der Achse Berlin-Rom 1933–1936, Tübingen 1973

Petersen, Jens, Mussolini – der Mythos des allgegenwärtigen Diktators, in: Nippel, Wilfried (Hg.), Virtuosen der Macht. Herrschaft und Charisma von Perikles bis Mao, München 2000, S. 155–171

Petersen, Jens, Deutschland und Italien im Sommer 1935. Der Wechsel des italienischen Botschafters in Berlin, in: Geschichte in Wissenschaft und Unterricht 20 (1969), S. 330–341

Petersen, Jens, Die Organisation der deutschen Propaganda in Italien 1939–1943, in: Quellen und Forschungen aus italienischen Archiven und Bibliotheken 70 (1990), S. 513–555

Petri, Rolf, Von der Autarkie zum Wirtschaftswunder. Wirtschaftspolitik und industrieller Wandel in Italien 1935–1963, Tübingen 2001

Picciotto Fargion, Liliana, Il libro della memoria. Gli ebrei deportati dall'Italia (1943–1945), Mailand 1991

Pittwald, Michael, Ernst Niekisch. Völkischer Sozialismus, nationale Revolution, deutsches Endimperium, Köln 2003

Piper, Ernst, Alfred Rosenberg. Hitlers Chefideologe, München 2005

Plaggenborg, Stefan, Ordnung und Gewalt. Kemalismus – Faschismus – Sozialismus, München 2012

Poesio, Camilla, Il confino fascista. L'arma silenziosa del regime, Rom/Bari 2011

Pombeni, Paolo, Demagogia e tirranide. Uno studio sulla forma-partito del fascismo, Bologna 1984

Ponzio, Alessio, La palestra del littorio. L'Accademia della Farnesina: un esperimento di pedagogia totalitaria nell'Italia fascista, Mailand 2009

Prieberg, Fred K., Kraftprobe Furtwängler im Dritten Reich, Wiesbaden 1986

Reichardt, Sven, Faschistische Kampfbünde. Gewalt und Gemeinschaft im italienischen Squadrismus und in der deutschen SA, Köln 2002

Reichardt, Sven, Nolzen, Armin (Hg.), Faschismus in Italien und Deutschland. Studien zu Transfer und Vergleich, Göttingen 2005

Reuß, Eberhard, Hitlers Rennschlachten. Die Silberpfeile unterm Hakenkreuz, Berlin 2006

Ricci, Aldo G., Michels e Mussolini, in: Storia Contemporanea 15 (1984), S. 287–294

Rieder, Maximiliane, Deutsch-italienische Wirtschaftsbeziehungen. Kontinuitäten und Brüche 1936–1957, Frankfurt/M. 2003

Rochat, Giorgio, Le guerre italiane 1935–1943. Dall'impero d'Etopia alla disfatta, Turin 2005

Salvemini, Gaetano, Mussolini diplomatico, Bari 1952

Santomassimo, Gianpasquale, Ugo Spirito e il corporativismo, in: Studi Storici 14 (1973), S. 61–113

Sauerland, Karol (Hg.), Heidelberg im Schnittpunkt intellektueller Kreise. Zur Topographie der „geistigen Geselligkeit" eines „Weltdorfes" 1850–1950, Opladen 1995

Scarano, Federico, Mussolini e la Repubblica di Weimar. Le relazioni diplomatiche tra Italia e Germania del 1927 a 1933, Neapel 1996

Schaar, Thorsten, Artur Axmann. Vom Hitlerjungen zum Reichsjugendführer der NSDAP. Eine nationalsozialistische Karriere, Rostock 1998

Schenk, Dieter, Hans Frank. Hitlers Kronjurist und Generalgouverneur, Frankfurt/M. 2006

Schieder, Wolfgang, Faschistische Diktaturen. Studien zu Italien und Deutschland, Göttingen 2008

Schieder, Wolfgang, Der italienische Faschismus, München 2010

Schieder, Wolfgang, Audienz bei Mussolini. Zur symbolischen Politik faschistischer Diktaturherrschaft 1923–1943, in: Terhoeven, Petra (Hg.), Italien, Blicke. Neue Perspektiven der italienischen Geschichte des 19. und 20. Jahrhunderts, Göttingen 2010, S. 197–132

Schlemmer, Thomas, Woller, Hans, Der italienische Faschismus und die Juden 1922 bis 1945, in: Vierteljahrshefte für Zeitgeschichte 53 (2005), S. 164–201

Schmidt, Hugo (Hg.), Fritz Behn als Tierplastiker, München 1992

Schmiechen-Ackermann, Detlef, Diktaturen im Vergleich, 3. Aufl. Darmstadt 2010

Schmitt, Carl, Das Gespräch über die Macht und den Zugang zum Machthaber, Pfullingen 1954

Schmuhl, Hans-Walter, Das Kaiser-Wilhelm-Institut für Anthropologie, menschliche Erblehre und Eugenik 1927–1945, Göttingen 2005

Schöck-Quinteros, Eva, Der Bund Königin Luise, in: dies., Streubel, Christine (Hg.), Ihrem Volk verantwortlich. Frauen der politischen Rechten (1890–1933), Bremen 2007, S. 231–270

Schöck-Quinteros, Eva, Streubel, Christine (Hg.), Ihrem Volk verantwortlich. Frauen der politischen Rechten (1890–1933), Bremen 2007

Scholz, Beate, Italienischer Faschismus als ‚Exportartikel'. Ideologie und organisatorische Ansätze zur Verbreitung des Faschismus im Ausland, Trier 2001 (Mikrofiche)

Schulenburg, Sybil von der, Il barone Werner von der Schulenburg fra storia, passioni e intrighi, Verona 2010

Schwengelbeck, Mathias, Politik des Zeremoniells. Huldigungsfeiern im langen 19. Jahrhundert Frankfurt/M. 2007

Seherr-Thoß, Hans Christoph Graf von, 75 Jahre ADAC 1903–1978, München 1978

Serezin, Mabel, Making the fascist self. The Political Culture of Interwar Italy, Ithaca/London 1997

Smelser, Ronald, Robert Ley, Paderborn 1989

Soeffner, Hans-Georg, Taenzler, Dirk, (Hg.), Figurative Politik: Zur Performanz der Macht in der modernen Gesellschaft, Opladen 2002

Soesemann, Bernd, Das Ende der Weimarer Republik in der Kritik demokratischer Publizisten, Berlin 1976

Staff, Ilse, Staatsdenken im Italien des 20. Jahrhunderts. Ein Beitrag zur Carl-Schmitt-Rezeption, Baden-Baden 1991

Stolberg-Rilinger, Barbara, Symbolische Kommunikation in der Vormoderne. Begriffe – Thesen – Forschungsperspektiven, in: Zeitschrift für Historische Forschung 31 (2004), S. 489–527

Stolberg-Rilinger, Barbara, Höfische Öffentlichkeit. Zur zeremoniellen Selbstdarstellung des brandenburgischen Hofes vor dem europäischen Publikum, in: Forschungen zur Brandenburg-Preußischen Geschichte N.F. 8 (1998), S. 145–176

Sünderhauf, Esther Sophia, Griechensehnsucht und Kulturkritik. Die deutsche Rezeption von Winckelmanns Antikenideal 1840–1945, Berlin 2004

Teodori, Giovanni; Alessandro Pavolini. La vita, le imprese e loa morte dell'uomo che inventò la propaganda fascista, Rom 2011

Terhoeven, Petra, Liebespfand fürs Vaterland. Krieg, Geschlecht und faschistische Nation in der italienischen Geld- und Eheringsammlung 1935/36, Tübingen 2003

Terhoeven, Petra (Hg.), Italien, Blicke. Neue Perspektiven der italienischen Geschichte des 19. und 20. Jahrhunderts, Göttingen 2010

Thöndl, Michael, Oswald Spengler in Italien. Kulturexport politischer Ideen der „Konservativen Revolution", Leipzig 2010

Tilitzki, Christian, Die deutsche Universitätsphilosophie in der Weimarer Republik und im Dritten Reich, Berlin 2002

Tilitzki, Christian, Der Rechtsphilosoph Carl August Emge. Vom Schüler Hermann Cohens zum Stellvertreter Franks, in: Archiv für Rechts- und Sozialphilosophie 89 (2003), S. 459–496

Tobia, Bruno, L'Altare della Patria, Bologna 1998

Tonelli, Stefano, Wilhelm Furtwängler in Italia, Milano 1997

Torunsky, Vera, Entente der Revisionisten? Mussolini und Stresemann 1922–1929, Köln 1996

Tschörtner, Heinz Dieter, Gerhart Hauptmann über Mussolini, in: Engel, Walter (Hg.), Zeitgeschehen und Lebensansicht, Berlin 1997, S. 230–236

Vec, Milos, Zeremonialwissenschaft im Fürstenstaat. Schriften zur juristischen und politischen Theorie absolutistischer Herrschaftsrepräsentation, Frankfurt/M. 1997

Voigt, Klaus, Zuflucht auf Widerruf. Exil in Italien 1933–1945, 2 Bde., Stuttgart 1989/1993

Weisbrod, Bernd, Das „Geheime Deutschland" und das „Geistige Bad Harzburg". Friedrich Glum und das Dilemma des demokratischen Konservatismus, in: Jansen, Christian, Niethammer, Lutz, Weisbrod, Bernd (Hg.), Von der Aufgabe der Freiheit. Politische Verantwortung und bürgerliche Gesellschaft im 19. und 20. Jahrhundert. Festschrift für Hans Mommsen, Berlin 1995, S. 285–308

Wende, Erich, C. H. Becker. Mensch und Politiker. Ein biographischer Beitrag zur Kulturgeschichte der Weimarer Republik, Stuttgart 1959

West, Franklin C. (Hg.), Emil Ludwig. Für die Weimarer Republik und Europa. Ausgewählte Zeitungs- und Zeitschriftenartikel 1919–1932, Frankfurt/M. 1991

Whealer, Robert H., Mussolini's ideological diplomacy: an unpublished document, in: Journal of Modern History 39 (1967), S. 432–437

Wichmann, Manfred, Die Gesellschaft zum Studium des Faschismus. Ein antidemokratisches Netzwerk zwischen Rechtskonservatismus und Nationalsozialismus, in: Bulletin für Faschismus- und Weltkriegsforschung. Wissenschaftliche Halbjahresschrift 31/32 (2008), S. 72–104

Wietog, Jutta, Volkszählungen unter dem Nationalsozialismus. Eine Dokumentation zur Bevölkerungsstatistik im Dritten Reich, Berlin 2001

Wildfang, Frauke, Der Feind von nebenan. Judenverfolgung im faschistischen Italien 1936–1944, Köln 2008

Winterling, Aloys, Der Hof der Kurfürsten von Köln, 1688–1794. Eine Fallstudie zu absolutistischer Hofhaltung, Bonn 1986

Woller, Hans, Rom, 28. Oktober 1922. Die faschistische Herausforderung, München 1999

Woller, Hans, Hitler, Mussolini und die Geschichte der „Achse", in: Klinkhammer, Lutz, Osti Guerrazzi, Amedeo, Schlemmer, Thomas (Hg.), Die „Achse" im Krieg. Politik, Ideologie und Kriegführung 1939–1943, Paderborn 2010, S. 34–48

Woller, Hans, Machtpolitisches Kalkül oder ideologische Affinität? Zur Frage des Verhältnisses zwischen Mussolini und Hitler vor 1933, in: Benz, Wolfgang, Buchheim, Hans, Mommsen, Hans (Hg.), Der Nationalsozialismus. Studien zur Ideologie und Herrschaft, Frankfurt 1993, S. 42–63

Woller, Hans, Geschichte Italiens im 20. Jahrhundert, München 2010

Zapata Galindo, Martha, Triumph des Willens zur Macht. Zur Nietzsche-Rezeption im NS-Staat, Hamburg 1995

Zeller, Joachim, Kolonialdenkmäler und Geschichtsbewußtsein. Eine Untersuchung der kolonialistischen Erinnerungskultur, Frankfurt/M. 2000

Personenregister

Adenauer, Konrad 134
Alfieri, Dino 27, 101f., A 102f., 104, 168, 183, 187, 319, A 319, 326–328, 339
Alpers, Friedrich 371
Andreozzi, Stanislao 140
Arpinati, Leandro 55
Attolico, Bernardo 173, A 300, A 308
Axmann, Artur 190, 193, 357, 373

Backe, Herbert 190, 376
Balbo, Italo 54f., 112f., 155, 194, 275f., A 275f., 339, 341, A 341
Barth, Hans 265
Bartolomasi 263
Bauer-Kempff, Irene A 138
Bauersfeld, Walter 157, A 157, 361
Baumann, Hans Felix Sigismund s. Man, Felix H.
Bayern, Prinz Konrad von 156, A 156, 362f., 363
Becker, Carl Heinrich 160f., 362
Beckerath, Erwin 114
Behn, Fritz 18, 24f., A 42, 44, 71, 142, 287, A 287f., 345, 352, 367
Beinhorn, Elly 63, 155, 276, 351, 366
Benes, Edvard A 248
Bergius, Friedrich 124, 371
Bernhard, Ludwig 114
Bianchi, Michele 341
Bismarck, Otto von 42, 78, 210, 214f., 217, 254, 263
Blahut, Theodor 312, 315
Blomberg, Werner von 186, 190, 192f., 369
Blücher, Wassili K. 305, A 305
Bocchini, Arturo 54, 89, A 89, 177, 183, 187f.
Boehringer, Christof A 117
Boehringer, Erich 117, A 117, 365
Bohle, Ernst-Wilhelm 190, 368, 373
Bonin, Elsa von 143, A 143, 362
Bottai, Giuseppe 182
Bouhler, Philipp A 49, A 195

Borchardt, Rudolf 37, 43, 45, 63, 67, 150f., 198, 268, 351, 365
Bormann, Martin 194, A 195
Brandt, Rolf 128, 132, 348, 361
Brauchitsch, Walther von 186, 192, A 192, 378
Bredt, Johann Victor 160f., 363
Broschek, Kurt 175, 297
Bruckmann, Elsa 368
Bruckmann, Hugo 368
Brüning, Heinrich 35, 39, 63, 161f., 247, 350, 364
Buchheit, Gert 45, 48, 111, A 111f., 278, 351, 366
Bülow-Schwante, Vicco von 164f., 364
Buonaparte, Letizia 264
Burckardt, Jacob 332
Burgdörfer, Friedrich 46, 126f., 345, 355, 370
Burkhard, Carl Camillo 143, A 143

Caesar, Gaius Iulius 42, 82, 231
Calvino, Italo 44
Cantimori, Delio 123, A 123
Caruso, Enrico 310
Cavallero, Ugo 344, A 344
Cavour, Camillo Benso Graf von 332
Cerrutti, Vittorio A 39, 173, 178, A 300
Chateaubriand, François-René de 251
Chiavolini, Alessandro 28, 80, 249
Chroust, Johanna 364
Cianetti, Tullio 183, 191
Ciano, Galeazzo 26, 56, 168, 172, 183, 293, 297, 317, A 317, 319
Claar, Maximilian 61
Cohn, Hermann Ludwig 72
Colonna, Vittoria 208
Costamagna, Carlo 124, 135
Cramer-Klett, Theodor Freiherr von 157, A 157, 362, 366–368
Croce, Benedetto 315f., A 316, 336
Cromwell, Oliver 260
Curtius, Julius 39, 162, 247, 350, 364

Personenregister

Curtius, Ludwig   117–119, A 118, 140f., 198, 335, 337, A 337, 366

Dalmazzo, Faustino   375
Daluege, Kurt   65, 188, 368f.
D'Annunzio, Gabriele   A 147, 258, A 258
Darré, Walter   182, 370
Dasler, Georg   374
De Bono, Emilio   94, 125, 304, A 304, 341, A 341
De Cesare, Nicolò   28, 135
De Cicco, Attilio   373
De Vecchi, Cesare Maria   341
Del Vecchio, Giorgio   121
Diel, Helmuth   A 87, A 282
Diel, Joseph   86
Diel, Louise   9, 18, 20, A 20, A 35, A 42, 43f., 48, 50, A 50, A 68, 71f. 83, 86–88, A 89, 90–106, A 92, A 106, 113, 198f., 205, 280f., A 284, 320, 324, 326, 346, 351–356, A 356, 366–370, 372
Dirksen, Herbert von   285, A 285
Dollfuß, Engelbert   A 39, 68, 134, 160, 170, 174, 301, 303
Dönitz, Karl   376
Douhet, Giulio   175, 276
Dresler, Adolf   370
Dungern, Freiherr von   365
Dürrschmidt, Paul   374

Eberlein, Gustav W.   94, A 106, 128, A 128, 361
Ebert, Friedrich   A 136, 209, A 209
Ebhardt, Bodo   6, 365
Edison jr., Thomas Alva   215, 254
Elena, Königin von Italien   31
Ellwanger, Hermann   112, 374
Elsaesser, Martin   365
Emanuel II., Viktor   29f.
Emge, Carl August   40, 121, 354, 369
Engelhardt   A 64
Escherich, Georg   51, 156f., A 156, 349, 362f.
Esser, Hermann   182, 190, 371

Faye, Jean Pierre   315
Fedele, Pietro   361
Feder, Gottfried   190, 366

Ferretti, Conte Lando   54, 163, 234, 240, 242, 244
Fieseler, Franz   157, A 157f., 361, 371
Fischer, Eugen   121f., 346
Fischer, Rudolf   346
Flechtheim, Alfred   144
Förster-Nietzsche, Elisabeth   111, A 111, 121, 147
Forzano, Giovacchino   149, 330, A 356
Franco, Francisco   136, 318
Frank, Hans   19, 52, 65, A 65, A 114, 122, 177–180, A 185, 317, A 319, 345, 353f., 368
Frassati, Alfredo   220
Freisler, Roland   190, 371
Frick, Wilhelm   195
Friedmann   A 63
Friedrich II.   120, 333
Frobenius, Leo   125, A 125, 364f., 369
Froberg, Eva   A 64
Frossombrone, Cesare Vernarecci di   178f., A 178
Funk, Walter   190, 371, 373
Furtwängler, Wilhelm   137f., A 137f., 198, 366

Gabetti, Giuliano   314, A 314
Geiger, Willi   71, 139–141, 198, 287, 345, 351, 365
Gentile, Giovanni   118, 268, 315, A 316
Georg, Prinz von Bayern   335, A 335, 337
George, Stefan   271
Gerdeissen, Alexander   43
Giunta, Francesco   54
Glum, Friedrich   18, 41, 116f., 312f., A 313, 345, 353, 368
Goebbels, Joseph   18, A 42, A 49, 50, 65, 67, 100, 114, 135, 137, 167–169, A 167, 183, 186f., 191, A 191, 200, 274, 346, 351, 365
Goethe, Johann Wolfgang von   A 22, 232, 251, 256, 271f.
Göring, Hermann   36, A 49, 50, 67f., 71, 79, 90, 95, 113, 120, 131, 165–169, A 166, 180, 186f., 194, 274, 317, 320, 339, 363, 365f., 369, 372–375
Grandi, Dino   26, 54f., 162, 207, 247
Gravina di Ramacca, Manfredi Graf   152, A 152, 217
Gronau, Wolfgang von   A 291

Gründgens, Gustav   A 49, A 149
Guasti, Cesare   208
Guérard, Karl Theodor von   162, 363
Güterbock, Ferdinand   360
Gunther, John   A 228
Gürtner, Franz   190, 372
Güterbock, Ferdinand   106f., A 106f., 109, 360
Gutkind, Curt-Sigmar   107, A 108, 109, 360

Hadeln, Charlotte Freifrau von   64, A 64, 346, 363
Hahn, Victor   128, 360
Hanfstaengl, Ernst   50, 167, A 167, 178, 201, A 201, 351, 366
Haniel, Hedwig von Freifrau von Branca   366, 368
Hardt, Fred   360
Hartmann, Hans   19, 48, 111, 345, 349, 363
Hassell, Ulrich von   39, 66, 101, A 101, 125, A 133f., 134f., 150, 166, 168f., 171f., A 171, 174, 178–180, 192, 285, 293f., 298
Hauptmann, Gerhard   18, 35, 142, 150–153, 198, 217, 348, 362, 370
Held, Heinrich   161, 362
Helfferich, Karl   156, 360
Heller, Hermann   114
Henderson, Arthur   39, 247, A 247
Hermanin, Federico de Reichenfeld   A 29, 263
Heuß, Theodor   142
Heydrich, Reinhard   65, 68, 188, 369
Heymann, Egon   135, 141, 365, 374f.
Hielscher, Kurt   101, A 101, 113, A 113f., 371, 373
Hierl, Konstantin   184, 190, 372
Hilgenfeldt, Erich   98f.
Hiltebrandt, Philipp   18f., 26, A 27, A 29, A 38, 40, 46, 51, 119, A 120, 128, 261, 345, 351, 356, 365, 370
Himmler, Heinrich   51, 65, 68, 90, 127, 146, 177, A 177, 183, 187–189, A 188, 369, 371f., 374
Hindemith, Paul   137
Hindenburg, Paul von   85, 163
Hitler, Adolf   17, A 43, 49f., 52, 58, 61, 66–68, 78, 84, 86, 95, 98, 100, A 106, 110, 112f. 115, 117, 130, 133–136, 146f., A 147, 149–151, 153f., 156f., 165–167, A 165, 169–178, 180, 182–184, 186–189, 191, 193f., 196–203, A 202, 268, 274f., A 275, 278, 292, 294–296, 301, 304, 308–312, A 314, 316f., A 318, 324f., 328, 332, 339, A 355f.
Hoetzsch, Otto   121, 364
Holldack, Heinz   369
Hollenbach, Elisabetta Frauke   A 64
Hoppenstedt, Werner   119, A 121, 138, 148, A 148, 312, A 312
Huch, Ricarda   142
Hugenberg, Alfred   59f., 209
Hühnlein, Adolf   154f., A 155, 190, 369
Hülsen, Hans von   A 41, 367

Italiaander, Rolf   A 17, 41, 43, 47, 112f., 339, 357, 374

Jacobsen, Maxim   A 61
Johann, König von Sachsen   271
Jügler, Richard   41, 128, A 128, 350, 363
Jung, Edgar   18f., 40, 47f., A 47, 51, 67, 146f., 148, 162–164, A 163, 234, A 234, 345, 349f., 363

Kaminski, Hans-Erich   59, A 59, 220
Kay   157
Kehr, Paul Fridolin   119
Keil, Nelly   367
Keimer, Elisabeth   138, 365
Kemal Pascha, Mustafa   175
Kempff, Wilhelm   138, 371
Kesselring, Albert von   71, A 71, 374–377
Kintzel-Exacoustos, Cäcilia   139, 368
Klein, Fritz   18f., 41, 47, 51, 67, 128f., 131, 345, 348, 361
Klopstock, Friedrich   40f., A 41, 232
Klitzsch, Ludwig   59, A 60
Kollwitz, Käthe   87f., A 88
Köhl, Hermann   155, 276, 367
Köhler, Heinrich   41, 348, 361
Korherr, Richard   126, A 126f., A 127, 362
Körner, Paul   A 49
Kornicker, Kurt   A 35, 63, A 63, 128, 132f., A 133f., 240, A 240, 244, A 345, 350, 363
Korselt, Walter   362

Krauch, Carl 373
Krauß, Werner A 49, A 149
Krosigk, Ludwig Graf Schwerin von 184, 372
Kroth, Ewald A 64, 154, A 154, 346, 364
Kühlmann, Richard von 160, 360
Kurella, Alfred 59

Lammers, Hans Heinrich A 49, A 182, 194
Lauterbacher, Hartmann 193
Leibholz, Gerhard 114
Lengrüsser, Rudolf 139, 369
Lessona, Alessandro 107, 307, A 307
Ley, Robert 65, 68, 183, 190–192, A 191f., 346, 369, 372
Liebeneiner, Wolfgang A 49
Lincoln, Abraham 73, 254
Lippi, Filipo 245
Litwinow, Maksim 299
Lodovico Buonarroti Simoni, Michelangelo di 46, 73, 116, 207f., 361
Loevinson, Hermann 61
Löwith, Karl 62, 123, A 315
Ludendorff, Erich 136
Ludovisi-Boncompagni, Francesco Principe di A 39, 285
Ludwig, Emil 18f., 43, 48, 51, 59, 63, 67, 71–86, 92, 97, 130, 197, 205, 211, 249f., A 249, 345, 348, 350, 362, 364
Lüttke, Georg 374
Luther, Martin 270
Lutze, Viktor 65, A 65, A 185, 190, 194, 371

Machiavelli, Niccolò 42, 214, 332, 343
MacDonald, James Ramsay A 247
Mackensen, Hans-Georg 66, 101, 159, 172, A 172, 187
Mafalda, Prinzessin von Savoyen A 275
Mainardi, Bastiano 252, 340
Man, Felix H. A 34f., A 38, 52, A 52, 60, 71, 128, 132f., A 133, 240, 244, 287, 345, 350, A 363
Manacorda, Guido 173f., A 178, 314, A 314
Mann, Heinrich 85, 139
Mann, Klaus 130

Mann, Thomas 73
Mann, Wilhelm 111, A 111, 347, 361
Martin, Günther 139, A 139, 364
Martin, Magdalena 139, 364
Matteotti, Giacomo 19, 77, 172
May, Karl 73
Medem, Walter Eberhard Freiherr von A 64
Mehlis, Georg 108, A 108, 367
Meißner, Otto A 49
Mejer, Otto 369
Meyer-Eckhardt, Viktor 18, 35, 143, 354, 368
Michelangelo s. Lodovico Buonarroti Simoni, Michelangelo di
Michels, Robert 61f., A 61f., 145 A 145
Milanesi, Gaetano 208
Milch, Erhard A 49, 190, 368, 372
Miller, Oskar von 363
Moeller van den Bruck, Arthur 67
Mondadori, Arnoldo 75, 79–82, 249
Montgelas, Albrecht Graf 128, 361
Morosowicz, Elhard von 164f., 364
Müller, Sven von 19, 41, 43, 52, 128, 130, 174–176, 297, 345, 350, 353, 363f., 367
Müller-Clemm, Wolfgang 158f., A 158, 370, 373f.
Müller-Jena, Herbert 159
Müthel, Lola A 49, A 149
Mussolini, Rachele 38

Napoleon Bonaparte 73, 78, 136, 152, 211, 214f., 217–219, 251, 254, 260, 313
Navarra, Quinto A 11
Neuhaus, Hermann 138, 360
Neukirch, Eberhard 373
Neurath, Constantin Freiherr von 116, 129, 131, 152, 157, 171f., 175, 180, 185, 207, A 208, 268, 297, 369
Neuschüller A 63
Nickel, Lisa A 64
Niekisch, Ernst 134, A 134f., 199, 292, A 292, 353, 367
Niesel-Lessenthin, Christa 38, 41, 43, 49, 143, A 143, 231, 349, 363
Niesel-Lessenthin, Felicitas 231
Nietzsche, Friedrich 215, 237, 239, 250, 254, 343

Ohnesorge, Wilhelm 190
Oppen, Joachim von 349, 363
Orsini-Baroni, Luca 129, 220
Ossietzky, Carl von 85

Papen, Franz von 18, 43, 147, 163f., 166, A 166, 169, 200, 278, 351, 366
Parisch, Guido von 309
Pavolini, Alessandro 330f., 334, 339
Pfitzner, Hans 139
Paul II. 241, 244, 263
Philipp, Prinz von Hessen A 275
Pius IV. 244
Pius XI. A 83, 161
Pius XII. 337
Plachte, Erna 138, 363
Planck, Erwin 162, 247, 350, 364
Platen, August von 40, A 41, 143, 233
Pohl, Max Ritter von 373, 376
Polverelli, Gaetano 26, 81f., 261–263, 265f.
Prinzing, Albert 148, 197
Prittwitz und Gaffron, Friedrich Wilhelm von 207, A 207

Quaatz, Reinhold 60

Raffael, Sanzio da Urbino 252, 343
Rahn, Rudolf 135, 197
Rambke, Hans 101f., 371
Rathenau, Walter 72, 129, 220, 299
Rathenow, Horst Kuhlwein von 365
Rauschning, Hermann 284, A 284
Reinhold, Peter 160, 360
Reupke, Hans 67, 109, 364
Renzetti, Giuseppe 58f., 88, A 89, A 110, 111, A 128, 140, A 140, 164, 166, 173, A 173, 178, 200, 220, A 200, 280, 349, 364
Respighi, Ottorino 152, 217
Reuß, Erbprinz Heinrich (XIV.) 360
Reuter Marseille, Charlotte 376
Rheinbaben, Werner Ferdinand Freiherr von 160, 360
Ribbentrop, Joachim von 71, A 71, 148, 169, 187, 371f., 375
Ricci, Renato 174, 193, 368
Riefenstahl, Leni 41, 63, 100, 176f., 308, A 308, 311, 353, 367

Rintelen, Enno von 373f.
Ritgen, Otto von 363
Rivera y Orbaneja, José Antonio A 227
Rivera y Orbaneja, Miguel Primo de 227, A 227
Roatta, Mario 177
Rocco, Alfredo 234
Rocco, Guido 99, 104, 329, A 329
Röhm, Ernst 67, 94, 148, 194, 201
Rohr, Hans-Joachim von 43, 346
Roselius, Ludwig 156, A 156, 356
Rosenberg, Alfred 94, 103, 105, 165, 365
Rossoni, Edmondo 177, 314, A 314
Russo, Luigi 194
Rust, Bernhard 182, A 182, 190, 374

Saager, Adolf 59
Sachsen-Coburg und Gotha, Carl Eduard Herzog von 154, 371, 374
Sahm, Heinrich 39, A 39, 285, 352, 366
Sahm, Dorothea 285, A 285
San Marzano, E. Asinari di A 54
Sardi, Alessandro 361
Sarfatti, Margherita G. 75, 145–148, 163, 234, A 234, 330
Sauerbruch, Ferdinand 124, 367
Schabbel, Otto 200
Schacht, Hjalmar 165, 365
Schäfer, Karl Heinrich A 45, 350, 365
Schaub, Julius 311
Scheuble, Alfons 362
Schiller, Friedrich 232
Schipper, Björn 125
Schirach, Baldur von 41, 64, A 175, 190, 193f., 354, 368, 373
Schlegel, Friedrich 271
Schmidt, Paul 36f., 202, 354, 369
Schmitt, Carl 48, 121–124, A 135, 315, A 316, 353, 368
Schneider, Friedrich 120, 366
Schnitzler, Baronin Lilly von 365
Scholtz-Klink, Gertrud 50, A 51, A 185, 371
Schubert, Carl von 45, 160, 171, A 171
Schulenburg, Werner von der 19, 49, 59, 144–149, 162f., 191f., 198f., 234, 330, 345, 347, 356, A 356, 360, 372
Schuschnigg, Kurt von 303
Schuster, Karlgeorg 375
Schwabe, Karl 155, A 155, 276, 365

Schweitzer, Albert   142
Sebastiani, Osvaldo   28, 54, 80
Seldte, Franz   164f., A 165, 184, 190, 365, 372
Senise, Carmine   188
Seydell   A 64
Shaw, Bernard   212
Siebert, Ludwig   51, 373
Simons, Heinrich   128, 365
Sommergut-Loeser, Lucia   360f.
Sonntag, Erika   110, 362, 364f.
Sonntag, Josef   110, A 110, 362f.
Spann, Otmar   A 61
Speer, Albert   184, 195
Spengler, Oswald   126, A 126
Spirito, Ugo   123f.
Stalin, Josef   86, 136, 197, 213
Starace, Achille   94, 191, 283, A 283
Stein, Adolf   28, 41, 49, 111, 209, 347, 360
Steiner, Hermann   A 63, 373
Steinmann, Ernst   18, 46, 116, A 116, 207, 348, 361
Sternbach, Baron   A 131
Stimson, Henry L.   39
Stauss, Emil Georg Ritter von   371
Strauss, Richard   63, 136–138, A 136, 198, 360, 364
Streicher, Julius   68, 370
Stresemann, Gustav   129, 131, A 131, 152, 160f., 220, 224, 299
Strunk, Roland E.   18, 175f., A 175f., 301, 353, 367f.
Suvich, Fulvio   314, A 314

Terboven, Josef   A 65, 158
Teruzzi, Attilio   55, 242, A 242
Teske, Erwin   138, 360f.
Thomsen, Hans   297
Thorak, Joseph   184
Thyssen, Fritz   156, 360

Toscanini, Arturo   137f.
Tschammer und Osten, Hans von   155, 190, 372
Turati, Augusto   55
Ulbrich, Franz   366
Urach, Albrecht Fürst von   371

Valle, Giuseppe   368, 372
Veronese, Paolo   252, 340
Vöchting, Friedrich   62
Voigt, Harald   366
Volpicelli, Arnaldo   123f.
Voltaire, Francois Marie   333
Voßler, Karl   271, A 271

Wagner, Cosima   152, A 152
Wagner, Siegfried   136, 347, 360
Wagner, Winifred   136, 347, 360
Weber, Max   62
Wedderkop, Baron Hermann von   144, 349, 362f., 367
Wedekind, Pamela   A 49
Weisgerber, Antje   A 49, A 149
Westphal, Siegfried   376
Wilhelm II.   347
Willemsen, Carl   120, 374
Willis, Fred Carl   84, A 84, 168, A 168, 368
Wimmer, Hans   44, 140–142, A 141, 198f., 287, 335f., A 338, 345, 347, 357, A 357, 373
Winter, Anny   309
Winterfeld, Ludwig von   371
Wirth, Joseph   129, 162, A 162, 220, 299, 361, 363
Wittkower, Rudolf   116, 207f., A 208
Wolff, Karl   197
Wolff, Theodor   37, 52, A 52, 67, 85, 128–130, 132, 220, 362
Wüster, Walther   148, A 148

www.ingramcontent.com/pod-product-compliance
Lightning Source LLC
Chambersburg PA
CBHW021139160426
43194CB00007B/632